HERVÉ RYSSEN

HISTORIA del ANTISEMITISMO
Vista y puesta en su sitio por un goy

Hervé Ryssen

Hervé Ryssen (Francia) es historiador y un investigador exhaustivo del mundo intelectual judío. Es autor de doce libros y varios videos documentales acerca de la cuestión judía. En el 2005 publicó *Las Esperanzas planetarias*, libro en el que demuestra los orígenes religiosos del proyecto mundialista. *Psicoanálisis del judaísmo*, publicado en el 2006, muestra como el judaísmo intelectual presenta todos los síntomas de la patología histérica. No existe ninguna "elección divina", sino la manifestación de un trastorno que tiene su origen en la práctica del incesto. Freud había estudiado pacientemente esta cuestión a partir de lo que constataba en su propia comunidad.

En Francia reside una de las mayores comunidades judía de la diáspora con una vida cultural e intelectual muy intensa. Hervé Ryssen ha podido desarrollar su extensa obra en base a numerosas fuentes históricas y contemporáneas, tanto internacionales como francesas.

Historia del antisemitismo
Vista y puesta en su sitio por un goy

Histoire de l'antisémitisme : vue par un goy et remise à l'endroit,
Levallois-Perret, éd. Baskerville, 2010

Traducido por Alejo Domínguez Rellán

Publicado por
Omnia Veritas Limited

www.omnia-veritas.com

© Omnia Veritas Limited – Hervé Ryssen – 2023

Reservados todos los derechos. No se permite la reproducción total o parcial de esta obra, sin autorización previa y por escrito de los titulares del *copyright*. La infracción de dichos derechos puede constituir un delito contra la propiedad intelectual.

I. La huida de Egipto 15

II. Amalek 17

III. Los Filisteos 18

IV. Nabucodonosor 19

V. El encuentro con los griegos 21

VI. Antíoco IV Epífanes 24

VII. La conquista de Judea por los Romanos 29

VIII. Cicerón 31

IX. César, Cleopatra y Marco Antonio 33

X. Herodo 35

XI. Tiberio, Sejano y Poncio Pilato 36

XII. Agosto del 38: el pogromo de Alejandría 39

XIII. Claudio 43

XIV. La revuelta del año 66 45

XV. Tito y la destrucción del Templo 49

XVI. Domiciano y el fiscus judaicus 53

XVII. Trajano 54

XVIII. Adriano y el asedio de Betar 58

XIX. La dinastía de los Severos 62

XX. Los emperadores cristianos 65

XXI. Los Padres de la Iglesia 68

XXII. El fin del imperio romano de Occidente 73

XXIII. El emperador Peroz I 77

XXIV. La debilidad de Teodorico el Grande 77

XXV. Zenón, el emperador bizantino 78

XXVI. La legislación y la Iglesia 79

XXVII. El Código de Justiniano 85

XXVIII. Gregorio I (590-604) 87

XXIX. Jerusalén, 614 89

XXX. La España visigoda I 91

XXI. El rey Dagoberto I 94
XXXII. Mahoma 95
XXXIII. La España visigoda II 98
XXXIV. Agobardo de Lyon y Amolon 105
XXXV. Los reyes del comercio en Oriente 111
XXXVI. Granada, 30 de diciembre de 1066 113
XXXVII. Gregorio VII 116
XXXVIII. La Primera Cruzada 117
XXXIX. San Bernardo 120
XL. La Segunda Cruzada 121
XLI. Los Almohades 127
XLII. Toledo, 1180 128
XLIII. Felipe Augusto 130
XLIV. La coronación de Ricardo Corazón de León 134
XLV. En Oriente 137
XLVI. Inocencio III 139
XLVII. Nicolás Donin y el Talmud 145
XLVIII. 1240: la expulsión de Bretaña 154
XLIX. Luis IX, San Luis 157
L. Santo Tomás de Aquino 161
LI. Pablo Christiani y la disputa de Barcelona 163
LII. En Europa central 166
LIII. Sombreros puntiagudos y crímenes rituales 168
LIV. Nicolás IV, Turbato corde, 1288 170
LV. Eduardo I y la expulsión de Inglaterra, 1290 171
LVI. En Persia, marzo de 1291 174
LVII. Rindfleisch de Rættingen, 1298 175
LVIII. Felipe IV el Hermoso 176
LIX. 1320: la cruzada de los Pastores 179
LX. 1328: La revuelta de los Navarros 183

LXI. España, presa de los judíos 184

LXII. Los Judenschlaeger alemanes, 1336-1338 189

LXIII. 1348: La peste negra 190

LXIV. El despertar tardío de Juan el Bueno 195

LXV. La muerte de Blanca de Borbón 199

LXVI. Beltrán Duguesclín y la Compañía Blanca 206

LXVII. Mayo de 1370: las hostias de Enghien 216

LXVIII. El funeral de Carlos V de Francia 217

LXIX. El levantamiento general de 1391 en España 220

LXX. 1394: la expulsión de Francia 226

LXXII. Pablo de Santa María 234

LXXIII. Vicente Ferrer 236

LXXIV. Jerónimo de Santa Fe y la disputa de Tortosa 238

LXXV. Martin V 242

LXXVI. Los Husitas y el concilio de Basilea 244

LXXVII. 1449: los Estatutos de limpieza de sangre en España 246

LXXVIII. Juan de Capistrano, el Azote de los Hebreos 248

LXXIX. Alfonso de Espina 256

LXXX. Bernardino de Feltre 260

LXXXI. Torquemada contra los marranos 265

LXXXII. 1492: La expulsión de los judíos de España 271

LXXXIII. 1497: la expulsión de Portugal 276

LXXXIV. Savonarola y la expulsión de Florencia 278

LXXXV. La diáspora sefardita 278

LXXXVI. Los Askenazíes expulsados de Alemania 281

LXXXVII. 1501: La expulsión de Provenza 284

LXXXVIII. Lisboa, 1506 286

LXXXIX. Johannes Pfefferkorn contra Johannes Reuchlin 287

CX. Alberto de Brandeburgo 292

XCI. Los orígenes judaicos de la reforma protestante 293

XCII. Martin Lutero 297

XCIII. Julio III y el Talmud 302

XCIV. Pablo IV, Cum nimis absurdum, 14 de julio de 1555 305

XCV. Iván el Terrible 307

XCVI. San Pío V 309

XCVII. La Sinagoga, «ciega y obstinada», 1593 312

XCVIII. La guerra de Vicente Fettmilch 315

XCIX. Francia, 1615-1617 317

C. Uriel y Vicente da Costa 321

CI. De vuelta en la España liberada 324

CII. Bogdán Jmelnitski, 1648 327

CIII. William Prynne, 1656 329

CIV. La expulsión de Austria, 1670 331

CV. Madrid, 30 de junio de 1680 332

CVI. Johann Andreas Eisenmenger 335

CVII. Los judíos de Roma bajo vigilancia 337

CVIII. El judío Süss, 4 de febrero de 1738 338

CIX. Federico II y la emperatriz María Teresa 340

CX. Benedicto XIV, 1751 341

CXI. Los judíos en el "Siglo de las Luces" 344

CXII. Los judíos en Francia en el siglo XVIII 345

CXIII. Luis XVI 347

CXIV. François Hell 348

CXV. La Revolución y el Imperio (1789-1815) 350

CXVI. La Restauración borbónica en Francia (1815-1830) 354

CXVII. Alemania, 1814-1819 357

CXVIII. La era de los Rothschild 362

CXIX. Francia: el tanteo antisemita 366

CXX. La política de injerencia en Rumanía 370

CXXI. La criminalidad judía en Alemania 374

CXXII. Austria-Hungría bajo la bota judía 384

CXXIII. La Civiltá Cattolica, 1870-1903 391

CXXIV. El antijudaísmo alemán en el siglo XIX 395

CXXV. La contraofensiva antijudía en Francia.. 404

CXXVI. Austria-Hungría al final del siglo XIX 415

CXXVII. La caída de la Rusia zarista 420

CXXVIII. El mesianismo judío.. 432

ANEXO I.. 445

Otros títulos 459

Traducción Alejo Domínguez Rellán

La historia del judaísmo es la de un pueblo – o de una secta – en guerra permanente contra el resto de la humanidad. En todas las épocas y en todos los lugares, los judíos suscitaron el antisemitismo. El guion se desarrolla siempre de la misma forma: tras las violencias y los ajustes de cuentas, los *goyim* (los no judíos) legislan para intentar atajar el fenómeno y terminan por expulsar a los indeseables. Pero inevitablemente, al cabo de cierto tiempo, estos logran introducirse de nuevo en la plaza corrompiendo los reyes y los señores y reanudan sus tráficos e intrigas, sin haber escarmentado o aprendido nada de sus errores pasados. Esta historia lleva repitiéndose cerca de tres mil años.

Por su parte, los judíos intentan continuamente dar al mundo entero la imagen de una comunidad perseguida sin motivo alguno. Desde la salida de Egipto hasta Auschwitz, la destrucción del Templo hasta los pogromos de los Cosacos, pasando por las masacres cometidas por los Cruzados y las hogueras de la Inquisición, su historia es efectivamente una sucesión de dramas. Para explicar este fenómeno, los intelectuales judíos proponen todo tipo de teorías, más o menos alambicadas, y terminan por afirmar que la historia del "pueblo" judío es un «misterio», un «enigma» extraordinario, un destino fabuloso y hasta cósmico. La mayoría de las veces añaden o dan a entender que quizás serían el "pueblo elegido de Dios". Pero cuando se examina el asunto más de cerca, el problema es en realidad mucho más simple. En cualquier caso, después de la lectura de este libro, confiamos en que ya nadie hable de civilización "judeocristiana".

I. La huida de Egipto

La primera manifestación conocida de hostilidad hacia los judíos fue relatada en el Éxodo, el segundo libro de la Torá (La Biblia, el Antiguo Testamento). Los Hebreos, según nos cuentan, salieron precipitadamente de Egipto encabezados por Moisés y se dirigieron hacia la "Tierra prometida" a la que llegaron tras errar durante cuarenta años en el desierto del Sinaí.

Originalmente, unos siglos antes, los judíos habían sido llamados a Egipto por José (*Yosef*), el hijo predilecto de Jacob (*Ya'akov*) que sus hermanos habían vendido como esclavo. En Egipto (*Mitzrayim*), según cuenta la leyenda, José había prosperado, logrando destacar y ganarse la confianza del Faraón, siendo nombrado finalmente virrey. El país y toda la región atravesaron un periodo de abundancia y luego un periodo de sequías y carestía, tal como lo había previsto José. Este acaparó el ganado de los Egipcios: «Yosef respondió: Denme sus animales de cría y yo les daré alimentos a cambio de su ganado» (Génesis, XLVII, 16[1])». Al año siguiente, adquirió para el Faraón toda la tierra de Egipto: «Así que Yosef adquirió toda la tierra de Mitzrayim para el Faraón, pues los Mitzrayimim (los Egipcios) vendieron su tierra al Faraón, porque la hambruna pesaba sobre ellos tan severamente. Así que la tierra se convirtió en propiedad del Faraón.» Bajo la férula de José, los habitantes fueron reducidos a la «esclavitud ciudad por ciudad, desde un extremo del territorio de Mitzrayim hasta el otro» (Génesis, XLVII, 20).

Entretanto, José había abierto las puertas de Egipto a su padre y a sus hermanos hebreos, otorgándoles las mejores tierras: «Yosef encontró un lugar para su padre y hermanos, y les dio propiedad en la tierra de Mitzrayim, en la mejor región del país, en la tierra de Ramses» (Génesis, XLVII, 11). En unos años, los Hebreos se multiplicaron en el país y se enriquecieron de forma considerable, tal como se puede leer en la Torá: «Los hijos de Yisra'el fueron fructíferos, aumentaron abundantemente, se multiplicaron y crecieron poderosamente; la tierra se llenó con ellos.» (Éxodo I, 7).

Los Egipcios lograron liberarse de su dominio gracias a un nuevo Faraón que no había conocido José (probablemente Seti I o Ramses II, en el siglo XIII antes de Cristo). El Faraón ordenó que los varones recién nacidos fueran «arrojados al río». Además, los judíos fueron obligados a trabajar con sus manos: «Los hacían trabajar implacablemente, haciendo sus vidas amargas con trabajo gravoso – haciendo barro, haciendo ladrillos

---

[1] Biblia Kadosh Israelita Mesiánica; todas las traducciones en www.Bibliatodo.com. Nota del Traductor, NdT

y toda clase de trabajo de campo.» (Éxodo I, 13).

Fue en ese momento que apareció la figura de Moisés (*Moshé*). Tras su nacimiento, su madre, temiendo que los Egipcios lo asesinaran, depositó el recién nacido en una cesta y lo abandonó en el río. El niño, según cuenta la leyenda judía, fue recogido en la orilla del río por la hija del Faraón que se bañaba allí y decidió adoptarlo.

Fue Moisés quién más tarde negoció la liberación de su "pueblo". Obligó al Faraón a dejar salir los Hebreos de Egipto invocando una serie de "plagas" que asolaron el país: agua ensangrentada, invasión de ranas, mosquitos, tábanos, peste, sarpullidos, langostas, etc. Pero a cada vez el Faraón se desdecía y se negaba a dejar los Hebreos salir de Egipto. La décima "plaga" debía exterminar todos los primogénitos de los Egipcios.

Mientras tanto, los israelitas despojaron los autóctonos de sus bienes más preciados. Moisés siguió así la voluntad de Yahweh: «Ahora di al pueblo que todo hombre pedirá a su vecino y toda mujer a su vecina joyas de oro y plata.» (Éxodo XI, 2). «Los hijos de Yisra'el habían hecho lo que Moshé había dicho – ellos habían pedido a los Mitzrayimim darles joyas de oro y plata; y Yahweh había vuelto a los Mitzrayimim tan favorablemente dispuestos hacia los hijos de Yisra'el que ellos les dieron lo que habían pedido. Así ellos saquearon a los Mitzrayimim.» (Éxodo XII, 35).

En mitad de la noche, hubo un gran clamor cuando los egipcios se dieron cuenta de la muerte de sus hijos. El Faraón fue inmediatamente hablar con Moisés y le autorizó abandonar Egipto con los Hebreos, llevándose con ellos todos los tesoros robados a los Egipcios. Según la leyenda, la estancia de los judíos en Egipto habría durado cuatro cientos años.

Los hebreos se dirigieron a la tierra de Canaán, a fin de tomar posesión de ella en virtud de la promesa divina hecha a sus antepasados. Sin embargo – siempre según la leyenda- el Faraón cambió de parecer tras su marcha y envió sus soldados a perseguirlos para traerlos de vuelta. Los Israelitas huyeron entonces atravesando el mar Rojo que se abrió milagrosamente ante ellos y cerrándose sobre sus perseguidores.

Sin embargo, la realidad es probablemente muy diferente. Cuando examinamos su historia, comprobamos en efecto que los judíos siempre fueron expulsados en un momento dado de todas partes, de todos los países sin excepciones. Si supuestamente los soldados los persiguieron, no era para traerlos de vuelta a Egipto, sino más bien para recuperar las riquezas que los judíos habían robado a los Egipcios. De hecho, con todas esas riquezas los Hebreos iban a poder fabricar su Becerro de oro en el desierto del Sinaí. En cuanto a los textos egipcios de la época, estos mencionan «la expulsión de un pueblo enfermo, o de un pueblo con un rey leproso[2]». Los judíos, efectivamente, «fueron mirados por los egipcios con tanto desprecio como los hyksos, sus hermanos, los que los textos jeroglíficos llaman los leprosos y que son designados como plaga y peste por algunas inscripciones[3].»

En resumidas cuentas, todos los ingredientes que componen la larga historia judía ya estaban presentes en aquel entonces[4].

II. Amalek

En el desierto del Sinaí, los judíos tuvieron que combatir los amalecitas, un pueblo nómada que moraba entre el mar Rojo y el mar Muerto. Los israelitas apenas salían del mar Rojo que los amalecitas los atacaron. Moisés, plantado en la cima de la montaña, invocaba Yahweh las manos levantaba al cielo, mientras Josué (*Yehoshuá*) ganaba la batalla y triunfaba por primera vez sobre "Amalek", que a continuación simbolizaría genéricamente el eterno enemigo hereditario de los judíos, generación tras generación.

Vemos después a los amalecitas junto a los moabitas, combatidos por Aod (*Ehud*) (Jueces III, 13) y a los madianitas, combatidos a su vez por Gedeón (*Gideon*) (Jueces VI, 3).

Hacia la década 1050 a. C., Saúl (*Shaúl*), el primer rey de los israelitas en la Tierra de Canaán, escuchó el profeta Samuel ordenarle entablar una guerra de exterminio contra "Amalek". Saúl llamó entonces a todos sus soldados en armas y comenzó una peligrosa guerra contra el rey Agag. El Señor dijo a Samuel (*Shemuel*) (Samuel XV, 3-18): «Ahora ve y ataca a Amalek, y destruye completamente todo lo que ellos tienen. No les perdones, sino mata hombres y mujeres, niños y bebés, vacas y ovejas, camellos y asnos. Y lo dedicarás a él y todo lo de él para destrucción... Ve y destruye completamente, tú matarás a los pecadores contra mí, aun los

---

[2] Jacques Attali, *Los judíos, el mundo y el dinero*, Fondo de cultura económica, 2005, Buenos Aires p. 29

[3] Inscripción de Aahmes, jefe de los boteros, citada por Ledrain, *Histoire du peuple d'Israel*, I, p. 53, en Bernard Lazare, *El Antisemitismo, su historia y sus causas*, (1894). Ediciones La Bastilla, Ed. digital, 2011, p. 15. [«Por su parte, los romanos no están especialmente urgidos por asimilar a los judíos, a quienes algunos panfletos describen como "sucios", "salvajes", "cobardes", "leprosos", "sacrificadores de niños"», en Jacques Attali, *Los judíos, el mundo y el dinero*, Fondo de cultura económica, 2005, Buenos Aires p. 82. NdT.]

[4] «¿Es Moisés fruto de un incesto?» Es la pregunta que se hacía un intelectual judío, Gilles Dorival, en un artículo del año 2005 (Leuven University Press, p. 97-108). Léase en el último capítulo de este libro. Y más en detalle en *Psicoanálisis del judaísmo*.

Amaleki, permanece haciéndoles la guerra hasta que sean completamente exterminados» El profeta Samuel había dado sus instrucciones: no debía permanecer de Amalek «ningún vestigio y recuerdo».

Saúl marchó entonces contra los amalecitas, los venció desde Havila, cerca de la desembocadura del Éufrates, hasta el Sur, hacia el mar Rojo, y avanzó luego hacia su capital. Esto se produjo supuestamente en el año 1053 antes de Cristo. Tomó posesión de las ciudades, dio muerte a hombres, mujeres y niños. Capturó Agag, rey de los amalecitas, pasó a degüello todo su pueblo, pero conservó para él los mejores animales y pertenencias, violando así la orden expresa de Yahweh.

Ante la noticia, Samuel se enojó por la desobediencia de Saúl y le anunció que un nuevo rey sería ungido para sustituirle. Samuel dijo a Saúl: «Yo no regresaré contigo, porque tú has rechazado la palabra de Yahweh, y Yahweh te rechazará como rey sobre Yisra'el.» Samuel pidió que le trajeran el rey Agag que yacía encadenado y ordenó que el rey de Amalek fuese descuartizado. (Samuel XV, 26, 32-33). Samuel se mantuvo en el trono, a pesar de haber sido virtualmente destituido por Yahweh[5].

III. *Los Filisteos*

En torno al año 1020 antes de Cristo, el rey Saúl marchó a la guerra contra los filisteos. La batalla del monte Gilboa tuvo lugar en 1007 a.C. Los filisteos se presentaron en la llanura con su caballería y sus carros de guerra, por lo que los israelitas tuvieron que refugiarse en los montes de

---

[5]El Dios Yahweh es uno de los dioses, un dios entre muchos más. Los Hebreos han dejado constancia de una alianza entre ellos y un Dios llamado Yahewh, primero a través de Abraham y confirmada después con Moisés (*Éxodo III, 15*). Yahweh es un dios étnico. En ninguna parte Yahweh es presentado como el único Dios existente. Si el pueblo hebreo es fiel a la alianza con Yahweh, este dios será fiel a su pueblo y le favorecerá por encima de los demás pueblos. Para llevar a su pueblo a la victoria, Yahweh encabeza los ejércitos de su pueblo y se muestra despiadado con sus enemigos. En la Biblia a menudo se le llama "Yahweh de los ejércitos". Esta forma de religión que pertenece al politeísmo era muy frecuente en Oriente Medio. Se la puede denominar "*Monolatría*", es decir la forma de idolatrar un dios nacional particular poniéndolo por encima de todos los demás dioses, y nada tiene que ver con el dogma de que solamente existe un solo Dios (*monoteísmo*). Son notorias las guerras de Yahweh y su pueblo contra los demás pueblos de la región (todos semitas como los hebreos, por cierto) y sus dioses: guerra contra el dios Dagon (amorreos y filisteos), contra el dios Quemos (moabitas y amonitas), contra el dios Assur (asirios), contra el dios Marduk (babilonios), etc. Todos estos pueblos y dioses coexistían en la región, a veces en guerra entre ellos, a veces amistosamente estableciendo alianzas, como con el dios Baal de los fenicios. Yahweh también es a menudo acompañado de una divinidad femenina, la célebre Ishtar babilónica que compartía nupcias con otros muchos dioses. (NdT)

Gilboa donde los filisteos los persiguieron y despedazaron. Tres de los hijos de Saúl fallecieron, y el mismo Saúl, viéndose aislado de repente, se dio la muerte clavándose su propia espada. La victoria de los filisteos fue completa. Tras descansar por la noche, los filisteos rastrearon el campo de batalla y despojaron los muertos de su ropa y sus armas. En medio de los cadáveres, hallaron los del rey Saúl y sus hijos y enviaron sus cabezas y sus armas a su país como trofeos. Colgaron los cadáveres decapitados de Saúl y de su hijo Jonatán en los muros de Beit She'an. En memoria de esta victoria, el cráneo de Saúl fue conservado en un templo del dios Dagon, y su armadura en un templo de la diosa Astarté (Ishtar-Astoret). Los filisteos capturaron después las ciudades situadas en el valle de Jezreel y en la región oriental del Jordano.

El Estado israelita fue restablecido posteriormente por el rey David, sucesor de Saúl. David había entrado en la corte al servicio de Saúl, casándose con su hija Mical. Su fama de héroe fue creciendo tras cada combate que había protagonizado junto a su rey, hasta que Saúl se celara de sus éxitos. El rey llegó así a decretar su muerte. David huyó y pasó a la clandestinidad, aunando a su alrededor todos los descontentos. La derrota de Saúl en Gilboa le permitió hacerse coronar rey en Hebrón por los jefes de los clanes de Judea. Sus numerosas victorias en el Oeste contra los filisteos, en el Sur contra los edomitas, contra los moabitas y los amonitas más allá del río Jordano y en el Norte contra los arameos, hicieron de David el gran rey de Israel. Según la leyenda, su hijo Salomón le sucedió, aunque el nombre del rey Salomón no aparece en ningún documento arqueológico de Oriente Medio y el esplendor de dicho reino debió ser muy relativo[6]. Tras su muerte, los judíos se dividieron. Diez tribus fundaron el reino de Israel, al norte, el cual fue destruido y sometido en -722 por los asirios. En el sur, las tribus de Benjamín y de Judá formaron el reino de Judá, con Jerusalén como capital.

IV. Nabucodonosor

En septiembre del año 605 antes de nuestra era, Nabucodonosor II fue coronado rey de Babilonia. Su principal preocupación era entonces la lucha contra los egipcios que dominaban Oriente Medio y amenazaban sus fronteras occidentales. Unos meses antes de su coronamiento,

---

[6] El judaísmo bíblico (Torá) de Abraham, Isaac, Jacob, Moisés, y los posteriores reinos de Israel y Judá son relatos legendarios ampliamente refutados por la crítica e investigación histórica moderna. (Véase en Norman Finkielstein, Neil Asher Silberman, *La Biblia desenterrada, Una nueva visión arqueológica del antiguo Israel y de los orígenes de sus textos sagrados* (2001), Siglo XXI, Madrid, 2003). (NdT).

Nabucodonosor había vencido a los Egipcios en el Éufrates y los había expulsado de Palestina y de Siria. El mismo año entraba en Jerusalén, capital del reino de Judá. Pero el reino se mostró insumiso, no habiendo escarmentado el destino del reino del norte. Los babilonios ocuparon Jerusalén dos veces, en -597 y -586, tras un largo asedio. Ese año fatídico el Templo de los judíos fue destruido y parte de la población deportada a Mesopotamia.

Los judíos de Judea exiliados en Babilonia fueron sin embargo tratados con gran mansedad por el soberano babilonio. El célebre historiador judío Heinrich Graetz escribió en su monumental *Historia de los Judíos*[7]: «El pueblo conquistado, sacado a la fuerza de sus propios hogares, fue trasplantado a esta nueva ciudad, mientras que se dieron domicilios a muchos cautivos de Judea en la propia capital, siendo favorecidos en particular aquellos que habían aceptado libremente el gobierno de Nabucodonosor. De hecho, tan generoso fue su trato que familias y comunidades enteras de las ciudades de Judea y Benjamín, con sus parientes y sus esclavos, tuvieron el privilegio de permanecer juntos. Eran libres y se respetaban sus derechos y costumbres.»

«Lo más probable es que los exiliados recibieran tierras y viviendas a cambio de las que habían perdido en su propio país. La tierra repartida entre ellos era cultivada por ellos mismos o por sus siervos. No sólo poseían esclavos, sino también caballos, mulas, camellos y asnos. Mientras pagaran el impuesto sobre sus tierras y tal vez también un impuesto al sufragio, y obedecieran las leyes del rey, se les permitía disfrutar de su independencia.» Tras la muerte de Nabucodonosor en 561, bajo el reinado de su hijo, su condición fue todavía más favorable. Entre los jóvenes empleados en su corte había judíos que ejercían de eunucos. Heinrich Graetz escribía al respecto: «Jóvenes judaicos, de la casa real de David, se encontraban en su corte como eunucos. Cuántas veces estos guardianes del harén, estos servidores de los caprichos de su señor se convirtieron a su vez en amos de su señor[8].»

Hacia el año -550, los Persas tomaron posesión del Imperio babilónico

---

[7] Heinrich Graetz, *Geschitchte der Juden* (*Historia de los Judíos*), once tomos publicados en alemán entre 1853 y 1875. Heinrich Graetz, *History of the Jews*, Philadelphia, The Jewish Publication Society of America, 1891. Heinrich Graetz, nacido Tzvi Hirsch Graetz (1817-1891), fue un destacado historiador y teólogo judío prusiano. Fue uno de los primeros en escribir una historia completa del pueblo judío desde una perspectiva judía. Su obra magna, *Historia de los judíos*, se tradujo a otros idiomas y despertó el interés por la historia judía en todo el mundo. En 1869, la Universidad de Breslavia le concedió el título de profesor honorario y en 1888 fue nombrado miembro honorario de la Real Academia Española de Ciencias. (NdT)

[8] Heinrich Graetz, *History of the Jews I*, Philadelphia, The Jewish Publication Society of America, 1891, p. 330–331

y en -536 su soberano Ciro el Grande autorizó a los exiliados judíos volver a su patria donde estos comenzaron inmediatamente la reconstrucción del Templo que terminaron en el año -515[9].

V. *El encuentro con los griegos*

A partir del siglo IV a. C, el imperio persa se tambaleó ante el empuje del imperialismo griego. En -338, un joven príncipe europeo y cabello rubio llamado Alejandro derrotó las tropas tebanas y empezó una prodigiosa carrera que le llevaría los años siguientes hasta los confines del mundo conocido en Asia.

La ciudad de Alejandría, fundada en la costa egipcia en -332, se había convertido en el foco de la cultura helénica y en un gran centro del comercio internacional. Alejandro había fomentado la instalación de judíos en ella, así como en otras ciudades imperiales, de tal forma que la ciudad se había convertido en una polis cosmopolita. En el siglo III a. C., una importante comunidad judía se había implantado en la ciudad, provocando algunas reacciones de defensa por parte del resto de los habitantes.

Los primeros escritos antijudíos que nos han llegado son obra de eruditos griegos de Alejandría. Hecateo de Abdera, un historiador griego que vivió en Egipto al principio del siglo III antes de Cristo, fue el autor de una *Historia de Egipto* de la que Diodoro de Sicilia se sirvió abundantemente. Hecateo de Abdera describía en ella las costumbres judías como «inhospitalarias y antihumanas». Los judíos ya parecían vivir en aquella época en oposición al resto del género humano, al menos desde Moisés: «Los sacrificios y las costumbres que estableció, escribía Hecateo de Abdera, eran completamente diferentes de las de las demás naciones; en memoria del exilio de su pueblo, [Moisés] instituyó una forma de vida contraria a la humanidad y a la hospitalidad.»

La aversión de los Judíos a sentarse en la mesa de los no judíos o a contraer matrimonio con ellos era considerada por todos como un comportamiento hostil e insultante. "Vivían aparte, en barrios especiales, se encerraban en sí mismos, vivían aislados y se administraban en virtud de privilegios de los que eran celosos y que excitaban la envidia de quienes los rodeaban[10]", escribía el historiador judío Bernard Lazare. «Su reserva en el trato con los extraños se veía como odio al género humano», escribía

---

[9]La historia de la judía Ester y del rey Asuero (Jerjes I) es narrada en *El Espejo del judaísmo*.
[10]Bernard Lazare, *El Antisemitismo, su historia y sus causas*, (1894). Ediciones La Bastilla, Ed. digital. 2011, p. 16. Los guetos fueron deseados y creados por los propios judíos, léase en *La Mafia judía* y *El Espejo del judaísmo*.

a su vez Heinrich Graetz.

Muchos eran inmensamente ricos: «Además, habían obtenido el monopolio de la navegación en el Nilo, el comercio del trigo y el abastecimiento de Alejandría, y su tráfico se extendía a todas las provincias del litoral mediterráneo. Adquirieron así grandes riquezas», afirmaba Bernard Lazare, quien nos informaba también de que los eruditos judíos se dedicaban a falsificar textos para su propaganda. De modo que circulaban versos de Esquilo, Sófocles e Eurípides que celebraban el Dios único y el Sabbat.

También se falsificaba historiadores: «La más importante de esas invenciones fue la de los *Oráculos sibilinos*, fabricados por completo por los Judíos alejandrinos, y que anunciaba el advenimiento del reino del Dios único en los tiempos futuros[11].»

La literatura judía de aquella época, *Libros I y II de Enoc*, *Jubileos*, *Testamento de los Doce Patriarcas*, *Oráculos sibilinos* y otros, estaban impregnados de fuertes acentos apocalípticos y llenos de imprecaciones contra los no judíos: «¡Maldito seas, Gog, y todos los pueblos que se suceden, y de ti, Magog!» Varios de esos textos, como los *Oráculos sibilinos* o pasajes de *Enoc I*, eran redactados en griego y su efecto en los lectores no judíos fue catastrófico. Pues, efectivamente, hallamos en ellos la noción de un Dios exclusivamente judío que conspira con su pueblo para exterminar los demás pueblos.

Pero los Griegos, al menos los letrados, no descubrieron realmente el judaísmo hasta la publicación de la traducción de la Torá (El Antiguo Testamento) en griego, conocida bajo el nombre de Biblia Septuaginta o Biblia de los Setenta (abreviada LXX), realizada en Alejandría en el siglo III a. C durante el reinado de Ptolomeo II. El texto provocó en los letrados indignación y airadas protestas. El Dios nacional de Israel (Yahweh) ordenaba destruir los altares de los pueblos donde vivían. ¿Y qué decir de todas esas historias de traición, violaciones, venganzas, masacres e incestos que aparecían página tras página en ese libro sagrado?

Dejemos sobre este punto la palabra a Alfonso Toussenel, un socialista del siglo XIX y discípulo del célebre Fourier. Su libro, *Los judíos como reyes de la época, una historia del feudalismo financiero*, publicado en 1845, ha envejecido bastante, pero hallamos en su introducción un interesante pasaje respecto al Antiguo Testamento. Así decía: «Desconozco las grandes cosas que ha hecho el pueblo judío, no habiendo leído su historia más que en un libro donde no se habla de otra cosa que de adulterio e incesto, carnicería y guerras salvajes; donde todo nombre que se venera

---

[11]Frag. Hist. Grac. Didot II, 391, según Diodoro, XL, 3, in Georges Nataf, *Les Sources païennes de l'antisémitisme*, Berg International, 2001, p. 55

está mancillado por la infamia; donde toda gran fortuna comienza invariablemente con el fraude y la traición; donde los reyes, que son llamados santos, hacen asesinar a maridos para robarles sus esposas; donde las mujeres, que son llamadas santas, se introducen en las camas de los generales enemigos para cortarles la cabeza. No concedo el título de gran pueblo a una horda de usureros y leprosos, que han sido una carga para toda la humanidad desde el principio de los siglos, y que arrastran por todo el globo su invencible odio hacia los otros pueblos y su incorregible orgullo[12].» Los Griegos de Alejandría se habían escandalizado de la misma forma veinte siglos antes.

Manetón, gran sacerdote del dios Sol Ra en el templo de Heliópolis, fue un egipcio helenizado del siglo III antes de Cristo. Fue el autor de una *Historia de Egipto* de la que sólo nos llegaron algunos fragmentos que fueron citados siglos más tarde por el historiador judío Flavio Josefo. Manetón afirmaba que el éxodo de los judíos no había sido la heroica aventura narrada en el Pentateuco, sino la expulsión de una colonia de enfermos y leprosos. Presentaba Moisés como un sacerdote apóstata de Heliópolis llamado Osarsef que encabezó un pueblo invasor especialmente cruel. Tras llegar a la tierra de Canaán, «asediaron y quemaron las ciudades y pueblos, saquearon los templos y mancillaron las estatuas de los dioses[13].»

---

[12] Alphonse Toussenel, *Les juifs rois de l'époque, histoire de la féodalité financière,* (1845), Gabriel de Gonet Edit., Paris, 1847, Introduction, p. I-II. [«"Todos los "lectores" de Biblia, ya se llamen judíos o ginebrinos, holandeses, ingleses o americanos, deben haber encontrado escrito en sus libros de oraciones que Dios había concedido a los servidores de su ley el monopolio de la explotación del globo, pues todos estos pueblos mercantiles aportan al arte de extorsionar a la humanidad el mismo fervor de fanatismo religioso. Por eso comprendo las persecuciones que romanos, cristianos y mahometanos han infligido a los judíos. La repulsión universal que el judío inspiró durante tanto tiempo no fue más que el justo castigo de su implacable orgullo, y nuestro desprecio las legítimas represalias por el odio que parecía profesar al resto de la humanidad." A. Toussenel, *Les juifs rois de l'époque, histoire de la féodalité financière*. NdT.]

[13] Georges Nataf, *Les Sources païennes de l'antisémitisme*, Berg International, 2001, p. 58. [En su obra *Contra Apión*, el historiador del siglo I Flavio Josefo discute el sincronismo entre el relato bíblico del Éxodo de los israelitas de Egipto y dos eventos que el historiador egipcio Manetón menciona. Es difícil distinguir entre lo que Manetón contó realmente y lo que Josefo o Apión interpretan. Josefo identifica el éxodo de los israelitas con el primer éxodo mencionado por Manetón, cuando unos 480.000 «reyes pastores hicsos» (también designados como pastores o como reyes y como pastores prisioneros en su discusión) salen de Egipto hacia Jerusalén. La mención de los hicsos identifica este primer éxodo con el período Hicso (siglo XVI a. C.). Apión identifica un segundo éxodo mencionado por Manetón cuando un renegado, que el sacerdote egipcio llamó Osarsef, condujo 80.000 leprosos en rebelión contra Egipto. Manetón combina al parecer los acontecimientos del período de Amarna (en el siglo XIV a. C.) y los acontecimientos del final de la dinastía XIX (siglo XII a. C.). Apión lo mezcla además

Hecateo de Abdera también había afirmado que el relato del Éxodo era ampliamente imaginario. Los judíos, en realidad, habían sido expulsados de Egipto *manu militari*: «Por ello, los autóctonos se convencieron a sí mismos de que si no expulsaban los extranjeros, nunca se librarían de sus males. Inmediatamente, se llevó a cabo la expulsión[14].»

Mas tarde, Lisímaco de Alejandría, un erudito griego que vivió a finales de siglo II a. C., difundió esta literatura con perseverancia. En su *Historia de Egipto*, hablaba de los judíos como un pueblo enfermo de la lepra: «Se produjo a continuación en Egipto una gran esterilidad», escribía. Lisímaco fue citado por Flavio Josefo: «Una vez ahogados los leprosos y los sarnosos, los demás fueron reunidos y abandonados en lugares desiertos para que muriesen.» Por lo visto, los judíos no llegaron al desierto por casualidad.

Las leyes a las que obedecían provocaron una gran indignación. «Un tal Moisés les aconsejó que se arriesgasen a seguir un único camino hasta llegar a lugares habitados; les ordenó que no mostraran benevolencia con ningún hombre, que no aconsejaran nunca lo mejor sino lo peor, y que destruyeran los templos y altares de los dioses que encontrasen. Los demás se mostraron de acuerdo y cumplieron sus consejos. Atravesaron el desierto y, después de muchos sufrimientos, llegaron a un lugar habitado. Ultrajaron a los habitantes, saquearon e incendiaron los templos, hasta llegar al país llamado hoy Judea, donde construyeron una ciudad y se establecieron. Esta ciudad fue llamada Hierósila por la índole de aquellos. Mas tarde, dueños ya del país, le cambiaron el nombre para evitar la vergüenza y llamaron Jerusalén a la ciudad, y a sí mismos, jerosolimitanos[15].»

Demócrito, un historiador griego contemporáneo de Lisímaco, hizo la más antigua referencia a los crímenes rituales de los judíos: «Cada siete años, capturaban un extranjero, lo llevaban al templo y lo inmolaban despedazando sus carnes en pequeños trozos[16].»

VI. Antíoco IV Epífanes

Tras la muerte de Alejandro Magno, en -323, sus generales se repartieron su legado, quedando el imperio finalmente dividido. Ptolomeo

---

con el éxodo bíblico y, contrario a Manetón, incluso alega que este sacerdote herético cambió el nombre a Moisés. NdT.]

[14] Frag. Hist. Grac. Didot II, 391, según Diodoro, XL, 3, en Georges Nataf, *Les Sources païennes de l'antisémitisme*, Berg International, 2001, p. 55

[15] Flavio Josefo, *Contra Apión*, Editorial Gredos, Madrid, 1994, p. 229-230, y en Georges Nataf, *Les Sources païennes de l'antisémitisme*, Berg International, 2001, p. 60. El relato de Lisimaco también se encuentra reproducido en Tácito, *Historias V* 3.

[16] Suidas, C. Müller, *Frag. Hist. Graec.* IV, 377, en Georges Nataf, *Les Sources païennes de l'antisémitisme*, Berg International, 2001, p. 61

y Seleuco fundaron dos dinastías reinantes. Los Ptolomeos dominaron Egipto, Judea y los confines de Siria, mientras que el resto del imperio, incluido Persia, cayó bajo el control de los Seléucidas.

En -198, el Seléucida Antíoco III tomó el control de Judea, pero fue derrotado en -189 por la República Romana y sus aliados en la batalla de Magnesio (o 190 a. C.), teniendo que abonar una colosal indemnización tras la paz de Apamea (188 a. C.), lo que provocó el progresivo declive del Imperio Seléucida y que su sucesor Antíoco IV aumentara la presión fiscal en Judea.

La cultura griega impregnaba entonces todo el mediterráneo y la helenización de Judea proseguía con vigor. Los judíos hablaban y escribían en griego. Filón de Alejandría escribía sus tratados filosóficos en griego. Innumerables palabras griegas pasaron a la literatura rabínica, y grandes sacerdotes judíos como Menelao o Aristóbulo llevaban nombres griegos.

El aumento de la fiscalidad hizo saltar el polvorín hebraico. En -169, Antíoco IV, que regresaba de su campaña de Egipto para reclutar nuevas tropas, decidió aplastar la revuelta judía de Jerusalén. Entró en la ciudad, reprimió el levantamiento y profanó el Templo, entrando «por la fuerza en el Templo e incluso en el Santo de los Santos, y como una marca de desprecio por el Dios que era adorado allí, quitó el altar de oro, el candelabro, la mesa, los vasos de oro, y todos los tesoros que aún quedaban.» El Templo fue convertido en lugar de culto pagano. Menelao, aún más favorable al helenismo que su predecesor, fue elevado a la dignidad de gran sacerdote. Tras vencer a los judíos, Antíoco fue apodado Epífanes (el Ilustre).

Una historia iba a ridiculizar durante mucho tiempo el judaísmo a los ojos de los pueblos civilizados, escribía Heinrich Graetz: «Una fábula medio alucinación y mentira, inspirada por su cómplice Menelao»:

«Para paliar tanto la masacre de inocentes como la profanación del Templo, inventó una falsedad que mucho tiempo después siguió dando mala reputación al judaísmo entre todas las naciones civilizadas. Antíoco declaró que había visto en el Lugar Santísimo la estatua de un hombre de larga barba, montado en un asno y con un libro en la mano. Creía que era la estatua del legislador Moisés, que había dado a los judíos leyes inhumanas y horribles para separarlos de todos los demás pueblos. Entre los griegos y los romanos corrió el rumor de que Antíoco había encontrado la cabeza de un asno de oro en el Templo, que los judaicos veneraban, y que por consiguiente adoraban a los asnos.»

«Antíoco fue probablemente el autor de otra infame calumnia inventada para desacreditar a los judíos: se decía que había descubierto, tendido en la cama del Templo, a un griego, que suplicaba ser liberado, ya que los judíos tenían la costumbre de cebar y degollar a un griego cada año y alimentarse de sus entrañas, jurando al mismo tiempo odio contra todos los griegos, a los que estaban decididos a destruir.» Disgustado, el historiador judío añadía: «Tanto si esta vil calumnia procedía directamente de Antíoco, como si estas fábulas sólo se le atribuían a él, no cabe duda de que ennegreció la reputación de los judíos al difundir la noticia de que el judaísmo inculcaba el odio hacia todos los demás pueblos[17].»

En junio del -168, Antíoco emprendió una segunda expedición a Egipto, pero el ejército heleno fue derrotado y obligado a batir en retirada hasta su capital. Así pues, escribía Graetz, «Antíoco, "el Ilustre", regresó a su capital. Consciente de su humillación que le atormentaba... descargó su ira secreta en crueldades sin parangón contra los judíos. Ellos, dijo, habían mostrado placer en su humillación; habían proclamado en voz alta que el Dios que adoraban humillaba a los altivos, y que por lo tanto había preparado esta mortificación para él. Apolonio, uno de sus súbditos principescos, y antiguo gobernador de Misia, entró en la capital judía, acompañado de tropas feroces, aparentemente con intenciones pacíficas. Sin embargo, de repente, un sábado, cuando la resistencia era imposible, los mercenarios griegos y macedonios se lanzaron sobre los habitantes, mataron a hombres y jóvenes, hicieron prisioneros a mujeres y niños y los enviaron a los mercados de esclavos. Apolonio también destruyó muchas casas de la capital y derribó las murallas de Jerusalén, pues deseaba que desapareciera de la lista de ciudades importantes... Los habitantes que no habían encontrado la muerte escaparon, y sólo los helenistas más rabiosos, los soldados sirios y los extranjeros permanecieron en los lugares desiertos. Jerusalén se volvió extraña para sus propios hijos[18].»

Posidonio de Apamea, un filósofo estoico nacido en Siria (-135 a.C, -51 a.C), reprochaba a los judíos sus leyes «contrarias a las leyes sagradas de la hospitalidad». He aquí un pasaje de su relato:

«La mayoría de los amigos de Antíoco opinaba que había que apoderarse de la ciudad por la fuerza y aniquilar completamente la raza judía, pues de todas las naciones era la única en negarse a vivir en sociedad con los demás pueblos ya que los consideraban todos como enemigos. Le informaron que los mismos antepasados de los judíos, hombres impíos odiados por los dioses, habían sido expulsados de todo Egipto. Cubiertos de lepra y costras, habían sido acorralados como seres malditos y expulsados de las fronteras para purificar la tierra. Luego, una vez desterrados, se apoderaron del territorio de Jerusalén, formaron el pueblo judío y perpetuaron entre ellos el odio de los hombres. Por eso habían

---

[17] Heinrich Graetz, *History of the Jews I*, Philadelphia, The Jewish Publication Society of America, 1891, p. 451, 452

[18] Heinrich Graetz, *History of the Jews I*, Philadelphia, The Jewish Publication Society of America, 1891, p. 453, 454

instituido leyes especiales, como la de no sentarse nunca a la mesa con un extraño y no mostrar ninguna amabilidad hacia ellos[19].»

Puesto que el judaísmo se oponía al resto de la humanidad, era por lo tanto legítimo, por el bien de la humanidad, prevenirse contra él y aniquilarlo. En -168, mediante un edicto publicado en toda Judea – el llamado edicto de Apostasía –, Antíoco Epífanes prohibió simple y llanamente la ley mosaica. La circuncisión, el Sabbat y las fiestas judías fueron prohibidas y severamente castigadas; los infractores eran castigados de pena de muerte. Se erigieron altares en honor a los dioses griegos en todas partes y el templo de Jerusalén fue consagrado a Zeus Olimpio. El 6 de julio de -168 (17 *tamuz* del calendario judío), el gran sacerdote Menelao sacrificó un cerdo en el altar y esparció la sangre en el santuario del templo. «Se sacrificó un cerdo en el altar del atrio y se roció su sangre en el Lugar Santísimo, sobre la piedra que Antíoco había imaginado que era la estatua de Moisés; se coció la carne y se derramó su jugo sobre las hojas de las Sagradas Escrituras. El llamado sumo sacerdote Menelao y los demás judíos helenistas debían consumir la carne de cerdo. El rollo de la Ley, que se encontraba en el Templo, no sólo fue salpicado, sino quemado, porque la Torá (esa escuela de pureza moral y amor universal), según sostenía Antíoco, inculcaba el odio a la humanidad. Este fue su primer bautismo de fuego. La estatua de Júpiter fue colocada sobre el altar, y a él se le ofrecerían sacrificios en adelante[20]», lamentaba Heinrich Graetz.

Antíoco Epífanes promulgó decreto tras decreto para castigar a los recalcitrantes con el máximo rigor. Cualquiera que profesara abiertamente el judaísmo era condenado a morir a manos del verdugo. Los judíos de las ciudades de Siria y de Fenicia que vivían cerca de los griegos fueron obligados a abandonar el judaísmo. Dondequiera que encontraran rollos de la Ley, los griegos los desgarraban y quemaban en las hogueras. Todas las casas de oración y escuelas judías que existían en el país fueron destruidas.

Algunos judíos renegaban voluntariamente de la secta de la que provenían y denunciaban sus antiguos congéneres a los griegos: «Algunos helenistas reprobados probablemente habían traicionado el refugio de los Hasideos[21]», escribía Graetz. Inmediatamente, el jefe de la guarnición, el

---

[19] Citado por Diodoro de Sicilia, XXXIV, fr. 1, en Georges Nataf, *Les Sources païennes de l'antisémitisme*, Berg International, 2001, p. 66

[20] Heinrich Graetz, *History of the Jews I*, Philadelphia, The Jewish Publication Society of America, 1891, p. 455.

[21] Los Hasideos (del arameo hasí, plural hasídim: piadoso, santo) fueron un partido religioso judío, quienes decían de sí mismos ser los mantenedores de la Legislación de Moisés contra la invasión de las costumbres griegas. Eran un movimiento piadoso con pretensiones de renovación, haciendo énfasis en la observancia radical de la Ley de Moisés. Su doctrina hacía un marcado énfasis en la esperanza de la proximidad del

frigio Felipe, se puso en marcha con sus soldados y todos perecieron en el fuego o asfixiados por el humo.

La señal de la revuelta de los judíos fue dada por un sacerdote llamado Matatías Ben Johanan. Tras su muerte, en -166, su tercer hijo Judas Macabeo ("El Martillo", *maccabi*) tomó el relevo y encabezó la resistencia. Estos judíos fanatizados organizaron la guerrilla contra las guarniciones seléucidas y contra todos los judíos partidarios de los reformadores helenizantes. Aquel año, Judas Macabeo ganó en Emaús una importante batalla contra los griegos. Desde entonces, esta victoria es celebrada cada año en todo el mundo por los judíos durante ocho días de fiesta – Janucá, la Fiesta de las Luces – en la que encienden una vela por cada día. Entre -166 y -164, los griegos fueron incluso expulsados de Jerusalén y sus aledaños.

Las victorias judías no hicieron más que atizar el odio de los pueblos vecinos contra ellos, escribía Graetz: «La victoria de los héroes de Israel sobre las bien armadas tropas sirias acrecentó el odio ardiente de las naciones vecinas contra los judíos, y los incitó a una cruel enemistad contra los miembros del pueblo que vivían entre ellos», como si ya existiera un odio especial contra los judíos. «Los filisteos, en el suroeste; los fenicios, en el noroeste; los amonitas, al otro lado del Jordán; los sirios y macedonios, por todas partes en la vecindad, y los idumeos en el sur, estaban imbuidos de odio hacia los judíos. Al ser expulsados de sus hogares por los nabateos, los idumeos se habían asentado en el antiguo territorio de Judea, e incluso habían tomado posesión de Hebrón. En tiempos de Antíoco se mostraron enemigos acérrimos de los judíos, como lo habían sido bajo el despotismo de Nabucodonosor; siempre estaban al acecho de los fugitivos, a los que maltrataban y a veces incluso mataban. Era, pues, muy importante reducirlos a la sumisión. Judas Macabeo emprendió primero una expedición contra los hijos de Esaú en Acrabatina, los derrotó y los expulsó de sus moradas. Luego cruzó el Jordán con su ejército, luchó contra los amonitas, que estaban dirigidos por un guerrero sirio, Timoteo, enemigo implacable e infatigable de los judíos. Cuando Judas lo hubo derrotado a él y a los amonitas, tomó posesión de su capital Rabbath-Ammon (Filadelfia)[22]...»

Antíoco Epífanes, que acababa de sofocar en Armenia la rebelión de

---

Reino de Dios y en la resurrección de los justos. El movimiento estaba integrado por sacerdotes, escribas y gente sencilla del pueblo. Se unieron a la causa de los Macabeos en contra del monarca helenístico. Hacia el año 150 a. C., según Flavio Josefo, los Hasideos se dividieron en dos grupos bien diferenciados entre sí, los Fariseos y los Esenios. (NdT)

[22] Heinrich Graetz, *History of the Jews I*, Philadelphia, The Jewish Publication Society of America, 1891, p. 457, 474

Artaxias, lanzó entonces una expedición desafortunada en Persia, donde enfermó y falleció en -164. Su muerte marcó el punto final de las persecuciones contra los judíos y probablemente al periodo más crítico de la historia judía[23]. Al año siguiente, en -163, el regente Lisias les concedía la libertad de culto y el gran sacerdote Menelao era condenado a muerte y ejecutado. Sin embargo, una guarnición seléucida permaneció en la ciudadela de Jerusalén hasta -141 para proteger los judíos helenizantes.

VII. *La conquista de Judea por los Romanos*

Juan Hircano, segundo hijo de Simón, el último de los Macabeos (dinastía de los Hasmoneos), se lanzó en la conquista de Samaria y redujo a cenizas la capital. Este había concentrado en sus manos los tres poderes: religioso, civil y militar. Devastó Escitópolis y masacró sus poblaciones bajo el pretexto de que hablaban griego. Era, según Flavio Josefo, un tirano sanguinario que se creía investido del don de profecía. Cuando conquistó Edom, pasó a cuchillo a todos los que no querían convertirse al judaísmo. La crueldad de los judíos respeto de las poblaciones conquistadas se expandió más allá de sus fronteras.

En -134, en un último esfuerzo por intentar reconquistar las provincias perdidas, el rey seléucida Antíoco VII asedió Jerusalén. Sus consejeros le recomendaron tomar la ciudad y exterminar «la nación judía, puesto que era la única entre todas las naciones en evitar el trato con los otros pueblos y consideraba todos los hombres como sus enemigos», escribía Diodoro de Sicilia en el siglo I antes de Cristo, añadiendo: «Los antepasados de los judíos habían sido expulsado de Egipto porque era gente impía y aborrecida por los dioses». El historiador escribía además que los descendientes de los judíos de Egipto habían «elevado su odio a la humanidad al nivel de una tradición[24]».

En el año -64, una parte de Asia Menor y de Oriente Medio fue conquistada por los romanos del tribuno militar Marco Emilio Escauro que

---

[23] Esta época de guerra de liberación nacional fue muy importante para la historia judía. Con la paz restablecida, se afianzó un nuevo Estado independiente con la dinastía Hasmonea, sucesores de los Macabeos, y se formaron varios partidos religiosos: los Saduceos, el partido sacerdotal favorable a la dinastía, y los Fariseos y Esenios, ambos escisiones de los Hasideos, que mantuvieron sus preocupaciones religiosas originales y fueron cada vez más críticos con la evolución helenizante de la dinastía. Además, se sabe que los libros mesiánicos-apocalípticos de Daniel y Enoc fueron redactados por los Hasideos durante esta guerra. (NdT).

[24] Diodorus Siculus. *Bibliotheca Historica*, XXXIV-XXXV, Loeb classical Library, 12 vol., Harvard University Press, en Gérald Messadié, *Histoire générale de l'antisémitisme*, Lattès, 1999, p. 42

servía bajo las órdenes de Pompeyo, el general de las legiones romanas en Oriente. Este llamó a comparecer ante él a los hermanos enemistados Aristóbulo e Hircano que se disputaban el poder en Judea. En Damasco, Pompeyo examinó los motivos de su discordia. Hircano invocó su derecho de mayorazgo, mientras que Aristóbulo pretendía ser más digno de ejercer el poder. Pompeyo fue en un principio más favorable al rico y fogoso Aristóbulo, aunque luego se decantó por Hircano al ser este más favorable a Roma. Aristóbulo organizó inmediatamente la resistencia y se atrincheró con sus hombres en el Monte del Templo. Pompeyo ordenó la invasión de Palestina con gran contingente de tropas. Las legiones romanas se unieron a las tropas que se habían mantenido fieles a Hircano y Jerusalén tuvo que soportar otro terrible asedio que duró tres meses. En junio de -63, una de las torres del templo fue derribada y una brecha abierta a través de la que los romanos penetraron. Pison, el teniente general, tomó el templo el día de ayuno oficial. Las legiones y las tropas aliadas llegaron hasta el atrio, masacraron los judíos y degollaron los sacerdotes. Las crónicas cuentan que Pompeyo penetró primero en el Sanctasanctórum del templo con espada en mano, donde en principio nadie excepto el sumo sacerdote en persona podía penetrar.

Esta guerra costó la vida a 12 000 judíos. El título de rey fue retirado a Hircano, que no conservó más que la dignidad de sumo sacerdote y fue puesto bajo la curatela de Antípatro, nombrado administrador del país. Las murallas de Jerusalén fueron arrasadas y Judea tratada como país conquistado. Además, Judea fue devuelta a sus estrechas fronteras anteriores a los Hasmoneos, sucesores de los Macabeos. Las ciudades costeras fueron declaradas libres, al igual que algunas ciudades del interior.

Tras haber nombrado Escauro gobernador de Judea, de la Baja-Siria y de los territorios que se extendían desde Egipto hasta el Éufrates, Pompeyo regresó a Roma donde fue recibido triunfalmente. Había traído prisionero con él a Aristóbulo, sus hijas y dos hijos, Antígono y Alejandro, el cual a pesar de la estrecha vigilancia logró escapar durante el viaje.

Al año siguiente, Alejandro encabezó una nueva revuelta. Aulo Gabinio, sucesor de Escauro, levantó un ejército de 10 000 hombres con un joven Marco Antonio al frente para derrotar Alejandro y al que se unieron numerosos soldados del ejército de Antípatro. Las legiones romanas vencieron en una batalla decisiva en la que fallecieron más de 6000 judíos.

En Roma, Craso, Pompeyo y César, se repartieron el poder durante un primer triunvirato (-60). En -54 el cónsul Craso, comandante en jefe de los ejércitos de Oriente, se presentó en Jerusalén y se apoderó del tesoro del Templo (unos 2000 talentos de oro) que Pompeyo había dejado intacto para financiar la guerra en Persia contra los Partos. Recaudó otros 8000 talentos en todo el país, ya fuertemente fiscalizado por los romanos, recuperando en total unos 10 000 talentos equivalentes a 34 toneladas de oro y plata (según Flavio Josefo). Craso arrambló con todo lo que había en el Templo, así como con todos los agasajos que los judíos de la diáspora (los judíos de Asia y Europa) habían enviado a Jerusalén. En -53 cruzó el Éufrates para afrontar los Partos, pero fue vencido en Carras. En retirada con los restos de su ejército, Craso fue asesinado durante una entrevista con el general parto Surena y su cabeza enviada al rey Orodes II de Partia. Casio Longino tomó el mando y se replegó hasta Damasco donde contuvo el avance parto que amenazaba toda Siria. Fue en ese momento que estalló otra revuelta en Judea contra el protectorado romano. En -53, Casio Longino invadió el país y aplastó la revuelta. Cerca de 30 000 hombres judíos fueron hechos prisioneros y vendidos como esclavos en los mercados de las grandes ciudades de la República romana.

VIII. *Cicerón*

En Roma, la comunidad judía ya contaba a principio del siglo I con 40 a 50 000 individuos. Los judíos tenían ya cierta influencia en la marcha de los asuntos de Roma, afirmaba Heinrich Graetz: «Los judíos romanos influyeron, hasta cierto punto, en el curso de la política romana. Como los emigrantes originales, así como los cautivos rescatados, gozaban del poder de voto en las asambleas públicas, a veces podían, por su acción combinada en un plan preconcebido, por su asiduidad, por su análisis templado y desapasionado de la situación, y quizás también por su aguda inteligencia, cambiar la balanza en alguna cuestión popular[25].»

Aquí como en todas partes, los judíos eran aborrecidos. Un joven escritor, el retor Apolonio Molón, que vivía en la isla de Rodes – al igual que Posidonio de Apamea – fue el primero en escribir todo un tratado contra los judíos, enumerando varios y numerosos reproches contra ellos. Su obra se perdió; sólo tenemos noticias de ella a través de las menciones hechas por Flavio Josefo en su tratado *Contra Apión*. Apolonio representaba los judíos como «ateos y misántropos», tachándolos de «bárbaros más ineptos y, en consecuencia, los únicos que no han aportado nada útil a la humanidad[26]»

El ilustre abogado y hombre político Cicerón, que había sido su alumno, había aprendido a conocer los judíos. En el año 59 antes de Cristo, tuvo que defender la causa de su amigo y cliente el procónsul de Asia Lucio Flaco, acusado de malversación de fondos destinados a la flota y de extorsión de varias ciudades griegas durante su gobierno en Asia Menor.

---

[25] Heinrich Graetz, *History of the Jews II*, Philadelphia, The Jewish Publication Society of America, 1891, p. 68
[26] Flavio Josefo, *Contra Apión*, Editorial Gredos, Madrid, 1994, p. 260

Entre los acusadores figuraban también varios judíos que le acusaban de haberse apropiado del impuesto religioso que los judíos de su provincia enviaban al templo de Jerusalén cada año. En su defensa, Lucio Flaco alegaba un decreto senatorial que prohibía las remesas de oro fuera de las provincias romanas.

La instrucción fue llevada a cabo por Décimo Lelio Balbo, un partidario de César y de Pompeyo, enemigos políticos de Cicerón y Flaco. César, y sobre todo Pompeyo, promovieron su investigación en Asia Menor, derivando el caso en concusión y juicio político. Los judíos, siguiendo su tradicional voluntad de destrucción de las élites, se habían puesto de parte de César, un líder del pueblo, contra los aristócratas que representaban Flaco y Cicerón.

En su alegato, *Pro Lucio Flaco Oratio,* Cicerón no dedicó más de dos páginas a la acusación de los judíos, pero estas se hicieron célebres por su antijudaísmo patente. Los judíos romanos, que se interesaban vivamente al juicio contra Flaco, habían acudido en masa en medio de la muchedumbre. Cicerón temía desvelar abiertamente su disposición hostil hacia ellos y atraerse su resentimiento; por lo que habló en voz baja. Este es un pasaje de su alegato que no recogió Heinrich Graetz, prefiriendo omitirlo en su historia de los judíos. Cicerón se dirigía aquí al procurador Lelio Balbo:

«Tú sabes bien qué grupo tan compacto forman, qué unión existe entre ellos y qué influencia tienen en las asambleas. Así que voy a hablar en voz baja para que sólo me oigan los jueces; porque no faltan quienes incitan a esos hombres contra mí y contra todos los mejores ciudadanos; no les voy a prestar ninguna ayuda con la que su maquinación les pudiera resultar más fácil. Como cada año se solía exportar de Italia y de todas nuestras provincias oro a Jerusalén por cuenta de los judíos, Flaco prohibió mediante un edicto que se exportase de Asia. ¿Hay alguien, jueces, que no pueda alabar con toda razón esta medida? El senado, tanto en ocasiones anteriores como durante mi consulado se pronunció con mucha severidad en contra de la exportación de oro. Y ha sido un acto de severidad el oponerse a esa bárbara superstición y un acto de extraordinaria firmeza el menospreciar en bien de la república a esa multitud de judíos enardecida a veces en nuestras asambleas[27].»

Graetz citaba en cambio este pasaje: «Se requiere una gran decisión de carácter, dijo, para oponerse a los bárbaros y supersticiosos judíos por el bien de nuestro país, y mostrar el debido desprecio hacia estos sediciosos, que invaden nuestras asambleas públicas. Si Pompeyo no se acogió a los derechos de un conquistador y dejó intactos los tesoros del Templo,

---

[27] Marco Tulio Cicerón, *En Defensa de Lucio Flaco, XXVIII, Quejas de los judíos de Asia (66-69).*

podemos estar seguros de que no se contuvo por reverencia al santuario hebreo, sino por astucia, para evitar dar a la sospechosa y calumniosa nación judaica la oportunidad de acusarle[28].»

Un año más tarde, Cicerón era condenado al exilio sin poder acercarse a menos de 80 millas de la ciudad. Su casa y propiedades fueron completamente destruidas.

IX. *César, Cleopatra y Marco Antonio*

En -48, Pompeyo, que se había refugiado en Grecia, fue derrotado por Julio César en Farsalia. Se refugió entonces en Egipto donde fue asesinado. En agradecimiento por su ayuda, César permitió a los judíos levantar los muros de Jerusalén que Pompeyo había derruido al asediar la ciudad. También ordenó que todos los judíos que todavía eran esclavos en países extranjeros, tras las actuaciones de Craso y las órdenes de Casio Longino, fueran liberados.

César colmó los judíos de favores. Disminuyó considerablemente sus impuestos y los eximió del servicio militar[29]. He aquí un extracto de los edictos expuestos en el Capitolio de Roma y en Alejandría:

«*Nosotros, Cayo César, informamos a los magistrados de los Parianianos que los judíos de varias provincias acudieron a vernos en*

---

[28]Heinrich Graetz, *History of the Jews II*, Philadelphia, The Jewish Publication Society of America, 1891, p. 69

[29]"Pero Julio César no solamente favoreció a Antípatro y su familia, sino a todos los judíos por su apoyo y participación en la toma de Egipto, ya que sin el soporte de víveres y el apoyo militar extra la empresa hubiera sido casi imposible, por lo que también benefició a Hircano y sus hijos nombrándolos aliados de Roma y amigos personales. También había ratificado el derecho a las prácticas religiosas judías y además de que toda causa judicial contra un judío debería resolverla los propios judíos por conducto de su sumo sacerdote, también eximió a los judíos del acantonamiento de las tropas en invierno, prohibió las extorsiones y ordenó que el pago de impuestos para Roma contemplara las particularidades de la ley judía, exceptuando el año sabático de contribuciones ya que la tierra no producía, regresó además al dominio judío la ciudad marítima de Jafa que Pompeyo había liberado, además otorgó a Hircano y su familia un lugar al lado de los senadores en el Circo y el privilegio de presentar solicitudes directamente al senado Romano con aprobación del dictador o de su adjunto, también la población en general recibió beneficios, pues se les exentó del servicio de las armas, respetando que las leyes del Shabat no les permitían realizar actividades en ese día. César sabía recompensar a sus aliados y los judíos no quedaron mal colocados con Roma, por lo que muchos judíos llegaron a la propia Roma y con la facilidad que caracteriza al judaísmo supieron adaptarse y convertirse en hábiles mercaderes, ocupando el otro lado del Tíber para establecerse." Holtzmann & Oncken, 1918, páginas 277, 286–290, citado en Carlos Ruz Saldivar, *Esbozo de la Historia de Israel*). (NdT).

Delos para quejarse de la defensa que les hacéis de vivir según sus leyes y de hacer sus sacrificios, lo cual es una severidad contra nuestros amigos y aliados que no podemos sufrir, ya que incluso en Roma se les permite practicar estas costumbres. Si bien por este mismo edicto prohibimos las reuniones públicas en Roma, eximimos a los judíos de esta prohibición.»

Pero el poder que adquirió Julio César desestabilizaba las instituciones republicanas y varios conjurados, entre los que se encontraban Marco Junio Bruto y Casio Longino, juraron su muerte y fomentaron un golpe de Estado.

El 15 de marzo del año -44, César fue asesinado en Roma en pleno Senado, apuñalado hasta la muerte. Los judíos, que no olvidaban que César les había permitido refundar los muros de Jerusalén, se reunieron varias noches seguidas para velar y llorar ante su tumba y mantuvieron su recuerdo religiosamente. «Los judíos de Roma tuvieron buenas razones para estar desconsolados por la muerte de este gran hombre, y estaba plenamente justificado que pasaran sus tristes vigilias nocturnas junto a sus cenizas[30]», escribía el historiador judío Heinrich Graetz.

Casio se desplazó hasta Siria donde tomó el poder, siendo su victoria ratificada por el Senado. A principio del año 42 se unía a las fuerzas de Bruto en Macedonia para encarar la batalla decisiva.

Frente a estos defensores de las instituciones republicanas se encontraban los "triunviros" Lepido, Marco Antonio y Octavio, que libraron batalla contra ellos en las llanuras de Filipos, en octubre del año -42. Casio, que lideraba el ala izquierda del ejército, fue derrotado por Marco Antonio. Creyendo que Bruto también había sido vencido, ordenó a su liberto que lo atravesara con su espada. Tres semanas más tarde, Bruto era derrotado a su vez por Octavio y se suicidaba antes que de ser hecho prisionero.

Octavio, sobrino nieto e hijo adoptivo de Julio César, gobernaría ahora la parte occidental del imperio mientras que Marco Antonio haría lo propio en la parte oriental. Éste necesitaba Egipto para la guerra que preveía librar contra los partos. En -41, Cleopatra vino al encuentro del que había vengado tan bien a César de sus asesinos, su difunto amante que le había restituido el trono de reina de Egipto. El corazón de Marco Antonio se

---

[30] Heinrich Graetz, *History of the Jews II*, Philadelphia, The Jewish Publication Society of America, 1891, p. 80. ["César fue totalmente benevolente con los judíos y les recompensó por su lealtad. Concedió a los judíos alejandrinos muchos privilegios, entre otros el derecho a la igualdad con los griegos y a ser gobernados por un príncipe propio (etnarca). De nuevo se proporcionó generosamente dinero para el Templo. César permitió que las remesas llegaran a su destino; impidió que los habitantes griegos de Asia Menor molestaran a los judíos de esas provincias, que los convocaran ante los tribunales de justicia el sábado, que interfirieran en la construcción de sus sinagogas, que los molestaran en sus observancias religiosas (47-44)." *History of the Jews II*, p 76–77. NdT.]

rindió ante el encanto y belleza de la joven Cleopatra.

Las relaciones entre Antonio y Octavio se deterioraron rápidamente y el enfrentamiento se hizo inevitable. Octavio señaló Cleopatra como responsable de la guerra, acusándola de querer reinar en Roma. En septiembre del año -31, en la batalla naval de Accio, en la costa occidental de Grecia, la armada de Marco Antonio y Cleopatra fue derrotada. Al año siguiente, Octavio desembarcaba en Alejandría con su ejército y Marco Antonio, sin esperanzas para su causa, ponía fin a sus días. Cleopatra fue conducida ante Octavio y autorizada a retirarse con su corte, pero la reina prefirió recibir la mordedura mortal de una víbora áspid egipcia. Graetz escribía sobre ella lo siguiente: «Los judíos alejandrinos habían sufrido su odio... Pues, poco antes de su muerte, esta terrible mujer había deseado asesinar con sus propias manos a los judíos que vivían en la capital de Egipto y que estaban entregados a la causa de Octavio[31].»

X. Herodo

Dado que había recibido la hospitalidad de Antípatro, Marco Antonio había colmado su hijo Antípatro II con distinciones y honores. Antípatro II (también llamado Herodo) tenía veinticinco años cuando fue nombrado gobernador de Galilea.

Los Partos habían entrado en Jerusalén, saqueando el palacio de Herodo y todo lo que éste había dejado detrás de él. Estos bárbaros, tal como los denominaba Flavio Josefo, habían saqueado Jerusalén y sus aledaños antes de arrasar otras ciudades y arruinar toda la región. En -40, Herodo se refugió en Roma donde Marco Antonio le hizo nombrar rey de Judea por el Senado.

Los Romanos y las tropas de Herodo reconquistaron entonces la región, expulsando a su rival Antígono que se había aliado con los partos. En -37, Herodo asedió Jerusalén, y al cabo de cinco meses de sitio las murallas de la ciudad fueron derribadas. Esta segunda toma de Jerusalén por los romanos se producía veintisiete años después del asedio de Pompeyo.

A continuación, Herodo atestó toda Judea de ciudades y monumentos con el nombre de sus protectores romanos, rindiendo pleitesía a Octavio, convertido mientras tanto en el año 27 a. C en primer emperador romano bajo el nombre de Augusto. Durante más de una década (del 23 al 12 a. C), Herodo hizo construir una ciudad marítima de primer orden, Cesárea, adornada de dos colosos, uno representando un deificado Augusto en Júpiter Olimpio, y el otro representando la ciudad de Roma bajo los rasgos

---

[31]Heinrich Graetz, *History of the Jews II*, Philadelphia, The Jewish Publication Society of America, 1891, p 102

de Juno. Cuando la nueva ciudad fue inaugurada con suntuosas fiestas, los judíos creyeron ver una ciudad pagana semejante a Roma, por lo que la apodaron la *Pequeña Roma*. Más tarde, esta ciudad sería la sede del gobierno romano y una verdadera rival para Jerusalén. «Cada vez que Cesárea se alegraba, Jerusalén lloraba.»

Algunos judíos sentían una gran aversión hacia aquel advenedizo que buscaba destruir las costumbres y tradiciones judías. Heinrich Graetz escribía sobre Herodo, a la sazón llamado Herodo el Grande: «Este príncipe estaba destinado a convertirse en el genio maligno de la nación judía; fue él quien la llevó cautiva a Roma; fue él quien puso triunfalmente sus pies sobre su cuello[32].»

Mientras tanto en Babilonia, bajo el dominio persa, el judaísmo prosperaba. Muchos judíos residían allí desde hacía siglos, antes incluso de la destrucción del primer Templo en el año 586 antes de Cristo. Su situación seguía mejorando. «Son prósperos y ricos, escribía Elie Wiesel, viven con seguridad y gozan de una autonomía espiritual e incluso jurídica. Ciudades como Nehardea son enteramente judías. No es de extrañar que en los conflictos entre Roma y Persia los judíos babilonios apoyen a estos últimos. Contribuyen al financiamiento de su esfuerzo de guerra[33].»

XI. *Tiberio, Sejano y Poncio Pilato*

Dondequiera que estuvieran, los judíos alimentaban la esperanza febril de ver un día llegar un Mesías (un Rey de Israel enviado por Dios al Final de los Tiempos) y preparaban activamente la venida de este gran triunfador[34]. En un pasaje de su obra, *La guerra de los judíos*, el propio

---

[32]Heinrich Graetz, *History of the Jews II*, Philadelphia, The Jewish Publication Society of America, 1891, p. 77-78

[33]Elie Wiesel, *Célébration talmudique*, Seuil, 1991, p. 337

[34] «El cuadro que pintan las fuentes de información de que disponemos sobre la situación en Palestina hacia finales del siglo I a.C. nos habría hecho creer, si un pintor hubiera sido capaz de plasmarlo, que era obra de un loco o de un drogadicto. Toda una nación estaba sumida en el delirio. El soberano reinante era un tirano enfermo y melancólico. Sus amargados súbditos sentían hacia él un miedo y una aversión casi ciclotímicos. Los fanáticos religiosos ayunaban y rezaban, predicando la ira y el juicio final. La población, obsesionada con la idea de que había llegado el Final de los Tiempos permitía que el terror y la superstición prevalecieran sobre la razón. El fervor mesiánico iba acompañado de mortificación. No es de extrañar que a la muerte de Herodes se desataran los poderes infernales.» Hugh Schonfield, *The Passover Plot* (1965); *Le Mystère Jésus*, Éditions Pygmalion, Paris, 1989, p. 33-34. [Sobre este estado mental permanente de los judíos léase *Psicoanálisis del judaísmo*]. Ver nota del traductor en Anexo I: Mesianismo y política en Judea en tiempos de los gobernadores romanos. (NdT).

escritor Flavio Josefo confirmaba las esperanzas judías y su voluntad de dominar el mundo: «Pero lo que más les impulso a hacer la guerra fue un oráculo ambiguo, contenido también en sus libros sagrados, según el cual en aquella época un personaje de su país regiría el mundo. Ellos creían que se trataba de alguien de su raza[35]...»

Los historiadores romanos Suetonio y Tácito también se hicieron eco de esta idea profundamente anclada en el alma judía. Tácito mencionaba en sus *Historias* que «la mayoría estaba convencida de que los antiguos textos sacerdotales señalaban precisamente aquel como el momento en que Oriente se haría fuerte y gentes procedentes de Judea se adueñarían del mundo[36].»

El judaísmo había penetrado en toda la parte oriental del imperio romano. «Han invadido todas las ciudades[37]», decía el geógrafo griego Estrabon (58 a. C. - 21 d. C), y no era fácil citar un lugar en el mundo que no hubiera acogido esta tribu, o mejor dicho «que no estuviera ocupado por ella[38]».

Los Romanos desconfiaban de sus intrigas y algunos emperadores tomaron las medidas necesarias para contener su poderío. «La antipatía de Tiberio hacia los judíos igualaba a la de su predecesor y padre adoptivo; parecía como si el representante del imperialismo en Roma presintiera el golpe mortal que Roma estaba destinada a recibir del judaísmo», escribía Graetz.

Para recompensarlos de su apoyo, Augusto, el primer emperador romano, había confirmado a los judíos de Egipto sus derechos y privilegios políticos. Pero su sucesor Tiberio fue más abiertamente hostil al judaísmo de lo que había sido su padre adoptivo. Tras el escándalo formado a raíz de una estafa en Roma, expulsó y deportó varios miles de judíos a Cerdeña.

Flavio Josefo describió en sus *Antigüedades judías* el caso de cuatro judíos que habían convencido a una aristócrata convertida, Fulvia, la esposa del senador Saturnino, de realizar una donación en oro al Templo

---

[35]Flavio Josefo, *La Guerra de los judíos, Libro VI*, Clásica Gredos 264, Madrid, 1999, p. 298. [«Son las conocidas profecías bíblicas sobre la llegada del Mesías, que en este caso Flavio Josefo orienta y manipula en un sentido filorromano. Tacito, *Historias* V 13, y Suetonio, *Vespasiano* IV, confirman la existencia de estas predicciones que hay que situar en el contexto del mesianismo judío, que por medio de ambiguas profecías preconizaba el advenimiento de una nueva monarquía y de un nuevo reino. Con las profecías sobre la elección de Vespasiano, Flavio Josefo intentaba poner fin al mesianismo apocalíptico mediante un personaje y un imperio reales, en lugar de esperar la llegada de una edad de oro que estaba llevando irremediablemente a la autodestrucción del pueblo judío.» Nota 149 en Editorial Gredos. (NdT).]
[36]Cornelio Tácito, *Historias*, Editorial Cátedra, Madrid, 2006, p. 309-310
[37]Citado por el historiador judío Flavio Josefo en sus *Antigüedades judías*
[38]Ernest Renan, *L'Antéchrist*, 1873, chapitre 11.

de Jerusalén. Pero en vez de enviarla al Templo, los cuatro judíos se habían quedado con dicha donación: «Persuadieron a Fulvia, mujer que frecuentaba su trato y que, siendo una de las matronas romanas de alto rango, se había convertido al judaísmo, a que les entregara para remitir al Templo de Jerusalén purpura y oro. Pero ellos, una vez que hubieron recibido estas ofrendas, las gastaron en usos particulares, que era justamente el objetivo para el que había sido formulada la petición desde un principio. Y Tiberio, al que por encargo de la matrona se lo comunico Saturnino, quien era amigo suyo y marido de Fulvia, ordenó que fueran expulsados de Roma la totalidad de los judíos. Y los cónsules, tras alistar en el ejercito a cuatro mil de ellos, los enviaron a la isla de Cerdeña, y a la inmensa mayoría de ellos los castigaron a causa de su negativa a incorporarse al ejército por la observancia de las leyes heredadas de sus antepasados judíos[39].» El resto de la población judía fue conminada a abandonar Italia antes de una fecha estipulada si no renunciaban a sus ritos ineptos, bajo pena de esclavitud perpetua.

Contemporáneo de Tácito, Suetonio (69-125), en *Su Vidas de los doce Césares*, precisaba que Tiberio «reprimió los cultos extranjeros, los ritos egipcios y judíos...y so pretexto del servicio militar, repartió a la juventud judía en provincias de clima muy riguroso, y a los demás individuos de este pueblo o seguidores de cultos similares los expulsó de Roma[40]».

Dion Casio contaba a su vez, años más tarde, que «puesto que muchos judíos habían llegado a Roma y estaban convirtiendo a muchos romanos a sus creencias, Tiberio expulsó a la mayoría de ellos[41]».

Conformemente a esta ley – que habría sido inspirada por su todopoderoso ministro Sejano – miles de judíos fueron expulsados a Cerdeña y los judíos de toda Italia apercibidos de expulsión. Los jóvenes y hombres válidos fueron astringidos al servicio de las armas todos los días, inclusive el día de Sabbat; cuando se negaban, se les castigaba duramente. Fue una de las primeras expulsiones de judíos de Occidente[42].

---

[39] Flavio Josefo, *Antigüedades judías, Libro XVIII, 81*, Akal Clásica, Madrid, 1997, p. 1092

[40] Suetonio, *Vidas de los doce Césares I, Libro III*, Editorial Gredos, Madrid, 1992, p. 333

[41] Dion Casio, *Historia Romana, Libro LVII*, Editorial Gredos, Madrid, 2011, p 436–437

[42] Según Valerio Máximo, un contemporáneo del emperador Augusto, judíos y astrólogos ya habían sido expulsados de Roma en el -139 a.C. por el pretor Cornelio Hispalo y reenviados a su patria porque «intentaban corromper las costumbres romanas con el culto de Júpiter Sabacio». En algunos círculos intelectuales griegos de la edad helenística y la Segunda Sofística, se difundió la creencia de que Sabacio (una deidad de carácter mistérico de Asia Menor o fenicia) podía ser identificado con el dios de los judíos, Yahweh. Varias son las razones que justifican esta asimilación que corresponde a una *interpretatio graeca*. En primer lugar, la similitud fonética, entre el nombre

Poncio Pilato, que había recibido el gobierno de Judea entre los años 26 al 36 era una criatura de Sejano. Hasta entonces, los comandantes de las tropas romanas habían respetado las demandas de los judíos. Pero Poncio Pilato, deseoso de acostumbrarlos a rendir pleitesía al culto divino del emperador, transportó en secreto las efigies del César que adornaban las banderas de la legión para exhibirlas públicamente en las ciudades de Judea. Una violenta agitación se produjo y se extendió rápidamente por todo el país, de modo que Pilato tuvo que mandar retirar las imágenes.

XII. Agosto del 38: el pogromo de Alejandría

El emperador Calígula tampoco los apreciaba. Bajo su reinado estalló una gran revuelta contra los judíos: «El favor mostrado por Calígula a Agripa, que naturalmente se había extendido al pueblo de Judea, despertó la envidia de los paganos y desató el odio de los griegos de Alejandría. De hecho, todo el Imperio Romano albergaba enemigos secretos y públicos de los judíos. El odio a su raza y a su credo se intensificó por el temor acechante de que esta nación despreciada pero orgullosa pudiera alcanzar algún día el poder supremo. Pero el sentimiento hostil contra los judíos alcanzó su punto culminante entre los inquietos, sarcásticos y lujuriosos habitantes griegos de Alejandría[43]», explicaba Graetz.

En ninguna otra parte las disposiciones malintencionadas habían alcanzado tal grado como en la población griega de Alejandría, la cual veía la creciente opulencia de los judíos y soportaba su arrogancia. Los escritores griegos también se oponían a los judíos y sus doctrinas. Nada sabemos de Lísimaco de primera mano; nada de sus escritos llegó hasta

---

Sabacio y la advocación hebrea «Yahweh Sebaoth». Es posible también que el nombre del día de reposo, Sabbat, sagrado para los judíos contribuyera a esta identificación. El contexto de la misma puede haber sido la deportación de judíos en Asia Menor, desde el 200 a. C. por Antíoco el Grande. Un testimonio de esta interpretación aparece en un texto fragmentario de Plutarco, una de las Moralia, donde se plantea la cuestión: «¿Quién es el dios de los judíos?», es decir, ¿a qué dios griego es equivalente? Al respecto, uno de los interlocutores - la escena es en un *symposium* - afirma que los judíos adoran a Dioniso porque su fiesta del Sabbat es una celebración de Sabacio. En otro resumen de las palabras de Valerio Máximo se relata que: «El mismo Hispalo expulsó a los judíos de Roma porque intentaban transmitir sus ritos sagrados a los Romanos y ordenó destruir sus altares privados elevados en sitios públicos.» [Esto nos recuerda a las menorás judías exhibidas actualmente en lugares públicos en muchas ciudades europeas, ndt]. Léase en Menahem Stern (dir), *Greek and Latin Authors*, Israel, 1980, in Shlomo Sand, *Comment le peuple juif fut inventé*, Fayard, 2008, p. 235-236.

[43] Heinrich Graetz, *History of the Jews II*, Philadelphia, The Jewish Publication Society of America, 1891, p. 179

nosotros, pero conocemos algunos de sus textos por lo que refirió de ellos Flavio Josefo.

Apión, un intelectual griego de Alejandría que vivió en Roma durante el primer siglo fue el autor de varias obras de erudición. En su *Historia de Egipto* en cinco tomos, daba una versión del éxodo de los judíos que corroboraba la de sus predecesores. Apión también escribió un *Tratado contra los Judíos* en el que afirmaba que las leyes de Moisés «sólo son malévolas y peligrosas». Atacaba con sus sarcasmos los miembros de esta secta que ocupaban altos cargos en Alejandría, recordando la animosidad de Cleopatra contra los judíos al comprobar que los judíos eran hostiles al resto de la humanidad.

En su libro *Contra Apión*, Flavio Josefo repetía algunas de sus acusaciones. Los judíos, decía Apión, solían «atrapar a un viajero griego y lo cebaban durante un año. Luego lo llevaban a un bosque donde lo mataban. Sacrificaban su cuerpo según sus ritos, comían sus vísceras y, durante la inmolación, juraban mantener su enemistad contra los griegos; luego, arrojaban a una fosa los restos de la víctima.»

Flavio Josefo intentaba refutar los escritos de Apión, pero injuriando a su adversario, inaugurando así una larga tradición en los intelectuales judíos: Apión, decía Josefo, tenía «él mismo un corazón de asno y una desvergüenza de perro, animales a los que suelen adorar los de su raza[44].»

Estas disposiciones hostiles de los alejandrinos fueron contenidas bajo Augusto y Tiberio, cuando los gobernadores imperiales de Egipto reprimieron severamente las manifestaciones violentas. Pero las cosas cambiaron con Calígula, pues su gobernador Flaco, que había sido amigo de Tiberio, hacía la vista gorda ante las violencias cometidas por la población griega exasperada. Estas manifestaciones anti-judaicas eran a menudo instigadas por algunos letrados, entre los cuales destacaron Denio, el amanuense Lampón y el gimnasiarca Isodoro.

Herodo Agripa I había sido nombrado rey de Galilea por el emperador Calígula. En julio del año 38, mientras iba de camino a Roma, hizo una parada en Alejandría donde fue aclamado por los judíos que veían en su ascenso esperanzas de renovación nacional. Decidieron dar una gran fiesta en su honor, pero su presencia hizo saltar el polvorín. Los griegos elevaron una petición a Flaco, gobernador de Egipto, para que promulgara una ordenanza que obligara a los judíos a aceptar una estatua del emperador en sus sinagogas, cosa a la que los judíos se negaron someterse. Ante la presión popular, Flaco retiró a los judíos de Alejandría el derecho de ciudadanía, declarándolos extranjeros y ordenando el arresto de treinta y ocho miembros del Consejo de los Ancianos y la confiscación de todos sus

---

[44] Flavio Josefo, *Contra Apión*, Editorial Gredos, Madrid, 1994, p. 251, 249

bienes. El 31 de agosto del año 38, los líderes de la comunidad judía fueron apresados, encadenados y azotados públicamente en una procesión en medio de la muchedumbre, de modo que varios fallecieron. Flaco ordenó entonces al ejército registrar las casas de los judíos que fueron expulsados por el pueblo de los cuatro barrios de Alejandría y acorralados en el barrio del Delta, cerca del puerto. La multitud, que aguardaba este momento desde hacía mucho tiempo, se abalanzó sobre las casas, tiendas y talleres abandonados, saqueando y destruyendo todo. El barrio del Delta fue incluso asediado para impedir a los judíos salir de él y que sucumbieran de hambre y calor. Familias enteras murieron, ancianos, mujeres y niños de todas las edades y condición. Cuatrocientas casas judías fueron desvalijadas o destruidas, y los lugares de culto profanados e incendiados. Tal como lo deseaba el emperador, se instalaron finalmente estatuas a su efigie en todas las sinagogas. Estas vejaciones duraron hasta mediados de septiembre sin intervención de las autoridades. Para entonces, un enviado del emperador destituyó Flaco y lo condujo a Roma debido a sus desavenencias personales con el emperador.

Filón de Alejandría, el célebre filósofo judío, dejó un claro testimonio de estos acontecimientos en un texto titulado *Sobre la embajada ante Cayo* (*Legatio ad Caium*), en el que ya se percibe la propensión de los intelectuales judíos a ignorar las causas reales del antisemitismo y a presentar los judíos como víctimas inocentes de persecuciones religiosas organizadas por fanáticos descerebrados.

Filón hablaba aquí de Calígula y de su intención de colocar una estatua suya (a imagen de Júpiter) en todos los templos del imperio romano, incluidas las sinagogas:

«Y en cuanto a nosotros, al trocarse el gobernante en déspota, fuimos colocados en el nivel, no ya de los simples esclavos, sino de los más indignos de los esclavos.

Enterada de esto la promiscua y voluble plebe alejandrina, nos hizo blanco de sus atropellos, segura de que había llegado una muy ventajosa oportunidad, y sacó a relucir el odio que desde mucho tiempo atrás mantenía latente, produciendo el caos y la confusión en todos los órdenes.

Como si se tratara, en efecto, de seres condenados públicamente por el emperador a las más extremas desgracias, o de sometidos de guerra, nos trajeron la ruina con insanos y bestiales accesos de furor, precipitándose sobre las casas y desalojando a sus dueños con sus esposas e hijos hasta dejarlas vacía de moradores.

«Robaron muebles y objetos, no ya al modo de los ladrones, que aguardan la oscuridad de la noche por miedo de ser apresados, sino sacándolos a plena luz del día y mostrándolos a los que topaban al paso, como si los hubiesen recibido en herencia o comprado a sus dueños. Y en los casos en que los que habían participado en comunes saqueos eran varios, repartían el botín en medio de la plaza, a menudo a la vista de sus dueños, mientras los injuriaban y hacían escarnio de ellos.

«Cosas terribles, pues, son estas en sí mismas; ¿y cómo no habrían de serlo? Convertirse repentinamente de ricos en pobres, y de prósperos en menesterosos, sin haber cometido falta alguna; en hombres sin hogar y a la deriva, arrojados y desterrados de sus propias casas, para que pasándolo a plena intemperie día y noche, hallaran su fin por obra de los abrasadores calores solares o los nocturnos enfriamientos.

«Pero estas cosas son leves comparadas con las que falta mencionar aún. Porque, tras haber precipitado, cual si se tratase de manadas o rebaños, fuera de toda la ciudad a tantas miríadas de hombres, mujeres y niños dentro de un pequeñísimo reducto, un establo podríamos decir, esperaban hallar en pocos días montones de cadáveres acumulados de muertos o por el hambre a consecuencia de la escasez de provisiones, ya que no habían hecho acopio de las cosas necesarias por no haber tenido un preanuncio de las repentinas desgracias; o bien por la aglomeración y el ahogo.

«No había, en efecto, un lugar amplio para agregar al disponible, y todo el aire circundante estaba viciado y vacío de cuanto había contenido de vivificante para la respiración, o, si hemos de decir la verdad, para los sofocados alientos de los que respiraban. Inflamado dicho aire por esos alientos y oprimido cual si estuviera bajo los efectos de un acceso de fiebre, hacía penetrar a través de las fosas nasales un vapor caliente y nocivo, agregando, como dice el proverbio, un fuego a otro fuego...

«No pudiendo, pues, soportar por más tiempo la falta de oxígeno, se dispersaron los judíos en dirección a los lugares desiertos, las riberas del mar y las tumbas, ansiosos de respirar aire puro e inocuo. En cuanto a aquellos que fueron apresados antes de poder escapar en los demás lugares de la ciudad, y a los que, por ignorar las desgracias que nos habrían sobrevenido, retornaban del campo; sufrieron múltiples infortunios, siendo lapidados o heridos con tejas o destrozados hasta morir con ramas de acebo o de roble en las partes más vitales del cuerpo y en especial en la cabeza.

«Algunos de los que habitualmente pasaban el tiempo de brazos cruzados y sin trabajar, se habían apostado en torno del recinto de los judíos, que, como dije, se habían reunido y concentrado en un pequeño sector de un extremo de la ciudad, viniendo a quedar como sitiados; y los vigilaban para que ninguno escapara sin ser visto. No pocos, ciertamente, apremiados por la falta de lo necesario, renunciando a su propia seguridad estaban dispuestos a salir por temor de que pereciera de hambre toda su familia. Los acechadores observaban con atención las salidas de estos, y al punto daban la muerte a los que eran apresados, maltratándolos con toda suerte de torturas...

«A muchos, en vida aún, los ataban con correas y cuerdas anudando sus tobillos, y los arrastraban a través de la plaza mientras saltaban sobre ellos;

y no perdonaban ni siquiera los cuerpos ya cadáveres. Más brutales y feroces aún que las bestias salvajes, cortándoles miembro por miembro y parte por parte, borraban toda forma de ellos, a fin de que no quedase resto alguno que pudiera recibir sepultura[45].»

En resumidas cuentas, estos acontecimientos demuestran hasta qué punto los judíos habían exasperado a la población local y despertado su odio.

La población griega de Alejandría había enviado una delegación a Roma para impedir que los judíos recobraran la igualdad de derechos cívicos. Esta delegación era presidida por Apión, enemigo jurado de los judíos, que Tiberio llamaba *Cymbalum mundi*, el "carillón del Universo". Isidoro también formaba parte de la comitiva, mientras Filón representaba a los judíos. Es difícil pronunciarse sobre el resultado de la disputa entre los paganos y los judíos de Alejandría, pero indudablemente el emperador Calígula, el árbitro de esta recia controversia, odiaba a los judíos, estando además rodeado por sus consejeros Helicon el egipcio y Apeles de Ascalón, también enemigos acérrimos de los judíos.

Calígula hizo levantar sus estatuas en las sinagogas de Judea y ordenó reprimir toda resistencia con las armas. En octubre del 40, el gobernador de Siria Petronio recibió la orden de entrar en Judea con sus legiones y de transformar el santuario de Jerusalén en un templo pagano. Pero en enero del 41, con solo 28 años, y después de sólo cuatro años de reinado, el emperador Calígula era asesinado por los soldados de su guardia, sin que se supiera quien había sido el comanditario. Su muerte fue un gran alivio para los judíos y en Alejandría circulaba el rumor de que había sido asesinado por los judíos de Roma. Al igual que todos los príncipes que se han opuesto decididamente al dominio de Israel, Calígula es considerado como un loco por los historiadores judíos y sus seguidores.

XIII. Claudio

El sucesor de Calígula en el trono de los Césares fue el emperador Claudio, que reinó del 41 al 54. A priori no parecía probable que Claudio se convirtiera en emperador: era tartamudo y su familia le había considerado inapto para ejercer una función pública. En realidad, Claudio le debió su corona al azar y a la intervención del rey Agripa, el nieto de Herodo el Grande, quién había recibido de Calígula la realeza sobre un tercio de las provincias de Palestina, entre ellas Galilea. Agripa había refrenado los desórdenes en Roma maniobrando para arrestar el apóstol

---

[45] Filón de Alejandría, *Sobre la embajada ante Cayo*, en Obras Completas (José María Triviño, Universidad Nacional de La Plata, 1976.)

Pedro y decapitar Santiago, los dos discípulos de Jesús de Nazareth. A continuación, Agripa había persuadido Claudio para que aceptara su elección por parte de los guardias pretorianos y logrado que el renuente Senado lo reconociera como emperador. Graetz escribía aquí lo siguiente: «Roma debió de caer bien bajo cuando a un insignificante príncipe judío se le permitió hablar en el Senado y, en cierta medida, influir en la elección de su gobernante. Claudio no fue ingrato con su aliado; lo alabó ante el Senado reunido, lo elevó a la dignidad de cónsul y lo nombró rey de toda Palestina, ya que Judea y Samaria se incorporaron a la monarquía[46].» En Alejandría, Claudio restableció la libertad de culto para los judíos y anuló el proyecto de las estatuas imperiales, aunque recomendaba a los judíos no solicitar más privilegios y no enviar embajadas a Roma distintas de las de los alejandrinos. Finalmente, se les pedía no favorecer o ayudar a sus congéneres extranjeros a entrar en la ciudad. El edicto del 41 prohibía también a los judíos de Alejandría participar en las competiciones atléticas presididas por los gimnasiarcas. El derecho a participar en estos juegos era reservado a los ciudadanos de pleno derecho.

Por si fuera poco, condenó a muerte Isidoro y Lampón, los dos jefes de la insurrección antijudía. La instrucción del sumario fue llevada a buen ritmo, en apenas dos días (entre el 30 de abril y 1 de mayo del 41), prueba de la importancia del asunto para el emperador. La ejecución de la sentencia tuvo lugar poco tiempo después. Hay que decir que Isidoro había agravado su caso durante su visita a Roma con Apión para acusar Agripa. Isidoro tenía apoyos en el Senado, por lo que probablemente se envalentonó demasiado cuando espetó con insolencia al emperador: «En cuanto a ti, eres el despreciable retoño de la judía Salamé...»

Dentro de los dos grandes imperios de aquella época, el imperio romano y el imperio parta, los judíos estaban en todas partes, ocupando todas las ciudades importantes de la cuenca mediterránea. Rechazados de un país, se dirigía a otro. Uno se puede hacer una idea de la inmensa población judía que había en aquella época si se considera que solo en Egipto, desde el mediterráneo hasta las fronteras de Etiopía, vivían cerca de 1 millón de israelitas. En Roma, la población judía, expulsada por Tiberio, se reagrupó allí en seguida y era tan numerosa y bulliciosa que el emperador Claudio, a pesar de ser favorable a los judíos, tuvo que atajar el problema expulsándolos de nuevo. Suetonio indicaba someramente en su obra: «Expulsó de Roma a los judíos, que provocaban alborotos continuamente a instigación de Cresto[47]». En efecto, en aquelle temprana edad, todavía no

---

[46]Heinrich Graetz, *History of the Jews II*, Philadelphia, The Jewish Publication Society of America, 1891, p. 191

[47]Suetonio, *Vidas de los doce Césares II, Libro V*, Editorial Gredos, Madrid, 1992, p. 102-103

se hacía la distinción entre cristianismo y judaísmo[48].

Por lo visto, las intenciones de Claudio no fueron percibidas favorablemente por los judíos. Efectivamente, los *Actos de los Apóstoles* nos informan de que Claudio promulgó un edicto que ordenaba a los judíos abandonar Roma. Sin embargo, Dion Casio escribió que Claudio no los desterró: «Aunque de nuevo los judíos volvieron a ser muy numerosos, no los expulsó porque con dificultad habrían podido ser alejados de la ciudad sin que provocaran disturbios debido a su alto número. En cambio, sí les prohibió que se reuniesen mientras siguieran practicando su ancestral modo de vida[49].» Esto fue probablemente lo que indujo a escribir a Heinrich Graetz que Claudio era «un erudito pedante y un necio.» O quizás Graetz hablara así del emperador Claudio porque éste había escrito en una carta fechada en el año 41 que los judíos eran la «peste del Universo[50].»

XIV. La revuelta del año 66

Al principio de la era cristiana, antes del año 70 después de Cristo, había, según las estimaciones más plausibles, de seis a siete millones de judíos en el imperio, de los cuales dos millones y medio estaban en Judea y cuatro millones y medio en la diáspora, es decir un 10% de la población total del imperio romano cuando en esas fechas los cristianos apenas representaban más de cien mil o dos cientos mil almas al final del siglo I. Bajo el emperador Nerón, vemos que los judíos establecidos en el imperio tenían otra vez pleno derecho para ejercer su culto. Séneca (4 a. C – 65 d. C), el gran filósofo y dramaturgo de la escuela estoica, ya se quejaba de su desproporcionada influencia[51]. Séneca había sido consejero en la corte

---

[48] La mayoría de los estudiosos coinciden en que la expulsión de algunos judíos mencionada por Suetonio sucedió alrededor del año 49-50. Los eruditos están divididos sobre el valor de la referencia de Suetonio a un tal "Cresto" (Cristo=ungido para ser rey, el mesías judío); algunos lo ven como una referencia a Jesucristo, otros ven su valor histórico como una referencia a las perturbaciones por parte de un agitador desconocido. Jesús fue crucificado en el año 36, por lo que creemos poco probable que sólo 13 años después, sin el nuevo canon testamentario todavía constituido (los Evangelios y las Epístolas paulinas son proromanas y antijudías), unos cristianos tuvieran el poder y el interés en provocar alborotos significativos en Roma, y sin nombrar explícitamente a Jesús (Cresto o Chrestos es un título, no un nombre). En cambio, ya existía rumerosos precedentes de revueltas y altercados con los judíos por culpa de sus achaques mesiánicos. Ese "Cresto" sería probablemente un "entusiasta", otro falso autoproclamado mesías judío. Léase Anexo final. (NdT).
[49] Dion Casio, *Historia Romana*, Libro LX, Editorial Gredos, Madrid, 2011, p. 555
[50] Marie-France Rouart, *L'Antisémitisme dans la littérature populaire*, Paris, Berg International, 2001.
[51] *Vistoribus victi legem dederunt*, Séneca, *De Superstitione*, en Georges-Bernard

imperial de Calígula antes de convertirse en preceptor de Nerón. Desempeñó un importante papel junto a este último antes de ser desacreditado y abocado al suicidio. Séneca aborrecía a los judíos: «Tal poderío alcanzó la manera de vivir de esta gente perversa, que se impuso en todas las regiones: los vencidos dieron leyes a los vencedores[52]», escribía. En cambio, respecto a los cristianos, muy hostiles a los judíos, pero todavía poco numerosos, Séneca no habló ni para bien ni para mal.

En el año 66, Judea se sublevó contra los Romanos y la insurrección sembró todavía más confusión en todo el país[53]. La única fuente disponible sobre estos acontecimientos es el libro de Flavio Josefo, *La Guerra de los Judíos*. Leemos en él que los zelotes y el pueblo de Jerusalén se sublevaron, forzando al rey Agripa II, proromano, a abandonar la ciudad: «Agripa, que estaba preocupado de la misma manera por los sublevados y por aquellos contra los que se estaba preparando la guerra, que quería conservar a los judíos dentro del Imperio de Roma, sin perder su Templo y su metrópoli, y que era consciente de que esta revuelta no le iba a proporcionar ningún beneficio, envió para defender al pueblo a dos mil jinetes a las órdenes del jefe de la caballería Darío...Los amotinados eran superiores por su audacia, mientras que los partidarios del rey lo eran por su experiencia. Estos últimos luchaban, sobre todo, para apoderarse del Templo y expulsar a los que profanaban el santuario...Durante siete días tuvo lugar una gran matanza entre ambos bandos, sin que ninguno de ellos cediera la parte del territorio que había conquistado [54].» La intervención de Floro, el gobernador romano, fue implacable e indiscriminada. «Floro se colocó

Depping, *Les Juifs dans le Moyen-Âge*, 1823, Paris, Imprimerie royale, Wouters, Bruxelles, 1844, p. 20

[52]Sénèque, *De la Superstition (De Superstitione)*, Fragm. XXXVI. Citado en Geroges Nataf, *Les Sources païennes de l'antisémitisme*, Berg International, 2001, p. 77

[53]«Además del espíritu de anarquía había otra fuente de discordia y miseria. A medida que la situación presente se hacía más triste y desesperada, el anhelo en los corazones de los fieles creyentes por la liberación que había de traer la paz a Judea se hacía cada vez más intenso. Las esperanzas mesiánicas eran ahora más fuertes entre el pueblo de lo que lo habían sido incluso durante la época de los primeros gobernadores romanos, esperanzas que suscitaban entusiastas que se ofrecían como profetas y Mesías, y les hacían encontrar creyentes y seguidores. Liberarse del yugo de Roma era el gran objetivo de todos estos entusiastas.» Heinrich Graetz, *History of the Jews II*, p. 241

[54]Flavio Josefo, *La Guerra de los judíos, Libro II*, Editorial Gredos, Madrid, 1999, p. 346, 347. [«Las fuerzas del rey fueron vencidas por el número y la audacia de los rebeldes y se vieron obligados a retirarse de la Ciudad Alta. Entonces los otros se precipitaron sobre la casa del sumo sacerdote Ananías y el palacio de Agripa y Berenice y les prendieron fuego. A continuación, incendiaron los archivos para hacer desaparecer los contratos de los préstamos y así impedir que se cobraran las deudas. De esta forma se uniría a ellos la gente endeudada y los pobres se levantarían contra los ricos impunemente», p. 348.]

como juez frente al palacio de Herodes, e hizo comparecer ante él al sumo sacerdote y a los hombres de mayor rango, exigiéndoles que entregaran en sus manos a quienes se habían atrevido a desafiarlo. Temblorosos, intentaron excusarse por lo ocurrido e imploraron su misericordia. Pero Floro no les hizo caso y ordenó a los soldados romanos que saquearan la plaza del mercado, un barrio habitado por los ricos. Como demonios, los soldados salvajes se lanzaron al mercado y a las calles adyacentes, mataron a hombres, mujeres y niños, saquearon las casas y se llevaron su contenido. Aquel día (16 del mes *iyar*) perecieron más de tres mil seiscientos hombres. Los prisioneros, por orden de Floro, fueron azotados y crucificados[55].»

«Cuando las noticias de la batalla entre los zelotes y las cohortes romanas en Jerusalén llegaron a Cesarea, los griegos y los sirios atacaron a los judíos que habían regresado allí. La carnicería que siguió debió de ser espantosa; más de veinte mil judíos fueron asesinados, y éstos, sin duda, no sucumbieron sin causar otras muertes en defensa propia. Ni un solo judío quedó vivo en Cesarea», escribía Graetz (siguiendo la versión de Flavio Josefo), afirmando, además, sin temor a las exageraciones, que «el mismo día y a la misma hora, como si de una Providencia divina se tratara, los habitantes de Cesarea asesinaron a los judíos que vivían en su ciudad, de tal manera que en una hora degollaron a más de veinte mil y toda Cesarea quedó vacía de judíos. Pues Floro también capturo a los que huían y los llevo encadenados a los astilleros[56].»

Los Romanos también sufrieron serias pérdidas: «Esta crueldad sin parangón exasperó a toda la población de Judea, y su odio contra los paganos estalló en un frenesí salvaje. Por todas partes, como por acuerdo tácito, se formaron bandas de tropas libres que atacaron a los habitantes paganos del país, quemando, destruyendo y matando. Estos bárbaros ataques, por supuesto, provocaron la venganza de la población pagana de Judea y Siria. Muchas ciudades se dividieron en dos bandos hostiles, que luchaban salvajemente juntos durante el día y se tendían emboscadas para herirse mutuamente por la noche[57].»

La guerra entre judíos y paganos se extendió a Alejandría. Los griegos de Alejandría pensaron en dirigirse a Nerón para conseguir que los judíos fueran despojados de los derechos que Claudio les había confirmado solemnemente. Con este fin, los griegos, macedonios, y probablemente muchos egipcios, los eternos olvidados de los cronistas griegos y romanos,

---

[55] Heinrich Graetz, *History of the Jews II*, Philadelphia, The Jewish Publication Society of America, 1891, p 255
[56] Flavio Josefo, *La Guerra de los judíos, Libro II*, Editorial Gredos, Madrid, 1999, p. 354
[57] Heinrich Graetz, *History of the Jews II*, Philadelphia, The Jewish Publication Society of America, 1891, p. 263

se reunieron en el anfiteatro para discutir de la embajada que proyectaban enviar al emperador Nerón.

Heinrich Graetz escribía sobre este episodio: «Al ser descubiertos algunos judaizantes entre la multitud, fueron ferozmente atacados e insultados como espías. Tres de ellos fueron arrastrados por las calles para ser pasto de las llamas.» En realidad, los judíos probablemente habían irrumpido con fuerza en el anfiteatro, pero habían topado con quien vérselas. Efectivamente, otros judíos habían acudido «enfurecidos por el trato salvaje dado a sus hermanos, los judíos se armaron, tomaron piedras incendiarias y amenazaron con quemar el anfiteatro donde los griegos seguían reunidos». El prefecto Tiberio Alejandro, sobrino del filósofo judío Filón envió las legiones al barrio de los judíos para restablecer el orden. Falvio Josefo señalaba en su relato que los soldados «no tuvieron piedad de los niños pequeños ni respeto con los ancianos, sino que iban matando a gente de todas las edades, hasta que todo el barrio se inundó de sangre y quedaron amontonados cincuenta mil cadáveres. Y no habría sobrevivido nadie, si no hubieran acudido a suplicar. Tiberio Alejandro se compadeció de ellos y ordenó a los romanos que se retiraran. Los soldados, acostumbrados a obedecer, abandonaron la matanza inmediatamente, pero fue difícil calmar a las capas populares de Alejandría, por el odio tan grande que sentían hacia los judíos, y a duras penas se las pudo apartar de los cadáveres[58].»

Heinrich Graetz retomaba estas cifras de Josefo: «Tiberio Alejandro...ordenó a sus legiones que se dirigieran al barrio de los judíos y dio rienda suelta a la brutalidad que tanto esfuerzo le había costado contener. Los soldados, ávidos de sangre y saqueo, se abalanzaron sobre el hermoso barrio Delta de la ciudad, mataron a cuantos encontraron a su paso, incendiaron las casas y llenaron las calles de sangre y cadáveres. Cincuenta mil judaizantes perdieron la vida., ¡y el hombre que ordenó aquella espantosa carnicería era el sobrino del filósofo judío Filón![59]» Tiberio Alejandro era en efecto de origen judío y odiado por los judíos por ser un apostata.

Así pues, entre un cuarto y un quinto de los habitantes judíos de Alejandría habían perecido, aunque también es posible que Flavio Josefo exagerara las cifras. Naturalmente, escribía Graetz, «los judíos se vengaron de sus vecinos paganos. La salvaje enemistad entre razas se elevó aún más, sobrepasando las estrechas fronteras de Palestina, extendiéndose el odio entre los judíos por un lado y los griegos y romanos por el otro.»

---

[58] Flavio Josefo, *La Guerra de los judíos, Libro II*, Editorial Gredos, Madrid, 1999, p. 362
[59] Heinrich Graetz, *History of the Jews II*, Philadelphia, The Jewish Publication Society of America, 1891, p. 265, 271

XV. Tito y la destrucción del Templo

Para domar definitivamente Judea se necesitaba un brazo firme y vigoroso, por lo que el emperador Neron eligió enviar al general Vespasiano. En el invierno del año 67, Vespasiano salió de Grecia para dirigirse al teatro de operaciones. Su hijo Tito trajo de Alejandría las dos legiones cuya ferocidad los judíos ya habían sufrido. En la Ptolemaida, arriba del delta del Nilo, los príncipes vecinos, incluidos el rey Agripa y su hermana Berenice, acudieron ante Vespasiano para rendirle pleitesía y ofrecer sus tropas al general romano en signo de vasallaje a Roma. Fue ahí donde Berenice conoció y estrechó con Tito una intriga amorosa que duraría varios años, a pesar de que ella fuera mayor que el hijo de Vespasiano.

Los romanos entraron en la ciudad de Gamala y masacraron cerca de 4000 hombres. Tito ordenó crucificar los prisioneros, hasta quinientos en un solo día, para amedrentar los rebeldes más obstinados. A veces, los enviaba hacia Jerusalén con las manos cortadas. Cuando hubo reunido un ejército de 80 000 hombres y una gran cantidad de máquinas de asedio, marchó sobre Jerusalén.

Tres «traidores judíos» (Graetz) ayudaron a Titus durante esta campaña. Primero el rey Agripa, proveyéndolo de tropas y disuadiendo con sus discursos a los habitantes de Jerusalén de resistir a los romanos; Tiberio Alejandro, que ya había provocado una masacre de sus antiguos congéneres en Alejandría y que iba a reincidir en Judea. Tito, todavía poco experimentado en la guerra en esta región, necesitaba el asesoramiento de aquel apostata y le nombró general en jefe de su guardia (*præfectu prætario*). Finalmente, estaba Yosef ben Matityahu ha-Cohen, más conocido como Flavio Josefo, joven general que había combatido los Romanos y que tras haber sido prisionero sirvió de guía a Tito, al que acompañaba a todas partes

Flavio Josefo escribió dos libros de referencia que ya hemos citado: *La Guerra de los judíos* (75-79), único escrito conocido sobre la destrucción de Jerusalén, y las *Antigüedades judías* (93).

En las *Antigüedades judías*, Flavio Josefo, considerado como traidor por sus congéneres, se empeñaba, a pesar de todas las evidencias, en demostrar que los judíos estaban bien integrados en el imperio, volviendo no menos de dieciocho veces sobre esta cuestión. Con todo ello, es uno de los pocos autores antiguos al que se le puede considerar como historiador, dado la precisión y la abundancia de sus informaciones. Judío de origen, provenía de una familia sacerdotal por rama paterna y de los reyes Hasmoneos por vía materna. Al igual que Filón, y como su sobrino Tiberio Alejandro, pertenecía a una clase social aristocrática helenizada. Para él, los habitantes de Jerusalén eran víctimas y prisioneros de «criminales» extremistas y sanguinarios que llevaban el pueblo a la ruina. De hecho, no disimulaba su aversión hacia los zelotes, a sus ojos una banda de iluminados obsesionados por la catástrofe final. Vespasiano y Tito lo trataron con el mayor respeto y consideración. Durante la insurrección de Judea, Flavio Josefo fue nombrado comandante en jefe de las tropas romanas en el frente norte de la capital.

En cuanto a los hebreos, el peligro había provocado cierto entendimiento y compromiso entre todos los partidos, y numerosos voluntarios habían acudido de Judea y del extranjero para defender la ciudad. Los zelotes, los más radicales de los resistentes judíos, no dudaban en tomar represalias contra la élite judía que prefería colaborar con el poder romano. Cuando Tito llegó ante los muros de la ciudad en marzo del 69, esos «criminales» o «bandidos», según la expresión de Josefo, empezaron a recurrir al pillaje y al asesinato para liquidar las más eminentes personalidades y sembrar el terror.

El bando de los zelotes estaba a su vez dividido en varias facciones rivales. Estaba Juan bar Giscala, a la cabeza de seis mil hombres; Simon bar Giora, que disponía de diez mil hombres, y Eleazar bar Simón, que contaba tras de él con dos mil cuatro cientos hombres. Pero pronto todos ellos empezaron a matarse entre sí y – según Josefo- el pueblo llegó a rezar por la pronta llegada de los romanos.

En mayo, Tito dio la orden de asalto. Las tropas romanas conquistaron la tercera muralla, después la segunda y la Ciudad alta. Mientras tanto, los zelotes, sintiendo su próxima derrota, redoblaron su crueldad. Los guerreros judíos, agotados por tanta lucha y el hambre, no pudieron rechazar más tiempo los asaltos romanos. Estos escalaron las murallas, tomaron las torres y se precipitaron en la Ciudad alta masacrando todos los resistentes.

Ya sólo quedaba el Templo por conquistar. Los últimos fanáticos defensores a ultranza se habían atrincherado dentro y los romanos se preguntaron entonces si habían de destruirlo. Mientras muchos opinaban que había que arrasar ese nido de revueltas, Tito, al contrario, estaba claramente a favor de conservar el edificio. Probablemente, se deba ver aquí una influencia sobre él de la princesa Berenice. Se decidió por lo tanto tomar el Templo, pero sin destruirlo. Al día siguiente, el 9 de *ab* (fecha fatídica del calendario judío), los judíos intentaron salir, pero tuvieron que retroceder, doblegados por la superioridad numérica romana.

El 29 de agosto del 70, tras un último intento de huida, el Templo fue incendiado. Un Romano cogió un tizón en llamas y subiéndose a hombros de sus compañeros, lo lanzó por una ventana dentro del edificio. Las maderas de las galerías se incendiaron, propagándose el fuego rápidamente en todo el edifico. Tito acudió con sus soldados y ordenó apagar el incendio, pero no fue escuchado. Los soldados romanos se abalanzaron con furia dentro del edificio, masacrando los que no habían podido huir. El propio Tito, movido por la curiosidad, penetró en el Sacrosanto, hasta que el humo del incendio le obligó a retirarse del lugar. El Templo ardió por completo, excepto las fundaciones y algunos vestigios del muro occidental. Tras el incendio, Tito ordenó incendiar todas las casas todavía en pie. Los muros de la ciudad fueron completamente derruidos, menos las tres torres Hípico, Mariamme y Fasael, que Tito conservó como monumentos de su memorable victoria. Los últimos vestigios de la independencia política de Judea fueron enterrados bajo las ruinas de Jerusalén.

Según Josefo, 115 880 cadáveres fueron evacuados por la puerta de la ciudad que custodiaba Tito. En total, escribía el historiador judío, un millón cien mil personas habían perecido durante el asedio, pero esta cifra es evidentemente excesiva puesto que correspondía a la mitad de la población de Judea. La población de Jerusalén, aumentada por las bandas de zelotes, debía rondar las cuarenta o cincuenta mil almas, y el número de muertos fue probablemente de veinte o veinticinco mil[60].

Graetz escribía aquí: «Más de un millón de vidas se habían perdido durante el asedio. Contando a los que habían caído en Galilea, Perea y las provincias, puede suponerse que los judíos que habitaban su tierra natal fueron aniquilados casi en su totalidad.»

El judaísmo había perdido sus instituciones sacerdotales y su capital, su centro de gravedad. Las contribuciones al Templo serían a partir de ahora abonadas al Tesoro romano. La anualidad de dos dracmas, que los judíos acostumbraban a enviar al templo de Jerusalén, iría a parar al Templo de Júpiter Capitolino. En última instancia, este impuesto – el *fiscus judaicus* - sería propiedad del tesoro personal del emperador.

Es así como comenzó lo que los judíos denominan la *tercera cautividad*, el periodo del *exilio romano* (*Galut Edom*). La mayoría de los jóvenes fueron repartidos por las provincias para jugarse la vida en los circos y las arenas. Los más jóvenes y las mujeres fueron subastados y, dado su gran número, probablemente cedidos a precios irrisorios a los mercantes de esclavos.

Tito celebró su victoria ante su corte en Cesarea, donde residía el rey Agripa. Organizó combates de bestias feroces con los prisioneros. Los prisioneros judíos fueron llevados al circo y obligados a batirse con animales feroces hasta la muerte. A veces el espectáculo variaba: los prisioneros debían luchar los unos contra los otros. Fue de esta forma, escribía Graetz, cómo perecieron 2500 jóvenes nobles judíos, «para celebrar el día de cumpleaños de Domiciano, el hermano del emperador».

Numerosas víctimas expiraron ante los ojos de Tito y de Berenice. En

---

[60] Gérard Messadié, *Histoire générale de l'antisémitisme*, JC Lattès, 1999, p. 98

Berite (actual Beirut), el día de cumpleaños de su padre, el 17 de noviembre, Tito desplegó toda su prodigalidad, ofreciendo de nuevo judíos a la arena y a la muerte. En todas las ciudades de Siria, Tito proporcionó a los habitantes del imperio el alegre espectáculo del martirio de los judíos. Todos los judíos del imperio romano, sobre todo de Siria, Asia menor, Alejandría y Roma, estuvieron cerca de sufrir el mismo destino que sus hermanos palestinos. «Porque la guerra había despertado el odio de todo el mundo pagano contra los desafortunados hijos de Israel, un odio que era fanático en su intensidad, siendo su objetivo la destrucción total de toda la raza[61]», se lamentaba Graetz.

De nuevo, Berenice debió inspirar cierta clemencia en Tito hacia sus congéneres. Cuando la comitiva de Tito se acercaba a Antioquía, la población salió a su encuentro rogándole que expulsara a los judíos de la ciudad. Pero Tito no lo consintió y ni tan siquiera les retiró sus derechos civiles y privilegios. También los habitantes de Alejandría suplicaron en vano el emperador para que anulara los derechos de los judíos en su ciudad.

Mientras tanto, en Roma, la guerra civil hacía estragos. Nerón se había suicidado en el año 69 y el emperador Galba pronto yacería asesinado en medio del Foro. Otón le sucedió en aquel "año de los cuatro emperadores", pero tuvo que partir a la guerra a Alemania contra el autoproclamado emperador Vitelio. También se suicidó. Su reinado apenas había durado unos meses.

La entrada de Tito en Roma fue acompañada de los grandes honores triunfales, los más suntuosos que Roma había visto en muchos años, lo cual demuestra, a pesar de los problemas internos, la gran alegría causada por la victoria de Roma sobre Judea. Durante varios años se acuñaron medallas de oro, plata y cobre en recuerdo de esta gloriosa victoria. Las medallas representaban a Judea con los rasgos de una mujer sentada afligida bajo una palmera, o de pie las manos encadenadas y con semblante desesperado. *Judæa devicta* o *Judæa capta* eran las leyendas de dichas medallas. Más tarde, se construyó en honor a Tito un arco de triunfo (Arco di Tito, al lado del Coliseo), donde todavía se pueden ver hoy en día los trofeos de esa victoria llevados a hombros de los soldados romanos. Sin embargo, ni Vespasiano ni Tito quisieron adoptar el sobrenombre de *Judaicus*, como hacían de costumbre los cónsules y emperadores con los demás pueblos vencidos, pues este nombre ya tenía entonces una connotación infamante.

Flavio Josefo había acompañado Tito durante su triunfo en Roma. Vespasiano lo instaló en su propio palacio, confiriéndole la ciudadanía romana y otorgándole ricas propiedades en Judea. Josefo gozaba de los

---

[61] Heinrich Graetz, *History of the Jews II*, Philadelphia, The Jewish Publication Society of America, 1891, p. 312–313, 316

favores de la dinastía Flavia por lo que adoptó el apellido de la familia de sus protectores: *Flavius Josephus*. En el año 95, publicó sin embargo una obra titulada *Contra Apión* en la que refutaba las acusaciones dirigidas contra el judaísmo, ganándose de esta manera el perdón y reconocimiento de sus correligionarios.

Las opciones políticas de Flavio Josefo no eran excepcionales después de todo. Cuando en el año 73, tres años después de la caída apocalíptica de Jerusalén, sicarios judíos supervivientes de Palestina entraron en Egipto e intentaron fomentar disturbios, la alta burguesía judía lideró la represión. Seis cientos "criminales" fueron arrestados; los otros fueron perseguidos hasta el Alto Egipto y entregados a los romanos que los torturaron hasta la muerte.

El mismo año, la resistencia judía se ilustró en Masada, en Judea. Cientos de zelotes y sus familias se habían refugiado en esa fortaleza asediada por las tropas romanas. Su jefe, Eleazar, los exhortó a darse la muerte ellos mismos antes que caer en manos de los enemigos. El primer día de la Pascua del 73, alentados por las palabras de Eleazar, los judíos degollaron sus mujeres y sus hijos antes de suicidarse. Un silencio mortal reinaba en la plaza de Masada cuando los romanos penetraron en ella: sólo quedaban (según la leyenda) dos mujeres y cinco niños todavía vivos, en medio de 960 víctimas.

Berenice vivía en Roma con Tito, en su palacio, como si fuera ya su esposa oficial. En el año 75, éste le habría prometido casarse con ella, pues Tito parecía realmente sopesarlo. Pero los Romanos odiaban demasiado a los judíos para permitir semejante matrimonio. El escándalo fue inmenso y en el 78 Tito tuvo que resignarse y despedirla.

Poco faltó pues para que la princesa judía se convirtiera en emperatriz romana. Berenice regresó a Palestina, aunque mantuvo cierta influencia desde la distancia e intervino varias veces a favor de sus congéneres. En el año 79, Tito accedió al trono, sucediendo a Vespasiano, pero murió a los dos años, en septiembre del 81, sin haber vuelto a ver a su amante judía.

XVI. *Domiciano y el fiscus judaicus*

Domiciano, hermano de Tito, reinó del 81 al 96 y supo contener el poder de la comunidad judía. En su *Vidas de los doce Cesares*, Suetonio lo describía así: «Era de estatura elevada; su rostro reflejaba modestia y se cubría fácilmente de rubor; tenía los ojos grandes, pese a lo cual era bastante corto de vista; era además apuesto y bien proporcionado, sobre todo en su juventud[62]».

---

[62]Suetonio, *Vidas de los doce Césares II, Libro VIII*, Editorial Gredos, Madrid, 1992 p.

Inmediatamente después de la destrucción de Jerusalén, como vimos, Tito había forzado los judíos a pagar el didracma que abonaban con anterioridad a su templo. Para eludir el *fiscus judaicus*, explicaba Heinrich Graetz, «numerosos judíos negaban su origen hebreo.»

Pero Domiciano tenía la clara intención de hacer respetar las leyes de Roma. «El cruel y codicioso Domiciano», tal como lo describía Graetz, hizo que se recaudara este impuesto con más rigor todavía, ordenando examinar aquellos sospechosos que declaraban no pertenecer a la comunidad judía. El historiador Suetonio narraba cómo había visto un anciano nonagenario someterse a una inspección pública para comprobar si estaba circuncidado y por lo tanto imponible de la tasa judaica[63].

«La necesidad hizo a los judíos ingeniosos, y muchos de ellos empleaban un ardid para evadir el impuesto judaico, escribía Graetz. Se las ingeniaban para hacer irreconocible en sus cuerpos el signo de la alianza.»

XVII. Trajano

El imperio romano experimentó durante el reinado de Trajano (98-117) su mayor gloria y expansión. Tanto la Roma republicana como la Roma imperial no habían conocido victorias tan rotundas como las de Trajano. Las campañas de este emperador de origen hispano fueron una sucesión de triunfos. Cuando tomó sus cuarteles de invierno en Antioquía para recibir los homenajes de los vencidos (invierno 115-116), Trajano habría podido considerar la guerra en Oriente terminada, pero en la primavera siguiente el emperador volvió a la carga para romper las últimas resistencias del enemigo parto y convertir Mesopotamia en la gran avenida hacia la India que soñaba con conquistar. Con todo, el triunfo fue efímero, pues las poblaciones sometidas entre el Tigris y el Éufrates se rebelaron. Esta defección había sido orquestada por los judíos, los cuales habían organizado una revuelta en gran parte del imperio romano. Los judíos de Babilonia, junto a los de Egipto, Cirenaica (la costa de Libia) y de la isla de Chipre, habían concebido el plan de sacudirse el yugo romano tomando de nuevo las armas.

«Una acción tan unánime presuponía un plan concertado y un líder poderoso. Desde Judea, la rebelión se extendió por los países vecinos hasta el Éufrates y Egipto (116-117)», escribía Heinrich Graetz. Un seudo-mesías llamado Andreas, o Lucas, excitaba el fanatismo de los judíos. Judea se sublevó y organizó la insurrección en las regiones vecinas, desde

---

342
[63] *Vida de Domiciano*, XII, en Georges-Bernard Depping, *Les Juifs dans le Moyen-Âge*, (1823), Wouters, Bruxelles, 1844, p. 21, 22

la ribera del Éufrates hasta Egipto (otoño 116 e invierno 117). El lema «"pronto se reconstruirá el Templo" había mantenido vivo el amor a la libertad en los jóvenes judíos, que no habían perdido la costumbre de usar armas en sus escuelas[64].» Esta fe profética animaba sus corazones, pues les aseguraba su futuro triunfo universal.

En Egipto, esta revuelta conocida como la guerra de Kitos duró tres años, de 115 a 117. No existe ningún dato sobre los preparativos y las peripecias de esta lucha; sólo el resultado nos es conocido. Los jefes de la insurrección parecen haber sido Julián Alejandro y Papo. Los rebeldes atacaron primero los vecinos de su ciudad, masacrando griegos y romanos. Envalentonados por los primeros éxitos, se reunieron en bandas y atacaron las legiones conducidas por el general Marco Rutilio Lupo. En la primera confrontación, los judíos desbarataron la habilidad estratégica y la disciplina de los romanos, y Lupo tuvo que retroceder. Este primer combate vino acompañado de masacres espantosas; vencedores y vencidos incurrieron en atroces actos de barbarie y de salvaje crueldad, manifestando así un implacable odio racial, largo tiempo contenido, que sólo podía ser saciado por la sangre.

Los paganos que habían huido tras la derrota penetraron en Alejandría, cuyos habitantes judíos aptos para portar armas se habían unido al ejército rebelde. Detuvieron los judíos que hallaron y los ejecutaron tras terribles torturas. El ejército judío tomó represalias; los judíos invadieron Egipto y conquistaron el castillo de Alejandría. Tomaron a los habitantes por prisioneros y les infligieron las mismas torturas. La población pagana de la ciudad trató de salvarse huyendo hacia el puerto. Los judíos los persiguieron, alcanzándolos cerca de los navíos. Hubo ahí una terrible lucha. Apiano, entonces procurador en Egipto, contó haberse librado de la masacre de milagro, precisando que «los judíos comían la carne de los cautivos griegos y romanos, se untaban con su sangre y se envolvían en las pieles arrancadas a sus enemigos.» Naturalmente, Graetz lo ponía en duda: «Estos horrores eran totalmente ajenos al carácter y a las costumbres judías.»

Alejandría sufrió graves daños infligidos por los insurgentes judíos. El furor les había impelido a destruir numerosos monumentos de la ciudad, especialmente el templo de Némesis, la diosa griega de la justicia retributiva y la venganza. Existen pruebas de que los judíos obligaron los vencidos a bajar a la arena para luchar contra las bestias feroces o para matarse entre sí. Graetz lo mencionaba en su obra: «Los judíos hicieron luchar a los romanos y a los griegos con animales salvajes o en la arena.

---

[64] Heinrich Graetz, *History of the Jews II*, Philadelphia, The Jewish Publication Society of America, 1891, p. 397, 398

Fue una triste represalia por el horrible drama al que Vespasiano y Tito habían condenado a los judíos cautivos.»

El historiador judío refería otras informaciones, como que «en Cirenaica, 200 000 griegos y romanos fueron asesinados por los judíos, y Libia, la franja de tierra al este de Egipto, fue tan devastada que, unos años más tarde, hubo que enviar nuevas colonias allí. En la isla de Chipre, que siempre había estado habitada por judíos, que poseían sinagogas allí, un tal Artemión encabezó el levantamiento contra los romanos. El número de rebeldes era muy grande, y probablemente fue reforzado por los descontentos habitantes paganos de la isla. Se dice que los judíos de Cipriano destruyeron Salamina, la capital de la isla, y mataron a 240 000 griegos[65].»

Graetz se fiaba así del relato de Dion Casio (150-235), el autor de la monumental *Historia romana* en ochenta libros, el cual relataba aquellos acontecimientos: «Entre tanto, los judíos de la región de Cirene pusieron a su frente a un tal Andreas y estaban matando tanto a romanos como a griegos. Comían la carne de sus víctimas, se hacían cinturones con sus entrañas, se ungían con su sangre y llevaban sus pieles por vestido; aserraban a muchos por la mitad, de arriba abajo; otros los entregaban a las bestias salvajes, y aun a otros los obligaban a combatir como gladiadores. En total, perecieron doscientas veinte mil personas. En Egipto, también, perpetraron similares ultrajes; y en Chipre, bajo el mando de un tal Artemión. Allí, además, murieron doscientos cuarenta mil[66].»

En Alejandría, Mario Turbo concibió la estratagema de hostigar sin parar a los judíos, mediante pequeñas escaramuzas, y tras una larga y encarnizada lucha los judíos depusieron las armas. Las legiones rodearon los prisioneros y los hicieron pedazos, las mujeres fueron violadas y asesinadas. Los judíos que quedaron con vida fueron asignados por primera vez a lugares cerrados para vivir apartados, a fin de preservar el resto de la población de su histeria contagiosa.

Turbo emprendió luego con sus fuerzas el ataque de la isla de Chipre. No se conocen los detalles de esta operación militar, pero es indudable que los judíos de la isla fueron exterminados hasta el último. Fueron seguramente culpables de las peores atrocidades, pues desde entonces, escribía Graetz, «surgió en Chipre un odio mortal contra los judíos. Este odio se expresó en una ley bárbara, según la cual ningún judío debía acercarse a la isla de Chipre, aunque sufriera un naufragio en esa costa[67].»

---

[65] Heinrich Graetz, *History of the Jews II*, Philadelphia, The Jewish Publication Society of America, 1891, p. 399, 400

[66] Dion Casio, *Historia romana*, libro LXVIII, 32, citado en Georges Nataf, *Les Sources païennes de l'antisémitisme*, Berg International, 2001, p. 97

[67] Heinrich Graetz, *History of the Jews II*, Philadelphia, The Jewish Publication Society

Trajano tenía tal sed de venganza contra los judíos que en Babilonia ordenó a Lusio Quieto exterminar hasta el último judío. Y es que «era tan grande el temor y el odio del Emperador hacia una nación cuyo poder no parecía haber estimado correctamente en modo alguno. Pues, Trajano tuvo que oponerse a los judíos por tres lados, y si se hubieran unido y apoyado mutuamente, el colosal imperio romano habría recibido quizás un golpe mortal[68]», explicaba Graetz. La guerra de exterminio llevada a cabo por este general de origen bereber no está muy bien documentada. Solamente se sabe que miles de judíos fueron degollados y que las ciudades de Nísibis y Edesa fueron completamente derruidas. Las casas, las calles y las vías estaban cubiertas de cadáveres. Trajano, para recompensar Quieto de su gran contribución en esta guerra, le nombró gobernador de Palestina, otorgándole amplios poderes para poder sofocar cualquier nuevo germen de revuelta.

Convencidos de que los tiempos en que dominarían todas las naciones habían llegado, Andreas y Artemión animaron sus correligionarios a perpetrar todas esas masacres[69]. Indudablemente, «es este espíritu de dominación lo que siempre les ha vuelto odiosos para todos los pueblos[70].»

El célebre historiador Publio Cornelio Tácito (55-120), nacido en la Galia narbonense (quizás en Vaison-la-romaine), era próximo al emperador Trajano al principio de su reinado. Retirado de la vida política, Tácito se dedicó a su gran obra literaria. Sus *Historias* fueron publicadas entre el año 104 y 109 y sus *Anales* hacia 110 o 115. Vemos bastante bien en su relato que los judíos no gozaban de gran consideración en Roma:

«Moisés les impuso una religión nueva y contrapuesta a las del resto de la humanidad: es allí sacrílego cuanto nosotros tenemos por sagrado y, a la inversa, tienen ellos permitido cuanto para nosotros es inmoral... Al resto de sus prácticas, aciagas y siniestras, las hizo prosperar la perversidad, pues la gente de peor calaña, después de abjurar de su fe ancestral, aportaba impuestos y donaciones que han acrecentado la riqueza de los judíos. También porque la lealtad entre ellos es terca y la caridad diligente, pero contra todos los demás albergan un odio de enemigos. Comen aparte, duermen separados. Aunque son un pueblo muy lascivo, nunca mantienen relaciones con mujeres extranjeras. En cambio, entre ellos nada está prohibido[71].» Tácito escribía, además: «Ningún pueblo ha odiado tanto a

---

of America, 1891, p. 401. Y en Dion Casio, *Historia romana*, libro LXVIII, 32.
[68]Heinrich Graetz, *History of the Jews II*, Philadelphia, The Jewish Publication Society of America, 1891, p. 400
[69]Augustin Lemann, *L'Avenir de Jérusalem, Éspérances et chimères*, 1901
[70]Monseñor Henri Delassus, *La Conjuration antichrétienne II*, Desclée De Brouwer, Lille, 1910, p. 691
[71]Cornelio Tácito, *Historias, Libro V*, Cátedra, Madrid, 2006, p. 303-304

los otros como el pueblo judío, ninguno a su vez les repugnó tanto, y ninguno se ha granjeado tan merecidamente unos odios tan implacables[72].»

XVIII. Adriano y el asedio de Betar

Adriano sucedió a Trajano. Al principio de su reinado, quiso establecer relaciones cordiales con los judíos a fin de evitar una nueva guerra. Pensaba que los judíos podrían combatir a su lado en caso de que los Partos invadieran el territorio romano. Adriano había por lo tanto autorizado los judíos a reconstruir el Templo en su antiguo emplazamiento y levantar las ruinas de Jerusalén. Había pues una gran alegría entre los judíos de Judea, que aspiraban desde hacía cincuenta años a tener otra vez un centro religioso. Los trabajos de reconstrucción del Templo avanzaban rápidamente y el Senado decidió perpetuar el recuerdo de este acontecimiento acuñando varias medallas, algunas representando el emperador en toga con ademán de levantar una humilde Judea arrodillada. Pero las buenas relaciones entre Adriano y la nación hebrea no duraron más de diez años. Adriano, en efecto, había concebido el proyecto de alzar Jerusalén de sus ruinas, pero para transformarla en una ciudad pagana, lo que suscitó una nueva revuelta.

La insurrección liderada por Simón Bar Kojba, en el año 132, fue la última gran revuelta de los judíos durante el imperio. Como de costumbre, Bar Kojba, "el Hijo de la Estrella", se presentó a sí mismo como Mesías y fue reconocido como tal por el mayor rabino de su época, Akiba ben Iosef[73]. Los Romanos se batieron primero en retirada, abandonando a los rebeldes unas fortalezas detrás de otras. Tras un año (132-133), 50 plazas fuertes y 985 ciudades y pueblos abiertos habían caído en manos de los judíos, siendo así reconquistada toda Judea, hasta Samaria y Galilea.

El nuevo Estado reorganizado por Bar Kojba llevaba constituido casi dos años (verano 132-134). Los judíos se asentaron principalmente en la

---

[72] Beatus Rhenanus, in Léon Poliakov, *Histoire de l'antisémitisme, Tome I*, Point Seuil, 1981, p. 232, 361

[73] Bar Kojba significa "Hijo de la Estrella" en arameo. Este sobrenombre se deriva de una interpretación del versículo bíblico *Núm XXIV, 17* ("*Una estrella descendió de Jacob*") al que la tradición judía otorgaba un significado mesiánico, la estrella de Jacob designaba al Mesías. Según la tradición judía, fue reconocido como el Mesías por el mayor sabio de su tiempo, Rabí Akiba, uno de los padres del judaísmo rabínico que participó en la revuelta. Este sabio le dio su apoyo incondicional. Con el fracaso de la revuelta de Bar Kojba, los rabinos adoptaron posteriormente una orientación anti-mesiánica acerca del susodicho. Cambiaron su nombre por el de Bar Kozeva, jugando con el sonido de la palabra hebrea *kazav*, "mentira". De salvador, se convirtió así en el "Hijo de la Mentira". En el Talmud se le designa como falso Mesías. (NdT)

costa mediterránea, con la ciudad de Betar ocupando el centro del dispositivo defensivo. Adriano tuvo que llamar de Bretaña al general más competente de su época, Julio Severo (*Julius Severus*) para enviarlo contra los rebeldes judíos. Julio Severo atacó uno por uno los distintos cuerpos de ejército enemigos, aplastándolos con su caballería. Para amedrentar los judíos, ejecutaba sistemáticamente todos los prisioneros. El sitio de Betar, que duró cerca de un año, fue el último episodio de esta guerra que había durado tres años y medio.

Los vencedores cometieron en Betar horribles masacres. «Esto se describió con terribles detalles. Se dice que los caballos vadeaban con la sangre hasta el hocico, pues el río corría lleno de sangre hasta el lejano mar arrastrando los cadáveres y grandes rocas[74]. Tres cientos cráneos de infantes destrozados fueron hallados en las rocas[75].» Según la tradición judía, Betar cayó el día 9 del mes de *ab* del año 135, fecha coincidente una vez más – curiosamente – con las de la destrucción de los dos templos (486 a. C. y 70 d. C.) y también en un futuro, en la imaginación de los judíos, con la fecha de la expulsión de España en 1492.

«Apenas se puede dar crédito al número de muertos que se dice que hubo y, sin embargo, los historiadores judíos y griegos lo confirman. El auténtico historiador Dion Casio relata que además de los que murieron de hambre y fuego, cayeron medio millón de judíos», escribía Heinrich Graetz[76]. «Las pérdidas de los romanos fueron igualmente grandes, y Adriano no se atrevió a emplear en su mensaje al Senado la fórmula habitual: "Yo y el ejército estamos bien". El Senado no decretó el triunfo del Emperador, pero se acuñó una medalla en conmemoración de los servicios prestados por el ejército. Esta moneda llevaba la inscripción "*Exercitus Judaicus*": "Gracias al ejército victorioso sobre los judíos".» Los honores fueron otorgados a su general Julio Severo.

Después de la derrota de Bar Kojba, miles de prisioneros judíos fueron vendidos a vil precio como esclavos en los mercados de Hebrón y de Gaza. Los judíos que todavía permanecían en su patria se ocultaban en las cuevas para librarse de los soldados romanos. Adriano pensaba que los judíos no habían sido aun suficientemente debilitados y planeó el aniquilamiento

---

[74] Heinrich Graetz, *History of the Jews II*, Philadelphia, The Jewish Publication Society of America, 1891, p. 422

[75] Los judíos están manifiestamente obsesionados con los cráneos de niños destrozados. Existen numerosos "testimonios" de la Segunda Guerra mundial acusando a las SS de crímenes idénticos que, obviamente, no reflejan más que la culpabilidad de los propios intelectuales judíos, acostumbrados al procedimiento de la inversión acusatoria. Léase al respecto *El Espejo del judaísmo*.

[76] Heinrich Graetz, *History of the Jews II*, p. 422. Dion Casio, *Historia romana*, IX, 43. La población de Judea en esa época debía situarse en torno a los dos millones y medio, en Gérard Messadié, *Histoire générale de l'antisémitisme*, JC Lattès, 1999, p. 103.

final de su religión. Encargó la ejecución del plan a Quinto Tineyo Rufo, mientras el general Severo regresaba a Bretaña.

Tito había dejado algunas casas en pie en Jerusalén, de modo que algunos desgraciados habían construido cabañas en medio para vivir junto a esas preciadas ruinas. Pero Rufo hizo pasar el arado en toda la ciudad de Jerusalén y en el emplazamiento del Templo. Jerusalén quedó así completamente arrasada. Adriano pudo por fin realizar su plan urbanístico y transformar la ciudad judía en una ciudad pagana. En el lugar de la antigua ciudad se elevaba ahora una preciosa ciudad romana, Aelia Capitolina, en homenaje al nombre de Aelius Adriano y Júpiter Capitolino. En todos los actos publicados, Jerusalén se denominaba ahora Aelia, y el antiguo nombre cayó en el olvido. Judea también pasó a denominarse Palestina. Fueron erigidos templos a Baco, Venus y Serapis. El Templo Júpiter Capitolino, el dios protector de Roma, se alzaba en el lugar del templo de los judíos. Estatuas de divinidades romanas, griegas y fenicias adornaban bellamente las calles y plazas. Un teatro, baños públicos y diversos edificios fueron construidos. Adriano estableció en la ciudad colonias de veteranos, principalmente fenicios y sirios. En cuanto a los judíos (pero no los cristianos de origen judío), éstos tenían prohibido pisar la ciudad bajo pena de muerte. No tenían permitido aparecer por la ciudad más que en una ocasión al año, el día de la gran feria y pagando un peaje de entrada. Los romanos esculpieron un cerdo en el frontón de la puerta principal con la idea de ahuyentar los verdaderos israelitas ante el emblema del animal aborrecido. Los judíos tolerados en las regiones limítrofes, en Tiberíades, Cafarnaúm y Nazaret, miraban con envidia y pesar la tierra que ahora les estaba vedada.

Adriano siguió así la política de Antíoco Epífanes. Publicó un decreto en Palestina que prohibía, bajo muy duras penas, la circuncisión, la celebración del Sabbat y el estudio de la Ley mosaica. Pero, contrariamente al rey helenístico, no obligó los judíos a venerar las divinidades romanas.

La observancia de la menor práctica mosaica era muy severamente castigada, de manera que la lectura de la Torá se hacía en los tejados, lejos de las miradas inquisitorias de los espías. Los contraventores eran hábilmente torturados. Heinrich Graetz aportaba aquí algunos detalles: «Un contemporáneo más joven de esta triste época describía, casi de forma dramática, la crueldad de las autoridades romanas que infligían algún castigo cruel por cada ceremonia religiosa. "¿Por qué has de ser azotado? Porque he traído un *lulab*. ¿Por qué has de ser crucificado? Porque comí pan sin levadura en Pascua. ¿Por qué habéis de ser condenados a muerte por el fuego o por la espada? Porque leímos la Torá y permitimos que nuestros hijos sean circuncidados". Aún más terribles eran las muertes infligidas a los acusados por los tribunales romanos, que sólo pueden compararse con las infligidas por la Inquisición. Se colocaban bolas al rojo vivo en las axilas, o se pasaban juncos con púas por debajo de las uñas, o se colocaba lana húmeda en el torso de quien estaba siendo quemado hasta morir para prolongar el suplicio, o se le arrancaba la piel, horrores que causan escalofríos con sólo enumerarlos.»

Los judíos intentaron eludir la vigilancia de las autoridades y de los delatores. Algunos de estos eran antiguos judíos que habían preferido abandonar la secta. La apostasía de Elisha ben Abuyah, un doctor de la fe tuvo consecuencias funestas para los judíos. Elisha ben Abuyah, también apodado *Acher*[77] (Ajer), enseñó a las autoridades cómo reconocer las prácticas judías y los espías romanos pudieron de esta forma atisbar desde lejos la celebración de una ceremonia ilegal. El ruido de un molino de mano anunciaba por ejemplo la preparación de la pólvora necesaria para la curación del niño recién circuncidado; las iluminaciones indicaban la celebración de una boda. Guiaban así con estos indicios para descubrir los judíos y denunciarlos a los tribunales. Graetz evocaba esta traición en su libro: «Entre ellos estaba *Acher*, que estaba imbuido de un gran desprecio por la Ley. Se dice que dio información a las autoridades romanas para que pudieran distinguir entre las ceremonias religiosas y las que no tenían importancia... Así, los espías romanos, que iniciaban a los supervisores en los diversos ritos, estaban atentos a cualquier intento de observancia religiosa. Adriano o sus representantes dirigieron su atención más estricta e infligieron los castigos más severos en dos casos especiales: la reunión de escuelas y la ordenación de discípulos...Si la ordenación de los alumnos como maestros independientes podía ser impedida, entonces naturalmente se produciría una obstrucción en la corriente vital del judaísmo. Hay que confesar que la política romana fue bien atinada por parte de sus partidarios, y supieron cómo golpear en el punto más vulnerable del judaísmo. Se infligieron severas penas de muerte a los maestros que mantenían escuelas y a los que ordenaban discípulos; incluso las comunidades fueron responsabilizadas de ello. La ciudad y sus alrededores, donde tenía lugar una ordenación, eran condenados a la destrucción. Es posible que *Acher* instigara esta persecución. En todo caso, se cuenta de él que entregó a los maestros de la Ley a la muerte y que ahuyentó a los discípulos del estudio de la Ley[78].»

---

[77] En hebreo significa "es otro"(*A'her*). Los sabios del Talmud (*Jaguigá, 15a*) lo denominaron así. (*Ajer* en español). (NdT).
[78] Heinrich Graetz, *History of the Jews II*, Philadelphia, The Jewish Publication Society of America, 1891, p. 428–429. Sin embargo, la Enciclopedia Judía (1901-1906) escribe que «es casi imposible conseguir una imagen clara de esta personalidad a partir de las fuentes rabínicas, y los historiadores modernos han diferido ampliamente en la valoración de su figura. Para Graetz, fue un gnóstico; para Siegfried, un seguidor de Filón; para Dubsch, un cristiano (de tipo elcesaita), para Smolenskin y Weiss, una

Elisha ben Ayubah fue posteriormente renombrado por algunos judíos con el nombre de *Akher* (*Acher, Ajer*), como si su conversión lo hubiese transformado en un hombre distinto. El famoso escritor judío Elie Wiesel dijo de él en uno de sus libros que era «el símbolo de la abjuración y de la traición... Tenía los bolsillos llenos de panfletos antijudíos...Peor aún: empezó a militar en favor de la asimilación forzosa...Simpatizó con el ocupante, se volvió un colaborador y finalmente cómplice del ejército romano.» Aquel rabí Elisha «era *Akher* - representaba las fuerzas oscuras de los judíos, las fuerzas del Mal presentes en el hombre...Al principio se le llamaba Rabí Elisha, después Elisha ben Abuyah, luego ben Abuyah, y al final *Akher*[79].»

Rabí Akiva ben Iosef, el jefe de los judíos fue tratado con gran severidad por Rufo, el gobernador de la provincia. Tras haberlo tenido enjaulado durante mucho tiempo e infligido atroces torturas, Rufo lo entregó finalmente al verdugo. Graetz contaba en sus páginas cómo le habían arrancado la piel con ganchos de hierro.

La muerte de Adriano, acaecida tres años después de la caída de Betar, en el verano del 138, conllevó una mejora significativa de la situación de los judíos. Este emperador, amante de la cultura griega, se había convertido al igual que Antíoco Epífanes en la personificación del odio contra «la raza judía» (Graetz). Los Judíos y Samaritanos de la época nunca pronunciaban su nombre sin añadir esta fórmula de maldición: "¡Que Dios reduzca sus restos a polvo!".

Fue en los tiempos de Adriano que se produjo la separación definitiva entre judíos y cristianos. En el año 70, los cristianos ya se habían mostrado indiferentes al destino de los judíos. Bajo Adriano, tras las violentas persecuciones cometidas contra ellos por los judíos, los cristianos habían decididamente tomado partido por los romanos.

XIX. La dinastía de los Severos

El emperador Septimio Severo, que reinó del año 193 al 211, inauguró una nueva época. Septimio Severo había nacido en la Tripolitana, en la costa libia. Por parte materna, descendía de inmigrantes itálicos casados con indígenas probablemente libios. Por su padre, descendía de una familia de origen púnico-bereber y de cultura púnica. El historiador Dion Casio lo describió como un hombre de corta estatura, delgado, muy vivaz, pero a su vez taciturno. Tenía un fuerte acento, lo que le valió las burlas de sus

---

víctima del inquisidor Akiva.» Wikipedia. NdT.]
[79]Elie Wiesel, *Célébration talmudique*, Éd. Seuil, 1991, p. 182-191. *Akher* se pronuncia *Ajer*, con la j española.

contemporáneos. Por primera vez, el imperio estaba en manos de un provincial, ciertamente romanizado, pero oriundo de una familia berebere con fuertes lazos africanos. El advenimiento de este príncipe africano hacía decir a muchos que se trataba de la "revancha de Aníbal".

Este príncipe codicioso llegó a estar completamente corrompido por el oro de los judíos. Septimio Severo promulgó leyes que los asimilaba a los ciudadanos romanos y pudieron ser admitidos en las más altas funciones públicas[80]. Estas fueron las primeras disposiciones positivas fijadas para ellos en el Imperio romano, y fueron mantenidas durante todo el imperio pagano. De perseguidos, los judíos se convirtieron en perseguidores. En Palestina y otros lugares, ejercían la venganza contra aquellos compatriotas que abrazaban el cristianismo[81].

Su hijo Caracalla, que le sucedió entre el año 211 y 217, tenía los mismos orígenes bereberes y sirios por vía materna. Había empezado su carrera asesinando a su hermano Geta, cortándole el cuello con un gladio cuando éste se había refugiado en los brazos de su propia madre. A continuación, prosiguió con una serie de asesinatos sistemáticos (20 000 según Dion Casio) contra amigos, relaciones y partidarios de Geta y también posibles rivales. Caracalla estaba evidentemente bajo la influencia de los judíos cuando en el año 212 concedió los derechos de ciudadanía a todos los habitantes del imperio romano. Esta ley, un verdadero hito en la historia de Roma, contribuyó en gran parte a la decadencia romana. Efectivamente, este tipo de ley de inspiración típicamente judía siempre fomenta la inmigración sistemática y la disolución de las identidades nacionales[82]. Caracalla, odiado por los Romanos, fue asesinado en abril del 217 durante una campaña militar en Oriente contra los Partos.

Su sobrino, Heliogábalo o Elegábalo, que reinó entre el año 218 y 222, había nacido en Siria. Heliogábalo deseaba seguir fielmente las prácticas de El-Gabal/Baal, un dios solar semítico de Siria del que se declaraba sacerdote. Se hizo circuncidar y se abstenía de comer carne de cerdo. Quiso además introducir públicamente en Roma los cultos judíos, samaritanos y

---

[80] «*Judæis privilegia reservavit. Lamprid.*, in *Alex Sev. - Palæstinis plurima jura fundavit. Spart.*, in *Sev. — Eos qui judaicam superstitionem sequuntur, Severus et Antoninus honores adipisci permiserunt, sed et necessitates imposuerunt, quæ superstitionem eorum non lasderent. Digest.*, lib. 50, tit, 2; lib. 3, pars 3», en Georges-Bernard Depping, *Les Juifs dans le Moyen-Âge*, (1823), Wouters, Bruxelles, 1844, p. 23

[81] Georges-Bernard Depping, *Les Juifs dans le Moyen-Âge*, (1823), Wouters, Bruxelles, 1844, p. 23. Georges-Bernard Depping (Munich, 1784 - París, 1853) se estableció en Francia en 1803. Fue nacionalizado en 1827. Fue un historiador serio y favorable a los judíos. Todas sus informaciones vienen con detalladas referencias y notas en pie de página.

[82] Léase en Hervé Ryssen, *Las Esperanzas planetarianas*.

cristianos subordinándolos a Baal: «El joven emperador Elegábalo... epítome viviente de todos los vicios, que deshonró al mundo romano durante cuatro años (218-222), y que parece no haber tenido otra vocación en la historia que degradar públicamente a los dioses paganos y al cesarismo romano, y convencer a todos de su inutilidad, parece haber intentado y hecho muchas cosas en su locura metódica imitando las prácticas judías. Se ofreció para la circuncisión y se negó a comer carne de cerdo, aunque sólo en obediencia a los mandamientos de su Dios-Sol. Propuso introducir públicamente en Roma los cultos judío, samaritano y cristiano, pero subordinándolos a su dios Sol, Baal», relataba Heinrich Graetz. En efecto, circulaban en Roma muchos rumores de su posible conversión al judaísmo.

Heliogábalo dejó las riendas del gobierno a su abuela y a su madre sirias. Este control femenino, la superstición del emperador, sus caprichos infantiles, sus gastos irresponsables y sus matrimonios homosexuales horrorizaron a los antiguos Romanos y precipitaron su caída. En julio del 221, su abuela, presintiendo que los vicios de su nieto acabarían con él y su familia, le convenció para que adoptara su primo Alexiano Basanio bajo el nombre de Alejandro Severo, asociándolo así al poder con el título de César. Este joven serio, avezado, virtuoso, paciente y sabio había logrado hacerse popular ante la única fuerza que importaba realmente en el Imperio: el ejército. Cuando los oficiales y los soldados empezaron a sospechar de que Heliogábalo intentaba deshacerse de su primo en seguida murmuraron contra él. Heliogábalo quiso arrestar los cabecillas de las intrigas, pero una multitud furiosa invadió el palacio imperial y masacró el emperador. Su cuerpo fue arrastrado por las calles de Roma y el populacho intentó tirar el cadáver por el alcantarillado. Finalmente, dado que los conductos eran demasiado estrechos, el cadáver imperial fue arrojado al Tibre el 11 de marzo del año 222.

El nuevo emperador Alejandro Severo (222-235) tenía él también en alta estima el judaísmo. Los judíos veían incluso en él una especie de nuevo Mesías. Según Graetz, «tenía una buena disposición hacia los cristianos, aunque parece que sentía una mayor predilección por los judíos y el judaísmo. Los habitantes de Antioquía y Alejandría, cuyo carácter frívolo les hacía estar más satisfechos con emperadores inmorales que con un gobernante austero de la naturaleza de Alejandro Severo, se burlaban de él en epigramas, y le dieron los sobrenombres de "Jefe Sirio de la Sinagoga" (*Archisynagogus*, es decir, Rabino), y "Sumo Sacerdote"[83].»

En el 234, el emperador se presentó en persona en Maguncia para

---

[83] Heinrich Graetz, *History of the Jews II*, Philadelphia, The Jewish Publication Society of America, 1891, p. 473, 485

enfrentarse a los Germanos, especialmente los Alamanes, pero vaciló en combatirlos de frente, prefiriendo comprar la paz. Fue asesinado en su tienda de campaña y los legionarios proclamaron emperador a uno de los suyos, Máximo. Este asesinato inauguró un periodo de cincuenta años de anarquía militar, hasta los reinados de Aureliano (270-275) y sobre todo Diocleciano (284-305). La dinastía Severa había concluido de la misma forma que había empezado: con un golpe de Estado.

XX. *Los emperadores cristianos*

Constantino, que reinó del año 306 al 337, fue el primer emperador romano que se convirtió al cristianismo. Mediante el edicto de Milán del año 313, puso fin a una era de persecuciones y ayudó a la Iglesia a desarrollarse estableciendo la libertad de culto. Aportó donaciones en dinero y terrenos, ayudó a financiar la construcción de grandes basílicas y acuñó frecuentemente monedas con símbolos cristianos. Constantino también tomó medidas para proteger los cristianos contra el furor y la intolerancia de los judíos. El 18 de octubre del 315, prohibió a los judíos perseguir a sus correligionarios convertidos al cristianismo, bajo pena de la hoguera. El 7 de marzo del 321, decretó el domingo como feriado obligatorio, excepto para los trabajos del campo. Constantino no ignoraba que esta medida restaba un día trabajo a los judíos que ya descansaban el sábado. El emperador prohibió además a los judíos incitar a los cristianos a apostatar, y ordenó que los esclavos de los judíos circuncidados fuesen liberados[84].

Su hijo Constancio II, que reinó hasta el 361, hizo promulgar una ley según la cual la circuncisión de esclavos por los judíos no solamente implicaba su puesta en libertad automática, sino que además acarreaba la confiscación de todos los bienes del propietario judío y la pena de muerte. Por otra parte, se decidió que un cristiano que se casara con una judía sería embargado de todos sus bienes por el Tesoro imperial; una cristiana de las fábricas imperiales casada con un judío se vería despedida y su marido judío ejecutado.

En 355, desde Constantinopla, la nueva capital imperial, Constancio otorgó plenos poderes a su primo Juliano para combatir las incursiones de los Alamanes. En 361, al fallecer aquel, Juliano se apoderó de todo el imperio. Su reinado apenas duró dos años y fue un breve paréntesis durante el cual intentó restaurar el paganismo. Juliano reabrió los templos y prohibió a los cristianos enseñar los clásicos grecolatinos. Publicó un

---

[84] Georges-Bernard Depping, *Les Juifs dans le Moyen-Âge*, (1823), Éd. Wouters, Bruxelles, 1844, p. 24

ensayo, *Contra Galileos,* una crítica neoplatónica en la que describía a los cristianos como gente inculta y grosera.

Pero, por otro lado, los judíos no tuvieron que padecer con él la más mínima legislación hostil, sino todo lo contrario: «Por esta razón se mostró tanto más amistoso con los judíos y fue el único emperador, después de Alejandro Severo, en mostrar un serio interés por el judaísmo. Más de una razón le llevó a preferir el judaísmo. Educado en la religión cristiana, había llegado a conocer el judaísmo a través de la Santa Biblia, y cuanto más odiado y perseguido era el judaísmo por el cristianismo, mayor era la reverencia con que lo consideraba...El reinado de Juliano, que no llegó a durar dos años (de noviembre de 361 a junio de 363), fue un período de extrema felicidad para los judíos del imperio romano. El emperador los favoreció, aliviándolos de la opresión y de la desgracia que conllevaba la burla de la blasfemia. Llamó al patriarca Hillel su venerable amigo y le honró con una carta autógrafa, en la que le aseguraba su buena voluntad y le prometía que intentaría poner fin a los males de los judíos. También dirigió una epístola a todas las comunidades judías del imperio, e hizo preparativos para reconstruir el Templo de Jerusalén, que se había convertido en una ciudad cristiana desde la época de Constantino[85].» Esa carta firmada en Antioquía está fechada del otoño del año 362.

Efectivamente, Juliano no hizo simples promesas y puso todo en marcha para levantar el templo de sus ruinas. El éxito de la empresa era para él muy importante y no escatimó en gastos. Numerosos obreros fueron enviados a Jerusalén para despejar el terreno donde se situaba el santuario en ruinas desde hacía tres siglos y los materiales de construcción fueron transportado en grandes cantidades.

Juliano "el Apóstata" tuvo en los judíos sus mejores aliados en la guerra que libraba a los cristianos. Los judíos, escribía monseñor Henri Delassus[86], «se apresuraron en aprovechar las disposiciones del emperador para satisfacer de nuevo sus odios tradicionales. Se les vio en Egipto y Asia incendiando impunemente basílicas cristianas[87].»

Desgraciadamente para los judíos, Juliano fracasó en su expedición contra los Persas y fue atravesado por una flecha disparada por un cristiano de su ejército (según la leyenda). Los judíos se beneficiaron durante mucho tiempo de los efectos positivos de su reinado, pues las medidas restrictivas

---

[85] Heinrich Graetz, *History of the Jews II*, Philadelphia, The Jewish Publication Society of America, 1891, p.603-605

[86] Monseñor Henri Delassus (1836-1921) fue un sacerdote católico francés, doctor en teología, protonotario apostólico, canónigo honorario de la diócesis de Cambrai y ensayista antimasónico y crítico del judaísmo. (NdT)

[87] **Monseñor Henri Delassus,** *La Conjuration antichrétienne II*, Desclée De Brouwer, 1910, p. 683

dictadas contra ellos por Constantino y Constancio, y que Juliano había abolido, ya no les fueron aplicadas.

Una asamblea de altos funcionarios y oficiales se reunió entonces y eligió emperador a Valentiniano I, quien reinó a partir del año 364. Era el hijo de un oficial de origen panoniano (actual Croacia). Valentiniano I reinó sobre la parte occidental del imperio e hizo respetar las creencias religiosas de todos sus sujetos. Reconstruyó las fortificaciones del Rin, rearmó el ejército de la Galia y la liberó de los Alamanes. Su gran general Teodosio el Mayor reconquistó la provincia de Bretaña, invadida por los bárbaros de Escocia e Irlanda.

Valentiniano entregó Oriente a su hermano Valente, reinando éste en Constantinopla. Valente pertenecía a la secta ariana del cristianismo (el arrianismo) – según la cual la divinidad de Dios (el Padre) precede y es superior a la de Jesucristo (su Hijo encarnado en Hombre)[88] – por lo que era la diana de los ataques de los católicos. De modo que protegió los judíos y les dio repetidas muestras de su estima. Bajo su reinado tuvo lugar el Sínodo de Laodicea (364). Se ordenaba a los cristianos no permanecer ociosos el día del Sabbat (canon 29), no aceptar el pan ácimo (sin levadura) de los judíos, ni tampoco participar en sus fiestas y sacrílegos (canon 37 y 38)[89].

San Atanasio, obispo de Alejandría, un ilustre Padre de la Iglesia que vivió en aquella época, no se limitaba a los debates teológicos, sino que notaba en la práctica que las costumbres de los judíos eran bastante peculiares, afirmando además que «los judíos ya no eran el pueblo de Dios, sino los jefes de Sodoma y Gomorra[90].»

En los Balcanes, Valente tuvo que enfrentarse a los Visigodos y Ostrogodos, falleciendo según la crónica de Amiano Marcelino en combate durante la batalla de Adrianópolis, el 9 de agosto del 378, preludiando así la futura invasión general del imperio por parte de las tribus germánicas.

En 367, en Amiens (Galia), Valentiniano enfermó gravemente y proclamó emperador a su hijo Graciano de sólo 8 años. Graciano reinaría de 375 a 383, mostrándose benévolo con el papa Damasio I. Fue el primer emperador en rehusar el antiguo título de *Pontifex maximus* (soberano

---

[88] El arrianismo fue una forma de cristianismo no-trinitario. Los arrianos no creían en la doctrina tradicional de la Trinidad, que sostiene que Dios Padre, Jesús y el Espíritu Santo son un único ser. Sostiene que Jesucristo es el Hijo de Dios, procedente del Padre, pero no eterno, sino engendrado en el tiempo. El arrianismo sostiene que el Hijo de Dios no existió siempre, sino que fue creado por Dios Padre. (NdT).
[89] Monseñor Carl-Joseph Héfélé, *Histoire des Conciles, d'après les documents originaux*, 1870, Paris, 1914.
[90] *Traité de l'Incarnation*, 40, 7, en Maurice Pinay, *Complot contra la Iglesia, Capítulo XLI* (1962), Transcripción pdf de Ediciones Mundo Libre, México, 1985, p. 362

pontífice) del antiguo culto romano, posteriormente asumido por el obispo de Roma.

En enero del 379, Graciano proclamó Augusto a Teodosio, originario de Cauca (Coca, Segovia), hijo del gran general Teodosio el Mayor. Teodosio I recibió la parte oriental del imperio. En el año 380, junto a Graciano, detuvo los Godos en Epiro y Dalmacia. Instaló una parte de los Ostrogodos en Panonia, instalándose él mismo en Constantinopla mientras que el usurpador Magno Máximo se hacía con el poder en Occidente.

Mediante el edicto de Tesalónica del 28 de febrero del año 380, el emperador Teodosio (379-395) elevaba el cristianismo al rango de única religión oficial y obligatoria. El cristianismo se convertía así en religión de Estado. En el 381, el arrianismo fue condenado en el segundo concilio ecuménico de Constantinopla. Teodosio promulgó además leyes contra los judíos, refiriéndose a ellos como «secta bestial» (*feralis secta*). Según algunas fuentes, «Teodosio llegaría a decir que ser judío era un mal desesperado e incurable[91]».

A pesar de las exhortaciones de Ambrosio de Milán y otros miembros del clero católico, Teodosio el Grande no permitió a los funcionarios que infirieran en los asuntos religiosos de los judíos. Promulgó penas severas contra los cristianos que perturbaran su tranquilidad. Pero las órdenes imperiales eran estériles para modificar el espíritu de la época. Por lo demás, antes del reinado de Teodosio, ya existían varias leyes restrictivas contra los judíos y éstas siguieron vigentes.

XXI. *Los Padres de la Iglesia*

San Ambrosio (340-394), obispo de Milán y famoso Padre de la Iglesia, fue contemporáneo de Teodosio. Al enterarse de que el emperador había condenado un obispo de Calínico, en el norte de Mesopotamia, a reconstruir a su costa una sinagoga que había ordenado incendiar, Ambrosio se indignó y escribió al emperador. Si bien reconocía que el obispo se había excedido y tenía que ser amonestado, protestó tan vivamente que el emperador se vio obligado a rectificar su decisión[92].

San Ambrosio declararía que la Sinagoga era «una casa de impiedad, un receptáculo de maldades que Dios mismo había condenado.» Cuando las masas cristianas, en reacción a las acciones de los hebreos, no pudieron reprimir su ira y quemaron una sinagoga en Roma, San Ambrosio no sólo los respaldó, sino que dijo: «Declaré que la sinagoga debía incendiarse, o

---

[91] Elie Wiesel, *Célébration talmudique*, Seuil, 1991, p. 336
[92] Epist. 29. Sozomène hist. Trip. L.7, c.8 et L.9, c.30, en *Revue Catholique des Institutions et du Droit*, octobre 1893, article de Charles Auzias-Turenne.

al menos ordené que lo hicieran. Y si se me objeta que yo no incendié personalmente la sinagoga, protesto que comenzó a incendiarse por el juicio de Dios[93].»

Heinrich Graetz escribía por su parte que «Ambrosio de Milán superó a Crisóstomo en violencia y calumnias odiosas contra los judíos. Llamó al usurpador Maximus *judío*, porque había ordenado al senado romano que una sinagoga de Roma quemada por los cristianos fuera reconstruida a expensas de la ciudad.[94].»

San Ambrosio de Milán es reconocido por la Iglesia católica como un modelo digno de imitar para los obispos y como uno de los ejemplos más ilustres de caridad cristiana. «Esto demuestra que la caridad no debe utilizarse para proteger a las fuerzas del mal», escribía juiciosamente Maurice Pinay.

En aquella época, los judíos ya no podían perseguir a los cristianos como lo hacían antaño. El gran teólogo Tertuliano, Padre de la Iglesia y autor prolífico, dejó su testimonio sobre las persecuciones judías contra los cristianos en los siglos anteriores. Había nacido en Cartago entre el año 150 y 160, hijo de un centurión de la legión romana. En la primera mitad del siglo III, Tertuliano inauguró la literatura cristiana en lengua latina. «En su Tratado *"Adversus Judaeos"*, lanza contra los israelitas muy duras acusaciones; en *"Scorpiase"*, afirma que: "las Sinagogas son los puntos de donde salen las persecuciones contra los cristianos". Y en *"Ad Nationem"*... afirma: "De los judíos es de donde salen las calumnias contra los cristianos[95]".»

Según San Ambrosio, los judíos redujeron a cenizas una gran cantidad de iglesias en tiempos de Juliano el Apóstata, incluida la basílica de Alejandría y nadie les exigió reparaciones o castigo por ello.

Dos cientos años después, San Gregorio de Nisa, otro ilustre cristiano, jefe teológico del Concilio de Constantinopla, también acusó muy duramente a los judíos en su *Oración de la Resurrección de Cristo*: «Asesinos del Señor, asesinos de los profetas, enemigos de Dios, hombres que odian a Dios, hombres que desprecian las leyes, adversarios de la Gracia, enemigos de la fe de sus padres, abogados del Diablo, raza de víboras, calumniadores, burladores, hombres cuyas mentes están en las tinieblas, levadura de los fariseos, asamblea de demonios, pecadores,

---

[93]Maurice Pinay, *Complot contra la Iglesia, Capítulo XLI* (1962), Transcripción pdf de Ediciones Mundo Libre, México, 1985, p. 361
[94]Heinrich Graetz, *History of the Jews II*, Philadelphia, The Jewish Publication Society of America, 1891, p. 620–621
[95]Maurice Pinay, *Complot contra la Iglesia, Capítulo XLI* (1962), Transcripción pdf de Ediciones Mundo Libre, México, 1985, p. 370

hombres perversos, lapidadores, enemigos de la honradez[96].»

El más vehemente de los antijudíos cristianos fue sin duda Juan Crisóstomo (349-407), el más venerado de los Padres de la Iglesia de Oriente. Había nacido en Antioquía y fue obispo de Constantinopla. Su elocuencia sin parangón estuvo en el origen de su apodo Crisóstomo, "boca de oro".

En Antioquía, denunciaba cómo los judíos ocupaban las primeras posiciones comerciales de la ciudad, paralizando los negocios cuando celebraban sus fiestas. Pronunció no menos de ocho homilías para poner en guardia a los cristianos contra sus embustes y seducciones[97].

Crisóstomo denunció incansablemente los judíos como «nación de asesinos, lujuriosos, rapaces, voraces y pérfidos ladrones», vaticinando que «seguirán siendo castigados por sus crímenes hasta el fin del mundo.» Los judíos son «infanticidas...culpables de mil horrores», afirmaba Crisóstomo. Tronaba contra ellos, denunciando que «los Judíos de hoy, reuniéndose en tropas de afeminados, en bandas con numerosas y miserables cortesanas, transforman la sinagoga en un teatro con histriones en escena; pues, ¡su sinagoga no es muy diferente de esos lugares públicos! La sinagoga no es solamente un teatro y un lugar de prostitución; es también una cueva de ladrones, una caverna de bestias salvajes[98].»

Manifiestamente, San Juan Crisóstomo notaba ya en su época cierta inclinación de algunos judíos hacia el proxenetismo: «Sus sinagogas sólo son lugares de libertinaje donde se entregan mujeres impúdicas y disolutas[99].» Más aún, este primer ilustre antisemita ya sospechaba el judaísmo de constituir una especie de enfermedad del alma. Juan

---

[96]Maurice Pinay, *Complot contra la Iglesia, Capítulo XLI* (1962), Transcripción pdf de Ediciones Mundo Libre, México, 1985, p. 366. (Y en Marcel Simon, *Verus Israel*, Paris, 1948, p. 255.)

[97]Juan Crisóstomo, 1884, *Adversus Judæos homilia,* en Claudio Jannet, *L'Église et la constitution sociale,* 1884. «En el siglo IV, escribía Abraham Léon, los Judíos pertenecían a las capas acomodadas y ricas de la población. Crisóstomo dice de los Judíos que poseían grandes sumas de dinero y que los patriarcas acumulaban inmensos tesoros. Habla de las riquezas de los judíos como si se tratara de un hecho harto conocido por los contemporáneos.» (Abraham Léon, *La Conception matérialiste de la question juive*, Études et Documentation internationales, 1942, Paris, 1968, p. 63). Abraham Léon cita aquí el rabino L. Lucas, *Zur Geschichte der Juden in vierten Jahrhundert*, Berlin, 1910.

[98]Gougenot des Mousseaux. *El Judío, el judaísmo y la judaización de los pueblos cristianos*, Versión pdf. Traducido al español por la profesora Noemí Coronel y la inestimable colaboración del equipo de Nacionalismo Católico Argentina, 2013 p. 107

[99]Juan Crisóstomo, pag. 358-362, 3,4, etc,. Citado en *Oeuvres completes* vol. II, ed. 1865. En Gougenot des Mousseaux. *El Judío, el judaísmo y la judaización de los pueblos cristianos*, p. 555. Sobre el proxenetismo judío y la trata de Blancas, léase *La Mafia judía*. Y sobre el cuadro clínico del judaísmo, *Psicoanálisis del judaísmo*.

Crisóstomo ponía en alerta a los cristianos contra ellos y sus prácticas médicas o teúrgicas-cabalistas: «Huyan y rechacen a los judíos; tienen la pretensión de ser los más hábiles médicos del mundo, pero su ciencia médica sólo es impostura, encantamientos, amuletos ¡y practicas tomadas de la magia!»

San Jerónimo (340-420), nacido en una familia aristocrática romana instalada en la actual Croacia, recibió una perfecta educación en Roma, donde se convirtió al cristianismo a los veinticinco años. Fue secretario del Papa Dámaso I y pasó a la historia por su traducción latina de la Biblia a partir del griego y del hebreo (la Vulgata). Naturalmente, también profesaba una hostilidad profunda hacia el judaísmo. Esto decía sobre él el historiador Heinrich Graetz: «Como sus enemigos le reprochaban su herejía por sus estudios judíos, les convenció de su ortodoxia haciendo valer su odio a los judíos: "Si es preciso despreciarlos como individuos y como nación, así aborrezco yo a los judíos con un odio inefable[100]".»

En su carta a los hermanos Pamaquio y Océano, San Jerónimo escribía: «Si hay interés en odiar a unos hombres, en odiar a una raza, yo me opongo a los circuncidados con un odio extraordinario. Hasta el día de hoy persiguen a Nuestro Señor Jesucristo en las sinagogas de Satanás.» San Jerónimo retomaba así las palabras de Cristo citadas por el Apóstol Juan: «Vosotros de vuestro padre el diablo sois, y los deseos de vuestro padre queréis cumplir.» (Juan, VIII, 44. Reina Valera 1862).

En el Apocalipsis (II, 9), San Juan llamaba a desconfiar de las calumnias de los judíos: «Yo sé tus obras, y tu tribulación, y tu pobreza - pero tú eres rico - y sé la blasfemia de los que se dicen ser Judíos, y no lo son, sino que son la sinagoga de Satanás.»

El escritor católico Maurice Pinay confirmaba en el siglo XX las opiniones de San Jerónimo: «San Jerónimo decía que, si para ser buen cristiano era preciso abominar a los judíos y al judaísmo, él quería hacerlo en forma ejemplar.» Y añadía: «Esto no tiene nada de extraño si se toma en cuenta que los hebreos son los enemigos capitales de la Cristiandad y del género humano[101].»

El obispo Cirilo de Alejandría, que se oponía fuertemente a la histeria y agresividad de los judíos, logró expulsarlos de la ciudad en el año 415, lo que dio lugar a algunos altercados. Pero a pesar de la gran energía desplegada para defender a los judíos, el prefecto Oreste fue incapaz de contener los disturbios y sólo pudo elevar una queja contra Cirilo. La corte de Constantinopla, sin embargo, dio la razón al obispo.

---

[100]Heinrich Graetz, *History of the Jews II*, Philadelphia, The Jewish Publication Society of America, 1891, p. 632–633
[101]Maurice Pinay, *Complot contra la Iglesia, Capítulo XIX* (1962), Transcripción pdf de Ediciones Mundo Libre, México, 1985,p. 235

Este antijudaísmo acérrimo de los Padres de la Iglesia ya había sido profesado por los fundadores del Cristianismo. San Pablo pretendía ser judío, «nacido en Tarso, en Cilicia», antigua ciudad de la costa sur de la actual Turquía. Pablo (Saúl) abandonó el judaísmo, volviéndose en contra de la secta. Más tarde, solicitaría hasta tres veces la ciudadanía romana, tal como se puede leer en el evangelio de Lucas.

En sus epístolas, denigraba sistemáticamente los judíos y sus enseñanzas, describiéndoles como enemigos de todos los hombres: «Porque vosotros, hermanos, habéis sido imitadores en Cristo Jesús de las iglesias de Dios que están en Judea: que habéis padecido también vosotros las mismas cosas de los de vuestra propia nación, como también ellos de los Judíos: Los cuales mataron así al Señor Jesús como a sus mismos profetas, y a nosotros nos han perseguido; y no son agradables a Dios, y a todos los hombres son enemigos: Impidiéndonos para que no hablemos a los Gentiles a fin de que sean salvos; para henchir la medida de sus pecados siempre; porque la ira los ha alcanzado hasta el cabo.»(1 Tesalonicenses, II, 14-16, Reina Valera 1862). San Pablo fue decapitado, probablemente en el año 67, tras un juicio que tuvo lugar bajo el reinado del emperador Nerón.

La figura y el destino de Jesucristo, su carácter ejemplar, su sacrificio para la salvación y el renacer del mundo, correspondían profundamente a los esquemas de las grandes mitologías grecolatinas. La divinización antropomórfica ya era una creencia ampliamente difundida en el mundo pagano. Su figura era especialmente cercana a la del dios Dioniso, hijo de Zeus, que según la tradición órfica había sido descuartizado por los Titanes antes de ser resucitado por Zeus. Igualmente, la aceptación de la Eucaristía, que implica el consumo simbólico de la carne y sangre divina, estaba ya presente desde tiempos antiguos en los misterios dionisíacos, eleusinos y órficos. Finalmente, autorizando y promoviendo las representaciones sagradas (esculturas, pinturas, mosaicos), el cristianismo consiguió enmarcarse completa y armoniosamente en la cultura grecorromana[102].

---

[102]«Respecto a los dioses, los antiguos han transmitido a las generaciones posteriores dos concepciones diferentes. Algunos, dicen, son eternos e inmortales...cada uno de estos dioses, en efecto, tiene su origen en la eternidad y una existencia para la eternidad. Pero los otros dioses, afirman, son seres terrenales que, gracias a sus beneficios a la humanidad, han alcanzado honores y fama inmortales, tales como Heracles, Dionisio, Aristeo y otros parecidos a estos.» Diodoro Sículo, *Bibliotheca Historica*, VI 1, 2. «Fue a causa de la gran magnitud de sus servicios por lo que llegaron a establecerse estos dioses...Las costumbres propias de la vida en comunidad consintieron que se elevase hasta el cielo, entre fama y reconocimiento, a hombres excelentes por sus buenas acciones. De ahí lo de Hércules, Cástor y Pólux, Esculapio y también lo de Dioniso.» Cicerón, *De Natura Deorum*, II, 62. (NdT).

XXII. El fin del imperio romano de Occidente

A la muerte de Teodosio el Grande, el imperio romano recayó en manos de sus dos hijos y fue oficialmente dividido en dos, el imperio de Occidente, hasta los confines de la Bosnia actual, y el imperio de Oriente.

En Oriente, reinaba el emperador Arcadio (395-408), o más bien sus todopoderosos consejeros Rufino y Eutropio. Graetz describía así la situación: «Rufino y Eutropio eran extremadamente favorables a los judíos. Rufino amaba el dinero, y los judíos ya habían descubierto el poder mágico del oro para ablandar los corazones obstinados. De modo que se promulgaron numerosas leyes en su favor[103].»

Tras haber derrotado a los Godos en el año 400, Arcadio reinó solo y, con la ayuda del patriarca de Constantinopla Juan Crisóstomo, inició una férrea política religiosa. Dado que los judíos manifestaban su solidaridad tribal ante los tribunales mediante falsos testimonios, a fin de influir en las decisiones de los jueces, se les prohibió comparecer como testigos en los tribunales cristianos[104].

En Occidente, el emperador Honorio prohibió a los judíos cualquier función oficial en el imperio, aunque su culto fue respetado. Podían practicar libremente sus costumbres nacionales y disponían de jueces de su nación, excepto para los casos de sentencia capital. Las primeras funciones del Estado les estaban vedadas. Pero además de las carreras civiles, podían dedicarse a las del comercio, la industria y las letras. A juzgar por las numerosas quejas de los cristianos, ya se dedicaban a ellas con el ardor que siempre les caracterizó en todos los tiempos.

Claudio Rutilio, un poeta pagano de principio de siglo V originario de Tolosa, «se queja de que la nación vencida oprime a los conquistadores, y San Agustín [el ilustre Padre de la Iglesia, obispo de Hipona, en la actual Argelia] creyó necesario rebajar el orgullo de los judíos recordándoles que estaban excluidos de las más altas dignidades del Estado, que no eran admitidos a la mesa de los grandes señores, y que estaban sujetos a impuestos[105].»

Teodosio II (408-450), el sucesor de Arcadio fue «un emperador bonachón, pero algo monacal, cuya debilidad permitió la impunidad del celo fanático de muchos obispos y alentó la crueldad. Los edictos de este

---

[103] Heinrich Graetz, *History of the Jews II*, Philadelphia, The Jewish Publication Society of America, 1891, p. 623
[104] Codex Theodosianus, XVI, 8, 10, 11 y 15, citado por James Parkes in *The Conflict of the Church and the Synagogue*, Hermon Press, New York, 1974, citado por Gérald Messadié en *Histoire générale de l'antisémitisme*, JC Lattès, 1999, p. 155
[105] Georges-Bernard Depping, *Les Juifs dans le Moyen-Âge*, (1823), Éd. Wouters, Bruxelles, 1844, p. 26

emperador prohibían a los judíos construir nuevas sinagogas, ejercer el oficio de juez entre litigantes judíos y cristianos, y poseer esclavos cristianos...Bajo este emperador, el Patriarcado [judío] finalmente desapareció, aunque Gamaliel, el último de los Patriarcas, disfrutó de una gran distinción en la corte imperial, como ninguno de sus predecesores había tenido jamás[106].» La agresividad judía hubo de ser contenida, y en el año 425 Teodosio II y Valentiniano III (para Occidente) impusieron nuevas restricciones a los judíos, especialmente para ejercer funciones públicas y pleitear en los tribunales[107]. Pero la aplicación de estas leyes fue muy deficiente, pues la riqueza de los judíos les permitía eludirlas[108].

A menudo, los ricos mercaderes judíos abusaban de su posición para oprimir o pervertir los cristianos de inferior condición. En el año 430 por ejemplo, los judíos de Imnestar, una localidad de Siria situada entre Alepo y Antioquía, habían celebrado una de sus fiestas crucificando un cristiano[109]. En su *Historia de los judíos*, escrita a finales del siglo XIX, Heinrich Graetz reconocía que los judíos habían podido ser la causa de algunos excesos, aunque excusaba sus correligionarios de cualquier acto malintencionado:

«A los judíos de los países cristianos no les quedaba más remedio que tomar las armas de la burla; en consecuencia, se mofaban de sus enemigos a sus espaldas, que siempre fue en todas partes y en todos los tiempos la forma en que los más débiles tratan de aliviar sus agravios. Así, a veces hacían uso de chistes groseros para expresar sus sentimientos con respecto al cristianismo. Tales bromas se hacían sobre todo con ocasión de la fiesta de Purim[110], cuando la alegría de la fiesta llevaba a la embriaguez, y la embriaguez a expresiones y manifestaciones irresponsables. En este día, los judíos, en su júbilo, acostumbraban a colgar a Hamán, su archienemigo[111], en efigie en una horca, y esta horca, que solía quemarse después, tomaba, accidental o intencionadamente, la forma de una cruz. Naturalmente, los cristianos se quejaron de la profanación de su religión y el emperador Teodosio II ordenó al gobernante de la provincia que pusiera

---

[106]Heinrich Graetz, *History of the Jews II*, Philadelphia, The Jewish Publication Society of America, 1891, p. 624–625.
[107]Constitutions de Sirmond IV et VI et *Novelles* de Theodose II nov. III, in Claudio Jannet, *L'Église et la constitution sociale*, 1884.
[108] Claudio Jannet, *L'Église et la constitution sociale*, 1884.
[109] Socrates *Hist. Ecclesiastica lib. VII c. 16*. Cf. Código Justiniano *de Judaeis et Caelicolis*, leyes 3, 11, 13 y 14 que reprimen casos similares, en Claudio Jannet, *L'Église et la constitution sociale*, 1884.
[110]Sobre la fiesta de Purim, léase *El Espejo del judaísmo*.
[111]El libro de Ester narra cómo los judíos lograron desbaratar el plan del malvado Hamán, primer ministro del rey Asuero, y como lograron exterminar 75 000 de sus enemigos gracias a Ester, la amante del rey. (NdT).

fin a tal mala conducta mediante la amenaza de severos castigos, sin poder, sin embargo, reprimirla. Se cuenta que, en una ocasión, esta diversión carnavalesca tuvo consecuencias horribles. Los judíos de Imnestar, una pequeña ciudad siria entre Antioquía y Calcis, después de haber erigido una de estas horcas de Hamán, fueron acusados por los cristianos de haber colgado a un muchacho cristiano en cruz sobre ella, y de haberlo azotado hasta la muerte. En consecuencia, el emperador ordenó que los culpables fueran castigados[112].»

En Roma y en Italia, desde el advenimiento de los emperadores cristianos, los judíos habían perdido progresivamente su poder y ya no eran los amos.

«Es probable, escribía Graetz, que presenciaran con el corazón henchido de alegría la invasión de los bárbaros y la caída de Roma, antaño señora del mundo.» Pero es más que probable que también hayan sido los principales catalizadores de la decadencia romana[113]. En efecto, por aquel entonces arreciaban «las esperanzas de la venida del Mesías, que mantenían las mentes de los judíos en mayor suspense que nunca en esa época de migración de las naciones y de revolución universal, justo cuando Roma, cargada de pecado, sufría el castigo de Dios. Era corriente un antiguo dicho sibilino, atribuido al profeta Elías, según el cual el Mesías aparecería en el octogésimo quinto jubileo (entre los años 440 y 470 de la era común). Tales expectativas mesiánicas generaban siempre multitud de entusiastas que pretendían convertir su creencia silenciosa en un hecho, y, sin realmente querer engañar, intentaban arrastrar a aquellos de la multitud que eran de opiniones similares y excitarlos a tal punto que sacrificarían voluntariamente sus vidas[114].»

Roma estaba desde hacía décadas asediada en todos los frentes por les Germanos. La capital del Imperio había sido finalmente saqueada en agosto del 410 por los Visigodos de Alarico y en el 439 Cartago fue tomada por los Vándalos de Genserico. Los judíos podían pensar que los tiempos mesiánicos por fin estaban cerca, que el mesías llegaría y podrían por fin

---

[112] Heinrich Graetz, *History of the Jews II*, Philadelphia. The Jewish Publication Society of America, 1891, p. 627–628

[113] En el siglo de las "Luces", Edward Gibbon, en su *Historia de la decadencia y caída del Imperio Romano (1766-1788)*, había emitido la idea de que el cristianismo estaba en el origen de la decadencia romana. Los autores paganos del siglo XX han retomado este análisis, vituperando ellos también contra el cristianismo, ocultando el papel disolvente del judaísmo que pueden sin embargo verificar diariamente en nuestra época, especialmente a través de la propaganda mediática (apología de la diversidad, de la tolerancia, del mestizaje, de la inmigración, de la homosexualidad y del gobierno mundial, etc.). Cf: *Las Esperanzas planetarianas*, 2005.

[114] Heinrich Graetz, *History of the Jews II*, Philadelphia, The Jewish Publication Society of America, 1891, p. 617

ejercer su venganza sobre los goyim. Los sabios aseguraban sin embargo que no era posible que el mesías apareciera antes del octogésimo quinto jubileo, «pero después de ese período se podía mantener la esperanza, aunque no la certeza.» Estas esperanzas judías se manifiestan a lo largo de toda la historia y suelen acabar cada vez en un baño de sangre.

La invasión de los Hunos a mediados del siglo V consolidó todavía más esta idea en los judíos. Los tiempos mesiánicos por fin habían llegado. Heinrich Graetz escribía aquí:«Los toscos hunos, el azote de Dios, se llevaron por delante horda tras horda, tribu tras tribu...El período de la migración de las naciones confirmaba casi literalmente las palabras del profeta: *"La tierra se tambalea como un borracho, y sus pecados pesan sobre ella; cae y no puede levantarse, y el Señor Sebaot[115]castiga a las bandas del cielo en el cielo, y a los reyes de la tierra en la tierra"*'. No es de extrañar que los judíos vieran en los godos - la primera oleada de la migración de tribus que inundó y devastó el imperio romano- a Gog de la tierra de Magog, de quien un profeta había dicho: *"Tu vendrás como una tormenta, y serás como una nube cubriendo la tierra – tú y todas tus tropas, y muchos otros pueblos contigo."*(Ezequiel XXXVIII, 9). En esta notable alternancia de desaparición y formación de naciones, se impuso la convicción en los pensadores judíos de que el pueblo judío era eterno: "Una nación surge, otra desaparece, pero sólo Israel permanece para siempre". Las tribus bárbaras, vengadoras de las naciones largo tiempo esclavizadas, se asentaron en los lugares en ruinas del imperio romano[116].»

Todo el imperio de Occidente se estaba derrumbando. Únicamente la Galia fue defendida con éxito por el general romano Aecio. Las tropas romanas, coaligadas con Visigodos y Francos, vencieron a los Hunos en la Batalla de los Campos Cataláunicos en septiembre del 451, obligándoles a retroceder.

Al fallecer Atila en el año 453, el imperio de los Hunos se desintegró y los Asiáticos regresaron a las tierras de donde habían venido. Pero el asesinato de Aecio, a manos del emperador Valentiniano III en 454, desbarataba las últimas esperanzas del imperio de recuperarse. En el 455, de nuevo se producía un saqueo de Roma, esta vez a manos de los Vándalos de Genserico. Una vez el imperio de Occidente destruido, la anarquía en la que cayó la sociedad fue eminentemente favorable al judaísmo.

---

[115] Yahweh de los Ejércitos. (NdT).
[116] Heinrich Graetz, *History of the Jews II*, Philadelphia, The Jewish Publication Society of America, 1891, p. 612

XXIII. El emperador Peroz I

En Babilonia y en Persia, una sangrienta persecución fue dirigida contra los judíos bajo el reinado del emperador sasánida Peroz I (457-484). El motivo de la persecución habría sido la venganza de Peroz contra los judíos de Ispahan, donde algunos habrían asesinado y despellejado a dos sacerdotes (Magos zoroástricos). «Como castigo por este acto, Peroz dio muerte a la mitad de la población judía de Ispahan e hizo que los niños judíos fueran educados a la fuerza en el templo de *Horvan* como adoradores del fuego. La persecución se extendió también a las comunidades de Babilonia y continuó durante varios años, hasta la muerte del tirano.»

«Unos años más tarde, la persecución se extendió aún más; se cerraron las escuelas, se prohibieron las reuniones con fines pedagógicos, se abolió la jurisdicción de los judíos y se obligó a sus hijos a abrazar la religión de los Magos (474). La ciudad de Sora parece haber sido destruida en ese período.»

«Por esta razón, al igual que Adriano, Peroz fue apodado por los judíos de tiempos posteriores con el nombre de "el Malvado" (*Piruz Reshia*). El resultado inmediato de esta persecución fue la emigración de colonos judíos, que se establecieron en el sur hasta Arabia, y en el este hasta la India[117].»

Así pues, en el año 4250 de la era de la creación (490), los judíos de Babilonia emigraron a esas nuevas regiones donde retomaron sus costumbres y actividades multiseculares...

XXIV. La debilidad de Teodorico el Grande

Bajo el mando de su jefe Teodorico, los Ostrogodos destruyeron lo que quedaba del poder romano. Teodorico emprendió la conquista de Italia en el año 488. La península estaba entonces en manos de un jefe hérulo llamado Odoacro que había pasado a la posteridad por haber depuesto en el año 476 a Rómulo Augusto, el último emperador romano de Occidente. En 493, Ravena fue tomada y Odoacro derrotado y muerto a manos del propio Teodorico. Roma dejó entonces de ser la capital de Italia, pasando a ser Ravena, alternativamente con Verona, el centro político del nuevo Estado ostrogodo.

A la sazón, por orden de Teodorico, el ministro y consejero Casiodoro escribió a la comunidad judía de Milán lo siguiente: «"Buscas la paz en la

---

[117] Heinrich Graetz, *History of the Jews II*, Philadelphia, The Jewish Publication Society of America, 1891, p. 636–637

tierra, oh Judá, cuando en tu obstinación eres incapaz de encontrar la paz en la eternidad".» Cuando los judíos de Génova pidieron permiso para restaurar su sinagoga, Teodorico les envió la siguiente respuesta: «"¿Por qué deseáis lo que deberíais evitar? Si bien os concedemos el permiso que pedís, reprobamos vuestro errático deseo. Con todo, no queremos imponer la religión ni obligar a los heréticos a creer en contra de su conciencia[118]".» Teodorico no permitió a los judíos erigir nuevas sinagogas, ni embellecer las antiguas, sino simplemente reparar las que estaban deterioradas. No concedió a los judíos más que una libertad bastante restringida, aunque al menos los protegió contra toda agresión.

La política de Teodorico respecto a los judíos exasperó el pueblo, oprimido por la dominación económica y financiera de los judíos. Cuando un día, en el año 500, algunos esclavos se sublevaron en Roma contra sus amos judíos, el pueblo solidario incendió las sinagogas, maltrató los judíos y desvalijó sus casas. Informado de estos disturbios, Teodorico conminó el Senado a castigar los culpables y reconstruir las sinagogas a sus expensas. Dado que no se hallaron los responsables, el municipio tuvo que costear la reconstrucción de los edificios destruidos. A pesar de varias vejaciones, los judíos italianos fueron felices bajo Teodorico. Prosperaron no solamente en Ravena y en Roma, sino también en Milán y en Nápoles[119]. Se suele argumentar que la protección que los Ostrogodos brindaron a los judíos fue una de las razones por la que los italianos preferían ser gobernados por la corte de Constantinopla, donde los judíos estaban sujetos a leyes mucho más estrictas.

Teodorico murió en Ravena en 526. Casiodoro se hizo monje, fundó un monasterio y compuso, entre otras varias obras, un comentario de los Salmos. En él increpaba a menudo a los judíos, escribía Graetz, dedicándoles oprobios e insultos como: «"escorpiones y leones", "asnos salvajes", "perros y unicornios[120]".»

XXV. Zenón, el emperador bizantino

El imperio romano de Occidente había sido sumergido por los Germanos; pero en Oriente, el imperio bizantino perduró mil años más hasta la toma de Constantinopla por los Turcos en 1453.

El emperador Zenón reinó del 474 al 491. En el 466, siendo todavía general, logró rechazar los Hunos dirigidos por el hijo menor de Atila. Bajo

---

[118] Heinrich Graetz, *History of the Jews III*, London, Myers High Holborn, 1904, p. 31
[119] Georges-Bernard Depping, *Les Juifs dans le Moyen-Âge*, (1823), Éd. Wouters, Bruxelles, 1844, p. 27.
[120] Heinrich Graetz, *History of the Jews III*, London, Myers High Holborn, 1904, p. 32

su reinado, diez años después en 476, el Imperio romano de Occidente desaparecía definitivamente. Ese año, Odoacro, el rey de los hérulos, una tribu germánica de Escandinavia, destronaba el último emperador Rómulo Augusto y enviaba las insignias imperiales a Zenón. Entre los años 478 y 483, Zenón tuvo que luchar a su vez contra los Ostrogodos de Teodorico, los cuales renunciaban finalmente a tomar Constantinopla.

En aquella época, tuvieron lugar algunos desórdenes públicos tras una carrera de caballos. La ciudad de Antioquía, como la mayoría de las grandes ciudades del imperio bizantino, se dividía en dos aficiones, dos bandos: los azules y los verdes. Estos últimos provocaron un día unos altercados, atacando sus adversarios y matando, entre otros, muchos judíos. Tiraron sus cadáveres al fuego e incendiaron varias sinagogas. «Cuando el emperador Zenón fue informado de este suceso, exclamó que la única culpa de los verdes era que sólo habían quemado a los judíos muertos, y no a los vivos también[121].»

Los habitantes de Antioquía eran especialmente hostiles hacia los judíos. Un día, un famoso conductor de carros llamado Caliopas vino de Constantinopla a Antioquía para formar fila bajo la bandera verde. El 9 de julio de 507, se produjeron nuevos disturbios en Dafne, cerca de Antioquía, donde los partidarios de Caliopas «sin motivo alguno suficiente, destruyeron la sinagoga y sus santuarios y asesinaron salvajemente a los fieles».

XXVI. *La legislación y la Iglesia*

La Iglesia católica nunca varió sobre la cuestión judía. Siempre quiso que los judíos como personas fueran respetadas, pero, al mismo tiempo, siempre quiso que fueran mantenidos en un estado de sumisión y de aislamiento que les privara de los medios de causar daño a los demás. Los concilios se preocuparon principalmente de aislar los judíos de la sociedad, prohibiendo toda comunicación con ellos; pero las continuas renovaciones de las prohibiciones demuestran cuán difícil era hacerlas respetar.

En octubre de 1893, la *Revue catholique des Institutions et du Droit* publicó un exhaustivo e ilustrado estudio sobre el derecho eclesiástico con relación a los judíos. Vemos recogido en él, bajo la firma del jurisconsulto católico Charles Auzias Turenne, las prescripciones de los concilios, además de los consejos dados por los Papas o las disposiciones dictadas por ellos, las bulas, las cartas y otros documentos pontificales, así como la doctrina de los doctores en esta materia. Hemos sacado las informaciones

---

[121] Heinrich Graetz, *History of the Jews III*, London, Myers High Holborn, 1904, p 11

que presentamos a continuación de este pormenorizado estudio[122].

En su *Historia de los Concilios*, publicado en 1870, Monseñor Carl-Joseph Héfélé, obispo de Rottenburgo, recordaba que el primer concilio donde aparecía la problemática judía tuvo lugar en España, en Elvira (305-306). Elvira, en latín *Illiberis*, era una ciudad de Andalucía, cerca de Granada. El canon 16 prohibía dar las hijas en matrimonio a los judíos[123]. El obispo Osio de Córdoba, miembro del concilio de Nicea y organizador del concilio de Elvira, hizo adoptar una decisión en virtud de la cual la pena de excomunión era pronunciada contra los cristianos que tuvieran relaciones con los judíos o contrajeran matrimonios con ellos. Esta prohibición fue renovada por el concilio ecuménico de Calcedonia en el 451.

El canon 50 del concilio de Elvira prohibía también comer con ellos. Esta disposición fue retomada por el concilio de Vannes en el año 465, el de Agde del año 506 y el de Epaona del año 517 (actualmente en Yenne, en Saboya, en la diócesis de Viena)

El canon 34 del concilio de Agde estipulaba que los judíos que querían hacerse católicos – y puesto que «suelen regresar fácilmente a sus vómitos» - debían permanecer al menos ocho meses en el catecumenado antes de ser bautizado[124].

En los años 530, 533 y 541, tuvieron lugar sucesivamente tres concilios en Orleans. Los matrimonios con judíos fueron de nuevo abolidos y la prohibición de comer con ellos renovada; además se les prohibía salir de su casa durante cuatro días a partir del Jueves Santo y de intentar convertir a nadie al judaísmo, bajo pena de confiscación de todos sus esclavos. El segundo concilio de Orleans prohibió los matrimonios entre judíos y cristianos, prohibición renovada en varios concilios. El de Clermont, en el

---

[122]Charles Auzias-Turenne, *Revue Catholique des Institutions et du Droit*, octubre 1893. Los concilios se hallan en la recopilación de Labbe, en Mercator, Yves de Chartres, la colección Lacensis y en *La Historia de los Concilios* de Monseñor Héfélé; las bulas en el Bulario, las cartas en Labbe, en las ediciones de los benedictinos de Saint-Maur, o en la Patrología de Migne. El autor precisa aquí: «Nos ha parecido inútil remitir cada vez a las fuentes puesto que indicamos las fechas y porque en las recopilaciones que las contienen los concilios y demás documentos están dispuestos por orden cronológico.»
[123] Monseñor Carl-Joseph Héfélé, *Histoire des Conciles*, 1870, Paris, 1914. [«Fue en España donde el clero cristiano despertó por primera vez el fanatismo de la población cristiana contra los judíos. El mismo obispo Osio (*Hosius*) de Córdoba, que había participado en el Concilio de Nicea y había convocado un concilio en *Illiberis*, también consiguió aprobar una resolución que prohibía a los cristianos, bajo pena de excomunión, comerciar con los judíos, contraer matrimonio con ellos o hacerles bendecir los productos de sus campos.» Heinrich Graetz, *History of the Jews II*, Philadelphia, The Jewish Publication Society of America, 1891, p. 627. (NdT).]
[124] Monseñor Carl-Joseph Héfélé, *Histoire des Conciles*, 1870, Paris, 1914.

año 535, excluía los judíos de las magistraturas; en el 581, el concilio de Mâcon les privó de ejercer el oficio de recaudador de impuestos[125].

El concilio de Epaona de 517, donde se adoptaron o actualizaron importantes cánones relativos a la administración de la Iglesia y la disciplina de los cleros, fue presidido por Avito, un cercano pariente del emperador romano de Occidente Avito, el cual había reinado brevemente en 455-456 y era un noble de origen galo-romano, de Arvernia. Viudo a los 40 años, Avito había distribuido todos sus bienes a los pobres y se había retirado en un monasterio. Había sucedido en 490 a su padre como obispo de Viena. Teólogo y poeta, se preocupaba hondamente por los pobres y por la vida de toda la Iglesia. Convertido en arzobispo, metropolitano de una provincia situada en el reino de los burgundios, el primer objetivo de Avito fue combatir el arrianismo. La carta en la que felicitaba Clodoveo tras haberse convertido (496) se ha conservado hasta día de hoy. Contribuyó también a la conversión del rey Sigismundo, el rey de los burgundios, que abandonó la herejía ariana en 516 para abrazar la religión católica. Avito sancionó las medidas del concilio de Epaona de 517.

Avito pronunció discursos incendiarios contra los judíos. Según Graetz, «en el imperio franco, el odio a los judíos procedía de un hombre que podía considerarse su encarnación. Este fue Avito, Obispo de Arverna, cuya sede estaba en Clermont[126].» Gregorio de Tours, alumno suyo, dejó este testimonio histórico:En el año 516, Avito ya «les había exhortado varias veces a convertirse, sin que sus palabras hubieran producido el menor efecto. El día de la Ascensión, el pueblo se reunió, no se sabe con qué motivo o pretexto, y destruyó la sinagoga. El obispo favoreciendo el motín, que a sus ojos no era más que un fervoroso celo por la religión, volvió a conminar a los judíos a convertirse o a abandonar la ciudad, porque en aquel momento el poder civil había pasado, en gran parte, a manos del clero. Les ofreció fríamente esta alternativa: "Si aceptáis tener la misma fe que los cristianos, tendréis también la misma residencia; si, por el contrario, deseáis mantener vuestros errores, marchaos y evacuad la ciudad. Además, no queremos convertiros por la fuerza; decidid libremente". Los judíos, indignados por esta violencia de boca de un pastor del pueblo, que en vez de apaciguar a la multitud la azuzaba, se negaron a ceder al clamor popular. Para su mayor seguridad, se retiraron a un edificio común. El pueblo rodeó la casa; su furia crecía a cada momento; amenazaron con asaltar el edificio y masacrar a todos los hebreos. Viendo la muerte cerca, y probablemente decididos por los gritos de desesperación de las mujeres y los niños, los judíos enviaron un mensajero al obispo para rogarle que los rescatara de

---

[125] Georges-Bernard Depping. *Les Juifs dans le Moyen-Âge*, (1823), Éd. Wouters, Bruxelles, 1844, p. 38
[126] Heinrich Graetz, *History of the Jews III*, London, Myers High Holborn, 1904, p. 39

las manos de una multitud enloquecida; declararon que estaban dispuestos a hacer lo que se les pidiera. El obispo acudió, calmó a la multitud; se alegraron en la ciudad por haber ganado tantas almas para la religión cristiana, sin pensar cómo las habían adquirido, y el día de Pentecostés, todos los judíos fueron bautizados en presencia de una gran afluencia de habitantes de Clermont y de la campiña: eran quinientos[127].» Los judíos que se negaron a convertirse se refugiaron en Marsella.

El poeta Venancio Fortunato (Venantius Fortunatus) fue encargado por Gregorio de Tours de celebrar este triunfo. Cuando Avito de Viena falleció en 519, fue elevado a santidad por la Iglesia Católica. Su santo es festejado el día 5 de febrero.

Los obispos de Arles y Marsella actuaron con el mismo afán, teniendo el Papa que escribirles, tras las reclamaciones de los judíos que comerciaban en Marsella, para que los dos prelados fueran más moderados y practicaran la conversión de los judíos mediante la persuasión. Poco tiempo después, el obispo de Bourges expulsaba de su ciudad a los judíos que se negaban a abandonar el judaísmo.

Childerico I, rey de los Francos de 561 a 584, siguió el ejemplo de Avito y obligó a los judíos de su reino a bautizarse. Por lo visto, se cuenta que él mismo se dignaba a sostener los neófitos sobre las pilas bautismales. Si bien es cierto que «se contentó con la mera apariencia de conversión y no se opuso a los judíos, y estos siguieron celebrando el Sabbat y observando las leyes del judaísmo[128].»

En su *Historia de los Francos*, Gregorio de Tours (538-594), obispo e historiador francés, describía la entrada del rey Gontrán en Orleans bajo los vítores de los judíos y su descontento:

«¡Ay de esta nación judía, malvada y pérfida, siempre embustera por naturaleza! Hoy me alaban con lisonjas, proclamando que todas las naciones deben adorarme como a su señor para que yo ordene levantar a expensas públicas sus sinagogas, recientemente derribadas por los cristianos; cosa que jamás haré, pues el Señor lo prohíbe.»

Gregorio de Tours denunciaba el importante papel desempeñado por los mercaderes judíos en el tráfico de esclavos, así como en la receptación de objetos robados[129]. Dentro de su actividad comercial con Oriente, los judíos practicaban efectivamente el comercio de esclavos. Los cristianos aborrecían cada vez más ese innoble tráfico, contrariamente a los judíos

---

[127] Grégoire de Tours, *Hist. Franc, lib. V*, cap. 11. —Venance Fortunat, dans le tome III de *Biblioth. Patrum*, en Georges-Bernard Depping, *Les Juifs dans le Moyen-Âge*, (1823), Éd. Wouters, Bruxelles, 1844, p. 39

[128] Heinrich Graetz, *History of the Jews III*, London, Myers High Holborn, 1904, p. 41

[129] Los lectores de la *Mafia judía* saben que estas acusaciones siguen vigentes hoy en día, en el siglo XXI.

que nunca tuvieron semejantes escrúpulos. De hecho, eran protegidos por aquel entonces por los reyes bárbaros, que veían en ellos la manera de sacar rédito de los numerosos cautivos que capturaban durante sus campañas militares.

Los judíos compraban vasijas y urnas sagradas provenientes de los frecuentes saqueos de iglesias en esa época. En aquella época, una parte importante de los metales preciosos había tomado esa forma[130]. Los judíos se enriquecían de esta forma y compraban tierras. Las cartas de San Gregorio el Grande y otros documentos nos los presentan como ricos terratenientes en toda Italia. Sin embargo, no por ello eran agricultores. Pues como lo escribía el historiador judío Bernard Lazare: «Tuvieron tierras, pero las hicieron cultivar por esclavos, pues su tenaz patriotismo les prohibía arar suelo extranjero[131].»

El concilio de Mâcon de 581 dedicó a los judíos sus cánones 13 a 17, los cuales fueron desde entonces incorporados al *Corpus Iuris* y regularmente reproducidos. El concilio prohibía a los judíos poseer esclavos cristianos y ordenaba que aquellos que poseían fuesen liberados a cambio de doce sólidos (*solidus*) de oro. Los judíos no podían ejercer funciones que les permitiera pronunciar penas contra los cristianos. Se les prohibió terminantemente ocupar las funciones de juez o de recaudador de impuestos «para que la población cristiana no pareciera estar bajo su mando.»

También había que reprimir la insolencia judía: de modo que eran obligados a mostrar respeto a los sacerdotes cristianos, no pudiendo sentarse en su presencia sin su previa autorización. Finalmente, el concilio de Mâcon reafirmaba la prohibición para los judíos de salir a la calle durante la Pascua cristiana.

Cuatro concilios, celebrados sucesivamente en Toledo en 589, 633, 638 y 681 para España y la Galia Narbonense; otro en París, en 614, el más importante de los concilios francos donde se reunieron 79 obispos, y otro en Reims (en 625, 40 obispos), renovaron estas disposiciones y añadieron algunas más. Todos insistían, especialmente el de París, en el hecho de que no se les debía conferir ningún cargo público civil o militar. El concilio de Toledo del año 633 ampliaba esta incapacidad a los hijos de judíos conversos. Además, se prohibía insistentemente a los judíos trabajar el domingo.

El canon 11 del concilio de Constantinopla (692) prohibía a los cristianos aceptar o tomar sus medicinas, comer o bañarse con ellos bajo

---

[130] Gregor. Turon. *Historia Francor.* IV, 12, 35; VI, 5; VII, 23. S. Gregor. Magni Epistolae I. 68, en Claudio Janet, *L'Église et la constitution sociale*, 1884.

[131] Bernard Lazare, *El Antisemitismo, su historia y sus causas*, (1894). Ediciones La Bastilla, Ed. digital, 2011 p. 49

pena de exclusión del clero y de excomunión para el laico.

Diversas prohibiciones ya indicadas, como la de comer con ellos, fueron reafirmadas en los concilios de Roma (743), de Nicea (787), de Regiaticina (Pavía, 850) y de Metz (888). Otra prohibición, ya no sólo de tener esclavos sino simplemente de tener servidores o nodrizas cristianos, aparecía en los concilios de Coyaca (cerca de Oviedo, 1050), de Szabole (1091) y de Gran, en Hungría (1114, canon 61)[132].

En su *Historia de los Concilios,* Monseñor Carl-Joseph Héfélé resumía así las principales ordenanzas de la legislación eclesiástica:

1. Los cristianos no deben nunca trabajar para los judíos, ni aceptar un empleo retribuido por ellos.
2. Los cristianos tienen prohibido acudir a los médicos judíos, recibir sus cuidados o injerir medicamentos preparados por ellos.
3. Bajo pena de excomunión, se prohíbe vivir en la misma casa y en la misma familia que los judíos.
4. Se prohíbe formalmente a las mujeres cristianas aceptar un trabajo de nodriza en una familia judía.
5. No se debe permitir a los judíos ejercer funciones públicas que les dé cualquier autoridad sobre los cristianos.
6. Los cristianos no deben asistir a las bodas de los judíos ni aceptar sus invitaciones a cenar[133].

Existe a su vez un número considerable de actos pontificales acerca de los judíos: consejos o reproches para los obispos y los príncipes, recordatorios de los cánones de los concilios, bulas, constituciones para los Estados Pontificios, etc. Evidentemente, estos documentos presentan mayor variedad y diferencias que los decretos conciliares, los cuales eran leyes generales, ya que a menudo los Papas se pronunciaban sobre casos particulares. Con todo, la política que los Papas siguieron presenta, en su conjunto, una notable unidad y continuidad en el tiempo que no se suele observar en la de los príncipes o gobiernos seculares.

Algunos intelectuales judíos presumen a veces de algunas disposiciones legislativas o doctrinas de la Iglesia que les fueron favorables. Enumeran ufanamente una larga lista de Papas que dicen haber sido muy benévolos con ellos. Citan algunos hechos, algunas medidas de protección, incluso concesiones de privilegios en los Estados Pontificios; sobre todo suelen reproducir ciertas cartas o bulas favorables.

---

[132]Charles Auzias-Turenne, *Revue Catholique des Institutions et du Droit,* octubre 1893.
[133]Monseñor Carl-Joseph Héfélé, *Histoire des Conciles,* 1870, Paris, 1914. Decretum, p. 2 a c. 28, quaest. 1 cap. 10 et s. Decretal. I. v, t. 6, en Charles Auzias-Turenne, *Revue Catholique des Institutions et du Droit,* octubre 1893.

Pero el principio rector de la Iglesia no dejó nunca de ser el del concilio de Letrán, enunciado en estos términos en 1179: «*Iudeos subiacere christianis oportet et ab eis pro sola humanitate foveri*»: que los judíos sean tratados con humanidad. Si los judíos cometen excesos pasibles de una necesaria represión, sólo deben intervenir las autoridades legítimas. Téngase con ellos el menor trato posible y nunca se les deje salir de su estado de inferioridad[134].

En cuanto la vigilancia de los goyim se relajaba, los judíos avanzaban sus peones y tomaban el control del país, enriqueciéndose de tal forma que el oro y la plata acababan en sus manos y miles de desgraciados que se habían extraviado recurriendo a sus servicios se veían abocados a la miseria.

«Con frecuencia, escribía Charles Auzias-Turenne, las prescripciones de los sínodos y concilios eran olvidadas o abiertamente pisoteadas, con el resultado de que los judíos pronto se enriquecían y acaparaban las mercancías y todo el dinero del país; de modo que lejos de ser dependientes, eran ellos quienes imponían el yugo a los cristianos. Cuando este yugo se hacía intolerable, si los príncipes no intervenían, las multitudes exasperadas recurrían a veces a las formas de violencia más deplorables: los judíos eran atacados, masacrados, quemados o ahogados por millares. Crímenes atroces que se pueden explicar, pero que no se pueden excusar en lo más mínimo. Ciertamente, es comprensible que los Papas y los obispos intervinieran enérgicamente en su favor, dándoles asilo y redactando las cartas o los documentos tan contundentes que reivindican sus defensores modernos.»

Hubo ciertamente papas que, inclinados a la indulgencia y con la esperanza de congraciar y convertir a los judíos, empezaron a suavizar las medidas promulgadas contra ellos. Pero casi siempre - si sus reinados eran de cierta duración - estos mismos pontífices tenían que volver sobre sus pasos.

XXVII. El Código de Justiniano

Justiniano accedió al poder en Constantinopla en el año 527, a sus cuarenta y cinco años. Había nacido en una familia modesta de ilirios romanizados, en la actual Croacia. Poseía indudables cualidades: un gran sentido del Estado y de la idea imperial, y una gran fuerza de trabajo. Era un hombre cultivado y sobrio, lo cual era bastante raro para la época: era vegetariano y abstemio. Su esposa, Teodora, una antigua actriz, era también de origen modesto.

---

[134] Charles Auzias-Turenne, *Revue Catholique des Institutions et du Droit*, octubre 1893.

Como amo y señor del imperio bizantino, Justiniano intentó reconstruir el Imperio romano. El emperador atacó primero el reino de los Vándalos, en África del norte. El 15 de septiembre de 533, su más famoso general, Flavio Belisario, tomaba Cartago y enterraba el efímero reino fundado por Genserico. Acto seguido, los ejércitos bizantinos se apoderaban de Córcega, Sicilia y Cerdeña. En el 535, dos ejércitos, uno viniendo de Dalmacia y otro de Sicilia, atenazaron los ejércitos Ostrogodos para entrar en Nápoles y luego en Roma el 10 de diciembre del 536, y finalmente Ravena en el 540. La mayor parte del mediterráneo estaba de nuevo bajo control de los "Romanos".

Pero, sobre todo, Justiniano reorganizó la administración y puso en marcha una gran reforma legislativa. El *Corpus Iuris Civilis* (Cuerpo de derecho civil), que denominamos Código de Justiniano, fue escrito en latín, la lengua vernácula del Imperio Romano, a pesar de que no fuera comprendida por la mayor parte de los ciudadanos del imperio oriental. El Código de Justiniano constituye uno de los grandes legados de la Antigüedad romana. Se trata de una síntesis de la jurisprudencia antigua encarnada en una serie de nuevas leyes: las *Novellae Constitiones,* cuarta parte del *Corpus,* que fueron escritas en griego (534). La obra legislativa de Justiniano tuvo una importancia fundamental, pues a partir del siglo XII el Occidente medieval adoptó el derecho romano en base a esta fuente.

Justiniano también fue un gran constructor. Hizo construir la majestuosa iglesia Santa Sofía de Constantinopla. En todo el imperio, financiaba la construcción de ciudades, de puentes, de termas y de carreteras. Fue además el campeón de la ortodoxia religiosa, aunque a cambio de su protección y de sus favores pretendía imponer su voluntad a la propia Iglesia.

Justiniano hizo todo lo posible para contener el poderío y la influencia de los judíos. El Código Justiniano prohibía a los judíos el derecho de ejercer empleos públicos, les privaba de todos los honores. Sus testimonios en corte contra los cristianos eran declarados nulos y sin efecto, debido al gran número de falsas declaraciones que los judíos acostumbraban a presentar para ayudar a sus congéneres. También se prohibió a los padres y madres desheredar los hijos convertidos al cristianismo.

Es interesante constatar que, ya en aquella época, las autoridades del imperio y de la Iglesia se habían puesto de acuerdo para excluir de los cargos superiores y de la carrera militar no solamente a los judíos declarados sino también a los judíos bautizados.

«La razón de tales medidas, escribía Maurice Pinay en *Complot contra la Iglesia (1962),* queda patente, si se toma en cuenta que otros autorizados historiadores judíos como Heinrich Graetz y Cecil Roth, nos confiesan claramente que las conversiones realizadas por los hebreos al cristianismo eran fingidas, ya que aunque practicaran en público dicha religión, en secreto seguían siendo tan hebreos como antes; y que entre tales falsos cristianos, la práctica oculta del judaísmo se transmitía de padres a hijos, aunque estos últimos fueran bautizados y vivieran en público como cristianos[135].»

Estas medidas fueron el origen lejano de los estatutos de limpieza de sangre de España en el siglo XV, los cuales excluían los católicos de ascendencia judía de los puestos dirigentes del Estado y de la Iglesia con el fin de evitar la infiltración y la destrucción desde dentro.

En 553, el emperador Justiniano prohibió la difusión del Talmud en todo el Imperio Romano, «el alma de la nación judía», como escribía Heinrich Graetz. Su elaboración había terminado a finales del siglo V y las siguientes generaciones hicieron de él su principal, sino directamente su único, alimento intelectual [136]. Durante más de diez siglos, los judíos permanecieron así totalmente indiferentes al mundo exterior, a la naturaleza, a los hombres y los acontecimientos del mundo. No conocieron la Biblia (la Torá), la historia de sus antepasados y la elocuencia de sus profetas más que a través del Talmud.

Más tarde, en el siglo XIII, los Papas Gregorio IX e Inocencio IV condenaron ellos también el Talmud y ordenaron quemar el libro que contenía efectivamente toda clase de blasfemias y consejos para dañar a los no judíos por todos los medios imaginables. A continuación, otros pontífices romanos condenaron la obra: Julio III, Pablo IV, Pío IV. Gregorio XIII, Clemente VIII, Alejandro VII, Benedicto XIV, entre otros, pero Justiniano El Grande tiene el honor de haber sido el primero en prohibir la difusión de ese espantoso libro.

XXVIII. Gregorio I (590–604)

Después de Justiniano, gran parte de Italia cayó en manos de los Lombardos, un pueblo semi-pagano, semi-arriano, que se preocupaba muy poco de los judíos y les dejó crecer y prosperar a su antojo. En la Europa occidental, en la Galia y en Hispania, donde la Iglesia tuvo dificultades para establecer su autoridad, los judíos fueron al principio más felices que en el imperio bizantino y en Italia. El derrumbe del Imperio romano había

---

[135]Maurice Pinay, *Complot contra la Iglesia, Capítulo IX* (1962), Transcripción pdf de Ediciones Mundo Libre, México, 1985,p. 44
[136]El Talmud es un texto fundamental. Es una suerte de Constitución o Carta Magna para los judíos. Es una obra que recoge principalmente las discusiones rabínicas sobre leyes judías, tradiciones, costumbres, narraciones y dichos, parábolas, historias y leyendas. No es un libro de pensamiento o de filosofía. Es un inmenso código civil y religioso basado en la Torá [el Antiguo Testamento], elaborado entre el siglo III y el V por eruditos hebreos de Babilonia y Palestina. (NdT).

dejado paso a una anarquía muy favorable a los intereses judíos, que podían corromper libremente los funcionarios, los jueces y los magistrados.

Los judíos se dedicaban entonces al comercio a gran escala de esclavos. Al respecto, el historiador judío Heinrich Graetz reconocía que «las repetidas invasiones de las tribus bárbaras y las numerosas guerras habían aumentado el número de prisioneros, y los judíos llevaban a cabo un enérgico comercio de esclavos... En el imperio Franco, donde el fanatismo aún no se había abierto paso, los judíos no tenían prohibido el comercio de esclavos[137].»

Afortunadamente, en aquella época vivió el gran Papa Gregorio I, quién ejerció su pontificado entre los años 590 y 604. Gregorio I no quiso en absoluto que se tolerara que los judíos tuviesen esclavos cristianos («*omnino grave exsecrandumque est christianos in servitio esse Iudaerum*»). Se les debían arrebatar inmediatamente o comprar su libertad si no había otra forma. Si el judío se convertía al cristianismo, los esclavos no eran devueltos[138].

En 593, promulgó unas medidas contra un judío de Sicilia llamado Nasas, el cual rendía un culto al profeta Elías – en el que muchos cristianos se habían dejado embaucar – y comerciaba con esclavos. Gregorio instó al prefecto de Sicilia que disolviera la secta y liberara los cautivos.

Gregorio se enfadó aún más cuando se enteró de que los judíos de Catania compraban esclavos paganos para circuncidarlos y educarlos en el judaísmo. Recordó las leyes de los emperadores contra este delito capital, prohibiendo la circuncisión de esclavos y ordenando que los esclavos circuncidados fuesen liberados de inmediato.

La riqueza ostentosa y el orgullo desmesurado de los judíos multiplicaban los conflictos entre ellos y los cristianos. «En otra ocasión, un cristiano, después de haber sido esclavo durante dieciocho años de un judío, imploró la protección del papa contra el hijo de su antiguo amo, quien, habiéndose convertido al cristianismo, quería devolver al antiguo esclavo a la servidumbre. El Papa declaró que, dado que la primera esclavitud había sido ilegal, el hijo, aunque cristiano, no tenía derecho a reclamarla[139].»

Gregorio el Grande escribió en su día una carta a Teodorico, rey de los Burgundios, a Teodeberto, rey de Austrasia, así como a su esposa y reina Brunegilda, la famosa princesa visigoda, para exhortarlos «a remediar

---

[137] Heinrich Graetz, *History of the Jews III*, London, Myers High Holborn, 1904, p. 30, 35
[138] L. 7, 24. Charles Auzias-Turenne, *Revue Catholique des Institutions et du Droit*, octubre 1893.
[139] Georges-Bernard Depping, *Les Juifs dans le Moyen-Âge*, (1823), Éd. Wouters, Bruxelles, 1844, p. 29

prontamente ese mal y liberar los creyentes de las manos de sus enemigos.» Se preocupó mucho por hacer cumplir las constituciones imperiales y las decisiones de los concilios, ordenando a los obispos castigar aquellos que usaban su riqueza para pervertir el pueblo cristiano[140].

Pero, por otro lado, el Papa no permitió que se usara la violencia para convertirlos y ordenó incluso que se les restituyera las sinagogas confiscadas[141]. Gregorio I estableció como principio que había que buscar la conversión de los judíos, no por la fuerza, sino mediante la persuasión y la dulzura.

De modo que escribió a Virgilio y Teodoro, obispos de las Galias, para prohibir el bautismo forzoso de los judíos. En otra ocasión, llegó a amonestar el obispo de Terracina que había privado a los judíos de su sinagoga, antes de exigir su devolución. En efecto, el código de Teodosio (L. 83, *de his qui super.*) aprobado por los Papas y Padres de la Iglesia, había resuelto que los judíos podrían conservar y reparar sus antiguas sinagogas, pero en ningún caso construir unas nuevas. Ahora bien, las sinagogas en cuestión, que los tres obispos habían permitido al pueblo clausurar, eran efectivamente unas atestiguadas antiguas sinagogas.

Gregorio prometió también eximir parte del impuesto sobre la propiedad a los granjeros o propietarios judíos que se convirtiesen al cristianismo. Ciertamente, Gregorio no se hacía ilusiones sobre la sinceridad de tales prosélitos, pero vaticinaba que «si bien no los ganaremos para el cristianismo, al menos tendremos a sus hijos.»

XXIX. Jerusalén, 614

En 608, en Antioquía, tuvo lugar un nuevo episodio edificante de la confrontación secular entre los judíos y el resto de la humanidad. Los judíos se abalanzaron sobre sus enemigos, escribía Graetz, «a todos los que caían en sus manos los mataban y arrojaban al fuego...El Patriarca Anastasio, llamado el Sinaíta, objeto de especial odio, fue vergonzosamente maltratado por ellos, y su cuerpo arrastrado por las calles antes de ser finalmente ejecutado.» El historiador judío justificaba estos sangrientos desmanes: «los judíos se vengaron de ellos en proporción a las injurias que habían sufrido», pues ese «acontecimiento prueba hasta qué punto debieron sufrir los judíos la arbitrariedad de los funcionarios y la arrogancia del clero para que se dejaran arrastrar a tan bárbaro acto de

---

[140] Epistol. III. 38; VI. 33. 9 Epistol. IX. 36; IV. 21, VI. 7, IX. 109, IV, in Claudio Jannet, *L'Église et la constitution sociale*, 1884.
[141] S. Gregor. Magn. Epistolae I. 25; III. 1; IX. 55, IX. 6; I. 47; IX. 56, in Claudio Jannet, *L'Église et la constitution sociale*, 1884.

violencia.»

En cuanto el emperador Focas fue informado de los graves disturbios, nombró gobernador de Oriente a Bono y encargó al general Kotis el castigo de los rebeldes. En septiembre y octubre del año 608, muchos judíos fueron ejecutados y otros desterrados y condenados al exilio.

Los judíos encontraron rápidamente la forma de vengarse cuando el rey persa Cosroes II invadió Asia Menor y Siria. Bajo el mando del general Jarbarzar, un cuerpo de ejército persa penetró hasta los altos del Líbano para invadir Palestina. Una vez más, los judíos tomaron partido por los invasores.

Pero dejemos Heinrich Graetz explicarnos su versión de la historia:

«Ante la noticia de la debilidad de las armas cristianas y del avance de las tropas persas, despertó en el seno de los judíos de Palestina un ardiente deseo de lucha. Les parecía que por fin había llegado la hora de vengarse de su doble enemigo, romano y cristiano, por las humillaciones que habían soportado durante siglos. El origen del movimiento guerrero que así animaba a los judíos estaba en la ciudad de Tiberíades. Procedía de cierto hombre llamado Benjamín, que poseía una prodigiosa fortuna que empleó en alistar y armar tropas judías. Se emitió una convocatoria a todos los judíos de Palestina, invitándoles a reunirse y unirse al ejército persa. A esta convocatoria acudieron los robustos habitantes judíos de Tiberíades, Nazaret y las ciudades montañosas de Galilea se unieron al estandarte persa. Con tal ánimo y furia, no perdonaron a los cristianos ni a sus iglesias en Tiberíades, y probablemente acabaron con el obispado. Con el ejército de Jarbarzar, marcharon sobre Jerusalén para arrebatar la ciudad santa a los cristianos. Los judíos del sur de Palestina se unieron a sus compatriotas y, con la ayuda de estas tropas y el apoyo de una banda de sarracenos, el general persa tomó Jerusalén por asalto (julio de 614). Se dice que perecieron noventa mil cristianos en Jerusalén, pero la historia que cuenta que los judíos compraron los prisioneros cristianos a los persas y los mataron a sangre fría es pura invención. Sin embargo, en su furia, los judíos destruyeron implacablemente los santuarios cristianos. Todas las iglesias y monasterios fueron incendiados, y los judíos tuvieron sin duda una mayor participación en este hecho que los persas. ¿Acaso Jerusalén, la posesión original de los judíos, no les había sido arrebatada por la violencia y la traición? ¿No estaban obligados a considerar que la ciudad santa había sido profanada vilmente por la adoración de la cruz y de los huesos de los mártires, así como por las idolatrías de Antíoco Epífanes y Adriano[142]?»

Durante catorce años, los judíos fueron de nuevo los amos de Palestina,

---

[142] Heinrich Graetz, *History of the Jews III*, London, Myers High Holborn, 1904, p. 19, 20–21

hasta que los bizantinos retomaron el control con el emperador Heraclio tras vencer a los persas. En su entrada en Jerusalén en el año 630, Heraclio trajo consigo la Santa Cruz, llevándola él mismo a hombros a lo largo de la Vía Dolorosa hasta la Iglesia del Santo Sepulcro que había sido reconstruida.

Los judíos de Palestina tuvieron que pagar por las atrocidades que habían cometido. El emperador bizantino «instituyó una persecución de los judíos por toda Palestina y masacró a los que no pudieron refugiarse en lugares ocultos de las montañas o escapar a Egipto», escribía Graetz. Por lo visto, de todos los judíos palestinos, Benjamín de Tiberíades, el instigador de la revuelta contra Constantinopla fue el único en salvarse tras convertirse al cristianismo

XXX. La España visigoda I

Los Visigodos, convertidos al arrianismo a partir del año 341, fueron probablemente el pueblo germánico más prestigioso y legendario de la Antigüedad. Mientras fueron arrianos, los visigodos subyugaron a los católicos y tuvieron manga ancha con los judíos, respetando sus derechos cívicos y políticos, y permitiéndoles incluso acceder a funciones públicas y circuncidar a sus esclavos paganos y cristianos. Esta situación derivó en gran prosperidad para los judíos de España durante más de un siglo, hasta que el rey Recaredo abjuró de su fe arriana en enero del año 587 junto a la mayoría de la nobleza y del clero arriano.

El tercer concilio de Toledo, en mayo de 589, consagró el triunfo de la Iglesia católica en la península. El orgullo y el poder de los judíos iba por fin ser rebajado. Se les prohibió ocupar empleos públicos y casarse con cristianos. Los hijos de matrimonios mixtos serían bautizados por la fuerza. También se les prohibió poseer esclavos, medida que les molestó sobremanera. Los judíos intentaron sobornar el rey, como de costumbre: «Los judíos ricos que poseían esclavos se esforzaron por obtener la derogación de la ley de Recaredo, y con este fin ofrecieron una considerable suma de dinero al rey. Recaredo, sin embargo, rechazó su oferta, y por este hecho fue elogiado más allá de toda medida por el Papa Gregorio, cuyo deseo de corazón se cumplió con esta ley (599)[143].»

Los judíos pudieron sin embargo sortear con facilidad las leyes promulgadas por Recaredo, pues el rey tenía entonces un poder bastante limitado. De hecho, los señores visigodos, que elegían a su soberano, eran amos y señores absolutos en sus tierras y seguían permitiendo a los judíos

---

[143] Heinrich Graetz, *History of the Jews III*, London, Myers High Holborn, 1904, p. 48, 49, 50

poseer esclavos y los nombraban a puestos de responsabilidad en sus feudos. Tanto es así que después de veinte años, las leyes de Recaredo habían sido totalmente olvidadas y caídas en desuso. Sus sucesores tampoco las tuvieron en cuenta y se mostraron por lo general favorables a los judíos.

Esta situación cambió radicalmente en el año 612, cuando subió al trono Sisebuto. Este contemporáneo del emperador bizantino Heraclio fue, al igual que éste, un enemigo acérrimo de los judíos a los que persiguió implacablemente. El rey Sisebuto, escribía sin ironía Graetz, «actuó de esa forma sin el menor atisbo de provocación por parte de los judíos, por su propia voluntad y casi en contra del deseo del clero católico.»

En cuanto fue elegido por los jefes visigodos, la primera medida de Sisebuto fue poner fin a los abusos de los judíos, volviendo a poner a la orden del día los cánones del tercer concilio de Toledo que en gran parte habían dejado de ser aplicados. Renovó los edictos de Recaredo y ordenó a los eclesiásticos, a los jueces y al propio pueblo vigilar atentamente su aplicación. Fue incluso más lejos que Recaredo, prohibiendo a los judíos no solamente comprar nuevos esclavos, sino de conservar aquellos que ya poseían. Sólo los judíos convertidos fueron autorizados a poseer esclavos y con el derecho añadido a heredar aquellos poseídos por sus parientes judíos. Sisebuto adjuró sus sucesores a hacer respetar este edicto, y declaró solemnemente: «"Que el rey que se atreva a abolir esta ley incurra en la más profunda desgracia de este mundo, en las llamas del purgatorio en el mundo venidero y en los tormentos eternos del infierno".»

A pesar de sus enérgicas reprimendas, los señores del país concedían a menudo su protección a los judíos que les prestaban dinero. Sisebuto tomó entonces una medida más dura, obligando a todos los judíos del país a aceptar el bautismo en un plazo dado o abandonar el territorio visigodo. Los recalcitrantes serían castigados con el látigo y sus bienes confiscados. Algunos, cerca de 90 000, se sometieron ante el temor de perder sus bienes y aceptaron el bautismo; los restantes emigraron a Francia y a África.

Fue probablemente durante el reinado de Sisebuto cuando los judíos de Toledo, convertidos y luego relapsos [144] y amenazados de castigo, prometieron vivir más cristianamente en el futuro. En aquel acto singular[145], los convertidos juraron que en adelante no tendrían más relaciones con los judíos (los que no habían aceptado el bautismo); que dejarían de practicar los usos y costumbres hebraicos; que no celebrarían el Sabbat; que no se casarían con sus antiguos correligionarios; que, si bien no podían comer cerdo porque era contrario a su costumbre, al menos los alimentos

---

[144] Aquellos que regresan a su antigua fe tras haber abjurado. (NdT).
[145] El acto quedó insertado en el *Fortalitium fidei, lib III*. (Fuero juzgo, o Código de los Visigodos)

sazonados con él no les repugnaría; que creerían fielmente en Jesucristo y los Evangelios; que no harían nada contrario a la religión cristiana, y que, si uno de ellos violaba este compromiso, lo quemarían o lapidarían, o pondrían esa persona y sus bienes a disposición del rey.

Sisebuto murió en el año 620. El nuevo rey, Suintila, un hombre débil y corrompido, se dejó comprar y abrogó las leyes de Sisebuto, de modo que los judíos regresaron al país y los conversos volvieron al judaísmo. «Las leyes fueron derogadas por su sucesor, Suintila, un monarca justo y liberal, a quien los oprimidos llamaban "padre de su patria". Los judíos exiliados regresaron a su tierra natal y los prosélitos volvieron al judaísmo...Sin embargo, el noble rey Suintila fue destronado por una conspiración de nobles y clérigos», escribía un agradecido Heinrich Gratez.

Así pues, es probable que bajo la protección de Suintila los judíos recobraran un gran poder y pusieran de nuevo en peligro la nación y las instituciones, lo cual explica y justifica la conspiración del clero católico para deponer el monarca felón.

El jefe de este nuevo episodio de resistencia al judaísmo fue Isidoro de Sevilla, uno de los más ilustres Padres de la Iglesia. Suintila fue destronado por Sisenando. El clero reconquistó su influencia, y, de nuevo, las asambleas eclesiásticas tuvieron que atajar el poderío judío para proteger a los cristianos.

En el año 633, se reunió el cuarto concilio de Toledo, bajo la presidencia de Isidoro, arzobispo de Hispalis (Sevilla). Isidoro fue un prelado de gran erudición, inteligente y moderado. Las medidas de Sisebuto parecían tan enérgicas que el concilio las desaprobó formalmente, declarando que había que persuadir y no obligar a quien no tenía la fe. El canon 57 del concilio de Toledo prohibía así el uso de la fuerza o la coacción: «Ningún judío debe en el futuro ser obligado por la fuerza a abrazar el cristianismo.» No obstante, el concilio no juzgó pertinente anular lo hecho hasta la fecha y declaró que los judíos bautizados por orden de Sisebuto permanecerían cristianos. «De estas conversiones forzadas se derivaron grandes inconvenientes. Como era imposible vigilar a tantos neófitos o aislarlos, en parte recaían en el judaísmo [146].» El canon 59 confirmaba todas las sospechas, pues estos judíos bautizados solían ser secretamente judíos.

Se tomaron medidas rigurosa contra estos judíos que, bautizados en tiempos del rey Sisebuto, habían regresado a su antigua fe. Vemos en las actas de los concilios, varias disposiciones contra estos relapsos. Para prevenir las apostasías, el canon 62 prohibía a los judíos bautizados relacionarse con sus antiguos correligionarios[147]. Se les impediría por la

---

[146] Georges-Bernard Depping, *Les Juifs dans le Moyen-Âge*, (1823), Éd. Wouters, Bruxelles, 1844, p. 52.
[147] Cardinal Ximenés, *Les affaires religieuses en Espagne*, Tournai, Casterman et fils

fuerza respetar las prescripciones del judaísmo y sus hijos serían criados en conventos. Los conversos que observasen el Sabbat y las fiestas judías, o se casaran según los ritos judíos, o practicaran la circuncisión o se abstuvieran de los alimentos prohibidos por la ley judía, serían esclavizados. Según esta legislación canónica, ni los judíos convertidos por la fuerza ni sus descendientes eran autorizados a dar testimonio ante un tribunal de justicia. De esta forma, este antiguo concilio ya marcaba una diferencia esencial entre judíos y aquellos que eran cristianos en apariencia.

Protegidos por la nobleza hispano-visigoda, los judíos conversos no padecieron mucho de estas medidas del cuarto concilio de Toledo que el rey Sisenando había tomado contra ellos. Pero un nuevo rey subió al trono en el año 636 y este príncipe llamado Chintila odiaba profundamente a los judíos.

Chintila reunió un nuevo concilio en Toledo. Renovó todas las antiguas leyes de excepción relativas a los judíos y decretó que nadie podría morar en el imperio visigodo si no profesaba la religión católica. Los judíos fueron expulsados y aquellos que prefirieron convertirse fueron obligados a firmar una declaración de compromiso de practicar la religión católica. «Pero la confesión así firmada por hombres heridos hasta el alma, escribía Graetz, no era, ni podía ser, sincera. Esperaban firmemente tiempos mejores en los que pudieran quitarse la máscara, y que la forma electiva del imperio visigodo situara esos tiempos en un futuro próximo[148].»

Efectivamente, las frecuentes revoluciones palaciegas, la poca estabilidad de la autoridad de los reyes y las conmociones que acompañaban cada acontecimiento impedían la estricta ejecución de los decretos conciliarios. Así pues, la condición de los judíos mejoró al final del breve reinado de Chintila.

XXI. El rey Dagoberto I

La situación de los judíos había empeorado mucho en Francia con los reyes merovingios. En el año 540, Childeberto les había prohibido tener esclavos cristianos, «no siendo justo, decía este rey, que el que fue redimido por la sangre valiosa de Jesucristo esté sometido al infiel que blasfema su santo nombre.»

En el siglo siguiente, la situación de los judíos fue continuamente mala. En el año 615, Clotario II, que había reunido bajo su corona todo el imperio de los Francos, aplicó las decisiones del concilio de París que prohibían a

---

éditeurs, 1856.
[148] Heinrich Graetz, *History of the Jews III*, London, Myers High Holborn, 1904, p. 51, 53

los judíos ejercer funciones superiores o servir en el ejército.

«Su hijo Dagoberto debe contarse entre los monarcas más antijudíos de toda la historia del mundo. Muchos miles de fugitivos judíos, que habían huido al imperio franco para escapar del fanatismo de Sisebuto, rey de los visigodos, despertaron los celos de este monarca sensual que se avergonzaba de ser inferior a su contemporáneo visigodo y de manifestar menos celo religioso[149]», informaba Graetz. En el año 633, publicó un edicto en virtud del cual se ordenaba a todos los que no profesaran la fe de Jesucristo salir de sus Estados[150]. Es probable que retrocedieran entonces hacia el sur de Francia y hacia los países del Rin.

En medio de sus disensiones internas, los Francos tuvieron sin embargo que rebajar la presión, y los israelitas, siempre al acecho para aprovechar cualquier debilidad o circunstancia favorable, penetraron poco a poco en el reino para dedicarse a sus habituales empresas lucrativas, especialmente el tráfico de esclavos. «El Concilio de Châlons sur Saône, celebrado hacia 630, había prohibido también la venta de esclavos fuera de Francia, para evitar que cayeran en manos de mercaderes judíos que comerciaban con el extranjero[151].» El rey Clodoveo II, hijo de Dagoberto, también prohibiría el transporte de esclavos en su reino, llegando incluso a comprar la libertad de aquellos que habían tenido la desgracia de caer en manos de esos innobles traficantes de seres humanos.

XXXII. Mahoma

Cuando en el año 622, un puñado de adeptos de Mahoma salió de La Meca para dirigirse a Medina (año 0 de La Hégira del calendario islámico), algunos judíos reconocieron en él el profeta tan esperado y abrazaron el islam. Pero los judíos de Medina no quedaron convencidos de ello, y, con el paso del tiempo, los musulmanes comprendieron que nunca lo estarían y tomaron sus distancias con la "gente del libro".

Entre los adversarios de Mahoma había un tal Abdalá, hijo de Saura, considerado el judío más sabio del Hiyaz (oeste de Arabia). Este se burlaba de Mahoma, "el enviado de Dios", lo trataba con desprecio, ridiculizando sus revelaciones y sus predicaciones. Ignoraba que el pobre fugitivo de La Meca que imploraba auxilio a las puertas de Mecina pronto sometería y exterminaría a los judíos de la península arábica.

La guerra contra los mequíes se alargaba y los judíos de Medina

---

[149] Heinrich Graetz, *History of the Jews III*, London, Myers High Holborn, 1904, p. 41
[150] *Chronique de Frédégaire*, Aimoin, *Histoire de France*.
[151] Georges-Bernard Depping, *Les Juifs dans le Moyen-Âge*, (1823), Éd. Wouters, Bruxelles, 1844, p. 45

soportaban cada vez menos el dominio de los musulmanes en la ciudad. Algunos notables judíos aprovecharon una derrota de Mahoma para viajar a La Meca e incitar sus habitantes a aprovechar la ocasión y rematar los derrotados. Con el objetivo de acabar con ellos, los mequíes formaron una coalición de varias tribus árabes y, en el año 627, un ejército de diez mil hombres marchó sobre Medina.

El asedio de la ciudad fue interminable y los asaltantes agotaron sus fuerzas en vano. Al final, Mahoma logró sembrar la discordia entre los confederados que decidieron levantar el sitio.

Tras alejarse los coaligados de Medina, Mahoma marchó inmediatamente con tres mil hombres contra la tribu judía de los Banu Qurayza. Estos, demasiado débiles para librar batalla a campo abierto, se atrincheraron en su castillo. Tras un sitio de veinticinco días (febrero-marzo 627), los asediados quedaron sin víveres y pensaron capitular. Pidieron entonces al profeta la autorización de emigrar con sus mujeres e hijos y parte de sus bienes, pero Mahoma se negó, y cerca de setecientos judíos, incluidos los jefes Ka'b ibn As'ad y Huyayy ibn Ajtab fueron degollados en plaza pública en Medina; sus cadáveres fueron arrojados en una misma fosa. El lugar donde tuvo lugar esa ejecución fue llamado el *mercado de los Banu Qurayza.*

Mahoma se llevó de esta guerra dos bellas cautivas: Safia, la hija de su enemigo Huyayy, y Zanaib. Esta última intentaría vengarse de Mahoma, al que consideraba el asesino de su hermano Marab y de sus correligionarios. Disimulando su odio, fingió un profundo afecto hacia Mahoma y se ganó su confianza. Pero, finalmente, un día sirvió al profeta un plato de carne envenenada. Mahoma encontró un sabor desagradable a su comida y la rechazó, pero uno de sus invitados murió. Tras este incidente, Zanaib fue evidentemente ejecutada y Mahoma ordenó a sus soldados usar la vajilla tomada de los judíos únicamente después de haberla lavada en agua hervida.

Mahoma advertió sus fieles contra los judíos: «*"La Hora del juicio no llegará hasta que luchéis con los judíos y la piedra tras la que se esconda un judío dirá. "¡Oh musulmán! Hay un judío escondido detrás de mí, mátalo[152]!".*»

Pero «el resto de los judíos...intrigaron contra él e hicieron causa común con algunos árabes descontentos. La casa de un judío, Suyailim, en Medina, fue el lugar de reunión de los descontentos, a quienes Mahoma y sus fanáticos seguidores llamaban "los hipócritas" (*Munafikun*). Sin embargo, este complot fue descubierto y la casa de Suyailim quemada hasta los cimientos. Los judíos de Arabia sintieron una verdadera alegría con la

---

[152]Hadith 2926, *L'Authentique d'Al Bukhârî,* Maison D'Ennour, Paris, 2007, tome 2, chapitre 94, p. 449.
Y en https://sunnah.com/bukhari/56/139.

muerte de Mahoma (632), porque ellos y muchos otros, creían que los árabes se curarían de su falsa creencia de que él era un ser superior dotado de inmortalidad», relataba Graetz sobre estos sucesos. Pero el Corán ya había adquirido fuerza de ley y las violentas imprecaciones de Mahoma contra los judíos fueron consideradas por todos los musulmanes como artículos de fe.

Hacia el año 640, el segundo Califa, el poderoso Omar, decidió expulsar las tribus judías que el profeta había tolerado en sus tierras. No quería que el suelo sagrado de Arabia fuera mancillado por sus tráficos. Los guerreros musulmanes se repartieron así los vastos dominios de los judíos en la península.

Sin embargo, tal como lo escribía el historiador judío Heinrich Graetz, «al igual que ningún mal en la historia está exento de buenas consecuencias, el dominio del Islam favoreció la elevación del judaísmo desde su más profunda depresión[153].»

Tras la muerte de Mahoma, los musulmanes se expandieron más allá de las fronteras de Arabia, espada y Corán en mano, electrizados por su grito de guerra: "No hay más Dios que Alá y Mahoma es su profeta[154]".

El antiguo reino de Persia cayó al primer embate. Los judíos, allí como en todas partes, habían optado por aquellos que les garantizarían la mayor libertad para sus tráficos. Dado que los reyes sasánicas gobernaban todo el país y tendían a atajar y controlar su poderío financiero, éstos tomaron naturalmente partido por los invasores. «Los judíos del antiguo distrito babilónico (llamado Irak por los árabes) alcanzaron una gran libertad gracias a las victorias de los mahometanos», nos decía Gratez.

Las provincias bizantinas como Palestina, Siria y Egipto también cayeron bajo dominio árabe. «Judíos y Samaritanos ayudaron a los árabes a conquistar la tierra, para así liberarse del pesado yugo de la maligna dominación bizantina. Un judío puso a disposición de los musulmanes la ciudad fuertemente fortificada de Cesarea, la capital política del reino, que

---

[153]Heinrich Graetz, *History of the Jews III*, London, Myers High Holborn, 1904, p. 85-86. ["Un Apocalipsis místico hace una clara referencia a la alegría experimentada por la victoria del Islam. Shimon Bar Yojai, que era considerado un místico, predijo el ascenso del Islam, y se lamentaba de ello en la oración que decía así: "¿No hemos sufrido bastante por el dominio del malvado Edom (el dominio romano-cristiano), para que ahora el dominio de Ismael se levante sobre nosotros? Metatrón, uno de los ángeles principales, le respondió: "¡No temas, hijo de Hombre! Dios sólo establece el reino de Ismael para que te libre del dominio del malvado Edom. Les levantará un profeta, les conquistará países y habrá un gran odio entre ellos y los hijos de Esaú" (los cristianos). Tales eran los sentimientos de los judíos durante las conquistas de los mahometanos.» p. 89-90. (NdT).]

[154] *šhādu anna lā ilāy illā [A]llāhu wa anna Muhammadan rasūlu l-lâh*: "Doy fe de que no hay más divinidad que Dios y Mohammad es el mensajero de Dios". (NdT).

según se decía contenía 700.000 hombres para movilizar y entre los cuales había 20.000 judíos. Este les mostró un pasadizo subterráneo que conduciría a los sitiadores al corazón de la ciudad. La Ciudad Santa, tras un breve asedio, también tuvo que rendirse a las armas mahometanas.»

Así pues, en el año 638, Jerusalén cayó en manos del segundo califa Omar, quien hizo construir una mezquita en el emplazamiento del antiguo Templo. Omar prohibió a los judíos permanecer en Jerusalén y los sometió a varias leyes restrictivas que se aplicaban también a los cristianos. No se les permitía construir nuevas sinagogas, ni tampoco embellecer las antiguas; no podían cantar durante el oficio más que a media voz; debían recitar las oraciones fúnebres en voz baja; no podían ocupar ninguna función pública, ni juzgar a los musulmanes, ni impedir sus correligionarios convertirse al islam. Finalmente, se les imponía, al igual que a los cristianos, vestir ropas de un color particular y no se les permitía montar a caballo.

Mientras los musulmanes eran exentos de todo impuesto o no pagaban más que una ligera tasa para socorrer a los pobres, los judíos y los cristianos eran sometidos a un impuesto personal y un impuesto sobre la propiedad. Pero a pesar de todas estas restricciones, insistía una vez más Heinrich Graetz, «a pesar todo esto, los judíos se sentían más libres bajo el nuevo dominio del Islam que en las tierras cristianas. Las leyes restrictivas de Omar no se aplicaron ni siquiera en vida de Omar, y si bien los fanáticos musulmanes rechazaban a los judíos como correligionarios, no los despreciaban como ciudadanos, sino que mostraban gran honor hacia los judíos dignos. Los primeros mahometanos trataban a los judíos como sus iguales; los respetaban como amigos y aliados, y se interesaban por ellos incluso como enemigos[155].»

XXXIII. La España visigoda II

Los judíos de España, como vimos, habían tenido que emigrar o bien convertirse al catolicismo y prometer por escrito, a petición expresa del rey Chintila, su sincero rechazo del judaísmo.

«Pero, aunque habían sido convertidos a la fuerza, los judíos de la España visigoda se aferraron sin embargo firmemente a su religión prohibida. Los nobles visigodos independientes los protegieron hasta cierto punto de la severidad del rey, y apenas se cerraron los ojos del fanático Chintila al morir, los judíos volvieron abiertamente al judaísmo bajo Chindasvinto, su sucesor (642-652).»

---

[155] Heinrich Graetz, *History of the Jews III*, London, Myers High Holborn, 1904, p. 88, 89

El hijo y sucesor de Chindasvinto, Recesvinto (652-672), fue muy hostil a los judíos. Recomendó vivamente a los eclesiásticos, reunido en el octavo concilio de Toledo, tomar enérgicas medidas contra los judíos, especialmente los relapsos. El concilio no votó ninguna nueva medida y se limitó a confirmar las disposiciones tomadas en el cuarto concilio. Los judíos podían permanecer en el país, pero no tenían derecho a poseer esclavos, ocupar funciones públicas y testificar contra un cristiano.

Recesvinto, sabedor de que la nobleza del país defendía a los judíos y permitía a aquellos que habían sido forzados al bautismo a vivir según sus costumbres, promulgó un edicto en virtud del cual ningún cristiano debía proteger a los que practicaban el judaísmo en secreto, bajo pena de excomunión o exclusión de la Iglesia. Esta ley no produjo sin embargo los efectos deseados. Los *cristianos judaizantes*, como se denominaba a los que seguían apegados a su antigua religión, «aprendieron pronto el arte de permanecer fieles en lo más íntimo de su alma a su religión, y de cansar la vigilancia desconfiada de sus enemigos. Siguieron celebrando las fiestas judías en sus hogares, haciendo caso omiso de las fiestas instituidas por la Iglesia[156].»

Durante el reinado del rey Wamba (672-680), los judíos todavía eran numerosos en la península. Pero dado que debía su elección al clero, el nuevo rey tuvo que prestar el juramento prescrito por el concilio de Toledo y ordenar que todos los judíos no convertidos fuesen expulsados del reino.

Esta vez, el decreto fue ejecutado sin piedad. Los numerosos judíos que no quisieron aceptar el bautismo cruzaron los Pirineos y buscaron refugio en la Septimania. El gobernador de esta provincia, el conde Hilderico, se había negado a reconocer el rey recientemente elegido y abanderaba la rebelión. Con el objetivo de reunir nuevos partidarios, había ofrecido a los judíos conversos un refugio en sus tierras, garantizándoles la libertad religiosa, por lo que muchos acudieron a su invitación. La insurrección de Hilderico alcanzó en Nimes una importante dimensión, pero los insurrectos fueron finalmente derrotados. Wamba apareció con su ejército delante de Narbona y expulsó a los judíos de la ciudad.

Los falsos conversos intentaron también infiltrar la Iglesia católica comprando las más altas magistraturas eclesiásticas. El problema fue planteado en Toledo en un nuevo concilio. El canon 9 insistía en la represión de la simonía contra aquellos que «intentaban comprar la dignidad de obispo.»

Wamba fue destronado por un señor de origen bizantino llamado Ervigio. Ante el concilio que debía coronarlo, en el año 681, Ervigio

---

[156] Heinrich Graetz, *History of the Jews III*, London, Myers High Holborn, 1904, p. 103, 106

pronunció un discurso fanático contra los judíos que empezaba así: «"Con lágrimas brotando de mis ojos, imploro a esta honorable asamblea que manifieste su celo y purifique el país de esta lepra de corrupción. ¡Levantaos!, ¡levantaos!, os grito; Exterminad estos judíos apestados que no dejan de endurecerse en nuevas locuras, poned a prueba las leyes contra la apostasía de los judíos que acabamos de promulgar[157]."»

Heinrich Graetz había deformado aquí el texto en su propia traducción. Maurice Pinay, en *Complot contra la Iglesia,* presentaba el texto original: «"Reparad reverendísimos Padres y honorables Sacerdotes de los Ministerios celestes...por eso me presento con efusión de lágrimas en la venerable reunión de Vuestra Paternidad, para que, con el celo de vuestro régimen, se purgue la tierra del contagio de la maldad. Levantaos os ruego, levantaos, desatad las ligaduras de los culpables, corregid las costumbres deshonestas de los transgresores, haced ver la disciplina de vuestro fervor contra los pérfidos y extinguid la mordacidad de los soberbios, aliviad el peso de los oprimidos y lo que es más que todo esto, extirpad de raíz la peste judaica, que cada día va creciendo con mayor furor (*et quod plus hic omnibus est, Iudaeorum pestem, quae in novam semper recrudescit insaniam, radicibus extirpate*). Examinad también con la mayor detención las leyes que nuestra gloria promulgó hace poco contra la perfidia de los judíos, añadid a ellas vuestra sanción y reunidlas en un solo estatuto para refrenar los excesos de los mismos pérfidos[158]".»

De los veintisiete parágrafos que el rey Ervigio presentó a la aprobación del concilio, uno solo se refería a los judíos. Todos los demás concernían los que se habían convertido por interés y que a pesar de sus declaraciones manuscritas continuaban judaizando en secreto. Para encauzar los judíos al cristianismo, Ervigio propuso simplemente obligarlos a presentarse al bautismo en el plazo de un año, ellos, sus hijos y todos sus parientes, y, en caso de que no acataran esta orden, confiscarles todos sus bienes, castigarles con cien azotes, arrancarles la piel de la frente y de la cabeza y expulsarlos del país.

El concilio aprobó además una medida con vistas a destruir la quinta columna judía en la Iglesia. El canon 18 establecía un verdadero espionaje en el domicilio de los cristianos descendientes de los judíos, y obligaba a sus servidores cristianos a denunciar sus prácticas judaicas, ofreciéndoles como prima de denuncia la liberación de su servidumbre. «La citada ley, refiriéndose a los mencionados siervos, ordena: "...que, en cualquier

---

[157]Heinrich Graetz, *Geschitchte der Juden; Histoire des juifs III*, Éd. Durlacher, Paris, 1888, p. 308-309.
[158]Maurice Pinay, *Complot contra la Iglesia, Capítulo XIV* (1962), Transcripción pdf de Ediciones Mundo Libre, México, 1985, p. 202, citando fuente: Juan Tejada y Ramiro, Colección de cánones citada, tomo II, pp. 454, 455.

tiempo, cualquiera que se proclamase, se reconociere y dijere y jurare que es cristiano, o que se ha hecho cristiano, y descubriere la infidelidad de sus señores (amos), y él negare su error, en aquella hora salga libre públicamente, con todo su peculio y tenga la posibilidad de legarlo (a sus sucesores)[159]".»

Los cristianos judaizantes que viajaban por el territorio fueron también obligados a presentarse antes los cleros de las localidades donde se hospedaban para hacer constar que cumplían fielmente con sus deberes religiosos.

Un nuevo concilio, presidido por el metropolitano Juliano de Toledo, de origen judío, aprobó todas las medidas propuestas por Ervigio y decidió que nunca podrían ser abolidas. Dos días después de la clausura de la asamblea, el 25 de enero de 681, los judíos fueron convocados para informarles de las nuevas disposiciones tomadas en contra de ellos. Por tercera vez, los judíos bautizados tenían que abjurar el judaísmo y firmar un acto de fe. Se les ordenaba además llevar con ellos el texto de leyes que les concernía, a fin de que no les fuera posible alegar su desconocimiento en caso de incumplimiento.

El poder de los judíos de España quedó completamente aniquilado durante el reinado de Egica entre 687 y 702.

En el año 694, una gran conspiración fue descubierta. Falsos cristianos, en contubernio con sus hermanos de África, conspiraron para fomentar una revolución. Félix, arzobispo de Toledo, reaccionó con celeridad y convocó un nuevo concilio que trató e informó de las pruebas de la conspiración cripto-judía. El octavo canon del XVII concilio de Toledo, literalmente titulado "De la condenación de los judíos" (*Iudaeorum damnatione*) exponía sus contundentes conclusiones: «"Se sabe que la plebe judía está manchada con una feísima nota de sacrilegio y cruenta efusión de sangre de Jesucristo, y contaminada además con la profanación del juramento (entre otras cosas porque habían jurado ser fieles cristianos y no judaizar en secreto), de manera que sus maldades son sin número; por eso es necesario que lloren haber incurrido en tan grave pecado de animadversión, aquéllos que a causa de sus maldades, no sólo han querido perturbar el estado de la Iglesia, sino que con atrevimiento tiránico han intentado arruinar la patria y la nación, tanto que alegrándose por creer que había ya llegado su tiempo, han causado diversos estragos a los católicos. Por cuyo motivo la presunción cruel y estupenda debe extirparse con un suplicio más cruel. De manera que el juicio debe ser contra ellos tanto más severo, cuanto en todas partes se castiga lo que se sabe haber sido definido

---

[159]Maurice Pinay, *Complot contra la Iglesia, Capítulo XIV* (1962), Transcripción pdf de Ediciones Mundo Libre, México, 1985, p. 205

perversamente".»

El rey Egica los expropió totalmente, les prohibió poseer casas y tierras, así como practicar el comercio y la navegación con África y, en general, cualquier relación de negocios con los cristianos. Los judíos fueron obligados a ceder todos sus inmuebles al fisco, mediante una módica indemnización. Además, fueron expulsados del lugar de su residencia.

Todos los judío de España fueron puestos bajo servidumbre y repartidos entre los grandes señores del país, sin poder ser nunca liberados: «"Y respecto a sus hijos de ambos sexos, decretamos que tan luego como cumplan siete años, se les separe de la compañía de sus padres, sin permitirles ningún roce con ellos, debiendo entregarlos sus mismos señores a cristianos fidelísimos, para que los eduquen, con objeto de que los varones lleguen a casarse con mujeres cristianas y viceversa, no teniendo licencia como ya hemos dicho, los padres ni tampoco los hijos, para celebrar bajo ningún concepto las ceremonias de la superstición judaica, ni para volver en ninguna ocasión a la senda de la infidelidad[160]".»

Los castigos aprobados por el concilio contra los conspiradores cripto-judíos fueron aplicados en todas las provincias del Reino visigodo, excepto en la Galia Narbonense (Septimania), por entonces devastada por una epidemia mortal. Esta tolerancia les fue concedido a condición de que se hicieran cristianos sinceros. Numerosos judíos emigraron entonces hacia allí, pero como se pudo comprobar en los siglos siguientes, esos falsos cristianos no abandonaron el judaísmo y el Sur de Francia se convirtió en una nueva Judea. De hecho, la región se convertiría en el cuartel general y la cuna de las herejías revolucionarias más destructivas de Europa, especialmente las doctrinas gnósticas y la cábala hebrea[161].

Desgraciadamente, el hijo de Egica, Witiza, fue un príncipe funesto cuya política finiquitó el imperio visigodo en España. En abril del 711, Tarik, un atrevido y hábil general musulmán, atravesó el estrecho de Gibraltar e invadió el sur de la península con unas fuerzas considerables. Los judíos desterrados de España vinieron a engrosar las filas de los ejércitos musulmanes, y la ayuda de los que habían quedado fue inestimable. En el mes de julio, los ejércitos de Rodrigo (Roderico), el último rey visigodo, fueron derrotados y los musulmanes penetraron rápidamente en el interior del país. Gracias a los judíos a los que encargaban la guardia de las ciudades conquistadas, los generales musulmanes disponían siempre de todas sus tropas para proseguir con la conquista del país.

---

[160]Maurice Pinay, *Complot contra la Iglesia*, Capítulo XVI (1962), Transcripción pdf de Ediciones Mundo Libre, México, 1985, p. 211-212, citando fuente: Juan Tejada y Ramiro, Colección de cánones citada, tomo II, pp. 602, 603
[161] Léase al respecto *Psicoanálisis del judaísmo*. (NdT).

En Toledo, el día del domingo de Ramos del año 712, los judíos hicieron entrar los Moros en la ciudad. Los aristócratas y el clero habían huido, y, mientras los cristianos imploraban la protección divina en sus iglesias, los judíos abrían las puertas de los templos de par en par, uniéndose a los musulmanes para masacrar a los cristianos[162].

Los testimonios de los historiadores cristianos son bastante concordantes con los recabados por Heinrich Graetz, quien aseguraba él también que «en cada ciudad que conquistaban, los generales musulmanes sólo podían dejar una pequeña guarnición de sus propias tropas, pues necesitaban a todos los hombres para someter el país; por lo tanto, las confiaban a la custodia de los judíos. De este modo, los judíos, que hasta hacía poco habían sido siervos, se convirtieron en los amos de las ciudades de Córdoba, Granada, Málaga y muchas otras. Cuando Tarik se presentó ante la capital, Toledo, la encontró ocupada sólo por una pequeña guarnición, ya que los nobles y el clero se habían puesto a salvo huyendo. Mientras los cristianos estaban en la iglesia, rezando por la seguridad de su país y su religión, los judíos abrieron de par en par las puertas a los árabes victoriosos (Domingo de Ramos, 712), recibiéndolos con aclamaciones, y vengándose así de las muchas miserias que les habían tocado en suerte en el transcurso de un siglo después de la época de Recaredo y Sisebut[163].»

Otro conocido intelectual judío de Francia, Jacques Attali, cuya obra hemos examinado exhaustivamente para nuestros anteriores libros, lo confirmaba: «Con su ayuda, las tropas musulmanas vencen al rey Roderico en julio de 711 y rápidamente conquistan toda la península.» De tal forma que los judíos se expusieron naturalmente a posteriores represalias: «Así, el arzobispo de Toledo acusa a los judíos de traición en favor de los sarracenos, con lo que provoca una sublevación; organiza, además, el saqueo de las sinagogas[164]».

---

[162] Crónica del obispo de Tuy.
[163] Heinrich Graetz, *History of the Jews III*, London, Myers High Holborn, 1904, p. 111. En cambio, Cecil Roth es de lejos el historiador judío más deshonesto. En su *Historia del pueblo judío* (*Histoire du peuple juif*, 1936, Stock, 1980), escribía: «Más tarde, los malintencionados cronistas eclesiásticos atribuyeron la debacle de los Visigodos a los Judíos que habrían, supuestamente, invitado y ayudado a los invasores.» (página 183). Ciertamente, con Cecil Roth, nada - ni el más mínimo error – permite nunca comprender por qué los judíos son el blanco de la hostilidad de los goyim.
[164] Jacques Attali, *Los judíos, el mundo y el dinero*, Fondo de cultura económica, 2005, Buenos Aires, p. 134, 204. [«Averiguado está que la invasión de los Árabes fue únicamente patrocinada por los judíos que habitaban en España. Ellos les abrieron las puertas de las principales ciudades. Porque eran numerosos y ricos, y ya en tiempo de Egica habían conspirado, poniendo en grave peligro la seguridad del reino. El Concilio XVII los castigó con harta dureza, reduciéndolos a esclavitud (Can. VIII); pero Witiza los favoreció otra vez, y a tal patrocinio respondieron conjurándose con todos los

Casi toda España se convirtió en una provincia musulmana. En recompensa por su apoyo, los Moros trataron a los Judíos con gran benevolencia, permitiéndoles practicar abiertamente su religión y tener sus propios tribunales. Recobraron así todo el poder que habían perdido y pudieron asesorar y guiar los califas a su antojo.

Heinrich Graetz explicaba así las ventajas del cambio de régimen para los judíos: «Los primeros califas de la casa de Ommiyyah... se habían liberado por completo de esa estrechez de miras y manía persecutoria que caracterizó al fundador y a los dos primeros califas...Eran mucho más mundanos que espirituales; su horizonte político era amplio y se limitaban muy poco a los estrechos preceptos del Corán y las tradiciones (Sunna)[165].»

La España bajo dominio musulmán permanece en el imaginario judío como una edad de oro muy añorada. El gran historiador judío León Poliakov escribía al respecto: «En el 711, la invasión árabe los catapultó en la cima de la escala social, en calidad de asesores y aliados de los

---

descontentos. La población indígena hubiera podido resistir al puñado de árabes que pasó el Estrecho; pero Witiza les había desarmado, las torres estaban por tierra, y las lanzas convertidas en rastrillos. No recuerda la historia conquista más rápida que aquella. Ayudábanla a porfía godos y judíos, descontentos políticos, venganzas personales y odios religiosos.» Marcelino Menendez Pelayo, *Historia de los Heterodoxos españoles*, Tomo I, Ed. F. Maroto, Madrid, 1880, p. 216. Menendez Pidal fue muy crítico con los visigodos y su legado histórico en España: «Witiza es para nosotros el símbolo de la aristocracia visigoda, no arriana ni católica, sino escéptica, enemiga de la Iglesia, porque ésta moderaba la potestad real y se oponía a sus desmanes. La nobleza goda era relajadísima en costumbres: la crueldad y la lascivia manchan a cada paso las hojas de su historia...

«Ese mismo individualismo o exceso de personalismo que las razas del Norte traían, les indujo a frecuentes y escandalosas rebeliones, a discordias intestinas, y lo que es peor, a traiciones, a perjurios contra su pueblo y raza, porque no abrigaban esas grandes ideas de patria y de ciudad, propias de Helenos y Latinos. Por eso la nobleza visigoda, acaudillada por los hijos de Witiza y por el arzobispo D. Oppas, vende la tierra a los musulmanes, deserta en el Guadalete, y Teodomiro, tras breve resistencia, se rinde a deshonroso pacto con Abdalassis. Grandes culpas tenían que purgar la raza visigoda. No era la menor su absoluta incapacidad para constituir un régimen estable ni una civilización. Y, sin embargo, ¡cuánta grandeza en ese período! Pero la ciencia y el arte, los cánones y las leyes, son gloria de la Iglesia, gloria española. Los Visigodos nada han dejado, ni una piedra, ni un libro, ni un recuerdo, si quitamos las cartas de Sisebuto y Bulgoranos escritas quizás por Obispos españoles y puestas a nombre de aquellos altos personajes. Desengañémonos: la civilización peninsular es romana de pies a cabeza, con algo de semitismo; nada tenemos de teutónicos, a Dios gracias. Lo que los Godos nos trajeron se redujo a algunas leyes bárbaras, y que pugnan con el resto de nuestros Códigos, y a esa indisciplina y desorden que dio al traste con el imperio que ellos establecieron.» *Historia de los Heterodoxos españoles*, Tomo I, Ed. F. Maroto, Madrid, 1880, p. 213-214, 215. (NdT).]

[165]Heinrich Graetz, *History of the Jews III*, London, Myers High Holborn, 1904, p. 112

conquistadores[166].» Jacques Attali lo confirmaba una vez más: «Los judíos jamás conocieron un lugar de estadía más bello que ese islam europeo del siglo VIII». Los financieros judíos triunfaban[167].

XXXIV. Agobardo de Lyon y Amolon

Los reinados de Carlomagno (768-814) y de su hijo Luis I o Luis El Piadoso (814-840) fueron un periodo feliz para los judíos. Este último «se mostró extraordinariamente favorable a los judíos, escribía Graetz,... podían poseer tierras, ejercer oficios y convertirse en armadores y no tuvieron que padecer molestias ni vejaciones.»

Pues «el notable favor mostrado a los judíos por el piadoso emperador se debió principalmente a motivos comerciales. El comercio internacional que estableció Carlomagno y que los consejeros de Luis deseaban desarrollar, estaba en su mayor parte en manos de judíos. Éstos podían entablar más fácilmente relaciones comerciales con sus hermanos de otros países[168]...»

En aquella época, los judíos se establecieron en varias regiones de Alemania, extendiéndose desde allí a los territorios habitados por los Eslavos, más allá del río Oder, hasta Bohemia y Polonia. Ellos dominaban el gran comercio, eran «los principales agentes de comercio de exportación e importación, escribía Graetz, compraban y vendían mercancías y esclavos.»

La actividad de los judíos occidentales se desarrollaba en todas las direcciones. Bernard Lazare describía así la situación: «Protegidos en España por los Califas y respaldados por Carlomagno que dejó caer en el olvido las leyes merovingias, extendieron su comercio que, hasta entonces, había consistido sobre todo en la venta de esclavos. Por lo demás, se hallaban para ello en condiciones especialmente favorables. Sus colectividades estaban constantemente en contacto[169].»

Carlomagno había sin embargo impuesto a los judíos que comparecían ante la justicia, como testigos o litigantes contra cristianos, una formula

---

[166] Léon Poliakov, *Histoires des crises d'identité juives*, Austral, 1994, p. 22

[167] Mientras tanto, en Oriente aparecía otro nuevo "Mesías". En el año 723, un tal Zonaria se manifestó en Siria, y los judíos de España y de otras partes creyeron que se trataba del verdadero Mesías. Sus ilusiones no duraron mucho tiempo: el vali de Córdoba Ambisa Ben Sohim incautó los bienes de todos los que le habían seguido. (Joseph Conde, *Histoire de la domination des Arabes et Maures en Espagne et en Portugal*, tome I. Alexis Eymery, Paris, 1825, p. 129).

[168] Heinrich Graetz, *History of the Jews III*, London, Myers High Holborn, 1904, p. 165

[169] Bernard Lazare, *El Antisemitismo, su historia y sus causas*, (1894). Ediciones La Bastilla, Ed. digital, 2011, p. 46

especial que les distinguía de los demás habitantes: «Se les exigía rodearse de espinas, tomaran la Torá en su mano derecha, e invocaran sobre sí la lepra de Naamán y el castigo de la facción de Coré[170] en testimonio de la verdad de su declaración.» Esto es una prueba de cuanto desconfiaban los cristianos de los judíos, siempre propensos a defender sistemáticamente a sus congéneres.

Pero la época más agraciada para los judíos de Francia fue indudablemente durante el reinado de Luis El Piadoso (también apodado en Francia el Bonachón). El emperador «los tomó bajo su protección especial, protegiéndolos de la injusticia, tanto por parte de los barones como del clero. Gozaban del derecho a establecerse en cualquier parte del reino. A pesar de los numerosos decretos en contra, no sólo se les permitía emplear obreros cristianos, sino que incluso podían importar esclavos. Se prohibió al clero bautizar a los esclavos de los judíos para que pudieran recuperar su libertad. Por respeto a ellos, se cambió el día de mercado del sábado a domingo. Los judíos fueron liberados del castigo de la flagelación, y tuvieron la jurisdicción sobre los delincuentes judíos en sus propias manos. Además, no fueron sometidos a las bárbaras ordalías del fuego y del agua. Se les permitía ejercer sus oficios sin trabas ni impedimentos, pero tenían que pagar un impuesto al fisco y hacer una declaración periódica de sus ingresos. Los judíos también recaudaban los impuestos, y obtenían a través de este privilegio cierto poder sobre los cristianos, aunque esto era contrario a lo determinado expresamente en las leyes canónicas.» Por ejemplo, el mercader Abraham de Zaragoza tenía plena libertad para comprar siervos en el extranjero – la mayoría eslavos todavía paganos – y revenderlos en el Imperio o a los Sarracenos[171].

Durante los reinados de Carlomagno y de su hijo, los judíos, gracias a sus relaciones con sus correligionarios en el extranjero, concentraron entre sus manos todo el comercio del país, especialmente la exportación e importación de mercancías[172]. Los judíos pudieron tener sus propios tribunales y un funcionario especial, con el título de *señor de los judíos* (*magister Judœrum*), era encargado de velar por el respeto de sus derechos. Algunos eran incluso nombrados recaudadores de impuestos. El favor de

---

[170]Coré ben Izhar (Coré, hijo de Izhar), es un personaje bíblico que conspiró contra Moisés y Aarón. Finalmente, Yahweh castigó a los rebeldes y la mayor parte fueron tragados por la tierra. En cambio, Coré junto con otros 250 hombres que se hallaban a la entrada del tabernáculo, fueron consumidos por un fuego de origen divino. (NdT).
[171]Heinrich Graetz, *History of the Jews III*, London, Myers High Holborn, 1904, p. 164–165, 147 y en Charta., Ludov., n. 32, 33, 34, en el tomo IV de *Historiens de France*.
[172]Mas L. Margolis y Alexandre Marx, *Histoire du peuple juif*, Payot, Paris, 1930, p. 323, en Abbé Julio Minvielle, *De la Cabale au progresisme* (*De La Cábala al progresismo*), Éditions Saint-Rémi, p. 143

Luis I se debía probablemente a la influencia de su segunda esposa, Judit de Baviera, la cual veneraba profundamente el judaísmo.

Agobardo, un prelado de origen hispano y arzobispo de Lyon de 314 a 840, denunció la debilidad de Luis el Bonachón respeto a los judíos y se opuso con todas sus fuerzas a su creciente influencia, desplegando para ello un incansable ardor. Fue «un enemigo encarnizado de los judíos», escribía Graetz. Pero en la corte, los todopoderosos financieros judíos habían corrompido el personal político y habían ganado a su causa los principales funcionarios y señores. Orgullosos de las cartas imperiales que enarbolaban triunfalmente, los judíos se creían impunes e ignoraban las amenazas del clero y los estatutos de los antiguos concilios eclesiásticos.

Vimos cómo durante los reinados de la dinastía merovingia, una simple orden de un obispo bastaba para desterrar a los judíos de una diócesis. Agobardo, el obispo de Lyon, y por consiguiente uno de los jefes del clero de Francia, no fue ni por asomo capaz de hacer ejecutar contra ellos los decretos de los reyes y de los concilios.

En efecto, Agobardo sufrió varios sinsabores en su lucha contra los judíos y llegó a elevar formalmente una queja y exponer sus excesos en una carta al emperador Luis en 822 titulada *Epistola de baptizandis Hebraeis*. Otras cinco cartas seguirían[173]. En su tratado *De insolentia Judaeorum* (827), avisaba de nuevo el emperador contra los judíos: construyen sinagogas, extorsionan dinero por todos los medios, no soportan que haya mercados públicos los sábados cuando era la costumbre universal; finalmente, hasta secuestran niños cristianos para llevarlos a España y venderlos a los Sarracenos como esclavos.

Agobardo citaba unos hechos concretos, como la llegada a su diócesis de un español proveniente de Córdoba, el cual, veinticuatro años antes, había sido robado por unos judíos de Lyon y vendido como esclavo siendo todavía un niño. El cordobés había logrado escapar junto con otra víctima, originaria de Arles, que llevaba seis años en la misma situación que él. Agobardo había solicitado una investigación acerca de este vergonzoso tráfico, la cual había revelado que el rapto y venta de niños cristianos por parte de judíos no era nada excepcional[174].

Agobardo bautizó una vez una esclava que había huido de la casa de su amo – un judío de Lyon – para liberarla de su estado. Los responsables judíos habían pedido a la administración imperial la devolución de la esclava fugitiva a su propietario, pero Agobardo se había negado a obedecer, siendo destituido. A pesar de haber conseguido el apoyo del partido eclesiástico en la corte, por su parte los judíos habían hecho valer

---

[173]B. Blumenkranz, *Juifs et chrétiens dans le monde occidental*, Paris, 1960.
[174]Léase *La Mafia judía*, Omnia Veritas. 2022.

su influencia ante el emperador. Luis el Piadoso nombró entonces una comisión para examinar la cuestión en litigio, decantándose finalmente a favor de los judíos.

Retirado en su diócesis, Agobardo continuó a combatir a sus enemigos. Trató la cuestión en cinco epístolas que seguían la doctrina tradicional de la Iglesia: «Mantened los judíos a distancia, no les dejéis dominar[175]», avisaba a sus contemporáneos. Siguiendo sus órdenes, los sacerdotes atacaban los judíos en sus sermones, prohibían a sus feligreses mantener relaciones con ellos, comprarles o venderles nada, almorzar o cenar con ellos o trabajar para ellos bajo ningún concepto. Los judíos de Lyon consiguieron entonces unas *Cartas de protección (Indiculi)* que llevaban el sello imperial, y Agobardo fue conminado a poner fin a su propaganda (hacia 828).

El obispo de Lyon no se desanimó. Organizó una petición colectiva y escribió a todos los obispos de Francia a fin de presionar el rey Luis para que alzara la barrera que otrora protegía a los cristianos. Probablemente estuvieran informados de que unos conjurados estaban listos para apoyar la rebelión de los hijos de las primeras nupcias del emperador contra la emperatriz y el archicanciller Bernhard, los cuales habían aconsejado al monarca hacer un nuevo reparto del imperio a favor del hijo de Judit. A instancias reiteradas de Agobardo, numerosos prelados se reunieron en Lyon en 829, y una misiva fue enviada a Luis para exponer los peligros que resultaban de las libertades concedidas a los judíos. Escribió también una carta a Nibridio, obispo de Narbona, *De cavendo convictu et societate Iudaeorum*, y, finalmente, en colaboración con Bernard, arzobispo de Viena, un pequeño tratado titulado *de Iudaicis superstitionibus*. Este escrito, *De la superstición de los judíos,* venía precedido de una introducción en la que Agobardo justificaba la conducta que había mantenido hasta entonces hacia los judíos. No sólo acusaba a los judíos, sino que redactaba una severa crítica contra sus protectores y aquellos que habían sido corrompidos por su oro.

Pero Luis el Bonachón no tuvo en cuenta el acto de acusación formulado por el sínodo de Lyon. En el año 830, Agobardo, que había tomado parte en la conjura contra la emperatriz Judit y sus amigos, fui destituido y obligado a huir a Italia. Fue posteriormente canonizado por la Iglesia.

En 840, a la muerte del emperador Luis el Piadoso, la guerra estalló inmediatamente entre sus hijos por el reparto del gran imperio de Carlomagno. Los derechos acordados a Carlos el Calvo, hijo de Luis y de

---

[175]Según Monseñor Bressoles, vicepresidente honorario del Instituto católico en 1949. *Doctrine et action politique d'Agobard*, Paris, Librairie philosophique J. Vrin, 1949.

Judit, en detrimento de sus hermanastros mayores, fueron la causa de los problemas que asolaron el final del reinado. En 843, el imperio de Carlomagno fue dividido en tres partes.

Carlos el Calvo, quien recibió Francia occidental, parecía haber heredado la predilección de su madre por el judaísmo. Este soberano empleaba numerosos judíos en su corte, al igual que otros carolingios. Un israelita llamado Juda era su banquero o tesorero personal. En una carta, Carlos lo llamaba *Juda su leal*, mencionando los buenos servicios que éste le prestaba[176]. Su médico era otro judío llamado Sedecias. «Bajo Carlos el Calvo, escribía Graetz, como bajo su predecesor, los Judíos disfrutaron de la igualdad con los cristianos. Se les permitía ejercer su comercio sin trabas, y también poseer bienes raíces [177]». «Los hebreos habían logrado establecerse en los cargos de recaudadores de impuestos, de los que habían sido excluidos bajo los reyes merovingios. Los cristianos se quejaban, como en el pasado, de la humillante dureza con que se llevaba a cabo esta recaudación por parte de los infieles[178].» Carlos sólo impuso una ligera restricción a los comerciantes judíos, obligándoles a pagar al fisco un 11% de sus ingresos, mientras que los otros mercaderes abonaban una décima parte (10%).

Su enemigo acérrimo era por aquel entonces el discípulo y sucesor de Agobardo, Amolon, el nuevo arzobispo de Lyon. En su *Amulonis Epistola contra Judaeos*, Amolon escribía: «Maldiciendo la infidelidad de los judíos y buscando siempre proteger el pueblo cristiano de su contagio; he pedido tres veces públicamente que los infieles fuesen apartados, que ningún cristiano fuera su sirviente en las ciudades ni en los pueblos, dejando que sus esclavos paganos les ayudaran en sus trabajos; he prohibido probar sus alimentos y sus bebidas. Además, he publicado varias órdenes estrictas a fin de arrancar el mal de raíz e imitar el ejemplo de nuestro piadoso pastor, maestro y predecesor Agobardo.»

Hinkmar, el obispo de Reims y favorito del emperador Carlos, así como el arzobispo de Sens y de Bourges y otros eclesiásticos, le apoyaban en su lucha. En 845, reunidos en el concilio de la ciudad de Meaux, estos prelados decidieron restablecer las antiguas leyes canónicas. No designaron exactamente las medidas que el rey debía aplicar a los judíos, sino que se limitaron a indicarle los edictos promulgados en el pasado contra ellos desde Constantino el Grande, mencionando la prohibición que

---

[176] Carta de Carlos el Calvo en *L'Histoire des comtes de Barcelone*, por Diago, en Georges-Bernard Depping, *Les Juifs dans le Moyen-Âge*. (1823), Éd. Wouters, Bruxelles, 1844, p. 46
[177] Heinrich Graetz, *History of the Jews III*, London, Myers High Holborn, 1904, p. 173
[178] Georges-Bernard Depping, *Les Juifs dans le Moyen-Âge*, (1823), Éd. Wouters, Bruxelles, 1844, p. 46

les hizo Teodoso II de ocupar un empleo o cualquier dignidad, recordándole las decisiones de los concilios, así como el edicto del rey merovingio Childeberto que les había prohibido ejercer las funciones de juez o aduanero y salir a la calle durante la fiesta de Pascua. Invocaron a su vez las decisiones sinodales promulgadas fuera de Francia, especialmente las disposiciones adoptadas por los Visigodos en España contra los judíos relapsos.

Carlos el Calvo decidió no tomar en consideración los consejos de los obispos y, a pesar de que su favorito Hinkmar formaba parte de aquella reunión, disolvió el concilio. El 14 de febrero del año 846, ordenó la reunión de un nuevo concilio en París para examinar las modificaciones que implementar en la organización de la Iglesia, pero el rey prohibió tratar el tema de los judíos.

Amolon aconsejó entonces al alto clero dirigirse a los príncipes y señores a fin de exhortarlos a abolir los privilegios de los judíos. En la carta que envió a los prelados, enumeraba los mismos agravios que Agobardo había señalado en su tiempo. Poco a poco, el antijudaísmo progresaba. En Beziers, el obispo pronunciaba cada año sermones apasionados, desde la víspera de Domingo de Ramos hasta el día siguiente de Pascua, que acarreaban entonces graves disturbios. Para esa única ocasión sólo estaba permitido armarse con piedras, y el pueblo corría apedrear las casas de los judíos. Estos, siguiendo la misma antigua costumbre, tenían la posibilidad de defenderse a pedradas también. La ciudad se hallaba entonces en estado de anarquía y de guerra civil hasta el día de Pascua. Una crónica aseguraba incluso que solía haber muchos heridos en ambos bandos[179]. «Estas fechorías se repetían año tras año durante siglos. Los judíos de Beziers se defendían, y en estas ocasiones los daños físicos se producían en ambos bandos», escribía Graetz. De tal forma que estos desordenes se convirtieron en una especie de tradición en esta ciudad y solamente a fuerza de desembolso los judíos de Beziers lograron en 1160 detener esta costumbre. El vizconde Raimundo Trencavel, mediante un acto solemne hallado en los archivos de la catedral de Beziers, se comprometió a perdonar a los judíos las habituales vejaciones e insultos a cambio del pago de dos cientos sous[180] y de una renta de cuatro libras pagable el día de Ramos para servir a la

---

[179] Georges-Bernard Depping, *Les Juifs dans le Moyen-Âge*, (1823), Éd. Wouters, Bruxelles, 1844, p. 48

[180] Antigua moneda francesa derivada del *solidus* romano. Desde la reforma de Carlomagno, el solidus ya no era 1/72 parte de la libra romana de oro sino 1/20 de la libra carolingia de plata. El sou se dividía en 12 denarios o *deniers* que, con pocas excepciones - como el gros *tournoi* de San Luis-, serían los únicos que circulen en la práctica. El sistema 1 libra = 20 sous de 12 denarios se mantendrá inalterado hasta la Revolución francesa. (NdT).

ornamentación de la iglesia[181].

Otra curiosa tradición consistía en el derecho de los condes de Tolosa, el día de Viernes Santo, a dar un sopapo al síndico de la comunidad judía de la ciudad delante de la catedral. Esta ceremonia era conocida como la *"colaphisation* [182]*"*. En 1018, el capellán del conde Aimeric de Rochechouart, llamado Hugo, solicitó la autorización de ejercer este derecho señorial, propinando al síndico un sopapo tan brutal que el judío murió[183]. Esta costumbre había sido instituida tras la traición cometida por los judíos en la época de la invasión musulmana.

También tenemos noticias de los judíos en el siglo X, en tiempos de Carlos III el Simple: los judíos habían sido expulsados del condado de Narbona y el rey había incautado y donado al arzobispado y a las iglesias las tierras, viñas, casas y molinos que les habían pertenecido[184]. Pero el reino de Francia estaba en aquellos años asolado por las invasiones vikingas y ya casi nadie se preocupaba de la suerte de los judíos[185].

XXXV. Los reyes del comercio en Oriente

En Oriente, los judíos no sufrieron mucho bajo el reinado de Harún al-Rashid y de sus hijos que le sucedieron en Bagdad Pero se les distinguía de los otros habitantes: en el año 807, Harún al-Rashid les obligó a llevar una marca distintiva, un trozo de tela amarilla en su vestido. Es posible que esta medida fuera la contraparte de la persecución dirigida contra los cristianos, los cuales debían llevar un trozo de tela de color azul.

En Palestina, la situación había empeorado notablemente. En el año 809, tras la muerte de Harún y el reparto del imperio, una guerra estalló entre sus dos hijos, Muhámmad al-Amín y Abdallah Al-Mamún. Graetz escribía sobre este episodio: «Los sufrimientos debieron de ser tan terribles que un predicador de aquellos tiempos los declaró signo de la pronta venida del Mesías[186]. "Israel sólo puede ser redimido por medio de la penitencia y la

---

[181] Catel, *Histoire du Languedoc*.

[182] En francés, del verbo en desuso *colaphiser* (latín: *colaphizare*, sustantivo *colaphizo*, del griego antiguo *Kolaphizo*: golpe con puñetazo). (NdT).

[183] S. Schwarzfuchs, *The world History of the jewish people*, Massadah Publishing, Tel-Aviv, 1966.

[184] Véanse los reglamentos de los años 899, 914, 928, en el tomo IX de los *Historiens de France*, en Georges-Bernard Depping, *Les Juifs dans le Moyen-Âge*, (1823), Éd. Wouters, Bruxelles, 1844, p. 49

[185] En el año 848, los judíos de Burdeos también traicionaron la ciudad durante la invasión de los vikingos.

[186] Sobre los dolores del alumbramiento del Mesías léase el último capítulo de este libro, así como *Psicoanálisis del judaísmo*, *El Fanatismo judío* y *E. Espejo del judaísmo*.

verdadera penitencia sólo puede ser evocada por el sufrimiento, la aflicción, la errancia y la necesidad", declaró este orador para consuelo de su afligida congregación. En la guerra civil que enfrentaba a los dos califas, creyó ver la inminente destrucción del dominio ismaelita y la llegada del imperio mesiánico. "Dos hermanos gobernarán finalmente sobre los ismaelitas (mahometanos); surgirá entonces un descendiente de David, y en los días de este rey el Señor de los Cielos fundará un reino que no perecerá jamás". "Dios exterminará a los hijos de Esaú (Bizancio), enemigos de Israel, y también a los hijos de Ismael, sus adversarios[187]."»

Efectivamente, sabemos que en la escatología judía los cristianos y los musulmanes serán definitivamente vencidos y aniquilados para siempre. «Pero éstas, como en muchas otras ocasiones, eran esperanzas ilusorias», reconocía Heinrich Graetz. El califato se tambaleó, pero no fue destruido por la guerra civil; al-Amín falleció y al-Mamún fue declarado jefe del imperio. Tras la muerte de al-Mamún, los judíos fueron poco a poco sujetos a varias restricciones, como en los países cristianos. El califa Al-Mutawákkil, el tercer sucesor de al-Mamún, renovó contra ellos las leyes de Omar, imponiéndoles al igual que a los cristianos una vestimenta de una forma y color particular, transformó las sinagogas e iglesias en mezquitas, les prohibió el acceso a funciones públicas y prohibió a los musulmanes instruirlos (849-856). No tenían derecho de montar a caballo y sólo se les permitía montar burros o mulas (853-854). Si compraban una casa, tenían que pagar al califa la décima parte de su valor.

Aun así, los judíos ejercían su dominio sobre el comercio y las finanzas. En torno al año 1000, eran los amos del dinero, tal como lo escribía el historiador judío Leon Poliakov: «Reyes de las finanzas de Bagdad y banqueros de los califas durante un cuarto de siglo, si bien ben-Pichas y ben-Amram eran los primeros, no eran los únicos. Otra crónica nos informa de que la mayor parte de los mercaderes de Tustar en Persia eran judíos. En Ispahan, conocida por su comercio floreciente como "la segunda Bagdad", el barrio de los Yahudia era el centro de los negocios[188].»

Existen muy pocas fuentes sobre los Radhanitas, esos comerciantes judíos de la alta Edad Media que dominaron el comercio entre el mundo cristiano y el mundo musulmán. A partir del valle del Ródano, bajaban hasta África del norte, pasando por España o Italia, progresaban hacia Oriente-Medio, y luego hasta la India y China, cruzando el continente asiático. Ibn Khordadhbeh, director del servicio postal y de la policía de la provincia de Jibal, escribía hacia 870 en su *Libro de Rutas y Reinos*: «Estos comerciantes hablan árabe, persa, griego, franco, español y eslavo. Viajan

---

[187] Heinrich Graetz, *History of the Jews III*, London, Myers High Holborn, 1904, p. 148
[188] Léon Poliakov, *Les Juifs et notre histoire*, Science Flammarion, 1973, p. 48

de este a oeste, por tierra y por mar. Transportan desde occidente eunucos, mujeres esclavas, niños, sedería, espadas, castores, martas y otras pieles.»

Los mercaderes podían tomar otra ruta – a partir del Ródano a través de Alemania y los países balcánicos, o por el norte, a través de Rusia. Los historiadores Cecil Roth y Claude Cahen situaban el centro de actividad radhanita en el valle del Ródano, cuyo nombre latino era Rhodanus. Pero otros especialistas afirman que el nombre proviene del persa, de *rah* ("camino") y de *dan* ("él sabe").

Los Radhanitas desempeñaron un papel esencial en el comercio de esclavos que se extendió ampliamente en los siglos IX y X. Verdún era entonces un centro comercial importante y uno de los primeros mercados de esclavos. Los esclavos eran capturados en las tribus eslavas y paganas de los mercados orientales del Imperio carolingio y eran revendidos en todo el mundo musulmán. El tráfico era controlado por los comerciantes judíos: «El tráfico debió ser importante pues la palabra *servus* desapareció a favor de la palabra *slavus* a partir de la cual se formó "esclavo". Sabemos sin embargo que la comunidad judía de Verdún, conocida por dirigir ese comercio, no reunía más que algunas decenas de miembros[189].»

Verdún era también una importante plaza de castración de esclavos. Efectivamente, los judíos de Verdún tenían la costumbre de castrar sus esclavos cristianos para hacer de ellos eunucos destinados a los harenes de los príncipes sarracenos[190]. Las cartas del emperador Luis el Piadoso nos han dejado los nombres de dos mercaderes de Lyon, David y José, que se beneficiaban del privilegio de este comercio lucrativo. Desde Lyon, los comerciantes transportaban ganado humano hasta Arles, donde vivía una importante comunidad judía, luego se dirigían a Narbona, que albergaba entonces la mayor comunidad judía de Europa, antes de cruzar los Pirineos[191]. El comercio de esclavos europeos declinó poco a poco en los siglos siguientes, cuando los musulmanes empezaron a sustituirlos por Negros de África subsahariana.

XXXVI. Granada, 30 de diciembre de 1066

Todo el sur de España estaba en manos de los musulmanes. Desde la invasión de Tarik en el año 711, los judíos experimentaron una verdadera

---

[189]André Cheville, *La France au Moyen Âge*, Presses Universitaires de France, 1965, p. 28

[190]Léase el testimonio de Luitprand de Cremona (fallecido hacia el año 972), historiador y diplomático que efectuó varias embajadas en el Imperio romano de Oriente. Sobre la esclavitud léase *La Mafia judía*

[191]S. Schwarzfuchs, *The world History of the jewish people*, Massadah Publishing, Tel-Aviv, 1966.

edad de oro. Eran los principales comerciantes y facilitadores de mercancías. El historiador del medioevo Jacques Heers escribía lo siguiente: «Los autores, musulmanes y cristianos, insisten particularmente sobre el papel de los judíos, los cuales, en la España musulmana, constituían la mayoría de la población de las grandes ciudades, especialmente en Granada, llamada comúnmente en el siglo VIII la "ciudad de los Judíos". Negociantes en productos de lujo, metales, joyería, sedería y prestamistas solían agruparse en pequeñas sociedades de parientes y amigos (...).»

El tráfico de esclavos blancos era su monopolio. Roberta Strauss-Feuerlicht, una historiadora judía, lo confirmaba: «La edad de oro de la judería en España debía buena parte de su fortuna a la existencia de una red internacional de mercaderes judíos... Judíos de Bohemia compraban Eslavos y los revendían a los judíos españoles y éstos a su vez los revendían a los Moros[192].»

En el siglo X, los comerciantes musulmanes repugnaban a viajar a la Galia, «donde sólo encontraban a poblaciones hostiles. No se les veía frecuentar los mercados de esclavos, mientras que los judíos eran comúnmente designados como los amos de aquel infame comercio, escribía Jacques Heers. También se decía que como los musulmanes se negaban a ello, aquellos traficantes israelitas velaban por el buen funcionamiento de los centros de castración de esclavos[193].»

Sin embargo, aquí como en todas partes y en todos los tiempos, su prosperidad, su arrogancia, su inmoralidad, su manera de mofarse continuamente de las costumbres de los demás y su voluntad de asentar su dominio absoluto les valió la hostilidad del pueblo.

A la cabeza del judaísmo andaluz estaba un tal Semuel Ibn Nagrella. Hacia 1025, éste se había convertido en asesor personal del rey Badis ben Habús, el cual le consultaba todos los asuntos importantes. En 1027, a la muerte de su visir, el rey bereber Habús elevó Semuel a la dignidad de secretario de Estado (*Katib*), encargándole la dirección de los asuntos diplomáticos y militares. El viejo Semuel ibn Nagrella murió en 1055 y fue enterrado en Granada, cerca de la puerta de Elvira. Su hijo, Abú Husein Yosef ibn Nagrella (nacido en 1031) erigió un magnífico mausoleo y sucedió a su padre en todas sus funciones y dignidades. Desgraciadamente para él, el pueblo estaba en ese momento harto de la dominación judía.

El escritor decimonónico Eduard Drumont narró este episodio en su famoso libro *La Francia judía (1886)*: «Puso a todo el mundo en su contra con su insolencia (*insolentia Judeorum*), insultó groseramente la religión

---

[192] Roberta Strauss-Feuerlicht, *The Fate of the Jews*, New York, Time Books, 1983, p. 39
[193] Jacques Heers, *Les Négriers en terre d'Islam*, Perrin, 2003, Poche, 2007, p. 17

del país, y pronto todos desearon deshacerse de él y de la camarilla que seguía sus pasos. "El reino, decía un historiador árabe, valía entonces menos que una lampara de noche una vez amanecido el día". Un poeta religioso, el glorioso Abu Ishaq Al Elbiri (de Elvira), fue de ciudad en ciudad, censurando las faltas, predicando la dedicación y el sacrificio, reconciliando entre ellos los Cindajitas y los Bereberes largo tiempo enemistados, recitando en todas partes su célebre Kacida rimada en *nun* para excitar el coraje. En todas partes la gente repetía con él el refrán de su canción: "Los Judíos se han convertido en grandes señores...Reinan en toda la capital y en las provincias; tienen palacios de mármol, bellas fuentes y jardines. Visten maravillosamente y cenan suntuosamente, mientras vosotros sois pobres y mal alimentados."»

El historiador judío León Poliakov presentó en uno de sus libros las palabras del mismo poeta musulmán Abu Ishaq de Elvira:

«El jefe de estos simios ha adornado su residencia con preciosas incrustaciones de mármol; ha ordenado construir fuentes de las cuales mana el agua más pura, y mientras nos hace esperar delante de su puerta, se mofa de nosotros y de nuestra religión. Si dijera que es tan rico como vos, mi Rey, diría la verdad. ¡Apresúrese en degollarlo y ofrézcalo en holocausto, sacrifíquelo! ¡Es un carnero bien graso! Tampoco perdone a sus parientes y aliados; ellos también han amasado inmensos tesoros...[194]» Es uno de los raros ejemplos, bajo la pluma de un autor judío, donde el antisemitismo de la población es más o menos explicado.

El asesinato del judío fue llevado a cabo por un pequeño número de conjurados. La ocasión se presentó ante la incursión de soldados de Almotacén, príncipe de Almería, que habían invadido Granada. Los Bereberes asediaron un sábado por la noche el palacio de Yosef Nagrella, derribaron la puerta de entrada y mataron el judío. Su cadáver fue crucificado en la puerta de Granada el día 30 de diciembre de 1066.

La muerte del ministro excitó todavía más el pueblo, decidido en acabar de una vez por todas con los judíos del reino. Más de cuatro mil judíos fueron liquidados. La limpieza de Granada conmocionó profundamente la España judía, dejando una honda huella en su memoria.

Eduard Drumont relató el final del episodio: "La leyenda ha conservado el recuerdo del soberbio gesto de desinterés mostrado por Abu Ishaq. Cuando en los jardines del persecutor, la muchedumbre acudió a llevar al poeta, ante quien los jefes militares habían bajado respetuosamente sus cimitarras ensangrentadas, los montones de oro, las gemas centelleantes, los collares preciosos, las telas relucientes y los objetos de arte que por millares cubrían el suelo, Abu Ishaq cogió una granada que colgaba de un

---

[194]León Poliakov, *Histoire de l'antisémitisme, tome I*, 1981, Points Seuil, 1990, p. 104

árbol frutal, la abrió lentamente, se humedeció los labios con ella y dijo: "El calor aprieta hoy, tenía sed; compartid estos tesoros entre vosotros, hijos míos, pero no olvidéis rezar vuestras oraciones esta noche, ¡pues sólo Dios es grande[195]!'"

XXXVII. Gregorio VII

La situación de los judíos no empezó a ensombrecerse en Europa hasta finales del siglo XI. En 1012, el emperador germánico Enrique II ya había expulsado los judíos de Maguncia. Para salvar su vida y sus bienes, numerosos judíos habían abrazado el cristianismo. Pero los ricos judíos habían hecho presión ante el príncipe a través de uno de sus más notables congéneres: «Simón ben Isaac, mediante el soborno de los funcionarios con grandes sumas de dinero, y después de mostrar mucho empeño, logró detener la persecución, e incluso obtuvo el permiso para que los judíos se establecieran de nuevo en Maguncia», relataba Graetz.

Pero en 1078, en el concilio de Roma, el papa Hildebrand, conocido bajo el nombre de Gregorio VII, hijo de un modesto carpintero, decidió socavar el poderío judío. Prohibió que se admitiera a los judíos en empleos públicos o cualquier cargo que los pusiera por encima de los cristianos en autoridad. Heinrich Graetz escribía aquí de forma un poco cómica: «Él, el más poderoso de los poderosos... también deseaba humillar a los indefensos judíos y robarles el respeto y los honores que habían adquirido por sus méritos propios[196].»

En el Santo Imperio, a pesar de las prohibiciones de la ley canónica y la voluntad expresa del Papa, los judíos podían todavía comprar esclavos y contratar nodrizas y sirvientes cristianos. El propio emperador Enrique IV les brindaba su protección. El 6 de febrero de 1095, promulgó un edicto que prohibía bautizar por la fuerza a los judíos o sus esclavos, y ordenaba que los juicios entre judíos y cristianos se rigieran por el derecho hebreo.

En un documento del año 1090, los judíos de Praga – que era en aquella época una ciudad del Imperio – eran descritos como comerciantes y cambistas que poseían grandes sumas de dinero; eran los comerciantes más ricos de entre todos los pueblos. El autor judío Julius Brutzkus escribía: «En el siglo X, los Judíos ya poseían minas de sal en Nuremberg. Hacían negocios con armas y explotaban los tesoros de las iglesias. Pero su gran especialidad era el esclavismo.»

De hecho, se mencionan en documentos de 1124 y 1222 a Judíos que

---

[195]Edouard Drumont, *La France juive*, 1886, tome I, p. 153, 154
[196]Heinrich Graetz, *History of the Jews III*, London, Myers High Holborn, 1904, p. 252, 300

comerciaban con esclavos provenientes de extremo Oriente, atravesando las fronteras en sus caravanas. El tipo de interés exigido por los judíos de Praga, cuyos negocios estaban en plena expansión, variaba entre un 108% y 180%.

En Polonia también, algunos mercaderes judíos prosperaban con la esclavitud. El cronista Gallus afirmaba en 1085 que Judit, la mujer del príncipe de Polonia Ladislas Herman, se esforzaba en comprar la libertad de esclavos cristianos a los comerciantes judíos[197].

XXXVIII. La Primera Cruzada

Al final del siglo XI, el enésimo iluminado judío que se creía un profeta o mesías había despertado de nuevo las esperanzas mesiánicas en el corazón de los judíos de Alemania y del norte de Francia. Había calculado que, hacia finales del 256 ciclo lunar, entre 1096 y 1104, el Mesías vendría por fin a reunir los hijos dispersos de Israel para llevarlos a Jerusalén y ofrecerles el imperio sobre el mundo. Pero en vez de esto, los judíos vieron cómo los cruzados embarcaban hacia la Tierra Santa.

El 27 de noviembre de 1095, en el concilio de Clermont, el papa Urbano II lanzó un llamamiento a la cruzada para socorrer el emperador bizantino amenazado por los Turcos y liberar la Tierra Santa. Los dos primeros ejércitos cruzados, dirigidos por Pedro el Ermitaño y Gualterio (Walter el Indigente), no maltrataron especialmente los judíos; pero otros grupos llegados de Francia, de Inglaterra, de Lorena y de Flandes se prepararon a la guerra contra los musulmanes masacrando a todos los judíos por su paso. Son «orgullosos», «malvados» e «insolentes» escribía el monje de Cluny Raul Glaber. Incluso en Francia, desde donde la cruzada había salido, las masacres fueron muy raras. Solamente en Rouen, ciudad bajo dominio inglés, los cruzados atacaron a los judíos, obligándolos a convertirse o a ser degollados si se resistían. Tal como se decía en viejo francés: «*Et cel qui ne voudrent croire furent occis et commandez as doubles*[198].» Ni las excomuniones lanzadas por los curas, ni las amenazas y prohibiciones de los príncipes pudieron atajar estos violentos desmanes[199].

Guibert de Nogent (1055-1125), abad de Nogent-sous-Coucy, nacido en la comarca del Beauvaisis, fue uno de los principales cronistas de la

---

[197] Abraham Léon, *La Conception matérialiste de la question juive*, Études et Documentation internationales, 1942, Paris, 1968, p. 113
[198] Giberti abbat. Monodiarum Lb I, et Chron, Richardi Pictav. Ad ann. 1096, en el tomo XII de los *Historiens de France*.
[199] Georges-Bernard Depping, *Les Juifs dans le Moyen-Âge*, (1823), Éd. Wouters, Bruxelles, 1844, p. 87

primera cruzada que relató algunos episodios en sus *Gesta Dei per Francos*: «Deseamos ir a combatir a los enemigos de Dios en Oriente, pero tenemos los ojos puestos en los judíos, raza más enemiga de Dios que cualquier otra[200]», escribía este cronista y cruzado.

Pedro de Cluny, que eran entonces el personaje más importante de la cristiandad después del Papa, retomaba la reflexión de Guibert de Nogent y planteaba esta pregunta a Felipe I: «¿Por qué debemos buscar los enemigos de Cristo en países lejanos, cuando los judíos blasfemadores, peores que los Sarracenos, viven en medio de nosotros y ultrajan impunemente a Cristo y los santuarios de la Iglesia?» En 1096, Felipe I siguió los consejos de Pedro de Cluny y expulsó a los judíos de sus tierras.

Pero fue sobre todo en Alemania donde la venganza de los cristianos fue saciada con más violencia y sangre. Las bandas que penetraron en ese país eran lideradas por un caballero francés llamado Guillaume le Charpentier (Guillermo el Carpintero). Al anunciarse la llegada de los cruzados, los judíos de Tréveris salieron despavoridos. Reunidos para deliberar que acciones tomar, decidieron, aconsejados por uno de sus jefes llamado Miqueas, «adoptar en apariencia el cristianismo» (Heinrich Graetz). El obispo Egiberto les leyó en voz alta el Credo cristiano, los judíos lo repitieron y a continuación fueron bautizados.

De Tréveris los cruzados se dirigieron a Espira. Los judíos de esta ciudad habían sido declarados inviolables por el obispo y el emperador, pero los cruzados no lo tuvieron en cuenta y, el 3 de mayo de 1096, los cristianos se vengaron de todas las humillaciones sufridas. Los judíos que se libraron de la masacre buscaron refugio en el palacio del obispo Johansen, quien les concedió su protección y asilo, así como en el castillo imperial. El obispo ordenó el arresto y ahorcamiento de varios cruzados, suficientes como para detener los desórdenes.

Las bandas esperaron nuevos peregrinos, y, con estos refuerzos, marcharon sobre la ciudad de Worms. El obispo Allebrand no quiso defender a los judíos de la ciudad, pero sí ofreció asilo en su palacio a algunos de ellos. El domingo del 16 de mayo, los cruzados saquearon y destruyeron las casas de los judíos, hicieron añicos las sinagogas y quemaron los rollos de la Torá. Ocho cientos judíos perecieron ese día.

En Maguncia, los cruzados eran encabezados por un conde llamado Emich de Leiningen (en Renania), el cual era un pariente cercano del arzobispo Ruthard. Más de mil tres cientos judíos acampaban en el patio de la mansión arzobispal cuando, el martes 27 de mayo al amanecer, Emich irrumpió con sus bandas e invadió la residencia del arzobispo. Ninguno de los judíos encerrados en el palacio del arzobispo salió vivo. El único

---

[200] Citado por V. Duruy, *Histoire de l'Europe et de la France au Moyen Age*, 1875.

valedor que hubiera podido interceder en favor de los judíos, el emperador Enrique IV, estaba entonces en Italia ocupado en defenderse a sí mismo.

Después de Maguncia, Colonia fue la siguiente. Bajo la batuta de Guillermo el Carpintero, los cruzados se reunieron alrededor de la ciudad la víspera de la Pentecostés. El día de la San Juan, invadieron Neus, uno de los pueblos donde los judíos se habían escondido y los masacraron. Desde allí, siguieron el rastro y mataron otros judíos por los pueblos de la comarca.

Se calcula en doce mil el número de judíos de las comunidades del Rin asesinados desde el mes de mayo hasta julio del año 1096. Los supervivientes que habían abrazado temporalmente la fe cristiana, esperaban que el emperador regresara de Italia y los tomara de nuevo bajo su protección y permitiera regresar a su antigua fe.

Efectivamente, a su regreso de Italia en 1097, el emperador Enrique IV manifestó públicamente su compasión hacia los judíos y, a petición del jefe de la comunidad de Espira, Moisés ben Guthiel, autorizó a todos los judíos que habían sido bautizados por la fuerza a retornar al judaísmo. «Esto supuso un estallido de alegría para los judíos de Alemania. Los conversos no dudaron en hacer uso de su libertad para desechar la máscara del cristianismo». En 1103, el emperador hizo además jurar a los príncipes y burgueses que no maltratarían la población judía y que les dejarían vivir en paz.

Tras esta noticia, los judíos de Bohemia también regresaron a su antigua religión. Pero, temiendo nuevas persecuciones, decidieron emigrar con sus riquezas a Polonia y Hungría. Al enterarse de la decisión de los judíos, el duque de Bohemia Wratislaw, de regreso en sus tierras, ordenó la ocupación de todas las casas por los soldados y reunió los jefes de los judíos a los que informó que todos sus bienes serían incautados: «No trajisteis ninguno de los tesoros de Jerusalén a Bohemia. Conquistados por Vespasiano y vendidos por nada, habéis sido esparcidos por el mundo. Desnudos habéis entrado en esta tierra y desnudos podéis salir.» Los judíos de Bohemia fueron así despojados de todas sus riquezas que habían amasado a costa de los cristianos.

Cuando después de un largo asedio y grandes esfuerzos, Godofredo de Bouillón consiguió tomar por fin Jerusalén, los judíos y sarracenos fueron duramente maltratados. «Si queréis saber lo acaecido al enemigo en Jerusalén, sepan que en el Pórtico y en el Templo de Salomón nuestra gente tenía la vil sangre de los Sarracenos hasta las rodillas de sus caballos.» Los cruzados perpetraron una gran «masacre de los Mahometanos, condujeron a los Judíos, Rabanitas y Caraítas en conjunto, a una sinagoga, le prendieron fuego, y cruelmente quemaron todo dentro de sus paredes (15 de julio de 1099)²⁰¹.»

XXXIX. San Bernardo

La audacia de los judíos llegó hasta la pretensión de querer ocupar el trono de San Pedro. Pero los partidarios del cardenal Pierleoni tuvieron que enfrentarse a una vigorosa resistencia.

Al principio del año 1130, mientras el papa Honorio II yacía en su lecho de muerte, el cardenal Aimerico convenció el papa moribundo que instaurara una comisión de ocho cardenales para elegir su sucesor. El Sacro Colegio cardenalicio sólo tendría que ratificar la elección. Los partidarios de Pierleoni, mayoritarios en el Sacro Colegio, pero minoritarios en la comisión, serían así derrotados. Cuando Honorio II falleció en la noche del 13 al 14 de febrero, Aimerico reunió los miembros de la comisión presente y el virtuoso Papareschi, Cardenal de Santo Ángel, de tendencia judeo-escéptica, fue así elegido con seis votos contra uno, tomando para su reinado el nombre de Inocencio II. El voto fue confirmado por diez cardenales de la misma facción, la mayoría de ellos franceses. Pero unas horas más tarde, las tres cuartas partes de los cardenales elegían Pietro Pierleoni, un falso cristiano que tomó para sí el nombre de Anacleto II. De esta forma se produjo un cisma en Roma.

Anacleto II era apoyado por los judíos de Roma y los Normandos del rey Rogelio II de Sicilia, de modo que Inocencio II se vio obligado a abandonar Roma. Se exilió primero en Toscana, luego en Liguria y finalmente en Provenza.

Cuando San Bernardo, doctor de la Iglesia y abad de Claraval, se enteró de estos lamentables sucesos, tomó la resolución de abandonar su vida apacible y tranquila en el monasterio y lanzarse en la batalla, aun cuando la causa parecía perdida, pues aquel papa cripto-judío dominaba enteramente la situación gracias al oro y los apoyos que había cosechado. Por su parte, Inocencio II había sido abandonado y excomulgado por Anacleto. En una carta dirigida al emperador Lotario, Bernardo escribía que «era una afrenta a Jesucristo que un descendiente de judío ocupara el trono de San Pedro.»

El Emperador Lotario II no tenía prisa por decidirse, pero el Rey de Francia Luis VI se mostró más reactivo, sin duda gracias al buen consejo de su ministro Suger de Saint-Denis. Convocó en Etampes los arzobispos de Sens, Reims y Bourges, así como los obispos y abades, entre los que figuraba San Bernardo. En octubre de 1130, Inocencio II convocó a su vez

---

²⁰¹Heinrich Graetz, *History of the Jews III*, London, Myers High Holborn, 1904, p. 313, 315

un sínodo en Clermont-Ferrand para excomulgar Anacleto. Tras el Concilio de Reims, en octubre de 1131, Pierleoni ya sólo tenía el apoyo de Italia (en su mayoría) gracias al apoyo de su cuñado, el duque Rogelio II de Sicilia que dominaba la situación en la península itálica. El estratégico matrimonio de la judía conversa Pierleoni, la hermana del antipapa, con el duque había fortalecido su posición en Italia. Casado a la hermana de Pierleoni, Rogelio II apoyaba con todas sus fuerzas el antipapa judío, a la vez que abría su corte a judíos y musulmanes.

Para triunfar del cripto-judío que ocupaba Roma, una invasión militar era necesaria. San Bernardo y San Norberto de Xanten, fundador de la orden de los Norbertinos y arzobispo de Magdeburgo, lograron convencer el Emperador de Alemania Lotario II de emprenderla. Con un pequeño ejército, se unió a Inocencio en el norte de Italia y juntos marcharon sobre Roma que tomaron sin resistencia, pues numerosos nobles habían traicionado Anacleto en el último momento. Lotario instaló a Inocencio en Letrán, mientras Pierleoni se refugiaba en el castillo de Sant Angelo. Pero Rogelio II contraatacó con su poderoso ejército, forzando Lotario a retirarse y de nuevo el antipapa judío se hizo con el control de la situación en el Vaticano. La posición del "Pontífice judío" se mantuvo hasta su muerte el 25 de enero de 1138.

Inocencio tuvo que refugiarse en Francia. En aquellos lares, este monje combativo convertido en Papa obtuvo el apoyo del rey Luis VII y puso en pie un ejército a la cabeza del cual penetró de nuevo en Italia. En las puertas de Roma, recibió esta vez el apoyo inesperado de Rogelio II de Sicilia. A lo largo de los años, en efecto, este príncipe normando había notablemente cambiado y comprendido que había sido engañado. Había promulgado en sus Estados leyes que obligaban a los judíos a convertirse al cristianismo. Cuando ofreció su asistencia a Inocencio, Rogelio de Sicilia había por lo tanto efectuado un giro de 180 grados respecto a su anterior política. El Papa aceptó su ayuda y, el 28 de noviembre de 1149, Inocencio II entraba en Roma acompañado de las tropas del Normando. Inocencio II falleció en 1153, el mismo año en que se apagaba San Bernardo. Gracias a «la cruzada organizada a instancias de San Bernardo... se logró, con la ayuda de Dios, salvar a la Santa Iglesia de las garras del judaísmo, mientras San Bernardo alcanzaba su merecida canonización[202].»

XL. La Segunda Cruzada

Bajo los reinados de los dos reyes capetos Luis VI y Luis VII, durante

---

[202]Maurice Pinay, *Complot contra la Iglesia, Tomo II, Capítulo I* (1962), Transcripción pdf de Ediciones Mundo Libre, México, 1985, p. 136

la primera mitad del siglo XII, las comunidades judías de Francia gozaron de una situación próspera. «Las congregaciones del norte de Francia vivían en la comodidad y la prosperidad, lo que despertaba fácilmente la envidia contra ellas. Sus graneros estaban llenos de maíz, sus bodegas de vino, sus almacenes de mercancías y sus arcas de oro y plata. No poseían propiedades, pero tenían campos y viñedos, que cultivaban ellos mismos o siervos cristianos. Se decía que la mitad de la población de la ciudad de París, que todavía no había alcanzado gran importancia, estaba compuesta por judíos[203]», escribía Heinrich Graetz.

Los financieros judíos dominaban la situación económica del reino. «Un judío de Dijon, llamado Salamine, era acreedor de algunas de las mayores abadías de Borgoña, como las de Sainte-Benigne y Sainte-Seine. Fue la duquesa Alix de Borgoña quien, en 1122, saldó las deudas con el banquero por estas dos abadías, tal como se desprende de dos cartas de esta duquesa.»

El conde de Montpellier, por ejemplo, adeudaba a un judío llamado Bendet una suma de 50 000 sous. En una carta dirigida al rey de Francia, el papa Inocencio III expresaba su indignación por el hecho de que los judíos se apropiaban de los bienes de la Iglesia y se adueñaban de tierras y viñedos[204].

«Ahora bien, si los poderosos señores y las grandes comunidades religiosas estaban en deuda con los hebreos, podemos suponer cuántos particulares estaban en la dependencia de estos mercaderes de dinero cuyo capital crecía diariamente por la enorme usura y por la hábil especulación. Pronto los franceses se encontraron tan endeudados que desesperaron de poder pagar jamás sus deudas, y la posición de los deudores se hizo cada vez más crítica y embarazosa para las autoridades, sin que los judíos estuvieran dispuestos a aflojar un momento en sus usureras pretensiones[205].»

El tráfico de esclavos era aún una de las actividades preferidas de los comerciantes judíos. En 1105, el conde Bernardo III concedía el monopolio de importación de esclavos sicilianos a tres judíos, mercaderes y armadores de Barcelona[206]. En Alemania, el tráfico de esclavos era floreciente en aquella época. En la relación de las tasas aduaneras de Wallenstadt y Coblenza, se puede comprobar que los comerciantes judíos debían pagar

---

[203] Heinrich Graetz, *History of the Jews III*, London, Myers High Holborn, 1904, p. 350
[204] Abraham Léon, *La Conception matérialiste de la question juive*, Études et Documentation internationales, 1942, Paris, 1968, p. 83
[205] Georges-Bernard Depping, *Les Juifs dans le Moyen-Âge*, (1823), Éd. Wouters, Bruxelles, 1844, p. 115
[206] Abraham Léon, p. 84. A. Léon se refería aquí al libro de Henri Pirenne, *Les Villes au Moyen Age*.

cuatro dinares por cada esclavo. Un documento de 1213 explicaba que los judíos de Laubach «son extraordinariamente ricos y que desarrollan un gran comercio con los venecianos, los húngaros y los croatas[207].»

Los espíritus de la época estaban también muy preocupados por la reconquista de Jerusalén, por entonces en manos de los Sarracenos. El 31 de marzo de 1146, en Vézelay, en presencia del rey Luis VII y una gran multitud, Bernardo de Claraval predicó la cruzada, prometiendo la absolución de todos los pecados a aquellos que tomasen la cruz. Al año siguiente, Luis VII emprendía la cruzada acompañado de la reina Leonor.

San Bernardo suele ser citado por los defensores de los judíos debido a dos cartas de 1146 en las que se indignaba contra aquellos que los masacraban sin piedad. En la primera, dirigida a los obispos y al pueblo franco, recordaba efectivamente que no estaba permitido matar, maltratar o despojar los judíos. Pero en sus sermones, insistía repetidas veces en lo establecido por la bula del Papa Eugenio III que, para fortalecer los ejércitos cruzados, había dispensado todos los cruzados del pago de los intereses de sus deudas con los judíos.

Un contemporáneo de San Bernardo, Pedro de Montboissier, abad de Cluny, conocido bajo el nombre de Pedro el Venerable (1092-1156), fue el autor de un *Tratado contra la dureza empedernida de los judíos (Tractatus adversus Iudeorum inveteratam duritiem)*. Parece haber sido el primero en el Occidente cristiano en haberse basado directamente en los textos originales del Talmud. Escribía así a Luis VII en 1146: «¿De qué sirve ir a países lejanos en busca de los enemigos del cristianismo, cuando permitimos que los judíos, que son peores que los sarracenos, estén en paz entre nosotros y ultrajen nuestras prácticas más sagradas? Porque el sarraceno, aunque niega la encarnación, al menos admite que Jesús nació de una virgen, mientras que el maldito judío rechaza todas nuestras creencias. Fiel a la ley que prohíbe el asesinato, no os pido que ordenéis la matanza de estos blasfemos: Dios no quiere que sean exterminados, deben vagar por el mundo como Caín, cargados de vergüenza y deshonra, y llevar una vida mil veces peor que la muerte. Su existencia es vil, miserable y turbada por un miedo continuo. Por lo tanto, no hay que matarlos, sino infligirles un castigo acorde con su condición.»

Pedro el Venerable terminaba su carta aconsejando al rey despojar a los judíos de todos sus bienes: «Es tiempo que se haga justicia, y lejos de mí, sin embargo, el pensamiento que se les debe dar muerte; pero lo que pido, es que se les castigue en medida proporcional a su perfidia. ¿Y qué genero de castigo más conveniente que aquel que es a la vez una condena a la

---

[207] Abraham Léon, p. 84. Sobre el tráfico de esclavos y la trata de Blancas, léase *La Mafia judía*.

iniquidad y una satisfacción dada a la caridad? ¿Qué más justo que despojarlos de lo que han acumulado con el fraude? Han engañado y despojado como ladrones; y, lo que es peor, ¡como ladrones asegurados hasta hoy con la impunidad! Lo que digo es amplia y publica notoriedad. No es ni por los simples trabajos de agricultura, ni por el servicio regular en los ejércitos, ni por el ejercicio de funciones honestas y útiles, que llenan de cereales sus comercios, de vinos sus tabernas, de oro y plata sus cofres. ¡Qué no han amasado con todo lo que la astucia les permitió arrancar a los cristianos y comprar furtivamente y a precio vil a los ladrones[208]!»

El abad denunciaba también los judíos como los principales receptadores, especialmente de objetos sagrados robados en las iglesias: «Cuando un ladrón se lleva de noche vasos sagrados, cálices e incensarios, se refugia en la guarida de los judíos y vende los objetos de su robo. Una antigua pero detestable ley, promulgada sin embargo por príncipes cristianos, parece protegerlos en este escandaloso comercio. Según esta ley, un judío que encuentra ornamentos sagrados en su casa, aunque hayan sido robados en sacrilegio, no está obligado a devolverlos, ni a denunciar al ladrón. Así su crimen queda impune, y lo que traería el último tormento a un cristiano enriquece al judío y le hace nadar en la abundancia[209].» Luego proseguía: «Que se les quite, pues, o al menos se les reduzca sobremanera, esta sobreabundancia (*pinguedo*) de riquezas mal adquiridas, y que el ejército cristiano, que por amor a Cristo no escatima ni su oro ni sus bienes para estar en condiciones de triunfar sobre los Sarracenos, no escatime tampoco estos tesoros de los judíos, tan criminalmente adquiridos. Que vivan pues, pero que se les quite su dinero. *Reservetur eis vita, auferatur ab eis pecunia*[210].»

Luis VII no estaba dispuesto a reprimirlos con la misma contundencia. Si bien tuvo que permitir que se cumpliera la bula papal que eximía los cruzados de abonar sus deudas a los judíos, en cambio no hubo bajo su reinado ninguna medida legal de retorsión contra los judíos. «El papa Alejandro III escribió al arzobispo de Bourges para quejarse de la excesiva tolerancia del rey y para recordarle las medidas severas recientemente prescritas por el

---

[208]Patrologie de Migne (T. 189, 1. IV, epist. 36). Véase también en *L'Église et la Synagogue* (Paris, 1859). La carta es reproducida en parte por Roger Gougenot des Mousseaux en *El Judío, el Judaísmo y la judaización de los pueblos cristianos (1869)*, versión pdf, traducido al español por la profesora Noemí Coronel y la inestimable colaboración del equipo de Nacionalismo Católico Argentina, 2013, p. 168

[209]Epist. Petri Venerab. ad. Ludovicum, regem Francor. *Sutirn Bernardi Epist.*, en el tomo XV de los *Historiens de France*. En Georges-Bernard Depping, *Les Juifs dans le Moyen-Âge*, (1823), Éd. Wouters, Bruxelles, 1844, p. 90

[210]Charles Auzias-Turenne, *Revue Catholique des Institutions et du Droit*, octubre 1893.

Concilio de Letrán[211].» El rey ordenó simplemente que los conversos que volviesen al judaísmo no podrían permanecer en el reino, bajo pena de ser condenados al suplicio capital.

Gracias a la benevolencia del rey y de sus ministros, y también a la intervención del abad Suger de Saint-Denis y San Bernardo, los judíos se libraron del furor de los cruzados.

Distinto fue en Alemania, principalmente en las comunidades del Rin que ya habían sufrido los estragos de la primera cruzada. Fue un monje francés, Rodolfo, antiguo cisterciense de Claraval, quien con sus discursos incendiarios provocó una oleada de violencia contra los judíos. Se puso al frente de la revuelta, yendo de ciudad en ciudad, de pueblo en pueblo, predicando por doquier el exterminio de los israelitas. La revuelta popular habría sido todavía más sangrienta que la primera si el emperador Conrado III no hubiese proporcionado a los judíos una protección eficaz.

En sus propios dominios, en Nuremberg y otras fortalezas, Conrado les ofreció asilo y pidió a los príncipes laicos y eclesiásticos que los defendiesen en las ciudades o regiones en las que no tenía autoridad directa.

Hubo sin embargo víctimas. Los judíos de la ribera del Rin compraban a los príncipes el derecho a refugiarse en sus castillos. El cardenal Arnold de Colonia les facilitó así el castillo de Wolkenburg, cerca de Kœnigswinter, así como las armas para defenderse; pero en cuanto salían de la plaza, los cruzados se abalanzaban sobre ellos y los diezmaban.

El arzobispo de Maguncia, Enrique I, canciller del imperio, también había ofrecido asilo en su palacio a algunos judíos perseguidos por el pueblo vengativo, pero algunos lugareños lograron penetrar en la mansión arzobispal y masacraron los judíos ante los ojos del prelado. El arzobispo refirió este suceso a San Bernardo, rogándole que intentara reprimir estas violencias. El abad de Claraval publicó entonces una carta pastoral en la que tildaba el monje Rodolfo de «hijo indigno de la Iglesia, rebelde ante el superior de su convento, desobediente de los obispos, predicador del asesinato en oposición a las leyes de su religión.» Subrayaba además que era indispensable no maltratar los judíos, ya que la Iglesia ruega por su conversión en una oración especial el día de viernes santo. «Ahora bien, decía, es imposible convertirlos si se les mata.» Esta pastoral fue enviada a los eclesiásticos y cristianos de Francia y de Baviera.

Escribía al clero lo siguiente: «Los judíos no deben ser perseguidos; no deben ser sacrificados o cazados como animales salvajes. Ved lo que las Escrituras dicen acerca de ellos. Sé lo que está profetizado acerca de los judíos en el Salmo: "El Señor - dice la Iglesia- me ha revelado Su voluntad

---

[211] Carta del Papa del año 1179, insertada en el tomo XV de los *Historiens de France*, página 769, en Georges-Bernard Depping, *Les Juifs dans le Moyen-Âge*, (1823), Éd. Wouters, Bruxelles, 1844, p. 91.

sobre mis enemigos: No los mates, para que mi pueblo no se vuelva olvidadizo". Ellos son, por cierto, los signos vivientes que nos recuerdan la Pasión del Salvador. Además, han sido dispersados por todo el mundo, para que mientras paguen la culpa de tan gran crimen, puedan ser testigos de nuestra Redención[212].»

Otra vez, en su carta 365, dirigida a Enrique, arzobispo de Maguncia, escribía: «¿No triunfa la Iglesia cada día sobre los judíos de manera más noble haciéndoles ver sus errores o convirtiéndolos, que matándolos? No es en vano que la Iglesia Universal ha establecido por todo el mundo la recitación de la plegaria por los judíos obstinadamente incrédulos, para que Dios levante el velo que cubre sus corazones y les lleve de su oscuridad a la luz de la verdad. Pues si Ella no esperara que aquellos que no creen puedan creer, parecería simple y sin propósito rogar por ellos[213].»

San Bernardo no vacilaba en predicar delante de sinagogas incendiadas. Pero los amotinados del valle del Rin no comprendían ni su latín, ni su francés. Logró sin embargo detener las persecuciones. El monje Rodolfo, por su parte, desoía las ordenes de San Bernardo y seguía con su obra de liberación radical del pueblo.

Un día, encontraron cerca de Wurzburgo el cadáver de un cristiano. Inmediatamente la comunidad judía de Wurzburgo fue atacada y veinte judíos fueron ejecutados, incluido el rabino Isaac ben Eliakim. Otros fueron maltratados y torturados hasta dejados por muertos. El obispo de la ciudad hizo transportar los cadáveres en su palacio y los enterró en el jardín. Esto sucedió el 24 de febrero del año 1147.

Cuando el emperador Conrado tomó la cruz con sus caballeros y la mayor parte de su ejército y salió de Alemania, las revueltas contra los judíos se multiplicaron. En mayo de 1147, el pueblo masacró los judíos en varios puntos del territorio.

La insurrección se propagó a Francia, si bien sólo hubo algunos desordenes locales. En Carentan, en Normandía, en un patio donde estaban reunidos numerosos judíos, hubo una verdadera batalla campal con los cruzados. Los judíos sucumbieron todos, pues a ninguno se le perdonó la vida.

En Inglaterra, donde numerosos judíos de Francia se habían establecido desde la época de Guillermo el Conquistador, tampoco sufrieron ninguna persecución notable, pues el rey Esteban de Inglaterra no toleraba estos desmanes.

La segunda cruzada fue por lo tanto menos dolorosa para los judíos que la primera; por un lado, porque los príncipes y altos dignatarios de la Iglesia

---

[212]San Bernardo, Epist. 363 y 365. Migne 182.
[213]Julio Meinvielle, *El judío en el misterio de la historia*, Cruz y Fierro Editores, Buenos Aires, 1982 p. 120-121

los protegieron más eficazmente, y también porque el emperador de Alemania y el rey de Francia, que habían abanderado a los cruzados, no habían aceptado esta vez en sus ejércitos a bandas como las de Guillermo el Carpintero y Emich de Leiningen.

Aun así, los judíos de Alemania pagaron caro la protección concedida por las autoridades: el emperador se consideró de ahora en adelante como el protector de los judíos, y estos, hasta entonces libres e independientes como los germanos y los romanos, pasaron a ser "siervos de la cámara imperial". Eran inviolables en calidad de servidores del emperador, pero a cambio debían pagar un tributo anual al tesoro imperial.

XLI. Los Almohades

En el norte de África, un reformador llamado Abu Abdalah Muhámmad ibn Túmart, antiguo alumno en Bagdad del filósofo místico Al-Ghazali[214], había fundado la secta de los Almohades, es decir los "partidarios de la unidad". Ibn Túmart propagó su doctrina con la espada en el imperio de los Almoravides, y, tras él, su discípulo Abd al-Mumin prolongó su obra. De victoria en victoria, derrocó la dinastía de los Almoravides y tomó el poder en todo el norte de África.

En 1146, después de apoderarse de la ciudad de Marrakech que había aguantado un largo sitio, Abd al-Mumin convocó a todos los habitantes judíos y les planteó una elección: convertirse al islam o la muerte. Abd al-Mumin les permitió emigrar e incluso les concedió un plazo para vender sus inmuebles y demás bienes que no podían transportar con ellos. Los que permanecieron debieron hacerse musulmanes o morir. En todo el imperio Almohade, que se extendía desde las montañas del Atlas hasta Egipto, se destruyeron las sinagogas. Muchos judíos abandonaron entonces el Magreb para instalarse en España o Italia principalmente, pero la mayoría se sometió momentáneamente al edicto de Abd al-Mumin y aceptó la religión del profeta Mahoma. «La mayoría de ellos, por el momento, obedecieron de buen grado el edicto y adoptaron el disfraz del islamismo a la espera de tiempos más favorables (1146) ... pues, aunque muchos judíos norteafricanos habían aceptado ostensiblemente el islamismo, sólo unos

---

[214] Ab Hamid Muḥammad ibn Muḥammad al-Ghazali (1057-1111), fue un polímata de origen persa, teólogo sufí, jurista, filósofo y místico, considerado uno de los pensadores más importantes de la filosofía islámica, que representa el misticismo más profundo. Perteneciente a la escuela *Shafi'i*, sus trabajos permitieron por primera vez que el sunismo aceptara el sufismo como ortodoxo. Se le debe igualmente la introducción de la lógica y la silogística aristotélica en la jurisprudencia y la teología islámicas. Escribió *El resurgimiento de las ciencias religiosas*, posiblemente su obra apologética más importante. (NdT).

pocos lo hacían de verdad. De hecho, no se les exigía nada más que profesar su fe en la misión profética de Mahoma y asistir ocasionalmente a las mezquitas. En privado, sin embargo, practicaban los ritos judíos en todos sus detalles, ya que los almohades no empleaban espías policiales para observar las acciones de los conversos», explicaba Graetz

Numerosos rabinos piadosos no dudaron en hacerse musulmanes ya que bastaba con declarar que Mahoma era profeta sin tener que renegar explícitamente de su religión. «No se les exigió la negación del judaísmo. Simplemente se les exigía que pronunciaran la fórmula de creer que Mahoma era un profeta, lo que en verdad distaba mucho de la adoración de ídolos. Algunos se consolaban con la esperanza de no permanecer mucho tiempo en esta situación, pues esperaban que el Mesías apareciera pronto y los librara de su miseria.»

Abd al-Mumin pasó el estrecho y marchó sobre Andalucía. Desgarrada por divisiones internas, la España musulmana fue conquistada rápidamente. Córdoba cayó ante los Almohades en junio de 1148, y en menos de un año la mayor parte de Andalucía sufrió el mismo destino. Por donde pasaban los conquistadores, los judíos eran condenados a elegir entre la apostasía, la emigración o la muerte, y las sinagogas eran arrasadas. Las escuelas judías de Sevilla fueron cerradas y muchos judíos abandonaron la ciudad. «Los demás siguieron el ejemplo de los judíos africanos, cedieron por el momento a la coacción, fingieron reconocer el islam y, en privado, observaron su antigua fe, hasta encontrar la oportunidad de regresar abiertamente al judaísmo[215].»

XLII. Toledo, 1180

Con la conquista de la Andalucía musulmana por los Almohades, los judíos desaparecieron del mapa, al menos en apariencia. Muchos de ellos habían emigrado al norte en tiempos de Alfonso VII de León, a tierra de aquellos a quienes habían traicionado siglos atrás, en los cinco reinos cristianos de Castilla, León, Aragón, Portugal y Navarra.

Toledo, la capital de Castilla, contaba en esas fechas con más de 12 000 judíos y tenía varias sinagogas. El país era gobernado por el rey Alfonso VII, el cual se dejó corromper fácilmente y tomó como consejero a un judío llamado Judá ibn Ezra [216]. Tras haber reconquistado la fortaleza de

---

[215] Heinrich Graetz, *History of the Jews III*, London, Myers High Holborn, 1904, p. 368, 369, 370

[216] Judá ben Yosef ibn Ezra fue un notable judío de España del siglo XII. Fue elevado por Alfonso VII de Castilla y León a la dignidad de mayordomo de la casa real. Judá utilizó su posición y su riqueza en beneficio de sus correligionarios, perseguidos por

Calatrava, situada al sur entre Toledo y Córdoba, Alfonso entregó el gobierno de la localidad a Juda ibn Ezra, concediéndole incluso el título de príncipe.

En la España cristiana, los judíos ejercían, entre otras, las destacadas profesiones de banqueros, recaudadores de impuestos y proveedores del rey. La realeza los protegía porque representaban un gran apoyo económico y político. En Aragón, un tal Judá de la Caballería era uno de esos grandes "capitalistas" judíos del siglo XIII. Arrendaba las salinas, acuñaba moneda, abastecía el ejército y poseía grandes extensiones de tierra y multitud de rebaños[217]. Israel Abrahams notaba a su vez en un artículo de la *Jewish Encyclopedia* (volumen II, página 402), que, en el siglo XII, «los judíos españoles debían su gran fortuna al negocio de esclavos.»

El rey Alfonso VIII de Castilla (nieto de Alfonso VII de León) también se rodeó de inminentes personajes hebraicos. «Bajo Alfonso VIII, llamado el Noble (1166-1214), muchos judíos de talento obtuvieron altos cargos, fueron nombrados funcionarios del Estado y, por su parte, trabajaron por la grandeza de su amada patria [Israel]. José ben Salomón Ibn Shoshan, llamado "el Príncipe", fue un personaje distinguido en la Corte de Alfonso. (Nació hacia 1135 y murió en 1204-5.) Erudito, piadoso, rico y caritativo, Ibn Shoshan gozaba del favor del rey y probablemente participaba activamente en los asuntos de Estado. "El rey y los grandes le concedieron favores y le manifestaron su buena voluntad". Con su liberalidad habitual, fomentó el estudio del Talmud y erigió, con magnificencia principesca, una nueva sinagoga en Toledo. Su hijo Salomón le igualó en muchas virtudes[218].» Alfonso VIII, casado con la princesa de origen ingles Leonor Plantagenet (hija de la famosa Leonor de Aquitania), también tuvo una favorita judía durante siete años llamada Raquel, hija de su ministro de finanza. Estos legendarios amoríos entre Raquel "la Fermosa" y el rey

---

los Almohades. Con el permiso de Alfonso, Judá luchó enérgicamente contra el Karaísmo, un movimiento judío basado únicamente en la Biblia hebrea escrita (la Torá) que estaba arraigando en Castilla y adversario acérrimo del judaísmo rabínico tradicional, pues no reconocía la autoridad del Talmud (la tradición oral). Judá ibn Ezra escribió varias refutaciones de sus argumentos bajo forma de exégesis literarias y poéticas, pero también los combatió con otros medios: «Judá Ibn Ezra recurrió a la ayuda de las armas seculares y suplicó el amable permiso del Emperador Alfonso VII para que le permitiera perseguir a los Karaítas... Judá Ibn Ezra humilló a los Karaítas tan duramente que nunca más pudieron levantar cabeza. Probablemente fueron desterrados de las ciudades donde habitaban los rabanitas (1150- 57).» Heinrich Graetz, *History of the Jews III*, p. 372. [NdT).

[217] Abraham Léon, *La Conception matérialiste de la question juive*, Études et Documentation internationales, 1942, Paris, 1968, p. 84

[218] Heinrich Graetz, *History of the Jews III*, London, Myers High Holborn, 1904, p. 395–396

Alfonso VIII inspirarían a Lope de Vega, cuatro siglos después, su obra *Las Paces de los Reyes y Judía de Toledo*. La obra del dramaturgo español sería retomada en el siglo XIX por Franz Grillparzer, en su tragedia *Die Juden von Toledo*. Esta relación amorosa había suscitado los celos y el odio de la reina Leonor.

En 1180, se fraguó entonces una conjura para eliminar aquella que había embrujado el corazón del monarca. Los conjurados penetraron en el palacio y asesinaron Raquel y sus amigos ante los ojos del mismísimo rey. Este sangriento atentado fue seguido por un ataque directo contra los judíos. Alfonso, al ver el furor de sus súbditos, desde los Grandes hasta el pueblo llano, no se atrevió a castigar ninguno de los asesinos por temor a sufrir el mismo destino que su amante. Fue para él una terrible advertencia.

Tras haber favorecido por todos los medios la invasión musulmana de la península en el siglo VII, el interés de los judíos consistía ahora en combatir a los musulmanes. Como de costumbre, los judíos subcontrataron la tarea, y, gracias a su oro, encargaron a los cristianos la difícil empresa. Los judíos de Toledo, que prosperaban en los reinos cristianos, segundaron el rey Alfonso en su lucha contra los Moros, facilitándole dinero y préstamos considerables[219]. En la batalla de Alarcos, el 19 de julio de 1195, Alfonso fue duramente derrotado y perdió la élite de sus caballeros. Pero el 16 de julio de 1212, tomaba su revancha y aplastaba los Sarracenos en Las Navas de Tolosa.

XLIII. Felipe Augusto

Una parte de los judíos que habían abandonado la España musulmana, conquistada por los Almohades, se habían refugiado en el sur de Francia. A finales del siglo XII, los judíos del Languedoc y de Provenza eran bastante numerosos. Heinrich Graetz escribía, sin ironía, que «los judíos de este país, tan altamente bendecido por la Naturaleza, se sintieron también favorecidos, llevaron la cabeza alta, se interesaron vivamente por el bienestar del país y se esforzaron en los asuntos espirituales con un incansable celo.» Y añadía: «Las congregaciones [judías] se apoyaban lealmente unas a otras y se interesaban por los asuntos más íntimos de cada una. Si el peligro amenazaba a alguna congregación en particular, las demás tomaban inmediatamente medidas para ayudar y evitar el peligro inminente. Su prosperidad general fue alcanzada en parte por la agricultura y en parte por el comercio que por entonces se llevaba a cabo con España,

---

[219] Alfonso VIII debía a los prestamistas judíos una ingente cantidad de maravedíes – dicen que 18 000 – con los que sufragó las empresas bélicas de la reconquista de Cuenca y la guerra contra los Almohades. (NdT).

Italia, Inglaterra, Egipto y Oriente, y estaba en su momento más floreciente[220].»

En el norte de Francia, su situación se mantuvo próspera hasta los últimos dos decenios del siglo XII. El rey Luis VII, como vimos, amparaba los judíos. Ni siquiera quiso aplicar contra ellos la decisión del concilio de Letrán que les prohibía tener nodrizas o sirvientes cristianos, y, a pesar de la prohibición del Papa, permitía que erigiesen nuevas sinagogas. En la población, por contra, los judíos eran objeto de un odio muy especial.

Fue a partir de esta época que aparecieron contra ellos las acusaciones de crímenes rituales y profanaciones de hostias sagradas. A partir del siglo XII, se puede registrar más de cien casos de profanaciones de hostias y más de ciento cincuenta juicios de crímenes rituales, pero estas cifras son probablemente inferiores a la realidad[221].

En 1144, el cuerpo de un aprendiz fue descubierto en un bosque cerca de Norwich, en Inglaterra. Tres años después, en Wurtzburgo, el cadáver de un cristiano descubierto en el río Meno había provocado la masacre de veinte judíos.

En 1171, en Blois, todos los judíos (hombre, mujeres y niños) fueron quemados vivos tras ser condenados por un tribunal. Por primera vez se acusaba a los judíos de utilizar sangre cristiana para la celebración de su Pascua. Una tarde, cerca de la hora del crepúsculo, el domestico de un señor vio un judío tirar en el río Loira el cadáver de un niño, lo cual había espantado su caballo e impedido vadear el río. El conde Teobaldo (Thibaut) de Chartres ordenó entonces encarcelar todos los judíos de Blois (unos cincuenta). Los judíos intentaron entonces comprar sus vidas ofreciéndole cien libras de plata y la condonación de ciento ochenta libras adeudadas, pero Teobaldo no se dejó corromper y los condenó todos a ser quemados vivos. Treinta y cuatro hombres y diecisiete mujeres perecieron en las llamas. Esto se produjo el día 20 del mes de *Sivan* (26 de mayo de 1171)[222].

En 1180, Felipe Augusto sucedía a su padre Luis VII. Según el historiador Rigord, los judíos habían adquirido en propiedad casi la mitad de la ciudad de París[223]. Servidos por criados cristianos, eran los acreedores de los burgueses, de los soldados y de los campesinos. En las ciudades, en

---

[220] Heinrich Graetz, *History of the Jews III*, London, Myers High Holborn, 1904, p. 402, 403

[221] Léase al respecto, por ejemplo, *Le Diable pour père*, articulo de la revista *Sodalitium* que enumera unos sesenta casos.

[222] Estas son las cifras referidas por Heinrich Graetz. Según la crónica de Robert de Torigny, abad del Monte San Miguel, 21 hombres y 17 mujeres fueron conducidos a la hoguera por aquel crimen. Esta cifra fue retomada por el historiador Jean Delumeau: treinta y ocho en total. Aquel año, los judíos fueron expulsados de la ciudad de Bolonia, a causa de sus abusos usurarios.

[223] Rigord, *Gestis Philippi Aug.*, en el tomo XVII de los *Historiens de France*.

los pueblos y suburbios, se extendía la red de sus créditos. Un gran número de cristianos habían sido expropiados por ellos por culpa de sus deudas.

Sobre este asunto es necesario leer el texto del Abad Claude Fleury (1640-1723). Nativo de Rouen, el abad Claude Fleury fue el autor de una *Historia eclesiástica*, verdadero monumento de erudición. Fue elegido a la academia francesa y nombrado instructor religioso del futuro Luis XV. Lo que escribía respecto de Felipe Augusto nos da una idea de los agravios de aquella época contra los hebreos:

«El rey Felipe seguía animado contra los judíos, porque la antigüedad de su establecimiento en París y la reputación de sus médicos los había enriquecido tanto que poseían casi la mitad de la ciudad, que desafiando las leyes y los cánones (es decir, las normas del derecho eclesiástico) tenían en sus casas esclavos cristianos de ambos sexos, judaizándolos, y practicando usuras sin límites con los cristianos, nobles, burgueses y campesinos, muchos de los cuales fueron obligados a vender sus herencias, otros a permanecer en las casas de los judíos como prisioneros, estando ligados a ellos por juramento[224].»

«Sólo viven del tráfico, y de la especie más sórdida; son revendedores, corredores y usureros. Muchos de ellos se dedicaban a la medicina, entregándose a ella desde la época de la que aquí hablo... Se menciona en el Evangelio a una mujer que había sufrido de muchos médicos, los cuales habían consumido toda su fortuna en medicinas[225].»

Una de las primeras decisiones de Felipe fue solucionar los problemas ligados a la presencia de los judíos en su territorio. El 19 de enero de 1180, un día de Sabbat, hizo arrestar todos los judíos del dominio real[226], sin formular contra ellos ninguna acusación precisa, los enjauló y no los liberó hasta percibir un rescate de 1500 marcos de plata.

El mismo año, anuló todas las deudas de los cristianos con los judíos, obligando sin embargo a los deudores a pagar al Tesoro un quinto de sus deudas.

El 10 de marzo de 1182, un edicto del rey los despojó de todos sus bienes y los expulsó del dominio real. Los judíos debían abandonar el territorio real entre el mes de abril y la San Juan (24 de junio). Como de costumbre, ofrecieron grandes sumas de dinero, pero el rey se mantuvo intratable. A pesar de todo su oro, Felipe Augusto se mantuvo firme en su

---

[224] Abbé Claude Fleury, *Histoire ecclésiastique*, tome quatrième, livre soixante-treizième, paragraphe 41, édition de 1856, p. 769.
[225] Abbé Claude Fleury, *Mœurs des Israélites et des Chrétiens*, Tours, 1867, troisième partie, chapitre 33, *Les Mœurs des Juifs des Derniers Temps*, p. 109.
[226] Las tierras de la corona, patrimonio de la corona, *domaine royal de France* (de *demesne*, dominio real, realengo) se refiere a las tierras, feudos y derechos directamente poseídos por los reyes de Francia. (NdT).

resolución.

Sólo pudieron llevarse sus bienes mobiliarios; los bienes restantes fueron distribuidos a las corporaciones. Los campos, viñas, granjas y demás inmuebles debían volver a manos del rey. Casi se podría considerar al rey Felipe un moderado, pues únicamente exigió percibir un quinto de todas las deudas de los judíos y perdonó el resto a sus deudores.

Esta medida se aplicó sobre todo a los judíos de la región de Isla de Francia, los cuales emigraron después al Sur, Borgoña, Champaña, Alsacia y Lorena.

Rigord se extendió un poco más acerca de este episodio: «Aquel año, explicaba Rigord, mereció ser llamado año jubilar, ya que gracias a la acción del rey los cristianos recobraron para siempre su libertad, comprometida por las deudas con los Judíos.»

Al año siguiente, el rey transformó todas las sinagogas en iglesias, ganándose así la bendición de todo su pueblo[227]. Solo algunos judíos que habían aceptado el bautismo conservaron sus bienes y su libertad.

En octubre de 1187, la toma de Jerusalén por Saladino causó gran impresión en la Cristiandad y el suceso determinó Felipe Augusto y el rey de Inglaterra Ricardo Corazón de León a tomar la cruz juntos en la Tercera Cruzada. El rey Ricardo destacó especialmente, salvando los Estados latinos de Oriente. Felipe, por su parte, tuvo que regresar precipitadamente a Francia y solucionar la sucesión flamenca.

Recién llegado de Tierra Santa, tuvo además que ocuparse de un asunto muy desagradable. En 1192, estando en Saint-Germain-en-Laye, se enteró de que en Braisne (actualmente Bray-sur-Seine, río arriba de París), en los dominios de un vasallo del conde de Champaña, la dama del lugar llamada Agnès, condesa de Dreux, había abandonado a la vindicta de los judíos un hombre acusado por ellos de robo y homicidio. Este había sido atado de manos, coronado de espinas y flagelado por la villa, y finalmente crucificado.

El rey fue informado de que aquel hombre era inocente y que los judíos le habían dado escarnio como a Jesucristo. La indignación fue general. Al enterarse, el rey se trasladó inmediatamente en persona a Braisne, rodeó la plaza, apresó todos los judíos y ordenó quemarlos en el acto en su presencia[228]. Veinticuatro judíos perecieron en las llamas aquel día[229].

---

[227] Abbé Claude Fleury, *Histoire ecclésiastique*, tome quatrième, livre soixante-treizième, paragraphe 41, édition de 1856, p. 769.
[228] Vincent de Beauvais, *Spec. Histor.*, lib. XXX, cap. VIII
[229] *Histoire des ducs et comtes de Champagne*, t. IV, 1ra. Parte, pag. 72; Paris, 1865; por M. d'Arbois de Jubainville, redactada según las Cartas y que obtuviera el gran premio Gobert de la Academia de Inscripciones, en Roger Gougenot des Mousseaux, *El Judío, el Judaísmo y la judaización de los pueblos cristianos (1869)*. Versión pdf. Traducido

Algunos años después, en 1198, el enérgico papa Inocencio III lanzaba la Cuarta Cruzada. El predicador Fulco de Neuilly recorría las ciudades y los pueblos para alentar a los cristianos a participar en ella. Al igual que el monje Rodolfo, Fulco animaba a saquear las casas de los judíos para recuperar lo que habían robado a los cristianos. Sobreexcitados por sus encendidos discursos, muchos barones dejaron que el exasperado pueblo se tomara la justicia por su mano y expulsara a los judíos de sus tierras.

En julio de 1198, Felipe Augusto permitió a los judíos volver a sus dominios, pero en calidad de siervos adscritos a la gleba y sin derecho a poseer nada, lo cual no les desanimó lo más mínimo. "La fortuna de los judíos pertenece al barón" era entonces un principio admitido en todo el norte de Francia, donde el judío era aceptado en proporción a sus ingresos. De modo que, por ejemplo, un noble había vendido a la duquesa de Champaña sus bienes y sus judíos.

Sin embargo, no deja de ser cierto que los judíos seguían prosperando, pues después de la Cuarta cruzada, «el rey Felipe-Augusto tuvo que publicar la famosa ordenanza de septiembre de 1206 que establecía entre otras cosas: "Ningún judío puede tomar más interés que dos denarios por libra a la semana [el tipo máximo de usura se fijó en un 43% de interés. Esto significa que en el pasado los usureros solían cobrar más]. En el momento del préstamo, el judío y el deudor estarán obligados a declarar: primero el deudor; que ha recibido todo el contenido de la obligación y que nada ha dado ni prometido al judío, y segundo el judío; que nada ha recibido y que nada se le ha prometido. Y si después se convencen de lo contrario, el judío perderá su derecho y el deudor quedará a merced del rey. Habrá en cada ciudad "dos hombres de probidad" que guardarán el sello de los judíos, y prestarán juramento sobre el Evangelio de que no sellarán ninguna promesa, a menos que tengan conocimiento por sí mismos o por otros de que la suma contenida en ella era legítimamente debida[230]".»

La ordenanza prohibía además a los judíos recibir vasos sagrados y ropas ensangrentadas como prendas de garantía, lo cual era manifiestamente otra de sus costumbres.

XLIV. La coronación de Ricardo Corazón de León

Guillermo el Conquistador, que había invadido victoriosamente Inglaterra en 1066, había prohibido a los judíos tener siervos cristianos y

---

al español por la profesora Noemí Coronel y la inestimable colaboración del equipo de Nacionalismo Católico Argentina, 2013, p. 195

[230] Monseñor Henri Delassus, *La Conjuration antichrétienne III*, Desclée De Brouwer, 1910, p. 1154

emplear nodrizas cristianas. En Inglaterra y en los territorios franceses dependientes de la corona de Inglaterra, los judíos vivían sin embargo relativamente seguros. «Habitaban las grandes ciudades y en Londres muchos de ellos alcanzaron tal riqueza que sus casas tenían el aspecto de palacios reales», nos decía Graetz.

En la época del rey Enrique II, en la segunda mitad del siglo XII, los judíos practicaban ya la usura a gran escala. «Son generalmente muy ricos, escribía Abraham Leon, y su clientela está compuesta de grandes terratenientes. El más famoso de estos banqueros era un tal Aaron de Lincoln, muy activo a finales de siglo XII. El rey Enrique II le debía él solo 100 000 libras, suma equivalente al presupuesto anual del reino de Inglaterra en aquella época. Gracias a los tipos de interés extremadamente elevados – estos oscilaban entre un 43 y 86% - una ingente masa de tierras de la nobleza pasó a manos de usureros judíos[231].»

Sus problemas empezaron el 3 de septiembre de 1189, el día de la coronación de Ricardo. A su regreso de la catedral, donde había sido coronado por el arzobispo de Canterbury, Ricardo recibió varias delegaciones, incluida una de judíos. A la vista de los magníficos obsequios que los judíos le ofrecían, Balduino, el arzobispo de Canterbury, aconsejó al rey que era su deber rechazar aquellos presentes y expulsar a los judíos de la sala. Ricardo asintió, y en toda la ciudad de Londres corrió el rumor de que el rey había expulsado los delegados judíos del palacio. Fue la señal para una insurrección general.

El pueblo y los cruzados se pusieron inmediatamente de acuerdo para expoliar a los judíos. Encerrados en sus mansiones, los insurrectos las incendiaron. Casas y sinagogas fueron quemadas y numerosos judíos fueron masacrados en Londres, en Lincoln y en Stamford[232].

Al día siguiente, el rey Ricardo ordenó el arresto y ejecución de los principales cabecillas y declaró los judíos inviolables. Pero en cuanto salió de Inglaterra, para liderar la cruzada con Felipe Augusto, las masacres de Londres fueron imitadas en varias villas de Inglaterra. Escenas sangrientas se repitieron en Lynn y en Norwich, donde los judíos fueron asesinados y sus casas saqueadas.

El cronista Ricardo de Devizes, monje del convento de Swithun, en Winchester, escribió: «El mismo día de la coronación, en la hora solemne en que el Hijo fue inmolado al Padre, comenzaron en la ciudad de Londres

---

[231] Abraham Léon, *La Conception matérialiste de la question juive*, Études et Documentation internationales. 1942, Paris, 1968, p. 81, 82. Abraham Leon era un marxista de tendencia trotskista.
[232] Guill. Neubrigensis, de Rebus anglicis, lib. IV.; Radulphi Coggeshale Chron. Anglic.; Annal. Waverley.; Chronicon anonymi Laudun. Canonici, en el tomo XVIII de los *Historiens de France*.

a inmolar a los judíos a su padre el diablo. Y se empleó tanto tiempo en celebrar tan gran sacrificio que el holocausto apenas se completó al día siguiente. Otras ciudades, otros pueblos del país, imitaron el acto de fe de los londinenses y enviaron con la misma devoción al infierno todas aquellas sanguijuelas y la sangre con que se habían atiborrado. En esta ocasión, y en todo el reino, pero con desigual fervor, se produjeron acciones similares contra los réprobos. Únicamente la ciudad de Winchester perdonó las sabandijas que alimentaba: los habitantes de esa ciudad son sabios y prudentes y siempre han dado muestras de moderación[233].»

Un año después, tuvo lugar la tragedia en la ciudad norteña de York: «Pero lo más trágico de todo fue la suerte de los judíos de York, porque entre ellos había dos hombres que disfrutaban de fortunas principescas, habían construido magníficos palacios y, en consecuencia, habían despertado la envidia de los habitantes cristianos. Uno de ellos era José, el otro Benedicto, que había sido tan brutalmente maltratado en la coronación de Ricardo. Este último, que había vuelto al judaísmo tras su bautismo forzoso, murió a causa de las heridas que le habían inflingido en Londres. Cruzados que querían obtener riquezas, ciudadanos que veían con malos ojos la prosperidad de los judíos, nobles que les debían dinero y sacerdotes animados por un fanatismo sediento de sangre, todos entraron en conspiración para destruir a los judíos de York[234]», escribía Heinrich Graetz.

Bajo la dirección de un tal Mallebidde (o Malebydde), los caballeros deudores atacaron los acreedores judíos, a los que se unieron todos los cristianos. No era tanto la envidia y el fanatismo lo que animaba los cristianos, sino la exasperación. Todos, campesinos, artesanos, burgueses, nobles y monjes querían enfrentar y pasar a cuchillo estos innobles usureros que no cesaban, para colmo, de burlarse de la religión cristiana, de receptar objetos robados, además de entregarse a costumbres repugnantes.

«En la ciudad de York la gente saqueó y quemó la casa de Benedicto, un rico israelita que había sido inmolado en la revuelta de Londres. Todos los demás judíos de la ciudad huyeron entonces con sus familias y sus objetos de valor al castillo, donde mantuvieron un asedio contra el pueblo insurrecto. Tras vanos intentos de aplacar la animadversión del pueblo, la desesperación los llevó a cometer atrocidades similares a las que las persecuciones habían provocado en Alemania. Los sitiados enterraron su

---

[233] In Michèle Brossard-Dandre et Gisèle Besson, *Richard Coeur de Lion, Histoire et légende*, Christian Bourgeois, 1989, citado por Gérald Messadié, *Histoire générale de l'antisémitisme*, Lattès, 1999, p. 197

[234] Heinrich Graetz, *History of the Jews III*, London, Myers High Holborn, 1904, p. 422, 425–426

oro y plata, quemaron sus demás pertenencias, degollaron a sus esposas e hijos y se suicidaron. Las ruinas de la vieja torre de Clifford, que, según la tradición, fue el escenario de estos horrores, todavía pueden verse cerca de York.» La leyenda, alimentada por los historiadores judíos, afirma que ni un solo miembro de la comunidad de York sobrevivió; el número de judíos asesinados habría sido aproximadamente quinientos.

«El pueblo, cuya cólera aún no había quedado satisfecha con la muerte de los judíos, se dirigió a la catedral y, tras hacer que los funcionarios públicos devolvieran los contratos de las deudas judías, entregaron todas estas escrituras a las llamas en la nave de la iglesia.

«Sin embargo, el gobierno no permaneció como espectador ocioso de esta insurrección popular. Los principales culpables fueron procesados, el sheriff y el gobernador de la ciudad fueron depuestos, y los burgueses fueron citados ante el tribunal para responder de su conducta[235].»

El domingo de Ramos se produjeron ajustes de cuentas en todas las localidades de Inglaterra donde residían judíos.

En San Edmond, setenta y cinco judíos fueron masacrados. El rey Ricardo encargó a su canciller abrir diligencias y ejecutar los culpables, pero los cruzados habían desaparecido y los nobles y los burgueses que habían participado en los altercados habían huido a Escocia. Los judíos pudieron sin embargo permanecer y seguir comerciando en Inglaterra. Ricardo se limitó simplemente a someter sus préstamos monetarios a más formalidades legales, con el fin de evitar los numerosos fraudes.

Juan sin Tierra, que sucedió a su hermano mayor Ricardo, fue quizás un poco menos sentimental y más pragmático. Puesto que un financiero judío, Abraham de Bristol, se negaba a pagar la contribución que se le exigía, el rey ordenó que se le arrancara todos los dientes, a razón de uno por día. La tradición cuenta que a la séptima extracción Abraham se sometió finalmente a la voluntad del monarca.

XLV. En Oriente

Los Bizantinos siempre habían vetado el acceso a los empleos públicos a los judíos, y estos estaban sujetos a cuantiosos impuestos. En las ciudades cristianas, apenas había pequeños grupos de judíos. Toda Palestina, que estaba en poder de los cristianos, no tenía más de mil judíos. Benjamín de Tudela, un judío de Navarra que viajó en el siglo XII a Tierra Santa a todos los lugares donde creía que habría sinagogas, a fin de instruirse sobre el estado de la secta, narró que no había hallado más de dos cientos judíos en

---

[235] Mathieu. Paris, Hist. Angl. - Tovey, Anglia judaica. en Georges-Bernard Depping, *Les Juifs dans le Moyen-Âge*, (1823), Éd. Wouters, Bruxelles, 1844, p. 99-100

Jerusalén. Eran casi todos tintoreros de lana, agrupados en un barrio apartado, debajo de la torre de David[236]. Su relato era confirmado por el del rabino Petaías de Ratisbona, que visitó él también sus hermanos de Judea en el mismo siglo[237].

Tanto Jerusalén como Tierra Santa estaban despobladas de judíos. Ni tan siquiera Tiberíades era una excepción. Benjamín de Tudela no encontró más de cincuenta personas de su secta, una sola sinagoga y algunas tumbas.

En las ciudades de Asia Menor donde dominaba el islam, al contrario, los judíos eran muy numerosos. Las más grandes comunidades se hallaban entonces en la región comprendida entre los ríos Tigre y Éufrates. La comunidad de Mosul era por lo menos igual de importante que la de Bagdad.

En el Magreb y en Andalucía, los Almohades mantenían firmemente en vereda el judaísmo para impedirle ser nocivo. Pero en Egipto, los banqueros judíos eran los reyes. La comunidad judía «había florecido allí bajo el reinado de los Árabes», escribía el historiador Cecil Roth. «Aunque el loco Hakim (996-1021) había ejercido la represión más fanática contra los seguidores de religiones disidentes, sus sucesores trataron a los judíos con bondad, empleándolos incluso en la administración pública: desde 1044 hasta su asesinato en 1047, el banquero y mayordomo de la corte, Abraham (Abu Said) ben Sahl, visir de la madre del Sultán, gobernó eficazmente el país[238].»

Fue en Egipto donde el mayor intelectual judío de la Edad Media, el célebre Moisés ben Maimón, Maimónides, nacido en Córdoba en 1135, encontró refugio con su familia. De todas las partes del mundo judío, los hombres apelaban a su juicio y criterio. «Cuando aparecía un falso Mesías en Yemen, o surgía una epidemia de persecución en el Magreb o una duda filosófica preocupaba a los rabinos de Marsella, el gran erudito egipcio escribía para indicar en los términos más claros qué actitud debía adoptarse para estar de acuerdo con los principios del judaísmo[239].»

Moisés Maimónides también había empleado su ciencia para justificar la conducta de los judíos que fingían practicar el islam a fin de socavar más eficazmente el enemigo desde dentro. Un autor ya citado y bastante

---

[236] *Itinerarium D. Benjaminis cum versiones et notis*, Constant. L'Empereur; Lugd. Batavorum, 1733, p. 41

[237]*Tour du monde, ou Voyage du rabin Péthachia, de Ratisbonne, dans le douzième siècle*, par Carmoly; Paris, 1831, p. 98. In Augustin Lemann, *L'Avenir de Jérusalem, Éspérance et chimères*, 1901, première partie, chapitre III

[238]Cecil Roth, *Histoire du peuple juif*, 1936, Stock, 1980, p. 204. Todos los que se oponen a su influencia son sistemáticamente tratados de "locos" por los intelectuales judíos, hasta día de hoy.

[239] Cecil Roth, *Histoire du peuple juif*, 1936, Stock, 1980, p. 205

favorable a los judíos como Georges-Bernard Depping escribía: «Es molesto encontrar en las obras de Maimónides el odio de los judíos hacia los que practican otra religión. No sólo permite que se les engañe, sino que se olvida de sí mismo hasta el punto de expresar su convicción de que hay que exterminar a los traidores, epicúreos y herejes, con el pretexto banal de todos los perseguidores, de que hay que conjurar el peligro que amenaza a la verdadera religión[240].»

El Jeque Abd al Qadir al Jilani (1083-1166), un santo iranio del linaje de Ali, probablemente tenía razón cuando escribía: «Los judíos, que viven dispersos por todo el mundo y, sin embargo, están firmemente unidos, son astutos y enemigos de los hombres; son criaturas peligrosas a las que hay que comparar con la serpiente venenosa: en cuanto se acerque, aplasten su cabeza, pues si dejan que levante la cabeza, aunque sólo sea un momento, os morderá y su mordedura es mortal[241].»

En Bagdad, Benjamin de Tudela, en su visita a la ciudad, contó veintiocho sinagogas y diez yeshivás (universidades judías). Vivían en la ciudad unos cuarenta mil judíos. Los Almohades les habían impuesto una vestimenta amarilla y los Mamelucos de Egipto un turbante del mismo color (azul para los cristianos). Pero la *dhimmituda* islámica (estatuto de *dhimmi*: estatuto legal de protección y sumisión para los judíos, cristianos y zoroastras, ndt) era un régimen suave comparado con lo que soportaban los judíos en el mundo cristiano.

En el imperio otomano, en el siglo XVI, algunos judíos desempeñaron las más altas funciones en el aparato de Estado. Sabemos también que tuvieron un papel preponderante durante la revolución kemalista de 1922 en Turquía[242]. En el mundo musulmán, en general, la situación no se degradó para ellos hasta después de la Segunda Guerra mundial, tras la creación del Estado de Israel en Palestina.

XLVI. Inocencio III

El Papado, como la mayoría de las autoridades de aquel tiempo, fue hasta el siglo XIII relativamente tolerante con los judíos. El papa Alejandro III (1159–1181) les fue bastante favorable. De hecho, su tesorero era el

---

[240]Léase su tratado *Hilkolh avarlah sarah,* cap. X. En Georges-Bernard Depping, *Les Juifs dans le Moyen-Âge,* (1823), Éd. Wouters, Bruxelles, 1844, p. 63. Y también en Israel Shahak, *Historia judía, Religión judía, El peso de tres mil años,* Ediciones A.Machado, 2016, Madrid.

[241] Abd al Qadir al Jilani, en al fath ar Rab-bani wal-Faid ar-Rahmâni, Mag. 37. Cf. radioislam.org.

[242]Sobre el papel de los Dunmehs (cripto-judíos) en Turquía, léase *Psicoanálisis del judaísmo* y *El Espejo del judaísmo.*

judío Yehiel ben Abraham.

Pero con Inocencio III (1198-1216), los judíos encontraron un oponente que planteó una verdadera resistencia. Inocencio III, «el más irreflexivo y arbitrario de todos los príncipes de la iglesia» fue sin duda, escribía Graetz, «un enemigo acérrimo de los judíos y del judaísmo, y les asestó golpes más duros que ninguno de sus predecesores[243].» Las grandes bulas papales relativas a los judíos aparecieron por lo tanto a partir del año 1200.

Si bien al principio de su magisterio Inocencio III se había mostrado bastante ecuánime con los judíos, interviniendo contra las violencias de los soldados que iban de cruzada, prohibiendo los bautismos forzosos de judíos, el espolio de sus bienes sin autorización legal, los ataques con flagelo o apedrearlos durante sus fiestas o profanar sus cementerios, no por ello los aborrecía menos.

Una de las principales cartas de Inocencio III fue la que dirigió al arzobispo de Sens y al obispo de París en el año 1205. El mismo año, recriminaba al rey Felipe Augusto su falta de vigilancia después de que éste los hubiera readmitido en su reino y le recomendaba más severidad: «Me enteré de que en Francia los judíos se han apropiado de los bienes de la Iglesia y de los cristianos mediante la usura; que, en contra de la decisión del Concilio de Letrán celebrado bajo Alejandro III, emplean nodrizas y sirvientes cristianos; que los tribunales no aceptan el testimonio de los cristianos contra los judíos; que la comunidad de Sens ha construido una nueva sinagoga que sobrepasa en altura la iglesia vecina, y donde las oraciones se recitan, no en voz baja, como antes de la expulsión, sino en voz tan alta que perturban el culto de los cristianos; y, por último, que los judíos están autorizados a mostrarse en público durante la Semana Santa, en las ciudades y en los pueblos, y que incluso desvían a los fieles de su fe[244].»

También mencionaba que «las casas de los judíos permanecían abiertas hasta la mitad de la noche, y eran utilizadas para esconder bienes robados; incluso se producían asesinatos, como atestiguó un pobre colegial que había sido encontrado muerto recientemente en una casa judía. El Papa aconsejó que se dieran algunos ejemplos de severidad para inspirar un temor saludable[245].»

En el mes de mayo, el papa escribió una dura carta a Alfonso VIII de Castilla, ya que este príncipe no permitía a los eclesiásticos quitarles a los

---

[243]Heinrich Graetz, *History of the Jews III*, London, Myers High Holborn, 1904, p. 417, 512
[244]Regesta L. VIII, 121, insérée aux Décrétales (L. V t. 6 *De Iudaeis*, ch. 3)
[245]Carta de Inocencio III, del año 1205, en el tomo II de *Diplomata*, de Brequigny et Dutheil ; Carta 186 y carta del año 1208, en Georges-Bernard Depping, *Les Juifs dans le Moyen-Âge*, (1823), Éd. Wouters, Bruxelles, 1844, p. 121

judíos sus esclavos musulmanes para bautizarlos, ni tampoco obligaba judíos y musulmanes a pagar el debido diezmo al clero.

A continuación, escribía otra carta a la atención del conde de Nevers, fechada en enero de 1208 El Papa decía: «Los judíos deberían vagar, como Caín, por el mundo, y llevar la marca de su abyección en el rostro. En lugar de humillarlos y esclavizarlos, los príncipes cristianos los protegen, los acogen en ciudades y pueblos y los utilizan como banqueros para que extorsionen dinero a los cristianos. Por añadidura, meten en la cárcel a los deudores cristianos de los judíos y permiten que se les empeñen castillos y aldeas cristianas, cuyos diezmos ya no son abonados a la Iglesia. ¿Y no es escandaloso que los cristianos hagan sacrificar sus animales y prensar sus uvas para los judíos, para que éstos tomen lo que quieran y dejen las sobras a los cristianos?»

Con todo, Inocencio III no predicó una guerra de exterminio como sí lo hizo contra los Albigenses, la secta gnóstica de los cátaros en Languedoc. La doctrina de la Iglesia establecía que los judíos debían ser el pueblo testigo de la victoria del cristianismo.

Inocencio III había resumido la doctrina y la jurisprudencia acerca de los judíos como sigue (Constitución *Licet perfidia Iudaeorum* del 15 de septiembre de 1199): «A ningún cristiano se debe permitir hacerles daño, apoderarse de sus bienes o cambiar sus costumbres sin juicio legal. Que nadie les moleste en sus días de fiesta, sea golpeándoles, sea apedreándoles, y que nadie les imponga en esos días obras que puedan hacer en otros tiempos. Además, para oponernos con toda nuestra fuerza a la perversidad y a la codicia de los hombres, prohibimos, a cualquiera que fuere, el violar sus cementerios, desenterrar sus cadáveres para sacarles el dinero. Los que contravinieren estas disposiciones serán excomulgados[246].» La cantidad de documentos pontificios de esta índole – constituciones, bulas, cartas, epístolas, etc. - es realmente considerable.

Cada vez que los pueblos exasperados cometían masacres o saqueos, los papas habían levantado la voz, condenando los crímenes y exigiendo a los obispos que intercedieran y protegieran a las víctimas, felicitando aquellos que lo habían hecho de motu proprio. Los papas siempre habían permitido a los fugitivos judíos instalarse en sus Estados, fuera en el condado Venesino o en Italia. Igualmente, en repetidas ocasiones, los papas habían prohibido a los cristianos forzar los judíos a recibir el bautismo, despojarles de sus bienes y violar sus cementerios[247].

Todos estos hechos documentados no impedían al historiador judío Heinrich Graetz - al igual que a la totalidad de sus congéneres -, retorcer la

---

[246]Julio Meinvielle, *El judío en el misterio de la historia*, Cruz y Fierro Editores, Buenos Aires, 1982 p. 62.
[247]Charles Auzias-Turenne *Revue Catholique des Institutions et du Droit*, octobre 1893.

historia a su antojo: «Inocencio III fue el primer papa en tratar a los judíos con una dureza inhumana[248]», escribía ufanamente.

La secta herética de los Albigenses había tenido cierto éxito en Languedoc, en el sur de Francia, donde era protegida por una parte de la nobleza local. La herejía – y no es una casualidad – había arraigado en unas tierras donde la población judía era muy numerosa y próspera. Raimundo V de Tolosa ejercía sobre ellos una soberanía benévola y su sucesor, «Raimundo VI de Tolosa, favoreció a los judíos quizás incluso más que su padre, y los promovió a puestos oficiales (1194-1222)», confirmaba Graetz.

El judaísmo talmúdico fue evidentemente la principal fuente de la que bebieron los Albigenses en su odio contra la Iglesia católica. De hecho, Heinrich Graetz lo reconocía explícitamente: «Los albigenses del sur de Francia, a los que tachaban de herejes y que eran los más resueltos opositores del papado, habían sido imbuidos de hostilidad a través de sus relaciones con judíos cultos. Entre los albigenses había incluso una secta que declaraba sin vacilar que la ley judía era preferible a la de los cristianos. La mirada de Inocencio se dirigió, por lo tanto, a los judíos del sur de Francia, así como a los albigenses, con el fin de frenar su influencia en los espíritus cristianos[249].»

Así pues, no era sin razón si el papa Inocencio III hacía vigilar de cerca los Albigenses y los judíos del sur de Francia. Raimundo VI fue el blanco de muchos ataques y sufrió varios sinsabores, tanto por su amistad con los judíos como por proteger a los Albigenses. En 1209, fue humillado por Milón, el legado del papa: el conde de Tolosa fue apresado, flagelado y conducido desnudo a la Iglesia con una cuerda al cuello. Tuvo que confesar sus pecados en público y jurar, entre otras cosas, que despediría a todos sus funcionarios judíos. Trece barones, acusados como él de ser favorables a los Albigenses y a los judíos, fueron a su vez forzados a jurar que expulsarían sus funcionarios judíos y que no volverían a nombrar ninguno nunca más.

El papa decidió finalmente organizar una expedición contra los Cátaros, prometiendo a los combatientes las mismas indulgencias y favores que a los cruzados que iban a Tierra Santa. Solicitó primero al rey Felipe Augusto para que tomara la cabeza de esta expedición, pero éste, aún en guerra contra el rey de Inglaterra Juan sin Tierra, no quiso abrir otro frente y rehusó la tarea. En un principio, el rey de Francia incluso prohibió a los barones del reino tomar parte en la cruzada albigense, antes de cambiar de opinión y dar su autorización. El papa consiguió también del rey que los deudores cristianos de los judíos que marcharan a combatir los albigenses

---

[248]Heinrich Graetz, *Geschitchte der Juden; Histoire des juifs IV*, Éd. Durlacher, Paris, 1888, p. 163

[249]Heinrich Graetz, *History of the Jews III*, London, Myers High Holborn, 1904, p. 517

fuesen declarados libres de todo interés de demora, y que se aplazase el pago del capital²⁵⁰.

Los cruzados, dirigidos por el conde Simón IV de Montfort y Arnaldo Amalric, abad de Poblet, inquisidor y legado del Papa, se reunieron en Lyon antes de dirigirse al Sur. Para preservar sus Estados de la amenaza y la destrucción, Raimundo VI de Tolosa accedió a hacer las paces (18 de junio 1209).

Arnaldo Amalric decidió entonces atacar sin más demora los feudos de Raimundo Roger Trencavel, vizconde de Beziers y Carcasona, villas que albergaban una multitud de cátaros y judíos. El 22 de julio de 1209, los cruzados asaltaron Beziers, tomando la ciudad y sometiéndola a sangre y fuego. Preguntaron a Arnaldo cómo distinguir los heréticos de los fieles, a lo que éste habría respondido: «¡Matadlos a todos, Dios reconocerá a los suyos!» ("*Caedite eos. Novit enim Dominus qui sunt eius*").

Tras la toma de la ciudad, el legado escribió al papa: «No hemos tenido en cuenta ni el sexo, ni la edad: cerca de veinte mil personas han caído bajo nuestros golpes. Tras la masacre, hemos saqueado y quemado la ciudad.» Dos cientos judíos habían perecido en la matanza y muchos habían sido hechos prisioneros.

En el mes de septiembre, el concilio de Aviñón presidido por Milón - el legado del papa-, decidió que los barones y todas las ciudades libres deberían prometer bajo juramento que no volverían a emplear judíos y que no permitirían que los judíos emplearan de nuevo sirvientes cristianos. Este mismo concilio prohibió a los judíos trabajar el domingo y los días festivos del calendario cristiano y comer carne los días de ayuno cristiano. El cuarto canon prohibía a los cristianos hacer negocios pecuniarios con los judíos, siendo además éstos condenados a devolver todo lo que habían extorsionado con la usura²⁵¹.

Los soldados de Arnaldo Amalric se ilustraron luego en España, donde los cristianos luchaban contra los musulmanes. Por aquellos años, un jefe almohade del Magreb, Muhammad Alnassir había hecho cruzar el estrecho cerca de medio millón de sus correligionarios musulmanes. Ante el peligro inminente, los reyes cristianos de España se habían unido y habían solicitado al Papa Inocencio III para que predicara una cruzada contra los musulmanes. Numerosos guerreros europeos viajaron allende los Pirineos para combatir la medialuna, entre los cuales figuraba el abad de Cîteaux Arnaldo Amalric y sus soldados, los "ultramontanos". En 1212, se abalanzaron sobre los judíos de Toledo y probablemente habrían masacrado toda la comunidad sin la intervención del rey Alfonso VIII, del

---

²⁵⁰Carta del año 1208, *Epistol. Innocent. III*, lib. XI, en Georges-Bernard Depping, *Les Juifs dans le Moyen-Âge*, (1823), Éd. Wouters, Bruxelles, 1844, p. 121
²⁵¹ Charles Auzias-Turenne *Revue Catholique des Institutions et du Droit*, octobre 1893.

arzobispo Giménez de Rada y de los burgueses cristianos de la ciudad que salieron en defensa de los judíos.

El doceavo concilio ecuménico, cuarto de Letrán, reunido en Roma en noviembre de 1215 en la basílica de Letrán, confirmó las antiguas prescripciones contra los judíos y añadió otras suplementarias. La poca obediencia de los príncipes y los pueblos hacía necesario estos frecuentes recordatorios.

Los cánones 67, 68 y 69 prohibían a los judíos exigir intereses desorbitados, bajo pena de «ostracismo». Los cristianos por su parte no debían tener relaciones continuadas con ellos bajo pena de excomunión. No estaba permitido darles empleos públicos; en su defecto, el contraventor debía ser castigado y el judío, tras ser revocado vergonzosamente, debía además entregar al obispo todo el salario percibido. El dinero confiscado debía ser distribuido a los pobres.

Vemos además aparecer la obligación para los judíos de llevar una marca a fin de distinguirlos de los cristianos, y ello desde la temprana edad de doce años. Esta costumbre ya era antigua, pero era la primera vez que un concilio la imponía expresamente: desde entonces la orden de conformarse a ella se repitió con frecuencia en la Cristiandad.

La marca impuesta era generalmente una insignia de tela circular de color amarillo, llamada *rodela (de rotella (latín), rouelle* en francés*)*. Los judíos trataban siempre de disminuirla desgastándola, hacerla invisible hasta casi desaparecer o bien disimularla en forma de sutil adorno.

Las mujeres debían ellas también llevar la *rodela*, o bien, tal como lo prescribían algunos concilios, particularmente el de Aviñón de 1326, unas *cornelias*, una especie de peinado con puntas. En Italia, en cambio, eran los hombres los que debían distinguirse con un tocado, a saber, un gorro amarillo, el *birettum glaucum*.

La *rodela*, como la llamaban, no era realmente una novedad. El papa parece haberse inspirado en la legislación de los países musulmanes. En efecto, fue el príncipe almohade Abu Yúsuf Yaacub al-Mansur quien primero obligó a los judíos, que habían sido forzados a abrazar el islam en sus tierras, a llevar una vestimenta especial, un vestido tosco con mangas largas y, en lugar del noble turbante, un velo de forma ridícula.

«Si estuviera seguro - decía este perspicaz príncipe - de que los judíos se han convertido sinceramente, les permitiría casarse con musulmanes. Si, por el contrario, supiera que persisten en su antigua fe, los pasaría a cuchillo, esclavizaría a sus hijos y confiscaría sus bienes. Pero tengo dudas, así que quiero que lleven ropas que los ridiculicen.»

Fue esta ley la que Inocencio III introdujo en los países cristianos el 30 de noviembre de 1215. Tras esta decisión del papa, los concilios provinciales, los Estados y los príncipes deliberaron acerca de la rodela para determinar precisamente su color, forma, longitud y anchura. Pero que fuese redonda o cuadrada amarilla o roja, colocada en el sombrero o en el pecho, el resultado era en realidad el mismo: la rodela permitía a los cristianos protegerse contra las tretas de los judíos, siempre dispuestos a hacerse pasar por autóctonos para engañar mejor a los incautos.

Los concilios de Narbona (1227), Rouen (1231), Tarragona (1239) y Beziers (1246), renovaron todas o en parte las prescripciones ya citadas y añadían algunas más. Todos insistían en la rodela, al igual que los concilios teutones de Fritzlar (1259) y Aschaffenburgo (1292), cerca de Maguncia, los cuales además prohibieron a los judíos, bajo multa de un marco de plata, salir (el primer concilio) y asomarse a las ventanas (el segundo concilio) el día de Viernes Santo[252].

El sucesor de Inocencio III, Honorio III (1216-1227) insistió con la mayor claridad y severidad en que se obligara a los judíos de Inglaterra a llevar la rodela. En 1222, el concilio de Oxford renovó las medidas dictadas por el cuarto concilio de Letrán siete años antes. En este país, la rodela tomó la forma de dos cuadrados blancos, evocando así las tablas de la Ley, que los judíos debían coser en sus abrigos y mantos. Por lo demás, desde la muerte de Juan sin Tierra y durante la minoría de edad de Enrique III, el verdadero soberano del reino fue Esteban Langton, arzobispo de Canterbury, «enemigo implacable de los judíos», según Graetz.

En el Santo Imperio, el emperador Federico II, que reinó hasta 1250, fue un príncipe «liberal e ilustrado». En su corte, sabios judíos traducían obras filosóficas del árabe al latín, alterando el significado de los textos según sus intereses: «Le gustaban las ciencias y apoyaba a los genios con una generosidad principesca. Se interesó por que se tradujeran del árabe los escritos sobre filosofía y astronomía, y para ello empleó a muchos judíos hábiles...Sin embargo, a pesar de todo esto, el emperador Federico no era menos enemigo de los judíos que su oponente, el intolerante Luis el Santo de Francia[253]». Aunque era un adversario acérrimo del papado, aplicó en sus Estados la bula que alejaba los judíos de los empleos públicos y les impuso las decisiones del concilio de Letrán más duramente aún que los reyes de España. Si bien permitió a los judíos de África, que huían ante los Almohades, establecerse en Sicilia, éstos debían pagar fuertes impuestos mientras el resto de los inmigrantes eran exentos de ellos.

XLVII. Nicolás Donin y el Talmud

Durante el reinado de Luis VIII, hijo y sucesor de Felipe Augusto, las

---

[252]Charles Auzias-Turenne *Revue Catholique des Institutions et du Droit*, octobre 1893.
[253]Heinrich Graetz, *History of the Jews III*, London, Myers High Holborn, 1904, p. 583, 585

denuncias de los deudores y las demandas interpuestas por los usureros causaron nuevos disturbios. Mediante una ordenanza del año 1223, el nuevo rey condonó de un plumazo las obligaciones de intereses contraídas con los judíos ese año desde el Día de Todo los Santos. Declaró nulos los títulos cuya fecha era anterior a cinco años y concedió a los deudores un plazo de tres años para saldar sus deudas en nueve pagos iguales. Esta medida no tenía otro objetivo que librar el gobierno de las incesantes reclamaciones, pero los judíos siguieron practicando la usura[254]. «No prestarás con interés (usura) a tu hermano; no importa si el préstamo es de dinero, comida o cualquier otra cosa que pueda acumular interés. A un extranjero puedes prestar con interés, pero a tu hermano no prestarás con interés, para que Yahweh tu Elohim te prospere en cualquier cosa que te empeñes en hacer en La Tierra que estás entrando para tomar posesión de ella», dice claramente la Torá (Deuteronomio XXIII, 19-20[255]).

La reina Blanca de Castilla – madre de San Luis – que gobernó el reino de Francia durante la minoría de edad de su hijo, intentó poner fin a esta plaga que era la usura judía. En diciembre de 1230, la ordenanza de Melun estableció que las sumas adeudadas a los judíos serían pagadas en tres años y el final de los pagos se haría el Día de Todos los Santos. Los judíos debían presentar sus letras u obligaciones a sus señores antes del Día de Todos los Santos. En 1234, una nueva ordenanza facilitaba a los cristianos el pago de sus deudas con los usureros judíos.

El poeta Gautier de Coincy (1178-1236), monje y trovero nacido en Picardía, fue uno de los mayores poetas franceses de la Edad Media. Sabía expresar claramente el desprecio del pueblo llano hacia los miembros de esta secta[256]:

> *Plus bestial que bestes nues*
> *Sont les Juyfs, ce n'est pas doute (…)*
> *Moult les haïr, et je les haiz,*
> *Et Dieu les het, et je si faiz.*
> *Et tout li monde les doilt haïr*[257].

---

[254]Carta del año 1223, en Brussel, *Usage général des fiefs*, tome I, liv. II chap. XXXIX, en Georges-Bernard Depping, *Les Juifs dans le Moyen-Âge*, (1823), Éd. Wouters, Bruxelles, 1844, p. 122
[255]Versión Kadosh Israelita Mesiánica, en www.bibliatodo.com. (NdT).
[256]Gilbert Dahan, *Les Juifs dans les miracles de Gautier de Coincy,* Archives juives, N°16, 1980. Véase también los estudios sobre la obra de Gautier de Coincy disponibles en Gallica.bnf.fr.
[257]Más bestiales que bestias desnudas.
Son los Judíos, sin duda (…)
Muchos los odian, y yo los odio,
Y Dios los odia, así yo también.
Pues todo el mundo debe odiarlos.

Durante el verano de 1236, los cruzados que partían a Palestina pusieron en evidencia los violentos resentimientos de los cristianos contra los judíos. En el Anjou y en el Poitou, en Burdeos y en Angulema, tuvieron lugar grandes masacres: «Los cruzados actuaron con una crueldad sin precedentes hacia ellos, y pisotearon a muchos de ellos bajo los cascos de sus caballos. No perdonaron ni a los niños ni a las mujeres embarazadas, y dejaron los cadáveres insepultos, presa de las fieras y los pájaros. Destruyeron los libros sagrados, quemaron las casas de los judíos y se apoderaron de sus bienes. En esta ocasión perecieron más de tres mil personas, mientras que más de quinientas abrazaron el cristianismo. Una vez más, los judíos supervivientes se quejaron al Papa por esta crueldad insoportable. El Papa se sintió obligado a enviar una carta sobre este asunto a los prelados de la Iglesia de Burdeos, Angulema y otros obispados, y también al rey Luis IX de Francia (septiembre de 1236), en la que deploraba los acontecimientos que habían tenido lugar, y señalaba que la Iglesia era contraria a la aniquilación total de los judíos, así como a su bautismo forzado[258].»

Vemos que la región supo defenderse contra los judíos, pues en 1249, el conde de Poitou, Alfonso, hermano de San Luis y señor de la Rochelle, ordenó la expulsión de los judíos de sus Estados. En 1291, la aversión pública hacia los judíos aumentó con tanta virulencia en La Rochelle que el consejo de la villa, en sintonía con la animosidad general, decidió expulsarlos todos de la ciudad.

La revuelta popular de 1236 había sido alentada por un tal Nicolás Donin. Este arengaba la muchedumbre contra los judíos, recorriendo la región, de ciudad en ciudad y de pueblo en pueblo. Nicolás Donin era un antiguo judío que había abandonado el judaísmo y se había vuelto en contra de la secta. Conocedor de la lengua hebraica, había sido excomulgado por los rabinos tras haber expresado dudas sobre el valor del Talmud y la autenticidad de la Ley oral. Se había entonces completamente desligado del judaísmo y aceptado el bautismo, bajo el nombre de pila de Nicolás. En 1238, fue a Roma para denunciar ante el Papa Gregorio IX los horrores contenidos en el Talmud.

Recordemos que el Talmud, el libro sagrado de los judíos, contiene las enseñanzas de los rabinos de los primeros siglos después de Jesucristo (el rabinismo medieval es sucesor directo del fariseísmo, ndt). Transcribe o resume las discusiones tempestuosas que tuvieron lugar en las distintas academias de Palestina y de Babilonia. Un maestro enunciaba un problema, su discípulo proponía una solución a la que el discípulo del discípulo contestaba a su vez, hasta que lo resolvía la generación siguiente. Varias

---

[258]Heinrich Graetz, *History of the Jews III*, London, Myers High Holborn, 1904, p. 588

generaciones de maestros y alumnos habían proseguido así con el mismo debate que el Talmud resumía en un breve pasaje o en un simple parágrafo[259].

Las cuestiones más simples y anodinas eran objeto de argucias sin fin. Los rabinos buscaban así misterios en las frases más claras o insignificantes de la Torá, se entregaban a conjeturas y extrapolaciones extravagantes. Iban hasta sostener que cada pasaje de la Torá era susceptible de tener setenta, y ¡hasta seiscientas mil!, explicaciones diferentes.

Se puede demostrar con el Talmud que los rabinos predican una cosa y su contraria, alaban y condenan la tolerancia, aprueban y rechazan la usura, valoran y desprecian a las mujeres, etc. Pero no es menos cierto que la obra contiene muchísimos pasajes ultrajantes para con los no judíos[260].

«Está fuera de duda, escribía Graetz, que el Talmud, compuesto sin ningún espíritu de crítica científica o histórica, contiene todo tipo de afirmaciones.» El historiador judío reconocía que algunas declaraciones de rabinos podían ofender a los cristianos, aunque se defendía: «Para perjudicar a los judíos, se pretendió dar el mismo valor a todo lo contenido en el Talmud y poner al mismo nivel simples bromas e importantes prescripciones[261].»

«El apóstata había extraído varios pasajes del Talmud y formulado treinta y cinco artículos en los que basaba sus acusaciones. En algunos de ellos se afirmaba que el Talmud contenía muchos errores y absurdos groseros, así como blasfemias contra Dios; en otros se afirmaba que sostenía la práctica de la infamia y el engaño contra toda la humanidad; en otros se volvía a afirmar que el Talmud insultaba y blasfemaba contra Jesús, la Virgen y la Iglesia... Sin embargo, entre sus acusaciones contra el Talmud, Nicolás Donin había distorsionado la verdad. Afirmó que los escritos

---

[259] Elie Wiesel, *Célébration talmudique*, Seuil, 1991, p. 275

[260] El Talmud recoge la Mishná (colección escrita de las leyes orales, según Éxodo 24, 12) y la Guemará (los comentarios de la Mishná de los rabinos). La Guemará de los rabinos explica la Mishná. El Talmud se divide en 63 tratados distribuidos en seis órdenes principales. Los órdenes centrales son *Zeraim* (las Simientas: tratados agrícolas), *Moed* (Temporadas y días festivos, que contiene el tratado fundamental sobre el Sabat), *Nashim* (dedicado por entero a las mujeres, a la sexualidad y la reproducción, y constituido por numerosos tratados bastante escabrosos), y el orden propiamente jurídico llamado *Nezikin* (sobre daños y perjuicios. La ley civil y penal). El exclusivismo y la noción de pureza racial y sexual están omnipresentes en el Talmud. De hecho, un tratado entero, llamado *Niddah*, tiene como objeto la sangre y las menstruaciones de la mujer. Básicamente, el Talmud trata de cuestiones de dinero, sexo, pureza y mesianismo, así como de numerosas contingencias y problemáticas muy tediosas y torticeras. El Talmud es además ferozmente supremacista y anti-gentil. (NdT)

[261] Heinrich Graetz, *Histoire des juifs III*, Éd. Durlacher, Paris, 1888, p. 195

talmúdicos enseñaban que era una acción meritoria matar al mejor hombre entre los cristianos; que un cristiano que descansaba el día de reposo o estudiaba la Ley debía ser castigado con la muerte; que era lícito engañar a un cristiano sin ningún escrúpulo; que estaba permitido a los judíos romper una promesa hecha bajo juramento; y muchas otras afirmaciones mendaces[262].»

Las acusaciones que Nicolás Donin formuló por primera vez contra el Talmud tuvieron dolorosas consecuencias para "el pueblo elegido". A continuación, los eruditos cristianos hebraizantes siguieron estudiando el Talmud y confirmaron lo que todo el mundo sospechaba. He aquí algunos preceptos sacados de este "libro santo" escrito por los "sabios" de Israel:

Los cristianos son idolatras, no te relaciones con ellos (*Hilkhoth Maakhaloth*); los cristianos son impuros porque comen alimentos impuros (*Shabbath, 145b*[263]); las mujeres judías son contaminadas por el mero encuentro con cristianos (*Iore Dea, 198*); los judíos son humanos, los cristianos no, son bestias (*Keritot, 6b*[264]); los cristianos han sido creados para servir a los judíos (*Midrash Talpioth, 225*[265]); No se debe tener más compasión por los cristianos que por los cerdos cuando éstos están

---

[262] Heinrich Graetz, *History of the Jews III*, London, Myers High Holborn, 1904, p. 595-593

[263] «(...)¿Por qué razón los gentiles están moralmente contaminados? El respondió: Porque comen criaturas abominables y cosas que se arrastran, y eso causa malos rasgos de carácter.» *Shabbath, 145b.* (sepharia.org). (NdT).

[264] «La Mishná incluye en su lista de personas susceptibles de recibir *Karet* [castigo]: Aquel que aplica el aceite de la unción a su piel. Los Sabios enseñaron en una *Baraita* [tradición, enseñanza, pero fuera de la Mishná]: El que aplica el aceite de la unción a los animales o a las vasijas está exento, y el que lo aplica a los gentiles o a los cadáveres está exento. La Guemará objeta: Es cierto que uno está exento en el caso de los animales y las vasijas, ya que está escrito: "Sobre la carne de una persona no se aplicará" (*Éxodo 30:32*), y los animales y las vasijas no son la carne de una persona. También está claro por qué uno está exento si lo aplica a un cadáver, ya que una vez que alguien ha muerto, el cuerpo se llama cadáver y no persona. Pero si uno aplica aceite de unción a los gentiles, ¿por qué está exento? ¿No están incluidos en el significado del término persona [Adam]? La Guemará explica: En efecto, no lo están. Como está escrito: "Y vosotros, mis ovejas, las ovejas de mi prado, sois personas [Adam]" (*Ezequiel 34:31*), de lo que se deriva que vosotros, el pueblo judío, sois llamados Adam, pero los gentiles no son llamados Adam.» *Keritot, 6b.* (sepharia.org). (NdT).

[265] Ovadia Yosef, el rabino dirigente del partido Shas de Israel, había declarado en un acto público: «Los Goyim han nacido sólo para servirnos. A parte de eso, no tienen propósito alguno en el mundo; únicamente servir al Pueblo de Israel.» En *JTA, Jewish Telegraphic Agency*, October 18, 2010: *Sephardi Leader Yosef: Non-Jews exist to serve Jews*. En el 2013, su funeral fue el más grande de la historia de Israel, reuniendo cerca de 800 000 asistentes durante la última procesión. "Figuras públicas enviaron sus condolencias, recordando un gigante del pensamiento judío", en *The Times of Israel*, October 7, 2013. (NdT).

enfermos de las tripas (*Orach Chayim, 57, 6a*); el alma de los no judíos proviene de la muerte y de la sombra de la muerte (*Emek Haschanach, 17a*[266]); la simiente de los goyim es como la de las bestias (*Yevamot, 98a*[267]); los esclavos cristianos muertos deben reemplazarse como el ganado (*Iore Dea, 377*[268]); los judíos deben ser llamados hombres, no los cristianos (*Yevamot, 61a*[269]); golpear un judío es como abofetear a Dios en la cara (*Sanedrín, 58b* [270]); un judío piadoso siempre es considerado intrínsecamente bueno, a pesar de los pecados que pueda cometer. Sólo su cáscara se mancha, nunca su interior (*Chagigah, 15b*[271]); un judío no debe

---

[266] Creencia corriente de los judíos jasídicos Jabad Lubavitch. Léase al respecto en *Psicoanálisis del Judaísmo*. (NdT).

[267] «Aprende de esto, que el Misericordioso despoja al gentil masculino de su descendencia, como está escrito con respecto a los egipcios: "Cuya carne es la carne de los asnos, y cuyo semen es el semen de los caballos" (*Ezequiel 23:20*), es decir, la descendencia de un gentil masculino no se considera más relacionada con él que la descendencia de los asnos y los caballos.» *Yevamot, 98a.* (sepharia.org). (NdT).

[268] «Respecto a los esclavos y las esclavas, no se ofrece consuelo a su amo, sino que le dicen: "Que el Señor reponga tu pérdida", igual que le dicen a un hombre respecto a su buey y su asno: "Que el Señor reponga tu pérdida".» *Yoreh De'ah, 377.* (sepharia.org). (NdT).

[269] «Las tumbas de los gentiles no se vuelven impuras a través de una tienda, como se afirma: "Y vosotras Mis ovejas, las ovejas de Mi prado, sois hombres [Adam]" (*Ezequiel 34:31*), de lo que se deriva que vosotros, el pueblo judío, sois llamados hombres [Adam] pero los gentiles no son llamados hombres [Adam]. Puesto que la Torá introduce la halajá de la impureza ritual de una tienda con las palabras: "Cuando un hombre [Adam] muere en una tienda"(*Números 19:14*), esta halajá sólo se aplica a los cadáveres de los judíos, pero no a los de los gentiles.» *Yevamot 61a.* (sepharia.org). (NdT).

[270] «Rabí Ḥanina dice: Un gentil que golpea a un judío es susceptible de recibir la pena de muerte, como se afirma cuando Moisés vio a un egipcio golpear a un hebreo: "El vio un Mitzrayimi [egipcio] golpear a un Hebreo, uno de sus hermanos. El miró a un lado y al otro; y cuando él vio que no había nadie alrededor, mató al Mitzrayimi y escondió su cuerpo en la arena' (*Éxodo 2: 11-12*) Y el Rabino Ḥanina dice: Quien abofetea la mejilla de un judío es considerado como si hubiera abofeteado la mejilla de la Presencia Divina; como se afirma: "Es una trampa dedicar a Elohim ofrenda a la ligera y reflexionar sobre los votos después. "(*Proverbios 20:25*). El versículo se interpreta homiléticamente en el sentido de: Quien golpea [*nokesh*] a un judío es considerado como si hiriera la mejilla [*lo'a*] del Santo.» *Sanedrín, 58b.* (sepharia.org). (NdT).

[271]«La Guemará pregunta: (…) una fuente afirma que sólo se puede aprender de un erudito que es intachable en sus formas, mientras que otra indica que está permitido incluso aprender de alguien cuyo carácter no es intachable (…) Rava enseñó: ¿Cuál es el significado de lo que está escrito: "Descendí al huerto de los nogales para ver el verdor del valle"(*Cantar de los Cantares 6:11*)? ¿Por qué se compara a los eruditos de la Torá con las nueces? Así como esta nuez, a pesar de estar manchada de barro y excremento, su contenido no se vuelve repulsivo, ya que sólo su cáscara está manchada; así también un erudito de la Torá, aunque haya pecado, su Torá no se vuelve repulsiva.» *Chagigah, 15b.* (sepharia.org). (NdT).

entrar en la casa de un gentil en un día de fiesta y saludarlo, ya que parecería que lo está bendiciendo en honor a su día de fiesta (*Gittin 62a);* Evita comer con los cristianos, genera familiaridad (*Iore Dea 112, 1*); no beber la leche ordeñada por un cristiano (*Avodah Zarah, 35b*); se debe tirar el vino si ha sido tocado por un cristiano (*Avodah Zarah, 72a, b*); la vasija comprada a un cristiano debe ser tirada o purificada (*Iore Dea. 120, 1*[272]); debe interrumpirse cualquier contacto con los cristianos tres días antes del inicio de una de sus fiestas (*Avodah Zarah, 2a*[273]); un niño judío no debe ser amamantado por una nodriza cristiana, porque su leche le dará una naturaleza maligna (*Iore Dea, 81*[274]); las nodrizas cristianas conducen los niños judíos a la herejía (*Iore Dea, 153*); se puede fingir alegría con los cristianos durante sus fiestas si así podemos ocultar nuestro odio (*Iore Dea, 148*); la propiedad de un cristiano o un gentil es en balde, pertenece al primer judío que la reclame (*Baba Batra, 54b*[275]); si un cristiano devuelve por error demasiado dinero, hay que guardarlo (*Choschen Ham, 183, 7*); los judíos pueden quedarse con las pertenencias de un cristiano sin preocuparse por ello (*Choschen Ham, 226*); está permitido perjurar y engañar en corte a los cristianos (*Baba Kamma, 113a, b*[276]); unos judíos

---

[272] «(...) Cuando sirvas vino, no dejes que un gentil se acerque para ayudarte, no sea que bajes la guardia y apoyes la vasija en las manos del gentil, y el vino salga debido a su fuerza y quede prohibido. .» *Avodah Zarah (72a y b)*; «Quien adquiere de un adorador de ídolos una vasija de comida de metal o vidrio o vasijas o cubiertas de plomo por dentro -aunque sean nuevas- debe sumergirlas en una *mikve* [baño de purificación] o en un arroyo que tenga cuarenta *se'ot.*» *Yoreh De'ah (120, 1)*. (sepharia.org). (NdT).

[273] «Mishná: En los tres días anteriores a las fiestas de los gentiles están prohibidas las siguientes acciones, ya que alegrarían al gentil, que posteriormente daría gracias al objeto de su adoración de ídolos en su fiesta: Está prohibido hacer negocios con ellos; prestarles objetos o pedirles prestados objetos; prestarles dinero o pedirles prestado dinero; y pagar deudas contraídas con ellos o cobrarles el pago de deudas. Rabí Iehuda dice: Se les puede cobrar el pago de las deudas porque esto causa angustia al gentil. Los rabinos dijeron a Rabí Iehuda: Aunque esté angustiado ahora, cuando devuelva el dinero, se alegrará después de haber sido liberado de la deuda, y por lo tanto existe la preocupación de que dé gracias a su objeto de adoración de ídolos en su fiesta.» *Avodah Zarah, 2a.* (sepharia.org). (NdT).

[274] *Iore Dea 81* (=*Yoreh De'ah, 81*) no está traducido al inglés en sepharia.org, sólo figura el texto en hebreo. Únicamente aparece el verso 4 traducido, que reza así: «Está permitido comer la placenta de una burra, porque sólo se considera una secreción». Lol. (NdT).

[275] «(...)La Guemará relata: Rav Huna compró tierra a un gentil. Llegó otro judío y la aró ligeramente. Rav Huna y ese judío se presentaron ante Rav Naḥman, quien estableció la propiedad en posesión para este último. Rav Huna dijo a Rav Naḥman: ¿Qué estás considerando al emitir este fallo? Es porque Shmuel dice que la propiedad de un gentil es como un desierto, y cualquiera que toma posesión de ella la ha adquirido» *Bava Batra, 54b.* (sepharia.org). (NdT).

[276] «Rav Ashi dijo: La Mishná emite su fallo con respecto a un recaudador de aduanas

que engañan a un cristiano deben repartirse el beneficio equitativamente (*Choschen Ham, 183, 7*); la usura está permitida con los cristianos y los apóstatas (*Iore Dea, 159*[277]). Además, los judíos pueden mentir, si es en interés de uno de los suyos y de la comunidad, o para condenar un cristiano (*Baba Kamma, 113a*). Los judíos pueden jurar falsamente usando frases con doble sentido, o mediante cualquier subterfugio (*Schabbouth Hag., 6d* y *Kol Nidré*[278]). Está permitido matar indirectamente un cristiano, por

---

gentil, a quien se puede engañar, como se enseña en una *baraita* [tradición, enseñanza, pero fuera de la Mishná]: En el caso de un judío y un gentil que se acercan a la corte para ser juzgados en una disputa legal, si puedes defender al judío bajo la ley judía, defiéndelo, y dile al gentil: Esta es nuestra ley. Si puede ser defendido bajo la ley gentil, defiéndelo, y diga al gentil: Esta es tu ley. Y si no es posible defenderlo bajo ninguno de los dos sistemas de ley, se aborda el caso de manera indirecta, buscando una justificación para defender al judío. Esta es la afirmación de Rabí Yishmael. Rabí Akiva no está de acuerdo y dice: Uno no aborda el caso de manera tortuosa para defender al judío debido a la santificación del nombre de Dios, ya que el nombre de Dios será profanado si el juez judío emplea medios deshonestos. La Guemará infiere de esta *baraita*: E incluso según Rabí Akiva, la razón por la que el tribunal no emplea artimañas para defender al judío es sólo porque existe la consideración de la santificación del nombre de Dios. En consecuencia, si no existe la consideración de la santificación del nombre de Dios, el tribunal aborda el caso de manera tortuosa. Aparentemente, está permitido engañar a un gentil. La Gemará responde que Rav Yosef dijo: No es difícil, ya que esta norma que permite al tribunal engañar a un gentil se emite con respecto a un gentil normal, mientras que ese versículo, que enseña que está prohibido engañar a un gentil, se afirma con respecto a un gentil que reside en Eretz Yisrael y observa las siete mitzvot noájicas [*ger toshav*].» Baba Kamma, 113a, b. (sepharia.org). (NdT).

[277]«Que está permitido prestar a gentiles y apóstatas con usura, en tres partes: La Ley declaró que está permitido prestar a gentiles con usura (…) La usura a los apóstatas está permitida, pero pedirles prestado usurariamente está proscrito.» *Yoreh De'ah*, 159. [«Porque Yahvé, tu Dios, te bendecirá, como él te lo ha dicho, y prestarás a muchos pueblos, y no tendrás que tomar prestado de nadie; dominarás a muchas naciones, y ellas no te dominarán a ti."» (*Deuteronomio 15:6-8*); «Como aprendimos en una mishná: Rabí Yishmael dice: El que busca ser sabio debe dedicarse a las leyes monetarias, ya que no hay mayor disciplina en la Torá, pues son como un pozo que fluye y en el que constantemente brotan innovaciones.» *Berakhot, 63b*.] (sepharia.org). (NdT).

[278]«Los judíos pueden jurar en falso utilizando frases de doble sentido, o cualquier subterfugio.» (Talmud, *Schabbouth Hag., 6d*). Por otra parte, la víspera de Yom Kipur, la fiesta de la expiación de los pecados, la más solemne de las fiestas judías, la celebración religiosa empieza con el rezo de *Kol Nidré*: «Todas las promesas, restricciones, juramentos, excomuniones, renuncias, y cualquier sinónimo, por los cuales hayamos prometido, hayamos jurado, o por los cuales hayamos excomulgado o nos hayamos restringido; desde el presente Iom Kippurim hasta el siguiente Iom Kippurim, que sea para nuestro beneficio, (en cuanto a todos ellos), los repudiamos. Todos ellos son deshechos, abandonados, cancelados, anulados e invalidados, sin vigencia y sin vigor. Nuestras promesas ya no son promesas, y nuestras prohibiciones ya no son prohibiciones, y nuestros juramentos ya no son juramentos.» El contenido del

ejemplo, si alguien que no cree en la Torá cae en un pozo, hay que retirar rápidamente la escalera (*Choschen Ham, 425*); No ayudamos a una mujer no judía a dar a luz en Shabat, ni siquiera haciendo algo que no implique la profanación del Shabat (*Orach Chayim 330, 2*); no se debe curar nunca un cristiano, a menos que por ello se convierta en enemigo de Israel (*Iore Dea, 158*); respecto a los cristianos que no son enemigos, un judío no debe sin embargo intervenir o avisarles ante una amenaza mortal (*Iore Dea, 158, 1*); no se debe salvar los cristianos ante un peligro mortal (*Hilkhot Akum, 10, 1*); Cualquiera que confiese los secretos de Israel a no judíos debe ser asesinado antes de que les revele algo (*Choschen Hamm, 386, 10*); los herejes, los delatores y los apóstatas han de ser bajados a un pozo y olvidados ahí (*Avodah Zarah, 26b*[279]); hay que matar aquellos que dan el dinero de los judíos a los cristianos (*Choschen Hamm, 388, 15*); los goyim que intentan descubrir los secretos de la Ley de Israel cometen un crimen pasible de pena de muerte (*Sanedrín, 59a*); los judíos bautizados deben ser castigados con la muerte (*Hilkhot Akum, X, 2*); incluso el mejor de los goyim debe ser abatido (*Avodah Zarah, 26b*); si un judío mata un cristiano, no es un pecado (*Sepher Or Israel, 177b*); derramar la sangre de los impíos es un sacrificio agradable para Dios (*Ialkut Simoni, 245c*[280]), etc. Y muchas más citas que podrían parecer poco creíbles a los neófitos, ya que resultan realmente muy insultantes para los goyim[281].

Nicolas Donin había reunido varios extractos del Talmud, seguido de treinta y cinco cargos como base de acusación. A raíz de su trabajo, el 9 de junio de 1239, el Papa Gregorio IX envió una carta a todos los obispos de Francia, Inglaterra, Castilla, Aragón y Portugal ordenándoles confiscar todos los ejemplares del Talmud y entregarlos a los monjes dominicos y franciscanos. Los soberanos de esos países debían ayudar a los obispos, mientras que los priores de los dominicos y franciscanos eran encargados

---

rezo *Kol Nidré* aparece en el Talmud en el Libro de *Nedarim 23a-23b*. Los votos y promesas no son válidos, mientras uno se acuerde de eso en el momento de pronunciarlos. (NdT).

[279] En sepharia.org. (NdT).

[280] No traducido al inglés en sepharia.org. (NdT).

[281] Las partes o tratados del Talmud llamados *Choschen Ham* y *Schabbouth Hag* (así como algunas partes de *Iore Dea*) mencionados en el texto resultan inencontrables en internet (sepharia.org y halakha.com). Algunos afirman que estos agresivos pasajes no existen y que fueron inventado a propósito por el autor del conocido libro "antisemita", *Le Talmud démasqué- Les Enseignements rabbiniques secrets concernant les chrétiens* (latín: *Christianus in Talmude Iudaeorum- sive Rabbinicae doctrinae de christianis secreta*)- *El Talmud desenmascarado- Las Enseñanzas rabínicas secretas sobre los cristianos*, de Justinas Bonaventura Pranaitis (1861-1917). Otros afirman que algunos de los tratados más ofensivos del Talmud fueron expurgados y ocultados a lo largo del tiempo por los propios rabinos. (NdT).

de abrir diligencias contra el Talmud y quemar todos los ejemplares confiscados.

Cuando la vigilancia se relajaba, los judíos se apresuraban en reproducir nuevas copias de su "libro santo". De modo que las órdenes de los papas y de los obispos fueron a frecuentemente renovadas. Después de Gregorio IX, los papas Inocencio IV (1244), Clemente IV (1267), Honorio IV (1286), Juan XXII (1320), Benedicto XIV (1415), Julio III, Pablo IV, etc. alertaron una y otra vez los cristianos contra las barbaridades contenidas en las páginas del Talmud.

XLVIII. 1240: la expulsión de Bretaña

La principal ocupación de los judíos en Bretaña, como en todas partes, era el préstamo con interés. Pero Bretaña fue la provincia de Francia que demostró más tesón en combatir la usura judía. En 1239, los estados (el parlamento) del ducado decidieron que los deudores serían declarados libres de sus deudas frente a los judíos, y que éstos serían desterrados del país y que todos los bienes, muebles e inmuebles, que tenían en prenda serían restituidos a los prestatarios. La asamblea obligó incluso al duque de Bretaña a prometer bajo juramento, en su nombre y sus descendientes, y bajo pena de excomunión en caso de contravención, a no admitir más a los judíos en el ducado y no tolerar que ninguno de sus barones los cobijara en sus tierras. La aversión a los judíos había llegado hasta tal punto que los asesinatos de judíos, que habían tenido lugar unos años antes con motivo de las cruzadas, fueron exculpados y se prohibió procesar a nadie por aquellas masacres[282].

Bertrand d'Argenté presentó en 1588 el texto en latín del documento que reproducimos a continuación: «En ese tiempo el país se vio muy asolado por los judíos que habitaban en el país de Bretaña, los cuales por la inclemencia y crueldad de su usura, que se les permitía, consumían nobles y comerciantes, y sobre todo el pueblo llano, lo que conmocionó el país y llevó a reunirse los estados, el Clero, los Nobles y el Tercer Estado, e hicieron inmediato requerimiento al Duque de expulsarlos, lo que finalmente se resolvió, que los judíos fuesen desterrados según patentado y que reza como sigue, extraído de las cartas de Bretaña halladas en las

---

[282]Proclamación del duque Jean de Bretagne, fechada en Ploërmel e insertada entre los documentos del tomo II de *L'Histoire de Bretagne*, por D. Pierre H. Morice, y del tomo I de las *Mémoires pour servir de preuves à l'histoire de Bretagne*, par D. Pierre H. Morice, en Georges-Bernard Depping, *Les Juifs dans le Moyen-Âge*, (1823), Éd. Wouters, Bruxelles, 1844, p. 130

correspondencias de San Melanio, de la Abadía de Kemperlé[283].»

En 1716, Dom Pierre Morice resumía dicho documento como sigue: «Las usuras eran tan indignantes, que los Prelados y los Barones suplicaron el Duque de expulsarlos [los judíos] completamente de las tierras de su obediencia. Para satisfacerlos, el Duque, estando en Ploërmel el día 20 de abril del año 1240, otorgó un Edicto en el que declaraba: 1°. Que expulsa los Judíos de toda la Bretaña y que no los tolerará más en sus tierras, ni en las de sus súbditos; 2°. Que suprime todas las deudas contraídas con los Judíos, de la naturaleza que sea.; 3°. Que los bienes muebles o inmuebles, empeñados como garantías de esas deudas, volverán a los deudores o a sus herederos, excepto aquellos que fueron vendidos jurídicamente a Cristianos; 4°. Que nadie será investigado por la muerte de Judíos fallecidos hasta ahora; 5°. Que impedirá que las deudas contraídas con los Judíos en las tierras de su padre sean pagadas; Y, finalmente, que hará confirmar su Edicto por el Rey de Francia. El Duque se comprometía bajo juramento a mantener vigente esta Ordenanza toda su vida, y se sometió en caso de contravención a la censura de la Iglesia. Sometió todos sus sucesores al mismo juramento, y prohibió prestarles lealtad antes de que cumpliesen este deber y obligación. Los Prelados y los Barones juraron también por su parte que no tolerarían más a los Judíos en sus tierras[284].»

A continuación, reproducimos el edicto del 20 de abril de 1240 mediante el cual el Duque de Bretaña Jean I le Roux (Juan I el Pelirrojo), a propuesta del parlamento de Bretaña, expulsaba a los judíos de sus tierras:

«A todos los que lean las presentes cartas, Yo, Juan, Duque de Bretaña, conde de Richemont, Saludos.

«Sepan que nos, a petición de los obispos, de los abades, de los barones y de los vasallos de Bretaña, habiendo sopesado con cuidado el interés del país, expulsamos de Bretaña a todos los Judíos. Ni nosotros, ni nuestros herederos toleraremos jamás ninguno en nuestras tierras de Bretaña, y no permitiremos que ninguno de nuestros súbditos tenga alguno en las suyas.

«Todas las deudas contraídas con los Judíos establecidos en Bretaña, de cualquier forma y por cualquier motivo que sea, las devolvemos en su totalidad y damos recibo de ellas.

«Todas las tierras hipotecadas a Judíos, todas las garantías mobiliarias o inmobiliarias poseídas por ellos serán devueltas a los deudores o sus herederos, excepto las tierras y otras prendas que fueron vendidas a cristianos por decisión judicial de nuestra corte.

«Nadie será acusado o procesado por haber matado a un Judío.

---

[283]Bertrand d'Argenté, *Histoire de Bretagne – des roys, comtes et princes dicelle*, Paris, 1588, p. 245
[284]Dom Pierre-Hyacinthe Morice, *Histoire ecclésiastique et civile de Bretagne*, Paris, 1716, éd. De 1974, t. I, p. 174, citado por Alain Guionnet.

«Rogaremos y solicitaremos de buena fe y con todo nuestro poder a nuestro señor el rey de Francia que confirme mediante sus cartas la presente decisión u ordenanza, y respondemos por nuestro padre y por nosotros mismos de que las deudas contraídas en Bretaña con los judíos nunca serán pagadas en la tierra de nuestro padre.

«Esta decisión, tal como ha sido escrita, hemos jurado de buena fe observarla a perpetuidad; si por lo que fuera contraviniéramos esto, todos los obispos de Bretaña, juntos o por separado, podrán excomulgarnos y desterrarnos de nuestras tierras situadas en sus diócesis, a pesar de cualquier privilegio obtenido o por obtener por nosotros.

«Además, deseamos y acordamos que nuestros herederos, que en tiempos venideros nos sucederán cuando alcancen la edad legítima, se comprometan bajo juramento a respetar fielmente esta decisión tal como se describe aquí. Los barones, los vasallos y todo aquel obligado a jurar fidelidad al conde de Bretaña no la juraran, ni rendirán pleitesía a nuestros herederos hasta que éstos, debidamente requeridos por dos obispos o dos barones al menos en nombre de los otros, no hayan jurado guardar fielmente esta decisión. Pero hecho este juramento, los barones y todos aquellos que deben fidelidad al duque de Bretaña jurarán fidelidad y rendirán pleitesía inmediatamente a nuestros herederos.

«Dado en Ploërmel, el martes antes de la Resurrección de Nuestro Señor, año MCCXXXIX[285].»

El edicto fue mantenido estrictamente y durante siglos no hubo más judíos en Bretaña.

Mientras tanto, en la otra punta de Europa, los Mongoles y los Tártaros de Gengis Kan arrasaban Rusia y Polonia e intentaban incursiones hasta dentro de Alemania. Una vez más, los judíos jugaron la carta del invasor. Heinrich Gratez escribía: «Una historia circuló en Alemania según la cual los judíos habían ofrecido suministrar a las mongoles provisiones envenenadas. Con este pretexto habían intentado proporcionarles armas de todo tipo encerradas en barriles. Un audaz aduanero de la frontera, despertadas sus sospechas, insistió en que se abrieran los barriles, con lo que se descubrió el complot. Esta historia fue recibida con credulidad general y fue la causa de mucho sufrimiento para los judíos alemanes[286].»

---

[285]Arthur le Moyne de La Borderie, *Histoire de Bretagne*, Rennes, t. 3, 1899, p. 337; cité par Alain Guionnet. La Borderie precisa tras esta datación: «20 de abril de 1240 nuevo estilo». En 1240, la Pascua cayó el 15 de abril, el martes anterior era el 13 de abril (nota de La Broderie, p. 339).

[286] Heinrich Graetz, *History of the Jews III*, London, Myers High Holborn, 1904, p. 599–600

XLIX. Luis IX, San Luis

San Luis reinó en Francia desde el año 1226. Este rey, que la historia ha popularizado por su justicia y bondad, tenía naturalmente en horror al judaísmo[287].

Conocemos la famosa anécdota contada por el propio San Luis, tal como la refirió Juan (Señor) de Joinville:

«El rey me contó que hubo una gran disputa de cleros y Judíos en el monasterio de Cluny. Ahí estaba un caballero, a quien el Abad dio la oportunidad de intervenir. El caballero pidió al Abad que le dejaran tomar la primera palabra, si bien se la concedieron con dificultad. Se levantó pues, apoyándose en la cruz de su espada, y dijo que le trajeran el mayor clero y el mayor maestro de los Judíos. Así hicieron. Entonces hizo una pregunta como esta:

«-Maestro, dijo el caballero, os hago esta pregunta: ¿si creéis que la Virgen María que llevó Dios en su seno y en sus brazos, alumbró virgen y si es madre de Dios?

«Y el Judío respondió que no creía nada de todo eso. (texto original: *Et li juii respondi que de tout ce en creoit il riens).*

«El caballero le respondió que muchos eran locos e insensatos, que no creyendo en ella ni amándola penetraban en su monasterio y morada:

«-Y, verdaderamente, dijo el caballero, me las pagaréis!

«Entonces, alzó su horca, golpeó el Judío en la oreja y lo tiró a tierra. Los Judíos se volvieron a la fuga y se llevaron su maestro mal herido. Así terminó la disputa.

«Vino entonces el Abad al caballero decirle que había cometido gran locura. A lo que el caballero contestó que había sido él, el Abad, quien había cometido mayor locura aún en asemblar tal disputa. Pues, el hombre laico, cuando escucha hablar mal de la fe cristiana, no debe defender la fe cristiana si no es por la espada, de la que debe dar entre vientre adentro,

---

[287] "El antes noble y bien dispuesto monarca, Luis IX, estaba tan dominado por este sentimiento de aversión, que no podía soportar mirar a un judío. Fomentó por todos los medios la conversión de los judíos y permitió que los hijos de padres conversos, que se habían adherido de nuevo al judaísmo, fueran arrancados del seno de sus madres. A los judíos sólo les quedaba un medio con el que aplacar la ira que se había encendido contra ellos, y este era el dinero... Pero este medio resultó ser un instrumento de doble filo que se volvió contra las mismas personas a las que pretendía beneficiar. Para conseguir grandes sumas de dinero, los judíos se vieron obligados a cobrar intereses exorbitantes e incluso a recurrir al fraude. De este modo se ganaron el odio de la población y fueron objeto de nuevos ultrajes. Las repetidas quejas sobre su usura hicieron necesaria la ley de Luis IX, que la limitó adecuadamente y en muchos casos condonó una parte de las deudas contraídas con los judíos." Heinrich Graetz, *History of the Jews III*, London, Myers High Holborn, 1904 p. 589

tanto como pueda entrar[288].»

Esta historia del caballero de Cluny fue narrada por el propio rey San Luis, que quería que fuera un ejemplo para todos los cristianos: a menos de ser un letrado, un «muy buen clero», no se discute con el judío, sino que uno le atraviesa el cuerpo con su espada.

Así como lo dijo el gran rey en viejo francés: «*Aussi vous di je, fist li Roys, que nulz, se il n'est très bon clerc, ne doit desputer à eulz; mès l'omme lay, quant il ot mesdire de la loy crestienne, ne doit pas deffendre la loy crestienne; ne mais de l'espée de quoy il doit donner parmi le ventre dedens, tant comme elle y puet entrer.*»

Luis IX, San Luis, dio la orden de organizar una controversia pública entre Nicolás Donin y cuatro rabinos, a fin de desenmascarar a los judíos. Los cuatro defensores del Talmud fueron Yehiel de París, Moisés de Coucy, Juda ben David de Melun y Samuel ben Salomón de Château-Thierry. La controversia tuvo lugar el 25 de junio de 1240 en la corte del rey, en presencia de varios obispos y dominicanos, y ante la reina madre, Blanca de Castilla, hija de Alfonso VIII de Castilla.

El debate giró en torno a estas dos cuestiones: ¿Contiene el Talmud blasfemias contra Dios y afirmaciones contrarias a la moral? ¿Contiene blasfemias contra Jesucristo? Graetz escribía sobre esto lo siguiente: «Yehiel refutó las acusaciones que se hicieron en relación con las supuestas

---

[288] Jean de Joinville, por R. P. Bruckberger, en *Tableau de la littérature française*, tome I, Gallimard, 1962, p. 125-127. [El texto en viejo francés también se encuentra en www.archives.org, Sire de Joinville, *Histoire de Saint-Louis, Roi de France*, Chez l'éditeur rue Grange-aux-Belles, Paris, 1822, p. 16-17:
«*Il me conta que il ot une grande desputaison de clers et de juis ou moustier de Clygni. Là ot un Chevalier à qui l'Abbé avait donné le pain léens pour Dieu, et requist à l'abbé que il li lessast dire la première parole et en li otria à peinne.*
Et lors il se leva et s'apuia sus sa croce, et dit que l'en li feist venir le plus grant clerc et le plus grant mestre des juis, et si firent il; et li fist une demande qui fu tele: -"Mestre, fist le Chevalier, je vous demande se vous créez que la Vierge Marie qui Dieu porta en ses flans et en ses bras, enfantast vierge, et que elle soit mere 'de Dieu'. -'Et li juis respondi que de tout ce en creoit il riens. -'Et le Chevalier li respondi, que moult avait fait que fol, quant il ne la créoit, en ne l'amoit, et estoit entré en son moustier et en sa mesori, Et vraiement, fist le Chevalier, vous le comparrez, et lors il liauça sa potence et feri le juif lés l'oye et le porta par terre. 'Et les juis tournèrent en fuie, et enporterent leur mestre tout blecié; et ainsi demoura la desputaison.
Lors vint l'Abbé au Chevalier, et li dist que il avait fait grant folie. Et le Chevalier dit que encore avoit il fait greingneur folie, d'assembler tele desputaison; car avant que la desputaison feust menée à fin, avoit il séans grant foison de bons crestiens, qui s'en feussent parti touz mescréanz, parce que il n'eussent mie bien entendu les juis. -'Aussi vous di je, fist li Roys, que nulz, se il n'est très bon clerc, ne doit desputer à eulz; mès l'omme lay, quant il ot mesdire de la loy crestienne, ne doit pas deffendre la loy crestienne; ne mais de l'espée de quoy il doit donner parmi le ventre dedens, tant comme elle y puet entrer.' (NdT).]

expresiones blasfemas e inmorales. Con respecto a la segunda de estas acusaciones, afirmó que no cabía duda de que en el Talmud se relataban muchos hechos odiosos relativos a un tal Jesús, hijo de Pantheras; sin embargo, éstos no se referían a Jesús de Nazaret, sino a uno de nombre similar que había vivido mucho antes que él. Hizo esta declaración con toda seriedad, casi como un juramento, porque la tradición y la cronología talmúdica le habían hecho creer erróneamente que el Jesús cuyo nombre aparecía en el Talmud no era idéntico al fundador del cristianismo.»

Obviamente el Talmud fue condenado, y el día 6 de junio de 1242 veinticuatro carros repletos de ejemplares de este libro nauseabundo fueron quemados en plaza pública en París.

«El dolor de los judíos franceses por estos acontecimientos fue desgarrador. Sintieron como si les hubieran arrancado el corazón. Los hombres más piadosos entre ellos celebraron el aniversario de la quema del Talmud con un día de ayuno[289].»

Era la primera vez, desde tiempos del emperador Justiniano, que se legislaba contra el Talmud. En 1244, cuando el papa Inocencio IV fue informado de que los judíos habían logrado salvar de las llamas un gran número de ejemplares del Talmud, animó al rey de Francia a que realizara nuevos registros e incautaciones.

Dado que el Talmud y otros libros clandestinos de los hebreos les incitaban a cometer todo tipo de fechorías, el papa ordenó en la misma Bula que todas esas obras fuesen quemadas públicamente «para confundir la perfidia de los judíos». La importante Bula del 9 de mayo de 1244, *Impia judaeorum perfidia*, decía textualmente: «La impía perfidia de los judíos, de cuyos corazones por la inmensidad de sus crímenes, nuestro Redentor no arrancó el velo, sino que los dejó permanecer todavía en ceguedad… que, por sola misericordia, la compasión cristiana los recibe y tolera pacientemente su convivencia; cometen tales enormidades que causan estupor a quienes las oyen, y horror a quienes son relatadas[290].»

Los judíos, como ya hemos mencionado, estaban obligados a llevar un signo distintivo. San Luis quería a toda costa que los judíos fuesen fácilmente reconocibles por los cristianos, por lo que había impuesto una fuerte multa de diez libras a los judíos que omitían llevar su rodela. Esta marca no impedía, ni mucho menos, que los judíos siguieran practicando la usura y arruinando a los cristianos por todos los medios.

Además, el rey había instado los judíos de Languedoc a dedicarse a los oficios honorables y al comercio legal, pero manifiestamente preferían

---

[289]Heinrich Graetz *History of the Jews III*, London, Myers High Holborn, 1904, p. 595–596, 598

[290]Maurice Pinay, *Complot contra la Iglesia, Capítulo XLI* (1962), Transcripción pdf de Ediciones Mundo Libre, México, 1985, p. 371

practicar el préstamo con interés y otros tráficos más lucrativos. Los prestatarios, incapaces de liberarse de sus deudas, eran obligados a vender sus propiedades y acababan siendo prisioneros de sus despiadados acreedores.

La mayoría de los concilios de Francia que tuvieron lugar en esa época maldecían y condenaban la usura: el concilio de Château-Gontier en 1231, los dos concilios de Lyon en 1245 y 1247, los de Albi en 1254, el de Montpellier en 1258, de Sens en 1269, de Arles y de Poitiers en 1273, de Aviñón en 1282, etc[291].

Los concilios de Béziers, en 1246, y de Albi, en 1254, prohibían a los cristianos acudir a un médico judío. El concilio de Viena de 1267 ordenaba que el judío que hubiese fornicado con una cristiana fuese condenado a una multa de 10 marcos de plata, y que la mujer fuese azotada públicamente y desterrada a perpetuidad de la ciudad.

En 1254, en la Ordenanza general para la reforma de las costumbres, San Luis ratificaba lo que había sido ordenado anteriormente por su madre. Añadió la orden de quemar el Talmud, conformemente a las prescripciones de Inocencio IV. Pero la usura judía se resistía a todos los esfuerzos del rey. Se suprimieron un tercio de todas las deudas usurarias, se facilitó dos

---

[291]«A lo largo de la historia, hemos visto papas que han servido como protectores de este pueblo oprimido, y otros papas que han aprobado o apoyado los rigores de los reyes y el odio del pueblo. Creo que debo arrojar más luz sobre esta conducta variable de la Iglesia. En 1213, se reunió un concilio en París; Robert de Courzon asistió como legado. Este concilio ordenó a los cristianos declarar a los sacerdotes todo lo que supieran sobre transacciones usurarias, y a los usureros dar cuenta de sus préstamos, devolver las ganancias usurarias o transigir con los prestatarios, so pena de excomunión y confiscación de los bienes adquiridos usurariamente. Los usureros impenitentes debían ser abandonados por sus propias familias y sus cuerpos arrojados a la calle: "Como los usureros y extorsionadores se han establecido y han arraigado demasiado sólidamente, proseguía el Concilio, en casi todas las ciudades, villas y pueblos del reino de Francia, sinagogas que vulgarmente se llaman *comunas*, para la subversión de toda jurisdicción eclesiástica, ordenamos, bajo pena de responsabilidad en el Juicio Final, que nadie se someta a los castigos que dichas sinagogas han decretado contra todos aquellos que denuncien en secreto a los obispos las exacciones y demás delitos de los usureros. Dictaminamos, bajo pena de suspensión y excomunión, que ningún abogado pueda defender la causa de estas sinagogas o *comunas* contra las iglesias y los obispos". Y más adelante los padres del concilio decían: "Puesto que los usureros y perseguidores de la Iglesia forman por todas partes sinagogas o asambleas de hombres perversos, armados contra Dios y la Iglesia; que recientemente han fundado nuevas escuelas y nuevas ciencias, opuestas a las verdaderas ciencias que se enseñan en las escuelas, y como instruyen a sus hijos sólo para que lleven cuenta de las deudas adquiridas por sus padres mediante la usura, el concilio ordena a la juventud que abandone esta clase de estudios, para aprender sólo ciencias útiles, ya que es ilícito enriquecerse a costa de los demás."» En Georges-Bernard Depping, *Les Juifs dans le Moyen-Âge*, (1823), Éd. Wouters, Bruxelles, 1844, p. 277-278. (NdT).

plazos para el pago del resto y se prohibió a los merinos del reino arrestar a los cristianos por causa de deuda con los judíos o a forzarles a vender su patrimonio.

«La Ordenanza de los Judíos, que queremos ver respetada, es: a saber, que los Judíos cesen sus usuras, blasfemias, hechizos y sortilegios, y que su Talmud y demás libros donde se hallan blasfemias sean quemados, y que los Judíos que no se atengan a esto sean expulsados y los transgresores sean legalmente castigados; y así vivan todos los judíos de las labores de sus manos y otras tareas sin usuras[292].»

Esta ordenanza fue ejecutada a rajatabla con un rigor extremo. Los autores relatan cómo los judíos se quejaban de sufrir tan inaudita persecución. En 1257 o en 1258, San Luis decretó que las usuras exigidas por los judíos serían restituidas a los que las habían pagado o a sus herederos.

Pero estas órdenes no fueron suficientes y de nuevo hubo que recurrir a un acto de autoridad. Vemos así, en un acto de Teobaldo I, rey de Navarra y conde de Champaña, que el rey Luis y su hijo habían planeado en secreto arrestar a todos los judíos de sus dominios en un mismo día del año 1268[293].

L. Santo Tomás de Aquino

El teólogo napolitano Tomás de Aquino (1225-1274) lo había establecido formalmente en su *Suma teológica* (II-II. c. 10, art. 8): «Entre los infieles hay quienes nunca aceptaron la fe, como son los gentiles y los judíos. Estos, ciertamente, de ninguna manera deben ser forzados a creer, ya que creer es acto de la voluntad. No obstante, si se cuenta con medios para ello, deben ser forzados por los fieles a no poner obstáculos a la fe, sea con blasfemias, sea por incitaciones torcidas, sea incluso con persecución manifiesta... A los judíos no se les debe forzar a abrazar la fe si de ningún modo la han aceptado.»

Y es que, por otra parte, Santo Tomás conocía perfectamente el peligro que representaban los judíos para la sociedad cristiana, por lo que sostenía que éstos debían imperativamente ser sometidos a la autoridad de la Iglesia: «No existe otra alternativa que, o bien expulsarlos del país, o bien dejarlos vivir, pero sometidos a una dura servidumbre que los ate de manos y les

---

[292] Auguste-Arthur Beugnot, *Les Juifs d'Occident*, 1824, p. 94. Beugnot fue un erudito católico, originario de Picardía, filosemita y miembro de la Academia de Inscripciones y Bellas Letras.
[293] Acto público de Teobaldo, rey de Navarra, del año 1268. Tesoro de las Cartas, cartón J, 613. Cartas patentes del año 1268. Brussel, *Usage général des fiefs*, tome I, liv. II, chap. XXXIX, en Georges-Bernard Depping, *Les Juifs dans le Moyen-Âge*, (1823), Éd. Wouters, Bruxelles, 1844, p. 127

impida causar tanto daño.» Ahora bien, para Santo Tomás las palabras *servis, servitus*, no tenían el sentido exclusivo que tienen actualmente. No se trata propiamente de esclavitud, sino de un estado de inferioridad que priva a los judíos de varios derechos que sí gozan los otros ciudadanos y que los somete a diversas cargas de las que los demás están libres, para evitar que hagan daño a la sociedad[294].

Santo Tomás avisaba claramente a los fieles cristianos: «Si se trata, efectivamente, de cristianos firmes en la fe, hasta el punto de que de su comunicación con los infieles se pueda esperar más bien la conversión de éstos que el alejamiento de aquéllos de la fe, no debe impedírseles el comunicar con los infieles que nunca recibieron la fe, es decir, con los paganos y judíos, sobre todo cuando la necesidad apremia. Si, por el contrario, se trata de fieles sencillos y débiles en la fe, cuya perversión se pueda temer como probable, se les debe prohibir el trato con los infieles; sobre todo se les debe prohibir que tengan con ellos una familiaridad excesiva y una comunicación innecesaria.» (*Suma teológica*, II-II a, c. 10, art. 9).

Otro de sus escritos titulado *De regimine Iudaeorum* no se presentaba como un tratado sobre la materia, como cabría esperar, sino bajo la forma de una corta respuesta a la Duquesa de Brabant, Alix de Borgoña, la cual había consultado Santo Tomás acerca de varios temas en 1261 para ayudarla en su gobierno tras la muerte de su esposo. Para reafirmar su fe y su conciencia, Alix había consultado el gran doctor de la Iglesia.

Santo Tomás respondió: «Vuestra Excelencia, escribió el dominico a la duquesa Alix, preguntó en primer lugar si le era lícito, y en qué ocasión, imponer impuestos, contribuciones y confiscaciones a los judíos. A esta pregunta, formulada de una manera absoluta, respondería que los judíos, como se dice en derecho, están en virtud de su culpa condenados a una servidumbre perpetua, y que por lo tanto los amos de la tierra pueden utilizar los bienes de estos hombres como propios. Sin embargo, deben hacerlo con moderación, de modo que en ningún caso se les quite lo necesario para su subsistencia...» (*Necessarium vitae subsidia eis nullatenus substraantur*). Recomendaba cierta clemencia y no practicar represalias abusivas y especificaba que la palabra "necesario" debía ser comprendida en un sentido amplio.

Más adelante, Santo Tomás afirmaba que los príncipes debían compeler los judíos a ganarse la vida trabajando honestamente, en vez de dejarlos enriquecerse con la usura: «Su desconcierto a este respecto me parece, en la medida en que puedo conjeturarlo, incrementado por las consecuencias de su primera pregunta. Usted me dice que los judíos en sus Estados sólo

---

[294] Charles Auzias-Turenne, *Revue Catholique des Institutions et du Droit*, octubre 1893.

poseen lo que han adquirido por su detestable usura; por lo tanto, ignora si es permisible exigirles algo, ya que deberían devolver lo que han extorsionado de esta manera. Sobre este punto mi respuesta es la siguiente: es evidente que los judíos no pueden retener legalmente el producto de su usura; por lo tanto, si se lo quitáis, no podéis retenerlo legalmente, a menos que provenga de extorsiones de las que vosotros o vuestros predecesores hayáis sido víctimas. Si, por el contrario, procede de la extorsión de otros, y os lo habéis apoderado, debéis restituirlo a aquellos a quienes los propios judíos debían restituirlo: Así pues, si hay personas a quienes los judíos han arrancado sumas usurarias, éstas deben ser devueltas a los interesados; si no las hay, se aplicarán a obras piadosas por consejo del obispo diocesano y de hombres de reconocida probidad, o a objetos de utilidad pública, siempre que la necesidad sea apremiante y lo mande el bien general. E incluso estaría permitido exigir esta restitución por segunda vez a los judíos, de conformidad con las costumbres observadas por vuestros predecesores y con la intención de hacer el uso arriba indicado[295].»

Terminaba recomendando a la Duquesa aplicar en sus dominios la disposición de los concilios relativa a la rodela amarilla: «En todo reino cristiano y en todo tiempo, los judíos de ambos sexos deben distinguirse de los nacionales por un signo externo.» Era este un sabio consejo que permitía identificar a simple vista el zorro entrando en el gallinero.

LI. Pablo Christiani y la disputa de Barcelona

El rey de Castilla Alfonso X el Sabio, que reinó de 1252 a 1284, promulgó varios edictos en contra de los judíos basándose en la legislación visigoda: «Por amor a la Iglesia, o también a causa de su intolerancia, impuso muchas restricciones a los judíos mediante diversas leyes, y los redujo a una condición degradada. No se sabe con certeza si la colección de leyes góticas occidentales (llamada *Forum Judicum*, Fuero juzgo) fue traducida al castellano por Alfonso o por su padre. De esta colección los españoles derivaron un indeleble espíritu de odio contra los judíos. Tanto si Alfonso es responsable de ello como si no, lo cierto es que pretendía reducir a los judíos a un estado miserable mediante una serie de ordenanzas promulgadas por él mismo[296]», escribía Heinrich Graetz. El código visigodo había sido probablemente traducido al castellano por orden de Alfonso en los años 1257 a 1266. Se le añadió un capítulo en el que se decía que «ningún judío puede ejercer un empleo público o verse otorgado una

---

[295] Georges-Bernard Depping, *Les Juifs dans le Moyen-Âge*, (1823), Éd. Wouters, Bruxelles, 1844, p. 140, 141
[296] Heinrich Graetz, *History of the Jews III*, London, Myers High Holborn, 1904, p. 614

dignidad en España.»

Alfonso X integró en su código todas las leyes de excepción que los Bizantinos y los Visigodos habían promulgado contra los judíos, y añadió otras restricciones. Ordenó a los judíos y a las judías llevar un signo distintivo en su peinado, bajo pena de multa o de flagelación para los infractores. Judíos y cristianos no podían comer juntos, ni tampoco bañarse.

Alfonso X el Sabio dio además fe de que los judíos crucificaban todos los años un niño cristiano y reafirmó contra ellos la prohibición de salir a la calle el día de Viernes Santo. Por otra parte, no permitió que los cristianos atentaran o profanaran sus sinagogas, que se impusiera a los judíos el bautismo forzoso, o hacerles comparecer ante los tribunales durante sus fiestas. Alfonso X no llegó a poner todas estas leyes en vigor, pero fueron aplicadas más tarde y contribuyeron a contener la agresividad de los judíos en España.

Según un censo de la época, había en Castilla cerca de 850 000 judíos que formaban en el país más de ochenta comunidades, siendo la de Toledo la más importante[297].

Aragón formaba un reino independiente, con Mallorca y Sicilia. Los judíos eran menos libres que en Castilla. El rey de Aragón, Jaime I, que poseía propiedades en el sur de Francia y mantenía frecuentes contactos con San Luis (su sobrino) y sus consejeros, endureció la legislación judía.

Su confesor, Raimundo de Peñafort, el maestro general de la orden dominicana había probablemente tenido un papel importante en estas decisiones. Con la esperanza de convertir a los judíos, Peñafort había organizado escuelas donde los monjes predicadores estudiaban el árabe y el hebreo para preparase a combatir con más éxito los doctos judíos. Creó así una tradición de apologistas que ya no se limitaban a rastrear y recopilar los pasajes del Antiguo Testamento que prefiguraban la Santa Trinidad o profetizaban la llegada del Mesías, sino que intentaban refutar los libros rabínicos y las aserciones talmúdicas.

Un dominicano llamado Pablo Christiani – un antiguo judío originario de Montpellier – retaba y provocaba los judíos en controversias públicas en el sur de Francia y otras regiones para demostrar que sus propios libros santos ya habían anunciado la divinidad de Jesús.

---

[297]"Los judíos del reino de Castilla, cuya población ascendía a casi 850.000 almas, contribuían con 2.780.000 maravedíes en concepto de impuestos... En estos territorios existían más de ochenta comunidades judías, siendo la más famosa la de Toledo capital, que, junto con las ciudades menores adyacentes, contaba con 72.000 judíos. También había comunidades muy numerosas en Burgos, con casi 29.000 almas; en Carrión, con 24.000, y lo mismo en Cuenca, Valladolid y Ávila. Más de 3.000 judíos vivían en Madrid, que en esta época aún no había alcanzado ningún grado de importancia." Heinrich Graetz, *History of the Jews III*, London, Myers High Holborn, 1904, p. 638

Su superior, Raimundo de Peñafort, decidió organizar en la Corte una controversia entre Pablo y uno de los más célebres rabinos de la época, Najmánides, maestro de la escuela cabalista de Gerona. En 1263, el rey Jaime, plegándose al deseo de los dominicanos, invitó Najmánides (también conocido como Bonastruc ça Porta en catalán) y varios rabinos para participar en un coloquio público en Barcelona.

Durante cuatro días, a partir del 20 de julio, Najmánides y Pablo Christiani se enfrentaron sobre la divinidad de Jesús. La célebre "disputa" (*disputatio*) se desarrolló en el palacio del soberano, en presencia de toda la Corte, de los altos dignatarios de la Iglesia, de la nobleza y del pueblo reunido[298].

El abogado del judaísmo fue finalmente desterrado y Pablo Christiani enviado a predicar ante los judíos en las principales ciudades del reino, con la potestad especial para reunir a los judíos dondequiera que considerase necesario y con el derecho a incautar todos sus libros. Asistido por varios clérigos, el Padre Christiani llevó a cabo su misión con gran celo.

Estos libros sirvieron al dominicano Raimundo Martín para componer los tratados *Capistrum Judeorum* (*Mordaza para los judíos*) y sobre todo el *Pugio fidei* (*El Puñal de la fe*). Esta última obra, publicada en 1278, fue la más exitosa. Fue ampliamente consultada, estudiada y plagiada. El autor era un hombre versado en hebreo, árabe, caldeo y siríaco (idioma derivado del arameo), y de una gran erudición. Martín dominaba mejor el hebreo que San Gerónimo y era muy versado en la literatura bíblica y rabínica. Había estudiado la Hagadá talmúdica, los escritos de Rachi, Ibn Ezra, Maimónides y Kimhi. Combatió los judíos con sus propias armas, es decir con la ley mosaica y el Talmud. Su enorme infolio estaba sembrado de citas hebraicas, así como de argucias difusas que demostraban que el autor había sido alumno de la escuela rabínica antes de convertirse en un violento antagonista de los rabinos. Reprochaba a los rabinos enseñar – entre otras

---

[298]Diago, *Histor. Provin. Aragoniae*, lib. I, cap. XV.«[El debate giró en torno a las siguientes cuestiones: 1. si el Mesías había aparecido o no. 2. si, según las Escrituras, el Mesías era un ser divino o humano 3. si el Mesías estaba destinado a sufrir y morir. 4. si con el advenimiento del Mesías, la ley y rituales judíos habían perdido su fuerza y en consecuencia si los judíos o los cristianos tenían la verdadera fe.
Frente a la acusación de ocultar la llegada del Mesías, el rabino replicó que para el judaísmo tal llegada no se había producido porque no se habían cumplido los parámetros que señalaban las profecías para la llegada del Mesías: no se había conseguido la Paz Universal, los judíos no habían sido llamados a la Tierra Prometida y no se había reconstruido el Templo de Salomón.» (en https://www.jewishvirtuallibrary.org/disputation-of-barcelona). Léase Hervé Ryssen, *Las Esperanzas Planetarianas* y *Psicoanálisis del judaísmo*. (NdT).]

doctrinas – que estaba permitido a los judíos matar a los goyim. Ciertamente, el tratado *Avodah Zarah (26b)* recomienda abandonar los goyim en los pozos cuando caen en ellos, así como tirar en ellos a los *minims* (los judíos heréticos), a los traidores y a los apostatas[299].

«Otro converso, Gerónimo de Santa Fe, hacía el mismo reproche a los judíos y citaba para ello un pasaje del rabino Simeon, hijo de Rabi Joanhia, que afirma que hay que matar al mejor de los cristianos, al igual que hay que aplastar la cabeza de la mejor de las serpientes[300].»

Si bien la situación de los judíos era todavía «bastante buena» en Castilla en aquella época, nos decía Graetz, esta era «muy satisfactoria» en el joven reino de Portugal, bajo el reinado de los reyes Alfonso III (1248-1279) y Dionisio (1279-1325). «No sólo estaban exentos de los decretos canónicos que obligaban a llevar un signo distintivo y a pagar el diezmo a la Iglesia, sino que también se elegía a personas destacadas entre ellos para ocupar cargos muy importantes. El rey Dionisio tenía un ministro de Hacienda judío llamado Judá. El Gran Rabino de Portugal, Rabí Mór, era tan rico que pudo adelantar grandes sumas de dinero para la compra de una ciudad. Se encargó a judíos y mahometanos que obtuvieran reparación del clero rebelde, que, instigado constantemente por el Papado, se esforzaba por modificar las leyes nacionales de acuerdo con las decisiones canónicas; este intento encendió una lucha encarnizada entre la monarquía y la Iglesia... Dionisio acabó cediendo e introdujo las leyes canónicas en su país, aunque no las llevó realmente a la práctica[301].»

LII. En Europa central

A finales de siglo XIII, los judíos gozaban en Polonia de suficientes libertades como para ejercer su dominio sobre los cristianos. La carta de Boleslas, firmada en Kalisz en 1264 (confirmada en 1343 en Cracovia por el rey Casimiro), les había concedido libertad total para actuar a su antojo. Los judíos eran ricos, poderosos, amos y señores de casi todo el comercio.

En algunas regiones vecinas existían disposiciones similares. En Silesia,

---

[299] Raymundi Martini, *Pugio fidei adversus Mauros et Judæos*, cunt observationibus Jos. De Voisin, et introductione J.B. Carpzovii. Lipsiæ, 1687. Véase en esta obra Wolf, *Bibliotheca hebræ*, tomo I. Basnage, *Histoire des juifs*, tome IX, part. 3. Chiarini, *Théorie du judaísme*, tome I, página 96.

[300] Alfonso de Spina, *Fortalilium fidei*, lib. III, cap. 16. *Crudelitas Judoeorum*, en Georges-Bernard Depping, *Les Juifs dans le Moyen-Âge*, (1823), Éd. Wouters, Bruxelles, 1844, p. 233

[301] Heinrich Graetz, *History of the Jews III*, London, Myers High Holborn, 1904, p. 638–639

el duque de Breslau, Enrique IV, que había sido totalmente corrompido por los financieros judíos, había él también garantizado la protección de su gobierno a los judíos, a sus bienes, a su religión y escuelas, así como todos sus negocios, tráficos y especulaciones. Estaba incluso prohibido proferir contra ellos la acusación corriente de infanticidio, a menos de apoyar la acusación con el testimonio de tres cristianos y otros tantos judíos. Si el acusador no podía demostrarlo, se enfrentaba al castigo que hubiera recaído sobre el judío culpable.

En Moravia, los judíos eran protegidos por leyes especiales, como en Silesia y en Polonia. Otakar II, rey de Bohemia, las había promulgado en 1254. Los judíos se enriquecieron y, como en todas partes, el dinero de los burgueses pasó poco a poco a sus manos. Pero cuando la mitra del abad de Trebish llegó a ser empeñada en un establecimiento judío, los burgueses, el pueblo y el clero de aquella ciudad, exasperados, reaccionaron expulsando a los judíos[302].

En 1267, tras el concilio de Viena, Otakar tomó por fin medidas de protección, restableciendo en los estados de Baja Austria todas las antiguas restricciones. Se les obligó a vestir un traje especial, con una toca alta y ancha, y probablemente el sombrero puntiagudo. Se les prohibió construir nuevas sinagogas o engrandecer y embellecer las antiguas, emplear obreros o sirvientes cristianos, ocupar empleos públicos, ejercer la medicina y vender comestibles o bebidas. Los cristianos y los judíos no debían almorzar juntos, juntarse en los mercados, ni en los baños ni en las bodas. Los curas dictaminaban en los casos de denuncias de usura excesiva y se encargaban de recaudar un impuesto que los judíos debían pagar a los cristianos como indemnización en los lugares donde se establecían. Finalmente, si uno de ellos tenía relaciones carnales con una cristiana, éste sería castigado con prisión y una multa de al menos diez marcos, mientras que la cristiana sería azotada y expulsada de la ciudad[303].

Los judíos ocupaban en Hungría numerosos empleos públicos. Poseían la salina, recaudaban impuestos y a menudo eran terratenientes. El rey de Hungría Bela IV (1235-1270) los mantuvo en sus empleos e incluso introdujo en su país el reglamento de Federico II que protegía a los judíos contra el pueblo y les concedía una jurisdicción especial.

---

[302] Georges-Bernard Depping, *Les Juifs dans le Moyen-Âge*, (1823), Éd. Wouters, Bruxelles, 1844, p. 153, 154

[303] Charles Auzias-Turenne, *Revue Catholique des Institutions et du Droit*, octubre 1893. Los judíos, por su parte, aplicaban también reglas muy severas: «A los blasfemos se les cortaba la lengua. A las mujeres judías que mantenían relaciones con cristianos se las condenaba a ser desfiguradas: se les practicaba la ablación de la nariz», Bernard Lazare, *El Antisemitismo, su historia y sus causas*, *(1894)*. Ediciones La Bastilla, Ed. digital, 2011, p. 51

Tras la intervención del Papado, esta situación cambió bruscamente. Legiones de dominicanos y franciscanos invadieron las regiones de los Carpatos, en parte para predicar una cruzada contra los Mongoles, en parte también para traer de vuelta la autoridad del papa a los cismáticos de la Iglesia Griega.

Bajo su impulso, los prelados de Hungría y Polonia meridional se reunieron en el sínodo de Ofen (Budapest, antiguamente Ofen-Pesth), en septiembre de 1279, presidido por el legado del papa, y promulgaron leyes restrictivas contra los judíos de Hungría, Polonia, Dalmacia, Croacia, Eslovenia y Galitzia.

Se prohibió arrendar cualquier cosa a los judíos o entregarles funciones públicas. El sínodo de Ofen obligaba también a los judíos de Hungría llevar una insignia de tela roja en forma de rodela en el pecho. Pero estas medidas no fueron aplicadas muy seriamente. Pasaron cerca de cincuenta años antes de que el último rey de la casa Árpad, Ladislao IV, dotara de fuerza de ley estas normas sinodales.

LIII. Sombreros puntiagudos y crímenes rituales

En Alemania, tras la muerte del emperador Federico II en 1250, una lucha estalló entre los Güelfos, partidarios del papa, y los Gibelinos, partidarios del emperador. Durante el vacío de poder, hasta la elección del emperador Rodolfo de Habsburgo en 1273, los judíos ya no se beneficiaron de la seguridad garantizada por la autoridad del príncipe. El pueblo llano se vengó entonces de todas las humillaciones a las que había sido sometido y miles de judíos fueron degollados.

Todos los años, se producían nuevas masacres en Wisssembourg, Arnstadt, Coblenza, Sinzig, Erfurth y en muchas más ciudades de Alemania. Los antisemitas se llamaban entonces orgullosamente a sí mismos los *Judenbreter, los asadores de judíos.*

El concilio de Viena de 1267, presidido por un legado del papa, decidió que, en lugar de la rodela, los judíos llevarían un sombrero puntiagudo o un peinado en forma de cuerno, el *Judenhut*. El concilio recordaba todas las medidas anteriores y ordenaba a los cristianos conformarse estrictamente a ellas. Añadía además la prohibición de asistir a los juegos de los judíos y de comprarles carne.

Los crímenes rituales desencadenaban regularmente revueltas populares. Un día de 1234, el cadáver de un cristiano fue descubierto en el país de Bade, entre Lauda y Bischofsheim. Ocho miembros de la comunidad judía fueron enjuiciados, siendo ejecutados los días 2 y 3 de enero de 1235.

En 1283, hacia Pascua, el cuerpo de un niño cristiano fue hallado en la ribera del Rin, cerca de Maguncia. El arzobispo de la ciudad, Werner, archicanciller del Imperio, intentó en vano calmar la multitud proponiendo abrir diligencias y hacer comparecer los acusados ante un tribunal ordinario. Pero los cristianos, fuera de quicio, se abalanzaron sobre los judíos el segundo día de Pascua, asesinaron una decena de ellos y saquearon varias de sus casas. La intervención del arzobispo permitió restablecer el orden. El mismo día, en la ciudad vecina de Bacharach, veintiséis judíos fueron degollados.

Dos años después, en 1285, hallaron el cuerpo de otro niño cristiano en Múnich. El pueblo, una vez más, vengó el crimen. Los judíos que lograron escapar intentaron librarse del furor de la muchedumbre refugiándose en la sinagoga. Los asaltantes amontonaron leña y materias inflamables al rededor y prendieron fuego. Ciento ochenta y ocho judíos murieron en el incendio.

La venganza de los goyim también se desató en 1286 en Boppard y en Oberwesel, cerca de Bacharach, donde cuarenta judíos fueron ejecutados tras descubrirse el cuerpo de un hombre que el pueblo de la comarca llamaba *el bueno Werner*.

Los judíos propusieron a Rodolfo de Habsburgo pagarle 20 000 marcos de plata si consentía a castigar los amotinados de Oberwesel y de Boppard y a proteger los judíos contra las violencias del pueblo. Rodolfo, bastante tolerante y favorable a los judíos, aceptó las condiciones, pero su protección no fue suficiente para atajar la cólera popular y los judíos de varias comunidades de Alemania decidieron emigrar en la primavera del año 1286. En Maguncia, Worms, Spire, Oppenheim y demás ciudades, numerosas familias judías abandonaron todos sus bienes y pertenencias para emigrar a Palestina. En efecto, circulaba el rumor de que el Mesías había por fin aparecido en ese país y que iba a liberar el "pueblo de Israel". Aunque, «probablemente estos desafortunados se habían enterado de que sus hermanos vivían felices en Siria, bajo el gobierno de un gobernante mongol, que mostraba aún más consideración hacia los judíos que hacia los musulmanes y les confiaba altas funciones[304]», escribía Graetz.

La colusión entre judíos y mongoles era entonces de notoriedad pública puesto que incluso en Inglaterra, en el siglo XVII, William Pryne, un autor prolífico, todavía contaba cómo en la Alemania de 1241 los judíos habían sido descubiertos conspirando con el enemigo para abastecer en armas el invasor tártaro y destruir a los cristianos[305].

En Francia, durante la Pascua judía de 1288, el cadáver de un cristiano fue encontrado en casa de una de las personalidades importantes de la

---

[304]Heinrich Graetz, *Geschitchte der Juden; Histoire des juifs III*, Éd. Durlacher, Paris, 1888, p. 221
[305]Daniel Tollet, *Les Textes judéophobes et judéophiles dans l'Europe chrétienne à l'époque moderne*, Presses universitaires de France, 2000, p. 156

comunidad judía de Troyes, llamado Isaac Châtelain. La investigación fue llevada a cabo por los hermanos franciscanos y dominicanos, y, el 24 de abril, trece judíos, la mayoría miembros de la familia Châtelain, fueron quemados en la hoguera.

LIV. Nicolás IV, Turbato corde, 1288

Enfrentados a esta dura represión, algunos judíos se habían convertido falsamente al cristianismo a fin de continuar desde dentro su lento trabajo de destrucción de la Cristiandad. Uno de los Papas que luchó con más energía contra el cripto-judaísmo fue Nicolás IV. En su Bula del 5 de septiembre de 1288, *Turbato corde*, encomendaba a los inquisidores, a los clérigos y a las autoridades seculares perseguir los marranos con firmeza, además de aquellos que los amparaban y protegían: «*"Turbado el corazón oímos y narramos que no sólo algunos conversos del error de la ceguedad judaica, a la luz de la fe cristiana, han tornado a la perfidia de antes; sino que también muchísimos cristianos, renegando de la fe católica, la trocaron por el rito judaico, cosa digna de condenación...Contra todos los que tal hayan cometido, como contra los herejes, y también contra sus favorecedores, encubridores y defensores, proceded con ahínco. En cuanto a los judíos que hayan inducido a cristianos de ambos sexos a su execrable rito, o los sonsacaren, castigadlos con merecida pena* [306] *"*», decía expresamente el Santo Padre.

Esta Bula fue uno de los fundamentos más sólidos de la lucha de la Iglesia contra la quinta columna judía infiltrada en la cristiandad y contra los inductores de herejías o sus protectores. En efecto, bastaba con defender o encubrir un cripto-judío o un herético para caer bajo la jurisdicción de la Inquisición pontifical[307].

Mientras los papas apoyaron firmemente las disposiciones de esta Bula y los cánones de los Concilios de Letrán, resultó muy difícil para los judíos penetrar en la ciudadela cristiana. Esto no ocurrió hasta que Martin V (1417-1431) y León X (1513- 1521) despreciaran lo que habían ordenado sus predecesores. Solo así la Sinagoga pudo entonces empezar a demoler

---

[306] Maurice Pinay, *Complot contra la Iglesia*, Capítulo XLI (1962), Transcripción pdf de Ediciones Mundo Libre, México, 1985, p. 372

[307] «Por eso, desde los movimientos heréticos criptojudíos del primer milenio y, sobre todo, en los de la Edad Media, se nota una tendencia a lograr la transformación de la mentalidad de los cristianos y de los dirigentes de la Iglesia y del Estado, intentando cambiar su antijudaísmo por un filojudaísmo, plan que dio origen a esos constantes movimientos projudíos organizados por la quinta columna hebrea introducida en la sociedad cristiana y en el clero de la Iglesia.» Maurice Pinay, *Complot contra la Iglesia*, capítulo XXVIII, p. 294. (NdT)

pacientemente la Cristiandad.

LV. *Eduardo I y la expulsión de Inglaterra, 1290*

En Inglaterra, el rey Enrique III Plantagenêt (1227-1272), hijo de Juan sin Tierra e Isabel de Angulema, favorecía la inmigración judía y los protegía contra la ira del pueblo.

En 1255, un clamor general se elevó en todo el reino: en Lincoln, un niño de diez años, que había desaparecido varios días antes, apareció en una fosa poco profunda. Según el cronista de la época Mateo Paris, numerosos judíos fueron masacrados por la multitud y, el día 25 de agosto de 1255, el judío declarado culpable por el tribunal de justicia fue torturado y ahorcado[308]. Sus vecinos judíos habían sido detenidos bajo la misma acusación y trasladados a Londres. Dieciocho de ellos fueron ahorcados y los demás absueltos. El niño que habían asesinado fue conocido como San Hugo de Lincoln[309].

En 1263 y 1264 tuvo lugar una revuelta de los barones contra el poder real, revuelta dirigida por Simón V de Montfort, conde de Leicester. Se reprochaba a los judíos ser los instrumentos de la opresión real y las comunidades de Londres, Cambridge, Canterbury y Lincoln fueron el escenario de graves motines. En Worcester, Simón de Montfort expulsó a los judíos de sus tierras tras haber abolido las deudas. En Londres, en 1264, más de quinientos judíos fueron masacrados, sus casas saqueadas y las sinagogas destruidas.

Los judíos habían sido expulsados de varias ciudades durante el reinado de Enrique III: los ciudadanos de Newcastle en 1234 y los de Derby en 1260-1261 habían incluso comprado el derecho de vetar a los judíos a residir entre ellos[310].

En los primeros años del reinado de Eduardo (1272-1307), hijo de Enrique III y Leonor de Provenza, el rey les prohibió construir sinagogas y poseer feudos y tierras en propiedad. El *Statutum de judaismo* de 1275 les vetaba el préstamo con interés, pero algunos intentaron sortear dicha prohibición. Mala idea: 293 fueron ahorcados por infringir el decreto real.

Pronto se descubrió que circulaba falsa moneda en Inglaterra y que los denarios de plata del país eran a menudo cercenados. La reacción del rey

---

[308] Mathieu Paris, *Histor. Angl.*, ad ann. 1255. Alph. De Spina, *Fortalitium Fidei*, cap. Tertia expulsio Judæorum.

[309] Véase la balada anglonormanda sobre el asesinato del niño Lincoln publicada con notas por Franc. Michel, en el tomo X de las *Mémoires de la Société royale des antiquaires de France*, en Georges-Bernard Depping, *Les Juifs dans le Moyen-Âge*, (1823), Éd. Wouters, Bruxelles, 1844, p. 134

[310] Cecil Roth, *A History of the Jews in England*, Oxford, 1964, p. 82

Eduardo I fue ejemplar. El viernes 17 de noviembre de 1278, todos los judíos del país, hombre, mujeres y niños fueron encarcelados y se iniciaron pesquisas. Cerca de tres cientos judíos fueron declarados culpables de haber alterado la moneda. La mayoría fueron ahorcados, otros condenados a cadena perpetua y el resto expulsados del país y privados de sus bienes.

Las ignominias cometidas por los judíos se multiplicaron. Tras el asesinato de un niño cristiano en Northampton, los culpables fueron detenidos en Londres. El 2 de abril de 1279, estos fueron descuartizados y sus cadáveres colgados en una horca.

Uno de los espíritus más destacados de aquel tiempo, el teólogo Juan Duns Scot (1266-1308), entonces profesor en Oxford, se distinguió por su toma de posición a favor de la mejor manera de aniquilar el judaísmo. Duns Scot representaba el orgullo de la orden franciscana e influenció profundamente Guillermo de Ockham. El "doctor sutil" (*doctor subtilis*) iba más lejos que Santo Tomás, pues proponía una solución radical al problema judío consistente en la destrucción completa de la secta.

A la pregunta, «¿se debe bautizar los niños judíos contra la voluntad de sus padres?», los canónigos doctorales y los teólogos del siglo XIII, Santo Tomás a la cabeza, respondían negativamente. Duns Scot, al contrario, pensaba que era el deber del rey arrebatar los niños judíos a sus padres y bautizarlos[311].

En contra del argumento de la necesaria preservación del pueblo judío, a la espera de su conversión al final de los tiempos, el franciscano estimaba que para dicho propósito «basta con mantener un pequeño número de ellos apartados en una isla.»

En noviembre de 1286, el nuevo papa Honorio IV, en una carta dirigida a su legado y al arzobispo de York, exigía que se tomaran medidas urgentes. El 16 de abril de 1287, los eclesiásticos de Inglaterra se reunieron en un sínodo en Exeter y decidieron actualizar y promulgar todas las medidas decretadas por los concilios en contra de los judíos. Quince días después, el rey Eduardo decretaba que todos los judíos de Inglaterra serían de nuevo encarcelados, pero esta vez los judíos fueron rápidamente liberados a cambio del pago de una gran suma de dinero, unas doce mil libras esterlinas.

El año 1290 debería haber sido feliz para los judíos. Abraham Abulafia, un cabalista iluminado de España autoproclamado profeta de Israel, había concebido una década antes el extraño plan de convertir el papa al judaísmo: «En 1280 emprendió un viaje a Roma para presentarse ante el Papa y discutir con él "en nombre de los judíos" y convertirlo a su doctrina mesiánica y hacer realidad la obra del Mesías que debía unificar las tres

---

[311] Los lectores de nuestros anteriores libros saben que esta medida salutífera permitiría romper la cadena de generaciones incestuosas y terminar con la transmisión de los traumas en la comunidad judía.

ramas abrahámicas para cumplir las profecías del Fin de los Tiempos. En este empeño se vio sin duda influido por los escritos de Najmánides de Gerona: "Cuando llegue el tiempo del fin, el Mesías, por orden de Dios, acudirá al Papa y le pedirá la liberación de su pueblo; sólo entonces se considerará que el Mesías ha venido realmente, pero no antes". Al enterarse del plan de Abulafia, el Papa Nicolás III dio orden de arrestar a Abulafia y ejecutarlo. Pero la repentina desaparición del Papa le salvó la vida[312].» Abulafia viajó entonces a Sicilia, donde se declaró directamente el Mesías en persona: Dios le había revelado sus secretos y anunciado el principio de la liberación mesiánica. Este periodo bendito empezaría según él en 1290.

Pero el año 1290 no fue muy bueno. Aquel año, en Praga, una insurrección contra los judíos se extendió rápidamente por todo Bohemia, Moravia y Alemania, y múltiples masacres tuvieron lugar sin que las autoridades fuesen capaces de detenerlas. Se habló de 10 000 muertes. En cualquier caso, se trató de una de las más sangrientas reacciones que los judíos sufrieron desde su entrada en Europa.

En Inglaterra, al fin, mediante el decreto del 18 de julio de 1290, Eduardo I expulsaba a todos los judíos del reino, de su propia autoridad y sin haber consultado el parlamento. La fecha, según Heinrich Graetz, coincidía ese año con el 9 del mes de *av* (otra vez), fecha en la que los judíos conmemoran la destrucción del Templo de Jerusalén. Se les autorizaba convertir sus bienes en dinero en efectivo hasta el mes de noviembre; tras este plazo, aquellos que todavía estuviesen en el territorio serían ahorcados. También tenían que devolver a sus propietarios todas las prendas que los deudores cristianos habían depositado.

El rey Eduardo prohibió a sus funcionarios maltratarlos en el momento de su marcha y extorsionarles dinero en los puertos de embarque. Finalmente, el 9 de octubre, dieciséis mil quinientos once judíos salieron de Inglaterra. Los bienes que no habían logrado vender fueron confiscados y entregados al Tesoro real.

Graetz contó cómo a pesar de la orden real un capitán de navío había jugado una mala pasada a un grupo de judíos: «El capitán de un barco, encargado de transportar a varias familias por el Támesis hasta el mar, estrelló el barco contra un banco de arena y les hizo desembarcar hasta que subió la marea. Cuando la marea empezó a volver, reembarcó en su barco con sus marineros, zarpó y gritó desdeñosamente a los desesperados judíos: "Que clamen a Moisés, que condujo a salvo a sus antepasados a través del Mar Rojo, para que los lleve a tierra firme". Esta pobre gente pereció en las olas[313].»

---

[312] https://www.kabbale.eu/abraham-aboulafia/
[313] Heinrich Graetz, *History of the Jews III*, London, Myers High Holborn, 1904, p. 668

Los judíos de Guyena, por entonces un ducado inglés en el suroeste de Francia, quedaban incluidos en la proscripción general. Emigraron a tierras del rey francés, donde Felipe el Hermoso les autorizó a establecerse en un principio. Pero pronto, en 1291, el rey Felipe cambió de idea y, con el acuerdo del Parlamento, decretó que los judíos exiliados de Inglaterra y de Guyena debían todos abandonar Francia en la media-cuaresma (*Mi-carême*[314].)

LVI. En Persia, marzo de 1291

Persia había caído bajo el yugo de los Mongoles, dirigidos por Arghun Kan. Su médico, un judío llamado Sa'ad al-Dawla, había llamado la atención de su soberano acerca de las malversaciones de algunos funcionarios, ganándose de esta forma la confianza del príncipe. A principio del año 1288, Sa'ad al-Dawla fue enviado a Bagdad para auditar las cuentas de la ciudad y a su regreso en verano fue elevado a la dignidad de ministro de finanzas. Dado que el Kan no apreciaba mucho a los musulmanes, Sa'ad al-Dawla entregó los puestos más importantes a cristianos y judíos. Así, «era natural que Sa'ad-al-Dawla favoreciera ahora especialmente a sus parientes, pues ellos le habían ayudado con gran celo en su difícil cargo. Gracias a la fidelidad con la que Sa'ad-al-Dawla servía a su señor, se ganó tanta confianza que casi todos los asuntos de estado pasaban por sus manos, y tenía incluso el poder de tomar decisiones sin remitir todos los detalles al gran Kan. Probablemente gracias a su ayuda y consejo, Arghun estableció relaciones diplomáticas con Europa e incluso con el Papa. Con la ayuda de los europeos, los mahometanos podrían ser expulsados de Oriente Medio y, en particular, de Palestina. El Papa, sin embargo, se hizo ilusiones de que Arghun se convertiría en miembro de la Iglesia Católica», relataba Graetz.

Los musulmanes, apartados de todos los empleos públicos importantes, profesaban un odio invencible al ministro judío. Una secta de delincuentes, los *asesinos*, fundada especialmente para matar los enemigos del islam, decidió dar muerte a toda su familia, pero el complot fracasó.

Sa'ad-al-Dawla se había granjeado muchos odios a causa de su arrogancia, incluso entre los Mongoles. De modo que, cuando Arghun enfermó en noviembre de 1290, todos los descontentos se ligaron contra el ministro. En marzo de 1291, cuando todos vieron que el Kan estaba definitivamente condenado por la enfermedad, se apresuraron en asesinar

---

[314]La *Mi-Carême* (media cuaresma) era una fiesta tradicional de carnaval de origen francés. Se celebraba el día que llega a la mitad de la Cuaresma, que, según la tradición cristiana, es el vigésimo día de los cuarenta de ayuno previos a la Pascua. (NdT).

el ministro judío y sus favoritos, enviando mensajeros a las distintas provincias para apresar todos los parientes de Sa'ad-al-Dawla, confiscar sus bienes y reducir a la servidumbre sus mujeres y sus hijos.

«La población mahometana también se abalanzó sobre los judíos en todas las ciudades del imperio para vengarse de ellos por la degradación que habían sufrido bajo el dominio mongol. En Bagdad se produjeron auténticas batallas campales entre los mahometanos y los judíos, y muchos murieron y resultaron heridos en ambos bandos[315].»

En la generación siguiente, el teólogo Ibn Qaim Al-Jawziah (1292-1350), autor de más de sesenta obras, escribía: «En cuanto a la nación que despierta la ira divina, estos son los judíos, la nación de la mentira y la perfidia, de la estafa, el engaño y el subterfugio.»

LVII. Rindfleisch de Rættingen, 1298

En 1294, en Berna, un nuevo caso de crimen ritual provocó la expulsión de los judíos, tras la cual el municipio construyó un monumento con un nombre significativo: *Kinderfressenbrunnen*, la fuente del devorador de niños.

Ese mismo año, los judíos huían de Zúrich tras haber tenido que pagar una multa de mil quinientos florines. Treinta y ocho judíos fueron quemados en la hoguera en Schaffhouse y Vinterthur, y los que pudieron librarse de las llamas buscaron refugio fuera de Suiza[316].

Durante la guerra civil que tuvo lugar en Alemania entre Adolfo de Nasau y Alberto de Austria, un hidalgo llamado Rindfleisch, originario de una pequeña ciudad de Franconia llamada Rættingen, decidió dejar de lado las imposiciones de la doctrina de la Iglesia y empezó directamente a exterminar a los judíos. Una historia de hostia profanada había hecho saltar el polvorín.

El 20 de abril de 1298, Rindfleisch ordenó arrojar a las llamas todos los judíos del lugar. Bajo su batuta, los cristianos hartos de los judíos fueron de ciudad en ciudad, reclutando en el camino nuevos adeptos y matando a todos los judíos que caían en sus manos.

El 24 de julio, la comunidad de Wurzburgo fue totalmente masacrada. En Nuremberg, los judíos, refugiados en el castillo de la ciudad se

---

[315]Heinrich Graetz, *History of the Jews III*, London, Myers High Holborn, 1904, p. 669–670, 672

[316]Carta del baile Jacques de Kienburg, del año 1294. *Pro impetitione de occisione Beati Radolfi quem dicti Judoei ut dicitur occiderunt, 500 marcas roibi expedierunt in meara utilitatem*. Jean de Millier, Geschichten schweiz. Eidgenossenschaft, liv. II, cbap. 7, en Georges-Bernard Depping, *Les Juifs dans le Moyen-Âge* (1823), Éd. Wouters, Bruxelles, 1844, p. 142

defendieron valientemente. Pero el 1 de agosto, el castillo fue tomado y todos los judíos fueron aniquilados sin piedad. En Baviera, sólo dos comunidades se libraron de la venganza de los cristianos: la de Ratisbona y la de Augsburgo.

«Esta sangrienta persecución se extendió desde Franconia y Baviera hasta Austria, arrasó más de ciento cuarenta comunidades y más de 100.000 judíos, y duró casi medio año. Todos los judíos de Alemania temblaron y se prepararon para la destrucción. Esto habría ocurrido si la guerra civil en Alemania no hubiera terminado con la muerte del emperador Adolfo y la elección de Alberto. El segundo Habsburgo restableció enérgicamente la paz en el país, procesó a los autores de los maltratos contra los judíos e impuso multas a las ciudades que habían participado en ellos, alegando que había sufrido pérdidas[317].»

LVIII. Felipe IV el Hermoso

El rey de Francia Felipe el Hermoso se ilustró especialmente por la firmeza de su política respecto a los judíos. He aquí uno de sus edictos de julio de 1291, en relación con la situación en el Poitou:

«Yo, Felipe, rey de los Francos, por la gracia de Dios, a todos los que lean la presente carta, saludos.

Habiendo sabido por los informes de un gran número de hombres muy dignos de fe, que el territorio de Poitou está inhumanamente explotado y absolutamente aplastado por una considerable cantidad de judíos que se entregan allí a la usura criminal y a toda clase de comercio ilícito; Deseando velar por la felicidad de los habitantes de este territorio y rendirnos a la voluntad que han venido a expresar de diversas maneras; Concedemos a todos, prelados, capítulos, abades, priores, colegios, ciudades, comunas, barones y otros señores temporales de la senescalía de Poitiers, a todos los que gobiernan a los hombres y a todos los que también dependen de ellos, que los judíos sean expulsados a perpetuidad e irrevocablemente de dicha senescalía. No permitimos en ningún momento que fijen allí su residencia; ordenamos que sean expulsados y desterrados por nuestro senescal antes de la Natividad de la Bienaventurada Virgen María[318].»

En 1299, renovó la ordenanza de San Luis que preveía la restitución de las usuras extorsionadas por los judíos. En 1304, a través de una

---

[317] Heinrich Graetz, *History of the Jews IV*, Philadelphia, The Jewish Publication Society of America, 1894, p. 36

[318] Monseñor Henri Delassus, *La Conjuration antichrétienne III*, Desclée De Brouwer, 1910, p. 1155-1156

convención pactada con el Duque de Borgoña, Felipe prohibió a sus oficiales tramitar las denuncias de los usureros judíos del ducado y de perseguir a los borgoñones que el mismo duque había dispensado de reembolsar sus deudas[319].

Pero pronto Felipe decidió aplicar una solución definitiva y arrancar de raíz los poderes facticos capaces de amenazar directamente el poder real. Empezó primero con los judíos, antes de ocuparse de los caballeros Templarios. En el verano de 1306, ordenó secretamente a todos los funcionarios, grandes y pequeños, encarcelar a todos los judíos de Francia. El 22 de julio por la mañana, todos los judíos fueron arrestados por oficiales del rey y encarcelados. La orden se ejecutó el día después del día de aniversario de la destrucción del Templo de Jerusalén (9 *av*, en el calendario judío); los judíos todavía no se habían recuperado del ayuno que habían observado en conmemoración de dicho acontecimiento cuando fueron informados de que tenían un plazo de un mes para prepararse a abandonar el reino. Tras esa fecha, los que no hubieran salido de Francia serían ejecutados.

Heinrich Gratez comentaba en su obra: «Su implacable saqueo demostró que su objetivo eran las posesiones de los judíos. Los funcionarios no dejaron a los infelices judíos nada más que la ropa que llevaban, y a cada uno no más de lo necesario para vivir un día. Carros llenos de los bienes de los judíos, oro, plata y piedras preciosas fueron transportados al tesoro real; y los objetos menos valiosos fueron vendidos a un precio ridículamente bajo[320].»

«El rey mostró tanto desprecio por los desterrados que regaló a su cochero la sinagoga que los judíos de París habían tenido en la calle de la Tacherie. Varios años antes, había multado a los judíos de París con trescientas libras por cantar demasiado alto en su sinagoga[321].»

«Al principio, se concedió un plazo de veinte años a sus antiguos deudores. Los comisarios tuvieron grandes dificultades para abrirse camino a través del laberinto de obligaciones, acuerdos y contratos, la mayoría de ellos clandestinos, que se habían celebrado entre judíos y cristianos; se concedieron facilidades a los deudores que se denunciaran a sí mismos; pero pocos de ellos fueron lo bastantes ingenuos para revelar las obligaciones que habían contraído en secreto.

«Los judíos se ofrecieron a dar a conocer el estado exacto de sus deudas

---

[319] Georges-Bernard Depping, *Les Juifs dans le Moyen-Âge*, (1823), Éd. Wouters, Bruxelles, 1844, p. 146.
[320] Heinrich Graetz, *History of the Jews IV*, Philadelphia, The Jewish Publication Society of America, 1894, p. 47–48
[321] Auto del año 1288, citado par Brussel, *Usage des fiefs*, tomo I, en Georges-Bernard Depping, *Les Juifs dans le Moyen-Âge*, (1823), Éd. Wouters, Bruxelles, 1844, p. 147

si se les permitía regresar. De hecho, se permitió volver a varios de ellos, que, al tiempo que elaboraban el estado de sus activos, supieron aprovecharse tan bien de su regreso que corrompieron a los comisarios reales y volvieron a prestar con usura. En la lista de deudores que presentaron había tantas viudas, huérfanos y pobres - que además negaban sus obligaciones - que el rey, no atreviéndose a despojar a estos pobres infelices, rechazó las declaraciones de los judíos por falsas y calumniosas, les ordenó que abandonaran inmediatamente el reino, destituyó a los comisarios de las provincias y les conminó a que acudieran a París para dar cuenta de su conducta. A su vez, prohibió a las autoridades investigar más las deudas de los judíos y cobrarlas, a menos que fueran evidentes y de poco valor[322].»

En el mes de septiembre, cerca de cien mil judíos tuvieron que salir de Francia. En Troyes, París, Sens, Chinon, Orléans, y muchas más ciudades, los comisarios reales se encargaron de vender las casas, las sinagogas y las escuelas de los judíos; ventas que generaron unas ganancias considerables.

La mayoría se establecieron en las comarcas fronterizas de Francia, en Lorena, Alsacia, Saboya, en el Delfinado, en Provenza – de la que una parte estaba bajo la autoridad del Santo Imperio Romano Germánico – y también en el Roussillon.

El emperador Alberto protegió a los judíos que acudieron a refugiarse en las Alemanias; y cuando de nuevo estallaron revueltas populares en Franconia, en Suabia y en Baviera, este soberano les garantizó un asilo e hizo procesar y castigar los insurrectos[323]. Hay que señalar que los judíos eran para los emperadores una propiedad de la que sacaban un sustancioso usufructo, como si de un bien inmobiliario se tratara. De hecho, se refieren a ellos en este sentido en sus actas públicas y se expresan de forma muy imperiosa para referirse a sus derechos de posesión sobre todos los judíos del Imperio.

En Gascuña, el rey de Inglaterra, Eduardo II, abrumado por las quejas que recibía acerca de los abusos de los usureros, ordenó en 1314 a todos los judíos que abandonasen sus Estados. La orden no fue probablemente ejecutada al pie de la letra puesto que la renovó más de treinta años después, declarando que era su deseo expreso que los judíos fuesen desterrados[324].

---

[322] Ordenanza de Saint-Ouen del año 1311, tomo I de *Ordonnances des rois de France*, en Georges-Bernard Depping, *Les Juifs dans le Moyen-Âge*, (1823), Éd. Wouters, Bruxelles, 1844, p. 156

[323] Crónica de Otakar, citado por Menzel, *Geschichte der Deutsehen*, tomo IV, en Georges-Bernard Depping, *Les Juifs dans le Moyen-Âge*, (1823), Éd. Wouters, Bruxelles, 1844, p. 148

[324] Carta de Eduardo al Senescal de Gascuña, del año 1314, a la torre de Londres, en Georges-Bernard Depping, *Les Juifs dans le Moyen-Âge*, (1823), Éd. Wouters,

Con todo, permanecía en Francia una clase muy particular de judíos, la de los conversos. La mayoría eran cristianos muy dudosos, y por poco que entablaran relación con sus antiguos correligionarios volvían a la fe y costumbres de sus padres. Pero la Inquisición estaba allí para vigilar al rebaño de la Iglesia... La apostasía era un crimen equiparable a la herejía y aquellos que pretendían volver al judaísmo eran perseguidos sin piedad.

LIX. 1320: la cruzada de los Pastores

El destierro de los judíos no duró mucho tiempo. Efectivamente, en 1315 el sucesor de Felipe el Hermoso Luis X el Obstinado (es decir el *pendenciero*), que no reinó más de dos años, readmitió todos los judíos en el reino para financiar la guerra en Flandes[325] durante un periodo de doce años, con la promesa de que, si el rey decidía expulsarlos después de ese tiempo, éste les avisaría con un año de antelación. A pesar de las protestas de todas las regiones del reino, los judíos fueron readmitidos. Comisionados judíos, nombrados por el rey, se encargaron de entregar a todos los que deseaban regresar cartas indicándoles el lugar donde podían establecerse.

Cuando un año más tarde, tras la muerte de Luis X, le sucedió su hermano Felipe V, conocido como el Largo, este confirmó e incluso amplió los privilegios de los judíos, protegiéndolos especialmente contra los ataques del clero y decretando que sólo los funcionarios reales tendrían derecho a confiscar sus bienes y libros. Un acto público fijó sus derechos y deberes y les aseguró una existencia tolerable. He aquí a continuación lo estipulado por los principales artículos: vivirán del trabajo de sus manos o de la venta de bienes; podrán prestar en prenda, pero sin incurrir en usura. Se les pagarán sus antiguas deudas; percibirán un tercio y el rey los dos tercios restantes (probablemente este artículo fuera uno de los principales motivos para su vuelta); no podrán ser demandados por lo sucedido antes de su regreso. Ningún señor podrá retener en sus tierras a otros judíos que no fuesen los suyos. Se les restituirán sus antiguos privilegios y podrán volver a comprar sus sinagogas y cementerios al precio de la venta. Aquellos de sus libros que no habían sido vendidos les serán restituidos, excepto el Talmud, condenado por la Iglesia[326].

Todavía bastante frecuentes en el siglo XIII, los debates teológicos ante

---

Bruxelles, 1844, p. 130
[325] Es la interpretación de Robert Fawtier, *L'Europe Occidentale de 1270 à 1380*, Paris, Presses Universitaires de France, 1940, p. 429
[326] Léase el texto de la ordenanza en Auguste-Arthur Beugnot, *Les Juifs d'Occident*, 1824, p. 107-109

grandes auditorios desaparecieron a lo largo del siglo XIV. Ya no se discutía acerca del Talmud, sino que directamente se quemaba. En el monumental *Traité de la police* de Delamarre, publicado cuatro siglos después, en 1705, leíamos que el tratado de junio de 1315 convenía «que todos los libros de la ley les sean devueltos, excepto el Talmud, pues ese libro es abominable (…) Hecho de innumerables indignidades, esta enorme obra contiene, además de multitudes abominaciones, las maldiciones e imprecaciones espantosas que los pérfidos e ingratos Judíos profieren cada día contra los cristianos en sus plegarias y ejercicios de devoción. Tomaremos pues ese libro impío y digno de todos los anatemas[327].»

«Los judíos, por lo tanto, podrían haber ocupado una posición honesta en la sociedad, dedicándose a la artesanía y al comercio, e incluso a los préstamos legales, de acuerdo con los privilegios que acababan de obtener. Las terribles lecciones que habían recibido deberían haberles inspirado una extrema circunspección que desgraciadamente parece haberles sido desconocida. Al menos los gritos contra la usura no cesaron: el mismo año en que Felipe el Largo confirmó sus privilegios, hubo que reprimir la usura de los judíos de Montpellier y se les obligó a llevar la marca. El parlamento del rey llegó a imponer a toda la nación judía del reino, como multa, una contribución de mil quinientas libras, una suma enorme para la época[328].»

A su regreso a Francia, los judíos todavía no habían escarmentado. En 1317, en Chinon, tuvo lugar otro caso de asesinato ritual. Otro caso de asesinato se produjo también en San Quintín. Los judíos de Lunel, en el Languedoc, fueron incriminados en 1319 por haber parodiado la Pasión de Cristo y profanado una cruz.

En 1319, a instigación del inquisidor Bernard Gui, los eclesiásticos quemaron en Tolosa dos carros llenos de ejemplares del Talmud. Al año siguiente, el papa Juan XXII, originario de una familia de la burguesía acomodada de Cahors, papa desde 1316, promulgó una bula, *Cum sit absurdum*, condenando de nuevo el Talmud. Una revuelta estalló en el Puy en 1320, tras otra acusación de asesinato ritual[329]. Ese año estalló la revuelta de los Pastores.

Después de un peregrinaje al Monte San Miguel (Mont Saint-Michel)

---

[327] *Traité de la police* de Delamarre, 4 vol. in-fol., t.1°, pag. 282-284, 1705, en Roger Gougenot des Mousseaux, *El Judío, el Judaísmo y la judaización de los pueblos cristianos (1869)*, p. 87. Los cuatro volúmenes de este *Traité de la police* fueron publicados en 1705, 1710, 1719 y 1738. Gougenot invitaba el lector a leer «la obra monumental de Baronius», *Annales ecclesiasticæ*, etc. *In Angliam Judæi…ut ob graviora scelera…*, 1286.

[328] Georges-Bernard Depping, *Les Juifs dans le Moyen-Âge*, (1823), Éd. Wouters, Bruxelles, 1844, p. 160

[329] R. Anchel, *Les Juifs de France*, Paris, J.B. Janin, 1946, p. 82-83

en Normandía, grupos de *Miquelots,* principalmente jóvenes campesinos del norte de Francia, se organizaron espontáneamente en cruzada. Este movimiento popular fue alentado por las prédicas apasionadas de un Benedicto apóstata y de un cura. Constituidos en grandes bandas, estos Pastores convergieron hacia París donde entraron el 3 de mayo de 1320. Cinco días después, informado de este movimiento descontrolado y subversivo, el Papa Juan XXII declaró la excomunión contra todos los que se cruzaban sin autorización pontifica.

Tras perpetrar varios pogromos, los Pastores fueron convencidos de abandonar París. Una tropa de cuarenta mil Pastores marchó de villa en villa, banderas desplegadas. Esta unión singular de pastores y campesinos se esparció como un torrente a través de Francia, devastando todo por su paso. Lejos de achicarse por los obstáculos que encontraba, el movimiento vio cómo sus filas aumentaban sin parar.

Al principio del mes de junio, atravesaron la Saintonge y el Perigord, que devastaron y saquearon, reclutando de paso nuevos adeptos. Cada vez más numerosos, penetraron en la Guyena. Más de quinientos judíos se habían refugiado en la fortaleza de Verdún (cerca del río Garona), logrando en un principio rechazar los repetidos asaltos de los atacantes. Todos los niños judíos, cuyos padres no se atrevieron a sacrificar, fueron bautizados.

Llegados a la región de Agen, los Pastores se dividieron en dos grupos. El primero atravesó los Pirineos por el camino de Santiago para continuar sus masacres en España. Estos Pastores entraron en Jaca, mataron salvajemente los judíos de Montclús antes de dirigirse a Pamplona, capital de Navarra. Jaime III de Aragón puso punto final a sus hazañas enviando a su hijo Alfonso que los aniquiló pasándolos por las armas.

El segundo grupo siguió el valle del río Garona masacrando a los judíos por su paso. Estos ajustes de cuenta se extendieron por toda la región, desde Burdeos hasta Albi, Foix y otras ciudades del sur de Francia. Más de ciento veinte comunidades judías fueron así destruidas en Gascuña.

Juan Raimundo de Comminges, que el papa Juan XXII había nombrado arzobispo de Tolosa, escribió al papa para pedirle ayuda y consejo. «El papa acusó entonces al rey de Francia de irresponsabilidad y se sorprendió ante su legado Gaucelme de que la previsión real hubiera descuidado reprimir los excesos y el pernicioso ejemplo de los Pastores, los cuales más bien debían llamarse lobos rapaces y homicidas, pues sus acciones ofenden gravemente la Divina Majestad, deshonran el poder real y preparan inefables peligros para todo el reino si no se les pone freno.»

El 25 de junio, los Pastores la emprendían contra los judíos de Albi y de Tolosa. El gobierno de Tolosa ordenó a sus caballeros detenerlos. Numerosos Pastores fueron apresados en esa ciudad y encarcelados, pero la multitud amotinada los liberó y se abalanzaron de nuevo sobre los judíos que acabaron siendo masacrados. Ciertamente, los Pastores se encontraban en todas partes con la ayuda y complicidad del pueblo llano.

Cuatro días más tarde, estaban en las puertas de Carcasona donde el ejército real los aguardaba. Bajo el mando de Aimeric de Cros, senescal de Languedoc, el ejército estaba respaldado por las tropas del joven Gascon II de Foix-Bearn. Los Pastores fueron finalmente aplastados.

Los supervivientes escaparon hacia Narbona. Los cónsules, informados por el Senescal, pusieron entonces su ciudad en estado de alarma y se prepararon para defenderla. El papa escribió al arzobispo Bernard de Fargues para que hiciera lo mismo. Las vías y los puertos de montaña fueron cortados y los fugitivos, o cualquiera que se les pareciera, fueron sistemáticamente ahorcados. En el otoño de 1320 no quedaba un solo Pastor en la región.

Sin embargo, los judíos no parecieron haber comprendido la lección. En 1321, las comunidades de la senescalía de Carcasona solicitaron oficialmente al rey Felipe el Largo la expulsión de los judíos debido a sus usuras y atropellos. Se les acusaba además de proxenetismo y de blasfemia: «Corrompen a las mujeres cristianas, abusan de sus deudoras insolventes e insultan a la religión cristiana[330].»

Aquel año, Eduardo II, rey de Inglaterra y duque de Aquitania, se apresuró en escribir al senescal de Gascuña para reclamar los bienes de los judíos masacrados: «Estos bienes -dijo fríamente el monarca- nos pertenecen a nosotros, y a ninguna otra persona[331].»

Los judíos se vengaron de las persecuciones envenenando los pozos. En julio de 1321, muchos fueron detenidos por este crimen, torturados y quemados en la hoguera. En Chinon, ciento sesenta judíos fueron quemados en dos días. Cavaron una fosa, prendieron un gran fuego y los arrojaron dentro, tanto a hombres como a mujeres.

En Vitry-le-François, cuarenta judíos encarcelados fueron ejecutados. Se calcula que después de estas acusaciones de envenenamiento, cerca de cinco mil judíos pagaron este crimen con su vida (Heinrich Graetz). Para el historiador judío Leon Poliakov, evidentemente, se trataba de un «nuevo mito» que creaba la «leyenda de los Judíos envenenadores[332].» Fuera como fuere, la verdad es que los judíos de Francia fueron condenados a pagar una

---

[330]Devic-Vaissete, *Histoire générale du Languedoc*, t. IX, Toulouse, 1885, p. 411
[331]Carta de Eduardo II, en los archivos de la Torre de Londres, en Georges-Bernard Depping, *Les Juifs dans le Moyen-Âge*, (1823), Éd. Wouters, Bruxelles, 1844, p. 165
[332]Léon Poliakov, *Histoire de l'antisémitisme*, Tome I, Point Seuil, 1981, p. 288, 289. Recordemos que, en 1945, unos comandos de judíos habían envenenado el pan de los campos de prisioneros alemanes. En mayo del 2006, un informe de Amnistía Internacional acusaba a los judíos de envenenar las cisternas de agua en Palestina. Pero probablemente todo esto no sean más que "leyendas". Sobre estas exacciones, léase *El Fanatismo judío*.

multa de 150 000 libras por haber envenenado los pozos de agua.

En el Brabante, los insurrectos antisemitas asediaron Genappe, donde residía una gran comunidad judía. El duque Juan II rechazó vigorosamente los sublevados, con el apoyo de la corte pontifical de Aviñón que aprobó la dureza del duque de Brabante.

En la misma región, en Mons, en 1326, un judío converso fue acusado de haber mancillado una imagen de la Virgen pintada en el muro de una Abadía de Cambron. El judío fue apresado y se le sometió a un duro interrogatorio. Sin embargo, dado que en medio de los dolores el judío seguía protestando y clamando su inocencia, se le liberó. Pero en ese momento, un herrador se abrió paso, afirmando haber recibido en un sueño la misión de vengar a la Virgen, y se ofreció a luchar en ordalía contra el judío. Un campo cerrado fue habilitado en la puerta de Mons y una multitud acudió a ver el espectáculo. Los dos campeones en liza penetraron en la arena armados ambos con palos. El herrador se impuso y el judío sucumbió. Colgaron su cadáver por los pies y encendieron un fuego debajo de él para que se quemara lentamente[333].

LX. 1328: *La revuelta de los Navarros*

Navarra había quedado integrada en el reino de Francia en 1285 a través del matrimonio de Juana de Navarra con Felipe el Hermoso. «En Navarra, que durante medio siglo había pertenecido a la corona de Francia, el odio contra los judíos ardía con un frenesí que hasta entonces sólo se había visto en Alemania», reconocía Heinrich Gratez.

La muerte de Carlos IV, en el mes de febrero, y el consiguiente vacío de poder, favorecieron la inestabilidad. El 5 de marzo de 1328, un día de Sabbat, los habitantes de Estella dieron la señal de ataque. Los habitantes de la ciudad, alentados por el franciscano Pedro de Oligoyen y segundados por bandas de "asesinos de judíos" venidos de fuera asaltaron el barrio judío cuyos habitantes fueron masacrados. En toda Navarra, la multitud se abalanzó sobre los judíos y perpetró una verdadera matanza. Más de 6000 judíos fueron liquidados según las fuentes. Únicamente la comunidad de Pamplona, capital de Navarra, parece haberse librado de los ataques de los cristianos[334].

---

[333] *Mathæi Analecta*, tome II.

[334] «Las repercusiones de este fanatismo se dejaron sentir en Navarra, donde el pueblo, siguiendo el ejemplo de los frenéticos franceses, quiso vengarse de los usureros judíos, y los saqueó y masacró primero en Estella, luego en Viana, Marcilla y otras ciudades. Según la historia, diez mil hebreos fueron inmolados por esta furia bárbara. Sin embargo, es dudoso que en Navarra hubiera tantos israelitas. En Aragón se desató la misma furia, pero el rey dispersó rápidamente a los rebeldes y castigó a algunos de

Con Felipe VI empezaba entonces en Francia el reinado de la dinastía de los Valois. En cuanto subió al trono, este nuevo rey impuso multas a todos los pueblos y ciudades implicados en estos sucesos por valor de 200 libras, en Viana, y hasta 10 000 libras para algunas localidades como Estella. El hermano Pedro de Oligoyen fue encarcelado bajo la custodia del obispo.

LXI. *España, presa de los judíos*

El centro de la actividad judía en Europa se situaba en aquella época en España. «Los brillantes negocios que los judíos realizaban en la administración de las finanzas del reino, la dureza con que trataban a los cristianos, y probablemente también su arrogancia, pronto atrajeron el odio de los grandes, los prelados y el pueblo. Se formó una liga contra estos ricos y poderosos financieros, y sólo esperaron una oportunidad favorable para estallar. Fue en las Cortes de Madrid, en 1309, donde se formó esta liga. Se quejaban de los tesoreros hebreos y hablaban de la conveniencia e incluso de la necesidad de apartarlos de la gestión de los asuntos monetarios.

«En las Cortes de Burgos, en 1315, se decidió, entre otras normas, que los recaudadores de los impuestos y derechos del rey debían ser elegidos entre los burgueses notables de los distintos lugares, y que no podían ser nobles, sacerdotes c israelitas. El clero apoyó a los estados del reino y decidió en el Concilio de Valladolid, en 1322, que se ejecutaran los antiguos cánones de la Iglesia que excluían a los judíos de los empleos públicos[335].»

Pero las decisiones de los concilios de la Iglesia apenas surtían efectos. Bajo el reinado de Alfonso XI (1325-1350), «los judíos se encontraban en una situación tan próspera que, en comparación con otros países de Europa, este periodo podía calificarse de Edad de Oro. Varios judíos inteligentes, bajo el modesto título de ministros de finanzas, ejercieron sucesivamente su influencia en el curso de la política. No sólo la corte, sino también los grandes nobles, se rodearon de consejeros y funcionarios judíos. En lugar del porte humilde y servil, y de la insignia degradante que la Iglesia decretó para los judíos, los judíos españoles seguían llevando la cabeza erguida y se vestían de oro y seda. Deslumbrados por el brillo de este favorable

---

ellos. En Tudela, cristianos caritativos abrieron sus graneros a los perseguidos.» Georges-Bernard Depping, *Les Juifs dans le Moyen-Âge*, (1823), Éd. Wouters, Bruxelles, 1844, p. 164

[335] Georges-Bernard Depping, *Les Juifs dans le Moyen-Âge*, (1823), Éd. Wouters, Bruxelles, 1844, p. 222

estado de cosas, algunos reconocieron el cumplimiento de la antigua profecía: "El cetro no se apartará de Judá", que los cristianos habían empleado tan a menudo en sus ataques contra el judaísmo.»

«No es de extrañar que los judíos españoles se alegraran excesivamente por la promoción de algunos de entre ellos a cargos estatales. Tales hombres públicos prominentes eran, en su mayor parte, un escudo protector para las comunidades contra las avariciosas y turbulentas órdenes de la nobleza, contra la estúpida credulidad y envidia del populacho, y la astucia serpentina del clero, oculta pero siempre lista para atacar a los judíos. Los ministros y consejeros judíos al servicio del rey, vestidos con el traje de la corte y llevando a su lado la espada de caballero, por estas mismas circunstancias, sin intercesión especial, desarmaron a los enemigos de sus hermanos de fe y raza. Los nobles empobrecidos, que no poseían más que sus espadas, estaban llenos de envidia de los ricos y sabios judíos de la corte; pero se vieron obligados a reprimir sus sentimientos. Las masas, guiadas por las apariencias, no se atrevían, como se hacía en Alemania, a maltratar o asesinar a cualquier judío con el que se toparan, como un proscrito o un paria, porque sabían que los judíos gozaban de gran favor en la corte[336]», relataba Graetz con satisfacción.

Cuando hubo alcanzado la mayoría de edad, Alfonso XI tomó él mismo las riendas del gobierno, eligiendo para aconsejarlo dos favoritos judíos, Don José de Écija y Samuel Ibn Wakar.

El nombre real completo de Don José de Écija era Yosef ben Efraím Benevista Halevi. Recomendado por su tío, el rey lo había nombrado tesorero y consejero personal. José de Écija salía únicamente en su carroza oficial acompañado de caballeros y los grandes de España solían sentarse a comer en su mesa.

Don Samuel Ibn Wakar (Samuel Abenhuacar), el otro favorito judío, era el médico, astrónomo y astrólogo del soberano. Si bien no ejercía una función política, gozaba de gran crédito en la corte. Don José y Don Samuel recelaban el uno del otro y su rivalidad iba a tener graves consecuencias para sus congéneres.

«Algunos judíos ricos, confiando probablemente en la posición favorable de sus amigos en la corte, realizaban transacciones monetarias sin escrúpulos. Extorsionaban a un alto tipo de interés y perseguían sin piedad a sus dilatorios deudores cristianos. El propio rey fomentaba la usura de judíos y moros, porque obtenía ventajas de ello. Las quejas del pueblo contra los usureros judíos se hicieron muy numerosas. Las cortes de Madrid, Valladolid y otras ciudades hicieron de este punto el tema de

---

[336] Heinrich Graetz, *History of the Jews IV*, Philadelphia, The Jewish Publication Society of America, 1894, p. 75–76

peticiones presentadas al rey, exigiendo la abolición de estos abusos, y el rey se vio obligado a ceder a sus ruegos. Sin embargo, los ánimos del pueblo seguían encendidos contra los judíos. Las cortes de Madrid solicitaron entonces el cumplimiento de varias leyes restrictivas contra los judíos, tales como que no se les permitiera adquirir propiedades y que no fueran nombrados tesorero reales ni recaudadores de impuestos (1329). Esta vez Alfonso contestó que, en general, las cosas debían seguir como hasta entonces. Don Samuel Ibn Wakar ascendió aún más en el favor real. Don Alfonso le confió la explotación de los ingresos derivados de la importación de bienes del reino de Granada. Además, obtuvo el privilegio que le facultaba para emitir la moneda del reino sólo por debajo del título legal. José de Écija se puso celoso y ofreció una suma más elevada por el derecho a percibir los impuestos de importación de Granada. Cuando pensó que había suplantado a su rival, éste le asestó un duro golpe. Ibn Wakar logró persuadir al rey de que sería más ventajoso para el pueblo de Castilla llevar el sistema de protección hasta sus últimas consecuencias y prohibir todas las importaciones procedentes del vecino reino moro (1330-1331).»

Con el auge rápido y constante del comercio, numerosos judíos habían sido atraídos a Aragón y prosperaban allí gracias a la usura. Mediante una ordenanza real, se prohibió a los judíos que prestaban con interés percibir más del veinte por cien y acumular los intereses y el capital. «Pero una simple prohibición no bastaba para impedir los abusos de la especulación judía. Pocos años después fue necesario redactar estatutos más detallados *contra la avaricia de los hebreos y la dureza de la usura (*ésta era la exposición del contenido de los estatutos). Por las muchas y sabias precauciones que en él se prescriben, a fin de prevenir los diversos fraudes de los usureros, vemos que en Aragón su espíritu inventivo había encontrado, como en todas partes, el modo de eludir las leyes. Se decía en el preámbulo que los cristianos habían renunciado casi por completo a la usura, pero que la insaciable codicia de los usureros israelitas había llegado al extremo de trastornar fortunas, y ya no conocía freno alguno, especialmente mediante la acumulación de intereses con el capital. La intención del gobierno no es impedir que los judíos presten dinero, sobre todo porque estas transacciones son útiles y convenientes para los cristianos; pero para poner fin a los abusos, se ordena que todos los judíos que deseen prestar dinero con interés en las ciudades o en el campo juren primero ante un tabelión [notario] que se conformarán a las leyes[337].»

En todo el país, la exasperación de los cristianos alcanzó el paroxismo. «Su campeón fue un judío que, apenas convertido al cristianismo, se tornó

---

[337] Georges-Bernard Depping, *Les Juifs dans le Moyen-Âge*, (1823), Éd. Wouters, Bruxelles, 1844, p. 228-229

un fanático perseguidor de sus hermanos. Este fue el infame Abner de Burgos, o como se le llamó después, Alfonso de Valladolid. Conocía bien los escritos bíblicos y talmúdicos, se dedicaba a la ciencia y practicaba la medicina. Sus conocimientos habían destruido sus creencias religiosas y le habían vuelto no sólo contra el judaísmo, sino contra todas las religiones... Abner decidió, cuando tenía casi sesenta años, adoptar el cristianismo, aunque esta religión tampoco fuera capaz de procurarle satisfacción interior, como la que había abandonado...Se convirtió en sacristán de una gran iglesia de Valladolid[338].» Fue el autor de varios escritos de controversia religiosa y sobre todo del gran *Libro mostrador de justicia*, una suma antijudía que denunciaba los rezos diarios de los judíos y las maldiciones profesadas en contra de los cristianos. «Mostró hacia sus antiguos correligionarios un odio violento. Familiarizado con la literatura judía, señaló todos los pasajes que podían ser equívocos y multiplicó sus acusaciones contra los judíos y el judaísmo[339].»

Redactó muchos escritos en los que atacaba duramente la religión de sus antepasados o bien en los que defendía el cristianismo contra las objeciones de los judíos. Dado que dominaba peor el castellano que el hebreo, Abner denunció en esta lengua los escritos del Talmud que contenían pasajes insultantes contra Jesucristo.

A petición de Abner, el rey de Castilla invitó a los delegados de la comunidad de Valladolid a venir a discutir públicamente el asunto con su enemigo. Cuando se les pidió que se justificaran, los representantes de los judíos de Valladolid afirmaron que esas imprecaciones no iban dirigidas en modo alguno contra el fundador del cristianismo y sus seguidores; pero no consiguieron engañar a nadie. El 25 de febrero de 1336, como resultado de esta controversia, el rey Alfonso decretó que a partir de entonces se prohibiría a los judíos recitar los pasajes incriminados.

El rey Alfonso tomó como favorito a otro hombre llamado Gonzalo Martínez (Núñez) de Oviedo, originalmente un caballero pobre de Asturias que había sido promovido gracias al patrocinio del favorito judío del rey, Don José de Écija. Pero lejos de estar agradecido con su benefactor, éste sentía un profundo odio contra quien le había encumbrado de este modo, y su sentimiento hostil se extendió a todos los judíos. Cuando ascendió al cargo de ministro del palacio real, y más tarde al de Gran Maestre de la Orden de Alcántara (1337), reveló su plan de aniquilar a los judíos. Acusó formalmente a don José y a don Samuel Ibn Wakar de haberse enriquecido ilícitamente al servicio del rey. Obtuvo el permiso del rey para tratar con

---

[338] Heinrich Graetz, *History of the Jews IV*, Philadelphia, The Jewish Publication Society of America, 1894, p. 80, 81, 82
[339] Heinrich Graetz, *Geschitchte der Juden; Histoire des juifs IV*, Éd. Durlacher, Paris, 1893, p. 267

ellos como quisiera, con el fin de extorsionarles. Entonces Gonzalo ordenó que ambos, junto con dos hermanos de Ibn Wakar y ocho parientes y sus familias, fueran encarcelados y confiscó sus bienes. Don José de Écija murió en prisión y Don Samuel murió a consecuencia de la tortura a la que fue sometido. Tras este primer éxito trató de destruir a otros dos judíos que ocupaban altos cargos en la corte, Moisés Abudiel y Sulaiman Ibn Yaish. Los implicó en una acusación, pero fingiendo todo el tiempo ser amistoso con ellos. Con sus caídas en desgracia, Gonzalo Martínez pensó poder llevar a cabo sin dificultad su plan contra los judíos castellanos. Antes de una campaña dirigida contra el reino de Granada, en la que participó como general, Gonzalo animó el rey a imitar Felipe el Hermoso y privar a los judíos de sus riquezas y expulsarlos de Castilla. De este modo, entrarían en el tesoro real grandes cantidades de dinero. Pero su consejo fue rebatido por el consejo real y hasta por los prelados más prominentes.

Finalmente, Gonzalo marchó a la frontera contra el ejército moro y obtuvo una brillante victoria. El general moro Abumelik cayó atravesado por una flecha y su ejército derrotado huyó en desbandada. La gloria del Gran Maestre de Alcántara alcanzó entonces su punto culminante.

«Pensaba entonces obtener una preponderancia tan grande en los asuntos españoles que el rey se vería obligado a aprobar todas las medidas propuestas por él. Estaba, de hecho, lleno de ese orgullo que precede a la caída. Pero la débil mano de una mujer fue la causa de su caída. La bella y pizpireta Leonora de Guzmán, que había cautivado tanto al rey con sus encantos que le era más fiel que a su esposa, odiaba al favorito Gonzalo Martínez, y consiguió hacer creer al rey que hablaba mal de él. Alfonso, deseoso de conocer la verdad del asunto, mandó a Gonzalo que se presentase ante él en Madrid; éste, sin embargo, desobedeció la orden real. Para poder desafiar la cólera del rey, incitó a los caballeros de la Orden de Alcántara y a los ciudadanos de las ciudades asignadas a su gobierno a rebelarse contra su soberano, entabló negociaciones traidoras con el rey de Portugal y con los enemigos de la Corona[340].» Así pues, la intervención de una dama de la corte salvó a los judíos en el último momento y precipitó la caída de Gonzalo Martínez.

En 1339, Alfonso XI convocó a todos sus caballeros y marchó contra el rebelde. Atemorizados por las consecuencias de una guerra civil, varios caballeros de Alcántara abandonaron la causa de su Gran Maestre y entregaron al rey las torres bajo su mando y custodia. Viéndose impotente para continuar la lucha, Gonzalo suplicó el perdón del rey, pero fue condenado a muerte por traidor y quemado vivo. A continuación, las

---

[340] Heinrich Graetz, *History of the Jews IV*, Philadelphia, The Jewish Publication Society of America, 1894, p. 82–85

comunidades judías de Castilla celebraron el día de su muerte como un día de liberación. El rey Alfonso volvió a tratar a los judíos con benevolencia y dio a Moisés Abudiel un alto cargo en la corte.

LXII. Los Judenschlaeger alemanes, 1336-1338

Una nueva revuelta contra el opresor judío estalló en Alemania. El emperador Luis de Baviera era más bien favorable a los judíos, mientras que su rival, el austriaco Federico el Hermoso, se mostraba mucho más hostil, ordenando en sus Estados la búsqueda y destrucción de los ejemplares del Talmud e insistiendo, junto con otros príncipes, para que el papa pusiera en vereda a los judíos.

Ante el inminente peligro, los judíos de Roma enviaron a la corte del papa de Aviñón un delegado para defender su causa y otro ante el rey Roberto de Nápoles, señor feudal de Roma que protegía a los judíos. El delegado judío logró calmar la cólera del papa y de su hermana «gracias a un don de 20 000 ducados», escribía Gratez. De esta forma se evitó el peligro.

Desde 1236, los judíos del imperio ya no eran hombres libres sino "siervos de la cámara imperial". Luis de Baviera les impuso un nuevo impuesto; el denario de oro. Todo judío o judía del Imperio germánico de más de doce años, que disponía de veinte florines, debía pagar un impuesto anual de un florín. En su opinión, este impuesto se justificaba por el hecho de que los judíos pagaban desde tiempos de Vespasiano y Tito un impuesto anual a los emperadores romanos de los cuales los cesares germanos se proclamaban herederos legítimos y directos.

Bajo el reinado del emperador Luis, los judíos padecieron las consecuencias de los desórdenes de la guerra civil que asolaba entonces Alemania. Durante dos años consecutivos (1336-1338), bandas de campesinos y bandidos, que se autodenominaban "asesinos de judíos", devastaron las comunidades de Alemania del sur.

A la cabeza de estos *Judenschlaeger* estaban dos miembros de la nobleza y un mesonero alsaciano llamado Cimberlin, el "rey de los pobres". Estos cabecillas se hacían llamar *Armleder*, "brazo de cuero", debido a las vendas de cuero que llevaban enrolladas en sus brazos. Durante más de dos años, recorrieron los territorios entre Alsacia y Austria, matando judíos y destruyendo todos sus bienes. Armados de horquillas, picas y manguales, unos cinco mil campesinos se vengaron así de todas las humillaciones.

En Alsacia, las primeras localidades donde penetraron, Roufiach y Ensisheim, sintieron la rabia contenida del pueblo llano que había sido despreciado durante demasiado tiempo. Cerca de mil quinientos judíos fueron masacrados. Los judíos supervivientes se refugiaron en la ciudad amurallada de Colmar. La tropa de sublevados no tardó en llegar bajo los muros y reclamar la entrega de sus víctimas. Ante la negativa de los magistrados, los campesinos insurrectos se desperdigaron por todo el país y cometieron todo tipo de desórdenes.

La protección del emperador resultó inoperante o bien se manifestó demasiado tarde. Los *Judenschlaeger* se dispersaron, o al menos fueron contenidos por la llegada del emperador Luis, pero tras su marcha, éstos se reunieron otra vez y retomaron sus actividades. El obispo intentó formar una liga de señores y magistrados para romper la resistencia. Al final, la fuerza armada consiguió apresar uno de los *Armleder* y el emperador ordenó su decapitación.

Varias masacres análogas tuvieron lugar en aquella época en Baviera después de un nuevo caso de profanación de hostias. Los propios consejeros municipales de la ciudad de Deckendorf habían fijado la fecha para sonar la insurrección. El 30 de septiembre de 1337, cuando la campana de la iglesia dio la señal, el caballero Hartmann von Deggenburg, seguido de varios jinetes, entró en Deckendorf y arrolló por sorpresa a los judíos. Estos fueron saqueados, masacrados y sus cadáveres quemados. Los habitantes elevaron en el lugar una iglesia consagrada al Santo Sepulcro que se convirtió en lugar de peregrinaje. Desde Deckendorf los desórdenes se propagaron por toda Baviera y hasta Bohemia, Moravia y Austria. Miles de judíos sucumbieron irremediablemente.

El emperador, que por aquellas fechas tenía grandes desavenencias con el papa y el rey de Francia, había hecho la vista gorda. Su pariente Enrique, duque de Baviera y del Palatinado, incluso felicitó a los habitantes de Deckendorf por haber liquidado a los judíos y los autorizó a disfrutar públicamente de todo lo que les habían sustraído.

Los judíos, protegidos por los papas, siempre habían tenido la posibilidad de refugiarse en sus Estados. Si nunca fueron perseguidos en Roma o en Aviñón, fue porque nunca se les permitió oprimir el pueblo, dedicarse a tráficos ilícitos, burlarse de la religión y fomentar las herejías como sí solía ocurrir en los dominios de los señores temporales.

El mismo año, un concilio reunido en Aviñón adoptó esta resolución, entre muchas otras: «Todo cristiano debe rechazar y despreciar los fétidos servicios de los judíos. Los judíos se elevan demasiado por encima de la condición servil que les corresponde.»

LXIII. 1348: La peste negra

La peste negra llegó desde Oriente al puerto de Marsella en barcos de mercaderes judíos internacionales[341]. De 1348 a 1352, esta enfermedad

---

[341]Durante, *Histoire de Nice*, III, página 3, en Jacques Decourcelles, *La Condition des*

diezmó la población durante cuatro años con una virulencia inaudita, causando la muerte de un cuarto de la población de Europa, es decir unos veinticinco millones de individuos. La peste también afectó a los judíos, aunque por lo visto, tal como lo escribía Graetz, «éstos murieron en menor proporción», lo cual suscitó en la población una desconfianza legítima. Además, los judíos ya habían envenenado los pozos de agua veinte años antes para vengarse de los cruzados Pastores.

El pueblo, persuadido de que los judíos habían provocado la plaga por odio a los cristianos, se entregó a una campaña de masacres que las autoridades a duras penas pudieron reprimir.

A mediados de mayo, algunos judíos fueron linchados. Después de esto, el movimiento se extendió a Cataluña y Aragón. En Barcelona, el pueblo había matado veinte judíos y saqueado varias casas. Unos días más tarde, las mismas escenas se repitieron en Cervera. Dieciocho judíos fallecieron, los demás huyeron. En todo el norte de España, las comunidades judías se parapetaron en sus barrios.

Al principio del mes de julio, el papa Clemente VI promulgó una bula en la que prohibía, bajo pena de excomunión, matar a los judíos sin que hubiera una condena de la justicia ordinaria, y tampoco bautizarlos por la fuerza o robarles sus bienes y propiedades. Quizás esta bula surtió algún efecto en el sur de Francia cerca de donde residía el papa, en Aviñón, pero no tuvo ninguno en el resto de la Cristiandad.

Los alrededores del lago de Ginebra también se convirtieron en escenario de sangrientos desórdenes. Por orden del duque Amadeo de Saboya, varios judíos, acusados de envenenamiento, fueron encarcelados en Chillon, en Thonon y en Chatel. En Chillon, los inculpados fueron sometidos a la tortura. Uno de estos judíos, apellidado Aquet, declaró que había envenenado varios pozos en Venecia, en Apulia, en Calabria y en Tolosa. Estas declaraciones fueron registradas por los secretarios en sus actas y refrendadas por los jueces. Tras estas confesiones, se procedió a quemar no solamente los acusados sino también todos los judíos de la ciudad. El papa Clemente VI publicó una nueva bula, pero ya no era obedecido.

Las masacres adquirieron un carácter salvaje, especialmente en el Santo Imperio romano germánico. En vano, el nuevo emperador Carlos IV trató de interponerse.

Graetz escribía aquí: «Los alemanes no cometieron sus terribles atrocidades contra los judíos por el mero afán de saqueo... La pura estupidez les hizo creer que los judíos habían envenenado los pozos y los ríos. Los consejos de varias ciudades ordenaron que se tapiaran los

---

Juifs de Nice aux XVII et XVIII siècles, Paris, 1923, p. 12

manantiales y pozos, para que los ciudadanos no se envenenaran, y tuvieron que beber agua de lluvia o nieve derretida[342].»

Hacia finales de 1348, los judíos fueron expulsados de todas las ciudades de la parte superior del Rin. Eran considerados fuera de la ley, se les expulsaba o eran directamente conducidos a la hoguera. Una vez expulsados de las ciudades, eran acorralados y molidos a palos en el campo por los campesinos.

En Basilea sufrieron el suplicio. Hacinados en una isla del Rin, fueron encerrados en una casa construida especialmente para ello y quemados vivos. Tras esta sumaria expulsión, el consejo decidió que durante dos siglos ningún judío podría establecerse en la ciudad. Unos días después, les llegó el turno a los judíos de Friburgo.

Seguramente los versos de Guillermo de Machaut (1310-1377), el más célebre poeta francés de aquel siglo, reflejen bastante bien los sentimientos del pueblo francés de aquella época. He aquí un pasaje de su *Juicio del rey de Navarra*[343] (1349):

> *Después vino una patulea*
> *Falsa, traidora y renegada*
> *Fue Judea la infame*
> *La maligna, la desleal*
> *Que bien odia y ama todo lo malo,*
> *Quien tanto oro y plata donó*
> *Y prometió a gente cristiana*
> *Que pozos, ríos y fuentes*
> *Claras y serenas*
> *En tantos lugares envenenaron*

En el Delfinado, el soberano también fue cómplice de los insurrectos antijudíos: mientras el pueblo se abalanzaba sobre los israelitas y los masacraba, el señor arrestaba los demás para condenarlos e incautar sus bienes[344]. «Los archivos del Delfinado contienen cuentas del coste de la ejecución de aquellos a quienes los jueces del Delfinado habían declarado culpables. El procedimiento contra los judíos de Vizille duró diez días y costó veintisiete francos diecisiete céntimos y un denario. Se menciona en estos relatos a un maestro Girard que fue cortado en dos y atado a la horca tras haber sido acusado de haber robado un niño cristiano y de haberlo

---

[342] Heinrich Graetz, *History of the Jews IV*, Philadelphia, The Jewish Publication Society of America, 1894, p. 106. Se sabe sin embargo que en 1945 grupos de "Vengadores" judíos habían proyectado envenenar el agua de varias ciudades como Munich, Nuremberg y Hamburgo (léase al respecto en el *Fanatismo judío*, 2007.)
[343] *Jugement du roi de Navarre*, en Marie-France Rouart, *L'Antisémitisme dans la littérature populaire*, Berg International, p. 63
[344] Valbonais, *Histoire du Dauphiné*, tome II

entregado a los judíos. En Yeynes, en el país de Gap, trece individuos de esta nación fueron masacrados; los de San Saturnino corrieron la misma suerte unos días más tarde[345].»

En Rouffach fueron quemados un gran número de judíos en un valle que ha conservado desde entonces el nombre de "valle de los judíos". En Estrasburgo, se hallaron en los pozos potes llenos de veneno. Los magistrados de la ciudad persistían en sus sentimientos de benevolencia para con los judíos, pero el burgomaestre tuvo que ceder rápidamente a las exigencias de la muchedumbre. Las corporaciones obreras se reunieron en la plaza de la catedral, banderas alzadas a la cabeza, y no se separaron hasta haber obligado a Winterur y sus colegas a dimitir de sus funciones. Entonces comenzaron las escenas de venganza. El 14 de febrero de 1349, dos mil judíos fueron llevados a prisión y luego arrastrados a su cementerio donde varios cientos fueron quemados en una gran barraca[346]. En el lugar del cementerio se construyó la casa de la prefectura y la sinagoga fue derruida y reemplazada por una capilla. El nuevo consejo prohibió por un siglo a los judíos residir en Estrasburgo y las inmensas riquezas de los judíos fueron confiscadas. Los únicos que lograron salvarse fueron aquellos que se convirtieron al cristianismo

En muchos villas y ciudades, los magistrados incautaron los tesoros y las piedras de las casas judías para embellecer sus propias ciudades[347].

«En Mulhouse, en Alsacia, donde ya en 1290 el emperador alemán había absuelto a los habitantes culpables de violencia y les había condonado doscientas libras de plata que adeudaban a los judíos, una carta imperial volvió a absolver a los burgueses tras las masacres de 1348 y les concedió las casas y propiedades de las víctimas[348].»

«Escenas igualmente crueles tuvieron lugar en Spire, Worms, Oppenheim y Maguncia, donde muchos judíos se suicidaron tras enterrar sus tesoros para no dejar nada a sus perseguidores. Sus cadáveres fueron colocados en barriles y echados a rodar por el Rin. Los magistrados prohibieron registrar los tesoros de las víctimas, probablemente para evitar que la visión del oro y la plata encendiera de nuevo el ardor asesino en los corazones de la gente. Algunos funcionarios imperiales en Alsacia se atrevieron a desafiar el fanatismo de la multitud: el conde palatino Ruperto,

---

[345]Fragmento de *Memorabilia Humberti*, en Georges-Bernard Depping, *Les Juifs dans le Moyen-Âge*, (1823), Éd. Wouters, Bruxelles, 1844, p. 170
[346]Crónica de Koenigshoven, en Georges-Bernard Depping, *Les Juifs dans le Moyen-Âge*, (1823), Éd. Wouters, Bruxelles, 1844, p. 168
[347]Alberti Argent. Crónica. Pag. 149, en Georges-Bernard Depping, *Les Juifs dans le Moyen-Âge*, (1823), Éd. Wouters, Bruxelles, 1844, p. 169
[348]Graf, *Histoire de Mulhouse*, tome I, chap. VII, en Georges-Bernard Depping, *Les Juifs dans le Moyen-Âge*, (1823). Éd. Wouters, Bruxelles, 1844, p. 170

despreciando el clamor de la multitud enfervorecida, acogió y protegió a los judíos que habían escapado de Spire y Worms. En Frankfurt, donde las autoridades no fueron tan firmes, el saqueo de casas judías provocó un incendio que destruyó una cuarta parte de la ciudad. En Alemania, aparecieron otros exaltados: los flagelantes, los cuales iban en grupos de ciudad en ciudad clamando penitencia y atemorizando a la gente, inspirando un nuevo terror a los judíos. Así, en Maguncia, una tropa de flagelantes agitó al populacho, que entonces atacó a los judíos de la ciudad y los persiguió hasta sus casas, donde los desafortunados ardieron todos[349].»

Las persecuciones consecutivas a la epidemia de peste negra alcanzaron Colonia, donde los judíos eran particularmente numerosos tras las expulsiones de los judíos de las regiones colindantes. Fueron atacados por los cristianos el mismo día en que sucumbían sus correligionarios de Maguncia. Todos fueron masacrados.

Estas matanzas se propagaron de localidad en localidad a través de toda Alemania, desde los Alpes hasta el mar del Norte. El contagio llegó a Baviera y Suabia, donde los habitantes de Memmingen obtuvieron del emperador cartas que les eximían de toda responsabilidad respecto de las masacres que habían cometido sobre los judíos[350]. Unos años antes, en 1344, los judíos de Memmingen habían sido lo suficientemente poderosos como para conseguir que el obispo censurara a los burgueses, probablemente a causa de sus deudas. Pagaron caro esta imprudencia cuando estalló el motín general contra la nación israelita[351].

Augsburgo, Würzbourg y Munich también mataron sus judíos. «Los judíos de Nuremberg, gracias a su extenso comercio, poseían grandes riquezas y casas, por lo que eran objeto de especial odio por parte de los cristianos», informaba Heinrich Graetz. El emperador Carlos IV avisó entonces al Consejo de la ciudad de que serían responsables de los malos tratos que les fuesen infligidos. Finalmente, su destino se cumplió. En un lugar que más tarde se llamaría *Judenbühle* (colina de los judíos), los cristianos erigieron un montículo, y todos los que no habían podido huir fueron quemados en una gran hoguera.

En Ratisbona también, donde se encontraba la más antigua comunidad de Alemania meridional, el pueblo llano pidió la muerte o al menos la expulsión de los judíos. Estos fueron salvados por el Consejo y la alta burguesía, que suplicaron solemnemente el burgomaestre Bertold

---

[349] Georges-Bernard Depping, *Les Juifs dans le Moyen-Âge*, (1823), Éd. Wouters, Bruxelles, 1844, p. 169
[350] Schelhorn, *Beytræge zur Erlœuterung der Geschichte*. Memmingen, 1774.
[351] Georges-Bernard Depping, *Les Juifs dans le Moyen-Âge*, (1823), Éd. Wouters, Bruxelles, 1844, p. 171

Egoltspecht de defenderlos contra toda agresión.

En Bruselas, todos los judíos de la ciudad, al menos quinientos, fueron masacrados por la muchedumbre. En el Brabante no fue un acceso repentino y anecdótico de furor: durante toda la epidemia, es decir durante cerca de dos años, se procedió a la continua ejecución de los judíos y los leprosos. Cuando el furor popular estaba amainando, los flagelantes aparecieron de nuevo para reanimarlo.

Hubo sin embargo varios países donde los judíos no sufrieron demasiado. Luis, el rey de Hungría, los había expulsado de sus Estados, acusados de impíos, pero no de envenenadores.

En Polonia, donde la peste también asoló el país, los judíos no fueron maltratados gracias a la protección del rey Casimiro el Grande, el cual siempre se mostró amistoso con los judíos. Hay que decir que este rey había caído en los encantos de una judía llamada Esterka, su amante. En 1354, a petición de algunos judíos influyentes, Casimiro confirmó la carta de Kalisz, promulgada en el siglo anterior, que concedía a los judíos unos privilegios exorbitantes. Los judíos se refugiaron en masa en el reino polaco, que empezó entonces un largo declive hasta su desmembramiento por parte de sus vecinos a finales del siglo XVIII.

En noviembre de 1355, una especie de Constitución del imperio germánico fue promulgada bajo el nombre de Bula de oro, en la dieta de Nuremberg. El monarca otorgaba a los siete grandes Electores del Imperio algunas competencias estatales, como las de adquirir minas de metales y salinas, así como el derecho de poseer judíos en plena propiedad, es decir de disponer de una fuente de ingresos suplementaria. De modo que, en la práctica, los judíos eran a la vez rechazados y anhelados, despreciados y deseados por los príncipes y la nobleza.

«Así, los judíos eran al mismo tiempo repelidos y atraídos, rechazados y cortejados, proscritos y halagados. Sabían muy bien que no se les toleraba por su propio bien, sino únicamente por las ventajas que ofrecían a las autoridades. ¿Cómo se podía esperar que no se dedicaran a hacer dinero, el único medio que les permitía alargar su miserable existencia[352]?»

LXIV. *El despertar tardío de Juan el Bueno*

El rey Juan II, conocido como Juan el Bueno, fue rey de Francia de 1350 a 1364. Había sido hecho prisionero por los ingleses en 1356 en la batalla de Poitiers. Durante su cautividad, los judíos habían negociado hábilmente su readmisión en el reino con su delfín, el futuro Carlos V,

---

[352] Heinrich Graetz, *History of the Jews IV*, Philadelphia, The Jewish Publication Society of America, 1894, p. 128.

consiguiendo privilegios que fueron confirmados tras el retorno del rey Juan.

Por el edicto de marzo de 1360, los judíos podían regresar a Francia mediante el pago de una anualidad y por un periodo limitado de veinte años. Obtuvieron entonces privilegios comerciales considerables: «Su comercio gozaba de la máxima protección. Se les permitió cobrar un interés del 80% (4 denarios por libra) sobre los préstamos[353]».

El banquero judío Manassé de Vesoul había dirigido esta negociación con celo y gran habilidad. Se le encomendó la recaudación de las tasas anuales impuestas a sus correligionarios. Para defenderlos contra la arbitrariedad de los jueces y de los funcionarios, un tribunal judío fue autorizado a ejercer sobre ellos la jurisdicción civil y penal. Estos privilegios atrajeron numerosos judíos a Francia.

«Probablemente debieron estas ventajas a un banquero judío de la corte, Manassé de Vesoul, que fue nombrado su comisionado, y a quien el gobierno pagó con esta condescendencia con su nación los servicios que prestó durante la escasez del tesoro.

«He aquí los artículos del tratado que se concluyó entre el banquero israelita y el gobierno real[354]: "El rey permite a los judíos entrar en el reino, permanecer en él durante veinte años, adquirir viviendas, comerciar e intermediar, practicar las artes liberales y mecánicas, prestar dinero a interés, todo ello sin impedimento alguno por parte de las autoridades del reino y de los señores, estar bajo la protección real y no tener más jueces que el comisario real, el conde de Étampes. Cada judío pagará al entrar en el reino catorce florines por él y su mujer, y un florín dos *gros tournois*[355] por cada uno de sus hijos y su gente. Además, cada judío pagará siete florines de capitación al año por él y su esposa, y un florín por cada uno de sus hijos y su gente. A cambio de este pago, estarán libres de todo otro impuesto de cualquier tipo, y no estarán sujetos a ninguna servidumbre ni tasa señorial. Tendrán un protector o tutor, cargo para el cual el rey nombra al conde de Étampes, príncipe de la sangre; sólo responderán ante él o ante

---

[353] Heinrich Graetz, *History of the Jews IV*, Philadelphia, The Jewish Publication Society of America, 1894, p. 130

[354] Léase las diversas Ordenanzas en el tomo III de las Ordenanzas de los reyes de Francia, y el tomo V de la Recopilación de las antiguas leyes francesas, París, 1824.

[355] Tras la caída del Imperio Romano, los distintos reinos que se establecieron adoptaron más o menos el sistema *denario/solidus/librae*. En la Edad Media, el denario equivalía a 1/240 de libra. Sin embargo, esta tasa sufrió numerosas modificaciones bajo la acción de las distintas reformas monetarias reales. En Francia, la *libra tournois* fue la antigua moneda de cuenta desde el reinado de San Luis hasta 1795. Seis *doble tournois* formaban un *gros tournois*. Veinte *gros tournois* formaban una *libra tournois*. En tiempos de San Luis la *libra tournois* contenía 80,88 gramos de plata fina. El florín de Florencia fue la moneda de oro de referencia hasta el siglo XV. (NdT).

el rey, y ningún otro juez del reino podrá procesarlos en caso de delito; aun así, los procuradores del rey no los enjuiciarán hasta haber ampliamente instruido las causas contra ellos. En caso de simples delitos, deberán ser puestos en libertad bajo fianza proporcionada por judíos o cristianos. Ningún judío podrá ser procesado por ningún delito o crimen cometido antes de su regreso al reino.

«En caso de que alguno de ellos se haga indigno de permanecer en la comunidad, dos rabinos, asistidos por otros cuatro judíos nombrados a tal efecto, podrán desterrarlo del reino; pero en este caso el rey hará confiscar sus bienes y recibirá de los dos rabinos la suma de cien florines. Los que presten dinero a los cristianos a cambio de una prenda sólo podrán cobrar cuatro denarios de interés a la semana por cada libra. Lo que hayan cobrado de más será devuelto a los deudores. Las autoridades les ayudarán a cobrar sus deudas; podrán prestar sobre toda clase de obligaciones y prendas, excepto los vasos de la iglesia y los aperos de labranza...No se les podrá obligar a asistir a los sermones de los cristianos, ni a luchar en campo cerrado; no se les podrá incautar sus libros. Quedan abolidas todas las ordenanzas contrarias a estas libertades; los antiguos privilegios serán confirmados siempre que lo deseen".

«Es evidente que el proyecto de este tratado había sido recomendado por los propios judíos, pues sin duda el gobierno del rey no habría reunido por sí mismo y con tanto esmero todas las garantías susceptibles de impedir las injusticias pasadas...

«Los privilegios concedidos eran exorbitantes y anunciaban nuevas violencias. Felipe Augusto había fijado una tasa de interés de dos denarios por semana, lo cual ya era excesivo. La tasa que se les autorizaba ahora era dos veces mayor.

«Está claro que bajo el rey Juan fueron los judíos quienes elevaron la tasa a cuatro denarios, es decir, casi un ochenta por ciento anual... Pero sea cual fuere la escasez de numerario, hay que admitir que el tipo legal fijado por la ordenanza de 1361 era intolerable, y que el rey fue o muy desafortunado o muy corto de vista al dejarse sorprender de este modo por la codicia de los usureros judíos que estaban muy seguros de poder compensar en poco tiempo a costa de los súbditos del rey la capitación que se habían comprometido a pagar al Tesoro. Si lo que aportaban de capital al reino iba a ser tan rentable como para devolverles el ochenta por ciento en el primer año, ¿qué abundante cosecha podían esperar durante los veinte años que iban a permanecer en Francia?»

Este el motivo principal por el que los judíos siempre insistían tanto en permanecer entre los cristianos, a pesar de todos los reveses y castigos sufridos regularmente a lo largo del tiempo.

«Todo el dinero de los franceses iba a ser engullido en las cajas fuertes de los judíos, y su estancia iba a costar al reino mucho más que el cautiverio del rey[356].»

Los judíos estipularon también en el tratado el derecho a poseer viviendas, pero sin mencionar nunca las tierras de labranza. Esto se debe a que para ellos el punto esencial era el derecho a prestar dinero, no el trabajo de la tierra. Los historiadores judíos o filosemitas que defienden la idea de que los judíos en la Edad Media practicaban la usura porque se veían obligados son ignorantes o bien deshonestos. Los lectores de nuestros anteriores libros saben perfectamente a qué atenerse sobre este tema.

Y volvió a ocurrir lo que tenía que ocurrir, una vez más: de todas partes del reino se elevaron quejas contra los usureros. El rey, alertado por los notables de las grandes ciudades, «declaró mediante una ordenanza emitida en Reims, en octubre de 1363, que los grandes abusos cometidos por los judíos con respecto a los privilegios que habían obtenido le obligaban a abolirlos; en consecuencia, les obligó a llevar en sus ropas una rodela roja y blanca del tamaño del sello real y, a pesar de todas las prerrogativas concedidas anteriormente, les sometió a la autoridad de los tribunales ordinarios de los territorios donde vivían. También declaró nulas las obligaciones por las que los cristianos habían empeñado sus cuerpos a los judíos[357].» Esto demuestra claramente que tras despojar a sus deudores de los bienes que poseían, los usureros judíos solían exigir la servidumbre física de las personas que les debían dinero. Pues «lo cierto es que los auspicios favorables bajo los que habían entrado en Francia y los extraordinarios privilegios que se les habían concedido debieron hacerles creer que todo les estaba permitido y que nada impediría su codiciosa especulación. La obligación de llevar la rodela en la ropa se renovó poco después en la asamblea de los Estados Generales celebrada en Amiens[358].» De 1215 a 1370, doce concilios y nueve ordenanzas reales prescribieron a los judíos llevar la rodela, prueba de que intentaban evitarla continuamente.

---

[356] Georges-Bernard Depping, *Les Juifs dans le Moyen-Âge*, (1823), Éd. Wouters, Bruxelles, 1844, p. 176-178. G.B. Depping expresa varias veces en su obra su compasión hacia los judíos, pero reconoce en este caso que los tipos de intereses exigidos eran excesivos.

[357] Edicto de los reyes, octubre de 1363, en el tomo IV de las Ordenanzas de los reyes de Francia, y en el tomo V del Recopilatorio general de las antiguas leyes francesas, en Georges-Bernard Depping, *Les Juifs dans le Moyen-Âge*, (1823), Éd. Wouters, Bruxelles, 1844, p. 179-180

[358] Edicto u Ordenanza del 5 de diciembre de 1363, en el tomo III de las Ordenanzas de los reyes de Francia, y el tomo V del Recopilatorio de las antiguas leyes francesas, en Georges-Bernard Depping, *Les Juifs dans le Moyen-Âge*, (1823), Éd. Wouters, Bruxelles, 1844, p. 180

LXV. La muerte de Blanca de Borbón

Alfonso XI de Castilla estaba casado con María de Portugal, la cual le había dado un hijo llamado Pedro. Pero el rey había desatendido a su esposa e hijo legítimo en favor de su amante, la bella Leonora de Guzmán. Esta situación suscitó un rencor profundo en Pedro I y su madre, quien tras la muerte del rey en 1350 (de la peste negra durante el sitio de Algeciras), quisieron vengarse de los bastardos del rey difunto, de forma que pronto Pedro pasó a ser apodado "el Cruel".

Don Pedro, hijo y sucesor de Alfonso XI, subió al trono a los 15 años. Durante su reinado, los judíos gozaron de una grandísima influencia en los asuntos de Castilla. De tal forma que «para los judíos prominentes el favor del rey era ilimitado. Don Juan Alfonso de Alburquerque, su tutor y todopoderoso ministro, recomendó para el cargo de ministro de Hacienda a un judío que le había prestado grandes servicios, y el rey nombró a don Samuel ben Meir Allavi (o Ha-Levi), miembro de la principal familia de Toledo, los Abulafia-Halevis, para un puesto gubernamental de confianza, desafiando así la decisión de las cortes de que los judíos ya no fueran elegibles para tales funciones. Samuel Abulafia no sólo se convirtió en tesorero en jefe (Tesorero Mayor), sino también en consejero personal (privado) del rey, que tenía voz en todas las consultas y decisiones importantes...Otro destacado judío que figuró en la corte de don Pedro fue Abraham Ibn-Zarzal, médico y astrólogo del rey. Don Pedro estaba, de hecho, tan rodeado de judíos, que sus enemigos reprochaban a su corte su carácter judío. Se desconoce si la protección que brindaba a sus súbditos judíos se debía a la influencia de estos favoritos judíos o a sus propios impulsos [359] », relataba Heinrich Graetz. De hecho, los Españoles calificaban despectivamente de corte judía a la corte de Pedro I.

En 1352, a fin de sellar una alianza estratégica, Pedro decidió tomar por esposa a Blanca de Borbón, hermana de Juana de Borbón, la reina consorte de Francia (esposa de Carlos V).

Hubo entonces grandes y vivas disensiones entre los cortesanos, declarándose unos a favor de la princesa de Borbón y otros partidarios de la amante del rey, María de Padilla. Samuel, y con él todos los judíos de España, se habían puesto de parte de María de Padilla. Se habían enterado de que Blanca veía con malos ojos la elevada posición de los judíos en la corte y había manifestado públicamente su intención de expulsarlos.

En julio de 1353, Pedro el Cruel se casó con Blanca de Borbón, pero, pretextando el retraso del pago de la dote, abandonó poco después su joven

---

[359] Heinrich Graetz, *History of the Jews IV*, Philadelphia, The Jewish Publication Society of America, 1394, p. 115–116

esposa, encarcelándola para reunirse con su amante que ya le había dado una hija. El fracaso de este matrimonio provocó inmediatamente la ruptura de la alianza con el rey de Francia. Don Pedro se emancipó entonces de la tutela materna mandando a su madre al exilio, a Evora en su Portugal natal, antes de ordenar su envenenamiento. Luego, en 1358-1359, se deshizo de todos sus enemigos, empezando por sus tres hermanastros. A continuación, instigó el asesinato de su tía Leonor de Castilla y su cuñada Juana Nuñez de Lara (esposa de otro de sus hermanastros). Castilla quedó entonces ensangrentada por la guerra civil. Enrique de Trastámara, otro de los hermanastros de Don Pedro, se puso al frente de la revuelta.

En la corte de Don Pedro, Samuel Ha-Levi gozaba ahora de un poder considerable. Sus riquezas eran inmensas y éste favorecía la construcción de muchas sinagogas, escribía Graetz, de modo que «muchos judíos, inquebrantables en sus esperanzas, veían el elevado estatus de Samuel y otros favoritos judíos como una clara prueba de que los tiempos mesiánicos estaban cerca[360].»

Don Pedro se sintió ofendido e hizo confiscar toda la fortuna de Samuel y su familia. El tesoro real recuperó así 230 900 doblones[361], 4000 marcos de plata, 125 cajas de tejidos preciosos y 180 esclavos. «Según algunos autores, se encontró una extraordinaria cantidad de oro y plata enterrada bajo la casa de Samuel. Don Pedro ordenó que encarcelaran a su antiguo favorito en Toledo y que lo torturaran para obligarle a revelar el paradero de sus tesoros. Pero Samuel se mantuvo firme, no reveló nada y sucumbió bajo la tortura…La muerte de Samuel no afectó las relaciones amistosas entre el rey y los judíos. Éstos siguieron siéndole fieles y él continuó confiriendo importantes distinciones a miembros de la comunidad[362]», reconocía Graetz. Así pues, no es sin razón que Enrique de Trastámara se refiriese continuamente a Pedro como "el rey de los judíos".

En 1361, Pedro mandó asesinar su primera esposa Blanca de Borbón a la que había previamente encarcelado. Según Graetz, «se fraguó una historia según la cual un judío había administrado veneno a la reina por orden del rey, porque ella había insistido en la expulsión de los judíos de España. Un romance francés perpetuó esta leyenda[363].»

---

[360] Heinrich Graetz, *Geschitchte der Juden; Histoire des juifs IV*, Éd. Durlacher, Paris, 1893, p. 293

[361] Antes de 1350, Alfonso XI de Castilla acuñó las primeras monedas de oro imitando los dinares de oro almohades, conocidas localmente como *doblas* o *doblones*, y en francés como "*alfonsinos*". Pesaban cada una 4,6 g de oro de 23¾ quilates. (NdT).

[362] Heinrich Graetz, *History of the Jews IV*, Philadelphia, The Jewish Publication Society of America, 1894, p. 121

[363] Heinrich Graetz, *History of the Jews IV*, Philadelphia, The Jewish Publication Society of America, 1894, p. 122, y *Histoire des juifs IV*, Éd. Durlacher, Paris, 1893, p. 295

Esta leyenda fue sin embargo un hecho histórico probado que decidió al rey de Francia a enviar a España al famoso condestable Beltrán Duguesclín (Bertrand Du Guesclin) y sus grandes compañías para echar una mano a Enrique de Trastámara. Corría el año 1365. Hallamos el relato detallado en la *"Collection complète des Mémoires relatifs à l'Histoire de France"* (Colección completa de las Memorias sobre la Historia de Francia)[364]. El tomo IV, publicado en 1819 por Jean Petitot, está dedicado a la memoria del Condestable de Francia y Castilla Beltrán Duguesclín. Se trata de la reedición de un texto de Jacques Le Febvre, «preboste y teologal de Arras, antiguo capellán y predicador de la Reina», publicado en 1692 en Douai y titulado: *"Anciens Memoires du quatorzième siècle, depuis peu découverts, où l'on apprendra les aventures les plus surprenantes et les circonstances les plus curieuses de la vie du fameux Bertrand Du Guesclin, connétable de France."*(*"Antiguas Memorias del siglo catorce, recientemente descubiertas, en las que conoceremos las aventuras más sorprendentes y las circunstancias más curiosas de la vida del célebre Beltrán Duguesclín, condestable de Francia"*).

En esta edición Jean Petitot exponía en detalle la historiografía relativa a Beltrán Duguesclín, y explicaba la preferencia que tenía por el trabajo de Le Febvre que era una imitación de las antiguas crónicas medievales. Le Febvre había conservado el viejo lenguaje de los tiempos de Duguesclín. «Pensé, escribía éste, que la gracia del patois del siglo catorce, que utilizo en algunas partes de mi libro, pero con gran reserva y discreción, serviría para entretener a mi lector, e incluso deleitar su espíritu, mostrándole así los rasgos vivos e ingenuos que transmite su energía.»

Jean Petitot añadía: «Por ello, hemos decidido reproducir el texto original de Le Febvre, cuyos propios descuidos recuerdan más bien el tono y las maneras de los autores del siglo catorce.»

Resumimos a continuación los capítulos XIV a XXII. El capítulo XIV se titulaba *"De l'origine de la guerre qui se fit en Espagne entre le roi Pierre, dit le Cruel, et son frère naturel Henry, comte de Tristemarre"* (*"Sobre el origen de la guerra que tuvo lugar en España entre el rey Pedro, llamado el Cruel, y su hermano natural Enrique, conde de Trastámara"*).

«Beltrán siempre buscaba nuevas oportunidades para demostrar su valor y coraje, y encontró de qué satisfacer su inclinación guerrera en España, donde el pueblo estaba dividido, unos del lado del rey Pedro y otros del lado de Enrique, conde de Trastámara. Beltrán apoyó la querella de este último, como veremos más adelante. La causa de esta disputa fue la mala conducta y crueldad de Pedro, acusado de dos enormes injusticias.

---

[364] *Collection complète des Mémoires relatifs à l'Histoire de France depuis le règne de Philippe-Auguste jusqu'au commencement du XVIIe siècle*, tome IV, Paris, Foucault, librairie, 1819.

La primera fue su maltrato a la reina Blanca de Borbón, su esposa y hermana de la reina de Francia. Las indignidades que infligió a esta princesa escandalizaron a todos sus súbditos, que no podían dejar de indignarse viendo todas las crueldades que le infligía, tratándose de una dama cuya dulzura, nacimiento y belleza deberían haber sido los tres lazos más capaces de unirle estrechamente a ella. Pero el ardiente amor que sentía por María de Padilla, que le había encantado con un filtro que le hizo tomar, sofocó en su corazón toda la ternura que naturalmente debería sentir por una Reina tan lograda. Esta concubina había adquirido tal ascendiente sobre su espíritu que lo dominaba absolutamente y le hacía cometer mil afrentas a su propia esposa, a la que consideraba su rival.

«La otra injusticia de la que se acusaba a este Rey era que no tenía ningún trato con los cristianos, cuyas costumbres y religión le desagradaban sumamente. Los judíos eran los únicos confidentes de todos sus secretos; les prestaba todo su oído y les contaba todo lo que más ocultaba en su corazón. Con respecto a todos los demás, guardaba un profundo disimulo, haciéndose no sólo impenetrable para todos los señores de su Corte, a los que no podía negar el acceso, sino también impracticable en asuntos que no podían evitar que le fueran comunicados por la eminencia de su carácter y la autoridad real que tenía en sus manos. Ni siquiera sus parientes más cercanos podían tener la llave de su corazón, tan reservado y misterioso era en todo. Este sorprendente comportamiento le enajenó todos los espíritus y le granjeó la aversión de todos sus súbditos, que sólo deseaban una revolución, con la esperanza de ver cómo los asuntos cambiaban de rumbo.

«Este príncipe, al que con razón llamaban Pedro el Cruel, llevó tan lejos la inhumanidad que sentía por su esposa, que no sólo la privó de su libertad, confinándola en prisión, sino que también atentó contra su vida, mediante un veneno que le hizo administrar, pero del que ella pudo prevenirse con vómitos, porque conociendo la mala naturaleza de este príncipe y los celos de su concubina, estaba siempre en guardia. Todos estos ultrajes no le hicieron perder el respeto y la consideración que debía tenerle, prometiéndose a sí misma que Dios tocaría su corazón y desengañaría sus ojos para sacarle de su ceguera.

«Así como Pierre se hacía odioso, Henry, su supuesto hermano natural, se hacía amar. Parecía que la Corona se debía más a él que a este rey bárbaro, pues había encontrado el secreto para ganarse a todos los corazones con sus aires atrayentes, y nadie se marchaba de su presencia sino muy satisfecho de la acogida que había recibido, pues tal era su don para complacer a todo el mundo. Todos los corazones se volvían hacia él. El orgullo del primero hacía que la gente adorase la dulzura del segundo, y la religión católica, de la que hacía una alta y sincera profesión, hacía odiosa la inclinación de Pedro por la superstición de los judíos. Deseaban

por lo tanto verlo en el trono en lugar de este último, cuya conducta ya no podían soportar.

«Enrique habló al rey Pedro de su conducta, con la esperanza de enmendarla, lo que no hizo sino agriarlo aún más...La salida de este príncipe fue secundada muy desacertadamente por un Judío llamado Jacobo, que se encontraba allí en aquel momento; queriendo halagar a Pedro y cortejarlo a costa de Enrique, tuvo la osadía de decirle a éste que era muy atrevido pretender aleccionar al rey más sabio de la tierra, y que lo mejor que podía hacer en el futuro sería no presentarse nunca más ante él; pero Enrique pronto le hizo tragarse estas palabras a costa de su propia vida; pues después de reprocharle los perniciosos consejos que prodigaba a Pedro y la infamia de su nación, le atravesó el corazón con su daga y lo derribó muerto al suelo. El Rey, muy sorprendido e indignado por este ataque cometido en su presencia, quiso vengar la muerte del Judío en su hermano con otro asesinato, sacando un cuchillo de su vaina para matarlo; pero se lo impidió un caballero que le agarró del brazo cuando iba a asestar el golpe.

«Enrique escapó en el mismo instante, y nada más bajar la escalinata dijo a sus hombres que ensillaran sus caballos para poder incesantemente salvar la vida huyendo. Pedro tenía a cuatro hombres reteniéndole, maldiciendo una y mil veces a los que le retenían y reprochándoles ser cómplices de ese bastardo, al que jamás perdonaría la sangre que acababa de derramar. Por más que le dijeran que sólo se trataba de la muerte de un judío, cuya raza había atraído sobre sí la maldición de Dios, siendo una nación que se había convertido en el horror y la execración de los hombres, por el deicidio que había cometido en la persona del Salvador: pero todo este aceite que se echó al fuego lo reavivó con tanta fuerza, que Pedro hizo ahorcar de seguido este pobre caballero que le había impedido matar a Enrique.»

El capítulo XV del relato del bueno de Jacques Le Febvre se titulaba *"De la mort tragique de la reine Blanche de Bourbon, commandée par Pierre le Cruel, son propre mari"* (*"De la trágica muerte de la reina Blanca de Borbón, ordenada por Pedro el Cruel, su propio marido"*).

«Este bárbaro rey había concebido tal aversión mortal hacia Blanca de Borbón, su esposa, que dispuso todo para emprenderla contra su vida. El veneno que utilizó para deshacerse de ella no surtía efecto en ella, porque conociendo el designio de hacerla morir, ella tomaba todas las precauciones necesarias para protegerse de tal envenenamiento. María de Padilla, la amante de Pedro puso en la mente del príncipe alejarla por completo de la Corte, y establecerla en alguna provincia, para que nunca fuera vista, y que esta ausencia, sin esperanza de retorno, tuviera el mismo efecto que su muerte. Pedro, perdidamente enamorado de esta concubina, siguió su consejo. Confinó a esta princesa en la provincia más alejada de *la Corte, y le dio algunas tierras para mantener su condición de Reina, no atreviéndose a enojar más a su pueblo contra él si se atrevía a reducirla públicamente a una condición menesterosa. Este dominio, que Blanca había recibido, le valió el debido homenaje de todos los vasallos que dependían de su señorío.*

«Un judío rico tenía tierras enclavadas dentro del dominio de la Reina. Acudió a su Corte para cumplir, como los demás, su deber de súbdito para con ella, y como en aquella época era costumbre dar un beso en la mejilla del soberano por respeto, para señalar el celo y el afecto que se tendría toda la vida a su servicio, este judío se acercó a la Reina para saludarla como su señora y dueña; ella no pudo resistirse a recibir de él esta señal de servidumbre por ser su súbdito; pero después de que él hubo salido de su habitación, ella mostró su horror ante esta ridícula ceremonia, reprochando a sus sirvientes el poco cuidado que habían tenido para evitar que este villano se acercara a ella, e inmediatamente hizo traer agua caliente para lavar su boca y su cara, y limpiar, por así decirlo, las manchas que el beso del judío había dejado en ellas. Su indignación no se detuvo ahí, pues como era soberana, quiso castigar con el último suplicio la temeridad que él había mostrado al emanciparse de esa manera; y en su primera reacción de ira quiso que lo ahorcaran. Cuando el Judío fue avisado de que había sido condenado por la Reina y de que lo buscaban para atarlo a la horca por orden suya, huyó inmediatamente y se apresuró a quejarse al rey Pedro del propósito de Blanca de hacerlo morir, convirtiendo en delito capital el que cumpliera un deber ceremonial que se había tomado la libertad de cumplir. El Rey lo tomó bajo su protección, pidiéndole que no temiera nada a este respecto, y diciéndole que era muy consciente de que esta princesa, que sentía odio y aversión por todas las personas que él consideraba, no tendría reparos en atentar también contra su propia vida cuando encontrara la ocasión; que, por lo tanto, debía ser advertida; si bien él se alegraría sobremanera de deshacerse de ella por vías secretas, para guardar las apariencias y sin darle ventaja sobre él.

«El judío, ardiendo en deseos de venganza, le aseguró que nada podía ser más fácil que despacharla sin que apareciera un solo golpe o herida en su cuerpo. Pedro apreció mucho esta solución y declaró que quien pudiera arrancarle esta espina le haría un gran favor. Permitió, pues, que el judío llevara a cabo el asunto tal como lo había planeado, sin hacer ningún alboroto. Este hombre vengativo, que se moría por satisfacer su resentimiento contra esta princesa, estaba encantado de haber recibido esta orden bárbara de Pedro. Reunió a muchos de su nación para que le ayudaran a llevar a cabo el golpe y, caminando durante la noche, se dirigió con todos a los aposentos de la Reina. Penetró hasta su habitación, y llamando a la puerta a una hora tan intempestiva, una de las mujeres de Su Majestad se negó a abrir, y asombrada de tanto ruido, dijo por el ojo

de la cerradura que no era el momento oportuno para hablar con su señora, y preguntó cuál era el objeto de una visita hecha tan tarde y tan a contratiempo. Para hacerse abrir, el judío contestó que tenía una noticia muy agradable que dar a la Reina, ya que su marido, para demostrarle que quería reconciliarse completamente con ella, venía a acostarse con Su Majestad. La doncella corrió inmediatamente con alegría a anunciarle a su señora esta inesperada aventura, que debía agradarle mucho, felicitándola de antemano de que el Rey le devolviera su corazón y deseara hacerle en el futuro más justicia de la que le había hecho. La Reina, que vio el peligro que la amenazaba, se puso inmediatamente a llorar, sabiendo que aún le quedaban pocas horas de vida, porque preveía que los judíos, que la odiaban mortalmente, no habrían acudido a su habitación en tal número y a una hora tan indebida sin tener alguna orden sangrienta contra ella que estaban dispuestos a ejecutar. Cuando la doncella se dio cuenta de las penas y desdichas de su señora, se puso a llorar a voz en grito y, derramando torrentes de lágrimas, dijo que no abriría la puerta a menos que Su Majestad se lo ordenara absolutamente. La Reina le hizo señas para que no luchara más con los Judíos por la entrada a su habitación, y al mismo tiempo levantó los ojos al cielo para encomendar la salvación de su alma, protestando que no se arrepentía de morir inocente siguiendo el ejemplo de su Salvador, y rogando a Dios que prodigue sus bendiciones sobre el duque de Borbón, su hermano, sobre la reina de Francia, su hermana, sobre Carlos el Sabio y sobre toda su familia real. Nada más terminar estas palabras, los Judíos entraron en tropel en su habitación. Hallaron a esta santa princesa tumbada en su cama, con un salterio en una mano y una vela en la otra para leer en sus horas, y volviendo los ojos hacia los que acababan de entrar les preguntó qué querían de ella y quién les había enviado tan tarde para hablar con ella. Le respondieron que estaban desesperados por verse obligados a anunciarle la orden severa que habían recibido del Rey de darle muerte, y que debía prepararse denante para esta última hora.

«Este discurso fue interrumpido por los gritos de sus sirvientas, que se arrancaban los cabellos y hacían resonar todo el cuarto con sus sollozos y sus suspiros, diciéndose unas a otras que se iba dar muerte injustamente a la mejor princesa del mundo, y rogando al cielo que vengara esta inhumanidad en los autores de la misma. La pobre Reina les pidió que limitaran sus quejas, añadiendo que no debían compadecerla con tanto duelo, ya que iba a morir inocente, y que era más bien la conducta de su marido Pedro la que debía hacerles compadecer, cometiendo esta barbarie por los malignos consejos de su concubina, alterada desde hacía tiempo en su sangre.

«Los judíos, temiendo que los gritos y el alboroto que iban a armar las mujeres de la Reina impidieran la ejecución de su señora y revelaran el *asesinato que querían ocultar, las arrancaron del dormitorio y arrastraron a un sótano, donde las estrangularon para luego matar a la Reina Blanca con mayor secreto y libertad. Estos hombres rabiosos no tardaron en despacharla, atravesándole el vientre con la caída de una gran viga, que dejaron caer encima de ella para asfixiarla, sin que apareciera una gota de sangre en su rostro ni en su cuerpo: y cuando hubieron realizado esta detestable acción, se retiraron inmediatamente a un castillo situado en una alta roca, que el Rey les había indicado como asilo seguro.*

Este príncipe inhumano, no queriendo ser reprochado por el asesinato que había ordenado, mantuvo todo el fingimiento del que pudo atreverse, haciendo publicar un manifiesto en el que se exculpaba lo mejor que podía de esta acción; pero su conducta posterior justificó demasiado bien que él era el autor; pues en lugar de sitiar este castillo, en el que estaban acantonados estos miserables, para tomarse la justicia por su mano, salieron de la plaza seis meses después con una impunidad que horrorizó a todos, y quedó claro que sólo habían sido los ministros de la crueldad de Pedro. Todos profirieron imprecaciones contra este malvado príncipe que no se había avergonzado de cometer un atentado tan execrable contra una princesa a la que debería haber adorado por su moral inocente y la nobleza de su extracción. Ni siquiera la mayoría de los judíos, que hasta entonces habían sido sus más francos partidarios, pudieron callarse al respecto. Pedro, por su parte, tomó precauciones contra todas las acciones que Enrique pudiera emprender en sus Estados. Reunió fuertes tropas, se ganó a los principales señores de Castilla con regalos y favores, e hizo tantas larguezas por ganarse a la gente para su partido que el pobre Enrique se vio abandonado por todos y constreñido a buscar asilo en países extranjeros. Este desdichado príncipe se arrojó en brazos del rey de Aragón, que lo acogió en su corte con gran honestidad[365].»

LXVI. Beltrán Duguesclín y la Compañía Blanca

Pedro el Cruel conminó entonces al rey de Aragón que dejara de proteger a su enemigo, bajo amenaza de declararle la guerra. A fin de evitar el conflicto armado, el rey de Aragón se vio obligado a separarse de su amigo.

El capítulo XVI se titulaba *"De l'adresse dont Bertrand se servit pour faire un corps d'armée de tous les vagabonds de France et les mener en*

---

[365] Jacques Le Febvre, «Anciens Memoires du quatrozième siècle... en Collection complète des Mémoires relatifs à l'Histoire de France depuis le règne de Philippe-Auguste jusqu'au commencement du XVIIe siècle, tome IV, Paris, Foucault, librairie, 1819, p. 306-320

Espagne contre Pierre le Cruel, pour venger la mort de la reine Blanche et faire monter en sa place Henry sur le trône" ("*De la habilidad que Beltrán se sirvió para formar un cuerpo de ejército con todos los vagabundos de Francia y conducirlos a España contra Pedro el Cruel, para vengar la muerte de la reina Blanca y poner en su sitio a Enrique en el trono*").

«Toda Francia se enteró con dolor de la inhumanidad que Pedro había cometido contra la reina Blanca, su propia esposa, al hacerla morir injustamente y abandonándola al arbitrio de los judíos, que la habían abatido en su lecho tras entrar de noche en su dormitorio y encontrarla rezando con una vela en la mano. Todas estas circunstancias agravaron el crimen de Pierre e hicieron aún más lamentable el destino de esta princesa. La reina de Francia, su hermana, y el duque de Borbón, su hermano, condenaron enérgicamente una acción tan vil, que merecía una venganza ejemplar. El rey Carlos el Sabio simpatizaba fuertemente con su resentimiento, y sólo buscaba una oportunidad para darlo a conocer cuanto antes. La que se le presentó fue la más favorable del mundo. El reino de Francia estaba plagado de canallas y vagabundos que lo desolaban con sus bandolerismos y sus pillajes. No se podía impedir este desorden, pues la muchedumbre de estos ladrones crecía cada día, a causa de un millón de extranjeros que habían penetrado en el reino para unirse a ellos aprovechando la licencia y la impunidad. Numerosos Alemanes, Ingleses, Navarros y Flamencos infestaban toda la campiña, quemando castillos después de saquearlos y extorsionando toda la nobleza. Los edictos del príncipe eran despreciados. Su fuerza y violencia hacían la ley soberana en el Estado, hasta el punto de que parecía que Francia se había convertido en la presa de estos enfurecidos.

«El rey Carlos, deseoso de detener el curso de tantos males, reunió a los más sabios jefes de Estado para que juntos divisaran el modo de poner pronto remedio a tantas desgracias, sin recurrir a la guerra abierta contra todos estos bandidos. Beltrán le sacó de su embarazo sugiriéndole el especioso pretexto de vengar en España la cruel muerte de la reina Blanca, su cuñada, y asegurándole que, si lograba llegar a un acuerdo con estas bandas de vagabundos, los engatusaría tan bien, que los ganaría para sus sentimientos, y les inspiraría el deseo de volver sus armas contra el rey Pedro, con la esperanza de enriquecerse con los despojos de toda España, que se les abriría por la guerra que se declararía a este príncipe. Incluso se ofreció a ponerse a su cabeza y comandarlos, para asegurar el éxito de tan justa expedición, representando al Rey que con este artificio salvaría a Francia de todos estos extranjeros y los emplearía útilmente en otra parte contra los enemigos de la Corona. Carlos aceptó de inmediato la juiciosa propuesta de Beltrán, y despachó de inmediato un heraldo a los jefes y comandantes de todas estas gentes para obtener de ellas un salvoconducto, a fin de poder enviarles luego a alguien que se hiciera *cargo de la expedición.»*

Beltrán Duguesclín se dirigió entonces a Chalon-sur-Saône, donde estacionaban las "Grandes Compañías", amalgamas de soldados indisciplinados que asolaban el reino de Francia tras la guerra contra los Ingleses.

«Beltrán les contó la razón por la que había acudido a ellos, diciéndoles que el Rey de Francia, enfurecido contra Pedro, pretendía hacerle arrepentir de la cruel muerte que había causado a la Reina Blanca, su cuñada, y que, para castigar a este cruel príncipe por tan negro atentado, había resuelto llevar la guerra a sus Estados; que el Rey, su señor, le había encargado que les dijera en su nombre que si querían aceptar tan justo resentimiento y prestarle sus tropas y ayuda, no sólo les haría pagar la suma de doscientas mil libras al contado, sino que también intercedería ante el Santo Padre la absolución de todos los pecados que habían cometido; que les aconsejaba que tomaran partido, tanto más cuanto que irían a un país muy graso, cuyo despojos podrían hacerles muy ricos.»

Hugues de Caurelay reunió a todos los jefes, *«gascones, ingleses, bretones, navarros, que le dieron su palabra de marchar bajo los estandartes de Beltrán... Duguesclín regresó con la mayor satisfacción, y se apresuró a ir a París para asegurar al Rey que iba a liberar al reino de todos los bandidos y bellacos que lo habían asolado hasta entonces con sus pillajes.»*

Estos jefes fueron convidados al Temple, en París, donde el rey Carlos había fijado su residencia.

«El príncipe los acarició de mil maneras, los trató lo mejor que pudo y les hizo ricos agasajos para comprometerlos aún más con sus intereses. Los principales señores de la Corte no se contentaron con conocerlos, sino que quisieron entablar una amistad más estrecha con estos generales con los que iban a convivir más de un día. El Conde de la Marche, el Besque de Vilaines, el Mariscal d'Andreghem, Olivier de la Mauny, Guillaume Boitel y Guillaume de Launoy se acercaron a ellos y declararon que estarían encantados de compartir con ellos los peligros de la guerra que iban a emprender. Estos jefes se mostraron encantados de conocer su resolución, asegurándoles que tan noble y generosa compañía les daría aún más fervor para luchar bien. Beltrán los reunió a todos en Chalons-sur-Saône y los hizo marchar hacia Aviñón.»

En otoño del año 1365, Beltrán Duguesclín se puso en camino a España. En Aviñón, en la ciudad del Papa, hizo entender a un cardenal que era del interés del papa pagarles *«si querían refrenar la licencia de todos aquellos vagabundos, cuyas manos estaban acostumbradas a la rapiña, y que les importaba menos la absolución que les prometían que los denarios que les pedían, estando todos dispuestos, en caso de negativa, a hacer horribles depredaciones en los Estados del Papa.»*

El cardenal se dio por enterado, y marchó inmediatamente informar el papa acerca de lo sucedido. El Papa, al enterarse de la situación, reunió los burgueses de la ciudad y los puso a contribución. Soldados, vagabundos y granujas abandonaron la plaza con los bolsillos bien llenos y con la absolución del Papa. Se dirigieron luego hacia Tolosa, y finalmente rumbo a Aragón para asistir Enrique contra Pedro el Cruel, *«que no tenía buenos sentimientos hacia la religión cristiana, sino que toda su inclinación era hacia el judaísmo, del que hacía una profesión secreta, y que, además, se había convertido en el horror y execración de toda Europa.»*

Enrique vino a encontrarse con Beltrán. "*Duguesclín le abrazó con ternura, y le hizo una proclama muy sincera de que no volvería a poner los pies en Francia antes de que lo hubiese subido al trono de España.*"

"*Cabe señalar, escribía Le Febvre, que las tropas dirigidas por Duguesclin se hacían llamar la Compañía Blanca, porque todos llevaban una cruz blanca en el hombro, como para atestiguar que sólo habían tomado las armas para abolir el Judaísmo en España, y para combatir el infausto príncipe que lo protegía en detrimento de la cruz.*"

El ejército salió de Aragón *«para adentrarse más en España, en busca de Pedro, y no darle ni descanso ni tregua.»* Debían llegar a la ciudad de Magallón. *«Desde allí, se podría fácilmente atravesar España.»*

La ciudad fue tomada y saqueada, *«después de que los soldados victoriosos hubieron puesto en tierra a un gran número de Españoles y Judíos que pretendían resistir. Los despojos fueron grandes, pues los judíos que se rindieron a discreción, para salvar sus vidas, sacrificaron todas sus riquezas para redimirse y pagar su rescate. Nunca un ejército hizo un botín más agradable. Beltrán se lo había prometido; así pues, fue necesario satisfacer la avidez de tantos Bretones, Franceses, Normandos, Liejanos, Valones, Flamencos, Brabantes y Gascones, de los que se componían sus tropas, y que sólo se habían embarcado en esta expedición para enriquecerse de la ruina de España. El mariscal d'Andreghem, Hugues de Caurelay, Gautier Hüet y su hermano, Guillaume Boitel y el Señor de Beaujeu secundaron a Beltrán con admirable valentía, poniéndose a la cabeza de los que mandaban y dirigiéndolos en el asalto dándoles ejemplo de cómo hacerlo bien.»*

Heinrich Graetz escribía por su parte: «Duguesclín fue aún más duro con los judíos, a los que no trató como soldados que luchaban por su rey, sino como esclavos en rebeldía contra su amo[366].»

---

[366] Heinrich Graetz, *History of the Jews IV*, Philadelphia, The Jewish Publication Society of America, 1894, p. 126. "A la cabeza de estos bandidos franceses e ingleses se encontraba el guerrero más destacado de su tiempo, el héroe y caballero andante Bertrand du Guesclín, célebre por sus hazañas, su fealdad y su excentricidad, que, como el Cid, fue glorificado por la leyenda. Los judíos unieron su fortuna a la del partido de

La toma de Magallón sembró el terror en toda España. Beltrán dejó una guarnición en la ciudad y prosiguió su camino hasta Borja[367]. Arqueros y ballesteros disparaban sobre los sitiados que se presentaban en las murallas para defenderlas, mientras que los «*sirvientes y lacayos*» llenaban las fosas. Las murallas se abrieron «*a fuerza de picas y palancas*» y las escaleras de cuerda permitieron a los más intrépidos penetrar en la fortaleza, «*a pesar de que los Judíos y Sarracenos, de los que estaba llena la ciudad, tirasen agua hirviente sobre ellos.*» Rápidamente los soldados de la Compañía Blanca se adueñaron de la plaza.

«*Un Normando fue lo suficientemente atrevido como para ser el primero en plantar el estandarte de Beltrán en la muralla y gritar a los demás que la ciudad había sido tomada y que subiesen valientemente a su vez. Pronto fue seguido por una multitud de decididos que se aferraron a las escaleras y se le unieron en gran número. Desde allí, entrando en tropel en la ciudad, fueron a apoderarse de las puertas y las abrieron a sus compañeros, que se lanzaron de cabeza sobre ellas, pidiendo clemencia a gritos todos los burgueses, que, arrodillados con sus mujeres e hijos, pedían cuartel, declarando que se rendían al príncipe Enrique, a quien deseaban reconocer en el futuro como su amo y soberano.*»

Enrique, «*que quería hacer mérito de su clemencia para atraer a los demás a su lado, cedió a sus ruegos y les prometió que no sólo les perdonaría la vida, sino también el disfrute de sus bienes, a los que prohibió que se tocasen. Estaba dispuesto a mostrar esta indulgencia sólo con los Cristianos, pero con los Judíos y Sarracenos, de quienes sabía que eran totalmente devotos de Pedro, no tuvo piedad...*

«*Después de que la Compañía Blanca hubiera pasado algún tiempo en este país para descansar y recuperarse de todas las fatigas de estos dos asedios, y después de que los heridos hubieran sido atendidos, estas tropas victoriosas se dirigieron a Bervesque, una fortaleza en la que Pedro había traído una gran guarnición de Españoles que estaban completamente entregados a su causa.*»

Duguesclín ordenó inmediatamente el asedio de la ciudad, y se puso a la cabeza de los más valientes para emprender el ataque. «*Los sitiados acudieron a las murallas decididos a defenderse bien. Mientras Beltrán les entretenía con los tiradores que lanzaban sus dardos y flechas contra ellos, Hugues de Caurelay eligió a algunas de las tropas más aguerridas con las*

Don Pedro y lo apoyaron con su dinero y su sangre. Acudieron en masa a su estandarte en el campo de batalla y guarnecían las ciudades contra los ataques de Don Enrique y Du Guesclín. Los mercenarios salvajes a los que se oponían se vengaron no sólo de los soldados judíos, sino también de los que no habían portado armas." *History of the Jews IV*, p. 123.

[367] Villas de Magallón y Borja, entre Zaragoza y Soria. (NdT).

que se acercó a la judería, donde hizo abrir la muralla a grandes golpes de martillo de acero y abriendo en ella amplios boquetes: los Judíos, temiendo todos que se hiciera de ellos gran carnicería si persistían en oponer obstinada resistencia, facilitaron la entrada a la ciudad a través de su barrio para salvar sus vidas. Un Bretón de Caurelay se dirigió inmediatamente a las murallas e izó el estandarte de Beltrán, gritando Duguesclín. Esta señal animó a los demás a hacer un último esfuerzo para subir por varias escalas de cuerda de las que se tenía buena provisión. Este asalto fue un tanto mortífero por ambas partes: mientras los Franceses trepaban por las murallas y se echaban mano unos a otros para llegar a lo alto de la muralla, los Españoles arrojaban cubas llenas de agua hirviendo sobre sus cabezas y les hacían caer al foso. Esta desgracia no hizo mella en el ardor de los sitiadores, que se levantaban con mayor rabia y furia, y reanudaban el asalto con renovada obstinación. Los asediados les arrojaban toneles repletos de piedras y grandes vigas, de modo que esta vigorosa resistencia hizo dudar a los Franceses del éxito del asedio. Pensaban que estaban perdiendo mucho tiempo, y que tal vez se verían obligados a levantar el piquete frente a la plaza sin haber hecho nada. Enrique, temiendo que se abandonara el asedio, estaba también haciendo los últimos esfuerzos en persona con sus gentes, cuando Beltrán, que nunca se perturbaba y cuya intrepidez aumentaba en presencia del peligro, se presentó a las puertas con un hacha y descargó golpes tan fuertes que las derribó. Todos los más bravos, animados por su ejemplo, se adelantaron en turbamulta e hicieron una incursión tan grande que entraron atropelladamente en la ciudad con los enemigos por doquier y les hicieron una horrible matanza. Los que pudieron evitar la furia de los soldados huyendo se escondieron en sus casas, pensando que estarían a salvo de todo peligro, pero a lo último tampoco estuvieron más seguros. Las mujeres se arrodillaron ante los vencedores para salvar la vida de sus maridos, y los niños se postraron a los pies de los soldados para rogarles que no dieran muerte a sus padres: pero todas estas sumisiones fueron incapaces de detener sus violencias y matanzas. Quedaba pendiente por tomar una antigua torre donde se habían refugiado algunos judíos. Beltrán hizo incendiar las puertas con un fuego de artificio, que no tardó en derribarlas. No se dio cuartel a los más obstinados de los que se encontraban dentro, pero se mostró cierta indulgencia con los demás, que se rindieron a discreción de buena fe.»

Pedro el Cruel, que estaba en Burgos con su Corte, fue informado de la toma de Bervesque por dos burgueses que habían logrado escapar:

«*Le contaron que los enemigos habían trepado como monos por sus murallas con escaleras de cuerda, y que habían abierto el paso a pesar de todos los esfuerzos que habían hecho para disputárselo; que finalmente la ciudad estaba toda inundada con la sangre de los Judíos, Sarracenos y*

Españoles que habían derramado para apoderarse de ella. A este príncipe le costó primero creer esta asombrosa conquista, e imaginando que estos dos burgueses habían vendido la ciudad por dinero, amenazó con hacerlos morir. Uno de ellos, para exculparse, le dijo que los que habían tomado la ciudad no eran hombres, sino demonios ante los que era imposible hacer frente; que eran gentes que no temían ni a los dardos ni a las flechas, ni a la muerte ni a las heridas; que se abrían paso a través de todos los peligros, avanzando siempre sin retroceder jamás, y que no creía que hubiera en todos sus Estados una sola fortaleza que pudiera resistir durante quince días enteros tropas tan decididas, que parecían salidas del infierno...»

«Pedro no volvía de la desazón que le inquietaba, así que mandó llamar a tres judíos en los que tenía una confianza singular. El primero se llamaba Jacobo, el segundo Judas y el tercero Abraham, y les pidió que compartieran con él sus conocimientos y consejos en el deplorable estado a que su mala fortuna había reducido su condición. Estos tres hombres estaban ellos mismos bastante incómodos, sin saber qué curso debía tomar el príncipe para salir de tan peligrosa situación. Un cuarto consejero de esta nación, llamado Manases, se presentó y se tomó la libertad de decirle que no creía que estuviera seguro en Burgos y que haría mejor en establecerse en Toledo, cuyas murallas eran seguras y la ciudadela estaba bien fortificada...Pedro pensó que había puesto sus asuntos en muy buen orden, y descontando la lealtad de los de Burgos, no pensó en otra cosa que en partir hacia Toledo, acompañado por el conde de Castro y sus cuatro Judíos, sus confidentes más íntimos. Fue recibido en esta gran ciudad con aclamaciones extraordinarias .... Apenas salió Pedro de Burgos, un espía salió de la ciudad para venir a dar la noticia a Enrique, diciéndole que había tomado el camino de Toledo, donde se creía que su designio era encerrarse. Bertrand, que estaba presente en el reporte hecho por este espía, era de la opinión de que Burgos debía ser tomada, prometiendo a Enrique que allí sería coronado Rey de España...

«La marcha del ejército comenzó al despuntar el día siguiente. La avanzadilla estaba dirigida por el mariscal d'Endreghem, segundado por Olivier de Mauny, Hugues le Caurelay, Nicolas Strambourc, Jean d'Evreux, Gautier Huët y muchos caballeros ingleses, todos los cuales de buena y presta compostura. La retaguardia estaba comandada por Beltrán, cuyo solo nombre era tan temible que todos estaban persuadidos de que él solo valía por todo un ejército. El conde de la Marche, el señor de Beaujeu, Guillaume Boitel, Guillaume de Launoy, Henry de Saint Omer, todos se honraron en acompañar a tan gran capitán y compartiendo con él el peligro y la gloria que encontrarían en esta excursión; pero, sobre todo, el príncipe Enrique se convenció a sí mismo de que ésta le sería ventajosa, bajo el estandarte de un general cuyas armas habían sido siempre victoriosas, esperando además que Dios, conociendo la justicia de la

causa que les impulsaba a todos a actuar, derramaría su bendición sobre su empresa, ya que el enemigo contra el que tenían que luchar era un príncipe réprobo, que no sólo había renegado públicamente de la religión cristiana por sus infames tratos con los Judíos, para gran escándalo de todos sus súbditos, sino que además había mancillado sus manos en la sangre inocente de la princesa más santa y consumada de toda la tierra, a la que debía cuidar tanto más cuanto que era su propia esposa, y que asimismo descendía de San Luis.»

El capítulo XVIII se titulaba *"De la reddition volontaire que ceux de Burgos y de Tolede firent de leurs villes, aussitôt qu ils apprirent que Bertrand et la Compagnie blanche étaient en marche pour les assierger"* (*"Sobre la rendición voluntaria que los de Burgos y Toledo hicieron de sus ciudades, en cuanto supieron que Beltrán y la Compañía blanca estaban en marcha para asediarlas"*). Donde se nos cuenta que las «*tres sectas*», Cristianos, Sarracenos y Judíos, «*habían tenido todas el mismo sentimiento y reconocido a Enrique como su Rey...siempre que prometiera no socavar sus costumbres y privilegios.*»

En Burgos, en abril de 1366, el día de Pascua, tuvo lugar el coronamiento del rey Enrique y de la reina.

«*Beltrán y toda su Compañía blanca, habiendo ejecutado gloriosamente lo que habían emprendido en favor de Enrique, celebraron consejo, con la idea de volver sus armas hacia Granada, contra los Sarracenos que se habían adueñado de ella. Pero Enrique, viendo que este propósito sería muy perjudicial para sus intereses, que quedarían imperfectos, y podrían caer en decadencia si era abandonado por ellos, les instó a que siguieran sus primeros derroteros, y blandieran sus puntas contra los Estados de Pedro, cómo tan bien habían principiado, representándoles que si era un motivo de religión lo que les hacía volver sus pensamientos contra el reino de Granada, porque estaba lleno de Judíos y Sarracenos, que no había menos en las tierras de obediencia a Pedro, que pudieran servirles de objeto para la realización de sus piadosos designios; que además les dejaría los despojos de todas las conquistas que hiciesen, de las que podrían enriquecerse grandemente.*»

Al conocer esta noticia, Pedro el Cruel abandonó Toledo para refugiarse en Cardona y esconderse en un bosque, «*tan aterrorizado estaba del peligro que le amenazaba*». Los burgueses de Toledo, atemorizados, no lucharon. Enrique se acercó a la ciudad con su ejército y recibió las llaves de la ciudad de manos del obispo. Huyendo de su enemigo, Pedro se dirigió a Sevilla, la única ciudad de cierta importancia que le quedaba. Desde allí se enteró de que Cardona también se había rendido.

Luego arremetió contra sus dos consejeros judíos, Danio y Turcán, «*cuyos perniciosos consejos le habían enredado en todos los desagradables asuntos que tenía que soportar. Les reprochó ser la causa de toda su desgracia, ya que le habían aconsejado maliciosamente hacer matar a la reina Blanca, habiéndose convertido ellos mismos en los ministros e instrumentos de esta crueldad, para saciar su venganza particular; que desde este detestable crimen habían suscitado la indignación de todos sus súbditos y la revuelta de su propio hermano, que lo llevaba derrotando en todas partes, que merecían ser castigados con el suplicio supremo, pero que él se contentaba con desterrarlos para siempre de su Corte, a la que les prohibía acercarse so pena de muerte. Estos dos Judíos obedecieron sin réplica y sin intentar exculparse ante este príncipe iracundo cuya cólera temían, tomaron el camino de Lisboa para ponerse a cubierto de la tormenta que les amenazaba. Pero por desgracia fueron encontrados una mañana por Mateo de Gournay, caballero inglés, que los sorprendió saliendo de un valle cuando iba a forrajear. Apenas los vio, se les acercó con la espada en mano, ordenándoles que se rindieran o arriesgarían la vida. Estos dos desdichados, temblando de miedo, pidieron clemencia a gritos: les preguntó si eran Judíos o Sarracenos; Turcán respondió que, en verdad, eran Judíos, pero que si tenía la bondad de no darles muerte, prometían entregarle la ciudad de Sevilla al día siguiente. El caballero les aseguró que no sólo se les perdonaría la vida, sino que serían recompensados en proporción a tan esencial servicio, si tenían la fortuna y la habilidad suficientes para llevar a cabo la hazaña. Turcán volvió a tomar la palabra, revelando los medios que utilizaría para derrotarlos. Le dijo que, puesto que los Judíos tenían un barrio aparte en Sevilla, que podían abrir y cerrar cuando les placía, le sería fácil entrar en el lugar que ocupaban y ganarse a los más notables, con los que tenía inteligencias secretas; que les tornarían tan bien la cabeza a favor que les haría condescender a lo que él quisiera, siempre que se les prometiera que, al ayudar a las tropas de Enrique a tomar la ciudad, no se tocarían sus bienes, y menos aún sus vidas.»*

Efectivamente, Turcán logró convencer a les responsables de la comunidad judía de Sevilla. Pedro, informado a tiempo de esta traición por una espía judía, abandonó Sevilla precipitadamente. *«Enrique, Beltrán y toda la Compañía Blanca aprovecharon tan favorable ocasión para presentarse ante las murallas de la ciudad. La inteligencia que ya tenían en la plaza con los judíos facilitó grandemente su rendición»*, y Enrique entró en Sevilla al frente de su ejército.

El capítulo XIX relataba los posteriores sucesos: Pedro partió a Lisboa a entrevistarse con el rey de Portugal para solicitarle auxilio, pero éste le hizo comprender que no tenía los medios de luchar contra los franceses. En cambio, el Príncipe de Gales, primogénito del rey de Inglaterra, y que controlaba la Guyana, estaría sin duda más dispuesto a apoyarlo. *«Estas razones animaron a Pierre a viajar a Burdeos para hablar con el Príncipe de Gales, que tenía allí su Corte. Así que hizo preparar un navío y lo cargó con sus posesiones más ricas y preciosas, sin olvidar su mesa de oro, y luego se embarcó en él, seguido de veinticinco caballeros, cincuenta escuderos Españoles y un gran número de Judíos, que formaban una compañía muy leal.»*

En febrero de 1367, el príncipe de Gales, cuya armadura distintiva de color negro le había valido su apodo de Príncipe Negro, cruzaba los Pirineos. Su vanguardia sufrió una derrota ante los Franceses, pero en abril, en contra de la opinión de Duguesclín, Enrique libró batalla en Najera arrastrado por la impetuosidad de algunos jóvenes señores españoles. La batalla fue perdida y Duguesclín hecho prisionero, mientras Enrique de Trastámara se refugiaba del otro lado de los Pirineos, donde reordenó inmediatamente su ejército.

Pedro el Cruel, que ya no necesitaba el Príncipe de Gales, lo invitó pérfidamente a acantonar sus tropas del lado de Navarra haciéndole creer que habría abundantes provisiones y que él mismo se presentaría para pagarle todas las sumas que le había prometido. Pero una vez en Navarra con sus tropas, el Príncipe Negro no encontró víveres suficientes, *«habiendo sido consumida toda la cosecha...y Pedro, que había de traerle tanto dinero, tantas riquezas y tantos tesoros, le dejó languidecer con toda su gente.»*

Duguesclín fijó él mismo su rescate en 100 000 florines. La Princesa de Gales le ofreció unos 30 000 florines y 4000 caballeros y escuderos franceses que le habían seguido en España pagaron el resto. El Príncipe Negro lo liberó con gusto, pues además circulaba el rumor que le tenía prisionero porque le temía. Duguesclín regresó a Castilla junto a Enrique y reconquistaron rápidamente el país. El sitio de Toledo duró nueve meses. La ciudad fue defendida valientemente por los partidarios de Don Pedro, «especialmente por los Judíos», escribía Graetz: «La comunidad de Toledo fue la que más sufrió. Emulando a los cristianos seguidores de Don Pedro, hicieron los mayores sacrificios por la defensa de la ciudad, y soportaron un largo y espantoso asedio. La hambruna durante el sitio fue tan grande que los desgraciados consumieron, no sólo el pergamino de la Ley, sino incluso la carne de sus propios hijos. A causa del hambre y de la guerra pereció la mayor parte de la comunidad toledana, según algunos autores 8.000 personas, según otros más de 10.000».

Pedro el Cruel había llegado en ayuda de Toledo con un ejército compuesto mayoritariamente por Moros y Judíos. El 14 de marzo de 1369, sufría una gran derrota en la batalla de Montiel y era hecho prisionero. Cuando Duguesclín fue a visitarlo junto a Enrique, los dos hermanastros lucharon entre sí: «Cuando los hermanos se encontraron, se dice que Enrique le lanzó estas palabras insultantes a la cara: "¿Dónde está el judío, hijo de ramera, que se hace llamar rey de Castilla?" Se enzarzaron entonces en una lucha. Don Pedro fue vencido y decapitado por el general de su hermano, Du Guesclin», relataba Heinrich Gratez en sus páginas. Así pues, la muerte de Pedro el Cruel pacificó España, y Duguesclín pudo regresar a Francia con la sensación de haber cumplido su misión, habiendo engrandecido su fama y ganado grandes riquezas. Cuando el Papa Urbano V se enteró de la noticia «no pudo contener su alegría al conocer la noticia de la muerte de Don Pedro. "La Iglesia debe alegrarse", escribió, "por la muerte de semejante tirano, rebelde contra la Iglesia y partidario de Judíos y Sarracenos. Los justos exultan ante tal retribución". La humillación de los judíos españoles, que el Papado había fracasado tanto tiempo en conseguir, fue obtenida inesperadamente por la guerra civil en Castilla[368].»

LXVII. Mayo de 1370: las hostias de Enghien

El rumor se extendió en el Brabante de que los judíos de la ciudad de Enghien habían robado dieciséis hostias consagradas de la iglesia de Bruselas para perforarlas en sus sinagogas con dagas y cuchillos. Una anciana judía había denunciado los culpables al cura, tras lo cual el clamor de indignación fue unánime. «Los ancianos de la sinagoga de Enghien fueron torturados; tres de estos desgraciados fueron atenazados y quemados vivos el 22 de mayo de 1370 cerca de la Puerta de Namur en Bruselas; uno de ellos, Jonatás, había adquirido grandes riquezas gracias a sus especulaciones. Todos los demás judíos fueron desterrados de Brabante y sus bienes confiscados... Se decidió perpetuar el recuerdo como un acontecimiento glorioso para Brabante. Se pintaron dieciocho cuadros para la iglesia de Santa Gúdula en Bruselas, con todos los detalles del acontecimiento, incluida la horrible ejecución de los tres ancianos de la sinagoga. Se instituyó una fiesta secular, cuya efeméride se fijó posteriormente a medio siglo[369].»

«En julio de 1820, todavía se celebraba durante ocho días la historia de las hostias de Enghien y por consiguiente persecución. Las ceremonias religiosas se combinaron con diversiones mundanas... el Santísimo Sacramento, que contenía las dieciséis hostias profanadas, fue llevado en procesión, adornado con pedrería, mientras las calles eran plantadas con acianos y flores, y en las casas se colgaban tapices; hubo banquetes, conciertos, tiros, fuegos artificiales e iluminaciones[370].»

---

[368] Heinrich Graetz, *History of the Jews IV*, Philadelphia, The Jewish Publication Society of America, 1894, p. 126.
[369] Sander, Chorograph. sacra Brabant. -Calfmcier, *Vénérable histoire du trèssaint Sacrement*, etc., en Georges-Bernard Depping, *Les Juifs dans le Moyen-Âge*, (1823), Éd. Wouters, Bruxelles, 1844, p. 174
[370] *Unterhaltungsbloetter fur Welt und Menschenkunde*, 1082, n° 8, en Georges-Bernard Depping, *Les Juifs dans le Moyen-Âge*, (1823), Éd. Wouters, Bruxelles, 1844, p. 174

LXVIII. El funeral de Carlos V de Francia

Cuando Carlos V subió al trono de Francia en 1364, en un país devastado y en parte ocupado por los Ingleses, éste se apresuró en abolir las restricciones ordenadas por su padre a los privilegios de los judíos y los autorizó a prolongar su estadía en Francia. Los privilegios de los judíos fueron restablecidos durante otros seis años. Con su oro, los judíos «obtuvieron en la corte de este débil príncipe todo lo que quisieron. Manasé de Vesoul, su agente, utilizó muy hábilmente su crédito en su favor.

A pesar de la prohibición expresa de tomar más de cuatro denarios de interés por libra cada semana, los judíos, incorregibles, sobrepasaron ampliamente esta tasa que ya era demasiado alta. Como de costumbre, las quejas llegaron hasta el Rey, que debió de indignarse con razón de que personas que acababan de regresar al reino gracias a un indulto especial se mostraran incorregibles en sus hábitos viciosos y conservaran tal codicia por la nación que les había acogido. El preboste de París inició un procedimiento contra ellos y los condenó a fuertes multas; incluso se habló en el Consejo del Rey de expulsar una vez más del reino a esta raza de usureros deshonestos; pero Manasés de Vesou, por mil quinientos francos de oro, consiguió una orden real para silenciar el asunto y acallar al fiscal del Rey; luego, por tres mil francos de oro, los judíos obtuvieron una prórroga de diez años de su estancia en Francia, que ya se había prolongado hasta veintiséis[371].»

Si frecuentaban las ferias de Champaña y Brie, no era tanto para exponer mercancías como para especular con la necesidad de dinero de otros comerciantes. También hipotecaban los bienes de los prestatarios, llevándolos a la ruina.

Carlos Evrart de Tremagon, un jurista bretón que vivió en aquel tiempo fue el autor del *Sueño del Vergel (Songe du Verger)*, terminado en 1376, uno de los libros más penetrante del siglo XIV y a su vez un escrito de acusación contra el judaísmo. En este diálogo entre un clero y un caballero leíamos declaraciones como estas:

«Y, de hecho, dijo uno, conozco a fulano que pidió prestados X francos[372] a un judío, por los que pagó XIII cientos francos tanto por el lote

---

[371] Privilegios acordados por Carlos V, Vincennes, 1373; carta del mismo, del año 1374, en el tomo V del Recopilatorio de Ordenanzas, en Georges-Bernard Depping, *Les Juifs dans le Moyen-Âge*, (1823), Éd. Wouters, Bruxelles, 1844, p. 183

[372] Se trata del *"Franc à Cheval 1360"* (*"Franco a caballo 1360"*), la primera moneda de oro que introdujo la divisa histórica: el Franco. Creada el 5 de diciembre de 1360, esta moneda se emitió para pagar el rescate del rey Juan II el Bueno, prisionero de los ingleses. Equivalente a una libra tournois, esta moneda difundió por todo el país el uso de la palabra *"Franc"* para designar la moneda nacional francesa. (NdT)

[capital] como por la usura [intereses], y todavía no está en paz. Y quien quisiera hacer una investigación diligente encontraría cincuenta mil personas en el reino de Francia desheredadas y empobrecidas por estos judíos.»

Y el otro respondía: «Las mujeres cristianas, a causa de su gran pobreza, para recuperar sus prendas, se acuestan con ellos reprobadamente.» Y ambos estaban de acuerdo en «los males y horrores que están sucediendo cada día a la Cristiandad como resultado de la conversación [frecuentación] con los judíos[373].»

Los judíos todavía estaban sujetos al pago de una tasa en algunos peajes. En Saint-Symphorien d'Oson, un judío a pie tenía que pagar cuatro denarios, un judío a caballo y una judía embarazada pagaban el doble.

Una vejación más insultante se practicaba en el Puy. Cuando un judío se atrevía a mostrarse en la ciudad, éste era pasible de ser ajusticiado por los monaguillos de la catedral. En una sentencia de 1373, estos niños condenaron a una multa de trescientas libras a un judío que había sido sorprendido dentro de la ciudad[374].

En el condado de Lesmont, en Champaña, todo judío que pasaba estaba obligado a arrodillarse delante de la puerta del señor o de su arrendatario para recibir un sopapo[375]. Georges-Bernard Depping, que refería estos hechos a mediados del siglo XIX, se indignaba a continuación y escribía: «¡Estas eran las afrentas a las que el pueblo de Moisés y Salomón se veía inhumanamente expuesto[376]!»

Carlos V murió en septiembre de 1380. El pueblo llano parisino aprovechó la ocasión y se sublevó contra los judíos. La judería de la capital fue arrasada y algunos judíos asesinados. El poderoso preboste de Paris, Hugues Aubriot, conocido por ser el defensor y protector de los judíos, no pudo evitar los disturbios[377].

Durante mucho tiempo, Aubriot había empleado mano dura, por lo que sus enemigos eran incontables. El 24 de septiembre, durante el funeral del rey, se produjo un incidente. Cuando el rector de la Universidad de París, seguido de los maestros y estudiantes, quiso incorporarse al cortejo fúnebre, Hugues Aubriot les prohibió el paso, produciéndose una fuerte trifulca. Al

---

[373] *Livre du Verger*, 1376, livre premier. (*Libro del Vergel*, 1376, libro primero).

[374] Archivos de la Iglesia de Puy, citadas en el tomo IV de la *Historia general del Languedoc*.

[375] Pancarta del derecho de peaje del condado de Lesmont, insertada en el tomo I de las Efemérides de Grosley, p. 162, edición de 1811

[376] Georges-Bernard Depping, *Les Juifs dans le Moyen-Âge*, (1823), Éd. Wouters, Bruxelles, 1844, p. 163

[377] Crónica de Carlos VI. Sauval, *Antiquités de Paris*, tome II, liv. X, en Georges-Bernard Depping, *Les Juifs dans le Moyen-Âge*, (1823), Éd. Wouters, Bruxelles, 1844, p. 185

día siguiente, mientras conducían el féretro de Carlos V desde la catedral de Nuestra Señora hasta San Denis, los mismos incidentes se repitieron. Para vengarse, los universitarios se reunieron con los detractores del preboste y dieron el asalto. Los eclesiásticos acusaron entonces Aubriot de herejía y un juicio de inquisición vino apoyar el procedimiento civil del que el rector logró la dirección. El acusado se libró de la hoguera, pero tuvo que enmendarse: fue despojado de sus funciones y encarcelado.

En la *Crónica de los Cuatro primero Valois (Chronique des Quatre premiers Valois)* se puede leer que Aubriot fue acusado de ser un «reincidente de herejía, bujarrón sodomita y falso cristiano», y de «haber hecho muchas cosas horribles y abominables, como poseer mujeres bestialmente contra natura, de tener compañía carnal con mujeres judías, así como devolver hijos de judíos que habían sido cristianos a los judíos, así como de haber corrompido a las mujeres, y luego haber ahorcado a sus maridos, por ser sodomita y no guardar la ley cristiana[378].»

En el vecino ducado de Borgoña, los judíos no salieron tan mal parados. Felipe el Atrevido (1363-1404) había mantenido la prohibición impuesta a los judíos de vestir prendas de color, de bañarse en los mismos lugares que los cristianos, de tocar los alimentos expuestos en los mercados para ser vendidos, así como la obligación de tener un solo cementerio y sinagoga por diócesis. También les ordenó abstenerse de comer carne durante la cuaresma como los cristianos. Pero durante su reinado no hubo ninguna persecución sanguinaria.

En Estrasburgo, ciudad imperial, los judíos fueron admitidos de nuevo en la ciudad en 1383, mediante un acto público que inicialmente limitó su estancia a un pequeño número de años; pero una vez reinstalados en la plaza, los judíos no tuvieron dificultades para permanecer y hacerse respetar.

He aquí una historia acaecida en Alsacia en aquella época: «Un noble de Mulhouse, en lugar de acudir al Papa, tomó un camino más corto y violento para librarse de su acreedor judío. Al ser demandado por su deuda, cuyos intereses superaban ya el capital, invitó al judío a ir a su casa, después de haber removido secretamente todas sus pertenencias; luego, al presentarse el acreedor, hizo que cuatro robustos sirvientes lo metieran en

---

[378] *Chronique des Quatre premiers Valois*, p. 294-295 – Année 1381. «Pronto él mismo fue blanco de las más negras acusaciones. La universidad lo denunció ante el obispo de París como devoto secreto del judaísmo. Se afirmaba que las mujeres judías ejercían la mayor influencia sobre el hombre que gobernaba la corte y la ciudad; se hablaba de herejía e impiedad. Aubriot, el magistrado a quien la ciudad debía sus mejoras y su buen orden fue condenado a pasar el resto de su vida en un calabozo. Esta caída de su protector expuso a los judíos a nuevas calamidades.» En Georges-Bernard Depping, *Les Juifs dans le Moyen-Âge*, (1823), Éd. Wouters, Bruxelles, 1844, p. 185

un baúl y lo transportaran a Borgoña, de donde el prisionero sólo regresó al cabo de cuatro semanas, y después de haber pagado cuatrocientos florines por su rescate. El caso fue llevado ante el magistrado y el caballero, conocido como de Neuenstein, fue desterrado de por vida y su casa confiscada en beneficio de la ciudad, que la convirtió en una fábrica de tejas[379].»

LXIX. El levantamiento general de 1391 en España

Enrique de Trastámara, que subió al trono de Castilla en 1369, no fue malévolo con los judíos de su reino. Su lucha con Don Pedro había absorbido ingentes sumas y debía mucho dinero a sus aliados. Necesitaba por lo tanto hábiles financieros para encontrar el dinero necesario y recaudar los impuestos regularmente. A tal efecto, llamó a dos judíos de Sevilla, Don José Pichon (o *Picho*), al que nombró ministro de Finanzas, y Don Samuel Abrabanel.

Desde la primera reunión de las Cortes de Toro, en 1371, arreciaron los sentimientos de hostilidad hacia los judíos. «Los cortes expresaron al rey su disgusto por el hecho de que esta "raza malvada y audaz", estos enemigos de Dios y de la cristiandad, fueran empleados en "altos cargos" en la corte y por los grandes de España, y que se les confiara la recaudación de los impuestos, por medio de los cuales los débiles cristianos eran sometidos y atemorizados», escribía Heinrich Graetz.

Enrique debió tener en cuenta estas recriminaciones y promulgó dos edictos contra los judíos. Les ordenó que llevaran la rodela, al igual que sus congéneres en el resto de Europa, y que cambiaran sus apellidos castellanos y tomaran sus verdaderos apellidos judíos.

Había en Castilla cerca de 200 000 judíos en 1370, es decir entre el tres y cinco por ciento de la población total. En el reino de Aragón, con 60 000 judíos, la proporción pasaba allí al seis o siete por ciento[380].

Los judíos más ricos e influyentes se habían introducido en todo el aparato de Estado, se enriquecían con la usura, pavoneaban en público cubiertos de oro y de vestidos de seda. También eran proxenetas: en 1387, en Barcelona, un judío proxeneta era castigado con una cuantiosa multa[381]. Graetz escribía al respecto que algunos «judíos se quejaban de que su

---

[379] Georges-Bernard Depping, *Les Juifs dans le Moyen-Âge*, (1823), Éd. Wouters, Bruxelles, 1844, p. 173
[380] Yod, *Revue des études modernes et contemporaines hébraïques et juives*, número 35, 1992.
[381] M. Kriegel, *Les Juifs à la fin du moyen âge*, p. 249, en Georges Valensin, *La Vie sexuelle juive*, p. 65, 66

sentido moral estaba profundamente herido por el egoísmo y la codicia de sus hermanos ricos. "De estos problemas", decía uno, "los judíos ricos y con títulos son los mayores responsables; su única consideración es su posición y su dinero...De hecho, la unión, que antes había sido la principal fuente de fuerza entre los judíos españoles, se rompió. Los celos y la envidia entre los grandes judíos habían socavado el sentimiento fraternal que antes había inducido a cada uno a unir sus intereses a los de la comunidad en general, y a unirse todos para la defensa de cada uno. "La mayoría de los judíos ricos, decía Salomón Alami en su "*Espejo de la moral*", que son admitidos en las cortes reales y a quienes se les entregan las llaves de los tesoros públicos, se enorgullecen de sus dignidades y riquezas, pero no piensan en los pobres. Se construyen palacios, pasean en espléndidos carruajes o montan en mulas ricamente enjaezadas, visten magníficos ropajes y engalanan a sus esposas e hijas como princesas con oro, perlas y piedras preciosas[382]".»

Las delaciones se producían cada vez más entre judíos. «Hasta los rabinos eran denunciados», notaba Graetz. El ministro judío José Pichón fue acusado de malversación por varios favoritos judíos de la corte, siendo posteriormente encarcelado y condenado a una multa de 40 000 doblones. Tras abonar esta suma, fue puesto en libertad. Para vengarse, o quizás simplemente para justificarse, Pichón implicó sus denunciantes en una «muy grave acusación», escribía Graetz sin aportar más detalles sobre el asunto.

El rey Enrique falleció en 1379. Durante las fiestas de coronamiento de su hijo Don Juan I, en Burgos, un tribunal de rabinos condenó Pichón como delatador sin ni tan siquiera escuchar su defensa. Algunos judíos de la corte pidieron entonces al joven rey la autorización para ejecutar un peligroso correligionario del que callaron el nombre. Provistos de la carta sellada por el rey y la orden de arresto, los enemigos de Pichón se presentaron ante el jefe de la policía - el alguacil-, y solicitaron su asistencia para ejecutar la sentencia de los rabinos.

El 21 de agosto de 1379, a primera hora de la mañana, unos judíos acompañados del alguacil penetraron en la casa de Pichón, lo despertaron y sacaron de su casa bajo un pretexto cualquiera. Llegados al umbral de la puerta, el antiguo ministro fue abatido.

Esta ejecución causó una profunda conmoción. El joven rey Juan I sentenció a muerte los asesinos judíos, un miembro del tribunal rabínico de Burgos y el alguacil Fernán Martín. Además, el rey retiró a los tribunales judíos la jurisdicción penal: en adelante, los judíos deberían elegir a

---

[382] Heinrich Graetz, *History of the Jews IV*, Philadelphia, The Jewish Publication Society of America, 1894, p. 138, 154

cristianos para dirigir sus juicios criminales. Juan I les ordenó también, so pena de castigos muy severos, abstenerse de todo proselitismo y eliminar los pasajes insultantes contenidos en sus oraciones.

A partir de entonces, la situación de los judíos de España empeoró notablemente. A instancias de las Cortes de Valladolid, en 1385, Juan I convirtió en ley estatal las disposiciones canónicas que prohibían a los judíos permanecer en la misma casa que los cristianos o emplear nodrizas y sirvientas cristianas. Decidió además que ni los judíos ni los musulmanes podrían desempeñar funciones de tesorero reales, fuese para el rey, la reina o los infantes.

Fue el archidiácono[383] de Écija, Ferrán (o Fernando) Martínez, quien levantó el pueblo español contra sus opresores. Desde 1378, Martínez, antiguo confesor de la reina Leonor de Aragón, tronaba contra sus artimañas, denunciaba en sus sermones «su riqueza y su indomable orgullo». «Un día, el 15 de marzo de 1391 -un día memorable, no sólo para los judíos y para España, sino para la historia del mundo, pues ese día se creó el primer germen de la Inquisición-, Martínez, predicando como de costumbre contra los judíos, incitó deliberadamente a la multitud a amotinarse con la esperanza de que muchos judíos abjuraran de su religión. Las pasiones de la multitud se encendieron y estallaron en salvajes disturbios.» Las autoridades, bajo la batuta del alguacil de Sevilla, castigaron dos de los cabecillas de la multitud, pero esta intervención no hizo más que avivar la cólera del pueblo. «Algunos de los principales judíos de Sevilla, viendo que las autoridades locales no eran lo bastante fuertes para hacer frente al levantamiento, se apresuraron a ir a la corte del joven rey y apelaron al consejo de regencia para que detuviera la matanza de sus hermanos. Sus protestas fueron acogidas favorablemente. Inmediatamente se enviaron mensajeros a Sevilla con instrucciones para que el populacho se abstuviera de cometer más atrocidades. La nobleza local secundó la acción del rey y, poniéndose del lado de los judíos,

---

[383] El archidiácono (del griego ἀρχι: el primero y διάκονος: servidor, ministro) o arcediano era el diácono principal de una catedral. Se ocupaban principalmente de obras de caridad que ejercían de parte del obispo, de administrar las diócesis y finalmente de dirigir algunas zonas (especialmente rurales) llamadas archidiáconos o arcedianatos. Para el siglo XII la figura del arcediano se había extendido por toda la Cristiandad y se le habían encargado nuevas funciones como las de juez en causas eclesiásticas, siempre con la autoridad delegada del obispo; aparece en los cabildos catedralicios para presidirlos, como vicario nato del obispo, juez o provisor, administrador de los bienes y visitador de la diócesis; tenía potestad sobre arciprestes rurales, párrocos y demás presbíteros, convocaba el sínodo diocesano, unía y desmembraba beneficios e imponía censuras. Aunque su autoridad emanaba del obispo, llegó a emanciparse del mismo. (NdT).

consiguió dominar a los alborotadores[384]», relataba Graetz en su obra. Así pues, la resistencia popular había sido aplastada por las élites.

Sin embargo, Fernando Martínez siguió con sus predicaciones. Tres meses después, el 6 de junio de 1391, el pueblo de Sevilla se abalanzó de nuevo sobre el barrio judío y lo incendió. La multitud masacró la población de modo que la comunidad judía de Sevilla desapareció casi por completo: «El resultado fue que, de la importante y rica comunidad de Sevilla, que había contado con 7.000 familias, o 30.000 almas, sólo quedaban unas pocas. Los asesinatos no contaron más de 4.000 víctimas, pero para librarse de la muerte la mayoría aceptó el bautismo a la fuerza. Mujeres y niños fueron vendidos como esclavos a los mahometanos De las tres sinagogas de Sevilla, dos fueron transformadas en iglesias.» Desde Sevilla la insurrección se propagó a toda España.

Tras Sevilla, Córdoba, la cuna del judaísmo español, se unió al movimiento. Una parte de la comunidad fue masacrada, la otra aceptó el bautismo. En Toledo, una parte de la comunidad también se convirtió al cristianismo. Cerca de setenta comunidades judías de Castilla sufrieron las revueltas de los cristianos que estaban hasta la coronilla de la dominación judía.

En Zaragoza, el principal agitador fue el sobrino del archidiácono. La gente irrumpía en las aljamas (los barrios judíos) como si participaran en una guerra santa.

En el reino de Aragón también, a pesar de sus diferencias con Castilla, los cristianos tomaron las armas. Tres semanas después de las masacres de Toledo, las mismas escenas se repitieron en Valencia: «De las cinco mil almas que constituían la comunidad judía en la ciudad de Valencia, no quedó ni una. Unas dos ciento cincuenta fueron asesinadas, unas pocas se salvaron huyendo y el resto abrazó el cristianismo.» Se calcula que unos siete mil judíos se habrían convertido para librarse de la muerte.

En Palma de Mallorca, un grupo de vagabundos y de marineros alzaron una cruz y atravesaron la calle judía de Montesión gritando: ¡Muerte a los judíos! Tres cientos judíos fueron matados ese día, y muchos abjuraron su fe. Sicilia, tierra aragonesa en aquella época, también fue el escenario de violencias contra los judíos.

Tres días después, la masacre empezó en Barcelona, la capital de Cataluña. Los judíos del barrio de Call iban a experimentar cuatro días de terror[385]. El sábado 5 de agosto de 1391, hacia la una y media del mediodía,

---

[384] Heinrich Graetz, *History of the Jews IV*, Philadelphia, The Jewish Publication Society of America, 1894, p. 157, 168

[385] En su época de oro, en el siglo XIII, el Call de Barcelona era la aljama más grande de Cataluña. La Barcelona medieval tenía aproximadamente un 15% de judíos durante su época dorada, y la mayoría vivía de los 4000 judíos que vivían en el barrio judío.

una pequeña tropa compuesta de algunos marineros de Castilla agolpados en el puerto empezó a quemar las puertas del barrio judío, penetrando y masacrando cientos de judíos. La muchedumbre su unió al pillaje que se prolongó durante toda la noche, mientras que los judíos supervivientes se refugiaban en el castillo real. El domingo 6 de agosto, la calma había regresado a la ciudad. Incluso se intentó iniciar un contra ataque y algunos culpables fueron detenidos y encarcelados. Funcionarios reales, concejales y dirigentes de la ciudad hacían guardia alrededor del barrio judío y del castillo para protegerlos.

El lunes 7 de agosto, decenas de hombres en armas se reunieron bajo las órdenes de los concejales, y diez marineros castellanos fueron condenados a la horca. A la una del mediodía, cuando Guillén de San Clemente, *ciutadan honrat* de la oligarquía urbana y delegado del rey, estaba a punto de ejecutar la sentencia, estallaba de nuevo un levantamiento del pueblo llano y humilde. Los sublevados se dirigieron a la cárcel y liberaron los prisioneros. El martes 8 de agosto, hambrientos y sedientos, los judíos del castillo se rindieron. Una procesión salió de la catedral para acercarse a ellos y la mayoría de los judíos aceptaron inmediatamente el bautismo en la catedral y las iglesias. Los demás fueron ejecutados. Poco tiempo después, Lérida, Gerona y otras ciudades vivieron episodios similares. En cambio, Zaragoza no se vio afectada, ya que su señorío era más poderoso y apto a mantener el orden.

El 14 de diciembre de 1391, once cabecillas de la insurrección de Barcelona fueron ahorcados. El 22 de diciembre, otros diez corrieron la misma suerte, y dos fueron desmembrados, incluido un sastre llamado Armentora. El total de los condenados se elevó a veinticinco personas.

Estos disturbios, que se produjeron durante más de dos meses, del 6 de junio al 13 de agosto de 1391, se habían saldado con cientos de muertos. Las estimaciones más elevadas parecen dudosas: 4000 muertos en Sevilla, más de 2000 en Córdoba. Otras estimaciones son más limitadas: entre 100 y 250 en Valencia, 250 y 400 en Barcelona, 78 en Lérida[386].

Barcelona se ganó la reputación de «ciudad de sabios» entre los judíos. Los judíos trabajaban como médicos, científicos, comerciantes y prestamistas de la aristocracia catalana. Los judíos se convirtieron en los financieros oficiales de los soberanos de Cataluña. Los judíos eran oficialmente propiedad de la corona, y en el IV Concilio de Letrán en 1215, las instrucciones papales exigían que los judíos usaran capuchas y un botón rojo cosido en la ropa para identificarlos. Para 1268, el rey Jaime I eliminó el requisito de que los judíos en aljama debían usar la insignia. Fuente Wikipedia, NdT.
[386]Yod, *Revue des études modernes et contemporaines hébraïques et juives*, número 35, 1992, p. 15-22. [Se ha señalado la menor intensidad de las revueltas en su difusión hacia otros puntos una vez alcanzados Ciudad Real, Toledo y Madrid. Illescas, Ocaña o Torrijos sufrieron daños menos graves. Otras poblaciones de la zona central con notables juderías no parece que sufrieran disturbios, como Maqueda, Talavera de la

Heinrich Graetz escribía aquí lo siguiente: «Durante tres meses el fuego y la espada se ensañaron irresistiblemente con la mayoría de las juderías españolas. Cuando la tormenta amainó, los judíos que quedaron estaban tan quebrados en su espíritu que no se aventuraron a salir de los lugares donde se habían refugiado... Las consecuencias de la persecución fueron aún más terribles que la persecución misma. Su orgullo fue completamente aplastado, y su espíritu permanentemente oscurecido. Ellos, que antes habían mantenido la cabeza tan orgullosamente en alto, ahora se escabullían tímidamente, evitando ansiosamente a cada cristiano como posible asesino. Si se reunían cien judíos, un mero incidente bastaba para hacerlos huir como una bandada de pájaros asustados. Esta persecución les proporcionó su primera experiencia de la amargura del exilio, ya que, a pesar de muchas circunstancias adversas, siempre se habían imaginado seguros y en casa en España[387].» Estas violencias y adversidades indicaban sin lugar a duda la próxima llegada de los tiempos mesiánicos y auguraban su pronta liberación[388].

Reina, Alcalá de Henares, Guadalajara, Hita, Uceda, Buitrago, Moncéjar, Pastrana, Almoguera, Zorita, Tendilla, Cogolludo, El Puente del Arzobispo, Cobeña o Torija. Se ha atribuido esta circunstancia a la sujeción de estas juderías a señores poderosos, como el arzobispado de Toledo, la Orden de Calatrava y la Casa del Infantado. En cuanto a la Corona de Aragón, mientras que las comunidades judías de Barcelona, Valencia y Mallorca se vieron muy afectadas (se llega a decir que "desaparecieron"), la de Zaragoza incluso prosperó, pasando de 300 familias en 1369 a 350 a comienzos del siglo XV. Fuente Wikipedia, NdT.]

[387] Heinrich Graetz, *History of the Jews IV*, Philadelphia, The Jewish Publication Society of America, 1894, p. 169, 170–171, 172–173

[388] "Los difíciles tiempos, que proyectaban sombras sobre un futuro aún más infeliz, produjeron el melancólico fenómeno de otro frenesí mesiánico. Este de nuevo surgió en las mentes de los místicos. El *Zohar* había sido hábilmente elevado a la dignidad de autoridad aprobada, y la Cábala adquiría cada día más influencia, aunque no era estudiada en proporción al celo con que se defendía su autoridad. Tres cabalistas fueron particularmente activos en excitar las emociones y hacer girar las cabezas del pueblo judío: Abraham de Granada, Shem Tob ben Yosef y Moisés Botarel. El primero compuso (entre 1391 y 1409) una obra cabalística, un fárrago de extraños nombres de la Deidad y de los ángeles, de letras transpuestas y de malabarismos con vocales y acentos. Abraham de Granada tuvo la osadía de enseñar que aquellos que no podían aprehender a Dios por métodos cabalísticos pertenecían a los débiles en la fe, eran pecadores ignorantes y, al igual que los depravados y los apóstatas, eran ningunéados por Dios y no eran considerados dignos de Su Providencia especial. Pensaba que la renuncia a su religión por parte de los judíos cultos se explicaba por su dedicación funesta al estudio científico y a su desprecio por la Cábala. Por otra parte, profesaba ver en las persecuciones de 1391 y en la conversión de tantos judíos prominentes al cristianismo, las señales de la era mesiánica, el sufrimiento que debía precederla y la llegada de la Redención." Heinrich Graetz, *History of the Jews IV*, Philadelphia, The Jewish Publication Society of America, 1894, p. 196–197. Léase acerca del proceso de

Algunos judíos españoles cruzaron el mediterráneo para instalarse en Argel o en Fez. Otros pasaron a Portugal, convertido en un asilo para los judíos que no habían abjurado su fe mesiánica. El rey Joao I mantenía enérgicamente el orden y castigaba implacablemente los agitadores.

El Papa Bonifacio IX prohibió una vez más a los cristianos usar la violencia para bautizar a los judíos. Su bula fue publicada en todas las ciudades de Portugal y elevada a ley de Estado. El 17 de julio de 1392, el rey Joao I promulgó un edicto por el que castigaba los judíos relapsos (aquellos que habían regresado a su religión de origen).

Mientras, en la otra punta de Europa, en el Santo Imperio, más tres mil judíos fueron masacrados en Praga durante una insurrección popular, siendo las sinagogas incendiadas y destruidas (Pascua de 1389). Al año siguiente, el emperador Wenceslao publicó un edicto por el que «todos los condes, barones, señores, caballeros, sirvientes y lacayos, burgueses y demás súbditos viviendo en el país de los Francos eran liberados y absueltos de todas las deudas judías en capital e intereses.»

LXX. 1394: la expulsión de Francia

En 1380, «al subir al trono Carlos VI, apenas salido de la infancia, el gobierno estaba entregado a las intrigas de los cortesanos; los duques de Berri, Borgoña y Orleans tenían sus partidarios y sus facciones; el que más crédito tenía en ese momento obtenía las órdenes reales que deseaba, o detenía los procedimientos en el Parlamento. Los judíos eran demasiado hábiles para no ganarse amigos y protectores en esta lucha de partidos; indudablemente también tenían más de un deudor importante.»

Como vimos, en esas circunstancias tuvieron lugar revueltas antijudías en París y en otras ciudades de provincia. El pueblo, irritado por la impunidad de la usura, había saqueado las juderías y herido o matado numerosos miembros de la comunidad judía. Pero ésta supo hacerse valer y percibir grandes indemnizaciones. Los judíos adujeron que les habían sustraído los valiosos efectos que habían tomado en garantía – oro, plata, pedrería, joyas, etc.- y que por consiguiente no podían restituirlos a sus propietarios. De modo que se les eximió sin que el gobierno pensara en compensar a los prestatarios.

«Vemos en las actas públicas de la época que, mientras se quejaban de su pobreza, no dejaban de proporcionar fondos al rey, tanto para sus guerras como para sus demás gastos. En 1388, como precio de estos anticipos hábilmente ofrecidos, le arrancaron un acto de concesión que fue a la vez

---

Redención y liberación mesiánica de Israel (¡y del mundo!) en *Psicoanálisis del judaísmo*. (NdT).

una falta de atino por parte de Carlos VI y una muestra de la audacia de los judíos de Francia. Habían disfrutado durante mucho tiempo del derecho a cobrar cuatro denarios por libra como interés, un tipo exorbitante, como ya señalado anteriormente. Al otorgarles esta amplia concesión, los reyes siempre habían prohibido la acumulación de anualidades con el capital, y el cobro de intereses sobre intereses, lo que en el lenguaje de la época se llamaba *hacer montas de montas*... A los judíos nunca se les había permitido llevar la usura hasta este punto; pero bajo Carlos VI, confiando en el ascendiente que habían logrado, y probablemente también en el dinero que distribuían en la corte, practicaron la usura de esta manera ruinosa. De acuerdo con las leyes vigentes, el fiscal del rey y otros funcionarios de la corte iniciaron un proceso contra los usureros culpables. Temiendo que acabasen descubriendo transacciones que habrían desencadenado una nueva tormenta contra ellos, los judíos se apresuraron en adelantar una cuantiosa suma al rey; luego vinieron a quejarse de que los oficiales de la ley los perseguían, por odio o por otras razones, y rogaron al rey que los protegiese de esta persecución. El monarca tuvo la increíble debilidad de imponer silencio perpetuo a su fiscal y de protegerlos de cualquier persecución durante diez años[389].»

«Los desafortunados prestatarios tuvieron que pagar quizás diez veces lo que les había costado a los judíos obtener esta concesión. El rey fue tan condescendiente que prohibió al fiscal acusarles de cualquier abuso durante este periodo, molestarles u obstaculizarles en modo alguno, con el fin de permitirles hacer pleno uso de sus privilegios; como resultado, la riqueza de los particulares quedó a discreción de los usureros durante diez años. Nunca desde el reinado de Ludovico Pío (siglo IX) habían obtenido tanto. Bajo un rey demente y un gobierno agitado por las facciones, los judíos podrían haber evitado fácilmente el escrutinio público y no ser más que ciudadanos honrados y trabajadores; en cambio, prefirieron especular con la miseria pública y enriquecerse rápidamente como prestamistas...Como creían no tener nada que ocultar, admitieron ingenuamente en una de sus peticiones que casi todos sus bienes consistían en deudas que los cristianos habían contraído con ellos. Exigieron que el rey no concediera más a los deudores esas cartas de aplazamiento que se obtenían contra la persecución de los acreedores, cuando uno tenía crédito en la corte; y el rey, que había firmado esas cartas, declaró que no tendrían ningún valor; pero les costó diez mil francos obtener el sello para esta concesión. Todo el resto del

---

[389] «"... *Octroyons que jusqu'à dix ans aucuns prévosts, procureurs ne officiers n'auront cour ne commission des juifs, ne les pourront approcher ne traire à amendes pour cause desdits abus de monts ne de faire ou avoir fait de montes montes en d'autres abus, ainsi qu'il les voudra d'aucune chose cccuser, etc."*», en Georges-Bernard Depping, *Les Juifs dans le Moyen-Âge*, (1823), Éd. Wouters, Bruxelles, 1844, p. 187

mismo reinado fue una sucesión de concesiones hechas a los judíos[390].»

Afortunadamente, algunos jueces íntegros reaccionaron contra estos parásitos. «A pesar de las órdenes formales de un rey demente, los judíos culpables de haber sobrepasado el tipo de interés legal y de haber hecho *montas de montas*, fueron apresados, encerrados en *La Conciergerie*, y se habló de someterlos a juicio y confiscar sus bienes. La nación israelita impidió esta afrenta, o más bien este justo castigo; con dinero en mano acudió a la corte para alegar que los prisioneros eran inocentes, que simplemente habían hecho uso de sus privilegios, y que, a pesar de todas las persecuciones que pesaban sobre sus cabezas, la comunidad estaba dispuesta a pagar cualquier suma de dinero que el rey quisiera imponerles. Mediante el pago de seis mil francos, en metálico, obtuvieron la liberación de los culpables y cartas de abolición que imponían de nuevo el silencio al fiscal del rey.»

«En 1388, los guardias de la ceca de Montpellier detuvieron a un judío condenado por emitir moneda falsa; el defensor de los privilegios judíos de la ciudad reclamó al prisionero, alegando que sólo él tenía derecho a juzgarlo; pero cuando el caso se llevó ante el consejo del rey, se decidió que la sentencia correspondía a los maestros generales de la ceca[391].» Se desconoce cuál fue la sentencia.

Los judíos perdieron su crédito tras el caso Denis Machault. Este era un judío muy rico de la Villa-Parisis que se había convertido al catolicismo. Un día desapareció simple y llanamente. Hubo una gran efervescencia en el pueblo, y el caso fue llevado ante el preboste de París. Fueron arrestados siete judíos que reconocieron haber exhortado Denis Machault a regresar al judaísmo. La apostasía era un crimen tan poco tolerado en aquella época que un cristiano llegó a ser quemado en la hoguera en París por el hecho de haber tenido hijos con una judía que practicaban la religión de su madre[392]. Asistidos de abogados y teólogos, el preboste condenó a los judíos a la hoguera. Pero el caso fue remitido al Parlamento y éste conmutó la pena en destierro y confiscación, decidiendo además que los culpables fuesen azotados en tres plazas públicas de París, que pagasen diez mil libras de multa para la construcción del puente del *Hôtel-Dieu*, y que permanecieran en prisión hasta que hubiesen hecho regresar Denis Machault.

El poeta Eustaquio Deschamps, en su *Complainte de l'Église* (1393) (*Lamento de la Iglesia*), abogaba directamente por la expulsión de los judíos.

---

[390] Sauval, *Antiquités de Paris*, tome II, liv. X.
[391] Georges-Bernard Depping, *Les Juifs dans le Moyen-Âge*, (1823), Éd. Wouters, Bruxelles, 1844, p. 185, 186-188, 191
[392] Jean Gullas, citado por Sauval, *Antiquités de Paris*, tome II, liv. X.

Los adversarios de los judíos aprovecharon el caso Denis Machault para conseguir la revocación de todos los privilegios concedidos a los judíos y su expulsión del reino. Ignoramos los detalles de las intrigas en la corte que desembocaron finalmente en esta expulsión. El plazo de veintiocho años que el rey Juan les había permitido permanecer en Francia en el año 1360, más los dieciséis de prórroga que Carlos V les había concedido, expiraba en 1404. Pero los crímenes y abominaciones que cometían a diario obligaron al rey Carlos VI a adelantar el fin del plazo. La exasperación del pueblo era tan grande que ya no podía ser contenida.

«El judío que cobraba intereses muy grandes y hacía encarcelar a los deudores que no querían pagar» se granjeaba todas las enemistades. «El pueblo odiaba el judío», escribía Graetz. Las mofas incesantes a la religión católica, la receptación de objetos robados, la vil usura, la pederastia, el proxenetismo, los crímenes rituales, todo tipo de tráficos y las estafas habían suscitado el hastío y el odio de los cristianos hacia los miembros de la secta. El 17 de septiembre 1394, el Día de la Expiación, el rey tomó por fin la decisión de expulsar a los judíos del reino:

«Durante mucho tiempo y en varias ocasiones hemos sido informados por personas de confianza, nuestros procuradores y oficiales de varias grandes quejas y clamores que les llegaban cada día de los excesos y ofensas que los judíos cometen cada día contra los cristianos, y por esta razón, nuestros procuradores han hecho varias investigaciones por las que parece que los judíos han delinquido de muchas maneras, especialmente contra nuestra fe y el contenido de nuestras cartas.... Por madura deliberación de nuestro consejo, queremos por vía de establecimiento o constitución irrevocable que en adelante ningún judío viva, resida o converse en nuestro reino, etc.[393]».

Las deudas de los judíos quedaron anuladas y sus deudores liberados del pago de las mismas. Este edicto memorable ponía punto final a la existencia legal de los judíos en Francia.

El texto siguiente es de Michel Pintoin, un religioso de San Denis e historiógrafo del rey: «Las usuras de los Judíos eran cada día más odiosas y se extendían por todo el reino. Numerosas familias habían sido abocadas a la miseria más espantosa. Así pues, estos enemigos de Jesucristo se habían granjeado el odio de todos los Franceses. El rey, instruido de estos desórdenes y rindiéndose a los sabios consejos de la reina, su esposa bien amada, resolvió, a pesar de las ingentes sumas extraídas cada año de los judíos que incrementaban su tesoro, separar el grano de la paja y proteger los creyentes de los infieles. Una ordenanza, publicada en todas las

---

[393] Ordenanza Real de 17 de septiembre de 1394, en el tomo VIII de las Ordenanzas, en Georges-Bernard Depping, *Les Juifs dans le Moyen-Âge*. (1823), Éd. Wouters, Bruxelles, 1844, p. 193 (nota 3).

ciudades del reino, conminó a los judíos salir de Francia antes de la festividad de Navidad y buscar asilo en el extranjero, bajo pena de ser declarados culpables de lesa majestad y ver todos sus bienes confiscados[394].»

Heinrich Graetz sugería que este edicto habría sido promulgado a sabiendas el día de Expiación (Yom Kippur) mientras los judíos estaban reunidos en sus templos. Sin embargo, el historiador judío no aportaba muchas explicaciones al respecto, sino más bien vagas y exculpatorias: «El decreto real no podía imputar a los judíos crímenes o delitos específicos y, en consecuencia, se limitaba a vagas generalidades. Se había informado a su majestad por personas de confianza, incluyendo muchos de sus lugartenientes y otros funcionarios, que se habían presentado quejas sobre ofensas cometidas por los judíos contra la religión cristiana y las leyes especiales elaboradas para su control[395].»

Carlos VI los trató a pesar de todo con menos dureza que su antepasado Felipe el Hermoso. Les concedió un plazo para cobrar sus deudas legítimas y ordenó al preboste de París y a los gobernadores de las provincias protegerlos y custodiarlos por oficiales hasta la frontera para impedir cualquier ataque contra ellos. Los judíos no abandonaron Francia hasta finales de 1394 y principio de 1395. Se dirigieron a la Provenza, que todavía no era francesa, Italia y el Imperio germánico. Algunos pudieron permanecer en los territorios del Papa: en el Condado Venesino, en Aviñón y en Carpentras.

Algunos judíos habían entregado importantes sumas de dinero al célebre Nicolas Flamel, escritor jurado de la Universidad de París, que tenía reputación de brujo y alquimista, capaz de transformar el mercurio en oro, y que frecuentaba asiduamente los cabalistas de su tiempo. Se dijo que Flamel nunca devolvió su dinero a los judíos y que habría usado esas sumas para engrandecer la iglesia de *Saint-Jacques-de-la-Boucherie*, de la que hoy en día sólo permanece la torre campanario, cerca del Ayuntamiento[396].

Cuando la expulsión de los judíos fue decretada, el gran teólogo Juan

---

[394]*Chronique du Religieux de Saint-Denis*, tome second, Paris, 1839, p. 118-123, traduit du latin.

[395] Heinrich Graetz, *History of the Jews IV*, Philadelphia, The Jewish Publication Society of America, 1894, p. 175–176

[396] La Torre de Santiago constituye el único vestigio de la iglesia de *Saint Jacques de la Boucherie*, fundada en el siglo XII, ampliada en las siguientes centurias y destruida en 1797 durante la revolución francesa. Este santuario era el punto de reunión y partida de los peregrinos que tomaban la *Via Turonensis*, la ruta hacia Santiago de Compostela que pasa por Tours. Los peregrinos partían hacia el sur, atravesando la *Île de la Cité* y llegando por el *Petit Pont* a la *Rue de Saint-Jacques*, por la que salían de la ciudad. (NdT)

Gerson alabó Carlo VI por esta decisión[397].

El prior provenzal Honorio Bonet, que vivía entonces en París, publicó en 1398 un texto titulado *L'Apparicion de maistre Jehan de Meun*. El gran escritor le aparecía en un sueño, cargándole de reproches por los males que asolaban a Francia y contra los que él había jurado alzarse. Fue por boca de Jean Meun, el autor del poema *Le Roman de la Rose*, que Honorio expresó sus recriminaciones contra los judíos:

«Fuisteis expulsados del reino a causa de vuestras grandes iniquidades, vuestra usura y vuestros pecados. Además, se encontrarán tantos reproches contra vosotros que todos deberíais haber sido quemados, porque no ejercéis ningún buen oficio y ningún provecho o utilidad surge donde vivís. No aráis la tierra ni exploráis el mar. No tendréis parte en el Paraíso.»

Algunos judíos quedaron rezagados dentro del reino, probablemente de forma involuntaria, o bien porque tenían pendientes demandas de acreedores cristianos. En 1395, siete de estos judíos apelaron al preboste de París contra el fiscal del rey que los había enjuiciado y "atormentado". Permanecieron en la cárcel al menos hasta 1397. Dos de ellos murieron encarcelados, y ochos más se les unieron. Tuvieron que abonar 4000 escudos de oro[398] a la reina para ser liberados, y a continuación fueron conducidos al puente de Lyon o Mâcon para ser expulsados del reino, así como otros judíos.

El 30 de enero de 1398, una ordenanza de Carlos VI estipulaba que todas las obligaciones contraídas por los cristianos a favor de los judíos serían «canceladas, destruidas y quemadas[399].»

Esta vez, el país había quedado *judenrein*, purificado de judíos. Durante los siguientes cuatro siglos, al menos hasta 1789, Francia vivió una magnífica época de plenitud y esplendor en todos los aspectos.

Tras su marcha, pervivió un tan mal recuerdo de su presencia que durante muchos años todavía se expresaba el odio y el desprecio hacia aquellos «usureros feroces». En *El Misterio de la Pasión* (1452), Arnoul Gréban hacía decir a sus personajes de teatro que los judíos eran «*más crueles que los lobos*», «*más desgarradores que el escorpión*», «*más orgullosos que un viejo león*», «*más rabiosos que falsos perros*». «Malignos y felones», «lujuriosos», «puta y perversa descendencia»,

---

[397] *Archives juives*, numéro 1, 1973

[398] El escudo fue una moneda francesa de la Edad Media. Se creó hacia 1263 y podía ser de oro o de plata. La moneda duró hasta 1878, año en que cesó su producción. El valor del escudo varió considerablemente con el tiempo. Después de la emisión de escudos de oro, se introdujeron otros de plata, conocidos como escudos de plata. El valor del escudo de plata solía valer entre un cuarto y la mitad del valor del escudo de oro. La mayoría de la población no tenía escudos de oro en su poder. (NdT).

[399] *Archives juives*, numéro 1, 1973

«*diablos del infierno[400]*» eran algunas de las expresiones para referirse a ellos.

El antisemitismo "sin judíos", con ausencia de judíos, que los intelectuales judíos fingen no comprender se explica por este motivo, y no de otra forma.

LXXI. 1397: La expulsión de Venecia

Dado que Italia estaba dividida en un gran número de Estados, nunca pudo haber medidas de carácter general contra los judíos en toda la península y en las islas. Si un Estado restringía sus libertades, otro príncipe salía beneficiado protegiéndolos.

La obligación de llevar la rodela fue una medida igual de difícil de implementar en Italia que en Francia, y tuvo que ser renovada repetidas veces. El sínodo de Ravena, en 1311, les obligó una vez más a llevar la marca en sus vestimentas, ordenando además que los judíos no podían permanecer más de un mes en los lugares donde no había sinagogas[401].

«En Malta, el obispo era el guardián de la rodela roja, es decir, se encargaba de que los judíos llevaran bajo la barba una marca roja del tamaño del sello real[402]...El Papa Pablo II les obligó a llevar *tabares* rojos (una especie de capa corta), excepto para los judíos que practicaban o estudiaban la medicina. Más tarde se les impusieron cintas amarillas en Roma, pero las cintas fueron tan difíciles de introducir como los *tabares*[403].»

«Ya en 1298, en Venecia, el Gran Consejo consideró necesario nombrar a cinco magistrados para supervisar a los judíos y multar a los que incurrieran en prácticas usurarias. Al principio, sólo se les concedió permiso para permanecer y abrir bancos en Venecia durante cinco años, obligándoles a renovar esta licencia llamada *condotta* [conducta]. Esta licencia se renovó en 1373 y 1381, y entonces se les concedió una *condotta* de diez años con la condición de pagar cuatro mil ducados al Tesoro cada año[404]... El tipo de interés legal de los préstamos no podía superar el diez

---

[400] *Mystère de la Passion*, en H. Pflaum, *Les Scènes de juifs dans la littérature dramatique du Moyen Âge*, Revue des études juives, 1930, p. 111-134, en Jean Delumeau, *La Peur en Occident*.
[401] Muraotori, *Dissert. de Judæis*
[402] *Rocchi Pirri Sicil. Sacra*, tom. II, pag. 907. Acta de Catana, del año 1395
[403] Georges-Bernard Depping, *Les Juifs dans le Moyen-Âge*, (1823), Éd. Wouters, Bruxelles, 1844, p. 281
[404] El ducado fue una moneda de oro utilizada en Europa desde la Edad Media. Continuó en circulación en Austria y Hungría hasta 1914. Acuñada en plata por primera vez por Rogerio II de Sicilia (1140), para su ducado, fue adoptada por Florencia (florín de oro,

por ciento si no había contrato; si había contrato, el tipo de interés podía subir al doce por ciento. Con esta distinción, el Senado quería probablemente obligar a los judíos a redactar siempre contratos por escrito, para evitar las constantes disputas entre judíos y cristianos por los intereses de los préstamos.

«En 1385, el Gran Consejo promulgó una ordenanza en la que se afirmaba que la razón especial por la que los judíos habían sido acogidos en Venecia era que podían ayudar a cubrir las necesidades pecuniarias de los pobres dándoles dinero a cambio de prendas; pero que los judíos estaban cometiendo graves abusos, ya fuera negándose a prestar o exigiendo intereses usurarios, de modo que estaban obteniendo considerables beneficios a costa de los pobres. En consecuencia, se les ordenó que nunca se negasen a prestar cuando el prestatario pignoraba una prenda del valor del préstamo. También se denunció que recibían todo tipo de vasos sagrados y ornamentos eclesiásticos como garantía de los sacerdotes, y que incluso los exponían para la venta en sus tiendas del Rialto. Se les prohibió mantener relaciones íntimas con mujeres cristianas, incluso prostitutas, so pena de multa y de seis meses a un año de prisión[405].»

Sin embargo, estos reglamentos no pusieron fin a los desórdenes. En 1388, el Senado empezó a quejarse de que los judíos se negaban a prestar al 8% sumas inferiores a 30 ducados a los pobres de Venecia. El senado les ordenó de nuevo conceder estos préstamos bajo amenaza de multa y prohibió la pignoración de objetos de culto.

El 27 de agosto de 1394, dos años y medio antes del término del plazo de diez años, el Senado decidió casi unánimemente que todos los judíos fuesen expulsados de la ciudad. De hecho, se podía leer en el informe del Senado que «toda la riqueza mobiliaria de los Venecianos estaba en riesgo de caer en sus manos». La *Judeorum expulsio* sería efectiva a partir del 21 de febrero de 1397. A partir de esa fecha, los judíos sólo podrían penetrar en la ciudad con los debidos permisos de quince días y obligados a llevar la rodela amarilla en la solapa. Prestar usurariamente en Venecia, «públicamente o en secreto», se castigaba ahora con una multa de 1000 ducados. No fue hasta principios del siglo XVI cuando se permitió a los prestamistas judíos de la vecina ciudad de Mestre hacer negocios en Venecia, bajo ciertas condiciones.

1252) y Venecia (cequí de oro, 1283). (NdT).
[405] Georges-Bernard Depping, *Les Juifs dans le Moyen-Âge*, (1823), Éd. Wouters, Bruxelles, 1844, p. 307-308

LXXII. Pablo de Santa María

Si bien muchos judíos habían huido de España después de las revueltas de 1391, la mayoría había permanecido en el país, habiendo tenido que convertirse al catolicismo. Estos nuevos cristianos eran llamados marranos, o conversos. Pero, tal como escribía Gratez, «la mayoría de ellos, incapaces de abandonar el territorio español, pero reacios a abandonar por completo su antigua fe, participaban en ceremonias y celebraciones judías mientras aparentaban ser cristianos. Los reyes de Castilla y Aragón, que habían desaprobado las violencias populares y las conversiones forzosas, permitieron que los judíos hicieran lo que quisieran. Las autoridades no veían o no querían ver su recaída en el judaísmo.» La Inquisición no existía todavía, pero el pueblo llano no se equivocaba sobre los sentimientos internos de estos falsos cristianos. El pueblo español «que los apodaba *Marranos* o "*Los Malditos*", los miraba con más desconfianza y odio que a los abiertamente judíos, no por su fidelidad secreta al judaísmo, sino por su ascendencia y su inteligencia, energía y habilidad innatas[406]», escribía ufanamente Graetz.

Sin embargo, algunos judíos sí que eran sinceros conversos. De hecho, fueron ellos los primeros en pedir la instauración de la Inquisición. Dondequiera que se establecieran, los marranos estaban en el punto de mira y perseguidos, a menudo por aquellos conversos sinceros «que no tenían escrúpulos y encontraban un placer especial en la persecución de su antigua religión y de sus seguidores.» De hecho, esa era la forma de comprobar la sinceridad de estos nuevos cristianos: por la fuerza de su antijudaísmo. Y sigue siendo.

Don Pero Ferrús, un judío bautizado y poeta, lanzó incontables tiradas contra el rabino y la comunidad de Alcalá. El monje Diego de Valencia, también era un antiguo judío. Mezclaba palabras hebreas y castellanas en sus sátiras contra la secta. El poeta Alfonso Álvarez de Villasandino también adornaba sus poemas con términos judíos. El médico apóstata Astruc Raimoc de Fraga, anteriormente uno de los más firmes baluartes del judaísmo, se distinguió por su activa propaganda cristiana bajo el nombre de Francisco Dios Carne.

Pero ninguno de estos judíos hizo tanto daño a sus antiguos correligionarios como Salomón Levi, de Burgos, conocido por su nombre cristiano de Pablo de Santa María. Antes de su bautismo, ejercía las funciones de rabino, desplegando una bulliciosa actividad y llevando un tren de vida de gran señor, saliendo en lujosos carruajes y acompañado de

---

[406] Heinrich Graetz, *History of the Jews IV*, Philadelphia, The Jewish Publication Society of America, 1894, p.180

un gran séquito. En 1391, con cuarenta años, recibió el bautismo con su hermano y sus cuatro hijos. Pablo de Santa María viajó a la Universidad de París para estudiar la teología cristiana, siendo después de unos años ordenado sacerdote. A continuación, viajó a Aviñón, donde el cardenal Pedro de Luna venía de ser elegido antipapa bajo el nombre de Benedicto XIII. Gracias a su habilidad, su celo y su don de palabra, Pablo se ganó los favores del papa. Fue nombrado arcediano y canónigo, y posteriormente obispo de Cartagena, gracias a la recomendación del papa. El rey de Castilla Enrique III lo colmó a su vez de numerosos favores. También publicó el *Scrutinium Scripturarum contra perfidia iudaeorum*, un texto en el que acusaba a los judíos de homicidas, adúlteros, ladrones y mendaces, y se alegraba de las masacres de 1391. Pablo de Santa María instigó nuevas persecuciones contra los judíos, asesorando el rey Enrique III para que prohibiese los empleos públicos a los judíos y a los nuevos cristianos. «En sus escritos, Pablo de Santa María mostraba tanto odio hacia el judaísmo como hacia los judíos», escribía Graetz. «Los judíos más perspicaces no tardaron en reconocer en este nuevo cristiano a su enemigo más acérrimo y se prepararon para una dura lucha con él[407].»

Con todo, el rey Enrique "el Doliente" mantuvo a su lado sus dos médicos judíos, en quienes tenía una confianza absoluta. El reinado de Enrique III fue para los judíos como la calma entre dos tormentas.

La situación se degradó considerablemente tras la muerte del monarca, en 1406. El heredero del trono, Juan II tenía entonces dos años y la reina madre Catalina de Lancaster asumió la regencia hasta su muerte en 1418. A su lado, ejercía la corregencia el infante Don Fernando, que sería más tarde rey de Aragón. Entre los consejeros del reino estaba Pablo de Santa María, preceptor del joven príncipe, y que gozaba de una gran influencia en el consejo de regencia.

En 1408 quedó promulgado, en nombre del joven rey, un edicto que restablecía todos los párrafos del compendio de leyes de Alfonso X el Sabio que eran hostiles a los judíos. Los empleos públicos les fueron vetados. Todo judío que aceptaba un cargo por parte de un noble o una villa era pasible de una sanción, generalmente una multa por valor doble de lo ingresado ejerciendo dicho empleo. Si su fortuna no era suficiente para pagar la multa, se le embargaba todos sus bienes y, además, era condenado a recibir cincuenta cintarazos.

El 2 de enero de 1412, la regenta Doña Catalina, de común acuerdo con el infante Don Fernando y Pablo de Santa María, promulgó en nombre de Juan II un edicto de veinticuatro artículos destinados a proteger la

---

[407] Heinrich Graetz, *History of the Jews IV*, Philadelphia, The Jewish Publication Society of America, 1894, p. 185-186

población cristiana de los judíos. Estos debían de ahora en adelante permanecer en sus barrios especiales (juderías), los cuales no podían tener más que una puerta para entrar y salir.Se les prohibía practicar la medicina, tener relaciones comerciales con los cristianos, contratar cristianos, incluso el día de Sabbat, y ocupar cualquier función pública. Se les retiró su jurisdicción particular. Algunos artículos del edicto regulaban la forma de vestirse: no podían llevar el vestido del país, ni ostentar ricos tejidos, bajo pena de multa considerable; en caso de reincidencia, se exponían a castigos corporales y hasta la confiscación de sus bienes. No se les permitía portar armas. Además, se les exigía taxativamente llevar la rodela de color rojo. Un judío tampoco podía afeitarse la barba o cortarse el pelo muy corto, o era castigado con cien cinturazos. Por último, no se les podía dar por escrito o verbalmente el título de Don, y eran adscrito a vivir en una ciudad, sin poder cambiar de lugar de residencia o salir del territorio sin permiso. Todos los que eran arrestados emigrando perdían todos sus bienes y quedaban reducidos al estado de siervos del rey. La nobleza y el clero eran a su vez severamente castigados en caso de proteger a los judíos.

Este edicto, en el que transparentaba la intervención de Pablo de Santa María, fue estrictamente ejecutado. Un escritor contemporáneo judío, Salomon Alami, citado por Graetz, describía así los efectos del edicto sobre su situación: «"Los ricos palaciegos eran abocados a vivir en rincones miserables, en chozas oscuras. En lugar de nuestras elegantes y suntuosas ropas de gala, nos vimos obligados a vestir ropas miserables, que atraían el desprecio sobre nosotros. Prohibido afeitarnos la barba, teníamos que parecer plañideras. Los ricos recaudadores de impuestos se hundían en la miseria, pues no conocían oficio alguno con el que ganarse la vida, y los artesanos no encontraban clientela. El hambre acechaba a todos[408]."»

LXXIII. Vicente Ferrer

Tal era la dura situación de los judíos cuando Vicente Ferrer llegó a la corte de Castilla. Vicente Ferrer era un monje dominico originario de Valencia que había rechazado una posición elevada en la corte de Aviñón para recorrer Europa descalzo, como un simple monje flagelante. Durante veinte años, de 1399 hasta su muerte, recorrió España, Italia, Suiza, llegando incluso hasta Escocia. Era conocido por la gran austeridad de sus costumbres, su desprecio por las riquezas y su sincera humildad. Solía ir acompañado de una impresionante multitud de discípulos, a tal punto que debía predicar en grandes espacios exteriores para ser escuchado por todos.

---

[408] Heinrich Graetz, *History of the Jews IV*, Philadelphia, The Jewish Publication Society of America, 1894, p. 204

Lleno de ímpetu y elocuencia, su voz cálida y vibrante lograba arengar a las masas. Ya fuera que narrase la Pasión de Cristo sollozando, o anunciara la próxima destrucción del universo, Vicente Ferrer hacía saltar las lágrimas de todos los presentes y ejercía sobre ellos un dominio absoluto. Allí donde aparecía, era aclamado como un santo. Una multitud de discípulos le acompañaba. A su llegada a una ciudad, toda la población abandonaba sus trabajos y acudía a su encuentro. Cuando ordenaba a la multitud que se descubriera los hombros y se flagelara la carne como Jesucristo lo había sido, miles de oyentes derramaban lagrimas con él. Los ricos abandonaban sus posesiones para vivir en la austeridad, las mujeres de las grandes familias se retiraban a los claustros. Los confesores no eran suficientes para hacer frente a todas las solicitudes de confesión: se veía a criminales, canallas y cortesanas acusarse en voz alta del escándalo de sus vidas pasadas. Los notarios que acompañaban al dominico redactaban las escrituras de restitución de los bienes injustamente adquiridos. Familias, partidos y ciudades se reconciliaban.

Este misionario, venerado como un santo por los cristianos, era muy temido por los judíos. Vicente Ferrer gozaba de una gran influencia ante los reyes de España, pues más de una vez había logrado apaciguar las revueltas populares gracias a la autoridad que ejercía sobre las masas. De modo que le fue fácil conseguir de la familia real la autorización de predicar en las sinagogas y las mezquitas, y obligar a los judíos y a los musulmanes escuchar sus predicaciones.

Vicente Ferrer era contrario a la violencia física contra los judíos y a forzarles al bautismo. Pero con el apoyo de las autoridades civiles, obligaba a los judíos a venir escuchar sus sermones. La cruz en mano y un rollo de la Ley en el brazo, en medio de un escolta de flagelantes y hombres con espada, invitaba a los judíos a aceptar el bautismo.

Mediante la pluma y la palabra, emprendió una cruzada implacable que mantuvo durante muchos años. Al principio, dirigió sus ataques contra los nuevos cristianos, a los que acusaba de no ser suficientemente fervientes. Temerosos de recibir el terrible castigo reservado a los relapsos, y quizás también gracias a la ardiente elocuencia del dominico, muchos marranos hicieron penitencia públicamente.

En 1412, en colaboración con Pablo de Santa María, Ferrer indujo el gobierno a que promulgara el edicto de los estatutos de Valladolid, que prohibían a los judíos, entre otras cosas, vender u ofrecer alimentos a los cristianos, hacer arar sus tierras por ellos, o afeitar sus barbas. Los judíos debían llevar obligatoriamente un signo distintivo y someterse a otras numerosas normas.

«En medio de estas tribulaciones, el dominico Ferrer irrumpía en las sinagogas, crucifijo en mano, predicando el cristianismo con voz de trueno, ofreciendo a sus oyentes el disfrute de la vida y oportunidades de ascenso, o amenazando con la condenación aquí y en el más allá. El pueblo cristiano, enardecido por la apasionada elocuencia del predicador, enfatizaba sus enseñanzas con violentos ataques a los judíos...La huida estaba descartada, pues la ley la prohibía so pena de terribles castigos. No es de extrañar, pues, que los más débiles y tibios de entre ellos, los amantes de la comodidad y de la palabra, sucumbieran a la tentación y se salvaran con el bautismo. Muchos judíos de las comunidades de Valladolid, Zamora, Salamanca, Toro, Segovia, Ávila, Benavente, León, Valencia, Burgos, Astorga y otras pequeñas ciudades donde predicaba Vicente Ferrer se pasaron al cristianismo. Ferrer transformó varias sinagogas en iglesias. Durante su estancia de cuatro meses (de diciembre de 1412 a marzo de 1413) en el reino de Castilla, este funesto prosélito infligió heridas tan profundas a los judíos que las comunidades se desangraron hasta morir[409]», reprochaba Heinrich Graetz al misionero valenciano.

Requerido por el reino de Aragón, donde varios pretendientes se disputaban la corona, Ferrer consiguió en junio de 1414 coronar el infante Don Fernando rey de ese país, siendo inmediatamente nombrado, en recompensa por sus servicios, confesor y director de conciencia del monarca.

Al igual que sus correligionarios de Castilla, los judíos fueron obligados a escuchar los sermones del monje dominico, y en muchas comunidades, en Zaragoza, Tortosa, Valencia y Mallorca, hubo numerosas abjuraciones.Se calcula que cerca de veinte mil judíos de Castilla y Aragón aceptaron el bautismo tras sus predicaciones. Vicente Ferrer falleció en 1419 y fue canonizado en 1455. Es celebrado el día 5 de abril.

LXXIV. *Jerónimo de Santa Fe y la disputa de Tortosa*

El gran cisma de occidente[410], protagonizado por el enfrentamiento de dos papas en dos sedes durante cuarenta años, una en Roma y otra en Aviñón, terminaría en 1417 tras el concilio de Constanza.

Unos años antes, en 1409, un concilio reunido en Pisa había intentado pactar una solución. Los quinientos representantes habían decidido deponer a los dos papas y elegir uno nuevo. En el mes de junio, el concilio pronunció la condena de los dos papas rivales y los cardenales eligieron a

---

[409] Heinrich Graetz, *History of the Jews IV*, Philadelphia, The Jewish Publication Society of America, 1894, p. 204–205
[410] El Cisma de Occidente, también conocido como Gran Cisma de Occidente (distinto del Gran Cisma de Oriente y Occidente), y a menudo llamado Cisma de Aviñón, hace referencia a la división que se produjo en la Iglesia católica en el periodo comprendido entre 1378 y 1417, cuando dos obispos, y a partir de 1410 incluso tres, se disputaron la autoridad pontificia. (NdT)

Alejandro V. Estos cardenales fueron a su vez excomulgados por los dos papas rivales y la situación empeoró todavía más, pues hubo entonces tres papas, de los cuales dos eran antipapas.

En mayo de 1410, Alejandro V falleció y fue sustituido por Juan XXXIII. Enguerrand de Monstrelet describió en sus *Crónicas* el coronamiento del papa (antipapa) Juan XXIII en Bolonia. Contaba cómo en esa jornada de celebración los judíos aclamaban la comitiva al pasar por su calle, y cómo presentaron al papa un rollo de la Torá, como era su costumbre. El papa lo arrojó detrás de él y dijo: «Vuestra ley es buena, pero la nuestra de aquí es mejor.» Los judíos siguieron el cortejo e intentaron acercarse al papa, pues además tiraban monedas. Pero los dos cientos hombres armados situados a la cabeza y a la cola de la comitiva tenían cada uno «una maza de cuero con la que golpeaban los Judíos, de tan alegría era verlo[411].»

El antipapa de Aviñón, Benedicto XIII (Pedro Luna), intentaba por aquel entonces ganarse partidarios fomentando conversiones de masa de judíos en España. Con ese fin, y de acuerdo con el rey Fernando, convocó a finales de 1412 los rabinos y escritores judíos más sabios de Aragón para participar en un coloquio religioso en Tortosa. En esta reunión, Jerónimo de Santa Fe debía demostrarles con el Talmud en la mano que el Mesías ya había llegado, encarnado en la persona de Jesús. La corte papal quería sobre todo convertir al cristianismo los judíos eminentes de Aragón, convencida de que si los jefes se convertían el pueblo judío les seguiría.

Jerónimo de Santa Fe era por aquel entonces uno de los más implacables enemigos de Israel. Al igual que Pablo de Santa María, era también un antiguo judío. Antes de su conversión, su nombre era Yosua Lorqui Alcañiz y era el médico del papa de Aviñón. Fue Jerónimo quien estableció la lista de las personas que serían convocadas al debate.

Los judíos sabían por experiencia que estas conferencias eran para ellos una trampa, pero no estaban en posición de rechazar la invitación de los cristianos. No tenían más remedio que hacerse representar por sus doctores más hábiles para defenderse. Veintidós de los judíos más importantes de Aragón se presentaron pues al coloquio, encabezados por el poeta y médico Vidal Benveniste Ibn Labi, de Zaragoza, procedente de una gran familia judía. Todos los representantes del judaísmo aragonés poseían una buena cultura, pero, escribía Graetz, «la sucesión de humillaciones y persecuciones había quebrado su hombría, incluso de los judíos más orgullosos, y los había transformado a todos en pusilánimes. No estaban a la altura de estos tiempos peligrosos. Cuando la convocatoria de Benedicto

---

[411] Enguerrand de Monstrelet, *Choix de chroniques*, éd. Buchon, Panthéon litté., 1836, p. 170 in Archives juives, 1973, numéro 1. Citado también por Jules Michelet en su *Histoire de France*, volume III.

les llegó, temblaron. Acordaron actuar con circunspección y calma, no interrumpir a su oponente, y, sobre todo, estar unidos y armoniosos, pero hicieron caso omiso de estas resoluciones, expusieron su debilidad, y finalmente se dividieron en facciones, cada una de las cuales tomó su propio curso.» En el transcurso de las discusiones, «los notables se armaron de valor y pidieron al Papa que los liberara de la controversia, aduciendo como razón que sus oponentes empleaban métodos escolásticos de razonamiento en los que les era imposible seguirles, ya que su fe no se basaba en silogismos, sino en la tradición[412].»

Esta controversia se prolongó, con muchas interrupciones, durante veintiún meses (de febrero de 1413 al 12 de noviembre de 1414), distribuida en sesenta y ocho sesiones, a veces ante dos mil espectadores. El sexagésimo tercer día, Jerónimo de Santa Fe atacó con virulencia el Talmud, como lo había hecho antes Nicolas Donin, acusándolo de contener toda clase de horrores, blasfemias y herejías, pidiendo que el libro fuera condenado y censurado. Para lograr su objetivo, Jerónimo recopiló y enumeró todas esas abominaciones. Heinrich Graetz apuntaba aquí que «había recogido todas las extravagancias pronunciadas accidentalmente por uno o dos de los cientos de *agadistas* que figuraban en el Talmud[413].»

---

[412] Heinrich Graetz, *History of the Jews IV*, Philadelphia, The Jewish Publication Society of America, 1894, p. 208, 211 (cf. Salomon Ben-Virga, *Schevet Jehttda, chap. 40*). ["El foco de luz que se había formado en las grandes ciudades de Andalucía parecía haber destellado en el siglo XV en todas las ciudades de España donde había comunidades hebreas; en todas partes había eruditos talmudistas, médicos, matemáticos, poetas y filósofos; escribían árabe junto al hebreo, y compusieron una multitud de obras sobre todo tipo de temas, de las que aún se conservan copias manuscritas en la biblioteca del Escorial. Pero, sorprendentemente, en esta cantidad de escritos no hay ninguno que pueda compararse con el buen gusto de los modelos clásicos de la Antigüedad. Las obras maestras griegas y romanas seguían siendo casi totalmente desconocidas para los hebreos, y los judíos de España sólo podían imitar a los árabes, a los que se ajustaban perfectamente en la exuberancia de sus palabras, la grandilocuencia de su estilo, la exageración y el desorden de sus pensamientos y su ajetreada imaginación. Uno de sus escritores, Salomón Ben Virga, admitía ingenuamente este estado de cosas a través de uno de los interlocutores de su libro *El Cetro de Judá*: "Antiguamente", decía, los judíos parecían hombres cuya antorcha se había encendido en un fuego que brillaba a lo lejos; tenían el don de la adivinación y poseían tradiciones preciosas. Los hebreos de nuestro siglo, ¡ay! parecen sacar con dificultad unas pocas chispas de un guijarro; sus grandes esfuerzos tienen pocos resultados: incluso lo que producen se reduce a casi nada."'' En Georges-Bernard Depping, *Les Juifs dans le Moyen-Âge*, (1823), Éd. Wouters, Bruxelles, 1844, p. 248. (Los rabinos y sabios judíos no practican la lógica aristotélica, sino el comentario y la interpolación atemporal, su "tradición". Léase nota 111 sobre el *Midrash* en *Psicoanálisis del judaísmo*). (NdT.]

[413] Heinrich Graetz, *History of the Jews IV*, Philadelphia, The Jewish Publication Society of America, 1894, p. 213.[La *Agadá* es una mezcla de narraciones y anécdotas

Jerónimo repitió a continuación las acusaciones que había formulado su predecesor Alfonso de Valladolid. Los judíos se dividieron entonces en dos grupos. De acuerdo con la mayoría de sus colegas, Astruc Levi declaró por escrito que las *agadás* del Talmud incriminadas no tenían autoridad y no representaban ninguna obligación religiosa. Pero José Albo y Don Vidal protestaron y afirmaron que se sometían a la autoridad de las *agadás*, aunque con cierta reserva ya que según ellos los pasajes citados por Jerónimo no debían ser tomados al pie de la letra.

La corte papal había reclamado además la presencia en Tortosa de aquellos miles de judíos que habían escuchado Vicente Ferrer y habían aceptado el bautismo. Se presentaron por grupos en la sala de audiencia y profesaron públicamente su fe cristiana. Tres mil neófitos desfilaron así en los bautisterios de Tortosa, y el año 1414 fue recordado por los judíos como "el año de la apostasía". En la última sesión del coloquio, el papa se despidió fríamente de los notables judíos y les anunció que nuevas medidas restrictivas serían tomadas contra sus correligionarios. Todos los rabinos, excepto dos, declararon, en nombre de la multitud de judíos que habían asistido a los debates, que reconocían y abjuraban de sus errores y solicitaban el bautismo[414].

«El 11 de mayo de 1415, el Papa envió desde Valencia la bula que iba a determinar el destino de los judíos no conversos y a poner un nuevo sello de condena a esta nación. La bula contenía casi un código entero, cada uno de cuyos artículos era de algún modo un castigo para los judíos. Se les ordenaba entregar todas las copias, comentarios y resúmenes del Talmud a las iglesias y catedrales de las diversas diócesis en el plazo de un mes; se les prohibía leer o enseñar este libro, así como el *Marmar Yeschu*, o cualquier otro libro contrario a los dogmas de la Iglesia, so pena de ser tratados como blasfemos. Se declaró que ningún judío podría ejercer en el futuro las funciones de juez, ni siquiera para los juicios de su nación, ni las de médico, cirujano, farmacéutico, posadero, ni en fin ningún cargo público que pusiera en sus manos los asuntos de los cristianos; se les prohibió incluso comerciar y hacer contratos con cristianos, comer, bañarse con ellos, ser sus mayordomos o agentes, y tener criados o enfermeros cristianos. Además, se ordenó que se cerraran todas las sinagogas recién construidas o reparadas; que en los lugares donde hubiera dos o más, sólo se dejara abierta la más pequeña; que en adelante los judíos ocuparan barrios separados de los cristianos en ciudades y aldeas; que los padres judíos no pudieran desheredar a sus hijos conversos bajo ningún pretexto; y que, por último, allí donde quedaran judíos, se les darían tres sermones

---

sobre rabinos, figuras bíblicas, ángeles, demonios, brujerías y milagros. Léase la nota 106 sobre la *Agadá* en *Psicoanálisis del judaísmo*. (NdT).]
[414]Véase en Rodrigo de Castro, *Biblioth. Espan.*, tomo I.

públicos al año, a los que se les obligaría a asistir[415].»

El hijo del apostata Pablo, Gonzalo de Santa María, bautizado al mismo tiempo que su padre, fue encargado de supervisar la estricta ejecución de este edicto papal. Indudablemente, esta bula no hacía más que retomar las disposiciones tomadas por la reina Catalina. Pero con la diferencia de que la bula de Benedicto XIII se aplicaba a los judíos de todos los países cristianos y no sólo de Castilla.

Si se hubiese aplicado la bula de Benedicto XIII, ésta habría supuesto el final de la existencia política de los judíos. En efecto, los derechos civiles de la secta habrían desaparecido y los judíos hubiesen quedado fuera de la sociedad cristiana. Pero el antipapa Pedro Luna, reconocido únicamente en Aragón, no gozaba de una autoridad suficiente sobre la cristiandad. Incluso Castilla no acató su bula.

Benedicto XIII, destituido por el concilio de Constanza y abandonado por sus amigos, vio rápidamente cómo su magnificencia quedaba reducida a su pequeña fortaleza de Peñíscola. Se desconoce el destino de Jerónimo de Santa Fe tras la caída de su protector. En los círculos judíos, este temido converso recibió el apodo de *Megaddéf* (el Blasfemador). El rey Fernando de Aragón, la regenta Catalina y Vicente Ferrer desaparecieron de la escena casi al mismo tiempo, entre 1417 y 1419.

En Castilla, siguieron aplicándose las leyes restrictivas de Catalina y la bula de Benedicto XIII siguió vigente en Aragón.«El proselitismo de Ferrer habían dañado gravemente a las comunidades judías españolas, e incluso en el extranjero», escribía Graetz. En muchos otros lugares de Europa, Ferrer, bien por sus predicaciones o bien por la fama de sus hazañas, había causado «un daño considerable a los judíos.»

LXXV. Martin V

Una vez terminado el gran cisma de Occidente, un sínodo organizado por las comunidades judías de Italia, celebrado en Bolonia y en Forli (1416 y 1418), había reunido los fondos necesarios para comprar la protección del Papa y del colegio cardenalicio. El papa Martin V se dejó corromper, y, el 31 de enero de 1419, éste promulgaba una bula que empezaba así: «"Considerando que los judíos están hechos a imagen de Dios, y que el remanente de su nación se salvará algún día, decretamos, siguiendo los pasos de nuestros predecesores, que no sean molestados en sus sinagogas; que sus leyes, derechos y costumbres no sean atacados; que no sean bautizados a la fuerza, obligados a observar festividades cristianas, ni a

---

[415] Georges-Bernard Depping, *Les Juifs dans le Moyen-Âge*, (1823), Éd. Wouters, Bruxelles, 1844, p. 238-239

llevar nuevas insignias distintivas y que no sean obstaculizados en sus relaciones comerciales con los cristianos."»

«¿Qué pudo haber inducido al Papa Martín a mostrar un semblante tan amistoso hacia los judíos? La principal consideración probablemente fueron los ricos regalos con los que los representantes judíos se acercaron a él. En el concilio de Constanza ningún cardenal era más pobre que Martín, y su elección al trono de San Pedro se debió en gran medida a este hecho de que no mostró aversión al dinero. Al contrario, todo podía obtenerse de él si se pagaba dinero; sin él, nada[416]», explicaba Gratez en sus páginas.

A continuación, Martin V tuvo sin embargo que tomar medidas enérgicas contra los crímenes cometidos por los judíos. Es algo sabido que los comerciantes de la secta nunca tuvieron escrúpulos a la hora de traficar con carne humana. A orillas del mar Negro, algunos de ellos no dudaban en vender jóvenes cristianos a los musulmanes. La ciudad de Cafa en Crimea era una colonia floreciente, un emporio del comercio genovés en el mar Negro. Muchos extranjeros se habían establecido allí para aprovechar la actividad de esta colonia italiana, y los judíos no quedaron rezagados. No tenemos mucha información acerca de los negocios que llevaban a cabo allí, pero sabemos que varios de ellos, a pesar de no practicar ningún culto públicamente y guardarse de mostrar algún signo religioso exterior, se dedicaban al tráfico de esclavos. Compraban jóvenes adolescentes de ambos sexos a los Tártaros, a los Rusos y en el Cáucaso, y los revendían a los Sarracenos con pingues beneficios. Los jóvenes esclavos cristianos, mujeres y hombres, acababan en los harenes musulmanes. Los dominicos de Cafa alertaron el Papa de este tráfico abominable, y Martin V, indignado, ordenó en una bula que los judíos siempre llevasen en sus vestidos la marca distintiva; luego autorizó el obispo de Cafa y de los otros emporios genoveses que incautaran los bienes de los judíos que habían vendido esclavos y emplearan el dinero reunido para rescatar los jóvenes vendidos. Los recalcitrantes debían ser expulsados de las colonias[417].

Un autor italiano del siglo XV, Giovani Fiorentino, había comprendido perfectamente la naturaleza de los judíos. En uno de sus relatos, mostraba un judío de Mestre dispuesto a cortar una libra de carne en el cuerpo de su deudor veneciano, simplemente para gozar de ver morir un cristiano.

Un texto de un autor anónimo titulado *Gernutus, el Judío de Venecia*,

---

[416] Heinrich Graetz, *History of the Jews IV*, Philadelphia, The Jewish Publication Society of America, 1894, p. 220
[417] Georges-Bernard Depping, *Les Juifs dans le Moyen-Âce*, (1823), Éd. Wouters, Bruxelles, 1844, p. 311-312. Recordemos que, en los años 1990, tras el derrumbe del bloque soviético, decenas de miles de jóvenes mujeres rusas, moldavas y ucranianas fueron literalmente raptadas mediante anuncios falsos y obligadas a prostituirse en los prostíbulos de Israel. Léase sobre la Trata de Blancas en la *Mafia judía* (2008).

había sido publicado a finales del siglo XIV. Cantada con la melodía de *Black and Yellow,* la balada había sido retomada en 1765 por un folclorista inglés llamado Thomas Percy, canónigo de Dromore: «En la ciudad de Venecia/ no hace mucho tiempo/ vivía un judío cruel/ que vivía de la usura/ según los escritores italianos[418]...» Entre 1553 y 1640, el teatro inglés contaba no menos de sesenta obras con un usurero judío entre los personajes principales. William Shakespeare había retomado este tema muy trillado en el año 1600 en su célebre obra *El Mercader de Venecia,* cuyo horrible usurero llamado Shylock personifica todavía hoy en día ese odio implacable del judío hacia los cristianos[419].

LXXVI. Los Husitas y el concilio de Basilea

En la otra punta de Europa, la población desconfiaba de los judíos tanto o más que en la península ibérica. La rodela, impuesta desde el cuarto concilio de Letrán en 1215, era útil para saber con quién se trataba. El canon 33 del concilio de Salzburgo de 1418 contenía una disposición específica para poner en guardia los goyim demasiado ingenuos: a la vez que se ordenaba a los hombres judíos llevar el gorro amarillo, se exigía a las mujeres judías que colgaran una pequeña campana a sus vestidos[420].

Los desórdenes empezaron en Austria en 1420 por los motivos habituales. El 23 de mayo, el archiduque Alberto (Albrecht) hizo arrestar y encarcelar los judíos del reino. En las prisiones, las mujeres fueron separadas de sus maridos y los hijos de sus padres. Los que se negaban a abjurar eran conducidos a la hoguera. Más de cien víctimas perecieron en Viena el 12 de marzo de 1421, quemados en una pradera al borde del Danubio. El mismo día, la sinagoga de Viena fue destruida. Además, un edicto del archiduque prohibía en adelante la estancia a todos los judíos.

Los nuevos conversos se refugiaron en Polonia, Italia y Bohemia. Pero este último país se volvió cada vez menos seguro para ellos. Tras la muerte de Juan Hus, en julio de 1415, la lucha religiosa entre católicos y husitas se había convertido en una lucha nacional entre Checos y Alemanes[421]. Los

---

[418] Marie-France Rouart, *L'antisémitisme dans la littérature populaire,* Berg International, p. 87

[419] Véase la película *El Mercader de Venecia* (2003), de Michael Radford, con Al Pacino. Al menos la escena del juicio.

[420] Charles Auzias-Turenne, *Revue Catholique des Institutions et du Droit,* octubre 1893.

[421] Se conoce con el término husita al movimiento reformador y revolucionario surgido en Bohemia a principios del siglo XV. El nombre procede del teólogo Juan Hus (1369-1415), quien fue condenado y ajusticiado en el Concilio de Constanza por mantener una posición muy crítica frente al poder eclesiástico. Su terrible muerte agravó las tensiones religiosas, sociales y nacionales hasta desembocar en el estallido revolucionario de julio

judíos, que favorecían sistemáticamente todo lo que contribuía a debilitar la iglesia católica, apoyaron naturalmente el movimiento de los husitas facilitándoles dinero y armas. De tal forma que los husitas no manifestaron ningún odio hacia los judíos. Únicamente en una ocasión, cuando saquearon casas católicas. también saquearon algunas casas judías.

«Siempre que un partido constituido dentro de la cristiandad se oponía a la iglesia gobernante, éste asumía un cariz del espíritu veterotestamentario, por no decir judío. Los husitas consideraban al catolicismo como paganismo, y a sí mismos como israelitas, que debían librar una guerra santa contra filisteos, moabitas y amonitas. Las iglesias y los monasterios eran para ellos los santuarios de una idolatría disoluta, templos de Baal y Moloch... que debían ser consumidos con el fuego y la espada[422]», apuntaba Graetz.

El emperador Segismundo reunió entonces fuerzas considerables por su cuenta, contratando lansquenetes alemanes y mercenarios de Brabante y Holanda. Bandas armadas acudieron de todas partes y marcharon sobre Praga, donde el jefe husita Ziska organizaba la defensa del país. Los soldados alemanes atacaban sistemáticamente a los judíos por su paso. En las provincias del Rin, en Turingia y en Baviera, mataban a todos los judíos con los que se topaban. Segismundo no quiso permitir que se les maltratara, pero tampoco fue su ferviente defensor. Fue en esa época que la comunidad judía de Colonia fue expulsada por completo (1426). En Ravensburgo, Ueberlingen y Lindau, los judíos, acusados de un asesinato ritual, fueron encarcelados y quemados (1430).

El concilio de Basilea (junio de 1431 – mayo de 1443), deliberó sobre todos los grandes asuntos europeos. El concilio renovó todas las antiguas

---

de 1419, cuando la muchedumbre asaltó la casa consistorial de Praga, defenestró a las autoridades municipales, liberó a varios presos acusados de husitas y tomó el poder en la ciudad. La muerte del rey Venceslao, en agosto de ese mismo año, y la reclamación del trono checo por su hermano Segismundo complicaron más el panorama político, pues le apoyó la alta nobleza mientras la pequeña, la burguesía y los sectores sociales desfavorecidos se oponían a sus pretensiones. Juan Hus, que había estudiado las ideas del teólogo y reformador inglés John Wyclif, no se limitaba a hablar de los temas de la fe, sino que añadía sus propios comentarios sobre la situación de la Iglesia y sus opiniones políticas, en particular acerca de los derechos del reino de Bohemia, con lo que se ganó las simpatías de los oyentes. A través de Hus, el movimiento reformador erudito comenzó a relacionarse con la naciente oposición popular que se alzaba contra los abusos de la Iglesia. A partir de ese momento fue expandiéndose el mensaje de reforma religiosa asociada a la necesidad de cambios sociales y políticos, y de la cuestión nacional. En pocos años, casi toda Bohemia seguía las indicaciones de Hus, que era visto como un peligro por una Iglesia que en ese momento estaba cerrando la crisis del Cisma. (NdT).

[422] Heinrich Graetz, *History of the Jews IV*, Philadelphia, The Jewish Publication Society of America, 1894, p. 222

medidas restrictivas contra los judíos. Se restablecieron las normas canónicas que prohibían a los judíos tener relaciones con los cristianos, emplearlos como sirvientes, ser sus médicos y ocupar empleos públicos. Los judíos debían vestir ropa con los debidos distintivos y permanecer en sus barrios especiales. A estas antiguas prohibiciones, el concilió añadió varias nuevas prohibiciones: los judíos no podían ocupar ningún grado universitario y debían ser forzados, incluso por la fuerza, a escuchar las predicaciones de los misioneros. Se decidió también introducir en las escuelas superiores el estudio del hebreo, el caldeo y el árabe, para facilitar las conversiones. Este concilio trató también el problema de los judíos conversos. Recomendó ser benévolos con ellos, pero vigilarlos de cerca.

Es muy probable que los apostatas Gonzalo y Alfonso de Cartagena, enviados como delegados a esta asamblea por el rey Juan II de Castilla, tuvieran un papel importante. En efecto, se puede observar la influencia de los dos hermanos en varias resoluciones votadas en el concilio que sólo tenían razón de ser por ir en contra los judíos de España. Ciertamente, en aquella época en Alemania todavía no se podía sopesar prohibir a los judíos ocupar una cátedra en una escuela, pues los judíos alemanes aún no se atrevían a entrar en las universidades como profesores.

El emperador Segismundo falleció en 1437. Su sucesor Alberto de Austria fue un enemigo implacable de los judíos y de los heréticos y del que Graetz escribía lo siguiente: «No pudo exterminar a ninguno de los dos, pues los husitas tenían valor y armas, y los judíos eran una fuente inagotable de dinero; pero siempre intentó colaborar con quienes querían perjudicarlos. Cuando el consejo de la ciudad de Augsburgo decidió expulsar a la comunidad judía (1439), el emperador dio alegremente su consentimiento. Se les concedieron dos años para vender sus casas e inmuebles; al cabo de ese plazo fueron todos desterrados y las lápidas del cementerio judío se utilizaron para reparar las murallas de la ciudad. Afortunadamente para los judíos, Alberto sólo reinó dos años, y el gobierno del Sacro Imperio Romano Germánico... recayó en el bondadoso, débil, indolente y dócil Federico III[423].» Efectivamente, este monarca sería más favorable a los judíos.

LXXVII. 1449: los Estatutos de limpieza de sangre en España

La reacción española contra los judíos proseguía con más fuerza. En

---

[423] Heinrich Graetz, *History of the Jews IV*, Philadelphia, The Jewish Publication Society of America, 1894, p. 249

1434, a sus 82 años, Pablo de Santa María había escrito un nuevo libelo contra los judíos y el judaísmo, *Examen de la santa Escritura*, que se presentaba bajo la forma de un dialogo entre el descreído Saúl y el converso Pablo.

Un antiguo rabino llamado Juan de España, al que las predicaciones de Vicente Ferrer habían llevado al catolicismo en su vejez, también había denunciado los crímenes del judaísmo. Justificaba su abjuración y animaba sus antiguos correligionarios a imitarlo. La crítica de Jerónimo de Santa Fe al Talmud durante la disputa de Tortosa se había extendido por todo el país. Tras aquella gran controversia, uno de los judíos bautizado, el jurista Pedro de la Caballería, redactó en 1450 un tratado titulado *Zelus Christi contra Judeos, Sarracenos et infideles*. Durante esas décadas, muchos judíos de España habían abandonado definitivamente el judaísmo.

Al principio de su pontificado, Eugenio IV se mostró benévolo con los judíos, confirmando los privilegios que les había concedido su predecesor Martin V. Prohibió los bautismos forzados o que se les maltratara. Pero cambió con rapidez de política, probablemente influenciado por Alfonso de Cartagena, obispo de Burgos, quien en el concilio de Basilea había defendido encarecidamente la causa del papa Eugenio. Este obispo de origen judío era apodado por el papa *la alegría de España y el honor del clero*. El 10 de agosto de 1442, Eugenio IV escribió una misiva a los obispos de Castilla y León para decirles que los judíos abusaban de las prerrogativas concedidas por los anteriores papas. Restableció todas las medidas restrictivas promulgadas contra los judíos por el papa Benedicto XIII que nunca habían sido realmente tomadas en consideración por el rey Juan II.

Los "nuevos cristianos" habían adquirido mucha influencia en España, y no todos se habían convertido sinceramente, ni mucho menos. Heinrich Graetz escribía aquí: «Embriagados por su brillante posición y sus riquezas, muchos de ellos mostraron un orgullo de advenedizos, atrayéndose con su presuntuosa arrogancia la envidia y el odio de los cristianos viejos[424].»

En 1449, en Toledo, el condestable de Castilla Álvaro de Luna ordenó la emisión de un empréstito. La medida suscitó la repulsa de la población y la resistencia a los recaudadores de impuestos marranos. La insurrección, encabezada por el alcalde de la ciudad, Pedro Sarmiento, logró hacer retroceder el ejército real. Por primera vez estallaron enfrentamientos durante los cuales varios de los nuevos cristianos más notables fueron capturados y ahorcados. Este fue el primer levantamiento anti-conversos de España. Dueño del lugar, Pedro Sarmiento expulsó por decreto

---

[424]Heinrich Graetz, *Geschitchte der Juden; Histoire des juifs IV*, Éd. Durlacher, Paris, 1893, p. 359

(*Sentencia estatutos*) todos los conversos de los puestos importantes de la ciudad de Toledo (consejeros, jueces, etc.). Ante la duplicidad de los marranos, que fingían ser buenos católicos, el concepto de *limpieza de sangre* parecía legítimo.

El 2 de mayo, una *Suplicación* fue enviada al rey Juan II y un tribunal se reunió para debatir del derecho de los conversos a ocupar empleos públicos. El 5 de junio, el tribunal dictaminó, a pesar de la oposición del clero: los conversos eran declarados inaptos para ocupar empleos públicos en Toledo y testificar contra los cristianos.

El papa Nicolás V condenó la *Sentencia* toledana en una bula del 24 de septiembre 1449, recomendando «aplicar medidas severas contra los atormentadores de *conversos*» y ordenando, mediante la bula *Humani generis inimicus*, que «todos los conversos, presentes o futuros, gentiles o judíos, que llevaban una vida de buenos cristianos, fuesen admitidos en todo los ministerios y dignidades, a testificar y ejercer todas las cargas en igualdad de condiciones con los viejos cristianos.»

Esta decisión no impidió a Álvaro de Luna tomar la decisión de alejar los conversos que ocupaban puestos en la administración. En 1451, el rey de Castilla Juan II escribió al nuevo papa Nicolás V para informarle que muchos nuevos cristianos, laicos y eclesiásticos, monjes y religiosos, practicaban a escondidas los ritos judíos y hacían mofa de la Iglesia. Nicolás V ordenó entonces a través de una misiva dirigida al obispo de Osma y a los dominicos de la Universidad de Salamanca, hacer comparecer ante un tribunal especial los marranos sospechosos de judaizar. Los inculpados, aunque fuesen obispos, debían comparecer ante este tribunal, justificarse, y, si eran reconocidos culpables, ser despojados de sus bienes y destituidos de sus funciones y entregados al brazo secular para ser ejecutados (Relajación). Este tribunal prefiguraba así la Santa Inquisición.

LXXVIII. Juan de Capistrano, el Azote de los Hebreos

A partir del siglo XV, los judíos empezaron a ser frecuentemente expulsados de las ciudades más importantes de Alemania: habían sido primero expulsados de Estrasburgo en 1388, luego del Palatinado en 1394, de Austria en 1420, Friburgo y Zurich en 1424, Colonia en 1426, Augsburgo en 1439, Baviera en 1442, Núremberg en 1448, Wurzburgo en 1453 y Erfurt en 1458. Se produjo un efecto bola de nieve: Ulm en 1499, Ratisbona en 1519, etc. Los judíos de Maguncia habían sido expulsados cuatro veces en cincuenta años, de 1420 a 1471. Muchos se refugiaron en Polonia. Otros acampaban a las puertas de las ciudades. Los de Núremberg, por ejemplo, pudieron refugiarse en Furth.

En 1450, a fin de liberar los numerosos deudores atrapados en las mallas de los usureros, el duque bávaro de Landshut, Luis IX El Rico, hizo arrestar en un día todos los judíos de su territorio. Los hombres fueron encarcelados y las mujeres encerradas en las sinagogas. Los deudores cristianos fueron autorizados a pagar a sus acreedores judíos únicamente el capital adeudado menos los intereses ya abonados. En cuanto a los judíos, tras una detención de un mes, éstos tuvieron que comprar su libertad al precio de 30 000 florines y tomar el camino del exilio. El duque Luis habría infligido con gusto el mismo trato a la rica e importante comunidad de Ratisbona, puesta bajo su jurisdicción, aunque sólo parcialmente, pero éstos, en calidad de burgueses de la ciudad, tenían derecho de protección por parte del consejo de la ciudad. Así pues, tuvo que limitarse a imponerles una contribución.

En el concilio provincial de Bamberg, en mayo de 1451, un cardenal llamado Nicolás de Cusa (originario de Cues en la Mosela), además de legado papal, había conseguido decretar la obligación para los judíos de llevar un trozo de tela rojo en su busto y para las mujeres judías un lazo azul en el cabello.

En Italia, las figuras del antijudaísmo más prominentes eran dos franciscanos, Juan de Capistrano y Bernardino de Feltro. En Roma, el papa Nicolás V «odiaba profundamente a los judíos», escribía Graetz. Este empezó arrebatando a los judíos italianos sus antiguos privilegios, tras lo cual publicó una nueva bula que los sometía a todas las leyes restrictivas que su predecesor había promulgado contra los judíos de Castilla. Juan de Capistrano, «enemigo jurado de los judíos», era el encargado de vigilar su estricta ejecución y «llevó a cabo su tarea con una ferocidad sin precedentes».

Capistrano fue un monje de rostro demacrado. Dormía y comía poco, era caritativo con el prójimo y su vida austera le valió la admiración y el respeto del pueblo. Juan había nacido el 24 de junio de 1386 en la ciudad de Capistrano, en la región de los Abruzos, cerca de Nápoles. Según Maurice Pinay, autor de *Complot contra la Iglesia* (1962), descendía de un señor noble, probablemente angevino o saboyardo, que había seguido Luis I de Anjou en su conquista del reino de Nápoles. Precozmente huérfano de padre, fue enviado a Perugia donde durante diez años estudió el derecho civil y canónico. Era tan brillante que sus maestros solían recurrir a su juicio para responder a cuestiones espinosas.

Nombrado gobernador de Perugia por el rey Ladislao (1412), Juan de Capistrano fue un juez íntegro e incorruptible. Un señor había intentado una vez sobornarlo para conseguir una sentencia de muerte contra un enemigo, pero Juan, que había investigado cuidadosamente el caso, reconoció la inocencia del acusado y lo liberó a pesar de las amenazas del acusador. Capistrano también tenía autoridad para castigar los judíos que transgredían las prescripciones canónicas o no llevaban la debida marca distintiva que se les había impuesto.

En 1415, vendió sus bienes, distribuyó a los pobres el resto de sus pertenencias y, en octubre de 1416, fue admitido en la orden franciscana de Perugia, donde hizo muestra de celo y caridad hacia sus hermanos enfermos. Estudió teología y tuvo como primer maestro Bernardino de Siena, quien no tardó en comprobar los progresos sorprendentes de su alumno. Un día, Bernardino dijo de él: «Juan aprende durmiendo lo que otros aprenden trabajando día y noche.»

Profundo teólogo y sabio canonista, Capistrano fue también el mayor misionario de su tiempo. Hacia 1420, era diácono cuando San Bernardino lo envió predicar a Siena y en Toscana. Tras ser ordenado sacerdote hacia 1425, Juan recorrió Italia sin descanso para combatir todos los errores, atacar todas las sectas. Su voz seductora y su voluntad enérgica encandilaba las masas. En toda la península, miles de habitantes se desplazaban para escucharlo. Denunciaba la usura de los judíos y sus incesantes intrigas para disolver la sociedad cristiana. Miles de auditores se reunían a su alrededor y vibraban de entusiasmo escuchándole.

Fue legado de Eugenio IV en el Milanés (1432) y en Borgoña. Tras el concilio de Florencia, fue nombrado nuncio apostólico en Sicilia, luego legado en Francia. A continuación, fue enviado a Alemania, donde el emperador Federico III y su hermano Alberto, duque de Austria, solicitaron su ayuda para combatir los husitas y restablecer la concordia entre los príncipes alemanes. Juan de Capistrano, nuncio apostólico e inquisidor, eligió doce compañeros y marcharon caminando a Alemania. Su paso por Lombardía fue una marcha triunfal, pues por donde pasaba Juan era recibido como el enviado de Dios.

Pío II lo retrató de esta forma: «Era pequeño de estatura, de edad avanzada (65 años), marchito, demacrado, exhausto, con sólo la piel y los huesos, y sin embargo siempre alegre e incansable en el trabajo. Predicaba todos los días, tratando las cuestiones más profundas, agradando tanto a la gente sencilla como a los eruditos; tenía de veinte a treinta mil oyentes cada día; predicaba en latín y un intérprete traducía su discurso.»

Exponía sus enseñanzas en las plazas públicas, donde numerosas personas podían escucharlo. Juan fue rápidamente apodado el "santo predicador", o el *"Azote de los Hebreos"* porque levantaba los pobres contra la usura de los judíos. Para Maurice Pinay, «San Juan de Capistrano fue el caudillo cristiano antijudío más enérgico y eficaz que haya surgido después de Cristo Nuestro Señor y los apóstoles. La destrucción que causó en la Sinagoga de Satanás es considerada por algunos hebreos de lo más catastrófico[425]». Heinrich Gratez lo confirmaba: «Cuando este franciscano

---

[425]Maurice Pinay, *Complot contra la Iglesia, Capítulo XLI* (1962), Transcripción pdf de

enfurecido visitó Alemania, sembró el terror y la consternación entre los judíos. Temblaban ante la sola mención de su nombre[426].»

Juan desplegó una actividad misionera impresionante, llegando a predicar en Carintia, Estiria, Austria, Bohemia, Moravia, Silesia, Baviera, Turingia, Sajonia, Franconia, Polonia, Transilvania, Moldavia, Valaquia, y más provincias, realizando prodigios y curaciones, y hasta, según cuenta la leyenda, resurrecciones. Envió varios de sus religiosos a Prusia y a otras provincias, pues en todas partes reclamaban su presencia, requerían sus consejos.

El obispo Godofredo de Wurzburgo, que era además duque de Franconia, había en un principio concedido numerosos privilegios a los judíos de su territorio. Pero unos años después, tras haber escuchado las predicaciones de Capistrano, su mentalidad cambió por completo. Así, en 1453, prescribió a los judíos vender todos sus bienes antes del mes de enero del año siguiente y emigrar quince días después, de modo que no quedase ni un solo judío en su obispado. A su vez, había transmitido la orden a las ciudades, a los condes, a los señores y a los jueces de ejecutar esta expulsión de los judíos.

Capistrano se mostró realmente digno de su título de "*Azote de los Hebreos*" en Silesia. Invitado por el obispo Pedro Nowak de Breslavia, Juan se desplazó a esta ciudad y reunió a los eclesiásticos en la iglesia. Cerradas las puertas, Juan alzó la voz con su elocuencia habitual contra los husitas y los judíos. Su discurso no cayó en oídos sordos, pues numerosos nobles y burgueses estaban endeudados y amenazados con la ruina por los usureros. El historiador judío Heinrich Graetz relataba los sucesos de esta forma:

«Tras convocar al clero a su presencia, el predicador franciscano les reprendió por su vida pecaminosa, inmoral y sensual...Pero lo que más le interesaba, además de la recuperación del clero, era el exterminio de los husitas, que eran muchos en Silesia, y la persecución de los judíos. El frenético fanatismo con el que las arengas de Capistrano inspiraban al pueblo de Breslavia se dirigía principalmente contra los judíos. Se difundió la noticia de que un judío llamado Meyer, uno de los israelitas más ricos de Breslavia, en cuya custodia estaban muchas de las deudas de los burgueses y nobles, había comprado una hostia a un campesino, la había profanado y blasfemado...»

«Una malvada judía bautizada declaró que los judíos de Breslavia habían quemado una vez una hostia y que, en otra ocasión, habían secuestrado a un niño cristiano, lo habían cebado y lo habían metido en un

---

Ediciones Mundo Libre, México, 1985, p. 369
[426] Heinrich Graetz, *History of the Jews IV*, Philadelphia, The Jewish Publication Society of America, 1894, p. 258

tonel con clavos afilados que hicieron rodar hasta que la víctima expiró. Su sangre fue distribuida entre las comunidades de Silesia. Incluso se dijo que se encontraron los huesos del niño asesinado. La culpabilidad de los judíos parecía demostrada en todos estos casos y un gran número de ellos, en total 318 personas, fueron arrestadas en diferentes localidades y llevadas a Breslavia. Capistrano los juzgó y se apresuró a ejecutarlos[427].» El 2 de junio de 1453, cuarenta y uno de estos acusados fueron quemados en el *Salzring*, hoy en día *Blücherplatz*, y toda la población judía fue expulsada de Breslavia. Los hijos de menos de siete años fueron separados de sus padres, bautizados y entregados a padres cristianos para ser criados en la religión católica. Los beneficios de la venta de los bienes de los judíos sirvieron para erigir la iglesia de los Bernardinos. En las otras ciudades de Silesia, los judíos corrieron la misma suerte que en Breslavia: unos fueron quemados en la hoguera, los demás fueron expulsados.

El joven rey Ladislao, solicitado por el consejo de la burguesía de la ciudad, no se contentó con prohibir el regreso de los judíos. Como digno sucesor de su padre Alberto II, que había expulsado los judíos de Austria, aprobó el suplicio infligido a los judíos de Silesia, considerando «que habían sido tratados como merecían.» Probablemente a instigación de Capistrano, que permaneció algún tiempo en Olomouc, Ladislao volvió a expulsar a los judíos de esta ciudad, así como de la vecina Brno.

Los judíos de Polonia disfrutaban de una situación incomparablemente mejor que sus correligionarios de los otros países de Europa. Desde hacía mucho tiempo, gozaban de la igualdad de derechos que les había asegurado la preponderancia sobre los cristianos. Polonia se había convertido así en un paraíso para los judíos "perseguidos" de Alemania, Austria y Hungría. Expulsados de la costa adriática, las primeras familias judías habían llegado al país hacia 1264, si bien la gran ola de emigración no empezó hasta setenta años después, con el rey Casimiro. Efectivamente, la carta de Kalisz les concedió libertades y grandes privilegios que fueron la base de

---

[427] Heinrich Graetz, *History of the Jews IV*, Philadelphia, The Jewish Publication Society of America, 1894, p. 260–262. ["De inmediato, todos los judíos de Breslavia, hombres, mujeres y niños fueron encarcelados, se confiscaron todas sus propiedades en la "*Judengasse*" y, lo que era más importante para los autores de la catástrofe, se confiscaron los bonos de sus deudores por valor de unos 25.000 florines de oro húngaros (2 de mayo de 1453). La culpabilidad de los judíos se hizo más creíble por la huida de algunos de ellos, que, sin embargo, pronto fueron apresados. Capistrano asumió la dirección de la investigación de este importante asunto. Como inquisidor, le correspondía por derecho la voz cantante en el enjuiciamiento de los blasfemos de la hostia consagrada. Ordenó que algunos judíos fueran tendidos en el potro, e instruyó personalmente a los torturadores en su tarea, pues tenía experiencia en tal trabajo. Los israelitas torturados confesaron." *History of the Jews IV*, p. 261. (NdT).]

su existencia religiosa, nacional y económica durante tres siglos[428]. Con el objetivo de intensificar el comercio y la industria, Casimiro "El Grande" (1333-1370) promulgó leyes favorables a los judíos cuando éstos eran perseguidos en Alemania por sus crímenes y usuras. Bajo su reinado, masas de emigrantes judíos afluyeron. Este rey, que unificó el Estado polaco, fue ampliamente responsable de la decadencia futura de Polonia, hasta el reparto final del país en el siglo XVIII y su completa desaparición.

Los reyes de Polonia se endeudaron considerablemente con los financieros judíos. Casimiro había por ejemplo tomado prestado a los banqueros judíos una enorme suma de 15 000 marcos. El rey Luis de Hungría, por su parte, debía al usurero Levko de Cracovia más de 30 000 Gulden. El rey Vladislao II Jagellón y la reina Eduviges le debían también sumas muy importantes. Las actas de la cancillería lituana indicaban que durante el periodo de 1463 a 1494, los judíos arrendaban casi todas las aduanas del ducado lituano[429].

Importantes comunidades judías se establecieron en la capital del reino, en Cracovia, en Lemberg y otras grandes ciudades[430]. Se dice que la benevolencia de Casimiro se debía a su romance con una judía llamada Ester, la hija de un sastre. El pueblo llano, en cambio, veía la presencia de los judíos con hostilidad. En Poznan, en 1399, un rabino y trece notables de la comunidad fueron arrestados y quemados en la hoguera. En Cracovia, tuvo lugar una masacre de judíos en 1406. Pero la desgracia de Polonia radicaba en que sus príncipes se dejaban comprar fácilmente por los financieros. Casimiro IV, rey de Polonia y príncipe de Lituania (1447-1492), también protegió a los judíos lo mejor que pudo.

El poderoso obispo de Cracovia, el cardenal Zbigniew Olesnizki, a la cabeza del clero polaco, invitó entonces Capistrano a venir predicar en su diócesis. En Cracovia, el monje franciscano fue recibido triunfalmente y durante toda su estancia en esta ciudad (1453-1454) no cesó junto con el obispo de exhortar el rey a combatir los husitas y los judíos, reprendiendo públicamente el rey Casimiro y prediciéndole que sería finalmente derrotado en su guerra contra los caballeros teutónicos de Prusia si no decidía abolir los privilegios de los judíos y separarse de los husitas. En septiembre de 1454, los caballeros teutónicos derrotaban el ejercito polaco y obligaban a Casimiro a huir de forma vergonzosa del campo de batalla.

---

[428] El escritor comprometido Manes Sperber (1905-1984) no vaciló a la hora de escribir estas palabras sobre sus antepasados judío-polacos: «Entre pueblos atrasados, se propusieron crear una civilización ejemplar por sus valores humanitarios y religiosos», *Être Juif*, Odile Jacob, 1994, p. 115, 116.
[429] Abraham Léon, *La Conception matérialiste de la question juive*. Études et Documentation internationales, 1942, Paris, 1968, p. 114-117
[430] Simon Doubnov, en *Précis d'histoire juive, des origines à 1934*.

El rey tomó entonces medidas contra los judíos. En todo el país, los voceadores públicos anunciaron que todos los privilegios de los judíos quedaban abolidos[431].

Fue en esa época que tuvo lugar un acontecimiento histórico crucial que hizo temblar toda la Cristiandad y que tuvo para los judíos consecuencias muy favorables: el 29 de mayo de 1453, Constantinopla fue tomada por el conquistador turco Mehmed II, finiquitando la destrucción del Imperio Bizantino. El vencedor infligió a los vencidos todo tipo de humillaciones y suplicios. El historiador Herinrich Graetz no disimulaba cierta satisfacción y revanchismo: «Desde Constantino, el fundador del imperio bizantino, que puso una espada manchada de sangre en manos de la iglesia, hasta el último de los emperadores, Constantino Dragases, de la dinastía de los Paleólogos, todos en la larga serie de gobernantes (con la excepción del apóstata Juliano) estuvieron más o menos inspirados por la falsedad y la traición, y por un espíritu arrogante, hipócrita y un ardor excesivo de persecución. Y el pueblo, así como los servidores del estado y de la iglesia, eran dignos de sus gobernantes. De ellos, los pueblos alemán, latino y eslavo habían derivado el principio de que los judíos debían ser degradados por leyes excepcionales, o incluso exterminados. Ahora, sin embargo, la propia Bizancio yacía destrozada en el polvo, y bárbaros salvajes estaban levantando el nuevo imperio turco en su lugar. Se había cobrado una gran venganza.»

Mehmed II autorizó a los judíos establecerse libremente en Constantinopla y en otras ciudades del imperio otomano. Les permitió construir sinagogas y escuelas, garantizándoles una completa libertad comercial. Cada cual podía disponer de sus bienes a su antojo, vestirse libremente, cubrirse de seda y de oro. «En resumen, escribía Graetz, Turquía era descrita acertadamente por un entusiasta judío como una tierra "en la que no faltaba nada, absolutamente nada". Dos jóvenes inmigrantes, Kalman y David, pensaban que si los judíos alemanes supieran una décima parte de la felicidad que se podía encontrar en Turquía, desafiarían cualquier dificultad para llegar hasta allí[432].» Efectivamente, esto se produciría unas décadas más tarde con la expulsión masiva de los judíos de España, en 1492.

Tras la caída de Constantinopla, los Turcos amenazaron Hungría. Mehmed II preparó la invasión con un ejército de 100 000 hombres. Los cristianos, por su parte, se prepararon para la guerra. En la Dieta de

---

[431] Los judíos de Polonia fueron brevemente expulsados por el gran duque Alejandro en 1495, pero reintroducidos a los pocos años por el nuevo rey de Polonia Alejandro I, en 1501. Así pues, en Europa, únicamente Holanda no expulsó nunca a los judíos.
[432] Heinrich Graetz, *History of the Jews IV*, Philadelphia, The Jewish Publication Society of America, 1894, p. 267, 271

Neustadt, el 2 de febrero de 1455, Juan de Capistrano logró proclamar la cruzada. Entró triunfalmente en Hungría, y, en la Dieta de Bude, disipó todas las vacilaciones y arengó todos los espíritus y corazones. Predicó en todo el país a favor de la cruzada siendo finalmente nombrado Juan Hunyadi generalísimo de la misma.

Juan Hunyadi aprovisionó y fortaleció primero la ciudad de Belgrado a su costa. Luego formó un ejército de apoyo y una flota de dos cientos corbetas. Los señores húngaros, recelosos de su creciente poder, dejaron una vez más que financiara toda la operación. Hunyadi había reunido cerca de 15 000 mercenarios y Capistrano traía consigo un ejército de 35 000 campesinos, artesanos y estudiantes, la mayoría armados simplemente con hondas y guadañas. Los dos marcharon a la cabeza de sus soldados en dirección a Belgrado, sitiada por los turcos. El 14 de julio de 1456, Juan Hunyadi llegó cerca de Belgrado, logrando romper el bloqueo naval de los turcos. Durante los once días que siguieron la victoria naval, Capistrano se mantuvo día y noche en medio de los cruzados, sin desfallecer, animándolos a la resistencia.

El 21 de julio, Mehmed II, deseoso de sacar ventaja de los daños causados a la fortaleza, ordenó el asalto definitivo que duró toda la noche. Los atacantes entraron en la ciudad baja y empezaron a atacar el fuerte. Hunyadi ordenó entonces a los defensores de Belgrado arrojar a los otomanos materiales inflamables. De hecho, los jenízaros se vieron separados del resto del ejército por las llamas. Fueron rodeados y el combate se volvió a favor de los cristianos que rechazaron los asaltantes fuera de los muros de la ciudad. El 22 de julio de 1456, los campesinos cruzados emprendieron una acción espontanea. A pesar de las órdenes de Hunyadi, salieron de los muros casi en ruina de Belgrado y atacaron los soldados otomanos. Inmediatamente, otros cristianos se unieron a la ofensiva, y el inesperado movimiento se transformó en una verdadera batalla decisiva. Juan de Capistrano decidió entonces encabezar unos 2000 cruzados y lanzarse contra las líneas turcas al grito de *"¡El Dios que lo comenzó se encargará de terminarlo!"* Al mismo tiempo, Hunyadi aprovechó la situación para cargar desde el fuerte para apoderarse de los cañones turcos. Los 5000 jenízaros intentaron en vano restablecer el orden y detener el pánico en las filas del ejército turco. El propio sultán tuvo que intervenir en persona en la batalla, pero una flecha en el muslo lo derribó, provocando la consiguiente retirada de las tropas turcas y sus heridos.

Después de esta gran victoria, un brote de peste apareció en el ejército húngaro. Juan Hunyadi enfermó y murió el 11 de agosto de 1456 en los brazos de Juan de Capistrano. Este, extenuado por los años y la fatiga, devorado por dentro por una fiebre constante, vio él también acercarse la hora de la muerte. El 23 de octubre de 1456, recibió los últimos sacramentos en el convento de Vilak y murió en paz a los setenta años. El cuerpo de Juan Capistrano fue enterrado en la iglesia del convento de Vilak. Fue canonizado en octubre de 1690, y su fiesta se celebra desde entonces el 23 de octubre.

La victoria cristiana de Belgrado detuvo el avance otomano en Europa central durante unas décadas, pero en 1521 los turcos tomaron la ciudad y el castillo de Vilak, arrasando el convento de los franciscanos. En 1527, estaban a las puertas de Viena.

LXXIX. Alfonso de Espina

La situación de los judíos en España parecía todavía bastante satisfactoria durante los reinados de Enrique IV (1457-1474), el rey de Castilla, y de Juan II (1450-1479), el rey de Aragón. Enrique IV, quizás más indolente todavía que su padre Juan II de Castilla, no se preocupaba demasiado por saber si las leyes canónicas relativas a los judíos eran realmente aplicadas. Pero la ira del pueblo crecía en todas partes.

Alfonso de Espina, un monje franciscano que fue rector de la Universidad de Salamanca, tronaba contra ellos desde lo alto de su cátedra, atacando los judíos y sus protectores con la palabra y la pluma. Hacia 1460, escribió en latín un libelo contra los heréticos, los judíos y los musulmanes, bajo el título de *Fortalitium fidei*, la *Fortaleza de la fe*, en el que expresaba las recriminaciones habituales: «Espíritu de traición, crímenes rituales, médicos envenenadores, destrucción de los cristianos con la práctica indignante de la usura, judíos falsarios y sodomitas, etc.»

La codicia de los israelitas ya los hacía particularmente odiosos. Alfonso de Espina citaba el caso de un usurero de Zamora, que por diez mil monedas de plata prestadas había recibido sesenta mil en intereses. Otros habían exigido el cien por cien de intereses; escuderos e hidalgos eran de hecho sus prisioneros. Los campesinos, para librarse de sus deudas, se veían obligados a entregarles el fruto de sus cosechas. En las Cortes de Valladolid, en 1385, muchos se quejaban de que los nobles se entendiesen con ellos para despojar los municipios de sus bienes[433].

El franciscano presentó además todo un catálogo enumerado y cronológico de los crímenes rituales perpetrados por los judíos. Asesinatos y actos de brujería conformaban las principales infamias de esta larga serie negra.

«Alfonso de Espina acusó a los judíos de los mayores crímenes y de los vicios más odiosos. Sostuvo que en España se entregaban a la sodomía sin pudor, que mezclaban venenos sutilmente y que cada año se ponían de

---

[433] Georges-Bernard Depping, *Les Juifs dans le Moyen-Âge*, (1823), Éd. Wouters, Bruxelles, 1844, p. 255

acuerdo para degollar a un niño cristiano en una ciudad u otra. Citaba un ejemplo de este tipo, según un testigo ocular, que le contó más o menos en estos términos la espantosa escena que se vio obligado a presenciar. Se llamaba Manuel, y era hijo de un hábil médico de Génova llamado Salomón; en 1450 hizo su confesión ante el obispo que debía bautizarlo, así como ante el decano de la iglesia compostelana y ante otros hombres notables, eclesiásticos y laicos, y el notario de la audiencia real levantó acta de la deposición para que se conservase en los archivos del convento donde se firmó la escritura[434]: "Cuando estaba en Savona, ciudad dependiente de Génova -dijo-, mi padre me llevó a casa de un judío, donde siete u ocho hombres de su religión estaban reunidos en secreto para sacrificar un niño cristiano. Después de cerrar las puertas con gran cuidado, todos juraron solemnemente no revelar jamás nada de lo que iban a hacer, y morir y quitarse la vida antes que revelar la menor cosa a ningún mortal. Una vez hecho este juramento, trajeron a un niño de unos dos años y lo colocaron sobre un jarrón en el que habitualmente se recogía la sangre de los circuncidados. Dos judíos le extendieron los brazos en forma de cruz; un tercero le sostuvo la cabeza en alto; un cuarto, encargado de la ejecución, le puso en la boca estopa humeante para impedirle gritar; luego cogió largos pinchos de hierro y los clavó en diversas partes del cuerpo del niño, de modo que le perforaran las entrañas y la sangre fluyera abundantemente en el jarrón. Aquel cruel espectáculo me horrorizó profundamente; no pude seguir mirando y tuve que marcharme. Mi padre me siguió y me imploró que nunca revelara a nadie lo que acababa de ver, y que preferiría morir por mi propia mano antes que admitirlo. Luego me llevó de vuelta a la habitación: el niño ya había expirado. Su cuerpo fue arrojado a una letrina profunda. Luego cortaron en trozos varias frutas, como manzanas, peras, nueces, avellanas, etc., y las arrojaron al jarrón lleno de sangre. Me vi obligado a hacer lo mismo que los demás, pero en cuanto la probé estuve a punto de caer enfermo, y durante dos días me pareció que las tripas se me revolvían de horror cada vez que quería comer algo[435]"».

Alfonso de Espina contaba además el caso de un médico judío que había facilitado un veneno a un noble, llamado Juan de Vega, que quería deshacerse de su hermano mayor para percibir la herencia. El crimen fue descubierto. El hidalgo se libró de las persecuciones de la justicia tomando los votos monásticos y el judío se suicidó[436].

---

[434] Certissime enim compertum est quod omni anno in qualibet provincia sortes mittunt quæ civitas vel oppidum christiani sanguinem aliis civitatibus tradat. *Fortalitium fidei*, lib. III, cap. Quinta crudelitas Judoeorum.

[435] Georges-Bernard Depping, *Les Juifs dans le Moyen-Âge*, (1823), Éd. Wouters, Bruxelles, 1844, p. 246-247

[436] Georges-Bernard Depping, *Les Juifs dans le Moyen-Âge*, (1823), Éd. Wouters,

La perspectiva escatológica también estaba presente en el *Fortalitium fidei:* cuando aparezca el Anticristo, los judíos se reunirán a su alrededor y lo adoraran como a un dios. Siguiendo el ejemplo de Duns Scot y Juan de Capistrano, Alfonso de Espina preconizaba la separación de los jóvenes niños judíos de sus padres para criarlos en la fe católica[437]. Además, estaba de acuerdo con todas las persecuciones del pasado, incluso con las masacres. El *Fortalitium fidei* tuvo al menos ocho reediciones en cincuenta y ocho años (1471-1529), incluidas tres en la ciudad de Lyon en Francia.

En España, el pueblo cristiano desconfiaba sobre todo de los marranos, pues estos nuevos cristianos habían alcanzado los más altos escalones políticos y eclesiásticos, y desempeñaban un papel preponderante en las Cortes y en el Consejo de Estado, ocupando incluso sedes episcopales[438]. Los franciscanos fueron los primeros en sonar la alarma contra estos falsos conversos presentes en las órdenes religiosas y en el clero secular. En 1461, rogaron al General de la Orden de San Gerónimo, el hermano Alonso de Oropesa, ayuda para extirpar al mal. La orden de San Gerónimo contaba en su seno muchos nuevos cristianos y el General se vio atrapado en un fuego cruzado. Propuso sin embargo que fueran los obispos los encargados de juzgar los marranos e instituir una Inquisición que juzgara los casos.

Bruxelles, 1844, p. 255

[437] Sería efectivamente la mejor manera de romper el trauma y la cadena de las «generaciones incestuosas». Léase *Psicoanálisis del judaísmo* y *El Espejo del judaísmo.*

[438] «Pero después de 1391, cuando la presión sobre los judíos se hizo más violenta, comunidades enteras abrazaron la fe cristiana. La mayoría de los neófitos se aprovechó ansiosamente de su nueva posición. Se agolparon en cientos y miles en los lugares de los cuales habían estado excluidos anteriormente por su fe. Ingresaron a profesiones vedadas y a los tranquilos claustros de las universidades. Conquistaron puestos importantes en el Estado y hasta penetraron al sanctum sanctorum de la Iglesia. Su poder aumentó con su riqueza, y muchos pudieron aspirar a ser admitidos en las familias más antiguas y aristocráticas de España...Un italiano casi contemporáneo observó que los conversos judíos gobernaban prácticamente en España, mientras su adhesión secreta al judaísmo estaba arruinando la fe cristiana. Una cuña de odio separó inevitablemente las relaciones de los cristianos antiguos y los nuevos. Los neófitos fueron conocidos como marranos (probablemente "los réprobos" o "los puercos"). Fueron despreciados por sus triunfos, por su orgullo, por su cínica adhesión a las prácticas católicas. En tanto que las masas miraban con sombría amargura los triunfos de los nuevos cristianos, el clero denunciaba su deslealtad y su falta de sinceridad. Sospechaban la verdad de que la mayoría de los conversos eran aún judíos de corazón, que la conversión obligada no había extirpado la herencia de siglos. Decenas de miles de los nuevos cristianos se sometían exteriormente, iban mecánicamente a la iglesia, mascullaban oraciones, ejecutaban ritos y observaban las costumbres. Pero el espíritu no había sido convertido.» En Abram León Sachar, *Historia de los judíos, Cáp. XVI (Los marranos y la Inquisición),* trad. de la 2ª ed. norteamericana revisada hasta 1940, Ediciones Ercilla, Santiago de Chile, 1945, p. 276, 277. (NdT)

Escribió al respecto un tratado titulado *Lumen ad revelationem gentium et gloriam Israel* (1465), en el que denunciaba tanto a los judíos y como los marranos.

El *Libro del Alboraique*, publicado en 1488 por un autor anónimo, «retomaba a lo largo de una decena de páginas las acusaciones populares dirigidas esta vez tanto a nuevos-cristianos como a Judíos: embusteros, vanidosos, cobardes, blasfemadores, sacrílegos y sodomitas[439].» El autor escribía en la introducción que deseaba aportar a sus lectores «las armas contra los enemigos de Cristo.»

Las predicaciones de Alfonso de Espina contra los marranos suscitaron la efervescencia popular en Madrid. En Toledo tuvieron lugar altercados en 1467, repitiéndose las escenas de 1449; pero esta vez fueron los conversos los que empezaron el combate irrumpiendo en la catedral. A continuación, tomaron posesión de los puentes y de las puertas de la ciudad. Este éxito momentáneo duró hasta su regreso a la catedral, pues dentro del templo los católicos viejos asediados lograron sonar las campanas y los refuerzos acudieron. La contra ofensiva de los cristianos viejos desbarató por completo los marranos, quedando éstos totalmente vencidos. La muchedumbre masacró ciento treinta marranos. Los que se defendieron fueron colgados de la horca y seiscientas casas de marranos fueron incendiadas.

En 1469, el matrimonio de la infanta Isabel, apodada más tarde *la Católica*, con el infante Fernando de Aragón, inauguraba por fin la era de la preponderancia española. Al principio del reinado de Fernando e Isabel, se produjeron nuevas revueltas populares contra los judíos. En 1471, los habitantes de Sepúlveda, pequeña ciudad situada cerca de Segovia, se vengaron de los judíos de la localidad tras la muerte de un niño cristiano durante la semana santa. Por orden del obispo, Juan Arias Dávila, hijo del ministro marrano Diego Arias Dávila, ocho de los acusados considerados culpables fueron llevados a Segovia y condenados. Unos fueron conducidos a la hoguera, otros ahorcados o agarrotados. Por lo visto, esta ejecución no fue un castigo suficiente para la población de Sepúlveda que prefirió acabar directamente con los judíos, masacrándolos casi todos sin piedad.

En Córdoba, los marranos fueron puestos en la picota. En 1473, se había formado en esta ciudad una cofradía religiosa consagrada a la Virgen María

---

[439] Daniel Tollet, *Les Textes judéophobes et judéophiles dans l'Europe chrétienne à l'époque moderne*, Presses Universitaires de France, 2000, p 30, 34. *Et quod vereor calamo scribere... ceciderunt in passiones ignominiæ... laudantes se per vicos et plateas crimen pessimum commississe. Fortalitiumfidei*, lib. III, cap. *De statu Judoeorum in regno Castellæ*, en Georges-Bernard Depping, *Les Juifs dans le Moyen-Âge*, (1823), Éd. Wouters, Bruxelles, 1844, p. 246

de la cual los conversos fueron excluidos. Durante la procesión organizada por esta cofradía la víspera de Pascua, las casas y calles de Córdoba fueron adornadas con flores y tapices. Pero durante el desfile, una joven muchacha marrana arrojó agua sucia sobre la imagen de la Virgen. Las casas de los marranos fueron todas incendiadas y la mayoría de ellos asesinados mientras el resto huía de la ciudad.

LXXX. Bernardino de Feltre

En Italia, como en todas partes, los usureros judíos habían reducido a muchos cristianos a la pobreza más extrema. Evidentemente, Heinrich Graetz tenía una visión más matizada de la situación: «Los judíos, como capitalistas y hábiles diplomáticos, fueron, por tanto, bien recibidos en Italia. Prueba de ello era el hecho de que cuando la ciudad de Rávena quiso unirse a Venecia, incluyó entre las condiciones de la unión la exigencia de que se le enviaran ricos judíos para abrir bancos de crédito y aliviar así la pobreza de la población. En muchas ciudades italianas, los capitalistas judíos recibían de los príncipes reinantes o de los senados amplios privilegios que les permitían abrir bancos, establecerse como corredores e incluso cobrar un alto tipo de interés (20%) ...Un judío de Pisa, llamado Yechiel, controlaba el mercado monetario de Toscana. No era, ni mucho menos, un simple avaro desalmado, como solían llamarle los cristianos, sino más bien un hombre de mente noble y corazón tierno, siempre dispuesto a ayudar a los pobres con su oro y a consolar a los desafortunados de palabra y obra[440].»

Para contrarrestar esta situación, unos monjes franciscanos decidieron combatir la usura judía creando instituciones de crédito – los montes de piedad- que iban a competir con los judíos en su propio terreno. Estas casas de empeño prestaban con un tipo de interés muy bajo[441]. Las incansables predicaciones de los monjes franciscanos suscitaron en todo el país la creación de una treintena de estas instituciones, entre 1462 (Monte de Piedad de Perugia) y 1496 (los de Treviso, Udine, Pisa y Florencia).

---

[440] Heinrich Graetz, *History of the Jews IV*, Philadelphia, The Jewish Publication Society of America, 1894, p. 286. ["Los judíos de Italia eran ciudadanos deseables, no sólo por su capacidad financiera, sino también por su habilidad como médicos. En su carta a Yechiel, Abravanel preguntó si había médicos judíos en los estados italianos, y si los príncipes de la iglesia los empleaban. 'Los médicos, decía, poseen la llave de los corazones de los grandes, de quienes depende el destino de los judíos'", en *History of the Jews IV* p. 287. NdT.]

[441] El término francés (y español) proviene de una mala traducción del italiano "*monte di pietà*"; de *monte* (valor, montante, suma) y *pietà* (piedad, caridad). Debería haberse traducido como "*crédito de caridad*" o "*crédito de piedad*".

En 1462, en Perugia, un monje franciscano llamado Barnaba había conseguido reunir un gran capital para poner a disposición de los prestatarios. Los pobres podían depositar unas prendas en garantía y llevarse pequeñas sumas de dinero a cambio de un ligero interés destinado a cubrir los gastos de mantenimiento de la casa de empeño.

Imitando el ejemplo de Perugia, los habitantes de Savona, que también padecían de los usureros judíos, crearon la misma institución de crédito y consiguieron en 1479 la confirmación de la Santa Sede. Unos días después, la ciudad de Mantua fundó otra institución similar que debía ser regentada por doce directores, de los cuales cuatro serían religiosos, dos nobles, dos jurisconsultos o médicos, dos comerciantes y dos burgueses. Los religiosos serían miembros a perpetuidad y los ocho laicos ocuparían sus puestos por dos años, renovándose la mitad cada año.

Bernardino de Feltre originario de Véneto, fue el más diligente promotor de estos montes de piedad, y uno de los enemigos más acérrimos de los banqueros y usureros judíos. Era el más implacable enemigo de los judíos de su época y digno sucesor de Capistrano. Destacado orador y de gran popularidad, Bernardino predicaba en Italia contra el lujo y levantaba las masas contra los usureros.

«Como algunos capitalistas judíos habían tenido éxito, señalaba a todos los judíos como vampiros y parásitos extorsionistas, despertando la mala voluntad del pueblo contra ellos», escribía Gratez.

Para él, Capistrano era el modelo de verdadero cristiano. Si bien «admitía que el cristianismo ordenaba ser justos y humanos respecto a los judíos, tomaba más en consideración las disposiciones del derecho canónico que prohibían todo comercio con ellos, como compartir comida con ellos o consultar sus médicos... "Yo, decía Bernardino, que vivo de limosnas y vivo del pan que me dan los pobres, no puedo permanecer como un perro callado, sin ladrar, cuando veo a los judíos devorar los cristianos hasta los tuétanos. ¿Por qué no ladraría en honor a Jesucristo[442]?»

Incansable en su afán, Bernardino logró crear montes de piedad en Asís, Parma, Cesena, Chieti, Rieti, Narni y Lucca. En Camposampiero, pequeña ciudad de Padua, expulsó al judío dueño de una casa de empeño para fundar un monte de piedad. Todas las empresas de los judíos fueron objeto de los ataques de este impetuoso monje.

En Plasencia, los usureros cobraban intereses que podían alcanzar hasta el cien por cien, por lo que no fue difícil introducir la idea de crear una nueva casa de empeño. Lo mismo ocurrió en Padua, donde el monte de piedad prestaba gratuitamente por debajo de cantidades de treinta sous.

---

[442] Heinrich Graetz, *Geschitchte der Juden; Histoire des juifs IV*, Éd. Durlacher, Paris, 1893, p. 385; y en *History of the Jews IV*, p. 296

Para sumas más importantes, el tipo de intereses no rebasaba el 5%.

«Rávena, Cremona, Vicenza, Bolonia e incluso Florencia, así como muchas otras ciudades italianas, tuvieron sus casas de empeño a finales del siglo XV o principios del XVI... Roma y Nápoles no las tuvieron hasta 1539 y 1540. En la última de estas ciudades, dos ciudadanos caritativos liberaron todos los efectos empeñados por los judíos y los devolvieron sin intereses, y tan pronto como se fundó la casa de empeño, el virrey de Toledo expulsó a los judíos del reino de Nápoles[443].»

Bernardino de Feltre incomodaba sobremanera las autoridades locales a causa de las revueltas que fomentaba. Algunos altos personajes, corrompidos por el oro de los judíos, contribuyeron al fracaso de sus proyectos. En Florencia, y, en general, en toda la Toscana, el príncipe y el consejo defendían enérgicamente los usureros[444]. Bernardino de Feltre los acusó de haberse dejado comprar por Yechiel de Pisa y otros ricos judíos del país. Cuando vino a Bergamo para predicar contra los judíos, Galeazzo, el duque de Milán, le impuso la mordaza. Igualmente, los magistrados de Venecia le prohibieron predicar contra los judíos. Los judíos, que habían sobornado los magistrados, pudieron regresar a la ciudad puesto que el propio Bernardino había sido expulsado.

Finalmente, en Florencia, dado que «Bernardino estaba incitando a la juventud de la ciudad contra los judíos, y era inminente un levantamiento popular, las autoridades le ordenaron que abandonara Florencia y el país inmediatamente, viéndose obligado a someterse.

Poco a poco, sin embargo, a fuerza de repetir incansablemente las mismas acusaciones, consiguió inflamar tanto a la opinión pública contra los judíos que ni siquiera el senado veneciano fue capaz de protegerlos. Finalmente, consiguió una sangrienta persecución de los judíos, pero no en Italia, sino en el Tirol, desde donde se extendió a Alemania.»

Sus imprecaciones contra los usureros judíos sonaron en todas las iglesias de Trento. Estalló entonces un nuevo caso de crimen ritual. El martes santo de 1475, en plena semana de Pascua, un niño de dos años y medio de una familia pobre, llamado Simón, desapareció y hallado posteriormente ahogado en el Adigio. El cadáver arrastrado por el agua

---

[443] Georges-Bernard Depping, *Les Juifs dans le Moyen-Âge*, (1823), Éd. Wouters, Bruxelles, 1844, p. 287

[444] «Florencia era una de las ciudades más ricas y comerciales de Italia; los florentinos habían sido los mayores especuladores y unos despiadados usureros. Muratori admitió que era a esta usura a la que Florencia debía gran parte de su esplendor; esta república usurera y comercial debía, pues, cierta indulgencia a un pueblo desgraciado que tenía en común con él este espíritu especulador y usurero, pero que, en lugar del esplendor del pueblo florentino, sólo había recibido el exilio y el oprobio en Europa.» En Georges-Bernard Depping, *Les Juifs dans le Moyen-Âge*, (1823), Éd. Wouters, Bruxelles, 1844, p. 288. (NdT).

había encallado en una presa. El obispo de Hinderbach, acompañado de dos notables, se desplazó hasta el lugar e hizo transportar el cuerpo a la Iglesia. Bernardino de Feltre y los demás sacerdotes expusieron públicamente el cuerpo del niño y a continuación «el obispo mandó encarcelar a todos los judíos de Trento... Inició un proceso contra ellos y llamó a un médico, Matías Tiberino, para que diera testimonio de la muerte violenta del niño. Un judío bautizado, Wolfkan, de Ratisbona, un grabador, se presentó con las acusaciones más temibles contra sus antiguos correligionarios. Sus acusaciones encontraron más credibilidad cuando los judíos encarcelados confesaron bajo tortura que habían matado a Simón y bebido su sangre la noche de Pascua. Estos dijeron que la judía Bruneta había facilitado las agujas para pinchar el cuerpo. También se dijo que se encontró una carta en posesión de un rabino, Moisés, que había sido enviada desde Sajonia, pidiendo sangre cristiana para la próxima Pascua... Todos los judíos de Trento fueron quemados y se resolvió que ningún judío debería establecerse a partir de entonces en la ciudad. Sólo cuatro judíos aceptaron el bautismo y fueron indultados[445].»

En todos los países donde llegó la noticia de este suceso, los judíos fueron expuestos a los mayores peligros. En Italia mismo, ya no podían salir de las ciudades sin arriesgarse a ser atacados por los cristianos. Revueltas antijudías estallaron en Brescia, Pavía, Mantua y Florencia, algunas provocadas por Bernardino de Feltre. El clero organizó peregrinajes para visitar los restos del mártir, el inocente Simón de Trento que sería beatificado en 1582.

En Alemania, el odio hacia los judíos aumentó todavía más. Unos años antes, en Endigen, en el país de Bade, unos feligreses habían descubierto en medio de unas obras en el osario de la iglesia el cuerpo de un hombre y una mujer, así como los restos de dos niños decapitados. Esto fue en 1470. Se les había identificado con una familia pobre que había desaparecido ocho años antes tras ser vista por última vez entrando en casa de un judío. Un juicio por crimen ritual tuvo lugar y cuatro judíos de la ciudad fueron condenados y ejecutados. Posteriormente, el caso dio pie a una famosa obra de teatro de aquella época, *L'Endinger Judenspiel*.

Tras el asesinato de Simón de Trento, los burgueses de Fráncfort del Meno erigieron cerca del puente que conducía a Saxenhausen una estatua que representaba al niño martirizado por horribles personajes judíos en conversación con el diablo. En el pedestal quedaban grabados estos dos versos: *So lan Trient und das kind wird gennant/ Der Juden Schelmstück bleibt bekannt.* Lo que significaba: *Mientras se hable de Trento y del niño,*

---

[445] Heinrich Graetz, *History of the Jews IV*, Philadelphia, The Jewish Publication Society of America, 1894, p. 297, 298

será recordada la malicia de los judíos[446].

En Ratisbona, el nuevo obispo Enrique y el duque Luis, enemigo resuelto de los judíos, unieron sus esfuerzos para asegurarse el apoyo del papa y algunos de los miembros más influyentes del Consejo de la burguesía y para recurrir a los servicios de dos judíos renegados. Uno de ellos, Pedro Schwarz, «escribió panfletos difamatorios e injuriosos contra sus antiguos correligionarios. El otro, un tal Hans Vayol, vertió las más viles calumnias sobre el anciano rabino Israel Bruna, acusándole, entre otras cosas, de haberle comprado un niño cristiano de siete años y de haberlo sacrificado[447]...», según Graetz.

Sea como fuere, en aquellas fechas llegaron a Ratisbona las noticias del asesinato del niño de Trento. El obispo Enrique pidió entonces inmediatamente al Consejo de Ratisbona incoar un procedimiento penal contra varios judíos de la ciudad. Los guardias bloquearon las cuatro puertas del barrio judío, impidiendo a todos entrar o salir. Los bienes de la comunidad judía fueron incautados.

En la primavera de 1478, los judíos de Passau, que habían comprado y profanado hostias, fueron ejecutados por orden del obispo. Unos fueron condenados a morir por la espada, otros quemados vivos en la hoguera, y algunos incluso tuvieron las carnes arrancadas con tenazas ardientes al rojo vivo. El emperador Federico prohibió sin embargo torturar o matar judíos por causa de profanación de hostias. Todos los judíos de Suabia fueron expulsados en aquella época. Muchos crímenes rituales fueron registrados entre 1478 y 1492, en Mantua, Arena, Portobuffolé (cerca de Trevisa), Verona, Viadana (cerca de Mantua), Vicenza y Fano, y todos acarrearon condenas de muerte. En 1490, la ciudad de Nuremberg expulsó a los judíos tras inaugurar un monte de piedad.

Bernardino de Feltre había regresado a Italia, pues lo vemos en 1488 en Ravena fundando otro monte de piedad y convencer a las autoridades para que expulsaran a los usureros judíos de la ciudad. Bernardino falleció en Pavía el 28 de septiembre 1494, fecha en la que es celebrado desde entonces. Su tumba permanece en esa ciudad, en la Iglesia de Santa María del Carmine.

---

[446] Heinrich Graetz, *Geschitchte der Juden; Histoire des juifs IV*, Éd. Durlacher, Paris, 1893, p. 388. En febrero del 2007, estalló en Italia un caso muy delicado que causó gran revuelo. El profesor Areil Toaff, hijo del antiguo Gran Rabino de Roma, acababa de publicar un libro de 400 páginas titulado *Pasque di sangue (Pascua de sangre, los Judíos de Europa y las acusaciones de asesinato ritual)*. El profesor Toaff, profesor en la universidad Bar-Ilan de Jerusalén, reconocía que los asesinatos rituales habían sido practicados por algunos judíos asquenazíes al norte de Italia. Léase en *El Fanatismo judío*.
[447] Heinrich Graetz, *History of the Jews IV*, Philadelphia, The Jewish Publication Society of America, 1894, p. 301–302

LXXXI. *Torquemada contra los marranos*

En España, los marranos, o nuevos cristianos, «que se contaban por cientos y miles en los reinos de Aragón y Castilla... ocupaban altos cargos de Estado y, gracias a su riqueza, ejercían una gran influencia. También estaban emparentados con muchos de los antiguos nobles; de hecho, había pocas familias de importancia que no tuvieran sangre judía en sus venas. Formaban cerca de una tercera parte de la población de las ciudades... Estos marranos, en su mayoría, habían conservado el amor al judaísmo y a su raza en lo más profundo de su corazón[448].» Para la gran mayoría de la población española, esta situación era insoportable; «Les parecía que toda la corte era de origen judío[449].»

El matrimonio entre Isabel de Castilla y Fernando de Aragón, en 1469, iba a cambiar radicalmente la situación de la península. En 1478, a iniciativa de Ferrando e Isabel, el papa Sixto IV promulgó una bula que autorizaba la pareja real a nombrar inquisidores a eclesiásticos con poderes para juzgar heréticos y relapsos, así como sus protectores. Es probable que la reacción de los monarcas fuese propiciada por un dominico llamado Alfonso de Ojeda, prior del convento de San Pablo de Sevilla y con acceso privilegiado a la reina. Una comisión creada por los "reyes católicos" se encargó de redactar el reglamento del tribunal, y, en 1480, el tribunal de la Inquisición empezó a funcionar. Era compuesto por dos monjes dominicos, Miguel Morillo y Juan de San Martino, y de asesores laicos. El tribunal tuvo su primera sede en Sevilla, para fiscalizar esa región directamente gobernada por los soberanos - sin intermediación de las Cortés-, y que contaba desde hacía un siglo con un gran número de marranos. Por ordenanza real, todos los funcionarios fueron invitados a colaborar plenamente con los inquisidores.

«Si los demonios del más profundo infierno hubieran conspirado para atormentar a hombres inocentes hasta el último límite de la resistencia y hacer de sus vidas un martirio incesante, no podrían haber ideado medios más perfectos que los que estos tres monjes emplearon contra sus víctimas», se quejaba Heinrich Graetz, quien añadía: «Tan pronto como los nuevos cristianos de Sevilla y proximidades recibieron la noticia del establecimiento de la Inquisición, celebraron una reunión para considerar los medios de desviar el golpe dirigido contra ellos. Varios hombres ricos y respetados de Sevilla, Carmona y Utrera, entre ellos Abulafia, el agente

---

[448] Heinrich Graetz, *History of the Jews IV*, Philadelphia, The Jewish Publication Society of America, 1894, p. 308.
[449] Heinrich Graetz, *Geschitchte der Juden; Histoire des juifs IV*, Éd. Durlacher, Paris, 1893, p. 393. Léase otra vez la nota 438.

financiero de la pareja real, se prepararon para dar batalla a sus perseguidores.»

Sin embargo, «pocos días después murieron quemados los conspiradores de Carmona, Sevilla y otras ciudades, y tres de los marranos más ricos y respetados, entre ellos Diego de Susón, poseedor de diez millones, y Abulafia, antiguo talmudista y rabino. El 26 de marzo, diecisiete víctimas murieron en la hoguera del *Quemadero*[450].»

El complot había sido denunciado por la hija de Susón, la cual mantenía en secreto relaciones amorosas con un caballero cristiano. Varios conjurados fueron encarcelados. Otros arrestos siguieron y pronto hubo tantos marranos presos que los calabozos del convento San Pablo quedaron desbordados.

Muchos nuevos cristianos de esta ciudad se refugiaron en el sur, en la región de Medina Sidonia y Cádiz, para huir de las persecuciones. Pero el 2 de enero de 1481, un edicto del tribunal de la Inquisición prescribió a todos los funcionarios la captura y entrega de todos los marranos fugitivos y el embargo de todos sus bienes, amenazando quien contraviniera estas órdenes de excomunión y de los castigos reservados a los heréticos. Los arrestos fueron tan numerosos que el tribunal optó por establecerse en un lugar más amplio para juzgar todos los inculpados. El tribunal se estableció entonces en un castillo de las afueras de Sevilla llamado la Tablada.

El tribunal pudo entonces abrir su primera sesión. Seis marranos relapsos, que proclamaron ante sus jueces su fidelidad al judaísmo, fueron condenados a muerte por el prior Alfonso de Ojeda y quemados en la hoguera. A continuación, comparecieron los conjurados, con el riquísimo Diego de Susón a la cabeza. En los días siguientes, hubo tantas víctimas diarias que la ciudad de Sevilla tuvo que poner a disposición del tribunal una de sus plazas para mantener una hoguera ardiendo permanentemente. Esta plaza recibió el nombre de *Quemadero*.

Además de los individuos claramente marranos, los inquisidores alentaron a todos los cristianos españoles a reforzar su vigilancia y denunciar a todos los heréticos judaizantes que conocieran. Para facilitar estas denuncias, la Inquisición enumeró todos los hechos constitutivos de crimen de herejía o apostasía: un judío convertido era relapso si celebraba el Sabbat o cualquier otra fiesta judía, si circuncidaba sus hijos, si observaba las leyes alimentarias, si el día de Sabbat ponía una camisa blanca o ropa más hermosa que de costumbre, o si dejaba de encender el fuego. También eran acusados de apostasía si se les veía salir a la calle descalzos o pedir perdón a un amigo el día de Expiación (*Yom Kippur*), o

---

[450] Heinrich Graetz, *History of the Jews IV*, Philadelphia, The Jewish Publication Society of America, 1894, p. 312, 313, 317

si bendecían sus hijos poniéndoles las manos en la cabeza sin hacer el signo de la cruz, o bien si recitaban una fórmula de bendición con una copa de vino antes de hacer beber los convidados. Uno era realmente sospechoso cuando se abstenía de seguir las costumbres cristianas, como terminar un salmo sin añadir "Gloria al Padre, al Hijo y al Espíritu Santo", o comer carne durante la cuaresma. Si alguien enviaba a un judío o recibía de él regalos durante la fiesta de las Cabañas (Sucot) también era acusado de judaizar. De tal forma que las prisiones de la Inquisición se llenaron rápidamente. Desde el primer día, se produjeron unos quince mil arrestos.

En el primer auto de fe - acto de fe - los sacerdotes inauguraron la hoguera con una solemne procesión: vestidos de sayal – el sambenito - con una cruz roja pintada, los condenados avanzaban hacia el lugar de la ejecución acompañados de eclesiásticos, de nobles vestidos de negro, en medio de los cánticos del pueblo reunido. Al llegar a la hoguera, los inquisidores leían las condenas antes de proceder a las ejecuciones. Los heréticos impenitentes eran arrojados a las llamas sin más dilaciones, a menos que se arrepintiesen en el último instante, siendo entonces previamente estrangulados. El 26 de marzo de 1431, diecisiete víctimas fueron quemadas en el *Quemadero*. Desde ese día, y hasta noviembre, cerca de trescientas personas perecieron en la hoguera de Sevilla. La persecución llegó al punto de que, si se descubría que unos marranos ya fallecidos habían judaizado en vida, sus huesos eran desenterrados y quemados, y los bienes de sus herederos confiscados.

Notemos que sólo los marranos podían ser objeto de un proceso inquisitorial y no los judíos en sí mismo. Los judíos no bautizados no podían ser citados ante el tribunal de la Inquisición, al igual que los moros no bautizados. Únicamente se citaban a los relapsos de estas dos naciones. Pero los judíos eran los más testarudos, pues se empeñaban en atraer a ellos los conversos y daban muestra de un incansable proselitismo.

De todas partes, surgieron opiniones y demandas de aislar completamente los marranos de los judíos. En 1482, la pareja real ordenó que los judíos fuesen expulsados de Andalucía, especialmente de las diócesis de Sevilla y Córdoba, donde los nuevos cristianos eran muy numerosos. Más de cuatro mil casas pertenecientes a judíos quedaron deshabitadas. Fuera de Andalucía, en las ciudades donde podían establecerse, se les aplicaba leyes que restringían totalmente el comercio con los cristianos y se les obligaba a llevar signos distintivos. «Atrás quedaban los días, escribía Graetz, en que los judíos influyentes podían conseguir que la Corte interviniera a favor de sus correligionarios y suavizara el efecto de las leyes restrictivas[451].»

---

[451] Heinrich Graetz, *Geschitchte der Juden; Histoire des juifs IV*, Éd. Durlacher, Paris,

Durante los primeros años de funcionamiento de la Inquisición, varios miles de marranos habían desaparecido de España, algunos quemados en la hoguera, la mayor parte olvidados en las cárceles. Hasta entonces, la acción de la Inquisición se había limitado a la España meridional, a las provincias de Sevilla y Cádiz principalmente. Debido a la oposición de las Cortes, ésta no había podido extenderse al resto de provincias españolas.

A pesar de las quejas de los judíos a la Santa Sede, el papa Calixto IV permitió a los monarcas españoles introducir la Inquisición en las provincias aragonesas y nombrar un juez supremo. Los reyes nombraron así en 1943 un inquisidor general encargado de instituir tribunales allí donde considerara necesario, dirigirlos y vigilarlos. El cargo recayó en el monje dominico Tomás de Torquemada.

Inmediatamente después de su nominación, Torquemada estableció tres nuevos tribunales en las ciudades de Córdoba, Jaén y Villareal. Redactó una especie de código para servir de reglamento en los juicios por herejía. Un periodo de gracia era concedido a los que se denunciaran espontáneamente como judaizantes, pero tenían que poner por escrito sus confesiones, responder con total honestidad a las preguntas formuladas, indicar los nombres de sus cómplices e incluso de los que les parecían sospechosos. Los nombres de los culpables serían desvelados tras el periodo de gracia y perderían sus bienes. Serían absueltos, pero manchados para siempre, sin poder ocupar ningún cargo público ni tampoco sus descendientes.

El tribunal de la Inquisición de Toledo se inauguró en mayo de 1485. En los reinos de Aragón y de Valencia, la Inquisición fue instaurada el mismo año. Los marranos influyentes usaron entonces todo su poder, logrando que las Cortes de Zaragoza protestaran enérgicamente ante el papa y el rey por la instauración de estos tribunales. En Roma, el éxito de la demanda era casi seguro, ya que «poniendo el precio», escribía Graetz, se podía obtener la intervención favorable de la corte pontifical. Pero resultó más difícil doblegar la voluntad de Fernando. De hecho, éste rechazó categóricamente suprimir estos tribunales.

Los judíos decidieron entonces urdir una conspiración para hacer desaparecer el canónigo Pedro de Arbués, al que Torquemada había nombrado gran Inquisidor en el reino de Aragón. A la cabeza del complot estaban Juan Pedro Sánchez, un personaje influyente de la corte real, un jurisconsulto llamado Jaime de Montesa, y dos marranos. Los conspiradores tenían el apoyo total de los notables de origen judío.

El 15 de septiembre de 1485, antes del amanecer, Arbués fue apuñalado mientras rezaba de rodillas en la catedral de Zaragoza. La noticia de este

---

1893, p. 398

asesinato produjo una profunda emoción y todos los marranos habrían sido masacrados sin la intervención del arzobispo Alfonso de Aragón, quien recorrió la ciudad a caballo para calmar la población prometiendo que los culpables serían duramente castigados.

Los dominicos supieron explotar el asesinato de Arbués para vengarlo. Gracias a las confesiones públicas de uno de los conspiradores, un tal Vidal de Uranso, los inquisidores conocieron los nombres de todos aquellos que habían tomado parte en la conspiración y los persiguieron con ensañamiento por doble partida: como herejes y como enemigos del Santo Oficio. Una vez detenidos los principales culpables fueron arrastrados por las calles de Zaragoza, sus manos cortadas y ahorcados. Más de trescientos marranos fueron condenados a la hoguera, entre ellos cerca de treinta hombres y mujeres de las mejores familias de la ciudad.

Gaspar de Santa Cruz, uno de los conjurados, logró escapar y refugiarse en Tolosa, donde murió sin ser inquietado. Tras haber quemado su efigie, los inquisidores encarcelaron a su hijo, al que acusaron de haber ayudado su padre a huir, obligándole a viajar a Tolosa para desenterrar y quemar los restos de su padre con la ayuda de los dominicos de aquella ciudad.

En 1486, los inquisidores de Toledo, tras haber forzado a los rabinos de la sinagoga a denunciar los conversos que habían regresado al judaísmo, condenaron setecientos cincuenta marranos a hacer enmienda desfilando descalzos, vestido con el sambenito y un cirio en mano en medio de la multitud. Otros mil setecientos recibieron el mismo castigo y veintisiete fueron quemados vivos.

La voluntad del rey Fernando y la tenacidad de Torquemada acabaron con todas las resistencias. Al año siguiente de la muerte de Arbués, los inquisidores empezaron a investigar en Barcelona y en la isla de Mallorca, entregando dos cientos marranos a las llamas: «Un judío de la época, Isaac Arama, escribió sobre estos sucesos lo siguiente: "En estos días el humo de la hoguera de los mártires se elevaba sin cesar al cielo en todos los reinos españoles y en las islas. Un tercio de los marranos había perecido en las llamas, otro tercio vagaba sin hogar por la tierra buscando dónde esconderse, y el resto vivía en el perpetuo terror del juicio de la Inquisición."»

Bajo el impulso de los once tribunales que funcionaban en España, el número de marranos descubierto iba creciendo año tras año. Durante los trece años del gobierno de Torquemada (1485-1498) más de dos mil marranos murieron en la hoguera y se estima en diecisiete mil el número de los que fueron desterrados tras haber hecho acto de contrición. De 1480 a 1487, en Sevilla, 5000 conversos fueron acusados de judaizar, y 700 relapsos fueron quemados. En Toledo, en cuatro años, hubo 4850 "reconciliaciones" y 200 ejecuciones.

En 1490, seis judíos y cinco conversos de La Guardia, cerca de Toledo, fueron acusados de magia negra y de haber crucificado un niño cristiano. Los españoles castigaron los criminales y veneraron desde entonces el "Santo niño de La Guardia", al igual que los italianos y alemanes habían organizado el culto de Simón de Trento.

Torquemada no ignoraba que su enérgica acción le había atraído el odio eterno de los judíos, y temía continuamente por su vida. En su mesa se hallaba siempre una estatuilla de unicornio, que según las supersticiones de la época se creía tenía el poder de anular los efectos de los venenos. Cuando salía, siempre iba escoltado de una guardia compuesta de cincuenta jinetes y hasta dos cientos infantes. Después de arremeter contra los marranos, la Inquisición debía naturalmente romper el poderío judío. Graetz describía así la situación: «La relación entre los judíos y los marranos era demasiado estrecha para que los primeros no se hicieran partícipes de las desgracias de los segundos. Mantenían entre sí relaciones íntimas, estaban ligados por estrechos lazos fraternales. Los judíos se compadecían de corazón de sus desafortunados hermanos, que tan a regañadientes llevaban la máscara del cristianismo, y se esforzaban por mantenerlos en contacto con la comunidad judía. Instruían a los marranos nacidos cristianos en los ritos del judaísmo, celebraban reuniones secretas con ellos para rezar, les proporcionaban libros y escritos religiosos, les mantenían informados de la celebración de ayunos y festividades, les suministraban en Pascua pan ácimo, y durante todo el año carne preparada según su propio ritual, y circuncidaban a sus hijos recién nacidos[452].»

Fernando e Isabel decidieron entonces prohibirles terminantemente todo comercio con los judíos, aunque esta prohibición no surtió efecto alguno. «La ley de separación estrictamente ejecutada no pudo cortar las relaciones afectuosas existentes entre judíos y marranos. A pesar de todo, se mantuvo entre ellos la más estrecha comunión, sólo que más secreta, más circunspecta. Cuanto mayor era el peligro de ser descubiertos, mayor era el atractivo de reunirse, para consolarse y apoyarse mutuamente, a pesar de los ojos vigilantes de los espías sacerdotales y sus esbirros.»

Una vez que la Inquisición tuvo el convencimiento de que los judíos no denunciarían nunca a los marranos, sino que además seguirían manteniendo con ellos relaciones secretas, ésta solicitó a los reyes católicos la expulsión de todos los judíos de España. Los judíos no se imaginaban la catástrofe tan cercana. Tenían, escribía Graetz, «una confianza sin límites en la influencia de los favoritos judíos en la corte.» Además de Abraham Senior, que gozaba de una gran consideración, otra personalidad judía ocupaba en aquella época una posición muy alta en la corte de Castilla: se

---

[452] Heinrich Graetz, *History of the Jews IV*, Philadelphia, The Jewish Publication Society of America, 1894, p. 332, 334, 335

trataba del célebre Isaac Abravanel. Pero con Isaac Abravanel terminaba por fin la larga serie de estadistas judíos que tan nefasta influencia habían tenido en la historia de España.

LXXXII. 1492: La expulsión de los judíos de España

Alfonso V, rey de Portugal, había recurrido a los servicios de Abravanel para gestionar las finanzas de su reino. Admitido en la corte, éste había conseguido la confianza absoluta de su soberano que le consultaba acerca de todos los asuntos importantes. Abravanel disfrutó en la corte de Portugal de todo el tren de vida de un ministro y, gracias a su crédito, los judíos establecidos en el reino y los refugiados de Castilla vivieron tranquilos y libres de seguir con sus tráficos. La mayoría de los arrendadores de impuestos del país (*Rendeiros*) eran judíos. En Portugal, los judíos no llevaban ningún signo distintivo y disponían de una organización jurídica autónoma.

Pero al morir Alfonso V, todo cambió. Su sucesor, su hijo Joao II (1481-1495), más joven y enérgico, quiso imitar su contemporáneo francés Luis XI e intentó instaurar una monarquía absoluta rebajando el poder de los grandes señores. En junio de 1483, el duque de Braganza fue encarcelado, juzgado como traidor y ejecutado, y sus posesiones pasaron al dominio real. En calidad de amigo del duque y de sus hermanos, Isaac Abravanel fue también implicado en la acusación de traición. Fue así cómo Abravanel llegó a España. El soberano portugués desestimó todas las protestas del financiero judío y confiscó todos sus bienes[453].

---

[453] "El reinado de Alfonso fue el final de la época dorada para los judíos de la Península ibérica. Aunque en su época se completó el código de leyes portugués (*Ordenaçoens* de Alfonso V), que contenía elementos bizantinos y restricciones canónicas para los judíos, hay que recordar que, por un lado, el rey, que era menor de edad, no había participado en su elaboración y, por otro, las odiosas leyes no se llevaron a cabo. En su tiempo, los judíos de Portugal no llevaban insignia, sino que montaban en caballos y mulas ricamente enjaezados, vestían el traje del país, largos abrigos, finas capuchas y chalecos de seda, y llevaban espadas doradas, de modo que no podían distinguirse de los cristianos. La mayor parte de los recaudadores de impuestos (*Rendeiros*) de Portugal eran judíos. Los príncipes de la iglesia llegaron incluso a nombrar a judíos receptores de los impuestos eclesiásticos, por lo que las cortes de Lisboa se quejaron. La independencia de la población judía bajo el rabino principal y los siete rabinos provinciales fue protegida durante el reinado de Alfonso, e incluida en el código. Este código concedió a los judíos el derecho a imprimir sus documentos públicos en hebreo, en lugar de en portugués como se había ordenado hasta entonces. Abravanel no era el único judío favorito en la corte de Alfonso. Dos hermanos Ibn-Yachya Negro también frecuentaban la corte de Lisboa. Eran hijos de un tal Don David, quien les había recomendado que no invirtieran su rica herencia en bienes raíces, pues veía que los

En Castilla, Abravanel empezó una nueva carrera. Fundó un banco y volvió a enriquecerse, siendo rápidamente introducido en la corte de Fernando y ganándose la confianza del rey. A continuación, Fernando e Isabel le entregaron la administración de las finanzas españolas, a pesar de la reiterada prohibición de las Cortes de emplear judíos. «El mismo Abravanel cuenta que se enriqueció al servicio del rey, y se compró tierras y haciendas, y que de la corte y de los más grandes señores recibió gran consideración y honor. Debió ser indispensable, viendo que los soberanos católicos, bajo los mismos ojos del maligno Torquemada, y a pesar de los decretos canónicos y de todas las resoluciones establecidas repetidamente por las Cortes prohibiendo a los judíos ocupar cargos en el gobierno, se vieron obligados a confiar a este ministro judío de finanzas el principal resorte de la vida política. ¡Cuántos servicios hizo Abravanel a los suyos durante su mandato!, la memoria agradecida no pudo conservarlos a causa de la tormenta de desgracias que se abatió después sobre los judíos; pero en Castilla, como lo había sido en Portugal, fue para ellos como un muro de protección», relataba con admiración Graetz.

El reino de Granada seguía bajo dominio musulmán, y en él también vivían muchos judíos a los que se habían sumado muchos marranos tras los primeros juicios de la Inquisición. Los judíos podían practicar libremente su religión y traficar a sus anchas. Allí también, algunos de ellos eran muy influyentes en la corte del príncipe, como un tal Isaac Hamon, que fue el médico de uno de los últimos sultanes de Granada. Pero también en estos lares se hicieron insoportables. La cólera del pueblo se manifestó violentamente: «Un día surgió una disputa en las calles de Granada, y los transeúntes imploraron en vano a los contendientes que cesaran en nombre del profeta. Pero cuando se les pidió que se rindieran en nombre del médico del sultán, cedieron. Este suceso, que demostraba que Isaac Hamon era más respetado por el pueblo que el profeta Mahoma, incitó a algunos mahometanos intransigentes a caer sobre los judíos de Granada y masacrarlos. Sólo escaparon los que se refugiaron en el castillo. Los médicos judíos de Granada decidieron entonces no vestirse más de seda ni montar a caballo para no provocar la envidia de los mahometanos.»

El reino de Granada cayó finalmente en manos cristianas: el 2 de enero de 1492, Fernando e Isabel entraron con sus tropas de forma solemne en la ciudad, al son de las campanas. El poder musulmán desaparecía de la península ibérica tras ocho siglos de presencia. Como en tiempos de los

---

judíos portugueses estaban destinados al destierro. Mientras Isaac Abravanel gozó del favor del rey, fue como un "escudo y un muro para su raza, y protegió a los que sufrían de sus opresores, curó las diferencias y mantuvo a raya a los leones feroces", como escribía su poético hijo, Judá León." Heinrich Graetz, *History of the Jews IV*, p. 338–339. (NdT).

Visigodos, toda España era de nuevo cristiana.

El 31 de marzo de 1492, mediante un edicto firmado en el palacio de la Alhambra, los Reyes Católicos ordenaban la expulsión de todos los judíos de España. Se les conminó, bajo pena de muerte, abandonar en un plazo de cuatro meses los territorios de Castilla y León, Aragón, Sicilia y Cerdeña. Se les permitiría llevarse sus pertenencias, excepto los metales preciosos y el numerario. Se les ordenaba dejar en España el oro y la plata, y no llevar más que las letras de cambio y las mercancías. Una vez vencido el plazo de cuatro meses, serían incautados los bienes de cualquier cristiano que protegiese o acogiese un judío.

Esto fue para los judíos una «terrible catástrofe», «quedaron aturdidos por el golpe recibido», escribía Graetz. Abravanel se dirigió a los reyes Fernando e Isabel, y les ofreció tres veces sumas considerables para lograr la revocación del edicto de expulsión. Pero en cuanto Torquemada se enteró de las intenciones del ministro judío, éste se presentó ante los reyes con un crucifijo en mano y les dirigió estas palabras: «"Judas Iscariote vendió a Cristo por treinta monedas de plata; vuestras altezas están a punto de venderlo por 300.000 ducados. Aquí está, tomadlo y vendedlo". Luego abandonó la sala dejando el crucifijo[454].» Esta escena causó gran impresión en la reina Isabel que logró imponer su criterio a su esposo y mantener intacto el edicto de expulsión.

Don Abraham Senior, gran favorito de la reina, también intentó entrometerse a favor de sus correligionarios, pero en vano. A finales de abril de 1492, se proclamó en todo el país, al son de trompeta, que los judíos ya no eran tolerados en España y que a finales de julio aquellos que prolongasen su estadía más allá del plazo acordado serían pasibles de pena de muerte.

Los judíos de Inglaterra expulsados en 1290 y los judíos de Francia expulsados un siglo después, habían podido exiliarse con sus riquezas. Los judíos de España, en cambio, fueron obligados a vender todo y transformar su numerario en letras de cambio, ya que se les prohibía llevárselo con ellos. Pero no pudieron procurarse suficientes letras de cambio: «En España, debido al dominante sector caballeresco y eclesiástico, no había lugares de intercambio como en Italia, donde los efectos comerciales tenían valor. Los negocios a gran escala estaban en manos, en su mayor parte, de judíos y marranos, y estos últimos, por miedo, tenían que mantenerse alejados de sus hermanos de raza. Los judíos que poseían tierras se veían obligados a desprenderse de ellas a precios absurdos, porque no había compradores, y se veían obligados a mendigar a los cristianos hasta lo más insignificante a

---

[454] Heinrich Graetz, *History of the Jews IV*, Philadelphia, The Jewish Publication Society of America, 1894, p. 343, 344, 348

cambio.» Con este monopolio judío sobre la actividad económica y a falta de compradores, los bienes raíces de los proscritos se vendían a precios irrisorios. De creer el testimonio de un contemporáneo llamado Andrés Bernáldez, cura de Los Palacios, una casa se cambiaba por un burro y un viñedo por un trozo de sabana o de tela. Y para dificultar aún más a los judíos la venta de sus inmuebles, Torquemada prohibió a los cristianos cualquier comercio con ellos. «Y así fue, cómo la considerable riqueza de los judíos españoles se desvaneció en el aire[455].»

Cerca de 50 000 judíos eligieron el bautismo, y dos cientos mil prefirieron exiliarse, pues ya no consideraban la posibilidad de abrazar el cristianismo y judaizar en secreto desde que habían comprendido que la Inquisición sería implacable. Un año antes de la promulgación del edicto de expulsión, sólo en la ciudad de Sevilla, treinta y dos nuevos cristianos habían sido quemados vivos y otros dieciséis sólo en efigie; seiscientos veinticuatro habían sido condenados a una humillante penitencia. Por su parte, Graetz estimaba en trescientos mil el número de exiliados judíos. Estos se dirigieron a los reinos vecinos de Navarra y Portugal, así como a Italia, Turquía y África.

Los conversos ayudaron lo mejor que pudieron a sus hermanos desterrados, aceptando depósitos de oro y plata, y enviándoles posteriormente estos metales preciosos a través de personas de confianza, o compensándoles con letras de cambio en plazas extranjeras. Cuando el rey fue informado de la maniobra, ordenó la búsqueda e incautación de estas riquezas.

A pesar de la prohibición, numerosos proscritos habían intentado llevarse consigo su oro y plata, tragándose literalmente (físicamente) cantidades nada desdeñables. El rumor se extendió y algunos españoles no dudaron en destriparlos para buscar estos tesoros en sus entrañas. Los capitanes de navíos genoveses y las tripulaciones los trataron «con una salvaje ferocidad». «Por avaricia, o por puro placer en la agonía de los judíos, arrojaron a muchos de ellos al mar». «Las descripciones que hacen los contemporáneos de los sufrimientos de los judíos ponen los pelos de punta. Fueron perseguidos dondequiera que iban. Aquellos que se habían librado de la peste y del hambre, cayeron en manos de hombres

---

[455]Heinrich Graetz, *Geschitchte der Juden; Histoire des juifs IV*, Éd. Durlacher, Paris, 1893, p. 418. Heinrich Graetz pretendía hacer coincidir la expulsión de los judíos de España (31 de julio 1492, es decir el 7 de Av, en el calendario judío) con la fecha de aniversario de la destrucción del Templo, el 9 de Av: «En vez de expulsar los judíos el 31 de julio, como habían decidido en un principio, Fernando e Isabel les autorizaron a permanecer hasta pasado dos días más. Por una asombrosa coincidencia, su éxodo definitivo de España tuvo lugar el día 9 del mes de Av, fecha dolorosa entre todas en la historia judía, ya que recordaba a Israel la destrucción del templo de Jerusalén.»

embrutecidos», aseguraba un apesadumbrado Graetz (el autor se explayó bastante sobre las tribulaciones de los judíos sefardilas[456]). Indudablemente, los españoles debían albergar desde hacía tiempo sentimientos de venganza contra los judíos y no dejaron pasar esta oportunidad.

Cerca de 95 000 pasaron la frontera portuguesa y fueron habitar las ciudades que el soberano les había asignado para su estancia provisional. Otros doce mil se instalaron en Navarra, pero Fernando, el rey de Navarra, les obligo a elegir entre la emigración y el bautismo. La mayoría se convirtieron, pues el plazo para decidir era muy breve.

Varios miles de judíos de Aragón, Cataluña y Valencia se establecieron en el reino de Nápoles. Entre estos proscritos se hallaba el prominente Abravanel y su familia. En los primeros tiempos de su estancia, éste vivió retirado, al margen, únicamente ocupado en comentar los libros históricos de la Biblia, trabajo que había tenido que interrumpir en España[457]. Pero Fernando I, el rey de Nápoles, descubrió su presencia y lo convocó ante él para ofrecerle el cargo de ministro de finanza de su reino.

Algunos judíos permanecieron sin embargo en España, arriesgando sus vidas para seguir reuniéndose en secreto, practicar su culto y maldecir a los cristianos mientras en público fingían ser buenos católicos. «Todavía quedaban judíos en España, pero llevaban la máscara del cristianismo y se ocultaban bajo el nombre de cristianos nuevos... Para no traicionar su secreto apego al judaísmo, se veían obligados a mostrar mayor celo por la religión cristiana, a hacer en todo momento los signos de la cruz, a rezar el rosario y a musitar los padrenuestros[458].»

«Algunos judíos, arriesgando sus vidas, seguían reuniéndose en secreto para practicar el culto de sus padres, mientras fingían en público ser cristianos. En 1501 se descubrió una sinagoga clandestina en Valencia. El propietario fue detenido y obligado a hacer penitencia en un auto de fe; su casa fue arrasada y la Inquisición erigió una capilla en la plaza, que todavía se conoce como la Cruz Nueva[459].»

Muchos años después, el odio de la población hacia los judíos era

---

[456] Heinrich Graetz, *History of the Jews IV*, Philadelphia, The Jewish Publication Society of America, 1894, p. 382. ["Bautizados a la fuerza, exiliados, diezmados por la muerte en todas sus horribles formas; por desesperación, hambre, peste, fuego, naufragio, todos los tormentos unidos habían reducido su número de cientos de miles a apenas la décima parte de ese número. Los que quedaban vagaban como espectros, perseguidos de un país a otro..." Heinrich Graetz, *History of the Jews IV*, p. 383. (NdT).]

[457] Léase en *Psicoanálisis del judaísmo* acerca de las rumiaduras exegéticas de Abravanel; es decir sus profecías vengativas para con las naciones gentiles. (NdT).

[458] Heinrich Graetz, *Geschichte der Juden; Histoire des juifs IV*, Éd. Durlacher, Paris, 1893, p. 421, 422

[459] Llorente, *Histoire de l'Inquisition d'Espagne*, tome I, chap.10, en Georges-Bernard Depping, *Les Juifs dans le Moyen-Âge*, (1823), Éd. Wouters, Bruxelles, 1844, p. 260

todavía perceptible, lo cual ponía de manifiesto que habían dejado un muy mal recuerdo en la población. En Sevilla, existía un cementerio judío cerca de la puerta Minjoar[460], llamada así por un judío muy rico que había vivido ahí. En 1580, los bellos monumentos funerarios y las tumbas que quedaban allí fueron sistemáticamente saqueados y derruidos, como si se tratara de exorcizar la presencia de demonios. Todavía en esas fechas se vigilaba el sábado las chimeneas de las casas habitadas por los antiguos conversos, a fin de comprobar de cuales no salía humo durante el Sabbat.

En cuanto a Torquemada, éste nunca se enriqueció personalmente con las grandes riquezas y bienes incautados a los marranos. El dinero había sido utilizado para la administración de los tribunales de la Inquisición y para abrir monasterios de la orden dominica. Una vez cumplida su misión, Torquemada retomó la vida sencilla y austera de simple hermano en el convento Santo Tomás de Ávila, donde falleció cristianamente el 16 de septiembre de 1498.

LXXXIII. 1497: la expulsión de Portugal

A instigación del papa Inocencio VIII, el rey Joao II (Juan II) había nombrado una comisión inquisitorial para detener todos los marranos relapsos procedentes de Castilla y condenarlos. Envió sus hijos menores (de tres a diez años de edad) a lejanas tierras nuevamente descubiertas, como las islas de Santo Tomás, las islas Perdidas o la isla de las Serpientes, para así arrancarlos de la tiranía del judaísmo y criarlos libres de la secta.

A la muerte de Joao II, en 1495, el joven Manuel, su primo, heredó la corona. Los reyes católicos, deseosos de forjar una alianza con él, le concedieron la mano de su hija Isabel, con la condición de que se aliaran a su vez contra el rey de Francia Carlos VIII y expulsara de su país todos los judíos sin excepción, nativos e inmigrados.

Isabel, reina de Portugal, sería la instigadora de las medidas tomadas contra los judíos, especialmente la expulsión de los judíos de Portugal. El contrato de matrimonio fue firmado el 30 de noviembre de 1496. El 5 de diciembre de 1496, el rey promulgaba una ley que ordenaba a los judíos y a los musulmanes hacerse cristianos o salir de Portugal en un plazo estipulado, bajo pena de muerte. Se les concedía casi un año, hasta octubre, para efectuar sus preparativos.

Un antiguo judío, Levi ben Schem Tob, cuyo nombre cristiano era Antonio, había publicado un panfleto contra sus antiguos correligionarios. Gracias a sus consejos, el rey Manuel hizo cerrar todas las sinagogas y todas las escuelas judías, prohibiendo además a los judíos reunirse los días

---

[460]La puerta de la Carne, era la antigua puerta de entrada a la judería.

de Sabbat. Dado que los judíos se reunían en sus casas, el rey, de nuevo a instigación de Antonio, ordenó secretamente que el domingo de Pascua todos los niños judíos de menos de catorce años fuesen bautizados. Alrededor de 20 000 judíos fueron así bautizados a principio de abril de 1497.

En octubre, la mayoría de los judíos todavía estaban en el territorio portugués. El rey Manuel les informó, en virtud de los términos estipulados por la ley, que de ahora en adelante serían esclavos sometidos a su sola voluntad, procediendo entonces a bautizarlos todos. Sobre este punto, el historiador Heinrich Graetz alimentaba cuidadosamente el mito del judío prefiriendo la muerte al bautismo y afirmaba que muchos judíos se suicidaban: «Pero esto no tuvo éxito con la mayoría de ellos: prefirieron morir de hambre antes que pertenecer a una religión que tenía seguidores como sus perseguidores. Ante esto, Manuel procedió a tomar medidas extremas. Con cuerdas, tirados por los pelos y la barba, fueron arrastrados desde sus casas hasta las iglesias. Para escapar, algunos saltaron desde las ventanas y sus miembros fueron aplastados. Otros se soltaron y saltaron a los pozos. Algunos se suicidaron en las iglesias. Un padre extendió su *tallith* (manto de oración) sobre sus hijos y los mató a ellos y a sí mismo[461].» Probablemente haya buena parte de leyenda en estas repetidas afirmaciones.

Los que se habían convertido seguían practicando el judaísmo en secreto. Entre los miles de judíos portugueses que se habían resignado al bautismo «la mayoría sólo aguardaban una ocasión favorable para emigrar a un país donde serían libres de regresar al judaísmo.»

Los judíos que permanecieron en Portugal, sometiéndose al bautismo para no separarse de sus hijos, enviaron una delegación al papa Alejandro VI con una gran cantidad de dinero con la que pretendían que este declara nulo el bautismo que les habían impuesto. El 30 de mayo de 1497, el rey Manuel promulgó finalmente un edicto de tolerancia que sólo se aplicaba a los marranos portugueses, para proteger durante veinte años todos los judíos bautizados: ninguna investigación sería llevado a cabo acerca de su vida privada. De modo que durante todo el reinado de Manuel I, aquellos que quisieron pudieron continuar practicando su antiguo culto clandestinamente sin ser molestados por las autoridades. En cambio, y respetando las cláusulas de su matrimonio, en virtud de las cuales todos los judíos condenados por la Inquisición española y refugiados en Portugal debían ser expulsados en el plazo de mes, el rey Manuel ordenó la expulsión de todos los marranos españoles. En Lisboa, el pueblo saqueó

---

[461] Heinrich Graetz, *History of the Jews IV*, Philadelphia, The Jewish Publication Society of America, 1894, p. 377.

sus casas y masacró los que cayeron en sus manos.

LXXXIV. Savonarola y la expulsión de Florencia462

En Florencia, el dominico Girolamo Savonarola predicaba con fervor en contra del lujo, el afán de lucro y la depravación de los poderosos y de la Iglesia[463]. Cuando en 1494 los Médeci fueron derrocados por los franceses, éste negoció las condiciones de paz y evitó el saco de la ciudad. El rey de Francia autorizó a los florentinos elegir su propio modo de gobierno, y Savonarola se convirtió en el dirigente de la ciudad. De 1494 a 1497, el predicador instituyó una dictadura teocrática que él mismo denominó *República cristiana y religiosa*. Modificó el sistema de impuestos, promulgó nuevas leyes contra la usura, estableció un tribunal de apelación y un sistema de ayuda a los pobres.También organizó la célebre *hoguera de las vanidades*, donde los florentinos estaban invitados a arrojar sus objetos de lujo y sus cosméticos, además de libros considerados licenciosos. Savonarola acusaba además a los judíos de haber, en sesenta años, acumulado unos beneficios de cincuenta millones de florines, por lo que decidió expulsarlos de Florencia. Pero estos excesos en la represión del lujo, de los placeres de la vida y de las artes le costaron la vida, y los judíos regresaron en los furgones de los Médici. En efecto, en Florencia, la virtud obligatoria no acabó cuajando, pues los poderosos y el pueblo llano pronto sintieron nostalgia de los placeres.

LXXXV. La diáspora sefardita

La expulsión de los judíos de España – la aristocracia de Israel, los «más nobles de todos, algunos descendientes directos del rey David», escribía Graetz – fue una verdadera «catástrofe». «Ellos, príncipes entre los judíos, se veían obligados a llamar como mendigos a las puertas de sus hermanos.»

---

[462] Léase nota del traductor en Anexo II: Florencia: Humanismo y Renacimiento. (NdT).
[463] Girolamo Savonarola (1452-1498) fue un monje dominico que se atrevió a criticar las costumbres de Florencia bajo el reino de Lorenzo el Magnifico. Testigo de la política de los Médici contra la Iglesia y Francia, predijo la invasión de las tropas francesas en Italia. Crítico del Renacimiento, advirtió la Iglesia de las próximas catástrofes si no se reformaba antes. Savonarole deseaba combatir los Médici y restablecer la moralidad predicando un gobierno democrático y cristiano. Pero su política se volvió extremista y puritana, convirtiéndose en una especie de tirano. La propia Iglesia, tras pedirle moderación, no pudo aceptar su intolerancia y condenó su actitud rebelde excomulgándolo. Savonarole perdió finalmente el poder en 1498 y acabó ahorcado y su cuerpo quemado en la hoguera. (NdT).

Graetz precisaba la dimensión del drama: «Los treinta millones de ducados que, en el cálculo más bajo, poseían los judíos españoles en el momento de su expulsión, se habían derretido en sus manos, y así quedaron despojados de todo en un mundo hostil, que valoraba a los judíos sólo por su valor monetario». A continuación, el historiador judío señalaba un aspecto muy peculiar y destacable de la psicología judía: «Las enormes desgracias que soportaron elevaron aún más la dignidad de los judíos sefardíes, hasta un nivel cercano al orgullo. Pues ellos, a quienes la mano de Dios había golpeado tan duramente, con tanta persistencia, y que habían sufrido tan indecible dolor, debían ocupar una posición peculiar y pertenecer a los especialmente elegidos. Este era el pensamiento o el sentimiento que existía más o menos claramente en el corazón de los supervivientes. Consideraron su destierro de España como un tercer exilio, y a sí mismos como favoritos de Dios, a quienes, debido a su mayor amor por ellos, había castigado con mayor severidad[464].»

Casi todos los que fueron expulsados de España, de Portugal o de Alemania, se dirigieron primero a Italia para vivir bajo la protección de algún príncipe tolerante, o bien a Grecia, Turquía o Palestina. De todos los soberanos italianos, los papas fueron sin duda los más benévolos. Alejandro VI, Julio II, León X y Clemente VII, más preocupados por afianzar su poder temporal en sus estados que aplicar las leyes restrictivas a los judíos, contrataron incluso médicos judíos, así como los propios cardenales, contraviniendo directamente las decisiones del concilio de Basilea. De tal forma que Alejandro VI tuvo de médico al judío Bonet de Lates, originario de Provenza, y Julio II contrató los servicios de Simeón Sarfati.

Entre los fugitivos más notables, la familia de Isaac Abravanel fue la que más sinsabores sufrió durante su exilio. «Fue en Nápoles donde, junto con otros judíos exiliados de España, se refugió el célebre Abravanel, en otros tiempos encargado de las finanzas de la Península. Fue bien recibido por Fernando I, que supo apreciar sus grandes dotes financieros.» Pero tuvieron que huir ante la invasión de la península itálica por los franceses, conducidos por su rey Carlos VIII.

Durante su paso por Roma en 1494, algunos hombres de la guardia francesa y escocesa agredieron a los judíos y decidieron destruir la sinagoga. El rey de Francia Carlos VIII ordenó entonces el arresto de los culpables y seis de ellos fueron ahorcados en plaza pública[465]. Abravanel

---

[464] Heinrich Graetz, *History of the Jews IV*, Philadelphia, The Jewish Publication Society of America, 1894, p. 383, 386–387. [Léase sobre la peculiar psicología judía en *Psicoanálisis del judaísmo*. NdT.]

[465] André de la Vigne, *Histoire du voyage de Naples du Roy Charles VIII*, éditions Godefroy, Paris, 1684, p. 124; in *Archives juives*, número 1, 1973.

se refugió junto a su soberano en Sicilia, y luego en la isla de Corfú. Más adelante se establecería en Monopoli, en la región de Apulia. «Los que se quedaron, presos del pánico, se mostraron dispuestos a abrazar el cristianismo, sólo para preservar sus bienes y su libertad. Pero en cuanto pasaba el peligro, olvidaban su profesión de fe y su bautismo, y volvían al judaísmo, o al menos dejaban de practicar el catolicismo. Había poca preocupación por conservar a esos cristianos. Así que cuando Gonzalo de Córdoba tomó Nápoles para el rey de España, se habló de expulsar a todos los judíos por parecer al menos coherente, ya que habían sido expulsados de los estados españoles. Pero el capitán del rey, llamado el gran Capitán por sus compatriotas, consideraba que se retirarían a Venecia con gran perjuicio para el Estado, y que había pocos judíos verdaderos ya que la mayoría de ellos se hacían pasar por cristianos bautizados; creyó que sería mejor perseguirlos como malos cristianos que expulsarlos como judíos. En consecuencia, en lugar de promulgar el edicto de expulsión, quiso implantar la Inquisición. Esto ocurrió en 1504...Las protestas se elevaron de todas partes, y, en 1510, los judíos fueron todos expulsados del reino...Tal fue el fin de los asentamientos israelitas en el sur de la península. Abravanel se fue a morir a Venecia, donde se había ganado la confianza del gobierno, como en todos los lugares donde había permanecido. Los venecianos incluso le habían encargado negociar un tratado comercial con Portugal en nombre de su república...Carlos Quinto, enemigo de los protestantes, lo era aún más de la ley judía. Expulsó a todos los judíos de sus Estados en Italia. Estos se dispersaron finalmente en Turquía, en los Estados del Papa y en otras partes[466].»

Los judíos sefarditas trasplantaron la lengua y las maneras españolas en todos los lugares donde se establecieron; en África, en Turquía, en Siria, en Palestina, así como en Italia y en Flandes. Los *Sefardim* presentaban un fuerte contraste con los judíos alemanes o *Ashkenazim*, que hablaban una jerga alemana y vivían separados de los cristianos. Estos reconocían la superioridad de sus correligionarios sefardim, cuya influencia no tardó en prevalecer, aunque fueran minoría. Colocados entre estos dos grupos, los judíos de Italia apenas tenían importancia y a menudo se veían obligados a aprender el idioma alemán o español.

Finalmente, la mayor parte de los exiliados terminaron su periplo en Turquía. La comunidad judía de Constantinopla, que había aumentado considerablemente con la afluencia de los fugitivos de la península ibérica, contaba entonces cerca de 30 000 almas y tenía cuarenta y cuatro sinagogas. Salónica tenía también una población judía considerable y muy

---

[466] Georges-Bernard Depping, *Les Juifs dans le Moyen-Âge*, (1823), Éd. Wouters, Bruxelles, 1844, p. 291-293

emprendedora. Tras la expulsión de los judíos de España, el sultán Bajazet tuvo esta frase de goy ingenuo: «"¡Llamáis rey sabio a Fernando, el que ha empobrecido su país y enriquecido el nuestro!"»

Los judíos, escribía Graetz, «no sólo se encargaban del comercio al por mayor y al por menor por tierra y mar, sino que también eran los manufactureros y artesanos. Especialmente los marranos huidos de España y Portugal que fabricaban para los belicosos turcos nuevas armaduras y armas de fuego, cañones y pólvora, y enseñaban a los turcos a utilizarlos. De este modo, el propio cristianismo perseguidor proporcionó a sus principales enemigos, los turcos, armas que les permitieron aplastarlos con derrota tras derrota, humillación tras humillación[467].» Así pues, no dudamos de que los judíos animaron a los turcos a la guerra contra los cristianos, saciando así su sed de venganza.

LXXXVI. Los Askenazíes expulsados de Alemania

Los judíos de Alemania y Europa central vivían entonces aislados, encerrados dentro de su propia comunidad y evitando cuidadosamente mezclarse con los cristianos. El conocido historiador judío Leon Poliakov recordaba en su obra la primacía concedida al estudio y a la erudición en estos judíos asquenazíes del siglo XV: «Todos los aspectos de la vida de la comunidad judía reflejaban este clima de penitencia y austeridad. Sólo una vez al año, en Purim, estaba permitido e incluso se recomendaba entregarse abiertamente al júbilo carnavalesco, disfrazarse y emborracharse y, por último, vengarse de los culpables quemando en la plaza pública el maniquí de madera de Hamán[468], prototipo de todos los antisemitas... En los demás días, las distracciones eran escasas y, sobre todo, estaban estrictamente reglamentadas. El teatro profano, equiparado a la depravación, estaba terminantemente prohibido, al igual que el baile entre hombres y mujeres, incluso en las bodas. Los juegos de cartas sólo se permitían en circunstancias excepcionales, de modo que al final solamente el ajedrez y los juegos de mesa, como las charadas sobre temas bíblicos, eran las únicas formas de entretenimiento que nunca despertaron la censura de los rabinos. Toda ornamentación y fantasía vestimentaria estaba proscrita; hombres y

---

[467] Heinrich Graetz, *History of the Jews IV*, Philadelphia, The Jewish Publication Society of America, 1894, p. 356, 401. [Léase en *Psicoanálisis del judaísmo* sobre la sed de venganza judía, especialmente el *Jaram* contra España, la maldición judía pronunciada contra España mencionada por Joseph Roth en su libro *Judíos errantes*. (NdT).]

[468] Hamán, según el relato bíblico de Ester, fue el visir del Imperio persa bajo el reinado de Asuero, (Jerjes I de Persia). Para los judíos, Hamán es el arquetipo del mal y del antisemitismo. Léase en *El Espejo del judaísmo*. (NdT).

mujeres vestían de negro o gris, en una época en la que reinaban el color y el abigarramiento[469].»

Pero por lo visto, estas costumbres austeras no eran incompatibles con la codicia, los tráficos ilícitos y el deseo de perjudicar a los goyim. En Alemania, ya lo vimos, las expulsiones de los judíos se remontaban al siglo XV y recrudecieron a partir de 1450. Al final del siglo, ya no quedaban más que bolsas residuales de población judía.

«En Villach, en Carintia, las familias israelitas vivían bajo la protección del obispo de Bamberg, al que a menudo ayudaban a salir de sus dificultades económicas, y éste a su vez les ayudaba a veces con sus excomuniones para obtener el pago de sus acreedores; pero el fanatismo popular acabó por imponerse a la indulgencia episcopal. En 1421, la opinión pública acusó a los rabinos de haber profanado unas hostias. Las autoridades les creyeron, apresaron a estos dirigentes, los torturaron y condenaron a muerte. En 1454 y 1455, Ladislao, rey de Hungría y Bohemia y duque de Austria, permitió a los burgueses de Znaym, Brunn y Viena expulsar a los israelitas de sus ciudades, tomar posesión de las casas, sinagogas y tierras pertenecientes a estas gentes, a cambio del impuesto que acostumbraban a pagar, y extinguir las deudas que los judíos aún tenían contra los burgueses[470].»

En repetidas ocasiones, el pueblo de Praga se había rebelado contra los judíos y regularmente la burguesía reclamaba insistentemente su expulsión. La nobleza, en cambio, corrompida por el oro de los usureros, solían serles favorables. A mitad del siglo XV, el rey Ladislao autorizó finalmente la expulsión de los judíos y amenazó incluso desterrar los cristianos que los apoyaban. Pero a pesar de la decisión del monarca – no se sabe debido a que circunstancia- los judíos permanecieron en la ciudad.

El emperador Maximiliano había observado impasiblemente cómo los judíos eran expulsados de las ciudades y diferentes Estados del Imperio. Bajo su reinado, los judíos fueron acusados de inmolar niños cristianos, falsificar la moneda, imitar los sellos de las cartas y de haber perpetrado enormes usuras. El emperador, cediendo a los gritos de indignación del pueblo, decidió vetarlos de sus Estados; el obispo de Bamberg no se atrevió a protegerlos en Villach. Se dispersaron en Gorice, Udine, Venecia. Un pueblo cercano a Villach todavía lleva el nombre de *Judendorf,* es decir pueblo de judíos.

«Al mismo tiempo, fueron desterrados de Estiria, donde tenían ricas

---

[469]Léon Poliakov, *Histoire de l'antisémitisme,* tome I, Point Seuil, 1981, p. 327. El historiador judío Bernard Lazare no dudaba en hablar de «tiranía talmúdica» y de «abominable opresión». (*L'Antisémitisme,* 1894, chapitre VI).
[470]Carlos de Ladislas en Praga, del 23 y 27 de julio de 1454, y en Tiena, del 22 de marzo de 1435, en *Archiv fur Geschiehte, elc.,* año 1820.

casas, especialmente en Gralz, Marburgo y Judenburgo... El emperador obtenía buenos ingresos de ellos, así que cuando se habló de desterrarlos, los Estados de Estiria pensaron que debían compensar a Maximiliano por lo que dejaría de ganar con su marcha a cambio de una suma de treinta y ocho mil florines. Pensaron que saldrían ganando con este sacrificio, tal era el odio hacia los judíos en aquella época. Los habitantes del país incluso incluyeron la expulsión de los israelitas entre sus derechos, que hicieron jurar defender a los archiduques de Austria[471].»

Fueron expulsados de Nuremberg en 1499. El emperador había sido solicitado por los burgueses para expulsar los judíos de esta ciudad a causa de sus conductas licenciosas: Se les acusaba, escribía Graetz, de recibir demasiados «correligionarios extranjeros, por lo que el número reglamentario de judíos había aumentado excesivamente en la ciudad; la práctica de la usura desmesurada; el fraude en el cobro de deudas, por lo que los comerciantes honestos se habían empobrecido, y, por último, de dar cobijo a pícaros y vagabundos.» Los judíos ya habían sido expulsados una primera vez durante la peste negra, pero habían regresado después de la epidemia. En 1490, «un rico ciudadano llamado Antonio Koberger hizo reimprimir a su costa el libelo antijudío *Fortalitium Fidei* del franciscano español Alfonso de Spina. Tras largas deliberaciones, el emperador Maximiliano finalmente accedió a la plegaria de Nuremberg, "debido a la fidelidad con la que la ciudad había servido siempre a la casa imperial", derogó los privilegios de los que disfrutaban los judíos y permitió al consejo de la ciudad fijar un plazo para su expulsión, estipulando sin embargo que las casas, tierras, sinagogas e incluso el cementerio judío debían pasar al tesoro imperial[472].» La decisión fue tomada el 5 de julio de 1498. En un principio, el Consejo sólo quiso conceder un plazo de cuatro meses para sus preparativos de viaje, pero finalmente se añadieron tres meses. El 10 de marzo de 1499, los judíos de Nuremberg eran definitivamente expulsados.

Otras ciudades imperiales expulsaron a los judíos en esta época: Ulm, Nordlingen, Colmar y Magdeburgo. La comunidad judía de Ratisbona fue expulsada unos años más tarde. Sólo quedaban en Alemania dos grandes comunidades judías, la de Fráncfort del Meno y la de Worms, aunque también fueron amenazadas de proscripción.

Al comienzo del siglo XVI, los miembros de la secta perdieron también sus asentamientos en el Brandeburgo: además de expulsarlos, se les obligó jurar que nunca regresarían y que impedirían a sus correligionarios

---

[471] Georges-Bernard Depping, *Les Juifs dans le Moyen-Âge*, (1823), Éd. Wouters, Bruxelles, 1844, p. 317

[472] Heinrich Graetz, *History of the Jews IV*, Philadelphia, The Jewish Publication Society of America, 1894, p. 415

instalarse de nuevo en la región[473]. Este juramento era por lo visto únicamente obligatorio para los individuos expulsados, pues sus descendientes pronto regresarían.

Expulsados de su país de origen, los talmudistas alemanes se establecieron más al este, en Polonia, Lituania, Rutenia y Volinia. Los judíos alemanes trasplantaron allí su idioma, siendo adoptado por los judíos oriundos de aquellas regiones. Polonia era por aquel entonces el único país donde los príncipes los toleraban y ningún signo aparente los distinguía de los cristianos, pues incluso eran autorizados a llevar la espada. Habían prosperado grandemente: «Los peajes arrendados y las destilerías estaban en su mayoría en manos de judíos. Ni que decir tiene que también poseían tierras [que arrendaban] y ejercían el comercio. Frente a 500 cristianos, había en Polonia 3.200 judíos comerciantes al por mayor y el triple de artesanos, incluidos trabajadores del oro y la plata, herreros y tejedores[474]», escribía Graetz.

Sin embargo, Juan Alberto y Alejandro, hijos y sucesores de Casimiro IV, abolieron sus privilegios y los encerraron en sus barrios especiales, e incluso los expulsaron de algunas ciudades (1496-1505). Pero en cuanto Sigismundo I (1506-1548) subió al trono, los judíos recobraron todos sus privilegios. También gozaban de un apoyo eficaz por parte de la nobleza polaca que los amparaban por interés propio. Además, dado que los altos funcionarios polacos provenían de la nobleza, las leyes restrictivas promulgadas contra los judíos quedaban en letra muerta, para gran escándalo del clero y del campesinado.

LXXXVII. 1501: La expulsión de Provenza

Numerosos judíos de Francia se habían instalado en regiones periféricas como Provenza. Allí, como en todas partes, los habitantes desconfiaban de ellos como de la peste. Los estatutos de Aviñón prohibían a los judíos tocar el pan o las frutas expuestas en los mercados. Si lo hacían, debían pagar la mercancía. Se temía por aquel entonces la lepra y demás enfermedades contagiosas, especialmente algunas enfermedades de la piel de las que solían ser portadores los judíos[475]. También se desconfiaba de los médicos

---

[473] Gerken, *Codex diplomatie. Brandenburg.* Stendal, 1775, tome V.
[474] Heinrich Graetz, *History of the Jews IV,* Philadelphia, The Jewish Publication Society of America, 1394, p. 419
[475] Existen numerosas enfermedades y taras genéticas que afectan especialmente a los judíos debido a su larga endogamia llevada hasta al extremo y sus relaciones incestuosas practicadas durante siglos. Las enfermedades de la piel son frecuentes en la comunidad judía. Además, se sabe que el oficio de casamenteros era una especialidad de la secta. «Nadie sabía alabar como ellos las ventajas y cualidades de un joven o una joven para

judíos. Según las normas de la villa de Frejus, los cristianos no podían consultar un médico judío o tomar una medicina recetada por él[476].

En el Condado Venesino, en 1343, la comunidad judía de Carpentras contaba unos cuatrocientos individuos. En 1359, diez años después de las grandes masacres perpetradas contra ellos, los padres de familia judíos eran 210, lo cual suponía un millar de judíos. Esto significa que los judíos, a pesar de los golpes recibidos regularmente, tenían interés en permanecer en medio de los cristianos a los que explotaban hasta la sangre.

En 1261, los habitantes de Manosque habían denunciado los usureros. Estos cobraban diez denarios de interés mensual por libra prestada, es decir un 30% anual. Los judíos se habían adueñado de más de la mitad de todo el territorio de esta ciudad[477].

Cada vez que los Estados de Provenza se reunían, los privilegios de los judíos y sus usuras eran motivo de las dolencias elevadas al señor. Los registros que nos han llegado están llenos de ellas. Se exigía entonces que los judíos llevaran la rodela, que no pudieran exigir más de cinco denarios mensuales de interés por libra y también que fuesen obligados a vivir en barrios separados. En 1421, los estados, o más bien los señores, pidieron incluso la amnistía para los delitos cometidos contra los judíos. Pero algunos señores tenían mayores intereses en juego. En 1448, el judío Bonnefoy de Châlons recibió el monopolio del banco de Niza para el comercio de divisas, los cambios y las casas de empeño[478].

La región experimentó en 1475 grandes revueltas antijudías. Entre 1484 y 1486, varios ataques contra judíos tuvieron lugar en Aix, Marsella y Arles. Tras la anexión de Provenza al reino de Francia en 1481, los habitantes de las ciudades provenzales reclamaron su expulsión.

En 1484, los agricultores de Provenza, del Delfinado y de Auvernia causaron grandes disturbios en la ciudad de Arles y destruyeron la

---

casarse. Un predicador provenzal de la época, Marini, tan pícaro como muchos predicadores de la época, contaba desde el púlpito que un judío, encargado de proponer matrimonio a una joven, pujabe a favor de su cliente por encima de todo lo que el padre de la muchacha decía de ventajoso de ella. Al final, sin embargo, el padre se aventuró a decir que su hija padecía una enfermedad cutánea poco atractiva, y el casamentero judío, acostumbrado a pujar por todo, exclamó: "¡Oh, mi joven tiene costras hasta en las orejas y está cubierto de lepra!".» Georges-Bernard Depping, *Les Juifs dans le Moyen-Âge*, (1823), Éd. Wouters, Bruxelles, 1844, p. 198. Sobre los casamenteros (*shadkhen*) y las taras genéticas en la comunidad, léase *Psicoanálisis del judaísmo*.

[476] *Nulius in infirmitate vocare debeat medicum judaeum*, etc. *Statuta Bajuliœ Forojuliensis*, del año 1235, manuscrito de la Biblioteca de rey, nº4768.

[477] Columby, *De Manuasca urbe*, lib. III.

[478] Jacques Decourcelles, *La Condition des Juifs de Nice aux XVII et XVIII siècles*, Paris, 1923.

sinagoga[479]. En 1487, Marsella envió un diputado para pedir su expulsión por culpa de las usuras que arruinaban al pueblo. «Finalmente, en 1498, en respuesta a nuevas quejas de los cristianos, se ordenó a los judíos que abandonaran el reino; sin embargo, el edicto no se aplicó estrictamente y Luis XII, en un nuevo edicto promulgado en 1501, ordenó su expulsión definitiva y confiscó los bienes de aquellos que no deseaban hacerse cristianos. Algunos se fueron al Levante, otros al Condado Venesino. También encontraron santuario en el principado de Orange, pero cuatro años más tarde el príncipe Felipe de Châlons los desterró de este pequeño estado[480]». Únicamente el papa los preservó en el Venesino. Los judíos siempre pudieron permanecer allí y mantener sus sinagogas de Aviñón, Carpentras y Cavaillon.

LXXXVIII. Lisboa, 1506

Los conversos españoles estaban estrechamente vigilados por la Inquisición a pesar de su conversión al cristianismo, probablemente porque eran odiados por su duplicidad y sus incesantes crímenes. El nuevo inquisidor general que sucedió a Torquemada fue el dominico Diego Deza, quien trató a los marranos con más rigor todavía. Ayudado por Diego Rodríguez Lucero, Deza hizo perecer cientos de marranos. El tercer inquisidor general, Giménez de Cisneros, trató los nuevos cristianos de origen judío con la misma inexorable severidad que sus predecesores. Cuando Carlos Quinto tuvo la idea de autorizar los marranos de España a practicar libremente la religión judía a cambio de una suma de 800 000 coronas de oro, Giménez de Cisneros no dudo en responderle con un lenguaje amenazante.

En Portugal, una revuelta estalló en Lisboa el 19 de abril de 1506 durante la semana de Pascua. Los dominicos habían sublevado el pueblo, y marineros alemanes, holandeses y franceses se unieron a la población local. Cerca de diez mil personas recorrieron la ciudad matando todos los marranos que caían en sus manos, hombre, mujeres y niños. La masacre duró tres días y provocó 2300 muertos. El rey Manuel I reaccionó con firmeza, hizo ejecutar varias decenas de culpables y cerró el convento de los dominicos. El 1 de marzo de 1507, suprimió las diferencias jurídicas entre los antiguos y los nuevos cristianos, que obtenían así el derecho de abandonar el país, lo cual hicieron en masa.

En 1536, bajo el pretexto de perseguir los adeptos de la nueva doctrina

---

[479] Valbelle, *Journal manuscrit*, citado por P. Bougerel.
[480] Gaufredy, *Histoire de Provence*. - Bouche, *Histoire de Provence*.- Columby, *De manuasca urbe*, lib. III

protestante, la Inquisición fue finalmente introducida en Portugal tras un acuerdo firmado entre el papa y el rey Juan III. Los judaizantes no fueron olvidados. El rey Juan había logrado infiltrar algunos espías entre los marranos, siendo el más destacado un nuevo cristiano español llamado Enrique Núñez. Formado en la escuela del inquisidor Lucero, deseaba ver Portugal imitar el reino vecino. Se introdujo como amigo en casas de sus antiguos correligionarios para espiarlos y comunicar al rey sus pensamientos secretos, sus conspiraciones y sus estafas.

Con el inquisidor Juan Soares, las cárceles se llenaron de marranos y se prendieron numerosas hogueras, para gran alivio y satisfacción de los cristianos. El poeta judío Samuel Usque, que asistió a esas escenas en su juventud, dejó escrita esta dramática descripción: «La Inquisición privó a los judíos de paz mental, llenó sus almas de dolor y pena, y los sacó de las comodidades del hogar a sombrías mazmorras donde vivieron entre tormentos y suspiros de angustia. Ella les echó el ronzal al cuello y los arrastró a las llamas; por sus decretos deben ver a sus hijos asesinados, a sus maridos quemados hasta la muerte y a sus hermanos despojados de la vida; deben ver a sus hijos convertidos en huérfanos, el número de viudas aumentado, a los ricos empobrecidos, a los poderosos abatidos, a los nacidos noblemente transformados en delincuentes, a las mujeres castas y modestas alojadas en moradas lascivas e ignominiosas...Ha quemado a muchos, no de uno en uno, sino de treinta en treinta, de cincuenta en cincuenta. No contento con quemar y aniquilar, lleva a los cristianos a jactarse de tales hazañas, a regocijarse cuando sus ojos contemplan los miembros de mi cuerpo (los hijos de Jacob) ardiendo hasta la muerte en las llamas, encendidas con leños arrastrados desde lejos a hombros de hombres[481].»

Entre 1538 y 1609, hubo en Portugal 105 autos de fe. Las hogueras de la Inquisición, aunque menos frecuentes que en España, sembraron tal terror en los marranos portugueses que lo que quedaba de judaísmo desapareció poco a poco.

LXXXIX. Johannes Pfefferkorn contra Johannes Reuchlin

La reacción intelectual alemana a la agresividad del judaísmo fue bastante vigorosa al principio del siglo XVI. Ortuin de Graes, conocido como Gratius, «odiaba a los judíos con pasión», escribía Graetz. Nacido en

---

[481] Heinrich Graetz, *History of the Jews IV*, Philadelphia, The Jewish Publication Society of America, 1894, p. 522.

1491 en Holtwick, en Westfalia, e hijo de un eclesiástico, fue una figura emblemática de la orden de los dominicos de Colonia que escribió una obra titulada *De Vita et Moribus Judœrum* (1504) y que tradujo luego al alemán. Ortuin tradujo también los libros de Pfefferkorn al latín.

Johannes Pfefferkorn fue un famoso polemista que dio mucho de qué hablar. Se había bautizado a los treinta y seis años con su mujer y sus hijos, abandonando definitivamente el judaísmo tal como se puede comprobar por el grado de antisemitismo que manifestó a posteriori. Tras su conversión, se convirtió en el protegido y favorito de los dominicos de Colonia. Estaba también en contacto con Cunegunda, la hermana del emperador Maximiliano, casada con el duque bávaro Alberto de Múnich. Cuando éste murió aún muy joven en 1508, Cunegunda se retiró a un convento y se convirtió en abadesa de las hermanas clarisas. Junto a Pfefferkorn, emprendieron los dos una cruzada intelectual y espiritual contra el judaísmo, conviniendo que se debía primero, y, ante todo, extirpar el espíritu nauseabundo contenido en el Talmud. Cunegunda entregó una carta a Pfefferkorn para su hermano Maximiliano, en la que le adjuraba acoger favorablemente la solicitud del dominico. Con esta carta, Pfefferkorn fue a ver al Emperador y, el 10 de agosto de 1509, logró obtener de él una comisión general que le autorizaba a confiscar y examinar libros judíos en todo el Imperio y a destruir aquellos que contuvieran declaraciones hostiles al cristianismo. En virtud del mismo decreto, se prohibía terminantemente a los judíos oponerse a los registros u ocultar los libros en cuestión.

Pfefferkorn comenzó su labor de salud pública en la gran comunidad de Fráncfort, donde en aquella época vivían muchos talmudistas, «así como numerosos judíos acomodados», escribía Graetz, y donde había muchos ejemplares nuevos del Talmud y otras obras hebreas. A petición de Pfefferkorn, el Senado de Fráncfort convocó a todos los judíos en la sinagoga y les informó de la orden imperial. El viernes 28 de septiembre de 1509, en presencia de eclesiásticos y de varios miembros del Senado, se confiscaron todos los libros de oraciones que se encontraban en la sinagoga. Era la víspera de la fiesta de las Cabañas (*Sucot*). Pfefferkorn fue más allá y prohibió a los judíos acudir a la sinagoga porque quería aprovechar los días festivos para realizar registros domiciliarios, pero los eclesiásticos presentes no quisieron impedir que los judíos celebraran su fiesta y aplazaron los registros hasta el lunes siguiente.

Entretanto, la comunidad judía de Fráncfort envió un delegado ante Uriel de Gemmingen, el príncipe-elector y arzobispo de Maguncia, de quién dependía el clero de Fráncfort, para rogarle que impidiera a los eclesiásticos llevar a cabo su proyecto. El prelado accedió entonces a su petición y los defendió enérgicamente. Cuando el Senado de Fráncfort fue informado de la decisión del arzobispo de Maguncia, retiró su apoyo a

Pfefferkorn. Los judíos también delegaron Jonathan Cion para defender su causa ante el emperador Maximiliano e invitaron a todas las comunidades judías alemanas a una reunión el mes siguiente.

Pfefferkorn volvió a visitar el emperador con una nueva carta más apremiante de su hermana Cunegunda y, el 10 de noviembre de 1509, Maximiliano le concedió un nuevo mandato que le permitía incautar las obras incriminadas. El arzobispo Uriel de Gemmigen tenía la misión de examinarlas, pero consultando la opinión de las Facultades de teología de Colonia, Maguncia, Erfurt y Heidelberg, así como la de sabios tales como Johannes Reuchlin, Victor de Karben y el Inquisidor dominico Jacobo van Hochstraten[482].

Pfefferkorn regresó a Fráncfort donde incautó mil quinientas obras manuscritas que depositó en el ayuntamiento de la ciudad, repitiendo la misma operación con la misma diligencia en varias localidades. Los judíos, sin embargo, habían de nuevo hecho presión sobre el emperador y el 23 de mayo de 1510 Maximiliano cambiaba en parte sus primeras ordenes e invitaba el Senado de Fráncfort a restituir los libros.

Fue en ese momento que se produjo un incidente que los dominicos supieron aprovechar. Un copón con un ostensorio dorado había sido robado en una iglesia de la Marca de Brandenburg. El culpable detenido afirmó haber vendido las hostias a unos judíos de la región. El elector Joaquín I prendió los inculpados y los trasladó a Berlín donde fueron acusados tanto de la profanación de hostias como del asesinato de un niño. El 19 de julio de 1510, por orden de Joaquín, treinta y ocho judíos fueron torturados en una parrilla ardiente. Dos de ellos aceptaron el bautismo y fueron simplemente decapitados. El asunto había causado una gran conmoción en Alemania.

Cunegunda trató una vez más de convencer su hermano Maximiliano. Durante una entrevista con él en Múnich, ésta le suplicó que dejara de favorecer los judíos con su protección. El 6 de julio de 1510, por cuarta vez, Maximiliano emitió una orden relativa a la confiscación de los libros hebreos: el arzobispo Uriel debía solicitar memorias de tesis sobre esta cuestión a algunas Universidades de Alemania, así como a los letrados Johannes Reuchlin, Victor de Karben y Jacobo van Hochstraten, y Pfefferkorn sería el encargado de transmitir las conclusiones al emperador.

El erudito "humanista" Juan (Johannes) Reuchlin, de Pforzheim, desempeñó un papel importante en toda esta disputa[483]. En la corte del viejo

---

[482] Victor de Karben fue el autor de tres tratados contra los judíos: *Judeorum erroris et moris* (Colonia, 1509), *Propagnaculum fidei christiana* (1510), *De vita et moribus Judærum* (con Ortuin de Graes).
[483] Johannes Reuchlin (1455-1522) fue un humanista alemán. Estudió en varias universidades de Europa antes de asistir a clases de hebrero en la Academia de Florencia

emperador Federico III, en Linz, Reuchlin entró en contacto con el médico judío Jacob Loans, con el que perfeccionaría su dominio del hebreo. Reuchlin intentó demostrar que lejos de ser nocivas al cristianismo, las obras judías podían servir, al contrario, para demostrar su carácter divino y se pronunció contra la supresión del Talmud. Pfefferkorn publicó un panfleto contra él en alemán titulado *El Espejo de mano* (*Handspiegel*, Mainz, 1509) que se distribuyó por miles en todo el país. Pero en septiembre de 1511, Reuchlin respondió al panfleto de Pfefferkorn con otro panfleto escrito en alemán, *El Espejo de los ojos*.

En Roma y en París, la controversia de Reuchlin y los dominicos suscitó acaloradas discusiones. El dominico Jacob van Hochstraten, profesor de teología e inquisidor en Colonia, tenía en alta consideración la opinión de los maestros de la Universidad de París, por lo que intentó por todos los medios congraciarse con ellos. También en Roma, usó toda su influencia.

Un juicio iba a zanjar la disputa, cuya instrucción fue encargada por el papa León X al cardenal Domingo Grimani. Este príncipe de la Iglesia era conocido por ser un buen conocedor de la literatura rabínica y de la Cábala. Además, en calidad de superior de los franciscanos, detestaba los monjes de la orden de Santo Domingo. Los judíos se habían mantenido entre bastidores, pero su papel era de todos modos evidente: «Sin duda, destacados judíos trabajaban en Roma para Reuchlin, pero, al igual que los judíos alemanes, tuvieron el buen sentido de mantenerse en un segundo plano, para no poner en peligro la causa tachándola de judía[484]», reconocía Graetz.

En junio de 1514, el cardenal Grimani envió una citación a ambas partes, pero en consideración a la avanzada edad de Reuchlin le permitió enviar un representante, mientras que Jacob van Hochstraten tuvo que comparecer en persona, segundado por Arnaldo de Tongres, profesor de teología.

---

junto a Pico della Mirandola (léase Anexo II). Allí se familiarizó con los textos hebreos, como la Cábala. Producto de aquellas primeras lecturas, Reuchlin escribió *De Verbo mirifico*, su primera investigación cabalística. De latinista y helenista, Reuchlin pasó a ser hebraizante y a dirigir la biblioteca de Heidelberg. En 1506, publicó *De Rudimentis hebraïcis*, una obra notable que aportó un diccionario y una gramática de hebreo y contribuyó decisivamente a la poderosa influencia de las escrituras hebreas en el pensamiento protestante. Defensor del Talmud contra aquellos que pretendían destruirlo, Reuchlin defendió la utilidad del Talmud y de la Cábala para comprender el cristianismo (en su tratado *Augenspiel*). Los letrados alemanes se dividieron entones entre cabalistas y escolásticos. Finalmente, en 1517, Reuchlin escribió *De arte cabbalistica* (*El Arte de la Cábala*), un tratado con el que demostraba ser el digno sucesor de Pico della Mirandola, que sometía el cristianismo y la Biblia a la Cábala, y un claro continuador de la Cábala del *Zohar*. (NdT).

[484] Heinrich Graetz, *History of the Jews IV*, Philadelphia, The Jewish Publication Society of America, 1894, p. 458

Pero fue sobre todo en París donde se concentraron todos los esfuerzos y todas las esperanzas de los dominicos. La Universidad de París era la más antigua de todas las universidades europeas y tenían una gran autoridad en materia teológica. Si llegaba a condenar el libro de Reuchlin, el propio papa no se atrevería a oponerse a su juicio. El rey de Francia Luis XII ejerció a su vez una fuerte presión sobre la Universidad de París a favor de los dominicos. Es cierto que Francia y Alemania no mantenían muy buenas relaciones, y dado que Maximiliano se había pronunciado a favor de Reuchlin, Luis XII se declaró en contra.

La Universidad dudó mucho tiempo en pronunciarse. Las discusiones se prolongaron hasta agosto de 1514. El voto de numerosos teólogos franceses quedó finalmente determinado por lo acaecido tres siglos antes: en 1242, recordémoslo, a petición del apostata Nicolas Donin y por orden del papa Gregorio IX, San Luis había ordenado quemar todos los ejemplares del Talmud. Se declaró pues que *El Espejo* de Reuchlin, que defendía el Talmud, contenía herejías y debía ser quemado. «Si es cristiano odiar a los judíos, dijo Erasmo en su momento, entonces todos somos excelentes cristianos.» En Alemania, los dominicos se apresuraron en publicar un nuevo panfleto para dar a conocer el veredicto de la Sorbona.

Maximiliano y varios príncipes alemanes presionaron el papa León X para que finalmente exculpara Reuchlin, mientras que el rey de Francia y el joven Carlos, el futuro Carlos Quinto, entonces duque de Borgoña y más tarde emperador de Alemania, rey de España y soberano de América, exigían que *El Espejo* fuera condenado.

El Papa aprovechó en ese momento la oportunidad para desligar su responsabilidad del asunto. Eligió una comisión de entre los miembros del Gran Concilio de Letrán, entonces en sesión, para reexaminar el caso y pronunciar el veredicto. Esta comisión falló en contra de Hochstraten, pero éste no se dio por vencido. A fuerza de gestiones y apelaciones, convenció León X para que suspendiera indefinidamente el pronunciamiento del veredicto. Pero a pesar de todo, los dominicos habían sufrido un revés y Jacobo van Hochstraten abandonó Roma confuso e irritado. Con todo y eso, su energía no había decaído y no desesperaba de poder reanudar la lucha en unas circunstancias más favorables.

Al no declararse abiertamente a favor de uno u otro bando, León X había querido evitar disgustar a ambos, humanistas y dominicos. Pero esta larga lucha había sobreexcitado los ánimos y ambos partidos deseaban dirimir la controversia a toda costa. Cuando Hochstraten regresó de Roma, su vida corrió peligro y el dominico fue objeto de varios intentos de asesinato.

Algún tiempo después, León X, corrompido por el oro judío, autorizó finalmente la impresión del Talmud. En 1519, un rico y generoso impresor cristiano de Venecia, Daniel Bomberg (van Bomberghen), publicó una edición completa del Talmud de Babilonia en doce volúmenes infolio que serviría también para ediciones posteriores[485]. El Papa concedió incluso privilegios al impresor para protegerlo contra las falsificaciones.

Pero entonces se produjo un movimiento en Alemania que rápidamente hizo olvidar todos los problemas que habían surgido del conflicto entre los dominicos y Reuchlin: la Reforma protestante, la cual haría tambalear el papado y vacilar la Iglesia católica sobre sus cimientos y conmocionaría toda Europa.

CX. Alberto de Brandeburgo

En esta época, sólo había en Alemania tres comunidades judías importantes, las de Ratisbona, Fráncfort y Worms. El margrave (conde de la marca) Alberto de Branderburgo, primero obispo de Magdeburgo y posteriormente de Maguncia, resultó ser un nuevo adversario de Israel. Invitó los eclesiásticos, los laicos y los ayuntamientos, especialmente los de Fráncfort y Worms, a reunirse para decidir la expulsión definitiva de los judíos de Alemania. Numerosos delegados respondieron a su llamada y se reunieron en Fráncfort en enero de 1516. El 8 de marzo, la resolución de vetar los judíos a perpetuidad fue adoptada; pero esta resolución debía ser sometida a la ratificación del emperador.

Naturalmente, los judíos enviaron una misión ante Maximiliano para tratar de corromperlo. Si bien eran súbditos de numerosos príncipes y señores, los judíos de Alemania, como sabemos, sólo dependían del emperador en calidad de siervos de la cámara imperial. Corrompido por el dinero de los judíos, Maximiliano envió una misiva muy dura a Alberto de Brandeburgo, así como a todos los que habían participado en la dieta de Fráncfort.

Pero Maximiliano falleció en febrero de 1519 y una revuelta estalló inmediatamente contra los judíos liderada por el fogoso predicador Baltazar Hubmayer. La comunidad judía de Ratisbona fue finalmente condenada al exilio.

---

[485] Hasta entonces, sólo los judíos disponían de textos impresos en lengua y caracteres hebreos: el primero, en 1475 en Regio de Calabria, fue un comentario del rabino Rashi sobre el Pentateuco; por la misma época, Abraham Conat fundó su imprenta en Mantua; en 1480, en Soncino, los rabinos Josué y Moisés crearon la imprenta de la que salió el primer *Tanaj* (libros que conforman el canon de la Biblia judía) impreso en 1488; en 1487, un comentario hebreo sobre el Pentateuco fue el primer libro impreso en Lisboa; En Nápoles se imprimió una gramática hebrea en 1488; en 1493, la impresión de un comentario de Isaac Abravanel sobre textos bíblicos por judíos de Tesalónica fue la primera en el Imperio Otomano; en 1505, un Pentateuco con comentarios fue impreso por judíos de Constantinopla, una primicia en esa ciudad. (NdT).

En 1529 tuvo lugar otro caso de crimen ritual en el Imperio. En la comunidad judía de Bösing, cerca de Presburgo (Bratislava), el cadáver de un niño cristiano fue hallado mutilado. Treinta y seis judíos fueron condenados y quemados en la hoguera, y casi todos los judíos de Moravia fueron encarcelados. Cabe señalar aquí que, dos años antes, los judíos habían servido de espías a los Turcos que habían asediado Viena, ayudándoles lo mejor que podían.

XCI. Los orígenes judaicos de la reforma protestante

Los autores católicos del siglo XIX, que se preguntaban por los orígenes de la Revolución francesa y que analizaban los fermentos de destrucción de la Europa tradicional, no tuvieron dificultades para remontar hasta la fuente judaica. Un intelectual judío como Bernard Lazare, en su célebre *El Antisemitismo, su historia y sus causas* (1894), corroboraba la idea del origen judío de las herejías medievales, el protestantismo, el racionalismo y finalmente la filosofía de la Ilustración (*Les Lumières*). El objetivo era siempre el mismo: destruir la Iglesia católica. «Fueron estos racionalistas y estos filósofos los que, del siglo X al siglo XV, hasta el Renacimiento, se hicieron los auxiliares de lo que se podría llamar la revolución general en la humanidad.» Durante el siglo XIII, «los israelitas estuvieron en la primera fila de los exegetas y los racionalistas...Los judíos averroístas fueron los antepasados directos de los hombres del Renacimiento. Fue gracias a ellos que nació el espíritu de duda y también el espíritu de investigación. Los [neo]platónicos de Florencia, los aristotélicos de Italia y los humanistas de Alemania procedieron de ellos. Fue gracias a ellos que Pomponazzo compuso tratados contra la inmortalidad del alma y gracias a ellos también que en los pensadores del siglo XVI brotó el teísmo que correspondió a una decadencia del catolicismo...Los judíos averroístas, incrédulos, escépticos y blasfemos, zaparon el cristianismo difundiendo el materialismo y el racionalismo, también generaron este otro enemigo de los dogmas católicos: el panteísmo[486].»

El sacerdote y filósofo tomista argentino Julio Meinvielle, autor de varios libros sobre la cuestión, citaba en 1936 otro pasaje de Bernard Lazare en su libro *El Judío en el misterio del mundo*: «Durante los años que preanuncian la Reforma, el judío se convirtió en educador y enseñó el hebreo a los sabios. Los inició en los misterios de la cábala después de

---

[486]Bernard Lazare, *El Antisemitismo, su historia y sus causas, (1894)*. Ediciones La Bastilla, Ed. digital, 2011, p. 140, 141, 60, 142. Citado por Monseñor Henri Delassus, *La Conjuration antichrétienne*. Desclée de Brouwer, 1910, p. 684. (Véase más en detalle en nota del traductor en el Anexo II).

haberles abierto las puertas de la filosofía árabe. Los proveyó, contra el catolicismo, de la temible exégesis que los rabinos, durante siglos, habían cultivado y fortalecido: esta exégesis que el protestantismo y, más tarde, el racionalismo, sabrán utilizar[487].»

El lingüista judío James Darmesteter, quien escribió varias obras a finales del siglo XIX, confirmaba a su vez esta idea y decía respecto "del judío": «El judío se ocupa en descubrir los puntos vulnerables de la Iglesia y tiene a su servicio para descubrirlos, además de su inteligencia de los libros santos, la sagacidad terrible del oprimido. Es el doctor de lo incrédulo. Todos los sublevados del espíritu vienen a él en la sombra o a cielo abierto. Él está en obra en el inmenso taller del blasfemo gran Emperador Federico y de los Príncipes de Suabia o de Aragón; es el que forja todo ese arsenal criminal de razonamiento y de ironía que legará a los escépticos del Renacimiento, a los libertinos del gran siglo, y el sarcasmo de Voltaire no es más que su último y resonante eco de una palabra murmurada seis siglos antes en la sombra del gueto y más aún antes en tiempos de Celso y de Orígenes, en la cuna misma de la religión de Cristo[488].»

Para Julio Meinvielle no cabía ninguna duda al respecto: todas las sectas y sociedades secretas, ocultistas y cabalistas que pululaban en todas partes al final de la Edad Media bajo una forma más o menos disfrazada, «eran reductos de conspiración contra la Iglesia y los Estados cristianos, manejados hábilmente por la satánica mano judaica[489].»

Meinvielle citaba, además, para apoyar su argumentación, al célebre historiador alemán Werner Sombart, el cual no era «ni católico ni

---

[487] Bernard Lazare, *El Antisemitismo, su historia y sus causas*, (1894). Ediciones La Bastilla, Ed. digital, 2011, p. 61, citado en Julio Meinvieille, *El Judío en el misterio del mundo (1937)*, Cruz y Fierro Editores, Buenos Aires, 1982, p. 72

[488] James Darmesteter, *Coup d'œil sur l'histoire du peuple juif*, Paris, 1881, en Julio Meinvieille, *El Judío en el misterio del mundo (1937)*, Cruz y Fierro Editores, Buenos Aires, 1982, p. 72. La cita se encontraba ya en el libro de Monseñor Henri Delassus, *L'Américanisme et la conjuration antichrétienne*, Société de Saint-Augustin, D. de Brouwer et Cie, Paris 1899, p. 48.

[489] Julio Meinvieille, *El Judío en el misterio del mundo (1937)*, Cruz y Fierro Editores, Buenos Aires, 1982, p. 72. A finales del siglo II, el filósofo Celso, conocido por su desprecio hacia los cristianos, manifestó mayor indulgencia hacia los judíos. [Julio Meinvielle es también autor de *La Cábala al Progresismo*, un estudio histórico teológico sumamente interesante que rastrea la antigua gnosis pagana y judía en todas sus formas hasta la aparición de la Cábala medieval y moderna, y en las doctrinas filosóficas, ideológicas y políticas contemporáneas. Las élites políticas y económicas de nuestro tiempo están imbuidas, por lo menos difusamente, de todas estas doctrinas esotéricas e iniciáticas. Se puede decir, sin temor a exagerar, que la gnosis cabalística, a través de la masonería, es la religión secularizada de la edad contemporánea que conforma los principios ideológicos y políticos de la sociedad occidental. NdT.]

antisemita» y demostraba en su libro *Los Judíos y la vida económica* (1911) que las sectas protestantes, especialmente el puritanismo, eran de inspiración judaica.

Lo cierto es que durante la Reforma protestante se establecieron estrechos vínculos entre el judaísmo y ciertas sectas cristianas. Los evangelios fueron abandonados a favor de la Biblia (el Antiguo Testamento, la Torá de los judíos) y es notoria la enorme influencia de este libro en los luteranos y, sobre todo, en los calvinistas y puritanos anglosajones. También es conocido su gran interés por la lengua y los estudios hebreos. En la Inglaterra del siglo XVI, los puritanos rodeaban a los judíos de un culto casi fanático. Los *Levellers* (*Niveladores*) se decían ellos mismos judíos, exigían la promulgación de una ley que hiciese de la Torá de los judíos el Código Inglés. Los oficiales de Cromwell le habían propuesto constituir su Consejo de Estado con 70 miembros, a semejanza del Sanedrín de los judíos. En el año 1629, se presentó incluso una propuesta en el Parlamento para sustituir el día festivo del domingo por el sábado[490].

---

[490] Werner Sombart, *Les juifs et la vie économique*, 1911, Payot, 1923, p. 320-322. [«Los sentimientos de los puritanos hacia los judíos se expresaban en la siguiente observación de Oliver Cromwell: 'Grande es mi simpatía por este pobre pueblo, al que Dios eligió y al que dio Su ley; rechazó a Jesús, porque no lo reconoció como el Mesías". Cromwell soñaba con una reconciliación del Antiguo y el Nuevo Testamento, con una conexión íntima entre el pueblo judío de Dios y la teocracia puritana inglesa. Otros puritanos estaban tan absortos en el estudio del Antiguo Testamento que el Nuevo Testamento ya carecía para ellos de importancia. Especialmente los visionarios en el ejército de Cromwell y muchos miembros del Parlamento, que esperaban la Quinta Monarquía o el reino de los Santos, asignarán al pueblo judío una posición gloriosa en el milenio esperado. Un predicador puritano, Nathaniel Holmes (Holmesius), deseaba, según la letra de muchos versículos proféticos, convertirse en el siervo de Israel y servirle de rodillas.»; «La Biblia cristiana [Nuevo Testamento, ndt], con sus figuras monacales, sus exorcistas, sus hermanos orantes y sus santos pietistas, no proporcionaba modelos para los guerreros que luchaban contra un rey infiel, una aristocracia falsa y unos sacerdotes impíos. Sólo los grandes héroes del Antiguo Testamento, con el temor de Dios en el corazón y la espada en la mano, campeones religiosos y nacionales a la vez, podían servir de modelo a los puritanos los Jueces, que liberaron al pueblo oprimido del yugo de la dominación extranjera; Saúl, David y Joab, que derrotaron a los enemigos de su país; y Jehú, que acabó con una casa real idólatra y blasfema: éstos eran los personajes favoritos de los guerreros puritanos. En cada versículo de los libros de Josué, Jueces, Samuel y Reyes, veían reflejada su propia condición; cada salmo parecía compuesto para ellos, para enseñarles que, aunque rodeados por todas partes de enemigos impíos, no debían temer mientras confiaran en Dios. Oliver Cromwell se comparó con el juez Gedeón, que primero obedeció la voz de Dios vacilante, pero después dispersó valientemente a los paganos atacantes; o con Judas Macabeo, que de un puñado de mártires formó un ejército de guerreros victoriosos » Heinrich Graetz, *History of the Jews V*, Philadelphia The Jewish Publication Society of America, 1895, p. 26, 27. (NdT).

Monseñor Henri Delassus, en su obra magna *La Conjuración anticristiana*, publicada en tres tomos en 1910, identificaba en el judaísmo la fuente de los males que socavaban la Iglesia católica y la sociedad europea:

«Desde hace mil ochocientos años, es el odio el que inspira y domina a este pueblo, el más tenaz, el más incompresible de los pueblos. Su odio ha tomado todas las formas, ha ocultado e infiltrado, con una habilidad igual a su constancia, todas las revueltas del espíritu humano contra Dios, su Cristo y su Iglesia. Desde el principio, el judaísmo se infiltró en la propia Iglesia, provocando desórdenes, divisiones y herejías. Esto fue obra de Simón el Mago de los gnósticos, de Manes y de sus seguidores o emuladores. Más tarde, el judío alentó, cuando no inspiró, todas las herejías; cuanto más estudiemos su acción, más lo veremos implicado en toda resistencia al Espíritu de Dios.En la Edad Media, el judío traicionó a los cristianos a favor de los mahometanos, que lo despreciaron y maltrataron en España como en Oriente; estuvo con los albigenses contra los católicos, como lo estaría con los protestantes, como lo está con los librepensadores, los jacobinos, los socialistas y los masones; como lo está hoy con los nihilistas en Rusia. Como el buitre, está en todos los campos de batalla, no para luchar, sino para saciarse con los restos de la masacre[491].»

«Desde el comienzo de la era cristiana, el judío ha sido, y sigue siendo, el gran revolucionario y heresiarca en todos los aspectos. Destruye por destruir, por odio a lo existente, pero también con la esperanza de construir sobre esas ruinas el Templo que hemos descrito: la Jerusalén de un nuevo orden, asentada entre Oriente y Occidente para sustituir a la doble ciudad de los Césares y de los Papas, es decir, a la República universal y a la Religión humanitaria de la que quiere ser pontífice y soberano[492].»

El protestantismo no fue por lo tanto más que un nuevo avatar del veneno judaico: «Un protestante, decía el joven poeta judío Heinrich Heine, es un católico que abandona la idolatría trinitaria para dirigirse hacia el monoteísmo judío.»

El franciscano Nicolás de Lira había estudiado detenidamente la literatura rabínica y fue el precursor de la exégesis moderna, que es, como lo escribía el historiador judío Bernard Lazare, «hija del pensamiento judío y cuyo racionalismo es puramente judaico». Para Nicolás de Lira, la explicación literal del texto de la Escritura debía ser el fundamento de la ciencia eclesiástica. Tomó del judío Rashi muchos de sus argumentos y Martín Lutero los retomó a su vez de él.

---

[491] Monseñor Henri Delassus, *La Conjuration antichrétienne III*, Desclée De Brouwer, 1910, p. 1118-1119
[492] Monseñor Henri Delassus, *La Conjuration antichrétienne II*, Desclée De Brouwer, 1910, p. 688

Bernard Lazare lo había afirmado explícitamente: «La exégesis y el libre examen son fatalmente destructores, y fueron los judíos los que crearon la exégesis bíblica; fueron ellos los primeros que criticaron los símbolos y las creencias cristianas...La Reforma, en Alemania como en Inglaterra, fue uno de esos momentos en que el cristianismo volvió a las fuentes judías. Fue el espíritu judío el que triunfó con el protestantismo[493].»

El Renacimiento y el protestantismo abrieron efectivamente una brecha en el sólido edificio de la Cristiandad. A partir de ahí, el judío se dedicaría a destruir el cristianismo y a intentar establecer el imperio universal de sus sueños. Sin embargo, en el siglo XVI, los judíos estaban aún bastante lejos de haber triunfado, pues otros pueblos cristianos todavía velaban.

Así pues, si bien los protestantes del norte regresaban a la Biblia judía, en cambio los Españoles se alejaban de ella. La Biblia se había convertido en un objeto de aversión. Un inquisidor español llamado Villanueva escribía en 1791: «Es bien conocido el celo con que el Santo Oficio ha procurado apartar la Biblia de las manos del vulgo; con el resultado de que el mismo pueblo que antes la buscaba, ahora la mira con horror y la detesta; muchos no se interesan por ella; la mayoría no la conoce[494].»

En esa época, Rusia también había experimentado una herejía judaizante. Por aquel entonces no había judíos en Rusia, pues los grandes duques moscovitas desconfiaban de ellos como de la peste. Pero en 1480, un judío de Kiev llamado Zacarías, acompañado de varios correligionarios lituanos, había llegado a Novgorod y corrompido a varios sacerdotes cristianos. Estos marcharon a Moscú, donde hicieron proselitismo y fundaron la secta de los "Cristianos Judaizantes". El gran duque Iván III supo reaccionar y, en 1504, ordenó inmediatamente la detención de todos los jefes y que fueran arrojados vivos a la hoguera. De esta forma, el problema se resolvió prontamente.

XCII. Martin Lutero

Al sostener que la Biblia era la única fuente legítima de autoridad religiosa, Lutero, el padre del protestantismo, desafiaba la autoridad del Papa. A principio del año 1521, tras numerosos debates, fue finalmente excomulgado, si bien su influencia no paró de crecer después de eso. Las guerras de religión se extendieron por medio Europa, perdurando hasta el siglo siguiente.

Su posición respecto al judaísmo había cambiado. En un primer

---

[493] Bernard Lazare, *El Antisemitismo, su historia y sus causas*, (1894). Ediciones La Bastilla, Ed. digital, 2011, p. 72, 141, 62
[494] León Poliakov, *Histoire de l'antisémitisme*, tome I, Points Seuil, 1981, p. 182

momento, Lutero intentó atraer los judíos al cristianismo siendo benévolo con ellos. Pero en cuanto se dio cuenta de que los judíos eran en realidad completamente rebeldes a la conversión y rechazaban las enseñanzas de la religión reformada, éste les declaró una guerra despiadada.

En 1537 logró expulsarlos de Sajonia, luego, en 1540, de varias otras ciudades alemanas. En 1543 intentó sin éxito expulsarlos de Brandeburgo.

Aquel año, tres años antes de su muerte, publicó un panfleto de doscientas páginas, *Sobre los Judíos y sus mentiras* (*Von Juden und ihren Lügen*), en el que se ensañaba con furor con la secta incestuosa. Lutero escribía, por ejemplo:

«Poned atención en cómo mienten cuando dicen que nosotros los tenemos cautivos, cuando nosotros cristianos hemos sido acosados y perseguidos por los judíos alrededor del mundo durante aproximadamente trescientos años. Bien podríamos reclamar que durante ese tiempo ellos nos tuvieron cautivos y nos mataron, lo cual es la verdad. Además, no sabemos hoy en día qué demonio los trajo a nuestro país. Con seguridad, no fuimos nosotros quienes los trajimos de Jerusalén. Además, ahora nadie los está reteniendo aquí.»

Y también: «¡Oh, qué fanáticos que son del libro de Esther!, que está tan perfectamente a tono con su sed de sangre, venganza y muerte. El sol jamás ha brillado sobre un pueblo más sanguinario y vengativo que éste, que imagina ser el pueblo de Dios encargado de y enviado para asesinar y matar a los gentiles. De hecho, lo que principalmente esperan de su Mesías es que mate y asesine con su espada al mundo entero...Su aliento apesta a codicia por el oro y la plata de los gentiles; pues no hay nación bajo el sol más codiciosa de lo que fueron, aún son y siempre serán, según se pone en evidencia por su maldita usura. Entonces se reconfortan a ellos mismos porque cuando venga el Mesías, Él tomará el oro y la plata del mundo entero y lo repartirá entre ellos.»

Lutero recordaba a sus lectores que los judíos habían sido violentamente expulsados de Francia y,«recientemente, nuestro querido Emperador Carlos los ha desterrado de España, el mejor de todos los nidos a la que ellos llamaban "*Sefarad*" (también sobre las bases de Abdías). Este año fueron expulsados de Bohemia, donde tienen uno de sus mejores nidos, en Praga. Del mismo modo, durante mi vida han sido echados de Regensburg, Magdeburg, y otros lugares.»

El predicador no dudaba en alentar contra ellos a los ladrones y salteadores de camino. Habiéndose enterado de que un rico judío atravesaba Alemania con doce caballos, recomendó a los asaltantes mostrarse menos tolerantes que los príncipes y secuestrar los viajeros judíos y sus riquezas. Se refería a los judíos en estos duros términos: "Hijos del demonio", "engendro de víboras (Mateo, 12: 34)", "miserables, ciegos y estúpidos", "ladrones y ruines", "perversos y blasfemos", semejantes a la "escoria", etc.

"De modo que incluso obramos mal si no vengamos toda esta sangre inocente de nuestro Señor y de los cristianos, derramada durante trescientos años antes de la destrucción de Jerusalén, y la sangre de los hijos que han derramado desde entonces (que todavía hace brillar sus ojos y su piel). Obramos mal al no quitarles la vida. En cambio, permitimos que vivan libremente entre nosotros a pesar de que nos asesinan, nos maldicen, blasfeman y mienten en contra de nosotros, y nos difaman; nosotros protegemos sus sinagogas, sus casas, su vida y su propiedad. De este modo los hacemos holgazanes y seguros, y los alentamos para que descaradamente nos despojen de nuestro dinero y nuestros bienes, así como también para que se burlen de nosotros, para finalmente vencernos, matarnos a todos por este pecado imperdonable, y robarnos todos nuestros bienes (según rezan y ruegan diariamente). Ahora, decidme si no tienen todas las razones para ser nuestros enemigos, para maldecirnos y para luchar por nuestra ruina final, completa y eterna[495]», avisaba Lutero.

Ciertamente, los papas solían recomendar preservar las sinagogas de la destrucción, pero en cambio Lutero aconsejaba destruirlas. De modo que con Lutero los judíos no habían salido ganando con el cambio, ni mucho menos:

«En primer lugar, debemos incendiar sus sinagogas o escuelas y enterrar y tapar con suciedad todo lo que no prendamos fuego, para que ningún hombre vuelva a ver de ellos piedra o ceniza... En segundo lugar, también aconsejo que sus casas sean arrasadas y destruidas... En tercer lugar, aconsejo que sus libros de plegarias y escritos talmúdicos, por medio de los cuales enseñan la idolatría, las mentiras, maldiciones y blasfemias, les sean quitados... En cuarto lugar, aconsejo que de ahora en adelante se les prohíba a los rabinos enseñar, bajo pena de perder la vida...En quinto lugar, que la protección en las carreteras sea abolida completamente para los judíos. No tienen nada que hacer en las afueras de las ciudades... En sexto lugar, aconsejo que se les prohíba la usura, y que se les quite todo el dinero y todas las riquezas en plata y oro, y que luego todo esto sea guardado en lugar seguro. La razón para una medida como esta, como ya se dijo, es que no tienen otro medio de ganarse la vida que no sea la usura, por medio de la cual nos han hurtado y robado todo lo que poseen...En séptimo lugar, recomiendo poner un mayal o una hacha o una azada o una pala o una rueca o un huso en las manos de judíos y judías jóvenes y fuertes y dejar que ganen y coman el pan con el sudor de su rostro, como se le impuso a los hijos de Adán (Génesis, 3:19). Porque no es apropiado que

---

[495] Martin Luther, *Von den Jüden iren Lügen*, traduction de Martin H. Bertram, in *Oeuvres de Luther*, Philadelphie, Fortress Press, 1971. [Martin Lutero, *Sobre los Judíos y sus mentiras*, Pdf. NdT.]

nosotros, malditos [goyim], trabajemos sin descanso en el sudor de nuestras frentes mientras ellos, la "santa gente", se pasen las horas haraganeando junto al hogar, dándose festines y expeliendo sus ventosidades, y, como si fuera poco, haciendo alarde con blasfemias de su señoría por encima de los cristianos por medio de nuestro sudor. No; debemos deshacernos de estos perezosos delincuentes por las asentaderas de sus pantalones.» Probablemente el trabajo sea para los judíos un peor castigo que la muerte.

Lutero evocaba también sus instintos criminales: «**No son más que ladrones y asaltantes que diariamente no prueban bocado y visten ropa que nos han robado y hurtado por medio de su maldita usura. De este modo viven día a día, junto con esposa e hijo, de robo y hurto, como archiladrones y asaltantes, en total impenitente seguridad**...He leído y oído muchas historias sobre los judíos que coinciden con esta apreciación de Cristo, es decir, cómo han envenenado pozos, asesinado, secuestrado niños, como ya fue relatado. Oí que un judío le envió a otro judío, y esto a través de un cristiano, una vasija llena de sangre, junto con un tonel de vino, en el cual, una vez tomado éste, se hallaba a un judío muerto. Hay más historias de este tipo. A causa del secuestro de niños han sido frecuentemente quemados en la hoguera o desterrados (como ya hemos oído) ...En esto estaba pensando cuando dije más arriba que el cristiano no tiene enemigo más enconado y mortificante que el judío. A nadie le concedemos tanto de nosotros y por nadie sufrimos tanto como lo que sufrimos por estos infames hijos del demonio, estos engendros de víboras[496].»

«Debemos evitar que sientan confirmadas sus mentiras, calumnias, maldiciones y difamaciones desvergonzadas. Ni atrevernos a ser partícipes de su sermón endemoniado protegiéndolos, dándoles de comer y beber, ofreciéndoles un techo, y otras amabilidades, sobre todo porque cuando les ayudamos y les servimos, con vileza y orgullo hacen alarde de que Dios los ordenó señores y a nosotros sirvientes. Por ejemplo, cuando un cristiano enciende el fuego para ellos en un Sabbat, o cocina para ellos en una taberna, nos injurian, maldicen y difaman, suponiendo que esto es algo meritorio, y así todos ellos viven de nuestras riquezas, las cuales nos han robado. ¡Vaya que son desesperados, absolutamente malvados, venenosos, y diabólicos estos judíos, quienes durante estos mil cuatrocientos años han sido y todavía son nuestra plaga, nuestra pestilencia y nuestro infortunio!... Si las autoridades son renuentes a usar la fuerza y contener la indecencia diabólica de los judíos, estos últimos deberían ser expulsados del país y enviados a su tierra y a sus posesiones en Jerusalén; allí podrán mentir,

---

[496] Martin Luther, *Les Juifs et leurs mensonges*, 1543, citado por Joseph Lémann, *L'entrée des Israélites dans la société françaises*, 1886, libro segundo, capítulo IV.

maldecir, blasfemar, difamar, asesinar, hurtar, robar, practicar usura, mofarse, y permitirse todas esas abominaciones infames que practican entre nosotros. Que nos dejen nuestro gobierno, nuestro país, nuestra vida y nuestros bienes, pero sobre todo a nuestro Señor, el Mesías, nuestra fe y nuestra iglesia aún no profanada ni corrompida por su tiranía y malicia diabólicas...Tendremos que expulsarlos como perros rabiosos a fin de no convertirnos en cómplices de su abominable blasfemia y todos sus otros vicios y por ello merecer la ira de Dios y terminar malditos junto a ellos.»

Varios meses después de la publicación de *Sobre los Judíos y sus mentiras*, Lutero escribía otro panfleto, *Vom Schem Hamphoras und das Geschlecht Christi* (*Del Nombre de Hamphoras y el linaje de Cristo*): «Aquí en Wittenberg, en nuestra iglesia, una cerda fue labrada en la piedra: unos cochinillos y unos Judíos la maman, mientras que detrás de ella está un rabino levantándole la pierna derecha y con la mano izquierda tirando de su cola, inclinándose y contemplando diligentemente detrás de la cola el Talmud, como si quisiera aprender algo muy sutil y muy especial; sin duda, recibieron su *Schem Hamphoras* en ese lugar[497].»

«Cuando Judas se ahorcó y sus intestinos brotaron y, como sucede en tales circunstancias, su vejiga también reventó, los judíos estaban dispuestos a recibir el agua y otras cosas preciosas, y entonces se hinchieron de ella y bebieron con avidez entre ellos, estando luego dotados de tal finura de espíritu que fueron capaces de percibir comentarios en las Sagradas Escrituras que ni el propio Mateo ni Isaías...habrían sido capaces de ver, o tal vez estaban mirando en el mismísimo culo de su Dios "*Shed*", y encontraron estas cosas escritas en ese orificio humeante.»

Finalmente, Lutero concluía que los judíos eran el pueblo del diablo: «El Diablo, con su jeta angelical, devora lo que segregan los orificios orales y anales de los Judíos; éste es, en efecto, su plato favorito, del que se atiborra como una cerda tras el bardal[498].»

El emperador Carlos Quinto había expulsado los judíos del reino de Nápoles en 1541. Bajo la influencia de Lutero, otros soberanos reaccionaron. En 1543, el príncipe elector Juan Federico de Sajonia revocaba algunas concesiones. Johann de Kustrin, margrave de Neumarca, cancelaba los salvoconductos de los judíos en sus territorios. Felipe de Hesse añadía más restricciones a su ordenanza sobre los judíos.

Las comunidades judías tramaban sus intrigas a través de uno de sus abogados, un tal Yosef de Rossheim, que solía acudir al emperador y los príncipes para abogar a favor de su secta. Yosef de Rossheim entraba

---

[497] *Vom Schem Hamphoras und das Geschlecht Christi*, citado en Léon Poliakov, *Histoire de l'antisémitisme, Tome I*, Point Seuil, 1981, p. 311

[498] Lutero también había traducido al alemán el *Toledot Jeschu*, un panfleto del siglo II injurioso hacia Jesucristo que había sido reeditado por Raimundo Martin.

regularmente en la corte del emperador Carlos Quinto y libró muchas veces los judíos de grandes males en los años 1520-1550.

Hacia el año 1570, el pastor Georg Nigrimus publicó *El enemigo judío*, que retomaba el programa de Lutero. Nikolaus Selnecker, uno de los autores de la *Konkordienformel* (en latín: *Formula concordiae*; en español, la *Formula de la Concordia*), reimprimió los libros de Lutero. En 1573, los judíos fueron expulsados de todo el Brandeburgo. Los tratados de Lutero contra los judíos fueron de nuevo imprimidos al principio del siglo XVII en Dortmund, donde fueron incautados por el emperador Rodolfo II. En 1613 y 1617, fueron de nuevo publicados en Fráncfort del Meno tras la expulsión de los judíos. Estas ediciones fueron las últimas publicaciones de gran popularidad antes de las del siglo XX.

Johann Eck fue en Alemania el gran adversario católico de Lutero. Él también parecía haber comprendido la naturaleza profunda del judaísmo, cuya esencia es destruir todo lo que no es judío[499]. Denunció la religión hebrea, el proyecto y el comportamiento de los judíos con el mismo afán que Lutero. En 1541, publicó un panfleto en el que demostraba que «estos canallas judíos habían hecho mucho daño a Alemania y otros países», denunciando a su vez el carácter sanguinario de los judíos que profanaban ostias sagradas y utilizaban sangre de niños cristianos durante su Pascua.

XCIII. Julio III y el Talmud

El avance de la Reforma protestante había provocado en el mundo católico una enérgica reacción contra el relajamiento de la disciplina y las costumbres. Dos hombres, sobre todo, se habían tomado a pecho fortalecer el catolicismo y consolidar el papado: el napolitano Pietro Caraffa, posteriormente Papa bajo el nombre de Pablo IV, y el español Ignacio de Loyola, fundador de la orden de los Jesuitas.

La reacción católica contra el protestantismo afectó a la población judía de Italia que hasta entonces había disfrutado de una vida relativamente apacible comparado con la de los judíos del resto de Europa. En una bula de 1542, *Cupientes judeos,* el papa Pablo III (1534-1549) ordenaba vigilar los conversos, separarlos completamente de los judíos, casarlos con cristianas y procesar ante la Inquisición aquellos que seguían practicando ritos hebraicos.

Los adversarios de los judíos plantearon de nuevo la cuestión del Talmud. Cuarenta años antes, los intentos de los dominicos de quemar esta

---

[499] Léanse nuestros anteriores libros: *Las Esperanzas planetarianas (2005), Psicoanálisis del judaísmo (2006), El Fanatismo judío (2007), La Mafia judía (2008) y El Espejo del judaísmo (2009).*

obra habían fracasado. Pero la situación había cambiado. Como siempre, los principales acusadores fueron los judíos conversos. Elia Levita, el célebre gramático judío, había tenido dos nietos: Eliano y Salomón Romano. Eliano, el mayor, sabía hebreo y era corrector y escriba en varias ciudades de Italia. Se había convertido al cristianismo bajo el nombre de Vitorio Eliano, y tras entrar en las ordenes ascendió a canónigo. Cuando Romano se enteró de la apostasía de su hermano, acudió a Venecia para hacerle volver al judaísmo, aunque finalmente fue convencido a su vez de aceptar el bautismo en 1551 bajo el nombre de Juan Bautista. Romano se hizo jesuita y publicó varias obras eclesiásticas. Los descendientes de Elia Levita, junto con otros dos apostatas, Ananel di Fogio y José Moro, volvieron a actualizar las antiguas acusaciones de Nicolas Donin contra el Talmud.

El papa Julio III (1550-1555) no era hostil a los judíos, pero no le incumbía a él pronunciarse sobre la cuestión. El asunto debía ser dirimido por la Inquisición, es decir por Pietro Caraffa y sus acólitos. Este se pronunció naturalmente en contra del Talmud, y, en agosto de 1553, Julio III tuvo que ratificar su veredicto. Mediante la bula *Cum sicut nuper*, Julio III ordenaba que el Talmud fuese destruido por las llamas. Los emisarios de la Inquisición penetraron entonces en todas las casas judías de Roma, confiscaron todos los ejemplares y, el 9 de septiembre de 1553, día de año nuevo judío, los libros hebraicos fueron arrojados al fuego.

De Roma, los registros se extendieron por toda la Romaña, Ferrara, Mantua, Venecia y hasta las islas de Candía y de Creta, ésta última bajo dominio de Venecia. Miles de ejemplares del Talmud fueron así destruidos. Pronto las confiscaciones dejaron de limitarse al Talmud para abarcar todos los libros hebreos indistintamente. Los judíos presionaron entonces y apelaron al papa quien, el 29 de mayo de 1554, promulgó una bula para prohibir a los delegados de la Inquisición apoderarse de otras obras judías que no fuesen el Talmud.

A principio del siglo XVI, gracias a la imprenta recientemente inventada, el Talmud había sido ampliamente difundido. La primera edición completa del Talmud, con todas sus blasfemias contra la religión cristiana, había sido publicada en Venecia en 1519. La edición de Ámsterdam de 1600 era todavía intacta, al igual que prácticamente todos los libros judíos publicados en el siglo XVI. Pero hacia finales del siglo y principio del XVII, cuando numerosos eruditos empezaron a estudiar seriamente estas obras, los judíos, temerosos por su seguridad, comenzaron a expurgar algunos capítulos del Talmud. De modo que, por ejemplo, el Talmud publicado en Basilea en 1578 había censurado numerosos pasajes que atacaban a Jesucristo y en los que se declaraba «que los preceptos de justicia, equidad y caridad hacia el prójimo no solamente son impracticables, sino también un crimen[500]». Se dejaba a discreción de los maestros el cuidado de explicar oralmente a los alumnos estos pasajes omitidos.

Unos años después, los judíos creyeron poder restaurarlos en una nueva edición integral de Cracovia. Pero estos pasajes reintegrados habían levantado ampollas y la indignación de los cristianos hebraizantes, de modo que un sínodo judío reunido en 1631 en Polonia prescribió su eliminación en ediciones futuras. La consigna de los rabinos rezaba así: «Es por esto por lo que nosotros instamos, bajo pena de excomunión mayor a no imprimir en las ediciones venideras de la Mischná o de la Guemará, nada que tenga relación, en bien o en mal, con los actos de Jesús el Nazareno. Instamos, en consecuencia, a dejar en blanco los espacios que hablan de Jesús el Nazareno. Un círculo como este: **O**, puesto en su lugar, advertirá a los rabinos y maestros de escuela sobre enseñar a la juventud esos pasajes a viva voz solamente. Por esta precaución, los sabios que vivan entre los nazarenos (cristianos) no tendrán ningún pretexto de atacarnos por ese tema[501].»

El célebre rabino converso, David-Paul Drach, quien escribió a principio del siglo XIX *"De l'harmonie entre l'Église et la Synagogue"* (*De la armonía entre la Iglesia y la Sinagoga*) declaraba que el libro contenía «aberraciones extrañas, cínicas vilezas, calumnias atroces y sin sentido sobre todos los objetos de veneración de la Iglesia[502].»

Sin embargo, algunos libros judíos fueron publicados más adelante con muy pocas esciciones, especialmente en los Países Bajos calvinista, donde los judíos expulsados de España fueron bien recibidos. El Talmud publicado en allí en 1644-1648 era casi idéntico a la versión de Venecia.

El último subterfugio inventado para engañar a los censores fue la introducción de la palabra *haiah (era)* en algunos lugares del texto, a fin de indicar donde se hallaban los pasajes censurados. En muchos pasajes, los rabinos no podían dejar de mostrar lo que querían ocultar, utilizando para ello palabras como *gam attah (incluso ahora)*, para indicar que esta ley era todavía vigente; y *aphilu bazzeman hazzeh* (*hasta el día de hoy*), subrayando así la vigencia de esta ley, y otros subterfugios del mismo género[503].

---

[500] Gougenot des Mousseaux. *El Judío, el judaísmo y la judaización de los pueblos cristianos*, p. 102

[501] Gougenot des Mousseaux. *El Judío, el judaísmo y la judaización de los pueblos cristianos*, p. 102, Drach, *Harmonie*, tome 1º, pag. 167-168.

[502] Charles Auzias-Turenne, *Revue Catholique des Institutions et du Droit*, octubre 1893. Véase también: *La Question juive*, de A. Béchaux, Correspondencia agosto 1893, Rorhbacher, tomo XV, p. 481.

[503] Justin Bonaventura Pranaitis, *Le Talmud démasqué*, 1892; *El Talmud*

XCIV. Pablo IV, Cum nimis absurdum, 14 de julio de 1555

Pietro Caraffa, que había dirigido la ofensiva inquisitorial contra el Talmud, se convirtió en Papa en 1555 con el nombre de Pablo IV (mayo 1555 - agosto 1559). Pertenecía a una familia de la nobleza napolitana. Desde su advenimiento, impuso a cada sinagoga de sus Estados una tasa de 10 ducados para sufragar el establecimiento de los catecumenados donde se iniciaba los judíos al catolicismo.

El 14 de julio de 1555, menos de dos meses después de su elección, el papa promulgaba su célebre bula *Cum nimis absurdum*, titulada así por las primeras palabras de la misma (como todas las bulas papales): «*Es demasiado absurdo e indecoroso que los judíos, condenados por Dios a la esclavitud eterna a causa de sus pecados, con el pretexto de que son tratados con amor por los cristianos y se les permite vivir entre ellos, sean tan desagradecidos como para insultarlos en lugar de darles las gracias, y tan atrevidos como para erigirse en amos donde deberían ser súbditos. Se nos ha informado de que, en Roma y en otros lugares, son tan descarados como para vivir entre los cristianos en las inmediaciones de las iglesias sin llevar ningún signo distintivo, que alquilan las casas más elegantes y alrededor de las plazas de las ciudades, pueblos y localidades donde viven, adquieren y poseen propiedades, mantienen criadas y niñeras cristianas y otros sirvientes a sueldo y cometen varias otras fechorías para su vergüenza y desprecio del nombre cristiano...*»

En su mayor parte, las disposiciones adoptadas sólo eran un resumen de la legislación canónica de los siglos pasados, pero contrariamente a sus predecesores el inflexible Pablo IV las aplicó al pie de la letra. En Roma y en otras ciudades del Estado pontifical, los judíos debían a partir de ahora vivir en un barrio separado de los cristianos, el cual tendría una única puerta de entrada y salida. No habría más de una sinagoga por ciudad. Tampoco podrían poseer inmuebles fuera del gueto y tendrían que vender los que poseyesen fuera en la ciudad. Se les concedió un plazo de seis meses para vender sus inmuebles y tuvieron que ceder sus propiedades por un quinto de su valor. Los judíos tendrían que llevar unos sombreros amarillos y no podría emplear sirvientes cristianos. No trabajarían los días festivos cristianos. Además, se les obligaba a usar el italiano y el latín para llevar sus libros de comercio, imposibilitando así el uso del hebreo que permitía traficar las cuentas sin que los controladores pudiesen verificarlas. Se les prohibía además el comercio de trigo, o productos necesarios para la

---

desenmascarado.

alimentación humana y vender antes de año y medio las prendas empeñadas. Notemos aquí que esta prohibición revelaba implícitamente que muchos negociantes judíos debían especular con el grano para enriquecerse a costa de la miseria del pueblo. Oficialmente, únicamente podrían practicar el comercio de traperos y el préstamo de dinero, su más antigua especialidad. Pero los judíos también podían seguir con sus tráficos clandestinos, como receptadores o proxenetas, por ejemplo.

Estas leyes fueron aplicadas rigurosamente y muchos judíos emigraron de Roma. Los que quedaron fueron sometidos a duros trabajos para ayudar a reparar las murallas de la ciudad, asediadas entonces por los Españoles. Por aquellas fechas, fueron quemados en Ancona veinticuatro marranos procedentes de Portugal. Fue la única vez en la historia italiana que se produjo una condena similar.

Los guetos fueron establecidos oficialmente en la república de Venecia, en Padua, Toscana, Florencia, Siena, Génova y Turín. Pero debemos recordar que, de hecho, los judíos ya solían preferir vivir apartados en los guetos desde tiempos inmemoriales. Los judíos, escribía Bernard Lazare, «se separaban de los habitantes por sus ritos y sus costumbres. Consideraban impuro el suelo de los pueblos extranjeros y buscaban en cada ciudad constituir una suerte de territorio sagrado. Vivían aparte, en barrios especiales, se encerraban en sí mismos, vivían aislados y se administraban en virtud de privilegios de los que eran celosos... Estos guetos a menudo los judíos los aceptaron, y hasta buscaron, en su deseo de separarse del mundo y de vivir apartados, sin mezclarse con las naciones, para conservar la integridad de sus creencias y de su raza. Si bien es cierto que en muchos lugares los edictos ordenaban a los judíos permanecer confinados en barrios especiales, no hicieron sino consagrar un estado de cosas ya existente[504].»

Simón Dubnow, un célebre historiador judío del siglo XX, también lo reconocía: «No sólo por orden de los poderosos vivían los judíos en calles separadas. A menudo ellos mismos querían que fuera así. Hombres de una misma nación, rodeados de extranjeros hostiles, sentían la necesidad de vivir juntos, cerca de sus escuelas y sinagogas, cerca de sus rabinos y jefes de comunidad. A menudo, el barrio judío de la ciudad estaba separado del cristiano por un muro, o las calles terminaban en puertas que podían cerrarse para defenderse de los ataques del populacho hostil. Más de una vez, esta medida salvó a los judíos de la masacre. En la residencia papal de Roma, la policía cerraba las puertas del gueto por la noche; nadie podía entrar ni salir.»

---

[504] Bernard Lazare, *El Antisemitismo, su historia y sus causas*, *(1894)*. Ediciones La Bastilla, Ed. digital, 2011, p. 16, 55

El emperador Fernando I, que había sucedido a su hermano Carlos Quinto en 1556, se mostró también hostil e implacable con los judíos. Todo judío que viajaba a Viena por negocios debía presentarse a su llegada ante el gobernador y declarar el motivo de su visita y el tiempo de estancia en la ciudad. Después de tomar otras medidas restrictivas contra los judíos, Fernando I decretó su expulsión de la Baja-Austria, dándoles de plazo hasta la San Juan para abandonar el país. Se les concedió sin embargo nuevos plazos durante dos años, pero al cabo tuvieron que resignarse a tomar el camino del exilio.

En Praga, en 1559, un renegado judío llamado Ascher de Udine alentó la confiscación de las obras talmúdicas y de todos los libros de oración. Los libros fueron enviados a Viena, mientras un incendio reducía a cenizas una gran parte del barrio judío de la ciudad. En vez de ayudar a combatir las llamas, el pueblo llano cristiano se precipitó para saquear los bienes de los judíos.

El mismo año en Cremona, la gran biblioteca de los judíos fui destruida por orden de un fogoso dominico, Sixto de Siena. El monje contó con toda frialdad en sus escritos que había arrojado a las llamas más de doce mil volúmenes y que lamentaba que la debilidad y la avidez de los príncipes hubiese permitido a los judíos poseer todavía tantos libros talmúdicos[505].

Ese año también fueron expulsados de los Estados pontificales, excepto de los guetos de Roma y Ancona.

A la muerte de Pablo IV, los judíos de Roma coronaron su estatua con un sombrero amarillo antes de arrastrarla por el fango del gueto. Los judíos lograrían corromper su sucesor Pío IV para que anulara la mayor parte de la bula de 1555. Pío IV los absolvió de todos los delitos que hubiesen podido cometer contra la constitución de Pablo IV y ordenó la restitución de todos los libros de cuentas que les habían confiscado.

XCV. Iván el Terrible

En Rusia, los comerciantes judíos eran conocidos por ser los principales esclavistas y proxenetas. En el siglo XIII, habían sido invitados a instalarse en Kiev por los Tártaros, donde residía su autoridad suprema, granjeándose el odio de los demás habitantes. El gran escritor ruso del siglo XX, Aleksandr Solzhenitsyn citaba el escritor Nikolai Karamzine: «Esta gente compraba a los tártaros el derecho de cobrar el tributo y practicaban una usura desorbitada con los pobres, y, en caso de impago, los declaraban

---

[505] *Sixti Sœnensis, ord. Prœdic., Bibliotheca sancta*, 3a edición. Colonia, 1586, in-fol., pág. 125, en Georges-Bernard Depping, *Les Juifs dans le Moyen-Âge*, 1823, Paris, Imprimerie royale, Wouters, Bruxelles, 1844, p. 313

esclavos y los llevaban cautivos. Los habitantes de Vladimir, Suzdal, y Rostov perdieron la paciencia y se sublevaron unánimemente, tocando las campanas, contra esos malvados usureros: algunos fueron matados, los demás expulsados.»

Los comerciantes judíos gozaban de inmensas fortunas. Solzhenitsyn citaba otra fuente: *La Pequeña Enciclopedia judía*, publicada en Jerusalén en 1976: «Los archivos del siglo XV mencionan Judíos de Kiev, recaudadores de impuestos, que disfrutaban de importantes fortunas[506].»

A mediados del siglo XVI, el zar Iván IV el Terrible solucionó el problema a su manera. En aquella época no había judíos en Moscovia. Anteriormente, los mercaderes judíos del Estado polaco solían viajar libremente a Moscú, pero bajo su reinado la entrada a Rusia les había sido vetada. Cuando en 1550, el rey polaco Segismundo-Augusto solicitó que el libre acceso a Rusia les fuera de nuevo permitido, el Zar Iván se opuso a ello en estos términos:

«Respecto a lo que nos escribes para que permitamos a tus Judíos la entrada en nuestras tierras, ya te hemos escrito varias veces hablándote de las malas acciones de los Judíos, que apartan nuestra gente de Cristo, introducen en nuestro Estado drogas envenenadas y causan muchos daños a nuestra gente. Debería avergonzarte, hermano, escribirnos sobre ellos a sabiendas de sus fechorías. En los otros Estados también hicieron mucho mal, y por ello han sido expulsados o sentenciados a muerte. No podemos permitir a los Judíos entrar en nuestro Estado, pues no queremos ver el mal en él; sólo queremos que Dios permita a la gente de nuestro país vivir en paz, sin disturbio alguno. Y tú, hermano, no deberías, en adelante, escribirnos más sobre los Judíos[507].»

En 1563, los Rusos arrebataron la ciudad de Polotzk a los polacos. Como había ahí un gran número de hebreos, Iván IV ordenó ahogarlos a todos en el río Dviná, hombres, mujeres y niños por igual.

El danés Pedro de Arelsund dejó un testimonio de su estancia en la corte del zar: «Cruel e intolerante como era, Iván el Terrible nunca persiguió a nadie por motivos religiosos, a excepción de los judíos. No intentó instruirlos en la fe cristiana ni bautizarlos; los quemó vivos, los ahorcó y los ahogó; solía decir que ningún príncipe debía creer en sus palabras ni apiadarse de ellos[508].» Indudablemente, Iván fue un soberano de ideas claras.

---

[506] Aleksandr Solzhenitsyn, *Deux Siècles ensemble*, Tome I, Fayard, 2002, p. 21
[507] Léon Poliakov, *Histcire de l'antisémitisme, Tome I*, Point Seuil, 1981, p. 419. Estas palabras son también citadas porAleksandr Solzhenitsyn, en *Deux Siècles ensemble*, Tome I, Fayard, 2002, p. 26, 27
[508] Léon Poliakov, *Les Juifs et notre histoire*, Science Flammarion, 1973, p. 84

XCVI. San Pío V

El papa Pío V (1566-1572) había nacido en una familia campesina. Había entrado en la orden dominica a sus 14 años, llegando a enseñar la filosofía y la teología dentro de la orden. En 1546, ingresó en el Santo Oficio. Pablo IV le había nombrado comisario general de la Inquisición en Roma en 1551 y posteriormente en Milán y en Lombardía en 1556. Al año siguiente, era nombrado cardenal y elevado al rango de gran inquisidor en 1558. Se opuso vigorosamente a Pío IV, al que finalmente sucedió en enero de 1566.

Ante la extrema agresividad del judaísmo, Pío V se mostró firme y determinado. Alarmado por la permanente acción subversiva de los judíos, renovó la obligación que tenían de llevar un signo distintivo, a fin de proteger los cristianos de su embaucadora compañía y sus falaces discursos. El 19 de abril de 1566, tres meses después de su elección, promulgaba la bula *Romanus Pontifex* que volvía a poner en vigor todas las leyes restrictivas dictadas por Pablo IV contra los judíos en los Estados pontificales y extendía la aplicación de la misma a todos los judíos de los países católicos. La bula confirmaba la obligación para todos los judíos de llevar un signo distintivo.

El papa no sólo denunciaba su usura, también señalaba sus latrocinios, embustes y «vergonzosos halagos». Efectivamente, los judíos eran los mayores receptadores de objetos y mercancías robados y se dedicaban al proxenetismo, siendo esta última una de sus actividades favoritas[509]. «*Su impiedad imbuida con todo género de artes execrables ha llegado a tal grado que se hace necesario, en vista de la salud de los Nuestros, restringir por la fuerza una enfermedad de tal naturaleza con remedio rápido. Porque omitiendo las numerosas modalidades de usura con las que por todas partes los hebreos consumieron los haberes de los cristianos necesitados, juzgamos como muy evidente ser ellos encubridores y aun cómplices de ladrones y asaltantes que tratan de traspasar a otro las cosas robadas y malversadas u ocultarlas hasta el presente, no sólo las de uso profano, más también las del culto divino. Y muchos con el pretexto de tratar asuntos propios de su oficio, ambicionando las casas de mujeres honestas, las pierden con muy vergonzosos halagos; y lo que es más pernicioso de todo, dados a sortilegios y encantamientos mágicos, supersticiones y maleficios, inducen a muchos incautos y enfermos a los engaños de Satanás, jactándose de predecir el futuro, tesoros y cosas escondidas... Por último, tenemos bien conocida e indagada la forma tan indigna en que esta execrable raza usa el nombre de Cristo, y a qué grado*

---

[509] Léase el capítulo al respecto en *La Mafia judía* (2008).

sea dañosa a quienes habrán de ser juzgados con dicho nombre y cuya vida pues está amenazada con los engaños de ellos. Movidos en efecto por estas y otras gravísimas cosas, y conmovidos además por la magnitud de los crímenes que aumentan diariamente para desgracia de nuestras ciudades, pensando además que la mencionada raza, a excepción de insignificantes grupos de oriente, no es de utilidad alguna para nuestra República[510]*.»*

El sacerdote Julio Meinvielle, que refería estas palabras de la bula de Pío V en su libro *El judío en el misterio de la historia,* explicaba sin embargo que «la teología católica no dejaba de reconocer que, aunque esta peligrosidad era bien real, sin embargo, este pueblo merecía una consideración muy especial. En efecto, el judío podrá ser muy perverso, pero es un pueblo sagrado, para con el cual debe tener la Iglesia suma consideración, ya que en cierto modo es el Padre de la Iglesia.» Así pues, la conversión de los judíos, prevista al final de los tiempos, prohíbe cualquier forma de medidas radicales contra ellos, sin importar lo atroces que sean sus crímenes. La Iglesia, vencedora de los judíos, siempre ha cobijado la serpiente en su seno en vez de «aplastarle la cabeza».

Pío V acusó e hizo encarcelar a muchos judíos de sus Estados que transgredían las leyes canónicas: «Bajo el pretexto de que los judíos de los Estados Pontificios habían infringido sus leyes canónicas, hizo que algunos de ellos fueran encarcelados y que sus libros fueran incautados y quemados. La próspera comunidad de Bolonia fue investigada con especial severidad, pues el golpe iba dirigido contra sus riquezas y propiedades. Con el fin de tener una razón legal, confusas cuestiones sobre la cristiandad fueron sometidas a una audiencia formal ante el tribunal de la Inquisición; por ejemplo, se preguntó si los judíos consideraban a los católicos como idólatras; o si las formas de maldición contra los Mineos y el "Reino del Pecado" en las oraciones se referían a los cristianos y al Papado, y, especialmente, si la historia en una obra poco leída sobre un "Bastardo Hijo de una Proscrita" hacía referencia a Jesús[511]», relataba Heinrich Graetz al respecto.

Estas diversas acusaciones habían sido reunidas por un apostata judío llamado Alessandro Franceschi, el cual se había hecho misionario jesuita. La Curia prohibió a los judíos más adinerados salir de Bolonia, pero éstos lograron corromper un guardia y una gran parte de la comunidad se refugió

---

[510] Julio Meinvielle, *El judío en el misterio de la historia,* Cruz y Fierro Editores, Buenos Aires, 1982, p. 61 y Maurice Pinay, *Complot contra la Iglesia,* Capítulo XLI (1962), Transcripción pdf de Ediciones Mundo Libre, México, 1985, p. 365. (Papa San Pío V, *Romanus Pontifex,* 19 de abril de 1566, compilada en el *Bularium diplomarum e privilegiorum Sanctorum Romanorum Pontificum.* Turín, 1862. Tomo VII, p. 439.)
[511] Heinrich Graetz, *History of the Jews IV,* Philadelphia, The Jewish Publication Society of America, 1894, p. 590

en Ferrara. Pío V anunció entonces al colegio cardenalicio su intención de expulsar todos los judíos de sus Estados.

El 19 de enero de 1567, el papa promulgaba la Bula *Cum nos super*, «confirmando las de muchos Papas anteriores, al prohibir a los israelitas adquirir bienes raíces, obligándolos a venderlos en un plazo perentorio, so pena de que nuevos desacatos de las bulas papales desencadenarían directamente la confiscación de dichos bienes raíces».

El 26 de febrero de 1569, Pío V promulgaba finalmente la bula *Hebraeorums gens sola*, que obligaba a todos los judíos de los Estados pontificios, excepto los de Roma y Ancona, a emigrar en un plazo de tres meses; excedido este plazo, serían vendidos como esclavos o condenados a penas más duras aún. Algunos judíos aceptaron entonces el bautismo, pero la mayoría se resignó a emigrar. Dado que se les había concedido muy poco tiempo, los exiliados se marcharon arruinados. Pidieron asilo a los pequeños Estados vecinos, en Pesaro, Urbin, Ferrara, Mantua y Milán.

En su obra *Complot contra la Iglesia* (1962), Maurice Pinay apuntaba que esta bula era novedosa en un punto importante: «Esta santa bula trae una importante innovación respecto a las expulsiones de judíos realizadas en los estados cristianos durante los siglos anteriores. Como recordaremos, se ponía a los israelitas ante el dilema de ser expulsados o de convertirse, con el resultado de que la mayoría, para burlar la expulsión, se convertía fingidamente al cristianismo, constituyendo un peligro mayor para la Iglesia y los estados cristianos. San Pío V, sin duda conocedor de esto, decreta ya la expulsión lisa y llana de los Estados Pontificios, sin dejarles el recurso de la conversión con que siempre la burlaron. Se percibe que este santísimo Papa conocía mejor el problema judío que muchos de los jerarcas civiles y religioso que le precedieron[512].»

Los judíos de Aviñón y del Condado Venesino, que habían podido permanecer en esta parte de Francia tras la expulsión ejecutada dos siglos antes, fueron también invitados a abandonar el país.

Todos estos expulsados pidieron asilo en el imperio Otomano donde solían recibir una excelente acogida si de camino lograban evitar ser apresados por los caballeros de la orden de Malta.

«Al finalizar el siglo XIII, los Angevinos, que reinaban en Nápoles, provocaron una conversión general de los judíos de sus dominios, ubicados en las cercanías de la ciudad de Trani. Bajo el nombre de *"neofitos"*, los conversos continuaron viviendo como criptojudíos, por el espacio de más de tres centurias. Su secreta fidelidad al judaísmo fue uno de los motivos por los cuales la Inquisición se volvió activa en Nápoles en el siglo XVI.

---

[512]Maurice Pinay, *Complot contra la Iglesia, Capítulo XLI* (1962), Transcripción pdf de Ediciones Mundo Libre, México, 1985, p. 366, publicado por Omnia Veritas Ltd, www.omnia-veritas.com.

Muchos de ellos murieron en la hoguera, en Roma, en febrero de 1572... Algunos lograron escapar a los Balcanes, donde se incorporaron a las comunidades judías existentes[513].»

Pío V se esforzó también en unir la Cristiandad contra el peligro turco. En 1566, el emperador Maximiliano II había fracasado en su intento de reconquistar Hungría. El sultán Solimán, buscando adueñarse de la isla de Malta, se había topado con la resistencia numantina de los caballeros de Malta y la población, apoyados por el Papa y el rey de España. En 1570, su sucesor Selim II conquistaba la isla de Chipre, diezmando la población sin piedad. Era imperativo detener el avance otomano, por lo que Pío V exhortó los príncipes cristianos a unirse, suscitando de nuevo un gran impulso en la cristiandad.

El 7 de octubre de 1571, los 200 navíos de la Liga Santa, principalmente españoles y venecianos, derrotaron la flota otomana y sus aliados en el golfo de Lepanto. Al terminar la batalla, cuarenta mil turcos habían fallecido. La magnifica victoria de Lepanto frenaba así la expansión musulmana. Pío V murió el 1 de mayo de 1572, unos meses después de la victoria de la flota católica. Fue beatificado cien años después y canonizado en 1712. Sigue siendo hasta el día de hoy uno de los Papas más ilustres de la historia de la Iglesia.

XCVII. La Sinagoga, «ciega y obstinada», 1593

Los judíos, que manifiestamente no guardaban rencor a sus perseguidores, fueron readmitidos por el papa Gregorio XIII, al menos en algunas ciudades de los Estados de la Iglesia como Ravena. Obviamente, esto era porque les interesaba vivir entre los cristianos.

En su bula de 1581, el papa Gregorio XIII (1572-1585) nos informaba de que los judíos solían, el día de Viernes santo, colgar un cordero de una cruz para burlarse de Cristo. Gregorio XIII prohibió otorgar los últimos sacramentos a todo cristiano moribundo que hubiese llamado un médico judío junto a su lecho. El infractor sería luego enterrado en un lugar no consagrado. Esta prescripción era válida para todos, sin distinción de rango, clase o privilegios.

El papa Sixto V (1585-1590), sobornado por los judíos, había permitido a muchos de ellos regresar a Roma, y hacia 1599 se contaba de nuevo cerca de doscientas familias en la ciudad. Sixto V prohibió también a los caballeros de Malta seguir esclavizando los judíos que capturaban en el mar cuando estos viajaban al Levante.

---

[513]Maurice Pinay, *Complot contra la Iglesia*, *Capítulo II* (1962), Transcripción pdf de Ediciones Mundo Libre, México, 1985, p. 139

Los judíos seguían desterrados del reino de Nápoles, pero en Venecia vivía una gran comunidad con cierto esplendor. A diferencia de otros judíos, los israelitas de Venecia llevaban sombreros escarlatas con forro negro.

El papa Clemente VIII (1592-1605) siguió respeto a los judíos el ejemplo de Pablo IV, Pío V y Gregorio XIII. Él también confirmó las medidas de expulsión, permitiéndoles únicamente residir parcialmente en Roma, Ancona y Aviñón donde de hecho tenían que someterse a numerosas restricciones. La bula *Cum hebraeorum malitia* del 25 de febrero de 1593 les prohibía leer el Talmud, favorecer la prostitución, el juego, la receptación, la pederastia y denunciaba la usura de la sinagoga «ciega y obstinada» (*Cœca et obdurata*): «*Cœca et obdurata... pietati christianae pro gratia injuriam reddens, non cessat quotidie tot committere enormes excessus tot detestanda patrare flagitia in prejudicium ipsorum Christi fidelium...*» («El mundo entero sufre de la usura de los judíos, de sus monopolios, de sus engaños. Han reducido a la pobreza a muchos desgraciados, sobre todo labradores, artesanos y los más pobres y esforzados...»). Cuando más tarde, la Santa Sede adquirió los ducados de Urbin y de Ferrara, los judíos que residían en ellos fueron tolerados. Pero mediante una nueva encíclica, Clemente VIII ordenó que se buscara y destruyera en todas partes el Talmud y los libros de la Cábala[514].

En 1597, Felipe II de España los expulsó del ducado de Milán. «En Génova, hacia mediados del siglo XVI, obtuvieron permiso para vivir en los lugares que se les asignaban, para tener allí bancos y casas de empeño. Se permitió a los médicos ejercer la medicina. Debieron de suscitar serias quejas, ya que en 1598 una ordenanza los desterró de la república. Más tarde regresaron, pero vivían con muchas limitaciones y con escasa protección frente a los insultos públicos[515].»

El obispo de Volturara, cerca de Nápoles, Simone Maioli, había publicado en 1615 un tratado titulado *Dierum canicularium (Los Días caniculares)*. En el capítulo titulado *De perfidia Judaeorum*, acusaba explícitamente a los judíos de ser espías y traidores, además de ser los primeros receptadores de objetos robados, proxenetas y traficantes de carne humana:

«"Esos traidores, los más malvados de los hombres, entregan nuestra patria al Turco, nuestros recursos, nuestras fuerzas, y nosotros los toleramos y ¡los alimentamos! Es como arrimar fuego a nuestro pecho, como abrigar allí a la serpiente." ¡Desconfianza, y más desconfianza! pues "la experiencia no deja de demostrar que, desde el primero al último, los

---

[514] Charles Auzias-Turenne, *Revue Catholique des Institutions et du Droit*, octubre 1893. [Sobre la Cábala léase *Psicoanálisis del judaísmo*. (NdT).]
[515] Georges-Bernard Depping, *Les Juifs dans le Moyen-Âge*, (1823), Éd. Wouters, Bruxelles, 1844, p. 311

Judíos persiguen a los cristianos con el odio más implacable; y que, si la ocasión les promete impunidad, se reúnen y se abalanzan sobre ellos en batallón cerrado, parecidos a tropas de harpías que no pueden saciarse de la sangre que chupan." ¡Ah! desconfíen hasta de sus atenciones, hasta de su obsequiosa sumisión; pues tienen mucho más que temer cuando la perfidia se desliza bajo sus atenciones. ¡Miren las miles de formas fraudulentas con las que ocultan la usura! Llevada por ellos, la usura se presta a inimaginables emboscadas para devorarlos; y miren aun: si se encuentran ladrones, malvivientes, mujeres prostitutas, la casa del Judío se abre para ellos y los reconoce como huéspedes (*promptum proebent hospitium*). Que esa gente de rapiña viene a ofrecer al Judío los productos del robo, y que este los compra a precio vil; anima a esos miserables, los estimula y ayuda en sus fechorías. Verdaderos frutos de patíbulo (*furciferi*), azotes de los honestos, carentes de derecho a cualquier tolerancia, los Judíos son, en una palabra, los incitadores y los ayudantes del hijo contra el padre de familia, de la hija contra su madre y del servidor contra su amo. ¡Y cuanto secuaz de la magia no se encuentra entre sus filas[516]!»

Los papas habían tolerado los judíos en los Estados pontificios y en el Condado Venesino, pero les aplicaban los reglamentos de la Iglesia, actualizándolos con severidad cuando los administradores y señores se relajaban o se dejaban corromper. Los judíos deberían haber preferido instalarse masivamente en estos territorios donde no tenían que temer ni persecuciones ni saqueos. De hecho, cuando se producía una reacción sangrienta en cualquier lugar, estos venían a refugiarse al amparo del papado; pero no permanecían por mucho tiempo. El motivo era muy simple: si bien eran protegidos en los Estados pontificios, también estaban estrechamente vigilados y mantenidos apartados. En otros países, al contrario, disfrutaban de cierta libertad de maniobra y podían explotar a los cristianos a su antojo, a pesar de las reacciones de cólera que suscitaban[517].Esto explica por qué, una vez pasada la tormenta, siempre estaban dispuestos a pagar el precio para volver a ser aceptados entre los goyim que despreciaban.

---

[516]Simone Maioli, en Gougenot des Mousseaux. *El Judío, el judaísmo y la judaización de los pueblos cristianos*, p. 109-110. (*Nec libertatem hereditario acquisitam, ita temere prostituere velint*. T. III, pag. 920, col. 2; Moguntiae, 1615: *Hodie etiam apud Judaeos, praesertim in Oriente, quid magia frequentis...Tradunt ipsi Judaici scriptores septuaginta seniores suos, seu Sanhedrin, magiam apprime calluisse, idque, inquit, R. Semoloh, tu praestigiatores eo facilius convincerent!*)

[517] Charles Auzias-Turenne, *Revue Catholique des Institutions et du Droit*, octubre 1893.

XCVIII. La guerra de Vicente Fettmilch

En Fráncfort del Meno, las corporaciones de artesanos reclamaban airadamente la expulsión de los judíos. El pastelero que los encabezaba, Vicente Fettmilch, se calificaba abiertamente a sí mismo como el nuevo Hamán, del nombre del ministro del rey persa Asuero que a principio del siglo V antes de Cristo había acabado ahorcado. Según la leyenda, una judía llamada Ester había seducido el rey e intrigado contra aquel ministro "antisemita". Todo el asunto se había finalmente terminado con la masacre de 75 000 persas a manos de los judíos, tal como se narra en la Torá en el *Libro de Ester*[518].

Una vez más, la exasperación alcanzó su punto álgido. El 1 de septiembre de 1614, los judíos, reunidos en sus casas de oración, oyeron los clamores y los golpes en las puertas de su barrio. Hubo varios muertos y heridos por los dos bandos, pero los partidarios de Vicente Fettmilch triunfaron y durante toda la noche saquearon el barrio judío, allanando y destruyendo todas las casas. Los judíos que no habían logrado ocultarse se refugiaron en el cementerio, temiendo ser masacrados ahí. Los insurrectos los dejaron en la incertidumbre durante todo el día. Por la tarde, los judíos recibieron finalmente la orden de salir de Fráncfort por la puerta de los Pecadores, despojados de todos sus bienes y pertenencias. Casi 1400 judío fueron así expulsados de la ciudad.

Similares disturbios tuvieron lugar en Worms a instigación de un abogado apellidado Chemnitz. En abril de 1615, a pesar de las protestas del Magistrado, las corporaciones de la ciudad, dirigidas por Chemnitz, notificaron a los judíos la orden de abandonar Worms antes del último día de Pascua. El arzobispo de Maguncia y el *landgrave*[519]Luis de Darmstadt autorizaron los judíos a establecerse de forma provisional en las pequeñas ciudades y pueblos de sus dominios. Ante la noticia de los sucesos de Worms, el príncipe elector Federico, amigo del médico judío Zacuto Lusitano, envió infantería, caballería y artillería para reprimir los desórdenes. Chemnitz, junto a varios de sus tenientes, fue encarcelado y, en enero de 1616, por orden del emperador Matías, los judíos de Worms

---

[518] Léase en *El Espejo del judaísmo*. La autenticidad de esta historia es dudosa, pero los judíos festejan cada año esta masacre durante la fiesta de *Purim*.
[519] Landgrave fue un título nobiliario usado normalmente en el Sacro Imperio Romano Germánico y después en los territorios derivados de este, comparable al de príncipe soberano, aunque etimológicamente significa conde de un país, teniendo un deber feudal directamente con el emperador. Su jurisdicción se expandía en ocasiones a extensiones considerables, sin estar sometido a un cargo intermedio, como duque, obispo o conde palatino. El landgrave ejercía derechos de soberanía; su poder de decisión era comparable al de príncipe. (NdT)

pudieron recuperar sus casas.

Dos meses después, los judíos de Fráncfort fueron ellos también reintegrados en sus propiedades. Regresaron casi como triunfadores, precedidos de numerosos comisarios imperiales y al son de la música. Dado que Fráncfort había soportado escenas de pillaje y de crímenes, los autores de estos desordenes fueron más duramente castigados que los agitadores de Worms. Vicente Fettmilch fue ahorcado, su casa arrasada y su familia desterrada. Para indemnizar los judíos de sus pérdidas, la ciudad tuvo que pagarles 175 919 florines.

Tras estos violentos acontecimientos, la comunidad judía de Fráncfort decidió celebrar cada año el día 20 de Adar, el día del castigo del "Haman alemán". Esta fiesta pasó a denominarse el "Purim-Vicente" (del nombre de Fettmilch). Los Alemanes de la región supieron acordarse, dos siglos después, de la arrogancia de la secta incestuosa.

Es de sobra conocido que buena parte de los marranos de España y Portugal se habían exiliado en la Europa del Norte, especialmente en Ámsterdam, Londres y Hamburgo. La comunidad de los judíos portugueses de Hamburgo creció rápidamente en riqueza e influencia[520]. La familia Teixeira, sobre todo, llamaba la atención por su tren de vida lujoso. El fundador de esta casa financiera, Diego Teixeira de Matos, era apodado en Hamburgo – al igual que José de Naxos en Constantinopla – *el rico judío*. Originario de Portugal, este marrano había huido de la península ibérica para regresar al judaísmo una vez desembarcado en Flandes. «Con más de setenta años, se sometió a la operación de circuncisión para convertirse en judío de verdad. Gracias a su riqueza y a sus conexiones con la nobleza y los capitalistas, Diego Teixeira podía pasar por ser aristócrata. Conducía un carruaje forrado de satén y poseía siervos liberados.»

Al lado de la comunidad portuguesa, había en Hamburgo una pequeña comunidad alemana. Los pastores luteranos atacaron entonces con renovado vigor los judíos. Entre ellos destacaba un tal Johannes Müller, el cual sería uno de sus enemigos más acérrimos. Decano de la Iglesia de San Pedro, no cesó de reclamar, entre 1631 y 1644, el cierre de todas las

---

[520] «Cuanto más ganaban peso los judíos portugueses, por su capital y sus conexiones comerciales, entre los hombres de negocios del senado, tanto más rompían los límites trazados por una legislación obtusa. Cuando se fundó el banco de Hamburgo, al que esta ciudad debía su prosperidad comercial (1619-1623), no menos de doce capitalistas judíos lo apoyaron con sus fondos y esfuerzos, como habían hecho los portugueses de Ámsterdam en la formación de las compañías holandesas que comerciaban allende los mares. Los colonos judíos portugueses fundaron ellos solos el importante comercio de Hamburgo con España y Portugal. De ahí que pudieran suponer que el senado, que llevaba las riendas del gobierno, se aviniera a esas violaciones de la legislación.» Heinrich Graetz, *History of the Jews IV*, Philadelphia, The Jewish Publication Society of America, 1894, p. 688–689. (NdT).

sinagogas. Fue apoyado en su campaña por las tres Facultades de Teología de Wittemberg, Estrasburgo y Rostock. Johannes Müller denunciaba la riqueza y la arrogancia de los judíos: «Se pavonean adornados con oro y plata, perlas costosas y piedras preciosas. En sus bodas comen y beben en vajilla de plata, conducen carruajes propios de personas de alto rango y, además, tienen jinetes y muchos seguidores[521].» A los Alemanes sólo les quedaba callarse, aguantar sus innumerables estafas y soportar sus incesantes burlas

XCIX. Francia, 1615-1617

Los ciento-cincuenta años que siguieron la expulsión de los judíos del reino de Francia, en 1394, fueron una liberación. En nuestro país, todo el Renacimiento fue singularmente libre de judíos. Si por alguna casualidad, algunos judíos errantes penetraban en el territorio, éstos siempre debían pagar las debidas tasas en los puentes y en la entrada de las villas. Eran las antiguas tasas de antaño, establecidas especialmente para ellos, «*el impuesto de pezuña hendida*» ("*l'impôt du pied fourchu*"), del que tenemos que dar cuenta de al menos dos ejemplos.

Lucien Rebatet[522], en el semanal *Je Suis Partout* del 17 de febrero de 1939 dedicado a la cuestión judía, desempolvó el siguiente documento. Se trataba del reglamento del peaje de Châteauneuf-sur-Loire, "en virtud de un auto de la Corte del 15 de marzo de 1558". Tras la lista de los animales por los que se debía abonar una tasa se podía leer:

«Por cada buey, cerdo y judío: un sou. Un judío debe: doce denarios. Una judía gorda: nueve denarios. Una judía sencilla: seis denarios. Un judío muerto: cinco sous. Una judía muerta: treinta denarios.» Rebatet añadía: «Confieso que se me escapa el significado de esta última tarifa. ¿Se trata de un error de copia que todos los historiadores pasaron por alto sin

---

[521] Heinrich Graetz, *History of the Jews IV*, Philadelphia, The Jewish Publication Society of America, 1894, p. 690–691.
[522] Lucien Rebatet (1903-1972) fue un escritor, crítico musical y cinematográfico francés formado en las filas de la *Action française*. En 1932 se unió al periódico *Je suis partout* que se declaraba fascista, siendo a partir de 1941 el principal periódico colaboracionista y antisemita francés durante la Ocupación alemana. Acogió con entusiasmo la publicación del panfleto abiertamente antisemita de Céline, *Bagatelles pour un massacre*. Rebatet resultó ser un antisemita virulento. Además de atacar a los judíos, también atacó el comunismo, la democracia y la Iglesia, declarándose abiertamente fascista. En 1942 publicó *Les Décombres*, un feroz panfleto antisemita. Condenado a muerte durante la liberación, pero indultado posteriormente, abandonó la polémica y se dedicó a la crítica cinematográfica y a su carrera de escritor, publicando en 1951 su obra cumbre *Les Deux Étendards*. La crítica suele considerar este libro como una obra maestra de la literatura francesa del siglo XX. (NdT)

pestañear? ¿O quizás sea una broma macabra que por supuesto desaprobamos?»

En el río Sena, en el Saône, en Lyon y Trévoux, países de fronteras, los judíos también eran gravados igual que los cerdos. En el peaje de Montlhéry, un viajero judío pagaba más caro si llevaba con él un candelabro de siete brazos y sus libros en hebreo. Estos peajes siguieron vigentes hasta 1784.

Algunos marranos habían venido a Francia buscando asilo y refugio. Al principio sólo pudieron vivir disfrazados de cristianos. En 1550, el rey Enrique II les había autorizado a permanecer en Burdeos y a practicar sus negocios. También hubo una pequeña comunidad marrana en Bayona y en otras localidades. «Por fuera", escribía Graetz, se comportaban como cristianos, bautizaban a sus hijos, se casaban con la ayuda de sacerdotes cristianos y llevaban nombres cristianos, pero en secreto practicaban el judaísmo[523].» En 1636, Burdeos contaba dos cientos sesenta marranos, y muchos de ellos habían llegado a ocupar altos cargos como médicos, jurisconsultos o escritores.

El rey Luis XIII fue informado de la presencia de judíos en el territorio y decidió poner fin a la situación: mediante una declaración del 23 de abril de 1615, «se ordena a todos los judíos que abandonen el Reino, países, tierras y señoríos bajo la obediencia del Rey, en el plazo de un mes, bajo pena capital y confiscación de sus bienes.» Su Majestad el Rey de Francia desterraba de su reino todos los judíos y les prohibía permanecer en él. Los judíos disponían de un mes de plazo para abandonar el país. A continuación, presentamos un breve extracto de este texto:

«Yo, Luis, por la gracia de Dios, Rey de Francia y Navarra: A todos los que lean estas cartas, saludos.
«Los Reyes, nuestros predecesores, habiendo conservado siempre este hermoso título de Muy Cristianos que hoy poseemos, han aborrecido en consecuencia a todas las Naciones enemigas de este nombre, y especialmente a la de los Judíos, a quienes nunca han querido sufrir en sus Reinos, países, tierras y señoríos bajo su obediencia; incluso desde el tiempo del Rey San Luis de muy loable y feliz memoria, que expulsó completamente de todo el Estado a los que antes había sufrido, en lo cual estamos resueltos a imitarlos tanto como podamos, como en todas las demás excelentes cualidades que los han hecho admirables entre las naciones extranjeras. A fin de no omitir nada que pueda servir a la reputación de este Estado y a la conservación de las bendiciones que a Dios le ha placido concederle, y especialmente porque se nos ha advertido que, en contra de los Edictos y Ordenanzas de nuestros predecesores, los

---

[523] Heinrich Graetz, *Histoire des juifs V*, Éd. Durlacher, Paris, 1897, p. 148

llamados judíos se han disfrazado durante algunos años en varios lugares de nuestro Reino: no pudiendo sufrir la impiedad de esta nación sin cometer una falta muy grande contra la Divina Bondad, ofendida por sus blasfemias ordinarias y reincidentes: Se nos aconseja que lo proveamos y remediemos cuanto antes. Por estas razones: hemos dicho y declarado, querido y ordenado, y presentemente decimos, declaramos, queremos y nos place y ordenamos que todos los judíos que se hallen en nuestro Reino, Países, Tierras y Señoríos de nuestra obediencia, sean requeridos, bajo pena capital y confiscación de sus bienes, para que desalojen y se retiren de aquí incontinentemente, y esto en el tiempo y término de un mes después de la publicación de la presente[524]...»

Debe contarse aquí cómo el joven rey Luis XIII había tomado el poder. Desde su expulsión el 17 de septiembre 1394, no hubo en Francia más judíos hasta la conquista de Alsacia por Luis XIV en 1678. Ni el Rey Sol, ni tampoco ningún soberano europeo, les concedieron jamás el derecho de ciudadanía que únicamente consiguieron a favor del caos general generado por la Revolución francesa.

Tras el asesinato del rey Enrique IV[525], sin embargo, algunos judíos lograron de nuevo infiltrarse en el país bajo la regencia de la reina María de Medecis. Esta había quedado literalmente subyugada por el italiano Concini y su desequilibrada esposa, la pietra e histérica Leonora Dori "Galigai", una mujer caprichosa y avariciosa que padecía epilepsia y

---

[524]*Causes célébres et intéressantes, avec les jugements qui les ont décidées*, recueillis par Mr. François Gayot de Pitaval, avocat au Parlement de Paris, tome dix-neuvième, 1750. Cf: en internet.

[525] Enrique IV de Borbón (1553-1610), nacido en Pau, en una pequeña provincia pirenaica, fue el primer rey de Francia de la Casa de Borbón, la cual reinaría posteriormente en España. Fue rey de Navarra y un príncipe de sangre hugonote, beligerante en las guerras de religión de Francia tras las cuales abjuró su fe protestante. Vencedor de la Liga católica y de España que se negaban a reconocer su legitimidad al trono de Francia, se convirtió finalmente al catolicismo para consolidar su reinado, firmando a su vez el Edicto de Nantes que autorizaba el culto protestante en dicho país. Suya es la famosa y cínica expresión: "París bien vale una misa"(católica). Con 19 años el joven Enrique ya había cambiado tres veces de religión. Fue asesinado por un católico extremista, François Ravaillac, en 1610, cuando preparaba una nueva guerra contra España. Enrique IV es un personaje de la historia de Francia muy controvertido, siendo odiado durante su vida por los dos bandos religiosos a causa de sus conversiones y objeto de culto tras su muerte. También debe su apodo de "Verde-Galante" a su ardor hacia sus 73 amantes oficiales, que le dieron 22 hijos legítimos o no reconocidos que vivieron en la Corte. Sobre el episodio de la Matanza de la San Bartolomé, tras la cual Enrique sobrevivió, y el contexto político religioso francés de la época, el lector puede visionar la excelente película francesa *La Reine Margot* (1994). Miguel Bosé interpreta un formidable Enrique de Lorena, duque de Guisa, histórico y malogrado jefe de la Liga católica y aliado de España. (NdT).

practicaba exorcismos y deshacía hechizos. Durante siete años, de 1610 a 1617, esta pareja de origen extranjero, rodeada de judíos, acumuló una fortuna colosal y reinó de hecho sobre Francia mediante el terror. La fortuna de Leonora Dori era estimada en 15 millones de libras, es decir el equivalente a tres cuartas partes del presupuesto anual de Francia, sin contar aproximadamente un millón de libras en joyas y platería. La impiedad y la corrupción habían gangrenado todo el país. «Nunca se había visto hasta entonces en ese país un poder tan grande, ejercido durante tantos años con semejante falta de escrúpulos», escribía Michel Carmona en su biografía de María de Medecis.

La reacción francesa fue enérgica. El Parlamento de París tramitó solemnemente el edicto de expulsión de los judíos mediante cartas patentes del 12 de mayo de 1615. Se respiraba en el ambiente un clima de guerra civil. Para intimidar a los parisinos, Concini hizo levantar cincuenta horcas en varios puntos de la capital; los guardias franceses habían sido sustituidos por suizos alemanes, poco dados a confraternizar con la población, así como por italianos totalmente fieles y comprometidos con su compatriota.

Fue finalmente el barón de Vitry, capitán de la guardia del rey, quien se encargó de solucionar este funesto asunto con el beneplácito del joven Luis XIII, de sólo 15 años. El 24 de abril de 1617, en el gran patio del Louvre, Vitry y sus guardias se acercaron a Concini, mientras su escolta quedaba rezagada.

«¡En nombre del Rey, está usted bajo arresto!», dijo en voz alta. Los Franceses prepararon sus pistolas y el *signor* Concini recibió tres balazos bien ajustados: uno entre los dos ojos, uno en la garganta y un tercero en el ojo. Para asegurarse de la faena, el cuerpo fue acuchillado antes de ser completamente despojado - joyas, papeles, ropa. El cadáver quedó completamente desnudo.

Desde la sala de los guardias se oyeron las palabras que pronunció Luis XIII: «¡Merci! ¡Grand merci à vous! À cette heure, je suis Roi.» Tras el almuerzo, Luis montó a caballo y dio una vuelta por París, donde fue aclamado por una multitud agradecida. Al día siguiente, el cadáver de Concini, que había sido rápidamente sepultado en la iglesia de Saint Germain l'Auxerrois, fue desenterrado por los Parisinos, molido a palos y arrastrado por las calles de la capital. El cuerpo mutilado fue luego colgado por los pies en una de las horcas que el propio Concini había hecho erigir, y de nuevo golpeado y ultrajado. Se cocinaron algunos trozos de su cadáver y sus restos fueron finalmente calcinados y esparcidos a los cuatro vientos.

Mientras el rey recibía un desfile ininterrumpido de cortesanos y notables que habían acudido para felicitarlo, Leonara Galigai fue detenida y encarcelada. «Enterraba su oro, sus joyas y su platería en su colchón de paja, tumbándose sobre él como un animal protege a su camada», escribía Philippe Erlanger en su biografía de Luis XIII. Se degradó hasta el punto de afirmar que su marido «se lo había merecido», pero esta última bajeza no le salvó la vida. Galigai fue acusada de brujería y la presencia de médicos judíos a su lado, como Filoteo Montalto, tampoco ayudó en su defensa. En aquella época, la cábala, la magia y la brujería eran consideradas equivalentes por todo el mundo. El 8 de julio de 1617 fue condenada a ser decapitada en el patíbulo erigido en la plaza de Grève, decisión que se ejecutó ese mismo día. Su cuerpo y su cabeza fueron reducidos a cenizas.

C. Uriel y Vicente da Costa

Con el despliegue de la Santa Inquisición en toda la península ibérica, algunos marranos prefirieron buscar suerte en América, concretamente en Brasil, México y Perú, donde algunos se enriquecieron en las plantaciones de cañas de azúcar, el comercio de esclavo y explotando algunas de las famosas minas de plata del Potosí[526]. Muchos otros se habían instalado en el norte de Europa, principalmente en Hamburgo, Londres y Ámsterdam. Sabemos que los calvinistas de Flandes y de Holanda, en su guerra contra España, habían sido apoyados financieramente por los judíos, siempre dispuestos a debilitar la Iglesia y las monarquías católicas. «En 1566, entre los instigadores de la resistencia flamenca figuraban los influyentes marranos Marcos Pérez, Martín López y Fernando Bernuy[527].»

Convertidos en república, los Países Bajos se iban a convertir en el principal asilo para los judíos y todas las sectas protestantes de Europa. La religión protestante, especialmente la rama calvinista, congeniaba perfectamente con el espíritu mercantilista y exaltaba el enriquecimiento casi teológicamente. Los Países Bajos se convirtieron durante un tiempo en la primera nación comercial y piratesca de Europa, antes de ser desbancada por Inglaterra. Los valores judíos materialista parecían haber triunfado con el calvinismo y el puritanismo anglosajón.

En 1593, una comunidad judía se había constituido en Ámsterdam. Esta progresó rápidamente gracias en parte a una legislación tolerante que se limitaba únicamente a prohibir a los judíos los matrimonios mixtos y el acceso a los empleos públicos. Pronto los judíos se expandieron por todo el territorio holandés. Integraron esencialmente la banca y el comercio de

---

[526] «*En la primera mitad del siglo XVI, todas las grandes plantaciones de azúcar estaban en manos de los Judíos de Brasil*», Abraham Léon, *La Conception matérialiste de la question juive*, Études et Documentation internationales, 1942, Paris, 1968, p. 106. Léase el capítulo al respecto en *La Mafia judía*.

[527] Leon Poliakov, *Histoire de l'antisémitisme, tome I*, Point Seuil, 1981, p. 212. Léase también en *El Espejo del judaísmo*.

ultramar. Gracias a sus relaciones con los marranos de la América hispánica y del Caribe, levantaron fortunas inmensas a través del tráfico de esclavos y el comercio triangular con África. Ámsterdam era llamada con razón la Nueva Jerusalén[528].

En Ámsterdam, el célebre filósofo Spinoza (1632-1677), vástago de una familia de marranos portugueses, estaba en profundo desacuerdo con su comunidad, siendo finalmente excomulgado en 1656[529]. Pero antes que él, Uriel da Costa (1594-1647), también de origen portugués y de madre judía, había desafiado las autoridades rabínicas de Ámsterdam. Cuando llegó a los Países Bajos para practicar libremente el judaísmo, su decepción fue inmensa. El Pentateuco, con su códice de seiscientos trece mandamientos, no era más que la parte visible de una vegetación parasitaria cuyas ramificaciones invadían todos los recovecos más íntimos de la existencia. Uriel da Costa atacó las prácticas extremadamente meticulosas del judaísmo y se burlaba abiertamente de los rabinos, a los que llamaba *fariseos*. Para él, las religiones eran simples invenciones humanas. Amenazado de excomunión, perseveró sin embargo en esa vía. El colegio de rabinos lo excluyó entonces de la comunidad y sus más próximos parientes y amigos se alejaron de él. Aislado de sus correligionarios y allegados, sin poder relacionarse todavía con sus conciudadanos cristianos porque desconocía el idioma, Da costa publicó en 1623 una obra titulada *Examen de las tradiciones farisaicas*, en la que proclamó su ruptura definitiva con el judaísmo[530].

Los representantes de la comunidad judía de Ámsterdam quemaron el libro, siguiendo su costumbre, y acusaron da Costa de negar y rechazar no solamente las doctrinas judías, sino también las enseñanzas del cristianismo[531]. Fue encarcelado durante varios días y tuvo que pagar una

---

[528] «Felipe II, que murió en septiembre de 1598, aún pudo ver cómo los dos pueblos que quizá más odiaba, los habitantes de los Países Bajos y los judíos, se prestaban apoyo mutuo para destruir la obra que él había perseguido sin descanso. Holanda, enemiga de la intolerancia y el despotismo, garantizó a los judíos portugueses la libertad religiosa. Por su parte, los judíos ayudaron a Holanda a curar los estragos que su lucha contra el rey de España le había acarreado; le proporcionaron los capitales que le permitieron arrebatar el comercio de las Indias a Portugal, aliado de España, y crear las grandes compañías allende los mares que tan rica la hicieron. Los vínculos secretos entre los judíos portugueses y los marranos establecidos en las Indias también favorecieron las empresas holandesas.» Heinrich Graetz, *Histoire des juifs V*, Éd. Durlacher, Paris, 1897, p. 135-136. (NdT).
[529] Sobre Spinoza, léase *Las Esperanzas planetarianas* y *Psicoanálisis del judaísmo*.
[530] Sobre Uriel da Costa léase *El Fanatismo judío*.
[531] En el siglo XII, en París y en Montpellier, los adversarios de Maimónides quemaron sus libros. En el siglo XVIII, los libros de filósofo judío Mendelssohn fueron anatemizados y quemados en varias ciudades de Polonia. En Israel, los evangelios cristianos fueron arrojados a la hoguera el 20 de mayo del 2008 por los estudiantes de

fuerte multa.

Tardó quince años en reconciliarse con la Sinagoga. Pero esta reconciliación duró poco más bien poco. Una vez más, declaró la guerra al judaísmo, y una vez más fue llamado a comparecer ante el colegio rabínico. Sus jueces decidieron que sólo podría librarse de una segunda excomunión sometiéndose a una solemne penitencia. Al principio, por amor propio, se negó a ceder. Pero poco después decidió aceptar la sentencia de los rabinos. Fue conducido a una sinagoga llena de hombres y mujeres, donde tuvo que proclamar públicamente su arrepentimiento. Subido a una tarima, leyó una detallada confesión de todos sus pecados, acusándose de haber transgredido el descanso sabático y las leyes dietéticas, y de haber negado varios artículos de la fe. Tras prometer solemnemente que nunca repetiría sus errores, juró vivir en adelante como un buen israelita. Se retiró a un rincón de la sinagoga, se desnudó hasta la cintura y recibió treinta y nueve latigazos con una correa. Luego se sentó en el suelo y se levantó la sentencia de excomunión. Por último, tuvo que tenderse en el umbral del Templo y dejar que todos los presentes pasaran por encima de su cuerpo.

La rabia que sintió por este trato humillante le hizo sopesar el suicidio, aunque el deseo de vengarse de la persona que consideraba el principal instigador de esta persecución, su hermano o primo, era más fuerte todavía. Para conmover a sus contemporáneos y a la posteridad sobre su desdichada suerte, contaba Heinrich Graetz, Uriel da Costa «escribió su autobiografía y confesión, que no contenía nuevos pensamientos, sino sólo amargura y furiosos ataques contra los judíos, entremezclados con nuevas calumnias contra ellos... Este documento, redactado en medio de los preparativos para la muerte, no respiraba más que venganza contra sus enemigos. Después de terminar su apasionado testamento, cargó dos pistolas y disparó una contra su pariente, que pasaba por su casa. No acertó, así que cerró la puerta de su habitación y se suicidó con la otra arma (abril de 1640). Al penetrar en su residencia tras el aviso del disparo, encontraron sobre la mesa su autobiografía titulada "*Un ejemplo de vida humana*", en la que traía a los judíos y al judaísmo al estrado y atacaba con patéticas sentencias[532]...»

En 1623, el año en que Uriel da Costa había publicado su primer libro, otro da Costa llamado Vicente da Costa, publicaba en Lisboa un libro de 428 páginas en contra de sus antiguos correligionarios: "*Breve discurso contra a herética perfidia do judaísmo*". Su obra fue inmediatamente traducida al castellano bajo el título de *Discurso contra los Judíos*. Los judíos eran descritos como «codiciosos, rebeldes y mentirosos por naturaleza... Sería imposible enumerar todos sus vicios: la envidia, el

---

Yehuda. Léase al respecto en *El Espejo del judaísmo*.
[532]Heinrich Graetz, *History of the Jews V*, Philadelphia, The Jewish Publication Society of America, 1895, p. 64–65

orgullo, sus pretensiones nobiliarias, su lujo ostentoso que despliegan a diario en Portugal y todavía más en Madrid, así como su insolencia y sus *"desafueros"*. La sodomía (a la que dedica un capítulo aparte) proviene de su lascivia natural y la ociosidad en la que se complacen...De hecho, ¡los judíos de África del Norte sodomizan regularmente sus mujeres y sus hijos[533]!»

Daniel Tollet, que publicó el libro en el que recogimos estos testimonios, hacía como si no tomara en serio estas acusaciones a primera vista grotescas. Pero hemos visto, en *Psicoanálisis del judaísmo*, *El Fanatismo judío* y *El Espejo del judaísmo*, que estas prácticas eran efectivamente alentadas por el Talmud y manifiestamente bastante frecuentes dentro de la comunidad, a juzgar por la producción literaria y cinematográfica invasiva del judaísmo, así como por los numerosos problemas de naturaleza psicopatológica dentro de la secta incestuosa.

CI. De vuelta en la España liberada

Gracia a la Santa Inquisición, España, que había expulsado los judíos en 1492, pudo librarse de la influencia deletérea de los marranos, buenos católicos en apariencia, pero quinta columna que intentaba destruir la Iglesia y el país desde dentro[534].

---

[533]Daniel Tollet, *Les Textes judéophobes et judéophiles dans l'Europe chrétienne à l'époque moderne*, Presses Universitaires de France, 2000, p. 30, 34, 39

[534]Los 50 primeros años de la Inquisición fueron los más duros y decisivos. Según el hispanista inglés Henry Kamen, la Inquisición española ejecutó unas 2.000 personas entre 1480 y 1530, casi todos judíos conversos acusados de "judaizar". El historiador Geoffrey Parker cree que, en sus 350 años de existencia, este tribunal causó unos 5.000 muertos. Cuando se habla de cifras mayores, normalmente es porque se suelen contar el conjunto de las personas que fueron procesadas, y se da por hecho que todas fueron ejecutadas o murieron, cuando no es así. Según Jaime Contreras y Gustav Henningsen, que han estudiado la época comprendida entre 1540 y 1700, en que la Inquisición encausó a 49.000 personas, las condenas a muerte se dictaron en un 3,5% de los casos, según los cálculos de Gustav Henningsen, pero solo al 2% de los condenados a morir en la hoguera se les aplicó efectivamente. El resto habían fallecido antes de terminar el proceso, se habían escapado o directamente nunca habían sido capturados. En estos dos últimos casos, se quemaban imágenes de madera en su representación. Por ejemplo, en la mayor ejecución sumarial de la Inquisición, celebrada en 1680, fueron 61 los condenados a morir en la hoguera, de los cuales 34 eran estatuas en representación de los reos. A los que se « arrepentían » se les estrangulaba antes de ser quemados: pocos morían quemados vivos. El resto de los procesados en este periodo de 160 años (es decir más del 96% de ellos) eran castigados con multas o con años en galeras. En aquella época en España, los procesos tenían las siguientes causas: 27% por blasfemias, 24% por mahometismo, 10% por falsos conversos judaizantes, 8% por luteranismo, 8% por brujería y superstición y un 32% por sodomía, bigamia y delitos sexuales del clero.

Pero el problema no había quedado totalmente resuelto, ya que en 1575 un cordobés de familia noble, Diego de Simancas (cuyo seudónimo era *Didacus Velasquez*), famoso jurista, publicaba el *Defensio statuti toletani* (*Defensa del estatuto de pureza de sangre de la Iglesia de Toledo*), en el que insistía en desvelar la "perfidia judía" y acusaba a los conversos de ser falso cristianos. Reconocía que existían conversos sinceros, pero estos debían aceptar pasar por un purgatorio social. Hacia mediados del siglo XVI, los estatutos de pureza de sangre habían adquirido fuerza de ley. El episodio decisivo fue la depuración del cabildo de Toledo, en el que los Nuevos Cristianos se habían atrincherado.

El hombre que les declaró la guerra fue Juan Martínez Siliceo (1485-1557), arzobispo de Toledo, proveniente de una familia modesta de labradores *cristianos viejos* de Extremadura. Formado en París, fue el preceptor del joven rey Felipe II, antes de ser nombrado arzobispo de Toledo en 1544 y cardenal por el papa Pablo IV en 1555. Defendió con ardor este concepto de "pureza de sangre". Juan Martínez Siliceo fue también el primero en haber pensado que el Cristo no era de sangre judía[535]. Durante el trámite de admisión en una Orden o Colegio, una investigación era llevada a cabo a costa del candidato para establecer su no-pertenencia a la «raza judía».

Notemos aquí que *la limpieza de sangre* era propia a cada institución y

---

Podemos encontrar marranos en distintas categorías aparte del 10% de judaizantes, como en las causas por blasfemias, brujería o delitos sexuales, por lo que quizás el número de marranos procesados fuera más alto todavía. En cualquier caso, hasta el año 1700 parece imposible que murieran condenados por la Inquisición más de 4000 marranos, sea directa o indirectamente. Todas estas causas eran consideradas crímenes en toda Europa, también en los tribunales civiles, municipales, regionales, etc... Incluso en España algunos de estos delitos podían ser juzgados también por los tribunales civiles, que eran más severos. Tanto es así que algunos detenidos en tribunales civiles blasfemaban para ser juzgados por la Inquisición, por considerarla más "benigna". César Cervera señala que a pesar de la imagen que ha trascendido, la Inquisición española ofrecía unas garantías procesales más amplias que los tribunales ordinarios y, de hecho, ejecutaba menos. Para empezar, la Inquisición recurría a la tortura en escasas ocasiones, y siempre bajo supervisión de un inquisidor que tenía orden de evitar daños permanentes, a menudo junto a un médico, en contraste con las salvajes torturas aplicadas por las autoridades civiles por toda Europa. El desarrollo de la tortura era registrado escrupulosamente por los secretarios, incluyendo los quejidos y exclamaciones proferidas por las víctimas. Las confesiones obtenidas durante el tormento no eran válidas por sí mismas y debían ser ratificadas, fuera de él, en las veinticuatro horas siguientes. La leyenda negra española ha pervivido hasta nuestros días, pero afortunadamente muchos estudios contemporáneos la han totalmente desmitificado. (NdT).

[535]Léon Poliakov, *Les Juifs dans notre histoire*, Science Flammarion, 1973, p. 57. En el siglo XIX, Houston Stewart Chamberlain retomaría este tema en su obra *La Génesis del siglo XIX*.

que nunca fue generalizada en todo el Estado español. Una memoria redactada hacia 1600 precisaba que existía en España dos tipos de nobleza: una mayor, que era la hidalguía, y una menor, *la limpieza*. Se estimaba más un plebeyo *limpio* que un hidalgo *no limpio*. De modo que todos los campesinos españoles se consideraban con orgullo legítimamente de sangre noble.

El "Estatuto de limpieza de sangre" español tuvo cierta influencia en Europa. En Francia, Joaquín de Bellay (1522-1560) aconsejaba al rey preservar la pureza de su aristocracia:

«Y no permita la sangre menos audaz que una sangre más generosa bastardee. Porque si somos tan cuidadosos en preservar la raza de los buenos caballos y de los buenos perros de caza, ¿cuánto más debe un Rey proveer cuidadosamente a la raza, que es su principal poder?»

Pero esta idea de pureza de sangre nunca alcanzaría tanta importancia en Francia, Alemania e Inglaterra, como sí la tuvo en la España infiltrada por los marranos. La orden de los jesuitas había tomado medidas para impedir la infiltración de criptojudíos y la destrucción de la Compañía desde dentro. Únicamente en tiempos de su fundador, Ignacio de Loyola, no se tuvo en cuenta la limpieza de sangre. A continuación, la Compañía de Jesús consideró que los judíos conversos eran siempre algo impuros, *maculados,* cuya sangre venía manchada (*macula*). No convenía por lo tanto que pudiesen acceder a cargos y honores públicos de cristianos, especialmente el sacerdocio.

El hecho es que numerosos marranos no dudaban en declararse «más cristianos que los cristianos», «más españoles que los españoles», pero deseando en su fuero interno la destrucción de la Iglesia y de España, rezando por una invasión turca o protestante. La desconfianza de los españoles era por tanto legítima, aunque existiera ciertamente, ya lo vimos, numerosos judíos que habían abandonado sinceramente el judaísmo. Pero una vez más, como pusimos en evidencia en nuestras anteriores obras, debemos insistir en que la sinceridad de un judío converso sólo se juzga por el grado de su antijudaísmo.

Tres fechas marcaron la historia de la Compañía de Jesús en este sentido. En 1593, primero, tras la muerte de Ignacio de Loyola, la Convención de la Orden dejó de admitir en su seno «cualquier cristiano de ascendencia judía»; en 1608, un decreto estipuló que los novicios debían demostrar que no tenían sangre judía desde cinco generaciones atrás; en 1623, finalmente, una enmienda al decreto anterior redujo la exigencia a cuatro generaciones.

De tal forma que R.P. Koch, en su obra *Jesuiten-Lexikon*, podía escribir con satisfacción en 1934 (un año después del triunfo del Partido Nacional Socialista de Alemania): «De todas las ordenes, la Compañía de Jesús tiene las reglas que mejor la protegen contra la influencia judía.»

CII. Bogdán Jmelnitski, 1648

En 1648, un levantamiento general contra los judíos estalló en Europa oriental durante las guerras libradas por los Cosacos de Bogdán Jmelnitski contra el reino polaco. Los cabalistas de aquella época habían previsto que el Mesías aparecería ese año, pero una vez más no fue así.

La Polonia católica dominaba entonces toda la región que se extendía desde el mar báltico hasta el mar negro, y una parte de Ucrania estaba bajo su dominio. Los Cosacos, de religión cristiana ortodoxa, constituían en aquellas tierras una especie de barrera contra los turcos y los tártaros. Numerosos judíos ocupaban las funciones de administradores y recaudadores de impuestos para la aristocracia polaca. Ocupaban también funciones de regidores de fincas señoriales, mientras los ucranianos permanecían en el estado de campesinos prácticamente esclavizados, viviendo en condiciones realmente difíciles. De hecho, en Ucrania, los judíos eran los cómplices de la nobleza polaca y oprimían los Cosacos y los campesinos ucranianos. En 1638, tuvo lugar un primer levantamiento de los Cosacos de Zaporiyia conducidos por su jefe el *hetman* Pawliuk. Dos cientos judíos fueron aniquilados y varias sinagogas arrasadas.

Tras la muerte del rey polaco Ladislao, durante el interregno (mayo-octubre 1648), Polonia cayó en la anarquía y un levantamiento general se produjo en ese momento liderado por Bogdán Jmelnitski. El jefe de los Cosacos era un guerrero valiente y un avezado estratega que logró derrotar una primera vez el ejército polaco. Tras esta victoria, los Cosacos invadieron las ciudades situadas al este del río Dniéper, entre Kiev y Poltava, saqueando y masacrando los judíos a su paso. Para huir de la muerte, cuatro comunidades judías que englobaban tres mil almas fueron transferidas a Crimea y rescatadas (compradas) por sus correligionarios turcos. A fin de reunir los hombres necesarios para la compra de la libertad de todos los prisioneros, la comunidad de Constantinopla había enviado un delegado a los Países Bajos para recaudar ayuda y subsidios.

Jmelnitski procuró que sus tenientes y sus tropas arrasaran las provincias polacas, los cuales acometieron grandes masacres de polacos y judíos. Morosenko era uno de los jefes que encabezaba la revuelta. Otro jefe, Ganja, marchó contra la fortaleza de Nemirov, donde se hallaban resguardados 6000 judíos. Estos fueron atacados por los Cosacos con la ayuda de los católicos griegos de la ciudad que los odiaban todavía más. Los judíos fueron todos pasados por las armas, degollados.

En Tulezyn, había 6000 cristianos y unos 2000 judíos dispuestos a vender cara su vida. El odio de los polacos católicos hacia los judíos era sin duda igual de fuerte que el de los Cosacos, pues estos iniciaron unas negociaciones declarando a los nobles polacos que estaban dispuestos a retirarse si se les entregaba sus antiguos opresores. Tras llegar a un acuerdo, las puertas de la ciudad fueron abiertas y los judíos tuvieron que combatir solos por sus vidas contra sus enemigos.

Otros insurrectos conducidos por Hodki penetraron en la Pequeña Rusia y mataron numerosos judíos en Gómel, Starodub, Chernígoc y otras ciudades situadas al oeste y norte de Kiev. Durante diez años de guerra (1648-1658), más de trescientas comunidades judías fueron destruidas en Polonia y más de 250 000 judíos hallaron la muerte[536]. El historiador judío Poliakov estimaba por su parte el número de muertos en 100 000. Pero una cosa parece clara: ya no había ningún judío en la orilla izquierda del Dniéper.

Más tarde, las desavenencias entre los Cosacos y los campesinos, por un lado, y los judíos, del otro, crecieron todavía más. Los judíos seguían arruinando los campesinos con su usura y diversas prácticas, pues se habían convertido ahora en vendedores de alcohol. El ingenuo campesino, que aceptaba un préstamo para pasar un buen rato en la taberna del pueblo, terminaba luego arruinado, obligado a vender sus tierras, su granja y sus animales.

Un nuevo ajuste de cuentas tuvo lugar con un levantamiento que estalló en Ucrania contra los judíos en 1734. En 1768 se produjo la matanza de Uman. Los Jaidamakas (Cosacos y campesinos ucranianos), dirigidos por el *ataman* Iván Gonta, degollaron miles de judíos en la ciudad de Uman. El jefe Basilio Vochtchilo se proclamaba a sí mismo de la siguiente forma: «Ataman Vochtchilo, nieto de Jmelnitski, gran hetman de tropas, encargado del exterminio de la judería y de la defensa de la cristiandad.» Acusaba vehementemente los judíos de asesinatos, de blasfemias, de violaciones de cristianas, etc: «Impulsado por mi amor a la santa fe cristiana, decidí, junto con otros hombres de bien, exterminar al maldito pueblo judío y, con la ayuda de Dios, ya he destruido a los judíos de los distritos de Kritshchev y Popoysk. Aunque los judíos armaron a las tropas gubernamentales contra mí, la justicia de Dios me protegió en todo momento.»

Ya en aquella época los proxenetas y esclavistas judíos daban de qué hablar en las dos orillas del Mar Negro. En el siglo XVII, los judíos del Imperio otomano se habían especializado en la venta de esclavos formados a toda clase de depravaciones y en el comercio de mujeres. Por lo visto, los prostíbulos ya les pertenecían exclusivamente, pues «había en

---

[536]El número de víctimas judías fue estimado en 500 000, hasta ser dividido por 10 por un investigador judío contemporáneo llamado Jonathan Israel (*European Jewry*, Oxford, 1985), in Israel Shamir, *L'autre Visage d'Israel*, Éditions Al Qalam, 2004. Shamir añadía: «La misma disminución ya se produjo en la época del pogromo de Chisináu [en 1903]. Al principio, las organizaciones y los testigos judíos reivindicaron quinientos muertos. La cifra se desplomó a continuación para alcanzar 48, es decir diez veces menos.»

Constantinopla Judíos que no tenían otra función que verificar la virginidad de las jóvenes mujeres vendidas como carne de placer[537].»

CIII. William Prynne, 1656

Los judíos, expulsados de Inglaterra en 1290 por el rey Eduardo, intentaron regresar en el país a raíz de las conmociones políticas ocasionadas por la revolución de 1648, tras la decapitación del rey Carlos I. Menasseh ben Israel, escritor, erudito, diplomático e impresor en Ámsterdam, provenía él también de una familia de conversos portugueses que habían regresado abiertamente al judaísmo en los Países Bajos. En el otoño del año 1655, viajó a Londres, acompañado de varios correligionarios, a fin de convencer Cromwell de aceptar de nuevo a los judíos. El regicida los acogió con gran cordialidad: «Fue recibido amistosamente por Cromwell y se le concedió una residencia. Entre sus compañeros estaba Jacob Sasportas, un hombre culto, acostumbrado a relacionarse con personas de alto rango, que había sido rabino en ciudades africanas. Otros judíos le acompañaron con la esperanza de que la admisión de los judíos no encontrara dificultades. Algunos judíos secretos de España y Portugal ya estaban domiciliados en Londres, entre ellos el rico y respetado Fernández Carvajal[538]», informaba Heinrich Graetz.

El alegato de Menasseh ben Israel produjo una impresión favorable en Cromwell y algunos miembros influyentes de los círculos puritanos[539], de modo que en 1656 Cromwell decidió autorizar de nuevo la estancia a los judíos en Inglaterra. «Cromwell se inclinó decididamente por la admisión de los judíos. Es posible que tuviera en cuenta la probabilidad de que el extenso comercio y capital de los judíos españoles y portugueses, aquellos que profesaban el judaísmo abierta y secretamente, pudieran ser llevados a Inglaterra, que en ese momento aún no podía competir con Holanda... Pero lo que más le influyó fue el deseo religioso de ganar a los judíos para el cristianismo mediante un trato amistoso. Pensaba que el cristianismo, tal como lo predicaban en Inglaterra los Independientes, sin idolatría ni superstición, cautivaría a los judíos, hasta entonces disuadidos del cristianismo. Cromwell y Manasseh ben Israel coincidían en una razón inexpresada, visionaria y mesiánica para la admisión de los judíos en Inglaterra. El rabino cabalista pensaba que, como consecuencia del

---

[537] M. Yarden, en *Les Chrètiens devant le fait juif*, Éd. Beauchesne, Paris, 1929, p. 131, en Georges Valensin, *La Vie sexuelle juive*, p. 65, 66
[538] Heinrich Graetz, *History of the Jews V*, Philadelphia, The Jewish Publication Society of America, 1895, p. 38
[539] Léase de nuevo nota 490. (NdT).

asentamiento de los judíos en las islas británicas, comenzaría la Redención Mesiánica, y el protector puritano creía a su vez que los judíos aceptarían el cristianismo en gran número, y entonces llegaría el tiempo de un pastor y un rebaño[540]», explicaba Graetz. Su decisión vino además precedida de un incidente: un rico mercader portugués llamado Robles había sido citado ante la justicia acusado de ser papista. Dado que Inglaterra estaba en guerra con Portugal, su fortuna quedó confiscada. Pero gracias a la iniciativa de Cromwell, el Consejo de Estado levantó el embargo ya que el encausado era en realidad judío, y no un católico. Esto significaba reconocer implícitamente que los judíos ya tenían derecho a permanecer de facto en Inglaterra.

Los marranos establecidos en Londres se apresuraron en quitarse la máscara del cristianismo. En febrero de 1657, pudieron incluso comprar un cementerio especial para los miembros de su comunidad. Fueron también autorizados a celebrar públicamente sus fiestas y a practicar su culto en una casa privada. Cromwell no pudo mostrarse más liberal en ese momento porque el clero y el pueblo eran unánimes en su rechazo a admitir los judíos en el reino. Siguieron siendo considerados como extranjeros y, por consiguiente, gravados con impuestos más elevados.

El principal adversario de los judíos era entonces William Prynne, un publicista muy popular a mediados del siglo XVII. Prynne, que dejó tras de sí cerca de dos cientos libros y panfletos, había alzado la voz contra la readmisión de los judíos en el país. En un libelo de 1656, *A short Demurrer to the Jewes...* (*Una breve objeción a los judíos...*), retomaba la acusación contra ellos de asesinato ritual y reunía todos los decretos promulgados contra ellos en la Edad Media. Estos eran «una raza de malhechores, una generación de víboras que hacían el mal con avidez y a manos juntas, según todas las naciones que les rodeaban, igual de malignas o peor aún que Sodoma y Gomorra[541].»

De modo que, a mediados del siglo XVIII, Inglaterra albergaba unos 22 000 judíos, de los cuales veinte mil eran Asquenazíes. En 1753, la Cámara de los Comunes votó la "Bula judía" que concedía facilidades de naturalización a los judíos instalados en el país desde tres cientos años y cuyos hijos habían nacido en suelo inglés. Pero la ley fue rechazada el año siguiente por el rey Jorge III que había promulgado un edicto que estipulaba que los oficiales del ejército, los funcionarios y los miembros del parlamento tenían que prestar juramento: "Sobre mi fe cristiana".

---

[540] Heinrich Graetz, *History of the Jews V*, Philadelphia, The Jewish Publication Society of America, 1895, p. 43
[541] Daniel Tollet, *Les Textes judéophobes et judéophiles dans l'Europe chrétienne à l'époque moderne*, Presses universitaires de France, 2000, p. 172

CIV. La expulsión de Austria, 1670

En España y Portugal, el problema de los marranos todavía no había quedado resuelto a mitad de siglo. En Lisboa, el marrano Manuel Fernando da Villa-Real, quien dirigió durante cierto tiempo el consulado portugués en París, fue encarcelado a su regreso a Portugal, sometido a la tortura y ejecutado (1 de diciembre de 1652). En Cuenca, el 29 de junio de 1654, cincuenta y siete cristianos judaizantes fueron llevados en un solo día al auto de fe y diez fueron quemados vivos. «Entre ellos había un hombre distinguido, Baltasar López de Valladolid, que había amasado una fortuna de 100.000 ducados. Había emigrado a Bayona, donde se toleraba una pequeña comunidad de antiguos marranos, y había regresado a España con el propósito de persuadir a un sobrino de que volviera al judaísmo. Fue apresado por la Inquisición, torturado y condenado a muerte por el ronzal y la hoguera. De camino al patíbulo, Baltasar López ridiculizó a la Inquisición y al cristianismo. Exclamó al verdugo que estaba a punto de atarle: "No creo en vuestro Cristo, aunque me atéis", y tiró al suelo la cruz que le habían impuesto[542].»

España era gobernada por Mariana de Austria, la viuda de Felipe IV (fallecido en 1665), la cual había elevado su confesor, el jesuita alemán Neidhard, a la dignidad de Inquisidor general y Primer Ministro. En 1669, a raíz de varias quejas de víctimas, la reina decidió expulsar los judíos que vivían en el norte de África, en Orán y algunas otras localidades. El gobernador les dio un plazo de ocho días, justo antes de la Pascua (finales de abril de 1669). Los exiliados tuvieron que vender sus pertenencias e inmuebles a precios irrisorios. La mayoría pudo instalarse al otro lado del mediterráneo, en Saboya, Niza y Villefranche.

Su hija, Margarita Teresa, la emperatriz de Alemania, no tardó en imitar el ejemplo de su madre y decretó la expulsión de los judíos de Viena y del archiducado de Austria donde se habían de nuevo introducido. En aquella época, Viena se había convertido en la residencia de los emperadores germánicos. En la Edad Media, los judíos habían sido expulsados, pero a lo largo del siglo XVI, una nueva comunidad se había reconstituido allí. Los emperadores habían autorizado a los judíos a instalarse, «porque entre ellos, escribía el historiador judío Simon Dubnow, figuraban muchos hombres muy ricos que habían financiado el gobierno con dinero y créditos». Pero se temía con razón su espíritu de traición a favor de potencias extranjeras, especialmente el imperio otomano.

Tras una larga resistencia del emperador Leopoldo I, los jesuitas

---

[542] Heinrich Graetz, *History of the Jews V*, Philadelphia, The Jewish Publication Society of America, 1895, p. 91–92

lograron finalmente convencerlo y, el 14 de febrero de 1670, una orden de expulsión fue emitida contra los judíos que les obligaba a abandonar Viena y sus aledaños. Los judíos solicitaron la intervención de uno de sus correligionarios más rico e influyente de aquel tiempo, Manuel Teixeira, representante de la reina Cristina de Suecia en Viena. Teixiera contactó algunos Grandes de España con los que mantenía relación para pedirles interceder a su favor ante el confesor de la emperatriz. También se dirigió al poderoso y hábil cardenal Azzolino, en Roma, amigo de la reina Cristina. Esta, desde su conversión, gozaba de gran crédito en el mundo católico y había prometido su apoyo a Teixeira. Pero su intervención fue inútil, y el emperador, o más bien la emperatriz, mantuvo el edicto de expulsión. El Magistrado de Viena compró el barrio judío por cien mil florines y lo rebautizó *Leopolstadt*, en honor al emperador. En el emplazamiento de la sinagoga se erigió una iglesia cuya primera piedra fue colocada por Leopoldo en persona, el 18 de agosto de 1670.

Los exiliados se esparcieron por Moravia, Baviera -donde se les autorizó establecerse provisionalmente — en Praga y en Berlín; Hungría los vetó. Pero unos años después, los judíos consiguieron hacerse readmitir en Viena a cambio de una gran cantidad de oro.

Aquel año tuvo lugar un nuevo caso de crimen ritual. Este implicaba un comerciante de animales de Boulay, en Lorena, llamado Rafael Levy. El 5 de septiembre de 1669, Rafel Levy había viajado a Metz para realizar unas compras a fin de celebrar el año nuevo judío. Ese mismo día, en Glatigny, pueblo situado en la carretera que llevaba de Boulay a Metz, una madre se percató de la desaparición de su hijo, el pequeño Didier Le Moyne, de tres años. Poco después, el niño fue hallado en un bosque espantosamente mutilado. Un jinete afirmó más tarde haber visto el mercader judío llevar el niño bajo su manto. En 1670, Rafael Levy fue sentenciado por el parlamento de Metz a ser torturado y ejecutado. El 17 de enero de 1670, el judío fue quemado vivo en Glatigny por su horrible crimen.

CV. Madrid, 30 de junio de 1680

España, que tanto había sufrido de la presencia de los judíos desde la alta Edad media, estaba decidida a extirpar definitivamente el veneno marrano de su territorio. En 1674, un monje franciscano llamado Francisco de Torrejoncillo, prior de varios conventos de la orden de San Francisco, publicaba el libro *Centinela contra judíos*. La obra se dividía en catorce capítulos y trataba de demostrar que los judíos eran presuntuosos y mendaces, que siempre habían sido traidores, que aquellos que los favorecían acababan mal, que no se debía creer en ellos ni en sus obras, que eran bulliciosos, vanidosos y sediciosos, y que la Iglesia únicamente los preservaba para que pudieran engendrar el Anticristo, su mesías, el cual sería finalmente vencido al final de los tiempos.

Torrejoncillo constataba además que no era necesario tener dos padres judíos para sentirse completamente judío. El autor hablaba aquí de la influencia deletérea de la "sangre judía", aunque en realidad sólo se trataba del "espíritu judío", el cual se transmite de generación en generación, y que puede incluso llegar a infectar auténticos gentiles mediante contagio histórico[543]: «Negando la venida del Mesías, persiguen con motines y celadas[544] a los cristianos; y para venir esto casi por generación, como si fuera pecado original, a ser enemigos de cristianos, de Cristo y de su Ley Divina, no es necesario ser de padre y madre judíos, uno solo basta: no importa que no lo sea el padre, basta la madre, y ésta aún no entera, pues basta la mitad, y ni aún tanto, basta un cuarto, y aún un octavo. Y la Santa Inquisición ha descubierto en nuestros tiempos que hasta distantes de veinte y un grados se han conocido judaizar[545]». Y es «que el pecado del padre es muerte del hijo; y así como en la semilla se incluye y encierra todo el árbol, así en el padre y en sus vicios están depositados los que los hijos han de tener. Consiguientemente hablando, tales propiedades, y tan mala inclinaciones, como el Antecristo ha de tener fuerza, es que se deriven de padres judíos y conversos, de ruines y bajos pensamientos, en cuyo linaje se hallan muchos judaizantes, y quemados a quienes el Santo Tribunal de la Inquisición ha penitenciado en diferentes ocasiones.» Francisco de Torrejoncillo añadía incluso: «Y en los palacios de los reyes y de muchos príncipes, las amas que se eligen para criar a sus hijos han de ser cristianas viejas, porque los hijos de los príncipes no es justo que sean criados por la vileza judaica, porque aquella leche, como de personas infectas, es imposible que engendre sino perversas inclinaciones[546].»

---

[543] Para comprender la naturaleza típicamente histérica del judaísmo es preciso leer nuestros anteriores libros, especialmente *Psicoanálisis del judaísmo*.

[544] Engaños, emboscadas. NdT.

[545] En realidad, la identidad judía es mucho más frágil y lábil de lo que creía Francisco de Torrejoncillo. Pues basta con observar el número de judíos que se vuelven contra la secta. Son sobre todo los rabinos quienes afirman que un judío sólo puede seguir siendo judío.

[546] Francisco de Torrejoncillo, *Centinela contra Judíos, puesta en la Torre de la Iglesia de Dios* (1674), Josep Giralt Impresor, Barcelona año 1731, p. 60, 210, 206. Los casos de judaizantes aparecieron incluso bien entrado el siglo XVIII, prueba del fanático atavismo racial y espiritual que genera el supremacismo judío. Un reciente estudio universitario da cuenta del último caso registrado por el Tribunal de la Santa Inquisición en el siglo XVIII. He aquí unos extractos del estudio:

«La documentación muestra cómo los procesados formaban parte de familias extensas con complejas relaciones clientelares y unidas a otros núcleos familiares por vínculos de parentesco, consanguíneos o ficticios, con intereses comunes que se hacían más fuertes al compartir un secreto, el del judaísmo. En esa estrategia, la pieza clave fue el matrimonio, con la celebración de enlaces en los que se advierte hasta un triple nivel

España estaba entonces gobernada por el joven rey Carlos II el "Hechizado", último rey de la Casa de Austria. Por orden suya, el gran inquisidor Diego Sarmiento de Valladares requirió a todos los tribunales de España que enviasen a Madrid todos los heréticos condenados. Un mes antes de la fecha fijada, los heraldos anunciaron solemnemente a los habitantes de la capital la ejecución de los traidores. Durante varias semanas se trabajó en la erección de estrados para la corte, la nobleza, el clero y el pueblo llano.

El día esperado, el 30 de junio de 1680, ciento dieciocho personas de todas las edades, entre ellas setenta marranos, descalzos y vestidos con el San Benito y con un cirio en la mano, fueron conducidos a primera hora de la mañana al lugar de la ejecución, flanqueados por clérigos y caballeros situados en medio de la multitud del pueblo. El rey, la reina, las damas de la corte, los altos dignatarios y toda la nobleza presenciaron el espectáculo desde primeras horas de la mañana hasta la noche. Después de todo lo que habían sufrido a manos de los judíos, los cristianos se tomaron su venganza.

---

endogámico: territorial -aunque el territorio era a menudo lejano-, socioeconómico y étnico. Hemos podido constatar que esta costumbre estaba generalizada: buscaban en Portugal a quienes compartían su secreto, a los de la "casta". Al igual que los judíos, nuestros protagonistas evitaban los matrimonios con mujeres gentiles o *goyoth:* los varones acudían a los *solares familiares* en busca del "origen primitivo" ... Alternativamente -o tal vez en primera instancia- se recurría a conocidos que actuaban de *alcahuetes* para buscar una mujer de la "casta" dispuesta a casarse...»
«En conclusión, reconocemos entre nuestros protagonistas a individuos con diferentes niveles de renta: ambulantes, tenderos, artesanos e incluso un médico y un maestro. Sin embargo, el oficio más frecuente fue el de zapatero (y curtidor), que identificaba a la mitad de los procesados de los que tenemos datos. Muchos de ellos presentaban, además, como método de salvaguarda personal y familiar, un doble perfil, esto es, el ejercicio de un oficio mecánico y la práctica del comercio y la manipulación del dinero. Eran, en su mayoría, productores independientes que recibían un precio por sus productos y que establecían en sus relaciones comerciales mecanismos de dependencia familiar y clientelismo permitiendo que el comercio se desarrollara de forma segura y firme. Además, se aprovechaban de la movilidad: con la excusa del desplazamiento estrechaban lazos y afirmaban su solidaridad, alertándose de los peligros y preparando la huida en caso de necesidad.»
«Parece así que pudo existir, efectivamente, una arraigada pervivencia de creencias y prácticas de la fe judaica entre nuestros procesados: rituales, ceremonias, críticas religiosas al cristianismo, oraciones, prácticas dietéticas, introducción a la literatura religiosa prohibida, fugas en busca de tierras de libertad... Esto es: creencias que habrían resistido y que no fueron capaces de borrar el adoctrinamiento cristiano ni el miedo pedagógicamente administrado por el Santo Oficio.» *Serranía críptica: la última gran persecución contra judaizantes en la España del siglo XVIII*, José Luis Buitrago González, Universidad Autónoma de Madrid, p. 17-18, 22-23, 44. (NdT).

CVI. Johann Andreas Eisenmenger

La cuestión judía estaba en mente de todos en Alemania. Un protestante de Frigia, Jacob Geusius, eclesiástico y médico, había publicado dos libelos, *Anan y Caifás huidos del infierno* y *Sacrificios humanos*, en los que había pormenorizado todos los crímenes que habían cometido los judíos desde los tiempos de Apión y Tácito hasta los testimonios relatados por Bernardino de Feltre en la historia del martirio del niño Simón de Trento.

Quince años más tarde, en 1697, el predicador Paolo Medici, un apóstata originario de Livorno, publicaba un folleto en el que denunciaba él también los asesinatos rituales cometidos por los judíos. Durante cuarenta años, recorrió Italia para alertar y poner sobre aviso a todos los habitantes contra la secta incestuosa[547].

Johann Christof Wagenseil, nacido en Nuremberg, gran erudito y profesor de historia y de hebreo en la universidad de Altdorf, emprendió la recopilación de todas las obras judías que contenían ataques contra el cristianismo. A fin de reunir el mayor número posible de estos documentos anticristianos, Wagenseil viajó hasta España y África. Publicó en 1681 el fruto de sus investigaciones en una obra que tituló: *Las redes de fuego de Satanás (Tela Ignea Satanæ, sive Arcani et Horribiles Judæorum Adversus Christum, Deum, et Christianam Religionem Libri).* Wagenseil quería simplemente que los judíos fueran llevados al cristianismo mediante la persuasión. En 1703, publicó en Altdorf un libro, *Denunciatio Christiana de Blasphemiis Judæorum in Jesum Christum*, que dedicó a altas personalidades del Imperio, suplicándoles que pusieran freno al avance del poderío y orgullo de los judíos. También había publicado algunas otras obras acerca del judaísmo, incluida una traducción latina del tratado talmúdico *Sotah* (Altdorf, 1674), o su *Disputatio Circularis de Judæis* (Altdorf, 1705).

A principio del siglo XVIII, un bibliógrafo alemán llamado J.C. Wolf enumeró en su *Bibliothecae Hebraeae* más de un millar de obras de *Scriptores Anti-Judaici*. Esta lista era sin duda incompleta, pero demostraba que la cuestión judía preocupaba seriamente los espíritus en Alemania. Los panfletos, cuyo prototipo había sido establecido por Lutero, tenían todos títulos explícitos: *El Enemigo de los Judíos, La Plaga Judía, Practicas judías, Pequeño Repertorio de las horribles blasfemias judías, Bolso de serpientes judías*, etc.

Johann Andreas Eisenmenger tuvo mucha más influencia. Cristiano protestante alemán, destacó en su juventud en el colegio de Heidelberg por su celo en el estudio del hebreo y de las lenguas semíticas. Fue profesor

---

[547] Jean Delumeau, *La Peur en Occident*, Fayard, 1978

de lenguas orientales, de hebreo, árabe y arameo en Heidelberg y, durante veinte años, estudió la literatura talmúdica. El Talmud de los rabinos era desde hacía tiempo «la única autoridad reconocida» en el judaísmo, hasta el punto de que había hecho «casi olvidar por completo la Biblia», escribía Graetz. Pues si bien «se encontraban hombres desprejuiciados, que sentían y expresaban dudas en cuanto a la verdad del judaísmo en su forma rabínica y cabalística posterior...tales investigadores, por supuesto, no se encontraban entre los judíos alemanes y polacos, ni entre los asiáticos; éstos consideraban cada letra del Talmud y del Zohar, cada ley del código (*Shulján Aruj*) como la palabra inviolable de Dios[548].»

Eisenmenger colectó todas las citas halladas en 193 obras que le sirvieron para escribir su libro en dos volúmenes: *Entdecktes Judenthum (El Judaísmo desvelado)*, que fue durante mucho tiempo la fuente de todos los críticos del Talmud y del judaísmo. El libro también se presentaba bajo un título secundario: *Informe verdadero y sincero sobre la forma en que los empedernidos judíos profieren blasfemias atroces contra la Trinidad, insultan a la santa madre de Cristo, al Nuevo Testamento, a los Evangelistas y a los Apóstoles, se burlan de la religión cristiana y muestran su desprecio y horror por el cristianismo.*

En esta obra de 2000 páginas, Eisenmenger refería todos los casos de asesinatos rituales y todas las fechorías que habían provocado las innumerables expulsiones de judíos. Notemos que en ningún momento el autor mencionó las diatribas de Lutero contra los judíos y que tampoco citó su nombre ni una sola vez.

He aquí dos pasajes que demuestran bastante bien la seriedad y calidad de su trabajo: «En el tratado talmúdico *Baba Metzia* (la puerta intermedia) folio 61, 4, hacia el final, en el *tosephot* (o comentario), está escrito: "Está permitido engañar un no-judío y tomar usura sobre él", como está escrito en Deuteronomio, 23, versículo 20: «A un extranjero puedes prestar con interés, pero a tu hermano no prestarás con interés». Además, está permitido engañarlo, como está escrito en Levítico 25, versículo 14: «Y cuando vendiereis algo a vuestro prójimo, o comprareis de mano de vuestro prójimo, no engañe ninguno a su hermano». Así pues, está permitido engañar un goy, ya que en la ley de Moisés sólo está prohibido engañar a su prójimo o hermano[549].»

Y este otro pasaje: «Los judíos entienden por prójimo únicamente a ellos mismos, y nadie que no sea judío. Sin embargo, por prójimo sólo incluyen aquel que participa de su religión, puesto que en el libro *Choschen*

---

[548] Heinrich Graetz, *History of the Jews V*, Philadelphia, The Jewish Publication Society of America, 1895, p. 55

[549] Johannes Eisenmenger en el tomo segundo de su libro *El Judaísmo desvelado*, Frankfurt-am-Main, 1700, capítulo XI, p. 577

Hammishpat (folio 132, columna 2), en las notas u observaciones, en el número 95, párrafo 1 de la edición de Ámsterdam, leemos: "En todos los lugares donde en la ley de Moisés se habla de prójimo, queda excluido el idolatra[550]."»

Cuando en 1700, los judíos de Fráncfort se enteraron de que Eisenmenger hacía imprimir en su ciudad una obra que les era hostil, se esforzaron en impedir la publicación. Se pusieron en contacto con los judíos palaciegos (*Hofjuden*) de Viena, en particular con el cambista Samuel Oppenheimer, quien financiaba las guerras del emperador.

Oppenheimer logró embaucar Leopoldo II y este promulgó un edicto que prohibía la venta del panfleto de Eisenmenger. Esta prohibición supuso la ruina del autor que había dedicado toda su fortuna a la impresión de su obra, cuyos ejemplares embargados se elevaban a dos mil. Para levantar la prohibición imperial, Eisenmenger solicitó la intervención de Federico I, el rey de Prusia, pero falleció en 1704 sin ver satisfecha su solicitud. La obra no vio la luz hasta 1711, gracias al rey Federico Guillermo I que decidió publicarla a sus expensas en Berlín, encargando una tirada de 3.000 ejemplares.

Indudablemente, Eisenmenger, por la fuerza de su trabajo, la precisión de sus fuentes y la calidad de sus interpretaciones había superado todos sus predecesores, marcando un hito en la historia del antisemitismo. *El Judaísmo desvelado* fue desde entonces una fuente de información de primer orden para los antisemitas de los siglos siguientes[551].

CVII. Los judíos de Roma bajo vigilancia

En Roma, los judíos estaban estrechamente vigilados. En 1667, Clemente IX los golpeó con nuevos impuestos y los obligó a rendir pleitesía a los representantes de la ciudad de forma humillante: el rabino debía prosternarse ante el Conservador rogando la conmiseración de los cristianos hacia los judíos. El Conservador ponía su pie sobre su nuca y le autorizaba a erguirse.

Sin embargo, en 1668, Clemente IX abolió una antigua vejación, relatada por Michel de Montaigne en su *Diario del viaje a Italia*, quien a pesar de la ascendencia judía que se le atribuye no parecía conmoverse

---

[550] Johannes Eisenmenger en el tomo segundo de su libro *El Judaísmo desvelado*, Frankfurt-am-Main, 1700, capítulo XI, p. 578

[551] Johann Jakob Schudt, nacido en Fráncfort del Meno en 1664, también fue un destacado orientalista. Su obra más importante fue *Jüdische Merckwürdigkeiten*, publicada en tres volúmenes en 1714. El libro retomaba los temas señalados por Eisenmenger. También relataba detalles y anécdotas sobre la vida de los judíos de Fráncfort.

demasiado. Se trataba de las "carreras de bípedos", organizadas cada año en Roma: Tomaban siete u ocho judíos, los vestían de guiñapos, los atiborraban de comida y los hacían correr más de un kilómetro entre dos hileras de romanos risueños. La alegría llegaba a su paroxismo cuando hacía mal tiempo: «El lunes pasado, los Judíos fueron favorecidos por una lluvia y un frío digno de este pérfido pueblo...» Este detalle, como las mascaradas del Carnaval romano, obligatoriamente inauguradas por una banda de judíos disfrazados de forma burlesca, dan una idea de la estima que se tenía a la gente del gueto en la ciudad de los papas.

A principio del siglo XVIII, el papado tuvo que tomar de nuevo medidas. Inocencio XIII, en su bula *Es injunctis* y Benedicto XIII en su bula *Aliæ emanerunt*, prohibían a los judíos vender objetos nuevos. Benedicto XIII (1724-1730) prohibió a los cristianos comer, jugar o bailar con los judíos. Se avisaba a los cristianos que estaba terminantemente prohibido asistir a las ceremonias judías. Dos edictos (1704 y 1721) recordaban a los judíos del Condado Venesino la obligación de llevar el sombrero amarillo, medida que no dejarían de respetar hasta 1789.

CVIII. *El judío Süss, 4 de febrero de 1738*

Joseph Süss Oppenheimer (1698-1738) fue un judío palaciego de la corte, tal como se denominaba a los financieros judíos que asesoraban los príncipes de numerosos principados del Imperio germánico. Administraban las finanzas, eran encargados de abastecer los ejércitos, acuñaban moneda, proveían la corte de tejidos y piedras preciosas y arrendaban los derechos sobre la venta del tabaco o la sal.

Süss había protagonizado un ascenso social fulgurante. Trabajó primero para casas de comercio judías en Fráncfort, Ámsterdam y Viena, enriqueciéndose considerablemente para luego prestar dinero a varios príncipes y prelados alemanes. Como tenía un talento manifiesto para los negocios, fue nombrado recaudador de impuestos del Palatinado del Rin, y finalmente, en 1733, ascendió al puesto de consejero de Carlos Alejandro, el duque de Wurtemberg, quien le entregó rápidamente la gestión del gobierno. Para ingresar más dinero en las arcas, Joseph Süss Oppenheimer instauró el monopolio ducal sobre el comercio de la sal, del cuero, de la fabricación de naipes, del tabaco y de los licores, y creó nuevas multas. Fundó un banco y se enriqueció aún más. Llevaba un tren de vida lujoso y mantenía ostensiblemente una amante cristiana. De modo que se dio a conocer en toda Alemania como un hombre de negocios excepcional. Además, favorecía sistemáticamente sus congéneres, firmando por ejemplo con comerciantes judíos grandes contratos de proveedores del ejército de Wurtemberg. En el plano político, preparó con el duque, convertido al catolicismo, una conspiración contra el Parlamento destinada a abolir los privilegios. Detenido tras la muerte súbita de su soberano, en marzo de 1737, Joseph Süss Oppenheimer fue condenado a muerte el 13 de diciembre por «alta traición, robo, usurpación, estafa e infracciones de la ley». El 4 de febrero de 1738, fue ahorcado ante 12 000 personas en la horca más alta de Alemania, en una jaula de hierro. Sus últimas palabras fueron «*Shema Israel*[552]».

Süss permaneció en la historia como la figura emblemática representativa de esa decena de «judíos palaciegos» que, en el siglo XVIII, habían ascendido a la cima del poder en algunos grandes Estados alemanes. De 1737 a 1739, se publicaron muchos panfletos contra el judío Süss. Wilhelm Hauff dedicó al personaje una novela en 1827, pintando un retrato poco amable de Joseph Süss Oppenheimer, presentándolo como un judío de costumbres disolutas. Pero el personaje quedó sobre todo identificado gracias a la película de Veit Harlan, estrenada en 1940.

Al principio de su libro *El Judío Süss*, publicado en 1925, el novelista judío Lion Feuchtwanger retrataba de forma asombrosa el tipo de judío del Antiguo Régimen que reinaba en la sombra gracias al dinero: «Isaak Landauer sabía que sólo existía una única realidad en este mundo: el dinero. La guerra y la paz, la vida y la muerte, la virtud de las mujeres, el poder del Papa de atar y desatar, la libertad de los Estados, la pureza de la confesión de Augsburgo, los navíos que surcaban los mares, la soberanía de los príncipes, el amor, la piedad, la cobardía, el orgullo, el vicio y la virtud, todo venía del dinero y volvía a él y todo podía expresarse en cifras. Él, Isaak Landauer, lo sabía, se encontraba junto al manantial que dejaba fluir aquel inmenso poder y podía contribuir a dirigir su curso, desecando o fecundando las tierras. Pero consideraba una locura hacer gala de su poder y lo conservaba secreto, y una breve sonrisa, extraña y divertida, era todo lo que delataba su saber y su poderío. Y una cosa más: los rabinos y los sabios de las juderías tenían quizá razón cuando hablaban con precisión de Dios y el Talmud, describiendo hasta el mínimo detalle el Jardín del Paraíso y el Valle de Lágrimas, como si se tratara de cosas reales. Él, por su parte, no tenía mucho tiempo para dedicarlo a semejantes discusiones y se inclinaba más bien a seguir la tendencia de ciertos franceses que trataban aquellas cuestiones con una elegante ironía. Tampoco en la práctica le inquietaban, y comía lo que le apetecía y consideraba el sábado como un día de trabajo. Pero en cuanto al aspecto exterior se aferraba tenazmente a la tradición y su caftán era para él como una segunda piel. Así vestido entraba en los despachos de los príncipes y en el del emperador. Ésta era otra muestra de su poder, más profunda y secreta. Desdeñaba los guantes y las pelucas. Le necesitaban, y ése era su triunfo, a pesar de su caftán y sus

---

[552] *"Escucha Israel"*, íncipit de Deuteronomio VI, 4. (NdT).

rizos[553].»

Mientras tanto en la península ibérica, los marranos experimentaban una situación mucho menos envidiable. En Lisboa, el 1 de septiembre de 1739, se celebró de nuevo un auto de fe. Cuatro hombres y ocho mujeres fueron quemados vivos tras negarse a arrepentirse de judaizar en secreto, y otros treinta y cinco acusados fueron condenados a cadena perpetua[554].

CIX. Federico II y la emperatriz María Teresa

En el siglo XVIII, la mayor comunidad judía del Imperio estaba ubicada en Praga. Su gueto era una verdadera ciudad judía de quince mil habitantes, con su propia magistratura y todo tipo de instituciones. Esta comunidad gozaba desde tiempos antiguos de una gran reputación en el mundo judío, gracias a sus rabinos, sus escuelas y sus imprentas. Otras comunidades menos importantes se habían constituido en varias ciudades de Bohemia.

A fin de frenar su expansión, un edicto fue publicado según el cual sólo el hijo mayor de cada familia judía tenía derecho a casarse y crear un hogar. Los otros hijos, si se casaban, no podían permanecer en el país.

En 1740, a la muerte del emperador Carlos VI, su hija María Teresa hizo valer sus derechos de sucesión. El rey de Prusia Federico II aprovechó la ocasión para atacar e invadir Silesia, un territorio rico perteneciente a los Habsburgo, desencadenando la Guerra de sucesión de Austria.

En aquella época, los judíos habían adquirido cierto poder en Prusia. Entre los que habían sido expulsados de Viena en 1670, algunos habían sido autorizados a instalarse en Berlín y otras ciudades de Prusia por el Gran Duque de Brandeburgo, Federico-Guillermo. Comerciantes y banqueros judíos se enriquecieron rápidamente y ocuparon puestos importantes en la Corte. Sus negocios prosperaron todavía más a pesar de que «el filosófico rey Federico simpatizaba con la antipatía de su ilustre enemiga María Teresa hacia los judíos, y promulgó leyes antijudías dignas de la Edad Media más que del siglo XVIII... Deseaba que los judíos de sus dominios disminuyeran en número, en lugar de aumentar[555]». Sin embargo, el rey permitió que hicieran fortuna durante las guerras que libró contra Austria y Francia. En efecto, un gran número de judíos berlineses suministraban el ejército y sacaban beneficio de los tiempos difíciles para

---

[553]Lion Feuchtwanger, *El judío Süss*, Editorial Sudamericana pdf (Edhasa, Barcelona, 1990), p. 10-11. Y En Léon de Poncins, *La mystèrieuse Internationale juive*, 1936, p. 188-189. Sobre el *Judío Süss* de Lion Feuchtwanger léase también nuestro libro *Los Millardos de Israel* (2014).
[554]Léase de nuevo nota 546. (NdT).
[555]Heinrich Graetz, *History of the Jews V*, Philadelphia, The Jewish Publication Society of America, 1895, p. 304

enriquecerse considerablemente.

Cuando el ejército prusiano penetró en Praga, la población constató con sorpresa que los judíos manifestaban abiertamente simpatía hacia la Prusia protestante del emperador "ilustrado", amigo de Voltaire y de los filósofos, todos rendidos a las ideas de la "Ilustración".

María Teresa, la madre de la futura reina de Francia María Antonieta, tomó entonces la decisión de expulsar los judíos de Praga y del reino de Bohemia que dependía del Imperio. El 22 de diciembre de 1744, la emperatriz obligó a los judíos coser en su manga un trozo de tela amarillo y promulgó este edicto:

«*Por diversas razones, he resuelto no tolerar los judíos en mi reino hereditario de Bohemia en el futuro. Por lo tanto, tengo la intención de que el último día de enero de 1745 no quede ningún judío en la ciudad de Praga; si todavía se encontrara alguno, será expulsado por los soldados. Sin embargo, para que puedan arreglar sus asuntos y disponer de sus pertenencias que no puedan llevarse consigo, se les permitirá permanecer un mes más en el resto del reino de Bohemia. Finalmente, esta evacuación de todo el país tendrá lugar antes del último día de junio de 1745.*»

A continuación, los judíos fueron presa del pánico y huyeron de Praga para refugiarse en los pueblos aledaños. Muchos acabaron errando en otoño e invierno por los fríos campos. Durante cuatro años, cientos de familias se vieron reducidas a este extremo. Finalmente, a fuerza de insistir y proponer grandes sumas de dinero, los judíos lograron convencer María Teresa para que autorizara su regreso a Praga.

CX. Benedicto XIV, 1751

Benedicto XIV marcó el siglo XVIII con su largo pontificado de 18 años (1740-1758). Fue un papa apasionado por las ciencias: física, química y matemáticas. Creó en Roma una facultad de cirugía y un museo anatómico. También procuró apaciguar las cuestiones y controversias religiosas, especialmente con el jansenismo[556].

---

[556] El jansenismo fue una doctrina teológica que dio lugar a un movimiento religioso, y luego político y filosófico, que se desarrolló en los siglos XVII y XVIII, principalmente en Francia, como reacción a ciertas evoluciones de la Iglesia católica y del absolutismo real. La definición de jansenismo es problemática, ya que los jansenistas rara vez asumían el nombre, considerándose únicamente católicos. Sin embargo, tenían algunos rasgos característicos, como el deseo de adherirse estrictamente a la doctrina de Agustín de Hipona (San Agustín) sobre la gracia, concebida como la negación de la libertad humana para hacer el bien y obtener la salvación. Según ellos, esto sólo era posible mediante la gracia divina. Los jansenistas se caracterizaban también por su rigorismo moral y su hostilidad hacia la Compañía de Jesús (jesuitas) y su casuística, así como

Al principio de su reino, se mostró favorable a la Ilustración y mantuvo buenas relaciones con Federico II de Prusia a través del científico Maupertuis. Voltaire admiraba sinceramente este papa erudito y abierto a las ideas de su tiempo. Le dedicó incluso en 1745 su tragedia *Mahoma*. La carta de agradecimiento del papa al filósofo da fe de su buena relación.

Pero con todo, era todavía necesario legislar para contener la agresividad de los judíos. Una carta al gobernador de Roma del 28 de febrero de 1747, *De baptismo Judaeorum sive infantum, sive adultorum*, era en realidad un largo tratado – de una sobresaliente precisión y claridad – en el que el papa recordaba las disposiciones de los concilios contra los judíos, los antiguos cánones y todas las medidas coercitivas tomadas por sus predecesores. Ahora bien, esto no significaba que se podía despojarlos de todo, precisaba el papa (*Non ab iis expetendum esse quod iure non potest exigi...Quidquid iniuriam sapit Christianorum indignum est*[557]).

En 1751, Benedicto XIV promulgó una ordenanza que actualizaba las decisiones de Pablo IV. El Talmud era proscrito y debía ser quemado; los judíos tenían prohibido vender o introducir sus libros en los Estados pontificios; no podían tener criados cristianos; no podían desplazarse sin autorización, tener carros o caballos. Debían transportar sus muertos en silencio al cementerio; todo ello bajo pena de apaleamiento y multas. La ordenanza fue confirmada en 1755 y más tarde en enero de 1793 por Pío VI. Pero al mismo tiempo, unos severos decretos castigaban con las mismas penas los cristianos que molestaban injustamente a los judíos.

La Encíclica del 14 de junio de 1751, titulada *A Quo primum*, dirigida a los obispos y al pueblo polaco, presentaba algunas recriminaciones contra los judíos. La declaración del papa era un aviso, una señal de alarma lanzada al decadente reino polaco. Desafortunadamente, el llamamiento no fue escuchado y sucedió lo que el papa había previsto: el derrumbe del reino de Polonia, completamente carcomido y socavado por los judíos, siendo despedazado poco después por los Estados vecinos.

«Para ser breves: de personas responsables cuyo testimonio merece crédito y que están bien enteradas del estado de los asuntos en Polonia, y de gentes que viven en el reino, que por su celo religioso han hecho llegar

---

hacia el excesivo poder de la Santa Sede. Así pues, el jansenismo, como movimiento puritano, enfatiza el pecado original, la depravación humana, la necesidad de la gracia divina que salvará sólo a aquellos a quienes les fue concedida desde su nacimiento y la creencia en la predestinación sin libre albedrío. Generalmente, el jansenismo es considerado como sinónimo de intransigencia. Desde finales del siglo XVII, a esta tendencia espiritual se unió un aspecto político, con opositores al absolutismo real ampliamente identificados con los jansenistas. El jansenismo fue condenado como herético por la Iglesia católica. (NdT).

[557] Charles Auzias-Turenne, *Revue Catholique des Institutions et du Droit*, octubre 1893.

sus quejas a Nos y a la Santa Sede, hemos tenido conocimiento de los siguientes hechos. El número de judíos ha aumentado grandemente allí. Así, ciertas localidades, villas y ciudades que estaban antiguamente rodeadas de espléndidas murallas (cuyas ruinas son testimonio del hecho), y que estaban habitadas por un gran número de cristianos, como vemos en las viejas listas y registros todavía existentes, están ahora mal cuidadas y sucias, pobladas por gran número de judíos y casi despojadas de cristianos. Además, hay en el mismo reino un cierto número de parroquias en las cuales la población católica ha disminuido considerablemente. La consecuencia es que la renta procedente de tales parroquias ha mermado tan grandemente, que están en inminente peligro de quedarse sin sacerdotes. Además, todo el comercio de artículos de uso general, tales como licores y aun el vino, están también en las manos de los judíos; se les permite encargarse de la administración de los fondos públicos; se han hecho arrendatarios de posadas y granjas, y han adquirido haciendas de tierras. Por todos estos medios, han adquirido derechos de dueño sobre desgraciados cultivadores del suelo, cristianos, y no sólo usan su poder de una manera inhumana y sin corazón, imponiendo severas y dolorosas labores a los cristianos, obligándolos a llevar cargas excesivas, sino que, en adición, les infligen castigo corporal tal como golpes y heridas. De aquí que estos infelices están en el mismo estado de sujeción a un judío que los esclavos a la caprichosa autoridad de su amo. Es cierto que, al infligir castigo, los judíos están obligados a recurrir a un funcionario cristiano a quien está confiada esta función. Pero, como que este funcionario está obligado a obedecer los mandatos del amo judío, para no verse él mismo privado de su oficio, las tiránicas órdenes del judío deben ser cumplidas.

«Hemos dicho que la administración de fondos públicos y el arriendo de posadas, haciendas y granjas han caído en las manos de los judíos, para grande y diversa desventaja de los cristianos. Pero debemos también aludir a otras monstruosas anomalías, y veremos, si las examinamos cuidadosamente, que son capaces de originar aún mayores males y más extensa ruina que las que ya hemos mencionado. Es una cuestión cargada de muy grandes y graves consecuencias que los judíos sean admitidos en las casas de la nobleza con una capacidad doméstica y económica para ocupar el puesto de mayordomo. De este modo, ellos viven en condiciones de intimidad familiar bajo el mismo techo con cristianos, y les tratan continuamente de una manera despectiva, mostrando abiertamente su desprecio. En ciudades y otros lugares puede verse a los judíos en todas partes en medio de los cristianos; y lo que es aún más lamentable, los judíos no temen lo más mínimo tener cristianos de ambos sexos en sus casas agregados a su servicio. De nuevo, ya que los judíos se ocupan mucho de asuntos comerciales, amasan enormes sumas de dinero de estas actividades, y proceden sistemáticamente a despojar a los cristianos de sus *bienes y posesiones por medio de sus exacciones usurarias. Aunque al mismo tiempo ellos piden prestadas sumas de dinero de los cristianos a un nivel de interés inmoderadamente alto, para el pago de las cuales sus sinagogas sirven de garantía, no obstante, sus razones para actuar así son fácilmente visibles. Primero de todo, obtienen dinero de los cristianos que usan en el comercio, haciendo así suficiente provecho para pagar el interés convenido, y al mismo tiempo incrementan su propio poder. En segundo lugar, ganan tantos protectores de sus Sinagogas y de sus personas como acreedores tienen*[558].»

CXI. Los judíos en el "Siglo de las Luces[559]"

La emancipación de los judíos de la multisecular tutela de los rabinos había comenzado durante el siglo de la Ilustración. En el judaísmo, esta corriente intelectual, llamada "*Haskala*", fue liderada principalmente por el filósofo judío alemán Moisés Mendelssohn quién abogaba por una educación laica, el uso de la lengua local y la integración de los judíos en la sociedad gentil. Mendelssohn pensaba que los judíos mejorarían su suerte acercándose a los cristianos, dándose a conocer mejor a ellos y dejando de atrincherarse en sus estrechas tradiciones y sus guetos misteriosos, pero sin abandonar por ello su religión ancestral. Con esta idea tradujo la Biblia al alemán clásico.

En el lado cristiano, el movimiento a favor de la emancipación de los judíos era representado por Gotthold Ephraim Lessing y Wilhelm von Dohm. Otros intelectuales se oponían vigorosamente a estas ideas. Un escritor de Fráncfort del Meno, Johann-Balthasar Kolbele, denunciaba las vilezas de los judíos y la nocividad del judaísmo, mostrándose especialmente ofensivo en su *Carta al señor Mendelssohn* (marzo 1770). Pero en todas partes en Europa, las ideas de la Ilustración ganaban terreno. En 1714, el libre pensador inglés John Toland había publicado un panfleto reclamando la emancipación completa de los judíos. Pero algunos deístas ingleses, tales como Tindal, Morgan y Lord Bolingbroke, denunciaban el

---

[558] https://www.geocities.ws/magisterio_iglesia/benedicto_14/a_quo_primum.html
[559] El "Siglo de las Luces" o la Ilustración fue un movimiento filosófico, literario y cultural burgués que recorrió Europa en el siglo XVIII, sobre todo en Inglaterra, Francia y Alemania. Su objetivo era promover el racionalismo, el individualismo y el liberalismo frente al "oscurantismo" y la superstición de la Iglesia católica y la arbitrariedad de la realeza y la nobleza, utilizando como modelos la filosofía empírica, la economía liberal y la monarquía constitucional inglesa. Durante esta época se extendieron ideales tales como la libertad, la igualdad, el progreso, la tolerancia, la fraternidad, el gobierno constitucional, el cosmopolitismo y la Separación Iglesia-Estado. (NdT).

cristianismo atacando precisamente su raíz judía. Esta argumentación fue retomada en Francia por Voltaire en su *Diccionario filosófico* (1764), en el que ridiculizaba los judíos ignorantes y fanáticos.

Las ideas de la Ilustración dieron sus frutos. En 1781, José II de Austria, emperador imbuido de ideas de la *Enciclopedia*, publicó un edicto de tolerancia que equiparaba prácticamente los judíos con los demás ciudadanos. Pero en aquella época, ni los príncipes, ni los pueblos estaban todavía dispuestos a otorgar a los judíos la entera igualdad de derechos, lo que equivalía a dejar entrar el zorro en el gallinero. Incluso el rey de Prusia Federico el Grande, el real filósofo, se negó a mejorar su situación.

En el reino recientemente creado de Sajonia, los judíos siguieron sujetos a las leyes restrictivas que les habían regido en siglos anteriores. Con razón, los judíos apodaron este país la "España protestante". Legalmente, no tenían derecho a permanecer allí; solo se toleraba algunos en Dresde y en Leipzig, pero bajo reserva de poder ser expulsados en cualquier momento. No podían tener sinagogas y para rezar se reunían en simples habitaciones. Hasta los judíos rusos bajo el reinado de Alejandro I era tratados con más liberalidad.

CXII. Los judíos en Francia en el siglo XVIII

Durante tres siglos, desde 1394, Francia fue *judenrein*, purificada de judíos, hasta la anexión de Alsacia por Luis XIV. Algunas familias judías de Alemania también se habían reincorporado a la ciudad de Metz por mansedumbre de Enrique IV. Hacia 1720, estos formaban un núcleo de un centenar de familias y estaban sometidos a una normativa muy rigurosa: vestir siempre ropa negra, residencia en el gueto con una sola apertura al exterior. Se requería a veces sus servicios para las compras de forraje y caballos, particularmente para el ejército.

En aquellos años, trascendió la noticia de que una veintena de judíos había logrado infiltrase en París. Tras ellos, una pequeña banda había intentado la misma escapada, pero la policía de la capital los persiguió, y la operación no tuvo más importancia que cualquier otra persecución de granujas o sospechosos. Esto no era más que una simple anécdota, muy típica de la mentalidad de la época que demostraba que la presencia de los judíos seguía siendo profundamente repulsiva.

Desde el año 1719, la policía venía identificando vagabundos y había dado una orden de captura de unos veinticinco individuos desprovistos de los pasaportes obligatorios y que «merecían ser expulsados». Un puesto de inspector vigilante de los judíos había sido creado en 1721. En 1725, M. Hérault, en sustitución del señor d'Argenson, redobló de severidad y exigió él mismo la expulsión sin más dilación de todos los judíos cuyos papeles no estuvieran impecablemente en regla, «porque la gente de esta religión es muy sospechosa y hay muchos ruines entre ellos.»

Se prohibió una vez más a los judíos contratar los servicios de un sirviente cristiano, incluso para los días de Sabbat. Esta medida respondía a la captación de trabajadoras cristianas por los judíos que se producía en Burdeos, donde oficialmente no existía más que "nuevos cristianos" expulsados de España y Portugal unos siglos atrás: «Los judíos tienen hermosas criadas campesinas que empreñan para servir de nodrizas a sus hijos, desprendiéndose luego de las crías que dan a luz las jóvenes campesinas en hospicios de niños abandonados.» (*Rapport de Monsieur de Boucher*, en 1733).

Las relaciones sexuales con los cristianos eran perseguidas despiadadamente por las autoridades. Por principio, un judío acusado de haber seducido a una cristiana era merecedor de ser quemado en la hoguera y el clero le negaba el bautismo si hacía ademán de querer convertirse. En 1726, por ejemplo, una criada aria llamada María Becquart fue encarcelada por haber sido la amante de un tal Lévy.

Bajo la lugartenencia general de Berryer, a partir de 1747, la judería se topó con un temible adversario en la persona del inspector vigilante M. Legrand, el cual nada más asumir el cargo se quejó de las indulgencias que recibían los judíos y de la resultante invasión. El número de judíos de París era entonces de unos quinientos[560].

En 1750, el propio Luis XV escribió una carta al teniente general para que todos los judíos tuviesen su documentación en regla, que los acechara y que en caso de negativa fuesen encarcelados. Comparado con esta «canalla errante», escribía Lucien Rebatet, «la judería bordelesa, instalada en sus negocios, dotada de cartas de burguesía por Luis XIV, confirmada en sus privilegios por Luis XV, representaba evidentemente la sociedad judía de buen tono». Pero allí también se elevaron quejas. Mientras la colonia no superó los quinientos miembros (cifra de 1718), no se había oído hablar de ella. Quince años después, ésta ya había alcanzado las cuatro mil almas.

En Alsacia, anexionada por Francia bajo Luis XIV, el problema judío era mucho más apremiante que en el resto del país. Luis XIV, fiel a sus principios políticos, había autorizado Alsacia mantener sus reglamentaciones especiales, incluidas, por supuesto, las relativas a los judíos, tan estrechamente alineadas con las convicciones de la monarquía.

Desde mediados del siglo XIV, Estrasburgo había prohibido a los judíos tener un domicilio o una propiedad en su recinto, por muy modesto o provisional que fuera. Al caer la noche, todos los judíos regresaban al gueto al son del cuerno judío, el *Kraüselhorn*, que les daba la señal de entrada.

---

[560] Lucien Rebatet, *Je Suis Partout*, número especial del 17 de febrero de 1939

Durante el día, sólo algunos comercios permanecían abiertos, por ejemplo, el de caballerías, y no penetraban en la ciudad más que pagando un peaje especial. De modo que entre 1389 y 1681, ningún judío había pernoctado en Estrasburgo. Algunos judíos recibieron alguna vez la autorización excepcional de permanecer una noche, en caso de justificada necesidad, pero siempre en las posadas designadas por la policía. Para todo lo demás, las ordenanzas contra los judíos fueron renovadas en 1708 y en 1750, siendo incluso endurecidas. En 1708, para evitar los fraudes de los judíos que se instalaban a las puertas de la ciudad y se disfrazaban, se les prohibió la entrada sin salvoconducto. También se prohibió a los súbditos cristianos, en un radio de ocho millas alrededor de Estrasburgo, emprender cualquier tipo de negocio o contrato con judíos, a excepción del comercio de caballos y ganado y de la venta de artículos de primera necesidad, alimentos y ropa. Estas normas se observaron con tal rigor hasta la Revolución Francesa que el primer propietario judío de una casa en Estrasburgo desde la Edad Media fue un tal Cerfbeer, en 1780. Aun así, este importante proveedor de los ejércitos había adquirido esta casa secretamente. Cuando se descubrió, el asunto desató la indignación popular en toda la ciudad que inmediatamente interpuso un pleito contra él, muy famoso en aquella época.

En cuanto a los judíos de los pueblos de la comarca, diseminados en los lugares más remotos y que frecuentaban a los campesinos, la plaga social de la usura que ocasionaban - que vemos siglo tras siglo allí donde Israel planta sus colmillos- era mucho más difícil de vigilar y conjurar. Los judíos solían operar acechando las familias numerosas en dificultades o aquellas cuyas cosechas habían sido malas, prestándoles a tipos de interés exorbitantes, o bien vendiendo a crédito sus rebaños con los que los judíos traficaban luego. Poco a poco, todo el campesinado de Alsacia había pasado por sus garras.

CXIII. Luis XVI

De todos los monarcas que ocuparon sucesivamente el trono de Francia, Luis XVI fue sin duda el más liberal, pero también el más indeciso y pusilánime. Tras estudiar escrupulosamente el caso de los judíos de Alsacia, este monarca zanjó el tema el 10 de julio de 1784 mediante patente real. He aquí algunos fragmentos del texto auténtico que dan una idea precisa de su afán.

«Artículo I – Los Judíos sin domicilio en Alsacia deberán abandonar esta provincia en el plazo de tres meses. Queremos que aquellos judíos que – tras vencimiento del plazo fijado por el presente artículo- se hallasen en dicha provincia, sean perseguidos y tratados como vagabundos y gente sin confesión, aplicándose el rigor de las ordenanzas.

Artículo II - Prohibiendo muy expresamente a todos los señores y a todas las ciudades y comunidades que gocen del derecho de señorío admitir en el futuro a ningún judío extranjero hasta que Nos ordenemos otra cosa al respecto.

Artículo VI - Se prohíbe expresamente a todos los judíos residentes en Alsacia contraer matrimonio sin nuestro permiso, incluso fuera de los Estados de nuestra dominación, bajo pena de ser expulsados inmediatamente de dicha provincia.

Artículo VII - Este artículo impone una multa de 3.000 libras a los rabinos que celebren matrimonios no autorizados, y ordena su expulsión en caso de reincidencia. También se prohíbe a los rabinos alojar a judíos sin pasaporte, tal como suelen hacer continuamente.»

El artículo VIII prohibía a los judíos contratar criados cristianos para explotar las granjas y el artículo IX les vetaba la adquisición de bienes raíces.

Lucien Rebatet relataba también esta anécdota «difícil de verificar, pero de gran verosimilitud moral»: En 1787, cazando en los bosques próximos de Versailles, Luis XVI se habría topado con un miserable séquito de judíos alemanes, andrajosos, afligidos y asustados que llevaban en sus hombros el cadáver de uno de los suyos. Explicaron que lo transportaban así hasta París, al cementerio de Montrouge que les habían concedido recientemente. Hasta el año anterior, sólo habían tenido un rincón en el patio de una posada de la Vilette para enterrar a sus muertos. Luis XVI se emocionó y se dice que de este encuentro nació la idea de un estatuto general de los judíos de Francia. «Esto está muy en consonancia con su naturaleza sentimental», apuntaba Lucien Rebatet.

Ese mismo año, una comisión especial presidida por Malesherbes estudió el estatuto. Ya no disponemos del expediente completo, pero lo que sabemos de él basta para revelar su espíritu. Luis XVI deseaba mejorar la condición física de los judíos en Francia y garantizarles plena libertad en su culto y costumbres. Pero en su proyecto se estipulaba que los judíos, nación separada e inexpugnable, no podían ser asimilados a sus súbditos franceses, que ello significaría «introducir una nación dentro de la nación, una nación armada en una nación desarmada y confiada.»

El rey de Francia mantenía todas las prescripciones, apartándolos de los empleos públicos y reforzando las medidas contra sus abusos financieros, ya fuesen pequeños o grandes. La Revolución no le permitió completar su obra.

CXIV. François Hell

En el último tercio del siglo XVIII, la situación en Alsacia era inextricable. Los conflictos surgían en cada momento. Los judíos eran golpeados duramente, pero se resarcían y se vengaban en los procedimientos judiciales. Los alsacianos estaban sobrecogidos por el exceso de inmigración de judíos alemanes. El último recuento elevaba a 19 624 el número de judíos en Alsacia, cifra que parecía exorbitante. La población judía había triplicado en treinta años.

François Hell, un secretario judicial alsaciano, inteligente y culto, fue uno de sus más feroces adversarios. Aprendió incluso el hebreo para poder comprender por sí mismo sus libros de comercio y penetrar el secreto de sus operaciones. Nombrado baile por algunos nobles de Alsacia, aprovechó su posición para enseñar a los deudores de los judíos a fabricar falsos recibos que éstos luego oponían a las reclamaciones de los acreedores.

También publicó en 1779 sus *Observaciones de un alsaciano sobre los asuntos judíos en Alsacia*, texto en el que exhortaba la población a rebelarse contra la tiranía judaica[561]. Una vez incluso, les envió cartas en hebreo amenazándoles de denunciarlos por estafa y usura si no pagaban una cantidad establecida. A continuación, es preciso presentar un texto de Louis de Bonald relativo a este escándalo de los falsos recibos. Louis de Bonald, noble de Rouergue, antiguo alcalde de Millau, había huido de Francia en 1791, terminando posteriormente su carrera de escritor y hombre político en la Academia francesa. En 1806 narraba esta historia de François Hell:

«Hacia 1777 o 1778, los campesinos de Alsacia, agobiados entonces, como hoy, por las exacciones usurarias de los judíos, habían intentado en su desesperación un medio ilegítimo de librarse de ellas, y un hábil falsificador, al parecer, había recorrido la provincia y proporcionado a un gran número de deudores falsos descargos. Sin duda, los judíos temían a los tribunales de un país donde eran aborrecidos; o tal vez el gran número de casos del mismo tipo hacía que el recurso a la justicia ordinaria fuera demasiado lento y costoso. Sea como fuere, los acreedores prefirieron llevar sus quejas a la autoridad superior; y también se puede creer que los argumentos irresistibles, como dice Figaro, de los que los judíos siempre tienen los bolsillos llenos, debieron ser escuchados más favorablemente por la administración que por los magistrados.»

Después de la publicación del panfleto de François Hell, los judíos, nos decía Bonald, «tuvieron el crédito suficiente para encarcelar el baile Hell». Efectivamente, en 1780, François Hell fue arrestado por orden de Luis XVI

---

[561] «(…) Ya que la sangre del Justo crucificado cayó sobre ellos y sobre sus hijos…No hay país ni siglo cuya historia no nos muestre escenas de persecución que la justa ira del Cielo hizo recaer sobre esta raza criminal. En todas partes, los judíos atraen a sí los enemigos que suscitan las persecuciones. La dureza de sus corazones, la ceguera de sus mentes, el espíritu de rebelión, la inclinación a la usura, el carácter de crueldad los ha hecho y los hará para siempre objeto del aborrecimiento de los pueblos entre los cuales están dispersos.» En François Hell, *Observaciones de un alsaciano sobre los asuntos judíos en Alsacia*. (NdT).

y condenado a un exilio de tres años. Cuando regresó, fue recibido como un mártir por los campesinos alsacianos.

A principio del año 1788, estallaron nuevas revueltas en Lorena a causa del incremento del precio del pan. Los judíos fueron entonces acusados de especular, pues poseían varios graneros de trigo en toda la región. En Lunéville, Pont-à-Mousson, Nancy, Lixheim y Sarreguemines, fueron asaltados los graneros, las sinagogas atacadas a tiros y los judíos agredidos en las calles. La tropa fue enviada para restablecer el orden, pero los sentimientos de animadversión de la población no menguaron.

El libro de François Hell no volvió a ser imprimido hasta 1790 en Neuchâtel, cuando su autor fue elegido diputado de la Asamblea nacional. Bonald, que era moderadamente demócrata, remarcaba que la Asamblea nunca había debatido sobre este caso y comentaba con ironía: «Al mismo tiempo que abolían el feudalismo nobiliario, vimos los mismos legisladores encubrir y proteger este nuevo feudalismo de los judíos, los verdaderos altos y poderosos señores de Alsacia, donde percibían tanto diezmos como derechos señoriales; y ciertamente, si en el lenguaje filosófico la palabra feudal es sinónima de opresivo y odioso, no conozco nada más feudal para una provincia que once millones de hipotecas a deber a los usureros[562].» François Hell terminó sus días en el patíbulo. Fue guillotinado en 1794 por ser monárquico.

CXV. *La Revolución y el Imperio (1789-1815)*

Los cuadernos de los Estados Generales contenían incontables quejas de los alsacianos y lorenos acerca de los judíos. Thionville, Pont-à-Mousson, Mirecourt, Sarrebourg, Nancy, Nomény, Sarreguemines, Bitche, Boulay, Bouzonville, Dreize, Fenestrange, Estrasburgo, Vic entre otras muchas localidades pedían que la legislación sobre los judíos fuese aplicada más estrictamente, que se limitase su número en el comercio, especialmente el del forraje y de los granos. Pero desde el primer día, la Asamblea Constituyente, arrastrada por un puñado de oradores y demagogos, estaba dispuesta a dejar pasar la ideología antes que el interés de la nación.

La toma de la Bastilla había inaugurado la lucha contra los «enemigos del pueblo». En Alsacia, el enemigo del pueblo se encarnaba en el judaísmo. El día después del 14 de julio de 1789, los alsacianos atacaron a brazo armado los judíos.

El 3 de agosto de 1789, el abad Gregorio, cura de Embermesnil en Lorena, diputado de la bailía de Nancy, tomó ese pretexto para subir a la

---

[562] Louis de Bonald, *Sur les Juifs*, Mercure de France, février 1806.

tribuna y declamar un discurso apasionado. Algunas protestas se elevaron. En la sesión del 23 de diciembre de 1789, en la que la Asamblea había vuelto a poner en la orden del día la cuestión con la intervención del señor de Clermont-Tonnerre, el abad Maury replicó en su turno de palabra al clan pro-judío del hemiciclo: «La palabra judío no es el nombre de una secta, sino de una nación que tiene sus propias leyes, siempre las ha seguido y todavía quiere seguirlas. Nunca han sido más que manipuladores de dinero y nunca serán agricultores, soldados o artesanos. El pueblo siente por los judíos un odio que su emancipación no dejará de hacer estallar. Para su salvación, no debe haber materia a deliberar. No deben ser perseguidos... Que se les proteja pues como individuos, pero no como franceses, ya que no pueden ser ciudadanos.»

Alsacia, que soportaba más de la mitad de la judería de Francia, sonó todas las alarmas, cuyo eco se puede apreciar de forma precisa en este informe sin firma titulado *Los Judíos de Alsacia*: «Que el judío sea un ciudadano en todos los aspectos en los que no será un ciudadano perjudicial: muy bien (vivir en todas partes, poseer su propia casa, libertad de culto, admisión en los gremios de las artes liberales y mecánicas). Pero en ningún caso el judío debe ser elegible para los órganos políticos, administrativos y judiciales. En otras palabras, no se le debe conferir ninguna de estas importantes y delicadas funciones que deben regirse siempre por los principios de la moral cristiana. El disfrute ilimitado de todos los derechos de ciudadanía situaría las ventajas de la condición judía por encima de las de cualquier otro francés. Pues, por una parte, cosecharía oro en abundancia y, por otra, este oro, poniendo en sus cadenas a un gran número de esclavos, cuyos votos controlaría en las asambleas, le serviría de instrumento para ascender al sillón de Presidente de la Nación o colocarse bajo las flores de lis.»

Los judíos sefardíes de Burdeos, más prudentes y temiendo ya la competencia de sus hermanos asquenazíes, aseguraron que se acomodaban muy bien de su condición y no deseaban cambiarla.

Pero bruscamente, el 28 de enero de 1790, durante un gran debate, la Asamblea proclamó ciudadanos activos los judíos de Burdeos ya provistos de sus cartas de naturalización francesa. La asamblea aprobó la medida con 374 votos a favor y 224 en contra. Se rechazó la moción del diputado alsaciano Schwends que pretendía precisar que la ley no incluía los judíos de Alsacia cuyo número se elevaba ahora a 26 000.

Tan pronto como se conoció la votación, manifestaciones antijudías se organizaron en Burdeos. En Alsacia, las revueltas revolucionarias se convirtieron en ataques furiosos contra los judíos. Se produjeron disparos con armas de fuego contra sus sinagogas, los tejados de sus casas fueron abatidos. Por todas partes volaban las mofas y los rumores, y se preguntaba si a partir de ahora habría que ser judío para ser obispo.

Los judíos de París reclamaron con todas sus fuerzas la ciudadanía, pero la Asamblea, debido a las tiranteces que generaba la cuestión entre sus miembros, prefirió aplazar la ley definitiva.

Sin embargo, el 27 de septiembre de 1791, el señor Duport reclamó la ciudadanía activa con la elegibilidad para todos los judíos, incluido los del Condado Venesino recientemente anexionado por Francia. El diputado alsaciano Rewbell, seguido de numerosos diputados, alzó la voz, recordando que los judíos en Alsacia poseían enormes deudas a causa de la usura que practicaban y que por lo tanto la Asamblea iba a tomar partido contra las víctimas. Los extremistas vencieron a pesar de estas palabras razonables y la ley de emancipación de los judíos fue promulgada el 27 de septiembre 1791. El 13 de noviembre, la ley quedaba oficialmente registrada mediante decreto real. Los judíos eran a partir de ahora ciudadanos como los demás. Pronto, esta medida se extendería por toda Europa con las guerras napoleónicas, viéndose así emancipados en casi todos los Estados europeos, al menos provisionalmente. Por primera vez en la historia de Europa las puertas del gallinero se habían abierto de par en par.

Louis de Bonald ironizaba al respecto: «La asamblea los declaró ciudadanos activos: un título que, junto con la declaración de los derechos del hombre, recién decretada, se consideraba entonces el más alto grado de honor y beatitud al que podía aspirar una criatura humana.» Pero se alzaba contra la culpabilización de los cristianos: «Los judíos – decía - fueron rechazados por nuestras costumbres mucho más de lo que fueron oprimidos por nuestras leyes. En consecuencia, la Asamblea cometió el enorme y deliberado error de poner sus leyes en contradicción con la moral». Bonald advertía finalmente a sus contemporáneos: «¡Tened cuidado de que la emancipación de los judíos no se convierta en la opresión de los cristianos[563]!»

Un gran número de judíos se alistó inmediatamente en la Guardia Nacional, donde se podía disfrutar dando caza a los sospechosos. En cambio, fueron poco numerosos en los campos de batalla de la República. Uno de los pocos documentos que relatan su presencia es un decreto de Laurent, comisario del pueblo en el Ejército del Norte, el día *16 messidor del año II*, que informaba de la pululación de espías y saqueadores de cadáveres judíos: «Se prohíbe terminantemente a los Judíos seguir los ejércitos bajo pena de muerte. Los generales, los comandantes de puestos de ejército y el comité de vigilancia del municipio de Mons tramitarán las denuncias contra los infractores y los arrestarán de inmediato para ejecutarlos en el plazo de 24 horas.»

---

[563] Louis de Bonald, *Sur les Juifs*, Mercure de France, février 1806.

En Alsacia, desde el decreto de 1791, el dominio judío se había vuelto una verdadera obsesión. Los judíos exigían 1, 50 franco de interés por mes para 24 francos prestados, sin dejar prueba documentada de estos tipos usureros. Cada año en Alsacia se ejecutaban ventas forzosas por valor de 1 500 000 francos, de las cuales el 85% eran a petición de los judíos. Del año VII a enero de 1806 (1798-1806), sus créditos hipotecarios habían ascendido hasta los 21 millones. Por último, solían falsificar sus estados civiles, cambiando de nombre en cada ciudad para eludir la justicia y sobre todo el reclutamiento militar. De los 66 judíos de Mosela que debían haber formado parte del contingente, ninguno había servido en el ejército[564].

Bonaparte decidió entonces encargar un estudio sobre la cuestión a uno de sus jurisconsultos más famoso y objetivo, Jean-Etienne-Matie Portalis, quien redactó una memoria detallada: «Al asimilar sin precaución a los judíos con todos los demás franceses, se atrajo a un gran número de judíos extranjeros que han infestado nuestros departamentos fronterizos y los felices cambios prometidos por el sistema de naturalización adoptado no se produjeron en la masa de judíos establecidos en Francia desde hacía más tiempo. A este respecto, las circunstancias actuales hablan por sí solas.»

El propio Napoleón Bonaparte declaró: «Me gustaría señalar una vez más que no hay quejas de los protestantes ni de los católicos, del mismo modo que se quejan de los judíos. Esto se debe a que el daño causado por los judíos no proviene de los individuos, sino de la propia constitución de este pueblo. Son orugas, langostas que asolan Francia... Hay que reunir los Estados Generales de los judíos. Quiero que haya una sinagoga general de los judíos. Estoy lejos de querer hacer algo contra mi gloria y que pueda ser desaprobado por la posteridad. Sería una debilidad expulsar a los judíos, pero será fuerza corregirlos.»

El emperador despreciaba a los judíos. Pero en el apogeo de su poder, venciendo a tantos soberanos, se sintió lo bastante fuerte como para reducirlos a su voluntad. Para integrar los judíos en la sociedad francesa, consideró necesario conseguir primero la alianza de los rabinos. Así pues, el 30 de mayo de 1806 decidió convocar los «Estados Generales Judíos» que deseaba, es decir, constituir la mayoría de los notables israelitas reunidos en un organismo oficial. El Gran Sanedrín de Francia, compuesto por setenta miembros, fue convocado por primera vez el 4 de febrero de 1807.

Desafortunadamente, al centralizar y consagrar la organización religiosa de los judíos, el Emperador cosechó el efecto contrario, pues había proporcionado un poderoso instrumento de unidad y de actividad nacional a los judíos.

---

[564] Lucien Rebatet, *Je Suis Partout*, número especial del 17 de febrero de 1939

El decreto del 17 de marzo de 1808 estableció la organización legal y protección del culto judío. Pero una medida vino a contrarrestar las exacciones y estafas de los judíos que no habían hecho más que multiplicarse en todos los departamentos del Este de Francia en los últimos meses. A partir de ahora se prohibía a los judíos no domiciliados en el Alto y Bajo Rin a establecerse en estos departamentos, y se autorizaba los tribunales a conceder a los deudores prórrogas para todas las deudas judías, incluidas las no usurarias. Los magistrados podían anular las deudas judías de los incapacitados, los menores y los militares no autorizados por sus oficiales. Cualquier letra de cambio, cualquier pagaré, cualquier fianza o promesa suscrita por comerciantes a favor de un judío sólo tendría validez en la medida en que el portador demostrara que el valor había sido proporcionado en su totalidad y sin fraude. Los tribunales debían reducir todas las deudas con intereses devengados superiores al 5% y anular aquellas con intereses superiores al 10%.

Además, ningún judío podría dedicarse al comercio o negocio sin haber recibido una patente especial del prefecto del departamento que atestiguara que el judío no había practicado la usura; el consistorio debía probar su buena conducta y probidad. Los contratos u obligaciones suscritas a favor de un judío que carecía de esta patente podrían ser revisados y revocados. Los judíos, por último, no podrían ser sustituidos en el servicio militar. Estas medidas serían vigentes por diez años. Los judíos de Burdeos y del Suroeste se veían eximidos a condición de no dar lugar a ninguna denuncia[565].

Los judíos, que ya habían echado solidas raíces en Francia y no pensaban sufrir más obstáculos, pusieron el grito en el cielo ante la «infamia» del decreto y el libertador del pueblo elegido fue inmediatamente vilipendiado como un verdugo «digno de la Edad Media».

Puesto que ya no tenían nada bueno que esperar del emperador, los judíos empezaron a apoyar Inglaterra.

La política judía de Bonaparte había sido a la vez grandiosa e imprecisa. Gracias a su prestigio, habría servido mejor los intereses de la nación restaurando los principios esenciales de la política de los reyes. Pero es probable que, si el destino le hubiese concedido en 1815 veinte años más de reinado y de paz, habría reexaminado el problema a la luz de la experiencia adquirida.

CXVI. *La Restauración borbónica en Francia (1815-*

---

[565] Lucien Rebatet, *Je Suis Partout*, número especial del 17 de febrero de 1939

1830)

La reacción católica a las ideas revolucionarias estuvo representada bajo la Restauración por dos destacados escritores, Joseph de Maistre y Louis-Gabriel de Bonald, cuyas ideas eran muy parecidas. De hecho, Maistre escribió a Bonald antes de su muerte: «No he escrito ni pensado nada que usted no haya escrito, no he escrito nada que usted no haya pensado.» Los dos fueron los principales representantes de la corriente católica tradicionalista.

Joseph de Maistre (1753-1821), nacido en Chambéry, en Saboya, hijo mayor de diez hermanos, había estudiado con los jesuitas y era profundamente católico. Cuando en 1792 Saboya fue invadida por los ejércitos revolucionarios, partió a Lausana, donde desempeñó varias funciones para el duque de Saboya quien era a su vez rey de Cerdeña. A finales de 1798, emigró a Venecia, antes de ser enviado por el rey Carlos Manuel IV a Cerdeña, donde fue regente de la Cancillería. Tres años después, era nombrado embajador en Rusia.

Joseph de Maistre se ha expresado poco acerca del judaísmo. Pero según él, el odio judío hacia el cristianismo nunca debía ser olvidado u obviado por el legislador, bajo pena de ver las acciones judaicas desintegrar el tejido social y socavar los fundamentos del Estado. Ante tal amenaza, la autoridad debía inspirar el temor y hacer temblar los miembros secretos de la Sinagoga. En sus *Cartas a un caballero ruso*, del año 1815, encomiaba los esfuerzos de la Inquisición española: «Por lo tanto, era necesario amedrentar la imaginación, mostrando constantemente el anatema que conllevaba la mera sospecha de Judaísmo. Es un gran error creer que para derrotar a un enemigo poderoso basta con detenerlo: no se ha hecho nada si no se le obliga a retroceder. La cuestión era, pues, si seguiría existiendo una nación española... si la superstición, el despotismo y la barbarie seguirían obteniendo esta espantosa victoria sobre el género humano.»

Louis de Bonald (1754-1840) había nacido en Millau, en una antigua familia noble de Rouergue. Hombre político, filosofo, escritor monárquico y católico, fue un gran adversario de la Revolución francesa. En sus numerosas obras, atacaba la Declaración de los Derechos del Hombre, el Contrato Social de Rousseau y las innovaciones sociales y políticas de la Revolución, abogando por la vuelta a la monarquía y los principios de la Iglesia católica.

En 1785, se convirtió en alcalde de Millau. En un principio fue partidario de la revolución en 1790, siendo miembro y presidente de la Asamblea de su departamento. Desaprobó sin embargo la puesta en vereda de la Iglesia católica (venta de los bienes del clero, constitución civil) y, en enero de 1791, dimitió de sus cargos de presidente y diputado de la Asamblea departamental. Emigró con sus dos hijos mayores a Heidelberg donde estaba estacionado el ejército de Condé.

En Heidelberg, Bonald descubrió su vocación de escritor. Su primera obra, *Teoría del poder político y religioso,* fue impresa en 1796 en Constancia. En 1797, Bonald entró clandestinamente en París, pero no reapareció oficialmente hasta el golpe de Estado del 18 brumario[566]. Frecuentó a Chateaubriand, publicó varios ensayos políticos y jurídicos antes de retirarse en sus tierras, aunque siguió escribiendo para los periódicos el *Mercure de France* y el *Journal des débats*.

Durante la Restauración, su lucha a favor de la monarquía le valió un reconocimiento oficial y fue nombrado caballero de San-Luis. En 1815 fue elegido a la cámara de los diputados. En 1816, era nombrado a la Academia francesa. Finalmente, fue elevado a la dignidad de Par de Francia en 1823.

En su ensayo titulado *Sobre los Judíos,* publicado en 1806, Luis de Bonald estudió «la religión y las costumbres de un pueblo abiertamente en guerra contra la religión y costumbres de todos los pueblos». Se veía obligado a reconocer que el mal estaba profundamente arraigado en la mayoría de los judíos. Tal vez incluso un judío «ilustrado y virtuoso» no lo era realmente: «No es más permisible, en buena lógica, justificar a una nación acusada de una disposición general a la bajeza y la mala fe, señalando a unos pocos individuos educados y honestos, que incriminar a una nación virtuosa, por el ejemplo de unos pocos malhechores que ha producido[567]», escribía juiciosamente.

Durante la Restauración, en 1818, numerosos diputados reclamaron la prórroga del decreto de 1808 que llegaba a vencimiento, reforzándolo incluso con nuevas precauciones: suspensión de todas las ventas con derecho de recompra por los judíos, prohibición para los judíos del comercio de bienes raíces.

Algunos, como el marqués de Lattier, diputado de la Drôme, proponían confinar los judíos en los territorios donde habitaban antes de la Revolución, limitar su número, prohibir los matrimonios a las mujeres antes de los 25 años e incluso prohibirles poder recurrir a la justicia. Como siempre, sus acusaciones hacían referencia a la continua y sistemática picaresca de los judíos de Alsacia y Lorena. Pero la Cámara de los Pares rechazó todas sus solicitudes, así como la prórroga del decreto.

En 1827, el célebre rabino David Drach, que se había convertido sinceramente al catolicismo, nos informaba acerca de las esperanzas de la

---

[566] El golpe de Estado del 18 de brumario del siglo XVIII en Francia hace referencia al golpe de Estado dado en esa fecha del calendario republicano francés, correspondiente al 9 de noviembre de 1799 del calendario gregoriano, que acabó con el Directorio, última forma de gobierno de la Revolución francesa, e inició el Consulado con Bonaparte como líder. (NdT)

[567] Louis de Bonald, *Sur les Juifs*, Mercure de France, février 1806.

secta. En su *Segunda Carta a los israelitas de un rabino converso* (París, 1827), escribía: «El Mesías debe ser un gran conquistador, que hará a todas las naciones del mundo esclavas de los judíos. Los judíos volverán a Tierra Santa, triunfantes y cargados con las riquezas arrebatadas a los infieles. El propósito de su misión será liberar al Israel disperso, devolverlo a Tierra Santa, establecer y consolidar un reinado temporal cuya duración será la del mundo. Todas las naciones estarán entonces sometidas a los judíos, y éstos reinarán libremente sobre los individuos que las componen y sobre sus bienes[568].»

He aquí otro pasaje de su libro: «El Talmud prohíbe expresamente salvar a un no judío de la muerte... devolverle sus pertenencias perdidas... apiadarse de él, etc. Según el Talmud, el número total de preceptos de la ley de Dios no es inferior a seiscientos trece, es decir, 248 preceptos afirmativos y 365 negativos. Los preceptos afirmativos número 185 y 198 ordenan, en el primer caso, que se practique la usura con los no judíos, y en el segundo, que los ídolos y los idólatras sean exterminados sin piedad y contemplaciones[569].»

Unas décadas más tarde, los bolcheviques judíos de la Rusia de 1917 estarían animados por este mismo odio talmúdico. Durante treinta años, de 1917 a 1947, no menos de treinta millones de Rusos, Bielorrusos y Ucranianos perecieron, víctimas del fanatismo judío aferrado en el poder.

CXVII. Alemania, 1814-1819

En la mayoría de los principados alemanes, los judíos habían adquirido la igualdad de derechos gracias a la introducción del Código Napoleón. Hubo entonces numerosas voces que se alzaron contra la admisión de los predadores en la sociedad alemana. En 1793, el célebre filósofo Johann Gottlieb Fichte era jacobino, pero sus ideales republicanos no le cegaban acerca del peligro que representaba la admisión de los judíos en la sociedad. En su primera obra importante sobre la revolución, escribía: «Para protegernos contra ellos, sólo veo una forma: conquistar para ellos su tierra prometida y expulsarlos todos allí.»

En 1806, en *Los Rasgos fundamentales de la época presente*, expresaba su visión del cristianismo que veía en estado puro en el apóstol San Juan, dudando incluso de los orígenes judíos de Jesús. Después de lo que había escrito el arzobispo de Toledo Juan Martínez Siliceo, veíamos aquí como asomaba otra vez la idea de un Cristo ario. Siguiendo el ejemplo de Voltaire,

---

[568] Citado por el abad Chabeauty, *Les Juifs, nos maîtres*, 1882.
[569] David Drach, *De l'harmonie entre l'Église et la Synagogue*, 1844, en Chabeauty, *Les Juifs, nos maîtres*, 1882, p. 167-170

Fichte vituperaba contra el Antiguo Testamento y criticaba el Nuevo Testamento, especialmente las epístolas de San Pablo. En 1808, sus famosos *Discursos a la nación alemana* se convirtieron en la Carta Magna del pangermanismo.

En Berlín, en 1803, Karl Grattenauer había publicado *Wider die Juden* (*Contra los judíos*), con una tirada de 13 000 ejemplares. Grattenauer consideraba los judíos no desde el punto de vista religioso, sino como una raza diferente. El mismo año se publicaba en Leipzig el libro de Christian Ludwig Paalzow: *Ueber des Bürgerrecht der Juden* (*Sobre los derechos civiles de los Judíos*).

Numerosos panfletos transcribían el hastío de la población contra los judíos. En 1809, el novelista Achim von Arnim había fundado en Berlín una sociedad patriótica, la *Deutschechristliche Tischgesellschaft,* a la que «los Judíos y Filisteos» no podían acceder: «Ni los Judíos, ni los Judíos conversos, ni tampoco los descendientes de Judíos», precisaba. Su cuñado Clemens von Brentano era famoso por sus cuentos repletos de judíos malignos.

Louis de Bonald, que se había exiliado un tiempo en Heidelberg durante la revolución francesa, había tenido la ocasión de estudiar de cerca los problemas causados por los numerosos judíos que vivían en Alemania. El país aún no había sido completamente trastornado por el espíritu judío, como sería el caso al final del siglo. El pueblo alemán, escribía Bonald en su ensayo publicado en 1806 y titulado *Sobre los Judíos,* es «tranquilo en sus gustos y moderado en sus deseos». En algunas regiones, sin embargo, el pueblo se moría de hambre. Bonald citaba un artículo del *Boletín del Publicista*, con fecha del 11 vendimiario. El artículo, extraído de una gaceta alemana, desvelaba la «mala fe y las artimañas que los judíos despliegan en la feria de Leipsick». El autor añadía: «Sabemos cómo tratan los judíos de Alsacia a los agricultores que sólo pueden pedir préstamos con ellos, y que sólo en esta provincia las tierras de los campesinos están hipotecadas con ellos por valor de once millones. En realidad, fueron ellos quienes, de acuerdo con terceras personas cristianas, organizaron la terrible hambruna de Moravia y Bohemia, para recuperar los privilegios y monopolios de los que habían sido privados. En los Estados de Baviera, viejos y nuevos, están ganando cada día más influencia como hombres de dinero, y considerándolo todo, no son banqueros cristianos, sino judíos, los que regulan el tipo de cambio, no sólo en la feria de Leipsick, sino en Hamburgo, Ámsterdam y Londres.»

El autor preconizaba el restablecimiento de la rodela como algo indispensable y denunciaba los judíos como falsarios: «Es necesario preservar una marca distintiva para estas personas que, en el actual estado de cosas, excluidas del pleno disfrute de los derechos de los ciudadanos, ya sea por obstinación o por su condición miserable, son necesariamente los enemigos del bien público. Se ha demostrado que ninguna clase de hombres ha sido tan perjudicial como los judíos para las fértiles provincias de la Casa de Austria, especialmente desde 1796; que, con sus billetes falsos y su moneda falsificada, y haciendo desaparecer el numerario, pudieron producir esta horrible carestía general que sólo podía beneficiarles a ellos.»

Los judíos ricos no eran los únicos aludidos: «Más adelante, escribía de Bonald, el mismo autor dice: "No hay límites a la bajeza de los judíos mendigos o vendedores ambulantes, ni a la increíble multiplicación de sus familias. Los registros de los tribunales de policía de Leipsick durante la feria muestran que, de doce robos o estafas, once incluían a judíos.» Este es uno de los escasos testimonios que nos han llegado sobre la criminalidad judía antes de los estudios del siglo XX.

Un autor alemán llamado A.F. Thiele, alto funcionario en la administración prusiana, había publicado en 1841 un importante estudio titulado *Die jüdischen Gauner un Deutschland* (*Los estafadores judíos en Alemania*), que veremos más en detalle en un posterior capítulo. Thiele confirmaba que la ocupación francesa había sido para ellos una época dorada: «Durante los años de la guerra, escribía, entre 1806 y 1814, había legiones de los peores judíos en los ejércitos franceses. Trabajaban como espías y agentes de aduanas; otros se dedicaban al pillaje. Estos judíos cometieron muchos crímenes. La mayoría de los criminales judíos más antiguos dicen haber participado en las últimas campañas francesas. Ciertamente participaron en ellas, pero eran voluntarios poco recomendables.» (Tomo I, página 73).

Efectivamente, muchos judíos seguían los ejércitos napoleónicos y cometían pillajes por donde pasaban. Numerosos judíos de Polonia habían llegado a Alemania durante las guerras napoleónicas en la estela de los ejércitos rusos. Dado que los ejércitos franceses habían abierto las puertas de las cárceles y liberado los enajenados de los asilos, y que la policía alemana estaba paralizada por la ocupación militar del país, toda la escoria tenía vía libre para perpetrar sus desmanes y fechorías.

El derrumbe del imperio napoleónico supuso el fin del proceso de penetración de los judíos en la sociedad alemana. El movimiento de reacción empezó en Fráncfort. En enero de 1814, a penas los franceses salían de la ciudad, el ayuntamiento restablecía la antigua legislación. Los judíos fueron excluidos de las reuniones donde se deliberaban los intereses de la ciudad. La ciudad los expulsó de los empleos oficiales que ocupaban, vetándoles además otras numerosas profesiones. Las autorizaciones para casarse les fueron denegadas y de nuevo fueron apartados en un barrio especial.

La lucha del Senado contra los judíos de Fráncfort duró nueve años (1815-1824). Los judíos apelaron a las más altas autoridades, pero, en respuesta al detallado *Informe* presentado, los cinco jurisconsultos de la Facultad de Berlín declararon con gravedad que en virtud del reglamento de 1616 los judíos de Fráncfort debían permanecer subordinados, casi como siervos, a los burgueses de dicha ciudad.

El ejemplo de Fráncfort fue seguido por las tres principales ciudades hanseáticas de Alemania que decidieron también protegerse de los judíos. En Hamburgo, el Senado les era favorable, pero el pueblo, como solía ocurrir en todas partes, les era irremediablemente hostil.

En Lubeca y en Bremen se les expulsó directamente. Hannover, Hidelsheim, Brunswick y Hesse les retiraron los derechos adquiridos. Únicamente los Estados de Sajonia-Weimar, Hesse-Cassel y Wurtemberg emanciparon sus judíos.

Así pues, Alemania fue más prudente que la Francia del rey Luis XVIII. En los Estados de los Habsburgo, las tradiciones liberales de José II fueron abandonadas a favor del restablecimiento de algunas antiguas restricciones dictadas por la emperatriz María-Teresa. Se les añadieron incluso nuevas leyes de excepción. Los judíos no fueron expulsados sino aislados en sus guetos. El acceso al Tirol les fue vetado, al igual que a los protestantes. En Bohemia, se les negó el derecho a establecerse en los pequeñas ciudades y pueblos situados en las montañas; en Moravia, al contrario, se les prohibió fijarse en las grandes ciudades como Brno y Olomuc. El emperador Francisco II ennobleció sin embargo algunos ricos judíos.

La agitación literaria antijudía desató las pasiones y provocó desórdenes durante varios años. El kantiano Jakob Friedrich Fries (1773-1843), alumno de Fichte, médico y profesor de ciencias naturales en Heidelberg, publicó un libro titulado *Sobre el peligro que suponen los judíos para la prosperidad y el carácter de los alemanes*[570], en el que no dudaba en abogar por el aniquilamiento del judaísmo.

Entre los émulos de Fries, el profesor Fredric Ruehs, de la Universidad de Berlín, supo el también interpretar los sentimientos de la población. En enero de 1816, en su obra titulada *Reivindicación de los derechos civiles para los judíos de Alemania*, negaba la ciudadanía a los judíos y proponía someterlos, como antaño, al pago de un impuesto especial y a llevar un signo distintivo.

El doctor Köppe, por su parte, decía en uno de sus folletos que los judíos ilustrados eran «unos canallas cosmopolitas» a los que había que «perseguir y dar caza por todas partes».

Los desórdenes empezaron seriamente en Wurtzburgo en marzo de 1819. El pueblo llano saqueó las casas y tiendas judías, tirando las

---

[570] *Über die Gefährdung des Wohlstandes und Charakters der Deutschen durch die Juden* (1816):

mercancías por las ventanas al grito de *¡Hep!, ¡Hep!* (iniciales de *Hierosolyma est perdita*). Los judíos se defendieron vigorosamente y se formó en las calles una verdadera batalla campal con muertos y heridos. El orden sólo pudo ser restablecido por los soldados. La municipalidad decidió entonces la expulsión de los judíos y cerca de cuatrocientas familias fueron forzadas a abandonar la ciudad. Los judíos acamparon provisionalmente en las afueras, bajo tiendas y en los pueblos vecinos.

Estas escenas se volvieron a producir en Bamberg y en casi todas las ciudades de Franconia. En cuanto se atisbaba un judío, este era perseguido con el grito injurioso *¡Jude verreck! (¡Muérete judío!).* Tal era la animadversión y exasperación de la población.

El 9 y 10 de agosto, en Fráncfort, los judíos fueron insultados en los lugares públicos y en los paseos de la ciudad, atacados a pedradas; sus casas asaltadas y saqueadas. Los agitadores descargaron su ira sobre todo contra la mansión del financiero Rothschild. La dieta de la Confederación, cuya sede estaba en Fráncfort, pidió auxilio a las tropas de Maguncia. Pero, a pesar de la presencia de los soldados, los disturbios continuaron varios días. Numerosos judíos vendieron sus inmuebles y abandonaron la ciudad, pero la sangre apenas corrió.

En Darmstadt y en Bayreuth, el pueblo entró en rebelión contra los judíos; Meiningen los expulsó. En Karlsruhe, el 18 de agosto por la mañana, aparecieron las palabras *¡Muerte a los judíos!* en los muros de la sinagoga y de las casas de los notables judíos. También se produjeron escenas de desórdenes en Hamburgo. En una pequeña ciudad de Baviera, una sinagoga fue invadida y los rollos de la Ley fueron desgarrados.

Fue también en esta época cuando se popularizó en Alemania el asesinato ritual de Anderl von Rinn, cometido por judíos muchos años antes. Los crímenes rituales habían conmovido a la opinión pública a intervalos regulares desde la Edad Media, habiéndose registrado alrededor de ciento cincuenta desde el crimen de Norwich en 1144. En 1816, los famosos hermanos Grimm retomaron una vieja historia en el primer volumen de sus cuentos alemanes: el pequeño Anderl (Andreas) Oxner, un niño de 3 años había sido asesinado el 12 de julio de 1462 por unos desconocidos judíos en su pueblo natal de Rinn, en el Tirol del Norte. Fue en 1475 cuando, tras el asesinato de Simón de Trento, los huesos del pequeño Anderl fueron trasladados a la iglesia parroquial de Rinn. La historia no se popularizó hasta 1620, cuando fue puesta por escrito por Hippolyte Guarinoni, médico de Halle, en Sajonia. En 1642, Guarinoni escribió un libro sobre este crimen titulado *Corona triunfal del mártir y epitafio del Santo Niño Inocente.* El lugar del crimen, Judenstein en Rinn, se convirtió entonces en lugar de peregrinación. Fue esta historia la que revivieron los famosos hermanos Grimm. En 1893 se publicó el libro

Cuatro niños tiroleses víctimas del fanatismo jasídico[571], del sacerdote vienés Joseph Deckert, que dio una nueva vida al pequeño Anderl. En 1953, tras la Segunda Guerra Mundial, la fiesta de Anderl von Rinn fue suprimida del calendario religioso tirolés por el obispo de Innsbruck, Paul Rusch. En 1985, los huesos del mártir fueron incluso retirados de la iglesia parroquial, y en 1994, el culto al niño en Judenstein fue prohibido por el obispo Reinhold Stecher. Sin embargo, de nada sirvió, ya que todos los años sigue celebrándose una peregrinación a Judenstein, cerca de Rinn, el domingo siguiente al 12 de julio.

CXVIII. La era de los Rothschild

En aquella época, los hermanos Rothschild personificaron por sí solos el triunfo de la alta finanza en Europa. Moisés Amschel, su padre, nacido en 1743, fue en sus inicios un empleado del banco de los Oppenheim de Hanovre. Cuando compró la vieja tienda del Escudo Rojo de la *Judengasse* (callejón de los judíos) de Fráncfort, éste tomó ese nombre y convirtió su apellido en Rothschild (Escudo Rojo).

Desde Londres, Nathan, uno de los hijos de Rothschild, fue un acérrimo adversario del expansionismo de Bonaparte al que se opuso financiando ampliamente las acciones de Wellington. Este habría tenido las mayores dificultades en España para abastecer a sus tropas si no hubiese recibido la decisiva ayuda financiera que necesitaba de los Rothschild.

Es probable, como suele creerse, que la fortuna de los Rothschild se cimentó en la derrota de los ejércitos franceses en Waterloo en 1815. Informado con antelación del desenlace de la batalla, Nathan Rothschild habría llegado a la bolsa de Londres fingiendo abatimiento y desilusión. Este engaño le habría permitido recomprar a vil precio los títulos que habían sido vendido precipitadamente[572]. Este famoso episodio inspiró

---

[571] El Jasisdismo es la corriente cabalista y gnóstica del judaísmo, una forma herética que finalmente se ha normalizado dentro del actual judaísmo. Léase más en detalle en *Psicoanálisis del judaísmo*. (NdT).

[572] Algunos historiadores creen efectivamente que Nathan Rothschild vendió un gran número de acciones del gobierno, dando la impresión de que Inglaterra había perdido la guerra, provocando un verdadero pánico en el mercado bursátil. Tanto es así que, en pocas horas, se dice que dichas acciones públicas perdieron el 98% de su valor, lo que permitió a Rothschild comprar las acciones de sus competidores a un precio muy bajo. Una cosa es cierta: Nathan Rothschild fue efectivamente el primero en ser informado en Londres de la victoria de Wellington. Nadie sabe si se enteró por medio de palomas o de espías. También parece, aunque no haya rastro de ello, que informó cautelosamente al Primer Ministro, que se negó a dar crédito a su información. Para éste, era impensable que tal noticia no le hubiera sido comunicada a él en primer lugar. Quizás frustrado por no haber sido creído, y siendo ante todo un hombre de dinero, Nathan Rothschild habría

unos versos a Víctor Hugo que miraba pasar el financiero delante de él:

«Anciano, ¡Me quito el sombrero! Éste que pasa/ hizo su fortuna en la hora en que tu derramabas tu sangre/ Apostaba a la baja y subía a medida/ Que nuestra caída era más profunda y segura/ Tuvo que haber un buitre para nuestros muertos, él lo fue.»

A la muerte del viejo Amschel, sus cinco hijos se repartieron Europa. Nathan se afincó en Londres en 1804 y James en París; Salomón en Viena, Carlos en Nápoles, mientras Amschel, el primogénito que llevaba el nombre del padre mantenía la casa madre en Fráncfort. Cinco Rothschild manejaban así los principales mercados financieros manteniéndose informados unos a otros de lo que sucedía aquí y allá.

En todos los países de Europa, excepto en Rusia, los Rothschild prestaban dinero a los Estados y los financieros judíos influían con todo su peso en las decisiones de los gobiernos europeos. En Viena, Salomón se había convertido en amigo personal de Metternich y tenía un agente de inteligencia trabajando para él, un tal Gentz, como mano derecha del canciller. El propio papa había contraído un empréstito con los Rothschild. Los banqueros eran invitados en los salones de la alta sociedad y pronto las familias de la aristocracia europea consentirían matrimonios mixtos con estos arribistas hebreos de la alta finanza.

La revolución parisina de 1830 catapultó la rama de Orléans al trono de Francia. «Con el gobierno de Luis-Felipe, el reino del Judío comenzó», escribía Eduard Drumont. Rothschild colocaba los préstamos del gobierno (1830, 1831 y 1832), ganando sumas considerables con los intereses. La dirección suprema del judaísmo francés recayó con toda naturalidad en James de Rothschild, quién, por lo demás, nunca se hizo naturalizar francés. El poeta Alfred de Vigny escribió sobre la revolución de 1830: «El Judío ha pagado la revolución de Julio porque maneja con más facilidad los burgueses que los nobles.» En febrero de 1831, los rabinos recibieron por primera vez un salario del erario público, al igual que el clero católico, por cierto, aunque esto era más bien anecdótico en vista de lo que se tramaba

---

comprado acciones en Bolsa, especulando con una inevitable subida en cuanto se anunciase la victoria. Sin embargo, según otros historiadores que analizaron los volúmenes de negociación registrados en la Bolsa de Londres el 20 de junio de 1815, ese día circularon pocos fondos estatales. En realidad, el crecimiento de la fortuna Rothschild tuvo más que ver con las campañas militares británicas en el Viejo Continente. Pero no habría tenido nada que ver con Waterloo ni con la especulación bursátil tras la batalla. De hecho, entre 1813 y 1815, la familia Rothschild fue responsable de la mitad de todas las remesas enviadas desde Inglaterra al resto de Europa. Y sus miembros, bien repartidos por todo el continente, recibían una comisión del 2% por organizar todas estas transferencias. Esto habría representado una suma gigantesca para la época, dada la magnitud de los fondos transportados para pagar a los ejércitos. (NdT)

entre bastidores.

En España, el rey Fernando VII había muerto y desde 1835 su hermano Carlos se oponía a su viuda María Cristina, la regenta del reino. España se vio entonces desgarrada por una guerra civil y las tropas gubernamentales resistieron difícilmente los asaltos de los carlistas. Nathan de Rothschild, que temía por sus minas de mercurio tan lucrativas, sabía que si el íntegro Carlos llegaba al poder sus concesiones serían revocadas. De modo que se hizo el abanderado de una intervención franco-británica. Su hermano James se había desplazado a Londres para verle y organizar juntos los preparativos militares ingleses a favor de la regenta y de paso propiciar la subida de los valores bursátiles españoles. Las casas Rothschild de Londres y París especularon primero a la baja sobre dichos valores. En pocos días, la cotización de la renta española se desplomó, cayendo de 70 a 37, tras lo cual los Rothschild recompraron al precio más bajo. Miles de tenedores de valores perdieron dos tercios de sus activos en el proceso. Los créditos concedidos al gobierno español permitieron ganar la guerra contra Don Carlos que tuvo que expatriarse. La casa Rothschild conservó así el monopolio mundial del mercurio durante décadas[573].

Tras fallecer Nathan en julio de 1836, James heredó la dirección de los negocios que gestionó desde su sede de la calle Lafitte en París. En 1844, negoció un empréstito de 200 millones para el gobierno, pero éste causó un gran escándalo. El ministro de Finanza fue acusado públicamente de sacrificar los intereses del país a los del Banco Rothschild. Debido a que el escándalo no amainaba, el banquero decidió transformarse en filántropo. Dedujo unas cuantas pesetas de los millones que había robado al contribuyente y las distribuyó ostensiblemente a obras de caridad.

La Cámara de los Diputados decidió a continuación que los ferrocarriles serían construidos y explotados por compañías privadas. Los ferrocarriles del Norte fueron atribuidos a Rothschild, lo que generó un nuevo escándalo puesto que el procedimiento de adjudicación no había sido respetado. Pero para los financieros fue otro excelente negocio. Todos creyeron en una catástrofe cuando el gobierno inglés vendió de repente todas sus acciones, provocando el derrumbe del título. Los pequeños accionistas franceses vendieron apresuradamente, pero, prevenido por su hermano de Londres, el Rothschild de París arramblo bajo mano todos los títulos. Cuando la calma volvió, las acciones volvieron a su cotización normal y el banquero ganó unos millones más[574].

La crisis internacional de 1840 reveló una vez más la influencia de los banqueros judíos sobre los gobiernos europeos. Aquel año, al margen del

---

[573] Henry Coston, *L'Europe des banquiers*, 1963
[574] Henry Coston, *Les Financiers qui mènent le monde*, 1955, édition de 1989, p. 69

conflicto turco-egipcio, se produjo en Damasco, ciudad en parte cristiana, un incidente que causó gran revuelo. En 1840, un monje capuchino, el Padre Thomas, desapareció misteriosamente. Su cadáver fue hallado en el mes de marzo (después de la fiesta de Purim) en las alcantarillas del barrio judío. El cónsul francés Ratti-Menton achacó su desaparición a miembros de la comunidad judía y apoyó las acciones judiciales emprendidas contra personalidades distinguidas, acusadas de asesinato ritual. En París, Adolfo Thiers, que acababa de ser nombrado presidente del Consejo por Luis-Felipe, se solidarizó con el cónsul francés. Pero los financieros Fould y Rothschild intervinieron con todo su poder y promovieron una campaña de prensa contra Thiers. Este último contraatacaba desde la tribuna de la Cámara, declarando: «¡Vosotros reclamáis en nombre de los judíos y yo reclamo en nombre de Francia!» El historiador Leon Poliakov nos daba entonces una idea del poder de la comunidad judía internacional en aquella época: «Los Rothschild finalmente ganaron la causa, amenazando con beneficiarse de la caída de la renta. Thiers tuvo que dimitir. Los judíos emprendieron entonces la lucha por la rehabilitación de las víctimas de la calumnia medieval y la obtuvieron gracias a la intervención británica. Pero la alerta había sido dada y este asunto marca el origen de las organizaciones de defensa judías, empezando por la Alianza israelita universal[575].»

Napoleón III favoreció más bien a los competidores de los Rothschild, los banqueros Fould y Pereire, ellos también israelitas. Pero el banco Rothschild seguía en la plaza. En 1870, cuando los ejércitos prusianos invadieron Francia, Guillermo I, Bismarck y Moltke se instalaron en Ferrières, en el castillo de Rothschild, para recibir Jules Favre y negociar las indemnizaciones impuestas al vencido. Su "contable" era el financiero judío Bleichroeder, el hombre de confianza de Bismarck. Por la parte francesa, las negociaciones fueron llevadas a cabo por un amigo suyo, Alfonso Rothschild, y entre los dos acordaron la cifra de 5000 millones que tendría que pagar Francia a Alemania. Se sospechó fuertemente el judío francés de haber sugerido esta cantidad a su congénere alemán. Efectivamente, los beneficios que los Rothschild parisinos percibirían del empréstito del gobierno francés serían proporcionales a la importancia de la indemnización a pagar. Entre los parlamentarios, nadie se atrevió a oponerse a esta decisión. Las minas de plomo en España, el níquel en

---

[575] Léon Poliakov, *Los Samaritanos*, Anaya & Mario Muchnik, 1992, Madrid, p. 111. Un libro publicado al respecto en 2005, *La Sangre cristiana*, presentaba las confesiones de un antiguo rabino arrepentido de Moldavia (*Refutación de la religión de los judíos*, 1803). Éste aseguraba que unas pocas gotas eran suficientes. Sobre el caso de Damasco, se puede leer que todos los judíos inculpados confesaron el asesinato. Diez de ellos fueron condenados a muerte, pero finalmente indultados gracias a la intervención de Adolphe Crémieux, Moïse Montefiore y los financieros internacionales.

Nueva Caledonia y el diamante en África del Sur permanecieron en sus manos. De modo que los Rothschild conservaron su hegemonía hasta finales de siglo. El único hombre en lograr romper su poder en Europa sería Adolf Hitler; aunque temporalmente.

CXIX. *Francia: el tanteo antisemita*

Todos los observadores veían que los financieros judíos habían adquirido un poder increíble, pero todavía no se comprendía en aquella época el proyecto político inherente del judaísmo. Los Franceses no estaban probablemente lo suficientemente familiarizados con estos advenedizos. Francia contaba unos 70 000 judíos en 1840, cuyas dos terceras partes vivían en Alsacia y en Lorena. Esta comunidad creció posteriormente de año en año, nutriéndose de miles de judíos de Alemania y Austria, muy numerosos y que incluso provenían del gran reservorio de la "Zona de residencia" en Rusia. Los judíos afluían al oeste del continente, hacia ese paraíso liberal donde por fin todo les era permitido. El liberalismo, tanto en política como en economía, favorecía efectivamente a los judíos, mejor armados que nadie para la actividad bancaria, la especulación y el comercio internacional, careciendo además de todo escrúpulo para con los goyims.

En Francia, como en Alemania, la extrema izquierda socialista estaba naturalmente impregnada de antisemitismo, pues veían claramente con sus propios ojos que el oro y los ducados pasaban sobre todo por manos judías. El muy célebre Charles Fourier[576] se distinguió escribiendo unas cuantas paginas al respecto[577]. Pero su discípulo, el loreno Alphonse Toussenel (1803-1885), insistió aún más en la cuestión. Fue el primero en hacer sonar la alarma con su libro *Los judíos como reyes de la época, una historia del feudalismo financiero (1845)*. La obra tuvo un indudable éxito, pues tuvo una segunda edición en 1847. Esta era una denuncia encendida contra el dominio absoluto de los mercaderes y financieros judíos sobre la economía. Hay que decir que el texto ha envejecido bastante y que ya no presenta demasiado interés, excepto el pasaje de introducción citado anteriormente en el capítulo la *"conquista de Judea por los Romanos"* y que terminaba

---

[576] Charles Fourier (1772-1837) fue un socialista utópico francés de la primera mitad del siglo XIX y uno de los padres del cooperativismo. Fourier fue un crítico de la economía y el capitalismo de su época. Adversario de la industrialización, de la civilización urbana, del liberalismo, de la familia basada en el matrimonio y la monogamia, y precursor del feminismo. El carácter jovial con que Fourier hacía algunas de sus críticas hace de él uno de los grandes satíricos de todos los tiempos. (NdT).

[577] Léase al respecto el libro de Marc Crapez, *L'Antisémitisme de gauche au XIXe siècle*, Berg International, 124 pages, 2002.

así: «Pregunten a estos judíos, que ganan cien millones anuales con nosotros, si tienen tantas ganas de volver a ver los tan llorados muros de Sión...Ahora bien, ¿qué pueblo ha sido más sanguinario en su venganza, más perseverante en su odio y desprecio por el resto de la humanidad que el judío?...La religión del pueblo judío lo ha convertido inevitablemente en enemigo de la humanidad, pues la Biblia es el catecismo y el código de los pueblos verdugos[578].» Y Toussenel concluía sabiamente «que los judíos nunca son víctimas, sino sólo el tiempo que tardan en convertirse en perseguidores. El Estado que imprudentemente les concede el derecho de ciudadanía, crea para sí futuros amos, y que Francia, por haber cedido demasiado pronto a los impulsos de su generosa caridad, es ya su esclava[579].»

En octubre de 1847, los *Archivos israelitas (Archives israélites)* publicaban un artículo de un tal Cahen que escribía con toda franqueza lo siguiente: «El Mesías ha venido para nosotros el día 28 de febrero de 1790, con la Declaración de los derechos del hombre.» Ese mismo año, Pierre-Joseph Proudhon, el principal teórico del socialismo que se oponía frontalmente al judío Karl Marx, escribía en sus *Cuadernos*: «Rothschild, Crémieux, Marx y Fould son gente mala, biliosa y envidiosa que nos odia. Por el hierro o por el fuego, o por expulsión, el judío debe desaparecer.» Al igual que Voltaire, Proudhon se olvidaba de su anticlericalismo cuando se topaba ante un judío: «El judío es el enemigo del género humano. Esta raza debe ser enviada de vuelta a Asia o exterminada.»

Obviamente, la tercera revolución de 1848 no resolvió el problema. «Francia sólo ha cambiado de judíos», escribía Proudhon. Efectivamente, James de Rothschild no tuvo que sufrir mucho de la revolución parisina. Únicamente su villa de Suresne fue saqueada e incendiada, pero recibió

---

[578] Alphonse Toussenel, *Les juifs rois de l'époque, histoire de la féodalité financière*, (1845), Gabriel de Gonet Edit., Paris, 1847, Introduction, p. II, IV, IX. [«Os digo que hay pueblos de rapiña que viven de la carne de los demás, y que son los pueblos mercaderes, los que antaño se llamaban fenicios y cartagineses, y que hoy se llaman ingleses, holandeses y judíos, y que la Biblia es el código religioso en el que todos estos depredadores encuentran justificación para sus tiranías y sus acaparamientos. El inglés, cuya principal profesión es robar pedazos de tierra para explotar a quienes los cultivan, nunca viaja sin su Biblia. Cromwell, el verdugo puritano, es una figura bíblica. También Malthus, el filántropo Malthus, que se negó a conceder a los hijos del pueblo un lugar en el banquete de la vida, que sólo quería un lugar en este banquete para los ricos, Malthus, puedo asegurarlo, estaba imbuido del espíritu de la Biblia hasta la médula de sus huesos. En todas las guerras de fanatismo, es en nombre de la Biblia [Antiguo Testamento, ndt] que se degüella, no en nombre del Evangelio de Cristo.» *Les juifs rois de l'époque*, p. VI. NdT.]

[579] Alphonse Toussenel, *Les juifs rois de l'époque, histoire de la féodalité financière*, (1845), Gabriel de Gonet Edit., Paris, 1847, Introduction, p. IX

posteriormente una buena indemnización. En cambio, tuvo la satisfacción de ver dos de sus amigos judíos ocupar carteras ministeriales en el gobierno republicano: Crémieux en Justicia y Goudchaux en Finanza. Los alsacianos, al menos, aprovecharon la ocasión para asaltar los usureros y recuperar con las armas en la mano sus prendas y adeudos. Fueron absueltos en la ciudad de Colmar en medio de los aplausos de la multitud tras el alegato del señor de Sèze, quién declamó un implacable discurso acusatorio contra los judíos. Este fue el último "pogromo" en Francia.

«En 1790, escribía Edouard Drumont en *La Francia judía*, llega el judío; bajo la Primera República y el Primer Imperio, entra, merodea, busca su sitio; bajo la Restauración y la Monarquía de Julio, se sienta en el salón; bajo el Segundo Imperio, se acuesta en la cama; bajo la Tercera República, empieza a echar a los franceses de sus casas y les obliga a trabajar para él.»

Durante el Segundo Imperio (1852-1870), los judíos ya tenían el poder de censurar o prohibir los libros o las obras de teatro que no les agradaban. Así, en 1854, se quiso estrenar en el teatro *Ambigu-comique* el drama titulado *El Judío de Venecia*, una adaptación de la obra de Shakespeare. Pero el horrible usurero judío ya había sido cancelado y convertido en un ordinario usurero veneciano y la obra fue representada bajo el titulo original de *Shylock o el Mercader de Venecia*[580].

En 1867, el periodista y hombre político Gustave Tridon, un partidario leal del famoso Auguste Blanqui[581], componía su libro titulado *Del Moloquismo judío*, que no sería editado hasta 1884 en Bruselas. Gustave Tridon oponía los «Arios» a los «Semitas». Veía en el judaísmo una reliquia o supervivencia del culto sanguinario de Moloch, esa estatua de bronce con fuego en su interior dentro de la cual los fenicios arrojaban niños vivos. El cristianismo era para él contrario a la tradición aria por lo que profesaba el ateísmo: «Los semitas, escribía, son la sombra en el cuadro de la civilización, el mal genio de la tierra. Todos sus regalos son pestes. Combatir el espíritu y las ideas semitas es la misión de la raza indoaria.»

En el bando de los "conservadores", la resistencia antisemita era por aquel entonces más bien débil. Louis Rupert, en *La Iglesia y la Sinagoga*,

---

[580]Édouard Drumont, *La France juive*, 1886, tome I, p. 195

[581]Auguste Blanqui (1805- 1881) fue un revolucionario socialista francés, a menudo asociado erróneamente con los socialistas utópicos. Defendió esencialmente las mismas ideas que el movimiento socialista decimonónico y formó parte de los socialistas no marxistas. Después de 1830, siendo aún estudiante, Blanqui se dio cuenta de que la revolución sólo podía expresar la voluntad del pueblo mediante la violencia. Su radicalidad le valió ser encarcelado la mayor parte de su vida. En 1880 publicó el periódico *Ni Dieu ni Maître (Ni Dios ni Amo)*, cuyo título se convirtió en una referencia y un lema para el movimiento anarquista. Karl Marx consideraba a Blanqui "la cabeza y el corazón del partido proletario en Francia ". (NdT).

en 1859, acusaba a los judíos de ser los principales receptadores de objetos robados:

«El judío nunca hará negocios con cristianos a menos que esté motivado por el deseo de engañarlos. Soñando sólo con el engaño contra ellos, recibe a manos llenas y sin escrúpulos el fruto del robo sacrílego cometido en su perjuicio, y él mismo enseña al malhechor a perfeccionar su arte. Sería en vano buscar una secta más deshonesta, más peligrosa y funesta para el pueblo cristiano que la inmunda secta de los judíos. Noche y día, estos hombres no hacen otra cosa que meditar acerca de los medios de destruir y derribar el poder de los cristianos. Emplean todo tipo posible de fraude y se insinúan por todas partes, con todos los signos aparentes de la benevolencia, la amistad o el comercio más atractivo[582].»

El padre Ratisbonne, antiguo judío de origen alsaciano convertido en cura católico, escribía en 1868 en *La Cuestión judía*: «Gracias a su saber hacer y poseídos por el instinto de dominación, los judíos han invadido poco a poco todas las vías que conducen a la riqueza, la dignidad y el poder. Controlan la Bolsa, la prensa, el teatro, la literatura, la administración, las grandes vías de comunicación terrestre y marítima, y por el ascendente de su fortuna y de su genio, tienen hoy estrechamente asida, como en una red, a la sociedad cristiana en su conjunto[583].»

Pero hubo que esperar el año 1869 para que un libro informe por fin de manera clara a los franceses sobre las espantosas fechorías del poder judío. En su obra de 550 páginas, titulada *El Judío, el judaísmo y la judaización de los pueblos cristianos,* Roger Gougenot des Mousseaux, gentilhombre de la Cámara del rey Carlos X, analizaba el problema judío en profundidad. Este libro contiene numerosos elementos relevantes que permiten aprehender la naturaleza profunda del judaísmo, a pesar de que su lectura resulte a veces un poco anticuada y fastidiosa. Gougenot, que observaba la unificación alemana e italiana, escribía con buen criterio: «Y frente a nuestros ojos, de un confín al otro de la tierra, el mundo político, el mundo económico y comercial, conducido o dirigido por las sociedades del mundo oculto cuyos príncipes son los Judíos, se pusieron en marcha al unísono por la gran unidad cosmopolita[584]. Así se llama, en el lenguaje moderno, el

---

[582] Louis Rupert, *L'Église et la Synagogue,* Paris, 1859, p. 208-2011, en Abbé Chabeauty.
[583] R.P. Ratisbonne, *La Question juive*, Paris, 1868, p. 9, en L'Abbé Chabeauty, *Les Juifs, nos maîtres*, 1882, p. 167, en Monseñor Henri Delassus, *La Conjuration antichrétienne III*, Desclée De Brouwer, Lille, 1910, p. 1156
[584] «Que la humanidad entera, dócil a la filosofía de la *Alianza universal israelita*, siga sin dudar al Judío, un pueblo verdaderamente cosmopolita, el único que pueda serlo, y que desde hoy gobierne la inteligencia y los intereses de las naciones más progresistas; que esta humanidad mire hacia la metrópolis del mundo reconstituida y que esta metrópoli no sea ni Londres, ni París, ni Roma, sino Jerusalén, levantada de las ruinas,

sistema de donde saldría la abolición de todas las fronteras, de todas las patrias, o, si se quiere, el reemplazo de la patria particular de cada pueblo por una gran y universal patria que sería la de todos los hombres. Entonces, esta unidad, que reclama una cabeza, ¿acaso no prepara, al formarse, el prodigioso advenimiento de un único y supremo dominador en el cual los Judíos podrían ver al Mesías[585]?»

Por primera vez era señalado – aunque quizás aún de forma demasiado concisa – el proyecto judío de unificación mundial.

CXX. La política de injerencia en Rumanía

El poder judío, cómodamente instalado en Europa, especialmente en Austria, Francia e Inglaterra, trabajaba en la desestabilización de los países donde los judíos no gozaban todavía de la "igualdad de derechos", es decir el derecho para los depredadores de establecer su dominio implacable. En aquella época, solamente Rusia y Rumanía resistían todavía.

La guerra de Crimea (1854-1856) contra Rusia, llevada a cabo por la Inglaterra victoriana y la Francia de Napoleón III, había sido una guerra a favor de la "democracia". El pretexto había sido la ocupación de las provincias rumanas arrebatadas al imperio otomano y la supuesta amenaza de un control de los estrechos por parte de los Rusos. Pero se trataba en realidad de debilitar una monarquía autoritaria, en nombre de los "derechos del hombre" y de la "emancipación" de los judíos. Según el duque Ernest de Cobourg, que lo contó en sus *Memorias*, Rothschild le habría declarado que cualquier suma estaría disponible para una guerra contra la Rusia zarista que se resistía al poder judío.

Tras la guerra de Crimea, el tratado de París de 1856 puso fin al protectorado ruso. Los principados de Moldavia y de Valaquia se unieron

---

una nueva Jerusalén, "llamada a grandes destinos" y que es "a la vez la ciudad del pasado y del futuro.» Isidore, gran rabino de Francia, *Archives israelites*, XI, pag. 495; 1868, en Gougenot des Mousseaux. *El Judío, el judaísmo y la judaización de los pueblos cristianos*, p. 336. (NdT)

[585] Roger Gougenot des Mousseaux. *El Judío, el judaísmo y la judaización de los pueblos cristianos*, Versión pdf. Traducido al español por la profesora Noemí Coronel y la inestimable colaboración del equipo de Nacionalismo Católico Argentina, 2013, p. 500. [«Todo esta preparado para la gran unidad cosmopolita de la cual este hombre debe ser su expresión. - Cuando termine la obra de descristianizar el mundo, ¿podrá éste aceptar por amo a un hipnotizador de raza judía? - Ejemplos de dominadores rechazados y luego unánimemente aceptados. - Ejemplos de hombres salidos de repente de la nada para elevarse al pináculo en tiempos de crisis. - Con la velocidad de las ideas y de los hechos, ¿como sorprenderse que surja en el seno de Judea el que realizará las ideas de soberanía cosmopolita con Judíos como sus apóstoles?» *El Judío, el judaísmo y la judaización de los pueblos cristianos*, p. 497. (NdT).]

en 1859, formando un gobierno provisional que ofreció la corona de la nueva Rumanía al joven príncipe alemán Carol Hohenzollern Sugmaringen. En este nuevo Estado, vivían numerosos judíos originarios de Ucrania y de Galitzia que no tenían ningún derecho cívico, al igual que en la vecina Rusia, aunque esto no les impedía explotar, saquear y extorsionar a placer el pueblo llano. Pero necesitaban además el dominio político. El día de julio de 1866 en que se discutió la cuestión de la emancipación de los judíos en el Parlamento rumano, unas revueltas antijudías estallaron en Bucarest y la nueva sinagoga fue destruida. Lo mismo ocurrió en la ciudad de Iasi donde residía una importante comunidad judía.

En la primavera de 1867, el ministro de interior Ion Bratianu firmó un decreto que prohibía a los judíos permanecer en las localidades rurales, poseer hoteles o cabarés y arrendar propiedades. Muchos judíos fueron expulsados de los pueblos, fuera de las fronteras rumanas. Estas expulsiones culminaron con el ahogamiento de dos judíos en Galati, el 30 de junio de 1867.

Esto era intolerable para Adolphe Crémieux, entonces jefe de la comunidad judía francesa. Adolphe Crémieux, cuyo verdadero nombre era Isaac-Jacob Crémieux, había sido ministro de Justicia en 1848. Abogado y presidente del Consistorio Israelita de París, era un francés del sur de Francia, "perfectamente integrado", como suelen decir ellos. En 1860, Crémieux y sus amigos fundaron en París la Alianza Israelita Universal con el objetivo de ayudar a los judíos de todo el mundo a obtener derechos civiles en todos los países. Crémieux utilizó su gran influencia en los círculos políticos y financieros para defender los intereses de sus congéneres rumanos. En 1866, ya había acudido a Rusia: «En Saratov, un grupo de judíos fue acusado de asesinato ritual. Adolphe Crémieux acudió allí y consiguió que fueran absueltos[586]», escribía León Poliakov.

En 1870, Crémieux era nombrado ministro de Justicia de la nueva República francesa. Su primera medida fue otorgar automáticamente la nacionalidad francesa a sus congéneres de Argelia, unos 40 000 individuos, justo cuando las tropas prusianas todavía ocupaban el territorio nacional. Esta decisión suscitó el legítimo rencor de los musulmanes contra los franceses.

Crémieux se ocupó a continuación de sus compatriotas de Rumanía. En Europa occidental, la gran prensa, controlada por la finanza judía, se indignaba, pataleaba y gritaba hasta el infinito. En Viena, París y Londres, los periódicos publicaban las "atrocidades" cometidas por los rumanos. Se produjo una oleada de artículos que defendían estos pobres judíos perseguidos sin razón. La Alianza israelita organizaba reuniones,

---

[586] Léon Poliakov, *Histoires des crises d'identités juives*, Austral, 1994, p. 67

contactaba con ministros, etc. Era absolutamente esencial obligar el gobierno rumano a conceder los derechos civiles a los judíos.

Crémieux viajó a Bucarest, acompañado de otro ilustre e infatigable defensor de la causa judía, "Sir" Moses Montefiore, de 83 años edad. Este famoso banquero judío había sido elegido alcalde de Londres en 1837 y ese mismo año la reina Victoria, que acababa de subir al trono de Inglaterra, lo elevaba al rango de "Sir"; en 1846, recibía de su majestad el título de barón.

En el mismo momento en que la nueva constitución rumana era discutida en Bucarest, allí apareció Crémieux. Propuso al gobierno conceder la igualdad civil y política a los judíos rumanos a cambio de un empréstito de 25 millones a un tipo de interés preferencial. La oferta era tan atractiva que el gabinete vaciló. Afortunadamente, aquel día el pueblo rumano, galvanizado por el gran periódico antisemita *Trompeta Carpatilor*, invadió el Palacio y arrasó el barrio judío destruyendo la sinagoga, forzando así en el último suspiro la retirada del proyecto. De ahora en adelante, Rumanía atraería la hostilidad vengativa de la internacional judía, que acecharía la primera ocasión para volver a la carga.

Crémieux y Montefiore escucharon las promesas del rey Carol, pero los disturbios y las expulsiones continuaron. Varios incidentes, brutales palizas y expulsiones *manu militari* - provocadas por judíos que robaban vasijas sagradas en las iglesias ortodoxas y las tiraban en pozos negros-, determinaron Napoleón III, azuzado por las recriminaciones de la Alianza israelita, a intervenir directamente y con dureza en Rumanía. A partir de entonces, los rumanos también reprocharon a los judíos intentar abrir una brecha entre ellos y su mejor aliado, Francia, a pesar de que las simpatías naturales entre ambas naciones eran recíprocas. El tratado de comercio que facilitaba las exportaciones y las importaciones con las potencias europeas no fue ratificado por Austria. Del mismo modo que Francia, Inglaterra e Italia, manejadas por la finanza judía, habían dado marcha atrás en sus respectivos acuerdos.

Una revuelta antijudía estalló de nuevo el 24 de enero de 1872 en Ismael, tras el robo cometido por un judío en la catedral. Las escenas de pillaje se propagaron el día 30 de enero por la ciudad de Cahul y duraron varios días. El 6 de febrero de 1872 y el 4 de abril de 1873, dos nuevas leyes fueron votadas: una relativa a la venta de tabaco y la otra con relación a la venta de espirituosos. El hecho es que estas leyes afectaron primero a los grandes mayoristas judíos, al igual que la ley de 1867 sobre hoteles y cabarés había tenido por objetivo frenar el proxenetismo y la prostitución, ampliamente protagonizados por criminales hebreos. Leon Gambetta, que gobernaba la Francia republicana, afirmó al delegado rumano que Francia no reconocería Rumanía hasta que ese país concediera los derechos civiles a todos los judíos sin distinción. En 1874, resultó que Inglaterra estaba gobernada por un judío, Benjamín Disraeli, que encabezó el gobierno inglés hasta abril de 1880. Disraeli pertenecía al partido conservador y era uno de los amigos íntimos de la reina Victoria.

En 1878, Rumanía, que había participado en la guerra ruso-turca, ganó su completa libertad y se convirtió en reino. En el congreso internacional de Berlín del mismo año, la suerte de los judíos rumanos fue largamente tratada. El reconocimiento de la independencia de Serbia, Bulgaria y Rumanía, liberadas del yugo turco, quedó condicionada a la concesión de la "igualdad" a los judíos de estos países. Las potencias occidentales, que apoyaban esta liberación, exigían a cambio el ascenso de los judíos a la calidad de ciudadanos. Pero el ministro rumano Bratianu resistió, respondiendo que estaba fuera de cuestión conceder los derechos de ciudadanía a los judíos que regentaban prostíbulos y cabarés donde se servía aguardientes adulterados. Finalmente, los Rumanos firmaron, pero oponiendo todas las enmiendas posibles para sortear esta ley, y, a fuerza de diplomacia, hicieron prevalecer su sistema de naturalización individual que sólo benefició a un millar de judíos por un periodo de diez años. No fue hasta el año 1923 que una nueva constitución extendió la nacionalidad rumana a todos los residentes judíos.

Pero a pesar de todas estas trabas, los judíos tenían cierto interés en vivir en Rumanía con los rumanos, pues a final del siglo XIX la población judía había aumentado hasta los 300 000. En Moldavia, las casas de comercio pertenecían a judíos en una proporción del 70 al 94%, y la mayoría de los médicos de Iasi eran judíos. Esto llevó al gobierno a tomar más medidas, como limitar las plazas acordadas a los judíos en las escuelas y universidades[587].

En represalia, en 1885, el gobierno judeo-francés replicó con un derecho de aduana del 50% para todos los productos rumanos. Era un verdadero bloqueo comercial.

En el otro lado del estrecho, en el Imperio Otomano, judíos influyentes se mantenían cerca del Sultán, actuando la mayoría de ellos en la sombra detrás de una máscara musulmana[588].

Unos años antes, en 1862, se publicaba en Londres una gran novela popular escrita en griego y titulada *El Diablo en Turquía (The Devil in Turquey)*. La acción se desarrolla en Constantinopla bajo el reinado del Sultán Mahmud, en 1827. En el capítulo XXVI titulado *La Comunión de los judíos*, el autor Stephanos Xenos muestra el sultán y su consejero griego, Daniel Kokkalas, perdidos en las callejuelas del barrio judío de Balat. De repente, un grupo de griegos enfurecidos entra en escena persiguiendo unos

---

[587] Lucien Rebatet, *Je Suis Partout*, 15 de abril de 1938
[588] Sobre el papel de los Donmehs (cripto-judíos) en Turquía, léase *Psicoanálisis del judaísmo* y *El Espejo del judaísmo*.

judíos que acaban de raptar una joven griega y a la que retienen en una sinagoga. El sultán, deseoso de «ver con sus propios ojos estas cosas abominables que hacen los judíos», se anima a seguir los griegos que penetran por la fuerza en la sinagoga. Es allí donde el sultán Mahmud comprueba que las calumnias que circulan sobre los judíos son ciertas:

«En cuanto separan a un niño de sus padres, lo alimentan con piñones, nueces y cosas por el estilo. Cuando la desafortunada víctima engorda lo suficiente, la meten en un gran barril lleno de clavos en su interior. Luego hacen rodar el barril para drenar la sangre del niño. Entierran el cadáver en secreto y comparten la sangre en las sinagogas para la comunión. Hay dos razones por las que hacen esta cosa horrible y abominable. Ellos dicen: "Si Jesús es realmente el mesías esperado, obedecemos su mandato: "Tomad y bebed, ésta es mi sangre derramada por vosotros"". Si no, nos burlamos de él como se merece» (página 384).

De hecho, el sultán descubría finalmente el falso barril con el cuerpo de un niño en el sótano del rabino Benvista. Stephanos Xenos añadía el siguiente diálogo entre el sultán y el rabino: «Así pues, tenéis esta horrible costumbre desde hace siglos. - Desde hace siglos, Majestad, pero no todos los judíos, sólo una herejía[589].»

CXXI. La criminalidad judía en Alemania

Como en épocas pasadas, los judíos estaban ampliamente sobrerrepresentados entre los maleantes y criminales. A.F. Thiele, alto funcionario y comisario real de Prusia, publicó en 1841 en Berlín un extraordinario estudio en dos volúmenes titulado *Die jüdischen Gauner in Deutschland* (*Los delincuentes judíos en Alemania*), *ihre Taktik, ihre Eigentümlichkeit, ihre Sprache* (*sus tácticas, su peculiaridad, su lenguaje*). Debido a sus funciones, Thiele había constatado que los mayores maleantes y los más peligrosos criminales provenían de la comunidad judía[590]. Tras consultar una ingente documentación, archivos policiales y actas, Thiele describía el "ambiente", la mentalidad de los delincuentes, el nomadismo de los judíos, su usurpación de identidad y la magnitud de sus actividades delictivas. Su objetivo era facilitar la tarea de los policías alemanes, mostrar cómo funcionaban las bandas organizadas y aportar a los investigadores una herramienta de trabajo consistente. El autor negaba ser antijudío: su trabajo era simplemente el de un criminólogo. La primera

---

[589]Es lo que había confirmado en febrero del 2007 el profesor Ariel Toaff. Pasaje extraído de la revista judía *Yod, Revue des études modernes et contemporaines hébraïques et juives*, número 35, 1992, p. 79.

[590]Nuestro libro del 2008, *La Mafia judía*, abre los ojos de los más escépticos.

edición del libro ("auf Kosten des Verfassers", publicada a cargo del autor) se agotó en dos meses[591].

En Alemania, escribía Thiele al principio de su obra, existen delincuentes judíos y cristianos, pero hay «una sobrerrepresentación de los judíos entre los delincuentes...Aunque son menos, los granujas judíos son los más peligrosos, tanto por su inteligencia y destreza como por su agilidad a la hora de llevar a cabo sus crímenes.» También utilizaban una jerga particular, llena de expresiones hebreas. En un capítulo del libro (páginas 195 a 328 del volumen I) se analizaba el lenguaje que utilizaban estos delincuentes para evitar ser comprendidos por los cristianos. El autor hacía referencia a libros antiguos que hablaban de este lenguaje, en particular un pequeño diccionario del lenguaje de los ladrones de 1520, impreso en Fráncfort, el *Liber vagatorum*, y que contenía 200 palabras. También el *Expertus in truphis*, de 1623; y *Die Rotwelsche Grammatic*, publicado en 1620, entre otros[592].

Los delincuentes judíos, nos informaba el autor, «habían estado allí durante siglos, probablemente desde que había judíos en Alemania. El *Liber vagatorum* de 1520 ya se refería a sus actividades criminales. En el siglo XVIII, dos fuentes mencionaban a los estafadores judíos: Dondequiera que aparecieran, se les veía presentándose como ricos banqueros o comerciantes; vestidos con refinamiento, los dedos cubiertos de anillos de oro, con relojes de oro en los bolsillos, así es como aparecían en las ciudades; y siempre con los mejores pasaportes y documentos.» (t. I, p. 11.)

Estos rufianes siempre se presentaban como comerciantes porque en su

---

[591] Queremos agradecer aquí a Marc, un amigo alsaciano, por la traducción al francés de los principales pasajes del libro de A.F. Thiele. Otro libro importante sobre el mundo criminal judío es el de J. Keller y Hanns Andersen, *Der Jude als Verbrecher*, publicado en Berlín y Leipzig en 1937. Los autores retomaban parte del libro de Thiele. Informaban de que el sustantivo *Gauner* no era de origen alemán. Su origen sería *Jauner*, una transformación de la palabra hebrea *Janah* (engañar, estafar). Andersen citaba otro autor alemán, W. Giese, que había estudiado la criminalidad en Prusia a finales de siglo XIX.

[592] Un estudio sobre el idioma y el lenguaje de los criminales había sido realizado por la policía de Berlín en 1831. A.F. Thiele parece haberse inspirado en él. [«La participación judía en organizaciones dedicadas al bandidaje se dio ya desde el siglo XVI, y sobre todo en los siglos XVII y XVIII. Tal comunicación entre judíos y no judíos en los sótanos de la sociedad encontró expresión en el hecho de que la jerga del hampa alemana era en lo esencial yídish, judía. Todo el submundo la hizo suya, sencillamente como lengua secreta, y precisamente los elementos hebreos del yídish que hablaban los judíos fueron aceptados con especial gusto a modo de palabras en código, por el hampa no judía, como esos lenguajes con los que se comunican entre ellos los presos.» Gershom Scholem, *Todo es Cábala. Diálogo con Jorg Drews, seguido de Diez tesis ahistóricas sobre la Cábala*, Editorial Trotta, Madrid, 2001, p. 22. (NdT).]

idioma "*handeln*" (comerciar) es sinónimo de "robar" (*stehlen*). Sus grandes citas eran las ferias y mercados de Leipzig y Fráncfort. «Mucho más que los maleantes cristianos, los maleantes judíos solían estar en contacto permanente entre sí.» Eran una mafia, con sus propios principios y lazos comunitarios. «Cuando se encontraban, aunque nunca se hubieran visto antes, se convertían en *Chawern* (camaradas) y robaban juntos.» (p. 16). En toda Alemania, los delincuentes judíos se conocían de nombre o de vista.

Los canallas judíos eran una gran familia. Se casaban entre ellos, y la mujer del delincuente judío tenía su propio rol. Cuando detenían a su marido, ella borraba las pruebas, iba a ver al juez y montaba «una escena de llanto y lamentos con sus hijos, explicándole al juez que su marido era inocente y víctima de un error judicial».

«Cuando son detenidos, escribía Thiele, tienen una gran regla que nunca rompen: siempre negarlo todo. Siempre niegan inflexiblemente". El delincuente judío es insuperable en cuanto a habilidad y descaro y en el arte de mentir. "Si has hecho algo, ¡niégalo!" es su regla principal». (p. 17). Los criminales judíos llaman "*brav*" al que siempre niega los hechos ante las autoridades y nunca denuncia a sus cómplices.

Constituían una sociedad cerrada y eran enemigos encarnizados de las leyes y de las instituciones. «La palabra "conciudadano" les es desconocida, porque sólo tienen camaradas. Su objetivo es hacer daño a los demás, ya sean judíos o cristianos; lograr este objetivo es toda su razón de vivir[593].»

A principio del siglo XIX, la justicia era manifiestamente poco severa. Los acusados salían rápidamente de la cárcel, a menudo indultados o liberados por falta de pruebas. Además, las fugas eran frecuentes. A veces, estos delincuentes eran deportados a la frontera. Continuaban sus actividades en otros lugares de Alemania o regresaban a su coto de caza favorito. Los tribunales apenas conseguían frenar sus actividades delictivas encarcelándolos durante unos pocos años. No había, pues, especial severidad con los malhechores judíos.

En 1807, Rubén Abraham, que había sido condenado numerosas veces, había cometido con su banda dos allanamientos de morada en Wolfenbuttel, durante los cuales habían maltratado y herido gravemente los propietarios. El jefe de la banda, Rammelsberg, había sido ejecutado por decapitación en 1815 (p. 55 del tomo II).

En 1818, Kirsh Abraham robó 1.500 táleros[594] de plata a un tendero.

---

[593] Se puede leer en relación con este comportamiento el capítulo sobre los judíos sabateos (jasídicos) y la doctrina del mal en nuestro libro *Psicoanálisis del judaísmo*.
[594] El thaler o tálero es una antigua moneda de plata que apareció por primera vez a principios del siglo XVI y circuló primero en Europa y luego por el resto del mundo durante casi cuatrocientos años. Su tamaño y peso relativamente grandes variaron algo

Fue detenido y recibió 90 latigazos y 10 golpes de vara. Cuatro años más tarde, con su banda (Gutkind, Rosenthal, Schwerin, Reinhardt y Manheim), reincidía robando 2.500 táleros a un terrateniente al que golpearon violentamente; la víctima murió a causa de sus heridas. Fueron detenidos y condenados a 20 años de prisión, pero Kirsch Abraham consiguió escapar de nuevo.

Uno se sorprende por el número de estos criminales judíos y por la escala de sus actividades: cada uno había sido detenido una, dos, tres y hasta cuatro veces, condenado y encarcelado repetidas veces; todos eran reincidentes. El autor daba el ejemplo de un judío llamado Marcus Abraham, que prefería la vida de malhechor, o de un tal Jacob Herz, un judío holandés igualmente empedernido y reincidente.

Philipp Aron Anhalt participó en 1810 al robo a mano armada de un joyero de Magdeburgo durante la feria de Leipzig. Sus cómplices eran otros dos judíos, Samuel Reiss y Magnus Aron Stein, y juntos se llevaron una fortuna en diamantes. En 1811, robaron 11 000 ducados en la feria de Leipzig, tras lo cual fueron detenidos y condenados a 4 años de prisión incondicional (p. 82 del tomo II).

En 1810, tuvo lugar en Maguncia un juicio contra una banda de malhechores judíos. En 1815, se celebró otro juicio en Munster, pero los judíos habían huido.

Página 74 leemos el caso de Moses Levin Alyenburger: «Lleva anillos de oro en los dedos. Su rostro deja ver todos los signos imaginables de astucia, malicia, mentira y engaño... Cuando registramos su cuerpo, encontramos varias monedas de oro en su boca.» Había logrado robar un botín de 2500 táleros durante una feria de Braunschweig en 1816. Era continuamente arrestado, condenado a ligeras penas o liberado por falta de pruebas y seguía reincidiendo en otro lugar. Cambiaba constantemente de ciudad: Breslau, Berlin, Brauschweig, etc. Confesó 48 robos con violencia.

El autor citaba a continuación un estudio realizado en Kassel entre 1816 y 1818, basado en las investigaciones de la policía sobre 650 delincuentes judíos. Muchos habían huido a Austria y Bohemia tras fugarse de las cárceles alemanas. De ahí, iban a cometer sus fechorías a Prusia y Sajonia.

---

con el tiempo, y su popularidad inicial estuvo ligada al desarrollo de las minas de plata en las tierras del Sacro Imperio Romano Germánico y al poder del imperio español. El tálero prusiano (*Preussenthaler*) se utilizó por primera vez como moneda del Reino de Prusia en 1701, con sus características específicas. Después de 1815, fue la respuesta económica y financiera de Prusia al Imperio austriaco, que se concretó en el Tratado de Unión Monetaria de los Estados del Norte de Alemania firmado en 1834 (Zollverein). A mediados del siglo XIX, el thaler cayó en desuso. El Imperio Austrohúngaro lo abandonó en favor del florín, mientras que Alemania adoptó el marco, que seguía el sistema decimal (3 marcos por 1 thaler). Fue desmonetizado en 1908. La palabra tálero se utilizó en Alemania hasta finales de los años veinte. (NdT).

Otros muchos iban hasta Holanda y Ámsterdam.

El caso de Moses Levin Löwenthal retuvo particularmente la atención del Comisario real (tomo I, páginas 21 a 69): En Berlín, en 1830, numerosos comerciantes habían sido desvalijados y las cantidades robadas habían sido «enormes»: 9000 táleros robados a un comerciante, 2500 táleros robados a otro, etc. Los culpables fueron detenidos. Se trataba de ladrones judíos: los hermanos Nelky, que colaboraban con un cómplice llamado Moses Levin Löwenthl, un comerciante experto en todo tipo de estafas. Los policías hallaron en su casa el botín ocultado en macetas de flores y debajo del piso. Varios testigos los identificaron fehacientemente, pero esto no les impidió negar todo firmemente. Levin Löwenthal propuso entonces "delatar" los nombres de los miembros de la banda de delincuentes judíos que operaban alrededor de Berlín a cambio de la promesa de ser indultado. El judío aceptó el trato y confesó otros 37 robos con allanamiento en 2 años en Berlín, de los cuales 6 fueron cometidos sin cómplices. Además, denunció una treintena de malhechores judíos, de los cuales catorce fueron inmediatamente detenidos. Los hermanos Nelky y otro judío llamado Samuel Moses Sachse consiguieron escapar.

Entre los arrestados figuraba un criminal llamado Samuel Jonas que había cometido varios delitos en el extranjero y se ocultaba en Berlín en 1816. Se había casado con una judía con la que tuvo ocho hijos. Otro se llamaba Joseph Adolph Rosenthal, apodado "el gordo". Era un atracador que ya había sido detenido y encarcelado en 1820 en Posen. Había trabajado colaborando con un servicio de policía antes de volver a caer en la ilegalidad. Toda esta "gente de bien" formaba una banda llamada *Chawrusse* o *Chäwre* (mafia judía de Berlín). La *Chawrusse* era una organización criminal, una mafia con sus reglas, su funcionamiento especifico, su financiamiento y sus pactos de solidaridad.

El 11 de mayo de 1831, Levin Löwenthal fue liberado tras haber pagado su fianza. Antes de la liberación, confesó otros veintiocho robos con violencia. Dado que se negaba a denunciar todos sus cómplices, no obtuvo el indulto pactado. En junio de 1831, treinta y cuatro judíos estaban entre rejas. Todos negaban los hechos, lo cual era un serio problema para los policías ya que en muchos casos no se había descubierto ninguna evidencia realmente incriminatoria. Uno de ellos, Hirsh Salomon Wohlauer, ya había sido detenido y encarcelado por estafa en otoño de 1830. Furioso por haber sido delatado por Löwenthal, éste decidió decir la verdad al juez por primera vez en su vida. El 27 de octubre 1831, confesó 54 robos con violencia, incriminando de paso al que le había delatado, el cual fue de nuevo detenido.

Pero, por otro lado, los testimonios se acumulaban en contra de Rosenthal (el "gordo"), y éste acabó por derrumbarse. Entre lágrimas, admitió más de 200 robos con violencia y allanamiento, así como 36 diversos atracos entre 1799 y 1812 perpetrados en Berlín, Magdeburgo y Posen (antigua ciudad polaca llamada Poznan, anexionada recientemente por Prusia). La cantidad de robos y delitos era tan importante que el ministerio fiscal prusiano y el ministerio del interior decidieron crear una comisión de investigación para recabar y registrar todos los actos delictivos de esta inaudita mafia. Utilizaron para ello a Rosenthal, quién aceptó infiltrarse en el ambiente judío.

Joseph Adolph Rosenthal había nacido en 1778. Había empezado su carrera de pequeño ladrón de gallinas, frecuentemente condenado y siempre reincidente (páginas 123 a 131). Su Estado de antecedentes penales era impresionante. Entre dos atracos y arrestos, Rosenthal se había casado con una cristiana que se había convertido al judaísmo.

En noviembre de 1813, Rosenthal y sus cómplices robaron a un cura por la noche, el abad Friedrychowitsch en el ducado de Posen. Rosenthal, Simon Reinhardt, Salomon Levin Alyenburger, etc., habían penetrado en el presbiterio, pero el abad y su vicario se despertaron alertados por el ruido de los ladrones. Friedrychowitsch, todavía joven y fuerte, logró noquear el judío Simón Reinhardt. Los demás ladrones irrumpieron y los dos eclesiásticos fueron vapuleados, atados y torturados. El cura reveló entonces donde se encontraban los ahorros de la parroquia: detrás del altar. Pero este botín les pareció insuficiente y volvieron a torturar las dos víctimas si bien no pudieron sonsacarles más confesiones. Al día siguiente, los dos cleros fueron hallados atados «y cerca de la muerte» (t. I, p. 134). El cura murió de sus heridas poco tiempo después.

En 1816, Rosenthal había sido detenido de noche en Memel en flagrante delito robando una tienda con varios cómplices judíos. Fueron condenados a 40 latigazos y 6 meses de cárcel. En noviembre y diciembre de 1818, varios robos fueron denunciados en Silesia y Rosenthal estaba de nuevo implicado en los casos. A continuación, el individuo dejaba tras de sí un rastro de pillajes, allanamientos de casas de campesinos con o sin violencia. En la noche del 31 de marzo al 1 de abril de 1823, tuvo lugar el robo de la caja de ahorro de Gusow, durante la cual Rosenthal y Wolff Strasburger robaron 300 táleros. Hubo muchos más delitos, pero siempre de judíos a cristianos: mesoneros, campesinos, puestos de aduanas reales, artesanos, sacerdotes, cajas de ahorro, comerciantes, ganaderos, etc.

Thiele hacía esta observación respecto a Rosenthal: «Es el hombre más extraño que he conocido. Su apariencia no concordaba en absoluto con sus antecedentes penales. No había nada falso o retorcido en su cara. Se veía bien y sin defectos. Allá donde iba causaba buena impresión pues resultaba simpático.» (t.I, p 131).

La guarida de esta mafia se situaba en la región de Posen (Poznán), infestada de judíos desde tiempos antiguos cuando formaba parte del reino de Polonia: «Hacia 1800, ya se había abierto una investigación en Posen contra una gran banda de gánsteres judíos. En aquella época, la parte prusiana de Polonia, conocida como Prusia del Sur, estaba llena de judíos que, al no tener patria ni domicilio, llevaban una vida nómada, conviviendo en medio de los campos. Sus actividades escapaban al control de las autoridades.» (p. 43).

La consecuencia de esta situación había sido la publicación de un decreto gubernamental que prohibía a todos los judíos residir en los pueblos. De modo que, por ejemplo, dieciséis familias de malhechores residentes en un pueblo llamado Grochnow habían sido forzados al exilio. Los bandidos se habían entonces instalado en Betsche, una pequeña localidad de 1200 habitantes donde la vigilancia policial era menos estricta. En 1832, esta pequeña ciudad de Betsche era conocida por los policías de Berlín y de toda Alemania por ser la guarida de los bandidos judíos y sus familias.

Entre 1806 y 1815, esta región de Posen había sido integrada al nuevo gran-ducado de Varsovia, creado por Bonaparte, produciéndose rápidamente una explosión de las actividades delictivas. Los judíos temían mucho más el dominio prusiano que la administración polaca que parecía menos organizada y capacitada para investigar y reprimir sus actividades, de forma que otras cuarenta familias judías suplementarias acabaron instalándose en Betsche. Los judíos representaban entonces un cuarto de la población del municipio, que había adquirido una terrible reputación: Betsche se convirtió en «la capital, el punto central de las actividades delictivas, no solamente de Prusia, sino de toda Alemania». Los fugitivos eran acogidos, ocultados y protegidos.

No era fácil limpiar el lugar debido a la falta de pruebas irrefutables difíciles de reunir y a la solidaridad de clan. Pero la policía prusiana puso todos los medios disponibles:

El 19 de enero de 1832, los comisarios y policías alemanes salieron de Berlín con toda la documentación judicial necesaria para efectuar los registros, y el 20 de enero 1832, a las cuatro de la madrugada - en pleno Sabbat (pues ese día era más fácil localizar a los judíos en sus casas)- empezaron las detenciones. Toda la ciudad había sido acordonada por los gendarmes, ayudados por las autoridades locales a fin de evitar que los judíos escaparan; todas las casas de los maleantes fueron registradas por la policía y las informaciones cosechadas permitieron llevar a cabo otros muchos arrestos, hasta en ciudades como Fráncfort del Óder.

En total, cincuenta nueve personas fueron arrestadas en el ducado de Posen; veinte y dos en Fráncfort del Óder; todas ellas fueron enviadas a Berlín para ser interrogadas. En sus domicilios, los policías hallaron grandes cantidades de dinero en efectivo (12 000 táleros, una suma astronómica) así como innumerables objetos de valor. Otros diez delincuentes judíos fueron detenidos. Estos habían robado 11 000 táleros en un atraco en 1830 en Strehlen. La operación había sido un éxito rotundo.

Ese mismo año, durante la feria anual de Fráncfort del Óder, no hubo – por una vez - ni un solo robo. (p. 49).

Otras comisiones idénticas fueron instauradas en Magdeburgo y en Austria, pues allí también «se ocultaba una gran cantidad de judíos que habían sido condenados a penas de prisión.»

El 16 de enero de 1833 la policía lanzó una segunda redada siguiendo las indicaciones del felón Rosenthal, que continuaba delatando a sus camaradas. Esta terminó el 15 de marzo y permitió recuperar un gran número de objetos robados de gran valor. Veinte y tres judíos acabaron en prisión.

Las operaciones se multiplicaron en Alemania de forma inédita. Más de quinientas personas – casi exclusivamente judías – fueron arrestadas. Tras cada detención y registro, los policías encontraban nuevas pistas sin explorar que conducían a nuevas redes. El número de policías empleados en las investigaciones alcanzó entonces una proporción jamás vista en el país. Según las actas policiales de las investigaciones (p. 132 a 192), Löwenthal, Rosenthal y sus cómplices reconocieron haber cometido más de 800 robos, allanamientos, hurtos, atracos y diversas estafas a lo largo de sus carreras delictivas.

En total: 520 personas fueron condenadas, «la gran mayoría de religión judía» (p. 50). Michel David Cohn, Elias Dubsky, Engelmann, August Froehlich, Zaremba, Meyer Friedberg, Salomon Fürstenheim, Baruch Glanz, Christian Herbe, Julius Jacobi, Marcus Joel, Jette Klein, Loefer Meissner, etc. Veinte y nueve habían conseguido huir a un país extranjero. Entre estos 520 truhanes, sólo figuraban diecinueve cristianos y tres judíos bautizados. Estos judíos debían tener todavía mucho oro y dinero en efectivo escondido en alguna parte, pues habían podido hacer frente a las cuantiosas fianzas exigidas para su liberación.

«El descaro de estos judíos, escribía el autor, hablando en su lengua hebrea de truhanes, llegaba muy lejos. Durante los interrogatorios, cuando estaban en sus celdas, no dudaban en gritarse los unos a los otros para intercambiar información sobre el estado de la investigación e idear versiones que contar a la policía. En las mismas narices de los investigadores.» (p. 62). Pero muchos de ellos recibieron duras penas de prisión.

Las técnicas empleadas por los delincuentes judíos eran diversas y variadas. Estaba el allanamiento de morada, diario o nocturno, el hurto clásico, el arte del carterista, el robo durante los cambios de divisas. Este último tipo de delito era cometido «casi exclusivamente por judíos». Utilizaban técnicas de carteristas para robar algunas monedas de oro durante el cambio, sin que el perjudicado se diera cuenta. Para ello, el maleante judío llegaba a una ciudad, se dirigía a un rico comerciante, un banco o una casa de cambio y pedía cambiar oro por moneda local. Mediante un juego de manos, el judío conseguía recuperar algunas de estas monedas de oro. Después se marchaba de la ciudad y el agraviado no se daba cuenta hasta más tarde. «Tienen el monopolio de estos delitos», escribía Thiele, y «superan en habilidad a los granujas cristianos». (p. 90).

Otro tipo de delito bastante típico de los judíos consistía en recorrer los campos y estafar a los campesinos, vendiéndoles objetos muy por encima de su valor, haciéndoles creer que cierto objeto era de oro cuando en realidad sólo era dorado; o vendiendo platería falsa por auténtica, etc.

Otra técnica clásica: un judío, vestido elegantemente, llegaba a un pueblo haciéndose pasar por extranjero con un fuerte acento francés o italiano. Explicaba haber perdido todo su dinero y tener prisa por regresar a su lugar de origen muy distante. El rico viajero se veía por lo tanto obligado a vender uno de sus bienes (una vasija o un reloj de oro, en realidad una baratija). El campesino creía entonces que estaba haciendo un excelente negocio al comprar ese artículo por una módica suma, y además sentía que estaba haciendo una buena obra. El judío continuaba así su camino hasta otro pueblo donde estafar otro pueblerino.

Los truhanes judíos lo eran de nacimiento: «Sus padres son ladrones o rufianes, sus abuelos lo fueron y sus bisabuelos también, por lo que esta característica se transmite de generación en generación. A los 14 años, el niño abandona el hogar familiar, donde sólo ha visto y aprendido cosas malas. Comienza entonces su carrera como delincuente. Tendrá que mostrarse digno de sus maestros y de sus antepasados.» (t. I, p. 99).

El problema era que todos estos delincuentes judíos tenían hijos, por lo que este entorno criminal se perpetuaba de forma natural. Era necesario, nos decía A. F. Thiele, romper los lazos entre padres e hijos, aunque esto pareciera «humanamente doloroso». Los hijos de los criminales serían acogidos por un instituto creado por el gobierno para reeducarlos. El hecho es que, de adultos, eran «absolutamente incorregibles». Las sanciones de la ley nunca los cambiaban (p. 101). De hecho, el sistema represivo judicial era impotente para neutralizarlos definitivamente. Por esta razón, en 1802, el gobierno prusiano había llegado a un acuerdo con Rusia para deportar a estos delincuentes judíos a Siberia, donde fueron enviados cincuenta y ocho criminales condenados a cadena perpetua.

Otra forma de paliar el problema era impedir el comercio a los judíos, como ya se había hecho en Sajonia. «De 100 judíos, 90 se dedican al comercio, explicaba Thiele, y al menos los dos tercios de ellos se dedican en realidad a actividades ilegales.»

Para ellos, el comercio era un pretexto, una tapadera, una fachada legal para ocultar sus tráficos. De ahí la necesidad de prohibirles el comercio y viajar libremente. «Cualquier judío que viaje por Alemania con su mochila a cuestas, pasando la mayor parte del tiempo en las carreteras, en mercados y posadas, está más o menos en contacto con la chusma de maleantes y ladrones.» (t. I, p. 103, 104). «Sólo se doblegarán bajo el yugo de la autoridad pública: deberían estar rompiendo piedras, cortando leña o trabajando en el campo.»

Los malhechores judíos eran también «increíblemente beatos». Algunos habían sido influenciados por el movimiento ateo de aquel siglo y consideraban que robar el sábado no era pecado, pero los que pensaban así eran muy escasos. La mayoría eran muy ortodoxos y se prohibían a sí mismos robar los sábados; pero robaban sin escrúpulos seis días a la semana. El robo y el latrocinio eran su oficio. Era para ellos una actividad como cualquier otra, y ni siquiera podían imaginarse vivir de otra forma. Por otra parte, sentían un gran respeto por el rabino, el Sabbat y la sinagoga. El sábado permanecían en casa y no se movían. Iban a la sinagoga y "rezaban al dios de Israel para que bendijera sus negocios". (t. I, p. 118).

Alsacia er entonces una de las bases principales de la mafia judía. En 1842, dos individuos fueron investigados en Suiza, en Frauenfeld, por un caso de estafa. Los mafiosos judíos tenían pasaportes alemanes y suizos y utilizaban Alsacia como base para cometer sus actos en Suiza y en varios estados del sur de Alemania. El informe policial del cantón suizo de *Thurgau zu Frauenfeld*, en Suiza, había permitido a A.F. Thiele resumir el caso (tomo II, p. 1-19). Este había debutado con dos judíos estafando un tabernero suizo y robándole todos sus ahorros. Tras denunciarlos, los policías habían logrado identificar a los dos ladrones. Se trataba de Gabriel Leval (llamado en realidad David Meier), Heinrich Moritz y Abraham Gottschaur, conocidos por sus estafas en operaciones de cambio de moneda y que fueron identificados por el tabernero. El pasaporte francés de Gottschaur indicaba que había nacido en Toul, en el departamento de la Meurthe. Contaron a la policía que estaban de viaje, desde Baviera, pasando por Basilea y en dirección a Zúrich, pero sus testimonios eran contradictorios. Finalmente, negaron todo en "bloque".

Encarcelados en prisión preventiva, Gottschaur y Moritz revelaron ciertas informaciones a un joven judío de 14 años que compartía celda con ellos: Jakob Isak (su verdadero nombre era Jakob Lazarus), habitante de Rixheim, cerca de Mulhouse. Éste, interrogado posteriormente, divulgó lo que los otros dos le habían confesado imprudentemente. Los delincuentes pidieron entonces a sus esposas que les proporcionaran una coartada, afirmando que estaban los dos en casa cuando se produjeron los hechos. Seis judíos de Altkirch (Alsacia) se ofrecieron como testigos. También se propusieron Nanette Levi de Hegenheim, Florette Mauss y Magdalena Joseph, todas dispuestas a testificar en falso para exculpar Gottschaur y Moritz.

En abril, Gottschaur confesó finalmente todo, desvelando todos los nombres que conocía y narrando de paso toda su vida. Era originario de

Bade y se llamaba en realidad Joseph Hirschberg, tenía dos hijos ilegítimos de una cristiana, Elisa Pikart, de Zurich. Había querido casarse con ella, pero su familia se había opuesto. Fue expulsado de su casa, pero un rabino de Bischofsheim accedió a casarlos (a pesar de la prohibición de casarse con una cristiana) a cambio de «una fuerte suma de dinero» (p. 10). Posteriormente convenció un judío francés de Toul llamado Abraham Gottschaur para que éste le vendiera su propio pasaporte por cinco francos. En Alsacia, conoció a otros judíos que formaban una banda de gánsteres. Joseph había decidido delatar todo este entramado, pero siempre y cuando su familia en Alsacia fuese protegida de los demás criminales. Fue de esta forma cómo Gottschaur confesó la estafa al tabernero suizo. Unos días más tarde, Moritz también confesaba (su verdadero nombre era Samuel Moses). Estos dos judíos delataron no menos de setenta nombres de judíos que formaban parte de la misma red de malhechores.

Habían tenido que abandonar Alemania porque les perseguía la policía y se habían refugiado en Alsacia. Allí se reunían y planeaban sus actividades. Era una comunidad de un centenar de individuos que se repartían los ingresos de sus latrocinios. No había ningún líder. En Alsacia, en cambio, estos delincuentes judíos no delinquían para evitar problemas con las autoridades locales y poder continuar sus negocios en las zonas vecinas: Suiza, Baden, Wurtemberg y Baviera. Viajaban de dos en dos o de tres en tres, con sus familias (esposas e hijos), durmiendo en posadas. En cuanto se sentían en peligro, huían a Alsacia para esconderse con su botín. Las mujeres les ayudaban a librarse de la cárcel proporcionándoles coartadas imaginarias.

Podemos comprobar, leyendo el estudio de A.F. Thiele, que ya en aquella época se había impuesto la ideología de los Derechos del Hombre como ortodoxia de la sociedad democrática, y que cualquier pensamiento divergente era considerado moralmente monstruoso: «Sé de una villa de feria, escribía Thiele, donde la policía persiguió a un judío por una estafa. Lo llamaron "judío" porque no sabían qué otra palabra utilizar. ¿Y qué ocurrió? La policía se vio inundada de protestas contra el uso de la palabra "judío", y hubo amenazas de boicotear la feria.» (t. II, p. 43-55). «Se reclama la igualdad cívica y cualquiera que se oponga a ella es un bárbaro, un oscurantista incapaz de reconocer y apreciar los sagrados derechos humanos, escritos con letras de oro en el libro de la historia.»

CXXII. *Austria-Hungría bajo la bota judía*

La política de Napoleón III a favor de la unificación italiana se había hecho en detrimento de Austria, venciéndola en Magenta y Solferino (junio 1859) y expulsándola del norte de Italia. Debilitada, la católica Austria sería de nuevo vencida en la batalla de Sadová en 1866 por la Prusia protestante, la cual iba a tomar las riendas de la Confederación germánica. Al año siguiente, en 1867, las reivindicaciones húngaras forzaban los austriacos a negociar. De ahora en adelante, los Húngaros tendrían su propia constitución, parlamento y gobierno, a la vez que reconocían el poder del emperador – en este caso del emperador Francisco José que reinaría hasta 1916.

Un extraordinario testimonio sobre la Austria de Francisco José nos fue legado por un periodista francés llamado François Trocase que vivió 22 años en Viena. Su libro, *L'Autriche juive* (*Austria judía*)[595], publicado en 1899, merecería un mayor reconocimiento.

Austria, excluida de las Alemanias, era el Estado más deteriorado y carcomido de Europa. Había en aquella época quizás tres millones de judíos en Austria-Hungría, es decir ocho o diez veces más que en Francia; en cincuenta años, se habían convertido en amos y señores. Tres generaciones habían sido suficiente para aniquilar el sentimiento patriótico, rebajar la moralidad publica, arruinar el ideal familiar y la frágil economía campesina[596].

El imperio liberal había sido proclamado por una patente imperial de febrero de 1861, pero ya desde 1849 se había abierto una nueva era de "progreso y fraternidad" para los pueblos del Imperio: germanos, eslavos, húngaros, judíos, serbios, rumanos y polacos, «sin distinción de raza y de religión».

He aquí cómo François Trocase describía la situación: «Los judíos no eran nada en Austria antes de 1848. Hoy desempeñan un papel dominante en el Imperio de los Habsburgo. No es exagerado decir que lo han conquistado. Fueron los únicos que se beneficiaron de la Revolución que tanta sangre derramó en las calles de Viena; parece que sólo por ellos se sacrificaron nobles víctimas y se proclamaron los derechos humanos...Los eslavos, los húngaros, los rumanos de Transilvania y los alemanes de

---

[595] François Trocase, *L'Autriche juive - L'Autriche contemporaine, telle qu'elle est: Politique, Économique, Militaire et Sociale*, P. Dupont & A. Pierret, Paris, 1899.
[596] «Muchos judíos que viven en las grandes ciudades han pasado del rabinismo al nihilismo. Los llamados judíos reformados profesan el ateísmo más absoluto, el librepensamiento o, mejor dicho, la negación más completa de cualquier confesión religiosa. La última palabra en sus teorías es el materialismo, que se manifiesta en la capital de Austria con una audacia sin precedentes, con una ausencia un tanto inconsciente de toda moderación y pudor. Bajo la presión de estas doctrinas, se borra de las almas toda noción del bien y del mal; no queda nada que pueda dictar al pueblo una moral más austera, actos más acordes con la dignidad humana. No es sólo en el ámbito religioso donde este nihilismo reciente está causando estragos. En las ciencias, en las artes, en la política e incluso en las relaciones sentimentales, las doctrinas degradantes de la negación y de la duda materialista hacen sentir su influencia.» François Trocase, *L'Autriche juive*, P. Dupont & A.Pierret, Paris, 1899, p. 128. (NdT)

Austria se han convertido en sus presas y se doblegan ante su insolente dominación. Medio siglo ha bastado para destruir la idea misma de la patria austriaca[597].»

Los judíos habían convergido en Viena desde todas partes, logrando acaparar en pocos años la industria y las sociedades financieras: «Los judíos ya poseían más de la mitad de las casas de Viena. Si nos fijamos sólo en los títulos de propiedad, poseen el 40%. Sin embargo, si nos fijamos en las reclamaciones hipotecarias, que pueden llevar fácilmente a la expropiación, el 70% son judías.»

También habían acaparado las tierras y los bosques: «En cuanto a la propiedad de la tierra, hasta 1849 tenían prohibido adquirirla. Desde entonces, han recuperado el tiempo perdido. Sólo el barón de Rothschild posee alrededor de una cuarta parte de las grandes propiedades de Bohemia (siete veces más que la familia imperial), por no hablar de lo que también posee en las demás provincias, en Baja Austria, Moravia, Silesia y Hungría.

«La prohibición de que los judíos de Galitzia (Polonia austriaca) poseyeran tierras duró hasta 1867, al menos en lo que respecta a las tierras cultivables. En 1867, sólo había 38 terratenientes judíos en toda Galitzia. Sin embargo, tres años después de que se levantara la prohibición, en 1870, ya había 68 terratenientes judíos en la provincia con derecho a voto. En 1873, el número se había cuadruplicado hasta alcanzar los 289, y en 1880, según la información oficial, había 680 grandes propietarios judíos de un total de 3.700.

«Desgraciadamente, las cifras de la pequeña propiedad son aún más significativas. En el espacio de dieciocho años, de 1874 a 1892, se ha calculado que 43.000 pequeñas propiedades pasaron a manos judías. Ahora poseen la tierra más fértil del país; y más de 2 millones de habitantes que antes eran propietarios sirven como sirvientes de los judíos en las antiguas fincas de sus padres[598].»

En Hungría, la situación era idéntica: «Muchas propiedades húngaras, en la medida en que aún no pertenecen a los judíos, son arrendadas por ellos, como ocurre también en Galitzia; se puede ver a campesinos judíos, látigo en mano, vigilando a los aradores o segadores, siguiéndoles la pista en cuanto parecen tomarse un minuto de descanso. Mientras tanto, las esposas judías ayudan a sus maridos recorriendo el camino en un carro de dos caballos para ver si se está trabajando; y sus hijos, armados con largos látigos, trotan por los caminos a caballo. ¡Qué espectáculo tan lamentable! Hay que haberlo visto en la *puszta* húngara; hay que haber visto al campesino polaco caído de fatiga, con un trozo de pan negro en la mano,

---

[597]François Trocase, *L'Autriche juive*, P. Dupont & A.Pierret, Paris, 1899, p. 124, 127
[598]François Trocase, *L'Autriche juive*, P. Dupont & A.Pierret, Paris, 1899, p. 134-135

mirando tristemente a sus hijos que sólo tienen una camisa por ropa. Cualquiera que haya visto estas imágenes espantosas, indignas de un siglo que pretende ser civilizado, puede comprender la intensidad del odio que dio origen al antisemitismo[599].»

François Trocase mencionaba a continuación un problema que los Rusos conocían muy bien: «En Galitzia y en algunos cantones húngaros, los judíos regentan posadas y tabernas de aguardiente; también tienen pequeños negocios de comestibles y mercería. Para las clases bajas, esto es lo más peligroso de todo. Estos usureros, comerciantes al por menor, venden aguardiente a crédito a los campesinos; calculan de antemano que serán pagados el año siguiente con el producto del trabajo agrícola. De este modo, y a cambio de intereses excepcionalmente altos, privan al pueblo de sus últimos recursos, lo llevan a la locura abusando de los licores y reducen a mujeres y niños a salir a mendigar. Los campesinos arruinados se entregaron a la bebida para embrutecerse; y es, como siempre, el judío el único que triunfa en medio del desorden universal... La forma más atroz de crueldad judía hasta la fecha ha sido la explotación del cuerpo humano. Según relatos de testigos, la forma en que los judíos tratan a los campesinos en Galitzia supera toda imaginación. Parecería increíble si no estuviera atestiguado por testigos fidedignos. Se han citado casos en los que campesinos polacos, como interés de una pequeña deuda, tuvieron que entregar a sus hijos a acreedores judíos, que tenían derecho a mantenerlos a su servicio sin pagarles salario alguno hasta que la deuda quedara saldada.»

La variación del precio del trigo dependía de la especulación y no de la abundancia de la cosecha:

«No en vano se les reprocha también la usura en los productos alimenticios. Hay épocas en que el precio del trigo baja a la mitad de lo que costaba el año anterior; y, sin embargo, la población no paga menos por el pan, sino que paga más por él. Los judíos consiguen ganar por ambos lados. Se apoderan de todo el grano disponible y, una vez que lo tienen casi todo, ajustan los precios a sus propios intereses. Nadie se beneficia aparte de ellos... Lo que hacen para monopolizar el grano, lo hacen también para todas las necesidades de la vida. Bajo el nombre de *Cárteles*, organizan monopolios para el petróleo, el azúcar, el carbón, etc[600].»

En las grandes ciudades, el comercio al por mayor de la carne estaba ya en manos de judíos. Efrussi era el rey del trigo, Moisés Ranger era el rey del algodón y Strousber era el rey de los ferrocarriles. En realidad, todo el comercio al por mayor estaba entre sus manos. A penas habían dejado a los

---

[599] François Trocase, *L'Autriche juive*, P. Dupont & A.Pierret, Paris, 1899, p. 144
[600] François Trocase, *L'Autriche juive*, P. Dupont & A.Pierret, Paris, 1899, p. 143, 144, 145, 146, 148

vieneses algunos pequeños negocios minoristas.

En la industria, las leyes habían suavizado un poco la condición de los obreros. Pero anteriormente, la explotación de los niños había llegado a extremos intolerables. En los centros de la industria textil, los niños debían trabajar incluso por la noche. «Estos niños, que pertenecían a familias campesinas, llegaban todos los lunes desde los pueblos más remotos, trayendo en un saco la comida de la semana. Ganaban un máximo de 2 florines (unos 4 francos) a la semana; y cuando sucumbían al cansancio o se quedaban dormidos, el jefe judío los rociaba con agua fría para que se levantaran de nuevo.»

En la capital austriaca había numerosos millonarios judíos que habían dejado sus pueblos de origen con menos del precio de un manojo de cebollas en los bolsillos. La mayoría eran originarios de Polonia o de Hungría. Las tres mayores fortunas – los «judíos grandes» – eran los Rothschild, los Gutmann y los Reitzes: «Cada uno de ellos posee por sí solo más que los 1012 conventos que existen en Austria juntos. El Señor Gutmann ha acumulado su considerable fortuna monopolizando el comercio del carbón en la capital. En cuanto al judío Reitzes, debe su fama exclusivamente a sus golpes bursátiles. Un cuarto judío austriaco, que también ha sido calificado de "grande", el barón Hirsch, ya no está entre nosotros. Fue él quien despojó a Turquía de sus últimos recursos con el pretexto de construir los ferrocarriles de Oriente. Los vieneses guardan un triste recuerdo de él, tras haber sufrido enormes pérdidas en la compra de valores conocidos como "lotes turcos[601]".»

Los especuladores judíos también habían suscitado el odio de los pequeños ahorradores: «Lo que más se les reprocha, y con razón, son los desplomes bursátiles que periódicamente despojan a los ahorradores de lo poco que han logrado acumular y conservar. Ha transcurrido más de un cuarto de siglo desde el terrible crac de 1873; y, sin embargo, aún no se han olvidado los espantosos abusos de confianza que esta catástrofe sacó a la luz. El crac de 1873, obra de los judíos, fue sin duda uno de los desastres económicos más espantosos de la historia, y nadie que lo presenció podrá olvidarlo jamás[602].» Ellos percibían la mayor parte de los intereses de la deuda pública y de los valores privados.

En Viena y otras localidades, los judíos vivían en los barrios más elegantes, descansaban en las mansiones más hermosas y estaban en el centro de la vida pública: «Las relaciones mundanas están dominadas en todas partes por judíos. Vaya usted al parque de la ciudad, a los bulevares, al *Prater*; la mayoría son judíos; abra usted los periódicos para leer las

---

[601] François Trocase, *L'Autriche juive*, P. Dupont & A.Pierret, Paris, 1899, p. 167
[602] François Trocase, *L'Autriche juive*, P. Dupont & A.Pierret, Paris, 1899, p. 146-147

crónicas de fiestas, anuncios de bodas o de nacimientos; judíos, siempre judíos. En las ciudades balnearias, en Karlsbad, Baden y otros veinte lugares, siempre hay judíos por todas partes. Los balnearios más hermosos de los alrededores de Viena, en Semmering, Kahlenberg y Brühl, les pertenecen. La acumulación de riqueza en sus manos, la sed de placer que los consume, ha producido una inversión completa de todos los hábitos sociales[603].»

Gracias a su oro, su ascenso político y mediático estaba garantizado: «Al mismo tiempo que amasaban riquezas, tanto muebles como inmuebles, los judíos también aspiraban a cargos y honores. Ocupan los más altos cargos públicos y entran en el Parlamento. Se sientan en las asambleas provinciales y comunales. Participan en la elaboración de las leyes.»

Los judíos también habían pensado en asegurar su seguridad contra los "reaccionarios", los "pusilánimes", los "amargados" y los "envidiosos de su éxito": «Se apoderaron de todo. La seguridad pública en Viena ha sido confiada a policías judíos. No es de extrañar, pues, que en la capital austriaca ocurran cosas que serían absolutamente imposibles en cualquier otro lugar. También parecen ser responsables de la política interior y exterior. Se les encuentra en todas las carreras públicas, y a menudo en la cima de ellas. El importante lugar que ocupan es absolutamente desproporcionado en relación con su número.»

Los judíos colonizaban profesiones como la abogacía, el periodismo y la medicina. Estas tres profesiones liberales eran casi su dominio exclusivo: «La literatura, y especialmente el periodismo, están literalmente inundados de judíos. Todos los editores políticos o literarios de renombre de la Viena actual son de origen judío. De los 16 principales diarios que se publican en Viena, 10 son propiedad, están editados y dirigidos por judíos. Los demás son órganos de partidos. También han monopolizado casi toda la prensa semanal. ¿Y los médicos judíos de Viena? En 1893, había 794 médicos cristianos y 763 judíos en la capital austriaca. El número de médicos judíos aumenta cada año y pronto superará al de médicos cristianos.»

La prensa judía se dedicaba a ridiculizar la fe cristiana, los valores familiares y el patriotismo. Los periodistas judíos vertían torrentes de injurias contra el zar Alejandro III, sin escatimar noticias falsas e insinuaciones calumniosas: «No hay nepotismo comparable al de los judíos; no hay solidaridad más estrecha. En todas partes el elemento judío se impone; en todas partes explota la situación en su exclusivo beneficio...Con la ayuda de sus periódicos, hacen y deshacen reputaciones literarias, artísticas y de todo tipo[604]...»

---

[603]François Trocase, *L'Autriche juive*, P. Dupont & A.Pierret, Paris, 1899, p. 141-142
[604]François Trocase, *L'Autriche juive*, P. Dupont & A.Pierret, Paris, 1899, p. 136, 137, 141, 142, 393. [«La prensa judía de Viena demostró su omnipotencia sobre la opinión

Efectivamente, los artistas que recibían los elogios de la prensa eran casi exclusivamente judíos: «En las artes, en la música, en todo lo relacionado con el teatro, ocupan una posición dominante. Como monopolizan la crítica, nadie puede aspirar a captar la atención del público sin su ayuda, casi se podría decir sin su consentimiento. Hombres y mujeres les pagan el tributo que reclaman para sí.» Sin embargo, notaba François Trocase, «a pesar de las amargas quejas vertidas contra ellos desde todas partes, los judíos siguen presentándose como los defensores de todas las libertades.»

En abril de 1882 había estallado en Hungría un nuevo caso de crimen ritual que François Trocase prefirió pasar por alto, probablemente para no dañar la credibilidad de su testimonio, ya de por sí suficientemente asombroso para los lectores ordinarios. Una joven cristiana de 14 años, Eszter Solymosi, empleada como sirvienta en el pueblo de Tiszaeszlár, había desaparecido desde el 1 de abril. En el mes de mayo, la investigación apuntó a los judíos que habían celebrado la Pascua. La emoción se apoderó de la región y numerosos actos de violencia fueron cometidos. Tras poner a los sospechosos judíos bajo vigilancia policial, el juez de instrucción József Bary comenzó interrogando a Samuel, el hijo de cinco años de Jozsef Scharf, el "capellán" de la sinagoga. Samuel admitió que su padre había llevado a Eszter a su casa y que el *shohet* (matarife ritual) la había degollado. Según el relato del niño transcrito por Bary, el matarife, en presencia de su padre y de otros hombres, había practicado una incisión en el cuello de la niña, mientras que él y su hermano Moric habían recibido la sangre en una copa.

El 19 de mayo de 1882, Scharf y su esposa fueron detenidos, pero negaron cualquier implicación. Moric acabó confesando que, tras el rezo del sábado por la mañana, su padre había llamado a Eszter a su casa con el pretexto de pedirle que quitara unas velas (acto prohibido a los judíos piadosos el sábado), y que un mendigo judío que se alojaba con ellos, Hermann Wollner, había llevado a la chica al pasillo de la sinagoga y la había agredido. Tras desnudarla, dos matarifes, Abraham Buxbaum y Leopold Braun, la sujetaron, mientras otro cómplice, Salomón Schwarz, le cortaba el cuello con un cuchillo y vaciaba su sangre en un cuenco. Estos tres hombres, candidatos a los puestos vacantes de preceptor y *shohet* de la

---

pública. Consiguió crear tal corriente de animadversión contra Rusia que nadie se atrevió a luchar contra esas tendencias nefastas. Durante quince años, la monarquía de los Habsburgo se encontró en un estado de hostilidad latente hacia el Imperio ruso, sin ni siquiera mantener el decoro diplomático en los órganos oficiosos. Hasta la muerte del emperador Alejandro III, no se hizo ningún esfuerzo en los círculos dirigentes de Viena para detener los torrentes de insultos dirigidos contra él por periodistas judíos.» *L'Autriche juive*, p. 351-352. NdT.]

sinagoga, habían llegado a Tiszaeszlár para oficiar ese Shabat en particular y se habían quedado en la sinagoga después del servicio de la mañana. Según su confesión, Moric había observado toda la escena, espiando a través de la puerta de la sinagoga. Durante los 45 minutos que había estado observando, habría visto que después de sangrar a la joven, Samuel Lustig, Abraham Braun, Lazar Weisstein y Adolf Júnger le habían puesto un pañuelo alrededor del cuello y la habían vestido de nuevo.

A pesar de los minuciosos registros organizados por Bary, no se encontraron cadáveres ni rastros de sangre en la sinagoga, ni en las casas de los judíos sospechosos, ni en las tumbas del cementerio judío. Sin embargo, doce judíos fueron detenidos, entre ellos el joven Moric Scharf. La exasperación contra los judíos había llegado al paroxismo y el asunto adquirió proporciones internacionales. El 29 de julio se presentaron cargos formales contra las quince personas siguientes: Salomon Schwarz, Abraham Buxbaum, Leopold Braun y Hermann Wollner por asesinato. Jozsef Scharf, Adolf Júnger, Abraham Braun, Samuel Lustig, Lazar Weisstein y Emanuel Taub por complicidad y asistencia voluntaria en el crimen; Anselm Vogel, Jankel Smilovics, David Hersko, Martin Gross e Ignác Klein por complicidad en el crimen y ocultación de su cadáver.

El 17 de junio de 1883 tuvo lugar el último acto de este caso ante el tribunal de Nyíreguháza. Presidió el tribunal el juez Ferenc Korniss, con Eduard Szeyffert como fiscal del Estado. El tribunal debía celebrar treinta sesiones para examinar el caso en todos sus detalles y escuchar a los numerosos testigos.

Sólo la intervención de financieros judíos y la corrupción de los jueces pudieron exculpar, el 3 de agosto, a estas "víctimas del antisemitismo". Esta escandalosa absolución provocó inmediatamente disturbios en Presburgo (Bratislava), Budapest y otras ciudades húngaras. Géza Onody, representante de Tiszaeszlár en el Parlamento húngaro, expresó alto y claro su indignación cuando el Tribunal Supremo rechazó el recurso y confirmó el veredicto del tribunal penal. A continuación, el diputado Gyözö Istoczy fundaba el Partido Antisemita y exigía la expulsión de los judíos de Hungría.

CXXIII. La Civiltá Cattolica, 1870-1903

Tras la unificación de Italia del Norte y del reino de las Dos-Sicilias, Victor Manuel II tomó para sí el título de rey de Italia en marzo de 1861. Sólo quedaba Roma y los Estados Pontificios por anexionar al nuevo reino, pero las tropas francesas permanecían estacionadas allí. Efectivamente, para no alienarse los católicos ultramontanos de Francia, Napoleón III había decidido no concluir su campaña victoriosa de 1859. Al mantener las tropas francesas en Roma para proteger los últimos vestigios de poder temporal del papa, el soberano francés impedía el nuevo reino de Italia finalizar su unidad. Los patriotas italianos aprovecharon la invasión de Francia por los prusianos en 1870 para entrar en Roma con las armas en la mano y completar la unidad italiana.

La caída del poder temporal del papa fue sentida con dolor por muchos católicos. La revolución parecía triunfar, más aún cuando durante el cautiverio del Papa Pío IX en el Vaticano, los judíos de Roma habían dado rienda suelta a su odio. Los hermanos Lémann, judíos convertidos al catolicismo, dejaron sobre aquel episodio unas páginas interesantes:

«Cuando el 20 de septiembre de 1870, el gobierno subalpino forzó las puertas de Roma a cañonazos, aún no se había completado la brecha y ya había pasado una tropa de judíos para felicitar al general Cadorna. Y todo el gueto estaba engalanado con los colores piamonteses... Cuando se ordenó a los zuavos[605] que defendían a Pío IX que no continuaran su heroica defensa, los judíos los esperaron en el puente de San Angelo, lanzándoles insultos e incluso arrancándoles la ropa. Durante los días en que se instaló el gobierno usurpador, se les vio correr como chacales de un cuartel a otro para saquearlos... En varias ocasiones, se reunieron a las puertas de las iglesias para abuchear y golpear a los cristianos que acudían allí a rezar... Cada vez - añadían los abates Lémann - que pedíamos información sobre las despreciables escenas que tenían lugar en el Corso, delante del Quirinal y en otros lugares, donde se ridiculizaba lo sagrado, se insultaba a los sacerdotes, se profanaban las Madonas, se destrozaban las imágenes sagradas, siempre se nos decía: los buzzuri y los judíos...»

Los zouavos que habían defendido Roma abandonaban las murallas y cruzaban la Puerta Pía. Sus simpatizantes se apresuraban en traerles ropa de civil, pero en la extremidad del puente San Angelo, «hordas de judíos, en medio del griterío, les arrancaban las maletas de ropa y todo lo que podían y lo tiraban al río Tibre». «Abajo estaban sus marineros en sus barcas recogiendo todo lo que habían arrojado al río.»

Los tres diarios ministeriales, *L'Opinione, La Liberia* y *La Nuova Roma* tenían entonces tres directores judíos: «¡Pues bien! dijeron los señores Lémann, no han cesado un solo día, desde que se hicieron dueños de Roma, de verter calumnias, injurias y lodo sobre la religión católica, su culto, sus comunidades, sus sacerdotes, sobre todo lo más respetable y hasta sobre la augusta persona del Papa. Su Santidad mismo nos dijo: "Dirigen toda la

---

[605] Los Zuavos eran unidades de infantería ligera francesa pertenecientes al ejército de África. Se inspiraban en los mercenarios argelinos reclutados en la confederación *Zouaoua*, que suministraba tropas a la Regencia de Argel en sus guerras contra las potencias europeas. A menudo asociadas a la imagen de las batallas del Segundo Imperio y conocidas por su característico uniforme, estas unidades existieron desde 1830 hasta 1962. (NdT)

prensa revolucionaria contra mí y contra la Iglesia[606]".»

Como ocurría en cada triunfo de los judíos en algún lugar, estos acudían luego de todas partes: «Judíos venidos del extranjero, que acudían en masa a la nueva capital, dirigían sus periódicos y alimentaban los ataques contra la Iglesia; judíos de Roma, que habían traicionado a su soberano, que habían acogido alegremente a los Piamonteses, que frecuentaban lugares que antes les estaban vedados. Este es el verdadero escándalo: los judíos de Roma, la sede de Pedro, la capital del catolicismo, suplantan a los Cristianos, compran propiedades y ejercen funciones de gobierno[607].»

Con todo, los hermanos Lémann reconocían que los papas habían «constantemente protegido a los Israelitas» de Roma. Pío IX había incluso sido especialmente benévolo con ellos, puesto que había ordenado derruir las puertas y los muros del gueto. Pues recordaban el fondo de la doctrina de la Iglesia para con los miembros de la secta: «Porque es depositaria de la dulzura del Evangelio, la Iglesia defiende la vida de los judíos. Porque es la madre de las naciones cristianas, las preserva de la invasión hebrea que sería su muerte[608].»

Pero tras los sucesos de 1870, Pío IX pronunció por fin unas palabras inequívocas: «Por desgracia, hoy hay demasiados en Roma, los oímos ladrar en todas las calles y nos acosan por todas partes... Escriben blasfemias y obscenidades en los periódicos... pero llegará un día, un día terrible de venganza divina, en que tendrán que dar cuenta de las iniquidades que han cometido.»

La cuestión judía fue entonces tratada con más rigor por el Vaticano. La *Civiltá Cattolica*, el periódico de la Secretaría de Estado lanzó la contra ofensiva. En un artículo publicado en 1872, el Padre Francesco Berardinelli llamaba así a los perseguidores del Vaticano: «Renegados y apostatas...panda de perros...de la raza de las bestias venenosas del Gólgota»

---

[606] Monseñor Henri Delassus, *La Conjuration antichrétienne III*, Desclée De Brouwer, 1910, p. 1169

[607] G. Miccoli, *Santa Sede, questione ebraica e antisemitismo*, in *Storia d'Italia*, Annali vol. 11 bis, *Gli Ebrei in Italia*, Einaudi, Torino, 1997. In *Sodalitium* N°50, junio-julio 2000

[608] A. y J. Lémann, *Lettre aux Israélite dispersés, sur la conduite de leurs coreligionnaires durant la captivité de Pie IX cu Vatican* (Carta a los israelitas dispersos, sobre la conducta de sus correligionarios durante el cautiverio de Pío IX en el Vaticano), Roma, 1873, Libreria e Cartoleria romana, p. 5-14. In *Sodalitium* N°50, junio-julio 2000. José (1836-1915) y Agustín (1836-1909) Lévy eran dos hermanos mellizos originarios de Lyon. Se habían convertido sinceramente al catolicismo en 1854 y hecho sacerdotes. Agustín fue profesor en la universidad católica de Lyon. José fue consagrado obispo. Denunciaron el judaísmo en numerosos libros, como en *L'Entrée des juifs dans la Société française* (1886).

Hasta los años setenta, la revista no trataba más que episódicamente la cuestión judía. Pero con el papa León XIII (1878-1903), la influencia creciente del judaísmo en Europa fue analizado con detenimiento[609]. El judaísmo era por fin identificado como la cuna de la masonería y sociedades secretas e impulsor de las fuerzas que habían auspiciado la revolución en Europa.

La solución al problema judío consistía, según la *Civiltá Cattolica*, en abatir el Estado liberal que había abierto la puerta a los judíos. Los judíos debían ser protegidos de la reacción hostil popular y los cristianos preservados de la agresividad moral, política y comercial de los judíos.

En 1880, el padre jesuita Giuseppe Oreglia de San Stefano (1823-1895) escribía: «Los católicos no piden la expulsión de los judíos, sino sólo restricciones a sus actividades en la medida en que son perjudiciales para el público. Quieren preservar el carácter cristiano del Estado, la legislación, la enseñanza y los principios sociales. Quieren la extirpación de los principios judaicos...hechos dominantes por el régimen liberal, pero no la expulsión de un pueblo que, después de todo, es de la sangre de Abraham, y en cuyo seno nació el Salvador. Con una organización cristiana del Estado, los judíos no inspiran ningún temor[610].»

El padre Mario Barbera promovió él también la "segregación caritativa". Había que recurrir a la segregación caritativa de los judíos que debían vivir apartados, como los leprosos en la leprosería, para su propia salud y la de los demás pueblos.

Pero después de 1903, la *Civiltá Cattolica* dejó de tratar con la misma atención el problema judío y dirigió sus esfuerzos a combatir el modernismo dentro de la Iglesia, sin cambiar de opinión sobre el peligro judeo-masónico.

Después de Pío X, Pío XI condenó el marxismo y el nacionalsocialismo. Murió poco antes de poder promulgar una encíclica en la que reafirmaba la tesis tradicional de la Iglesia. He aquí una parte del texto: «La supuesta cuestión judía, en su esencia, no es una cuestión ni de raza, ni de nación, ni de nacionalidad territorial, ni de derecho de ciudadanía en el Estado. Es una cuestión religiosa y, desde la venida de Cristo, una cuestión del cristianismo.»

El sacerdote Julio Meinvielle, cuyo libro de 1936, *El Judío en el misterio de la historia*, tuvo gran difusión en el mundo católico, establecía lo siguiente en el sexto punto de su conclusión:

---

[609] R. Taradel- B. Raggi, *La Segregazione amichevole. La Civiltá Cattolica e la questione ebraica*, 1850-1945, Editori Riuniti, Roma, 2000, p. 27, en *Sodalitium* N°50, junio-julio 2000.

[610] *Civiltá Cattolica* 35, (1884), III, p. 101 y siguientes, in *Sodalitium* N°50, junio-julio 2000.

«Los cristianos, que no pueden odiar a los judíos, que no pueden perseguirlos ni impedirles vivir, ni perturbarlos en el cumplimiento de sus leyes y costumbres, han de precaverse, no obstante, contra la peligrosidad judaica. Precaverse como quien se precave de los leprosos. Tampoco se puede odiar ni perseguir ni perturbar a los leprosos, pero hay que tomar precauciones contra ellos para que no inficionen el organismo social. Dura cosa es, no hay duda; pero es irremediable. Así los cristianos no han de trabar relaciones comerciales, ni sociales, ni políticas con esa casta perversa que hipócritamente ha de buscar nuestra ruina. Los judíos deben vivir separados de los cristianos porque así se lo ordenan a ellos sus Leyes, como veremos más adelante, y además porque son "infecciosos" para los demás pueblos. Si los demás pueblos rechazan estas precauciones, tienen que atenerse a las consecuencias, o sea a ser lacayos y parias de esta raza, a la que le corresponde la superioridad en el reino de lo carnal[611].»

CXXIV. *El antijudaísmo alemán en el siglo XIX*

El antijudaísmo germano ha tenido un importante papel en la historia contemporánea. En 1840, había unos 350 000 judíos en Alemania, de los cuales 200 000 habitaban en Prusia, en el Norte del país. Los judíos, que representaban el 3% de la población de Berlín, formaban la mitad de los industriales. En 1807, ya poseían 30 de los 52 bancos de la capital y, en 1862, 550 de los 662 bancos de Prusia estaban ya en sus manos[612]. La Dresdner Bank, la más poderosa tras la Deutsche Bank, había sido fundada por el judío Eugen Guttman. Cuando en 1859 el canciller Otto von Bismarck necesitó un banquero, éste recurrió a un banquero judío llamado Gerson Bleichröder, ennoblecido por Guillermo II en 1872. En 1910, la población judía ascendía entonces en Prusia a 600 000 individuos. Pero el país no estaba tan gangrenado como lo estaban Austria y Francia, debido en gran parte a la severidad del reclutamiento de su cuerpo de oficiales y profesores de universidad.

Gracias a su amplio dominio de las finanzas del país, los judíos invirtieron en la industria, particularmente en los ferrocarriles. Abraham Oppenheim, de Colonia, era en 1835 el vicepresidente de la Compañía de ferrocarriles de Renania; en 1869, el barón Maurice Hersch fundaba el Orient Express, que enlazaba Berlín, Viena y Constantinopla.

La compañía marítima Hamburgo-Amerika Line, que conectaba

---

[611] Julio Meinvielle, *El Judío en el misterio de la historia (1936)*, Cruz y Fierro Editores, Buenos Aires, 1982, p. 39

[612] Ruth Gay, *Jews of Germany, a historical portrait*, en Gérard Messadié, *Histoire générale de l'antisémitisme*, Lattès, 1999, p. 353

Alemania a América, era propiedad de otro judío llamado Albert Ballin, un amigo personal del emperador Guillermo II. Los grandes almacenes eran casi un monopolio judío. Vendían más barato y arruinaban los pequeños comerciantes que acababan siendo absorbidos por empresarios judíos.

Si los judíos se hubiesen sentido alemanes, sus éxitos no habrían supuesto ningún problema. Pero la esencia misma del judaísmo es destruir todo lo que no es judío, y no integrarse en los países de acogida. De modo que, con su incansable propaganda en los periódicos, los intelectuales judíos se las ingeniaban para minar y ridiculizar el cristianismo, mofarse de las costumbres alemanas. Infundían subrepticiamente las ideas de "tolerancia", de "igualdad", exaltaban la "fraternidad universal". Los escritores judíos Ludwig Börne y Heinrich Heine, los líderes del movimiento Joven Alemania criticaban el "orden moral", el patriotismo y los valores familiares. No es sin razón si los nacionalistas alemanes llamaban este movimiento la "Joven Palestina". En 1835, un decreto de censura asentó un duro golpe a estos escritores cosmopolitas. El espíritu alemán era todavía bastante fuerte y estructurado para oponerse eficazmente a la propaganda judía.

El rey de Prusia Federico-Guillermo IV (1840-1861), formado por el historiador Friedrich Carl de Savigny, había comprendido con meridiana claridad el proyecto político de los judíos. Había decidido eximirlos del servicio militar, apartarlos de la función pública y constituirlos en "nación separada" bajo su protección especial. En 1842, escribía en una carta citada por el historiador León Poliakov: «La innoble camarilla judía lleva todos los días, con sus palabras y escritos, el hacha a la raíz del ser alemán: no desea (como yo) ennoblecer y confrontar libremente los Estados que conforman el pueblo alemán, quiere hacer papilla y mezclar todos los Estados.» Hasta donde sepamos, esta es la primera mención que denota cierta comprensión del proyecto judío de destrucción de los Estados[613].

El autor más leído en aquella época era Gustav Freytag, cuya obra maestra, *Soll und Haben* (1855), tuvo 500 ediciones sucesivas y figuraba en todas las bibliotecas familiares. Sus dos personajes principales, el alemán Anton Wohlfart y el judío Veitel Itzig, encarnaban respectivamente la virtud y el vicio. La media docena de judíos que rodeaban Itzig eran igual de repugnantes.

Fue en aquella época, hacia 1854, que los hermanos Grimm, cuyos cuentos encantaban y aleccionaban los niños alemanes, publicaron su célebre *Diccionario alemán*. En la palabra "*Jude*", los autores recurrían a estos ejemplos: «Sucio como un viejo judío; apesta como un judío; tener

---

[613] Aunque es cierto que no conocemos toda la literatura antisemita alemana del siglo XIX, que nunca fue traducida al francés.

sabor a judío.» O bien: «hay que engrasar primero el gaznate, de lo contrario esta manduca sabe a judío muerto⁶¹⁴.»

Pero la vigilancia antijudía de algunos intelectuales alemanes no bastó para preservar el gobierno de la ideología igualitaria. Una ley de 1864, que otorgaba «la igualdad civil a los ciudadanos de religión israelita» era ratificada por la ley de 1869 sobre la igualdad de confesiones en materia civil y cívica. Esta ley se extendió a toda Alemania tras la proclamación del Imperio alemán en 1871. Bismarck, que había impuesto un régimen republicano judeo-masónico a Francia tras su derrota, contribuía así a hacer de Alemania un paraíso para los judíos.

La gran prensa alemana cayó en manos de grandes empresarios judíos. Leopold Sonnemann, el fundador de *Frankfurter Zeitung* en 1866, se hizo dueño de un imperio mediático. Rudolf Mosse fue en 1871 el fundador del *Berliner Tageblatt*; Leopold Ullstein hacía lo propio con el *Berliner Abendpost* en 1887 y el *Berliner Morgenpost* en 1898.

En el plano intelectual, la reacción antisemita en el país germánico fue bastante tardía. En 1871, se publicó un libro de un sacerdote católico alemán, canónigo de la catedral de Praga y profesor de teología y de antigüedades hebraicas en la universidad de Praga. August Rohling (1839-1931) había aprendido el hebreo para traducir el Talmud. Su libro *Der Talmujude (El Judío del Talmud)*, publicado en Münster, en Westfalia, restablecía todos los pasajes suprimidos por el Talmud, basándose en los trabajos de su ilustre predecesor, Einsenmenger. La obra, que respondía al interés del público, fue un éxito rotundo ya que en 1877 tuvo una segunda edición⁶¹⁵.

Los judíos, naturalmente, denunciaron la obra y las declaraciones citadas como «absurdas majaderías antisemitas», «afirmaciones delirantes», etc. El gobierno, corrompido por el oro judío, prohibió a Rohling responder a los ataques. Los judíos amordazaban así su adversario, sin dejar de gritar contra el fanatismo y la persecución y de jurar que les estaban degollando. El caso fue muy sonado en Viena y en Alemania, y los observadores notaban simplemente que los judíos no querían por nada del mundo que se arrojara ninguna luz sobre las bases de sus creencias, su moral y su legislación.

En su libro, *Mi Respuesta a los Rabinos o Cinco cartas sobre el Talmudismo y el ritual de sangre de los Judíos*⁶¹⁶, publicado en 1883,

---

⁶¹⁴León Poliakov, *Histoire de l'antisémitisme*, Tome I, Point Seuil, 1981, p. 383
⁶¹⁵Una edición del libro de Eisenmenger había sido publicada en Inglaterra por J.P. Stekelin bajo el título de *The Traditions of the Jews, with the Expositions and Doctrines of the Rabbins*, etc., 2 volumes, 1732-1734. Una nueva edición del *Entdecktes Judenthum* fue publicada en Dresde en 1893 por F.X. Schieferl.
⁶¹⁶*Meine Antworten an die Rabbiner oder fünf Briefe über den Talmudismus und das*

August Rohling desvelaba el gran interés que había en reconocer el judío detrás de su mascara: «En la Edad Media, los judíos llevaban un sombrero amarillo para poder ser reconocidos. Si los lectores de los periódicos (en Viena, por ejemplo, *Neue Freie Presse, Fremdenblatt, Tagblatt, Extrapost, Vorstadt-Zeitung, Wiener Allgemeine,* etc.) vieran todos los días en portada una franja amarilla indicada con las palabras "por los intereses judíos", quedaría claro por qué luchan estos plumíferos[617].»

Tras haber sido señalado e increpado por un polemista judío llamado Bloch, Rholing se defendía replicando: «En el tratado talmúdico *Megillah*, los goyim son designados como perros. En el tratado *Aboda Zara* (*46a*) se refieren al rostro de un monarca no judío como al "rostro de un perro". Si el señor Bloch cree que he copiado esto y otras más cosas y que no lo he leído por mí mismo en el Talmud, puedo informarle donde hallarlo en la obra citada, arriba en la séptima línea (impresión de Venecia). Rashi lo ha explicado exactamente como lo he dado a conocer, en base al quinto libro de Moisés (XIV, 21): que un perro es mejor que un no-judío; Bloch sabrá donde encontrarlo en el comentario del Pentateuco; las palabras hebreas son: *schehakkeleb nichbad mimmennu*[618].»

El sacerdote Rohling trataba también la cuestión del asesinato ritual. Doce juicios de ese tipo se habían producido en toda la zona germánica entre 1867 y 1914. Contrariamente a lo que ocurría en épocas pasadas, los judíos eran exculpados casi sistemáticamente, si bien estas absoluciones no hacían más que reflejar el poder que habían adquirido sobre los gobiernos, así como su capacidad de corrupción. Todos estos juicios, excepto contadas veces, terminaban en absoluciones.

Rohling tuvo adeptos en toda la Europa católica, hasta el punto de que en Francia su libro fue traducido por tres traductores diferentes en 1889. Una edición francesa aumentada por A. Pontigny fue publicada bajo el título *Le Juif selon le Talmud (El Judío según el Talmud),* con una brillante introducción de Edouard Drumont del 2 de julio de 1889 y que resumimos

---

Blutritual der Juden, Prague, 1883
[617]August Rohling, *Ma Réponse aux Rabbins, ou cinq lettres sur le Talmudisme et le rituel de sang chez les juifs, Quatrième lettre,* Prague, janvier 1883, voir édition allemande, Luhe-Verlag.
[618]El Talmud es también un manual de vida para la vida cotidiana: Según un decreto de un gran rabino de Israel, los judíos ortodoxos (los judíos que observan estrictamente las prácticas de la Ley, ndt) pueden matar piojos durante el Sabbat sin transgredir el día de descanso sagrado, pero únicamente si el parasito se encuentra en la cabeza del ser humano. Sin embargo, está prohibido peinarse para aislar los piojos, ya que la ley proscribe tajantemente cualquier trabajo desde el viernes por la tarde hasta el sábado por la noche. En cambio, si el piojo se encuentra en el vestido, se debe quitar"sin hacerle daño". Igualmente, con las ratas, que la Torá prohíbe expresamente matar durante el Sabbat. Se deben agarrar de la cola "y tirarlas a lo lejos".

aquí:

«La crisis general en la que se debate actualmente el mundo se puede resumir en una palabra: la venganza del Talmud contra el Evangelio. Las grandes frases sobre la filosofía, los derechos del hombre, la regeneración de la humanidad que, durante los primeros años de este siglo, sirvieron de pantalla para que el judío actuara a sus anchas, ya no engañan a nadie; son un viejo decorado de papel que se está haciendo trizas... El judío aparece como amo; ya ni siquiera se toma la molestia de disimular este dominio; tiene en su poder a todos los pueblos a través de las finanzas, modifica las leyes del trabajo según los intereses de sus sindicatos; ha comprado a todos los hombres de Estado que estaban en venta y ha retirado de todos los empleos a los que no podía corromper. Es omnipresente y omnipotente dondequiera que esté presente, tan poderoso que la gente ya ni siquiera se atreve a atacarlo... Lo que domina a esta gente es su odio y su desprecio por el goy, su convicción de que todo es legítimo contra el goy, el extranjero, el no judío, la "semilla del ganado[619]", la certeza también de que el judío pertenece a una raza privilegiada destinada a reducir a todos los demás pueblos a la servidumbre, a hacerlos trabajar para Israel. Así armado, investido de una especie de misión, liberado por las propias prescripciones de su religión de todo escrúpulo embarazoso, el judío se lanza a la conquista de las capitales. Es el corredor de bolsa triunfante, el periodista influyente.»

Y a aquellos judíos que replicaban que nunca habían leído el Talmud, Drumond respondía: «¿Qué necesidad tienen los judíos de hoy de estudiar el Talmud? Está impreso en sus cerebros por ley hereditaria, legado por innumerables generaciones que han palidecido ante sus preceptos, que han asimilado sus doctrinas. Los judíos están saturados de este Talmud: le deben no sólo esa idea de superioridad sobre nosotros que los hace tan fuertes, sino también esa admirable sutileza, esa ausencia de todo sentido moral, de toda noción del Bien y del Mal que es casi desarmante, pues es totalmente nativa y espontánea en el hebreo[620].»

Drumond ya se rebelaba en aquella época contra la incesante propaganda judía tendente a culpabilizar los Europeos, a hacerles agachar la cabeza y ponerlos de rodilla para implorar el perdón de Israel: «Intente rectificar alguna mentira histórica, arriésguese, por ejemplo, a una tímida rehabilitación de su raza y de sus padres, insinúe que desciende de hombres que no fueron, tal vez, ni idiotas, ni saqueadores, ni asesinos: entonces hace usted mentir a la historia, se miente a sí mismo con descaro, la ignorancia y el fanatismo hablan por su boca. Atrévase a sospechar de la filantropía de

---

[619] Alusión al Talmud *Yevamot* (98a); Ezequiel (XXIII, 20). (NdT).
[620] August Rohling, *Le Juif selon le Talmud*, Albert Savine Éd., Paris, 1889, p. II, III, IV, V, VI

los judíos o del candor de los rabinos que crearon el Talmud e hicieron sus leyes: es usted un oscuro perseguidor, un ofendedor de víctimas inocentes, un apóstol del oscurantismo, un hombre tenebroso y sanguinario. Atrévase a señalar que los judíos de hoy son, en efecto, los herederos de los judíos de antaño y que, en consecuencia, ciertas medidas de seguridad no serían tal vez un exceso de prudencia: es la vil envidia la que le devora, es la infame codicia la que le abrasa; es la vergüenza de su tiempo, la escoria de la humanidad, el excremento de la naturaleza, y recibe sobre su cabeza el cubo de basura que todo polemista de Israel lleva siempre lleno en las manos.»

Cualquiera puede comprobar que los judíos no se movieron ni un ápice en este inicio de siglo XXI. Edouard Drumont señalaba también los intentos de los judíos de prohibir el libro de Rohling y otros muchos anteriores: «Mientras todos los demás pueblos marchan con sus banderas al viento y abren sus evangelios y sus leyes a los rayos del sol, sólo el judío se cubre de oscuridad, sólo el judío busca el misterio, sólo el judío hace de su ley civil y religiosa un secreto que nunca debe salir de la familia israelita, y hace de su deber sagrado mentir eternamente a todos los hombres de otras razas y otras patrias[621]. Porque el Talmud es el libro por excelencia del exclusivismo, del separatismo, del odio universal, no sólo contra todas las religiones, sino contra todos los pueblos de la familia humana, contra sus propiedades, contra su existencia social y nacional, y afirmamos, sin temor alguno, que ni uno solo de los que lean esta obra conservará la menor duda a este respecto[622].»

En 1873, la bancarrota del magnate judío Henry Strousberg, que había fundado una compañía de ferrocarriles para conectar Alemania con Rumanía, había provocado un crac bursátil que desencadenó a su vez numerosas quiebras y la ruina de pequeños inversores alemanes. El antisemitismo se revigorizó, pero hubo que esperar unos años más para que esta tendencia de fondo se encarnara en un movimiento político.

El nacionalista Heinrich von Treitschke (1834-1896) encarnó la resistencia antisemita activa. Originario de Dresde, era profesor de la universidad de Berlín. Fue, de 1871 a 1884, un diputado muy hostil al imperio británico. A partir de 1878, denunció con insistencia el poder de los judíos y las olas de inmigración provenientes de Polonia y de Rusia. En noviembre de 1879, publicaba un texto relativamente corto titulado *Nuestras Perspectivas*, en el que aludía al dominio judío, financiero y

---

[621]Hemos escrito en nuestro blog en el año 2009: «Se necesita una gran cantidad de películas y documentales para fabricar un antirracista y mantener la presión sobre el público todo el año. Pero basta con un solo libro para hacer un hombre antisemita para el resto de sus días.»

[622]August Rohling, *Le Juif selon le Talmud*, Albert Savine Éd., Paris, 1889, p. 4, 5, 6, 7

cultural. Su fórmula *¡Los Judíos son nuestra desgracia!* (*¡Die Juden sind unser Unglück!*) fue retomada durante el Tercer Reich por los militantes nacionalsocialistas. Sus ideas tuvieron mucho éxito y suscitaron incontables polémicas universitarias.

Hacia 1880, una ola de antisemitismo sumergió Alemania. Wilhelm Marr, uno de los principales pensadores de la resistencia había salido de las filas de la extrema izquierda. Nacido en Magdeburgo, había sido periodista, militante del ala izquierda del partido radical-demócrata. En 1848, fue elegido diputado, oponiéndose con todas sus fuerzas a la concesión de la igualdad cívica a los judíos alemanes. En 1879, publicaba en Berlín su libro *Der Sieg des Judenthums über das Germanenthum (La Victoria del judaísmo sobre la germanidad).* En unos pocos años, su libro tuvo una docena de ediciones. El mismo año, fundaba la Liga antisemita (*Antijüdischer Verein*), cuya duración fue bastante corta, aunque publicó un periódico durante un año, *Die neue deutsche Wacht (La nueva guardia alemana),* en el que apareció por primera vez el término *antisemitismo.* Wilhelm Marr abogaba por la expulsión de todos los judíos a Palestina. Ahora bien, hay que señalar que Wilhelm Marr tuvo tres esposas, todas ellas de origen judío...

El célebre filósofo y economista berlinés Eugen Dühring (1833-1921) fue un teórico socialista y anticristiano. También publicó muchos tratados antisemitas. En 1881, en su libro titulado *Die Judenfrage als Frage der Racenschaedlichkeit (La Cuestión judía como cuestión de riesgo racial),* excluía la vía de la asimilación para los judíos que consideraba como una raza distinta de la de los alemanes.

El berlinés Paul de Lagarde (Paul Anton Bötticher) también era radicalmente hostil al judaísmo. Profesor de lenguas orientales en la universidad de Göttingen, había publicado varios trabajos de filología semítica. Tuvo una gran influencia a través de sus escritos nacionalistas y antisemitas, compilados en los *Deutche Schriften (Escritos alemanes, 1878-1881).* Algunas de sus ideas fueron retomadas por los nacionalsocialistas, como la idea del espacio vital al Este, o la aspiración a un "cristianismo alemán" expurgado de sus elementos judíos que tendría una influencia directa en Alfred Rosenberg y su célebre libro *El Mito del siglo XX* (1930).El partido nazi lo aclamará como uno de sus grandes inspiradores.

En 1880-1881, Berlín se convirtió en el escenario de violentas acciones. Agitadores ajenos al cristianismo como Bernhard Förster, el cuñado de Nietzsche, o el joven profesor Henrici, estuvieron envueltos en estos sucesos. Bandas organizadas asaltaban los judíos en las calles, los expulsaban de los cafés y rompían los escaparates de sus tiendas.

La resistencia antisemita se había organizado ante el peligro subversivo judío. En 1880, Bernhard Förster, inspirado por una estancia en el Bayreuth wagneriano, lanzaba la idea de una petición antisemita dirigida al canciller Bismarck para reclamar el censo de los judíos y su exclusión total de la función pública y de la enseñanza. En pocas semanas, se recogieron cerca de 225 000 firmas, entre las cuales muchas eran de estudiantes. Pronto, el cuerpo docente se sumaría al movimiento comprometiéndose en la lucha junto al mentor de la juventud nacionalista alemana, el historiador Heinrich von Treitschke.

El canciller Bismarck no dio una respuesta oficial a la petición antisemita, pero el gobierno la tuvo en cuenta. De hecho, era raro ver en las universidades o en la administración un puesto de Estado conferido a un judío. Numerosas corporaciones estudiantiles tampoco los admitían. Un congreso antisemita internacional tuvo lugar en 1882 en Dresde, durante el cual tres cientos delegados alemanes, austriacos y rusos se reunieron. Otro congreso tuvo lugar en Chemnitz el año siguiente.

Un cartel titulado *Eine deutsche Sieben (Siete Alemanes)* mostraba el retrato de siete preeminentes activistas antisemitas alemanes de aquel periodo: Otto Galgau, Adolf König, Bernhard Förster, Max Liebermann von Sonnenberg, Theodor Fritsch, Paul Förster y Otto Böckel.

Max Liebermann von Sonnenberg, antiguo oficial del ejército prusiano fue el iniciador de la petición. En 1881, había fundado junto con Bernhard Förster el *Deutschen Volksverein* y un periódico de marcada tendencia antisemita, el *Deutsche Volkzeitung*. También fue diputado del Reichstag, y más tarde, en 1894, fusionó su organización con la de Otto Böckel. Su programa respecto al judaísmo era bastante radical. Entre sus publicaciones hallamos *Die Judenfrage und der Synagogenbrand in Neustettin* (1883) y *Die Schädigung des deutschen Nationalgeistes durch die jüdische Nation* (1892).

En 1887, el joven Otto Böckel, originario de Fráncfort y ferviente defensor del pequeño campesinado, fue elegido para el Reichstag. En las elecciones de 1890, su partido, el *Antisemitische Volkspartei*, obtuvo cuatro escaños gracia a 48 000 votos. Pero en 1893, Böckel cosechó 260 000 votos, logrando 16 escaños.

Al igual que en Francia, debido al auge de las tensiones internacionales, el antisemitismo electoral declinó a principio del siglo XX. Las organizaciones antisemitas radicales se desmigajaron en una multitud de grupúsculos con nombres esotéricos o neopaganos.

El periodista Otto Glagau, originario de Königsberg, contribuyó también a la resistencia antisemita alemana con su revista *Der Kulturkämpfer* (1880-1888). En abril de 1883, fue el principal organizador del segundo congreso antisemita internacional celebrado en la ciudad de Chemnitz.

El Sajón Theodore Fritsch, un discípulo de Wilhelm Marr, fue probablemente el escritor que más resonancia tuvo en la sociedad alemana.

Publicó varias obras sobre la cuestión judía, cuya primera fue un libro de 1887 titulado *Antisemiten-Katechismus* (*El catecismo des los antisemitas*). De 1887 a 1944, el libro fue editado cuarenta y nueve veces con tiradas de cientos de miles de ejemplares. Fritsch fue también el primer traductor alemán de *Los Protocolos de los Sabios de Sión*. Quería reunir bajo una misma bandera todas las organizaciones antisemitas de Alemania. Pero en 1890, había casi dos cientos organizaciones diseminadas por todo el territorio. Theodore Fritsche había fundado en 1902 su periódico, *Der Hammer (El Martillo)*. En 1912, sus adeptos fundaron un orden antijudío, el *Reichshammerbund*, que dio a su vez nacimiento a la famosa Sociedad Thule (*Thule-Gesellschaft*), organización clandestinamente ligada al partido nazi en sus inicios. Su última obra, *La Verdadera naturaleza de los judíos*, fue publicada en 1926.

El pastor Adolf Stoecker, hijo de un herrero, tomó el relevo, poniendo el antisemitismo en el centro de su programa político. Contribuyó significativamente a propagar el antisemitismo dentro del protestantismo alemán y en los partidos conservadores. Stoecker, próximo al antisemitismo cristiano tradicional, se distanciaba sin embargo del antisemitismo racial más radical. Tras la destitución de Bismarck en 1890, ganó cada vez más influencia entre las filas conservadoras. Durante el congreso del partido, el *Tivoli-Parteitag* de 1892, logró anclar sólidamente el antisemitismo en el programa del *Deutschkonservative Partei* (*El partido conservador alemán*).

En 1899, Houston Stewart Chamberlain, yerno del compositor Richard Wagner, publicó su célebre obra *Los Fundamentos del siglo XIX*, cuya traducción francesa no apareció hasta 1913. En uno de sus capítulos, titulado *El advenimiento de los Judíos en la historia occidental*, intentaba demostrar que Jesucristo era ario. Chamberlain fue además uno de los principales teóricos del pangermanismo y del racismo biológico. El emperador Guillermo II le rindió homenajes de liberador y Adolf Hitler lo tuvo en alta estima, reconociéndolo como inspirador y asistiendo en persona a su funeral.

También se debe mencionar aquí a Richard Wagner que, si bien no hacía profesión de antisemitismo, tuvo una influencia al menos igual de importante que algunos teóricos sobre la materia. Es casi seguro que leyó los libros de Wilhelm Marr, Eugen Dühring, así como *El Judío según el Talmud* del Padre Rohling.

En los años 1830-1840, el compositor judío Giacomo Meyerbeer era el "rey" de la ópera. Wagner, que era veinte años mayor, mantenía relaciones de amistad con él. Pero en 1850, Wagner publicó *El Judaísmo en la música*, ensayo en el que criticaba acerbamente todos los supuestos grandes genios judíos fabricados por la publicidad. «Lo más urgente es emanciparnos de la opresión judía», escribía. En su autobiografía, Wagner aseguraba que aquel folleto le había granjeado a posteriori la hostilidad de toda la prensa europea: «Esto explica la hostilidad sin precedentes que me ha demostrado hasta la fecha toda la prensa europea... La furia ha tomado la forma de la perfidia y la calumnia.»

Sabemos, efectivamente, que los intelectuales judíos tienen por costumbre insultar y calumniar públicamente a sus adversarios. La gran prensa, como vemos, ya estaba en aquellos años en manos de grandes magnates multimillonarios judíos.

Aunque les negaba talento como compositores, Wagner reconocía el talento de los intérpretes judíos. Por ejemplo, había fraguado amistad con Joseph Rubinstein, un talentoso pianista judío ucraniano que apoyaba todo lo que Wagner había escrito sobre los judíos. A la muerte del maestro, Rubinstein, depresivo, se suicidó sobre su tumba. Lo cierto es que Rubinstein había dejado atrás el judaísmo y hacía tiempo que había dejado de ser judío. En el apogeo de su fama, Wagner también había confiado la dirección de Parsifal, su obra germano-cristiana, al director de orquesta Hermann-Levi. Su antisemitismo, sin embargo, no había disminuido. En 1881, por ejemplo, escribía al rey Luis II de Baviera: «Considero a la raza judía como enemiga nata de la humanidad y de todo lo que es noble.»

CXXV. La contraofensiva antijudía en Francia

En la Francia republicana de finales de siglo XIX, los ministros eran mayoritariamente francmasones y protestantes, cuando no eran directamente judíos. El nuevo régimen de la Tercera República comenzó su obra por la prioridad de las prioridades: la lucha contra el Catolicismo. En 1879 y 1880, las leyes escolares de Jules Ferry expulsaron a la Iglesia de la educación primaria. La nueva ofensiva culminó a principio de siglo XX con el cierre de numerosas congregaciones y con la adopción de la ley de separación de la Iglesia y el Estado de 1905.

El sistema republicano y el sufragio universal resultarían ser el régimen ideal para la oligarquía financiera. Efectivamente, sería mucho más fácil corromper y manipular los parlamentarios y electores que desestabilizar una monarquía hereditaria de derecho divino, cuyos príncipes y notables no necesitan el oro para alcanzar el poder. Por otra parte, quedó demostrado tras unas décadas de "democracia" que la masa electoral era fácilmente manipulable, pues se puede hacer creer a la gente cualquier cosa si se dispone de todos los altavoces del sistema mediático.

Decenas de obras fueron publicadas sobre lo judíos en aquella época. En 1882, el abad Chabeauty, canónigo honorario de Angulema y de Poitiers, publicó *Les Juifs, nos maîtres (Los Judíos, nuestros amos)*:

«No me es posible hacer mis citas con el texto real del Talmud ante mis ojos: no tengo sus enormes folios a mi alcance, escribía; pero me basaré en fuentes que, aunque secundarias, no son menos fiables: tomaré mis primeras citas de un manuscrito en latín del siglo XIII titulado *Extractos del Talmud* (*Extraits du Talmud*, N°10, bis 3 de la Biblioteca Nacional de París, fol. 231). Tomo prestado todo lo que voy a decir y citar de este manuscrito de un interesantísimo trabajo publicado por la *Revue des études juives*, 1880, n.°2, y 1881, n.°4 y 5, titulado: *La controversia de 1240 sobre el Talmud*, y firmado por Isidoro Loeb. Esta obra fue escrita a raíz de la controversia del Talmud en París en 1240, por orden de Eudes de Chateauroux, canciller de la Universidad, con el fin de ilustrar a los teólogos sobre los errores, obscenidades y blasfemias del Talmud, para que no consideraran, por ignorancia, que el Talmud era un libro inofensivo que debía tolerarse[623].»

Al final del manuscrito figuraban, entre otros documentos, treinta y cinco artículos o cargos que el papa Gregorio IX había levantado contra el Talmud. En cada artículo, el autor (quizás Nicolas Donin) indicaba los lugares del Talmud donde eran extraídos los cargos, así como las palabras de los rabinos incriminadas. «Es de esta parte del manuscrito, reproducida íntegramente por la *Revue des études juives*, de donde tomo prestadas mis citas», explicaba el abad Chabeauty. La *Revue des études juives* aseguraba que la traducción de aquellos pasajes de la *Guemará* de Babilonia «era exacta, precisa y muy científica», y el sentido de estos «generalmente bien comprendido[624]».

He aquí el tipo de declaraciones que podemos encontrar en este código de vida del judaísmo: «Rabbi Simeón dice: El mejor de los cristianos, mátalo; la mejor de las serpientes, aplástale la cabeza. Por lo tanto, el mejor cristiano puede ser matado como un villano.» Y, además: «Un cristiano puede ser engañado, por treta o artificio, sin pecado.» Esto, informaba el Abad Chabeauty, se puede encontrar en *Yeschuot*, tratado *Baba Kamma* (fol. 38A), capítulo *Schor*[625].

Estos son otros extractos del Talmud referidos por Chabeauty, analizados y resumidos por Sixto de Siena, judío converso del siglo XVI, en su *Biblioteca santa*. Sixto de Siena indicaba cuidadosamente los lugares correspondientes del Talmud[626]:

«Ordenamos que cada judío, tres veces al día, maldiga a todos los cristianos, y ruegue a Dios que los confunda y extermine junto con sus reyes y príncipes. Y que, especialmente, los sacerdotes de los judíos hagan esta oración tres veces al día, en la sinagoga, en odio a Jesús de Nazaret.» (Talmud de Babilonia, Ord I, tratado 1, Capítulo 4).

---

[623] Abbé Chabeauty, *Les Juifs, nos maîtres*, 1882, p. 192
[624] Abbé Chabeauty, *Les Juifs, nos maîtres*, 1882, p. 193
[625] Abbé Chabeauty, *Les Juifs, nos maîtres*, 1882, p. 196
[626] Sobre Sixto de Siena léase el final del capítulo sobre Pablo IV.

«Dios ordenó a los judíos que se apoderasen de los bienes de los cristianos por cualquier medio, ya fuera con engaños, violencia, usura o robo.» (Talmud de Babilonia, Ord I, tratado 1, Capítulo 4).

«A todos los judíos se les ordena considerar a los cristianos como bestias brutas, y tratarlos exactamente como bestias brutas.» (Talmud de Babilonia, Ord IV, tratado 8).

«Las iglesias cristianas son casas de perdición y lugares de idolatría que los judíos deben destruir.» (Talmud de Babilonia, Ord I, tratado 1, Capítulo 2).

En la extrema izquierda política, el antisemitismo de los socialistas no era menos virulento en aquella época. En 1883, Auguste Chirac, discípulo de Proudhon y de Toussenel, publicaba *Les Rois de la République, Histoires des Juiveries (Los Reyes de la República, Historias de las Juderías)*. Los dos primeros volúmenes contenían monografías de los grandes judíos de la época: Rothschild, León Say, Mallet, Camondo, el Barón Hirsch, Jacques Stern, Cahen d'Anvers, Bischoffheim, Erlanger, etc. En 1885 salía el tercer volumen. En 1888, Auguste Chirac publicaba *La haute Banque et les révolutions (La alta Banca y las revoluciones)* que retomaba en parte un libro de 1856 titulado *Histoire des grandes opérations financières (Historia de las grandes transacciones financieras)*, publicado por un periodista marsellés y legitimista llamado Jean-Baptiste Capefigue[627].

El año 1886 fue el año de *La Francia judía*, el gran éxito literario de aquella época. *La Francia judía* de Edouard Drumont fue con *La Vida de Jesús* de Ernest Renan el *best-seller* francés de la segunda mitad del siglo XIX: 114 ediciones en un año, 200 ediciones en total, sin contar una edición popular abreviada. El famosísimo Edouard Drumont merecía su éxito. Su libro en dos volúmenes de 600 páginas contiene numerosas declaraciones interesantes. «Se podría hacer una admirable colección de sus aforismos», escribía Lucien Rebatet en la edición especial sobre los judíos del semanal *Je suis Partout* del 17 de febrero de 1939. He aquí uno, entre muchos más: «Sacerdotes muy malvados y amigos de reyes muy codiciosos que se divertían persiguiendo a los pobres judíos a causa de su religión: esa es la leyenda [628].» Pero Lucien Rebatet tenía sus reservas y matizaba su admiración hacia el gran polemista: «En 1939, un tercio del texto de *La Francia judía*, si bien conserva su valor documental, ha envejecido. Se trata de la parte periodística, la de la actualidad inmediata: retratos de personajes y de sus comparsas que el futuro no recordará, noticias que enardecieron a una generación, pero que dejan impasible a la siguiente. Hay que decir que

---

[627] Léase Jean Drault, *Histoire de l'antisémitisme*, 1944.
[628] Édouard Drumont, *La France juive*, tome I, p. 145

Drumont no era muy exigente a la hora de elegir los documentos.»

En 1889, Drumont publicó *La Fin d'un monde*. Luego, en 1890, *La dernière Bastille*, y, en 1891, *Le Testament d'un antisémite*. A continuación, fundó el diario *La Libre Parole*, cuyo primer ejemplar salió a la venta el 20 de abril de 1892, día de nacimiento de Charles Maurras, y que sería también el aniversario de Adolf Hitler. La tirada del periódico llegó a alcanzar los 300 000 ejemplares durante el escándalo de Panamá. En aquella época, *La Libre Parole* rivalizaba con los demás periódicos e incluso marcaba el tono general de la prensa. En mayo de 1898, Drumont fue elegido diputado de Argel junto a tres amigos políticos.

Tras su estela, numerosos libros antijudíos fueron editados, tanto en los círculos católicos como de extrema izquierda; el antisemitismo socialista estaba más enfocado en el antagonismo de "raza".

El socialista bretón Augustin Hamon publicó en 1889 *La Agonía de una sociedad*, libro en el que atacaba los judíos de la alta finanza: «Los Judíos han invadido todo. La finanza como la prensa les pertenece. En la administración de los Estados y de las ciudades, sobre todo en nuestro país, los *yuddis* ocupan las altas funciones, las que procuran honores, dinero y preponderancia. En cualquier ministerio o prefectura verán a los May, Isaías Levaillant, Kahn, Cohn, Cahen, Dreyfus, Mayer, Alphand[629].»

Albert Regnard, otro socialista radical y ateo, se alegraba del éxito del libro de Edouard Drumont. Publicó en esa misma época una docena de libros, entre los cuales uno titulado *Aryens et Sémites (Arios y Semitas)*.

La Liga antisemítica nacional de Francia nació en aquellos años. Su vicepresidente, Jacques de Biez, se calificaba asimismo «nacionalsocialista». Él también estaba convencido de la "arianidad" de Jesus el "Galileo", al que afiliaba con la raza celta. A los sacerdotes con los que se encontraba, Jacques de Biez solía preguntarles con cierta inquietud: «¿Está usted seguro de que Jesucristo era judío? Drumont se conforma con ello, pero a mí me preocupa[630].» La Liga también tenía otros destacados protagonistas, como el aventurero marqués de Morès y sus famosos carniceros de la Vilette.

Como en Alemania, un grupo se constituyó en la Cámara de los diputados. En noviembre de 1891, una proposición de ley que exigía la expulsión de los judíos obtuvo 32 votos favorables.

Los escándalos financieros que salpicaban regularmente los hombres políticos hicieron estallar el furor popular. En 1892, Drumont acusó en su diario algunos políticos importantes de haber usado de su influencia y de sus votos para conceder de forma fraudulenta a la Compañía del Canal de

---

[629] Augutin Hamon, *L'Agonie d'une société*, Paris, 1889, en Marc Crapez, *L'Antisémitisme de gauche au XIXᵉsiècle*, Berg International, 202, p. 74
[630] Raphaël Viau, *Vingt ans d'antisémitisme, 1889-1909*, 1910, p. 14

Panamá el derecho a emitir en un empréstito público de bonos por valor de 700 millones de francos-oro, tras recibir un dictamen favorable en 1888. El escándalo de Panamá estalló: el barón y banquero judío Jacques de Reinach fue encausado. Él era el distribuidor de los fondos que la Compañía de Suez prodigaba a los periodistas, a los diputados y a los ministros. Los cheques incautados por la justicia revelaron que el barón había distribuido cuatro millones de francos-oro. La mayoría de los grandes periódicos republicanos habían sido corrompidos. Cuando se enteró de que sería enjuiciado, el barón Reinach se suicidó, pero la muerte del financiero no puso fin al escándalo.

Los intermediarios encargados de contactar con los hombres políticos cuyo apoyo la Compañía deseaba granjearse eran otros dos israelitas, Emile Arton y Cornelius Herz. Emile Aaron, apodado Arton, había sido encargado de corromper los diputados del Palacio Borbón (Asamblea nacional). Apenas descubierto, este huyó a Inglaterra, llevándose con él su lista de los 104 "cheques nominativos". Su correligionario, Cornelius Herz, era de un nivel superior. Procedía de una familia judía de Besançon de origen bávaro y era Gran Oficial de la Legión de Honor, persona de confianza de los presidentes Grévy y Sadi Carnot, amigo de Freycinet y de Clémenceau. Cuando el caso estalló, también se exilió en Inglaterra. Arton fue detenido en Londres en 1897 y extraditado. Compareció ante los jueces, pero fue absuelto. Cornelius Herz fue condenado en rebeldía, puesto que su extradición nunca fue concedida por Inglaterra. Decenas de parlamentarios y de periodistas habían sido corrompidos, pero sobre todo decenas de miles de pequeños ahorradores fueron arruinados con la quiebra de la compañía. El historiador Léon Poliakov trataba de relativizar la supuesta importancia de los judíos en la Francia de aquella época: «Su número total no pasaba de los ochenta mil (0,02 por 100 de la población francesa), de los cuales más de la mitad estaban instalados en París[631].» Léon Poliakov pensaba así desacreditar la locura de los antisemitas de la época, recordando que los judíos sólo eran 80 000 en Francia. Pero al aportar esta cifra, el historiador judío no hacía más que demostrar la extrema nocividad de los judíos en relación con su proporción. De modo que los intelectuales judíos suelen también señalar que la "locura antisemita" llega a veces al extremo de crear antisemitismo donde ya no hay judíos, como en Polonia, por ejemplo. Fingen preguntarse acerca de este fenómeno "inexplicable", cuando en realidad la explicación es obvia: los Polacos guardaban un recuerdo espantoso de la presencia de los judíos en su territorio y siguen odiándolos mucho tiempo después de su marcha[632].

---

[631] Léon Poliakov, *Histoire de l'antisémitisme, tome II*, Point Seuil, 1981, p. 296.
[632] Léase al respecto en el *Fanatismo judío*.

En 1893, Monseñor Meurin publicaba su libro *La Francmasonería sinagoga de Satanás*. Monseñor Meurin, arzobispo de Port-Louis, cerca de Lorient, era un experto en hebreo y en sanscrito. Hallamos en su obra algunos pasajes que hacen referencia directa a los judíos: «Creemos que bastaría con prohibir a los judíos ser banqueros, comerciantes, periodistas, profesores, médicos y farmacéuticos. No parece injusto declarar propiedad nacional las fortunas gigantescas de ciertos banqueros, porque es inaceptable que un hombre pueda, mediante maniobras financieras, amasar en poco tiempo una fortuna más que real y empobrecer así al país que le da hospitalidad.»

Indudablemente, Monseñor tenía bastante razón al rechazar la idea de expulsarlos: «La expulsión de los judíos de un país es una falta de caridad y de justicia hacia los países vecinos sobre los que se vierten estos gusanos roedores...»

Pero he aquí que expresaba ingenuamente la idea de que sólo una minoría de judíos era peligrosa, mientras que la mayoría serían seres humanos como los demás: «También es una medida demasiado dura contra aquellos de entre los judíos que no son culpables de los crímenes del audaz puñado que, por medio de la masonería, explota a la nación.»

Monseñor Meurin citaba además el abad Kohn, nieto de judíos convertidos al catolicismo, profesor de teología y que había sido nombrado en 1892 arzobispo de Olmutz, en Austria. En un pasaje del curso de derecho canónico impartido por él en 1891-1892, se podía leer: «Los cristianos de hoy no estarían gimiendo bajo la opresión de los judíos si hubieran observado las prescripciones de la Iglesia respecto a sus relaciones con los judíos. La Iglesia siempre ha practicado la tolerancia hacia ellos; incluso los ha protegido; pero nunca ha consentido que los cristianos vivan con ellos en pie de perfecta igualdad y de absoluta comunidad[633].»

Monseñor Kohn, profesor de derecho canónico, recordaba que estas prescripciones – a las que se sumaba la prohibición para los judíos de ejercer una función pública que les diese cualquier tipo de autoridad sobre los cristianos - figuran todas en el *corpus juris canonici* y que nunca fueron abrogadas.

Edouard Drumont había descrito perfectamente la influencia de los judíos y su papel en la destrucción de la sociedad tradicional, pero en ningún momento, ni en su *Francia judía* (1886), ni en *El Fin de un Mundo* (1889), había esbozado la menor explicación de la "misión "universal de la que los intelectuales judíos se vanaglorian. Más tarde, en los años treinta, Lucien Rebatet, a pesar de analizar la cuestión judía, tampoco llegó a exponer claramente los objetivos del judaísmo.

---

[633]Charles Auzias-Turenne, *Revue Catholique des Institutions et du Droit*, octubre 1893

Hubo que esperar el libro de Monseñor Henri Delassus, *El Americanismo y la conjuración anticristiana*, publicado en 1899, para comprender con meridiana claridad las motivaciones de la política judía universal. Monseñor Henri Delassus, al igual que Drumont, era originario del Norte de Francia. Había nacido en Estaires en 1836. Fue ordenado sacerdote en Cambrai, en 1862. Doctor en Teología, denunció firmemente la Revolución francesa, la democracia cristiana, el americanismo y la masonería. Sus obras principales sobre el problema judío-masónico representan una verdadera suma del pensamiento contrarrevolucionario. En 1904, Monseñor Delassus fue nombrado por Pío X prelado doméstico del papa. En 1910, publicó en tres volúmenes *La Conjuración anticristiana*.

Hasta donde sepamos, Monseñor Delassus fue el primer autor francés en haber explicado correctamente el proyecto "planetariano" inherente al judaísmo. Presentamos a continuación los extractos de su obra que tratan de esta cuestión fundamental:

«En efecto, los judíos — todos, tanto quienes esperan un Mesías personal como quienes creen que este Mesías ha nacido y crece y no es otro que la idea de 1789— todos tienen la esperanza de ver realizarse, y pronto —«*los tiempos están cerca*»— las profecías mesiánicas en el sentido en que siempre las han entendido, es decir, su reino sobre el mundo entero, la sujeción de todo el género humano a la raza de Abraham y de Judá. Para eso, se dicen ahora, hacen falta dos cosas: 1° que las naciones, renunciando a todo patriotismo, se fundan en una república universal; 2° que los hombres renuncien igualmente a toda particularidad religiosa para confundirse también en una vaga religiosidad.»

Monseñor Delassus citaba una de sus fuentes, un extracto del *Univers israélite (*VIII, p. 357, año 1867), que evocaba los objetivos de la Alianza israelita universal fundada por "Adolfo" Crémieux: «Hacer caer las barreras que separan lo que debe ser unido. Unir a todos los hombres, cualquiera que actualmente sea su religión y su comarca, en una común indiferencia. Éste es el fin que se propusieron los fundadores y directores de la *Alianza Israelita Universal*... El programa de la *Alianza* no consiste en frases huecas. Es la gran obra de la humanidad..., la unión de la sociedad humana en una fraternidad sólida y fiel[634].»

Los *Archivos israelitas* del año 1886 permitían comprender el proyecto unificador de los judíos a través de las palabras de un iluminado llamado Hipólito Rodrigo (XIV, p. 628-629): «¡Que por todas partes se eleven templos, recibiendo en su recinto a todos los hombres sin distinción de origen religioso! Que todos los corazones, repletos de los mismos

---

[634] Monseñor Henri Delassus, *L'Américanisme et la conjuration antichrètienne* (*El Americanismo y la conjuración anticristiana*), Société de Saint-Augustin, Desclée De Brouwer et Cie, Paris, 1899, p. 25-27

sentimientos de amor, se desahoguen delante del mismo Dios, Padre de todos los seres. Que todos se alimenten de los mismos principios de virtud, moral y religión, y los odios de las sectas desaparecerán, y la armonía reinará en la tierra, y los tiempos mesiánicos, predichos por los profetas de Israel, serán realizados[635].»

«Observemos de pasada, escribía Monseñor Delassus pertinentemente, que la masonería tiene las mismas pretensiones y las expresa con las mismas palabras. Ella tampoco deja de hablar de obra humanitaria y de fraternidad universal... ¿No son éstas las ideas que la Revolución ha esparcido por todas partes, las ideas que la masonería predica sin descanso, las ideas de las que se enorgullece el liberalismo?»

«Aprovechando su dispersión y su presencia sobre todos los puntos del globo, los judíos quieren ser en la humanidad algo así como una levadura que haga de la sociedad humana, actualmente dividida en naciones y religiones diversas, una sola y sólida fraternidad...Todo poder debe desaparecer para hacer lugar al universal dominio de Judá, que se sustituirá a todos los poderes existentes actualmente, tanto en el orden espiritual como en el orden temporal[636].»

Dentro de esta visión totalitaria del futuro de la humanidad, los pueblos y las naciones deben unificarse para formar una república universal y única: «Esta república universal será gobernada infaliblemente por el pueblo judío, el único pueblo verdaderamente cosmopolita, universal, el único que al mismo tiempo resulta ser el pueblo que posee el oro, nervio de todo poder, instrumento de todo dominio.»

«Derribar todas las fronteras, abolir todas las nacionalidades, empezando por las más pequeñas, para hacer un solo Estado; borrar toda idea de patria, hacer común a todos la tierra entera, que pertenece a todos, romper, por la astucia, por la fuerza, todos los tratados, preparar todo para una vasta democracia cuyas razas diversas, embrutecidas por todos los géneros de inmoralidades, serán sólo de departamentos administrados por los altos grados y por el Anticristo, supremo dictador que se hizo su único dios, tal es el fin de las sociedades secretas[637].»

Respecto «a la misión que Israel pretende haber recibido», Monseñor Delassus escribía acertadamente: «Conocemos esta misión, es preparar las vías a aquel a quien esperan con ansia, su mesías. Los talmudistas siguen esperando un mesías en carne y hueso que los hará dueños del universo;

---

[635] Monseñor Henri Delassus, *L'Américanisme et la conjuration antichrètienne*, Société de Saint-Augustin, Desclée De Brouwer et Cie, Paris, 1899, p. 58

[636] Monseñor Henri Delassus, *L'Américanisme et la conjuration antichrètienne*, Société de Saint-Augustin, Desclée De Brouwer et Cie, Paris, 1899, p. 27-29

[637] Monseñor Henri Delassus, *L'Américanisme et la conjuration antichrètienne*, Société de Saint-Augustin, Desclée De Brouwer et Cie, Paris, 1899, p. 33-34, 42

los liberales dicen que no hay otro mesías que esperar sino la Revolución, cuyos "principios" disuelven todas las sociedades y preparan su universal imperio». «Lo que tienen en vista, es el dominio. Para establecer este dominio, no basta con aniquilar el patriotismo en los corazones, hace falta además y sobre todo apagar la fe religiosa, pues nada da al hombre tanta dignidad e independencia como su unión con Dios por la fe y caridad[638].»

Monseñor Delassus citaba a continuación Monseñor Leon Meurin, quién escribía en *La Francmasonería, sinagoga de Satanás*: «Se creen el pueblo destinado por Jehová [Yahweh] a dominar sobre todas las naciones. Las riquezas de la tierra les pertenecen y las coronas de los reyes deben ser sólo emanaciones, dependencias de su *"Kether-Malkhuth"*. Se imaginaron que el Rey prometido sería un rey terrenal, su reino un reino de este mundo, y el *Kether-Malkhuth* una corona semejante a la de los reyes de las naciones humanas...Para los judíos, la idea del dominio universal pasó a ser algo así como su religión; se arraigó en su espíritu, se petrificó en él por así decir, y es indestructible[639].» Henri Delassus rendía homenaje a su predecesor que había comprendido que los ataques contra la Iglesia católica a lo largo del medioevo y hasta la época contemporánea manaban de la fuente de la matriz judaica: «Será el honor de Monseñor Meurin haber sido el primero en formular, haciendo hincapié sobre un examen serio de los documentos, una respuesta que otros sólo habían entrevisto. Para él, el agente de transmisión de los errores antiguos a través de las edades hasta el mundo moderno, el verdadero fundador de las herejías, su inspirador secreto, antaño como hoy, desde los gnósticos hasta los masones, es el judío[640].»

---

[638]Monseñor Henri Delassus, *L'Américanisme et la conjuration antichrètienne*, Société de Saint-Augustin, Desclée De Brouwer et Cie, Paris, 1899, p. 54, 56. [«Hace falta conseguir sin embargo hacerse aceptable a los grupos humanos con los que se quiere ejercer un "proselitismo". ¿En qué consiste este proselitismo? ¿En incitar a fieles de las diversas religiones a entrar en el judaísmo? A los judíos nunca se le ocurrió hacer esta clase de proselitismo: ellos son un pueblo, una raza aparte, "la primera aristocracia del mundo", los únicos hombres verdaderos; nunca tuvieron la intención de elevar hasta ellos a seres que de humanos no tienen más que la apariencia». Delassus, *L'Américanisme et la conjuration antichrètienne*, p. 54. (NdT).]

[639]Monseñor Henri Delassus, *L'Américanisme et la conjuration antichrètienne*, Société de Saint-Augustin, Desclée De Brouwer et Cie, Paris, 1899, p. 19, 20

[640]Monseñor Henri Delassus, *L'Américanisme et la conjuration antichrètienne*, Société de Saint-Augustin, Desclée De Brouwer et Cie, Paris, 1899, p. 50. [«El historiador que veía nacer incesantemente bajo sus ojos estas diversas herejías, se preguntaba: ¿Quién sirvió pues de lazo entre todas estas sectas? ¿Quién ha propagado estas doctrinas a través de los pueblos nuevos? ¿Cómo explicar los renacimientos repentinos del espíritu pagano, con las mismas ideas, los mismos símbolos y las mismas prácticas dentro del mundo cristiano, en épocas y medios tan diversos: con la gnosis, en los primeros siglos; con Manes, en el siglo III; en el XI, con los albigenses; en el XIII, con los templarios; en el XVI, con los Socinianos; y hoy día con los masones? ¿Hubo entre estas herejías

Delassus veía cómo la prensa de finales de siglo XIX ya estaba ampliamente en las manos de Israel: «Quienes hacen la opinión actualmente son sobre todo los judíos: ocupan las principales cátedras de la enseñanza superior y dirigen la prensa». «En Francia, en Europa, en todas las partes del mundo, los judíos han creado o adquirido los periódicos más influyentes, tienen hombres de su raza en todas las redacciones; y por un medio u otro, directa o indirectamente, hacen entrar con demasiada frecuencia hasta en los periódicos católicos hechos, ideas y apreciaciones que favorecen la ejecución de sus planes.» Los judíos se han «adueñado de los dos órganos más poderosos de la vida moderna: el banco y la prensa[641].»

Así pues, había que rendirse ante la evidencia: «Los judíos tienen actualmente atrapada como en una red a toda la sociedad cristiana. Se podría decir casi el mundo entero.»

«Gracias sobre todo a su acción tan general como incesante, la indiferencia religiosa gana terreno todos los días y hace progresar la "Jerusalén de nuevo orden" que sus adeptos esperan con ansia. Para llegar a este fin, trabajan por un lado en aniquilar todo patriotismo y por otra parte en destruir toda convicción religiosa. Bajo su dirección, la prensa se emplea en esta labor todos los días, en todo el mundo, con un ardor infatigable, mediante el sofisma, mediante la divulgación de los hechos que juzga favorable a su causa y la falsificación de aquellos que le son contrarios, y sobre todo mediante la corrupción de las costumbres[642].»

En su obra de 1910, *La Conjuración anticristiana*, Monseñor Delassus ya observaba el crecimiento de la deuda pública en todos los Estados bajo el dominio judío, la cual experimentaría un alza exponencial a lo largo del

---

diversas de nombre e idénticas en cuanto al espíritu, un nexo viviente, que conservaba, que mantenía este espíritu durante sus aparentes periodos de adormecimiento?» Delassus, *L'Américanisme et la conjuration antichrètienne*, p. 49-50.
«Las doctrinas de las Sociedades Secretas paganas se renovaron en la Gnosis mezclándose con el Judaísmo, a su vez fuertemente mezclado con el Paganismo. Luego, en Europa, las sectas gnóstica, maniquea, albigense y templaria se sucedieron, compenetrándose y heredando mutuamente sus adeptos y sus doctrinas. A su vez, se renovaron en la poderosa organización de los Rosacruces, donde la antigua Gnosis se mezcló con la Cábala judía del Talmud. Y finalmente, fue la doctrina rosacruz, tanto gnóstica como cabalista, la que Elias Ashmole introdujo en los grupos semiprofesionales de masones ingleses para formar la masonería moderna. En resumen, la masonería actual es una mezcla extremadamente compleja de paganismo oriental y cábala judía.» André Baron, *Las sociedades secretas y sus crímenes: de los iniciados de Isis a los masones modernos*, (*Les sociétés secrètes, leurs crimes – depuis les initiés d'Isis jusqu'aux francs-maçons modernes*). (NdT).]
[641] Monseñor Henri Delassus, *L'Américanisme et la conjuration antichrètienne*, Société de Saint-Augustin, Desclée De Brouwer et Cie, Paris, 1899, p. 69, 80, 21
[642] Monseñor Henri Delassus, *L'Américanisme et la conjuration antichrètienne*, Société de Saint-Augustin, Desclée De Brouwer et Cie, Paris, 1899, p. 212, 214

siglo XX: «Actualmente, los judíos han conseguido cavar el abismo de la deuda en todos los Estados. Es un principio moderno que los Estados, Provincias, Ciudades, pueden gravar el futuro en beneficio del presente. Los capitalistas judíos ponen los medios. Préstamos sin sentido que nunca serán devueltos, aumentan perpetuamente la aplastante carga de los impuestos y colocan a todos los gobiernos a merced de la Judería. Cualquier gobierno "moderno" estaría perdido en el momento en que tuviera la imprudencia de enemistarse con los dueños del gran capital. ¿Cómo podría resistirse a una coalición de judíos cerrando todos a la vez sus arcas[643]?»

«En el último siglo, con la ayuda de la Revolución, los judíos se han lanzado con un nuevo ardor a perseguir el ideal de su raza, y a apoderarse para ello de todas las fuerzas vivas de los pueblos que tuvieron la imprudencia de admitirlos en su seno en pie de igualdad, utilizando para con ellos la moral cristiana, mientras que los judíos sólo conocen la moral talmúdica. Así es como llegaron a dominarnos en Francia, o más bien a tiranizarnos desde el punto de vista de la vida política y el gobierno, la alta banca y las finanzas, la industria y el comercio, la prensa y la opinión pública[644].»

«Los judíos, cuyo poder se hizo tan formidable en tan poco tiempo, ¿verán sus esperanzas cumplirse? ¿Lograrán arrancar de los corazones lo que queda todavía de patriotismo? ¿Lograrán, después de rechazar la religión en los templos, privar de ella las almas? Y después, cuando el terreno haya sido preparado así, ¿verán surgir del medio de ellos el mesías que desde hace tantos siglos esperan con ansia para reducir el mundo a servidumbre? Es cierto que en ninguna época de la historia los tiempos fueron más favorables a su dominio. El mundo político, el mundo económico y comercial, las sociedades secretas y los judíos trabajan con un infatigable ardor en la *unidad cosmopolita*...No hay que engañarse, los caracteres del mesías talmúdico son los caracteres del anticristo. El mismo siniestro personaje es anunciado por ambas partes[645].»

Sin embargo, según Monseñor Delassus, no habría que apartarse de la doctrina tradicional y de la legislación de la Iglesia Católica. Reconocía que la Iglesia «siempre había protegido al judío contra la legítima, pero excesiva indignación del pueblo al que había explotado, engañado o traicionado.» Esto se debe a que esperaba «la conversión prometida de este

---

[643]Monseñor Henri Delassus, *La Conjuration antichrétienne III*, Desclée De Brouwer, 1910, p. 1156
[644]Monseñor Henri Delassus, *La Conjuration antichrétienne III*, Desclée De Brouwer, 1910, p. 1124
[645]Monseñor Henri Delassus, *L'Américanisme et la conjuration antichrètienne*, Société de Saint-Augustin, Desclée De Brouwer et Cie, Paris, 1899, p. 214-218, 222

pueblo, en la que honra, a pesar de todo, a los restos de lo que fue la nación elegida, el pueblo de Dios». «Se les debe garantizar la vida y la seguridad, pero no se les debe permitir tomar ningún poder sobre los cristianos. Si esta legislación, tan sabia, no hubiera sido repudiada por los gobiernos modernos, la cuestión judía no existiría.»

«A pesar de sus traiciones y de todas sus fechorías, todo buen cristiano debe tener por los judíos algo de los sentimientos que había en el corazón de San Pablo[646].»

Monseñor Meurin también había constatado el fabuloso poder adquirido por los judíos desde su emancipación: «Hoy sucede que estos nuevos ciudadanos, después de haber acaparado la mayor parte de la riqueza nacional, tienden a apoderarse del gobierno y a oprimir a quienes nunca han dejado de considerar seres impuros, gentiles, Filisteos incircuncisos. Todas las medidas propuestas, aparte de las de la Iglesia, serán vanas, y las de la Iglesia, para ser eficaces, deben ser aplicadas de concierto con el Estado y por cada uno de nosotros personalmente, como se desprende de las enseñanzas de Monseñor Kohn. Mientras los judíos sean judíos, es decir, al menos hasta el fin del mundo, la única política que habrá que seguir con ellos será la de mantenerlos alejados, no maltratándolos, pero también relacionándose con ellos lo menos posible e impidiéndoles hacer todo mal. *Iudaceos subiacere christianis oportet et ab eis pro sola humanitate foveri.*»

Así pues, para Monseñor Meurin, la cuestión judía no se resolverá hasta llegado «el final de los tiempos», cuando Jesucristo triunfe sobre el mesías judío (El Anticristo). Los católicos pueden por lo tanto verse incitados a dejar vía libre a sus enemigos, a dejarles trabajar en el advenimiento de su mesías, puesto que creen asegurado su triunfo final. Pero en realidad, es el judío quien triunfa en este mundo presente. Los cristianos están desarmados ante el mesianismo judío, el cual alimenta constantemente el activismo político de los miembros de la secta y fortalece su esperanza y voluntad hacia la liberación y triunfo final. Pero si miramos el mesianismo judío con un espejo, una luz aparece, y la verdad se impone naturalmente por sí misma a los todos los hombres de bien: El mesías sólo vendrá después de la completa desaparición, después de la apostasía del último judío.

CXXVI. Austria-Hungría al final del siglo XIX

En 1899, en Bohemia, tuvo lugar un crimen ritual que suscitó una nueva

---

[646]Monseñor Henri Delassus, *La Conjuration antichrétienne III*, Desclée De Brouwer, 1910, p. 1119

ola de antisemitismo. Anezka Hruzová, una joven católica checa de 19 años vivía en Klein Veznic (actualmente Veznicka), cerca de Polná. Viajaba todos los días a esa ciudad para trabajar como costurera. El 29 de marzo de 1899, por la tarde, salió de su lugar de trabajo por última vez. Tres días después, el 1 de abril, su cuerpo era hallado en un bosque: había sido degollada y su vestido desgarrado. Las sospechas de la policía se centraron primero en cuatro vagabundos que habían sido vistos en los aledaños del bosque por la tarde del día en que se había cometido el crimen. Entre ellos figuraba Leopold Hilsner, un judío de 23 años. Afirmaba haber salido del bosque aquella tarde mucho antes de la hora supuesta del crimen, pero no pudo aportar ninguna coartada verificable. Hilsner fue arrestado y juzgado en Kuttenberg (Kutná Hora) del 12 al 16 de septiembre. Negó toda responsabilidad, a pesar de las manchas de sangre en su pantalón y varios testigos que afirmaban haberlo visto salir del bosque especialmente alterado. Su condena a muerte provocó los gritos de indignación de la comunidad judía internacional.

Tomás Masaryk, profesor en la Universidad de Praga y futuro presidente de Checoslovaquia, intercedió apelando en la Corte Suprema y un nuevo juicio tuvo lugar en Pisek. Varias manifestaciones contra los judíos, a veces violentas, tuvieron lugar en regiones como Holleschau y Nachod.

Los responsables de la comunidad judía de Viena intrigaron en el gobierno y organizaron una gran conferencia el 7 de octubre. El 11 de diciembre, August Schreiber, uno de los editores del *Deutsches Volksblatt*, fue condenado a cuatro meses de prisión por difamación hacia los judíos, lo que no hizo más que agravar las tensiones. Dos semanas más tarde, el Docgor Baxa, el abogado de la familia acusó el gobierno de parcialidad en favor de los judíos en un discurso ante la Dieta de Bohemia.

Mientras tanto, Hilsner fue acusado de otro asesinato, el de María Klimova, una sirviente que había desaparecido el 17 de julio de 1898 y cuyo cadáver había sido encontrado el 27 de octubre de 1899 en el mismo bosque que el cuerpo de Anezka Hruzová. Hilsner fue juzgado por este segundo crimen en Pisek entre el 25 de octubre y el 14 de noviembre 1900. El último día, la corte pronunció el veredicto: Hilsner era declarado culpable de los dos asesinatos y condenado a la pena de muerte. El 11 de junio 1901, sin embargo, el emperador perdonaba el culpable y la sentencia era conmutada a cadena perpetua.

En aquella época, en Viena como en Berlín, Londres o París, la gran prensa ya estaba mayoritariamente en manos de Israel. Los artistas más en boga, los que más se beneficiaban de artículos elogiosos en los periódicos, eran en mayoría judíos. En la capital austriaca de finales de siglo XIX, sólo se hablaba de los escritores Stefan Zweig, Hugo von Hoffmanstahl, Arthur Schnitzler, de los compositores Guatav Mahler y Arnold Schönberg. El espíritu cosmopolita triunfaba en todas partes. La religión católica, el patriotismo, los valores familiares eran atacados y mofados en casi todas partes. La pornografía empezó a difundirse cada vez más, y pronto, bajo la influencia de Sigmund Freud que trabajaba en el gueto vienés, la homosexualidad sería banalizada, así como otros géneros de "descubrimientos".

Adolf Hitler había notado y escrito en unas conocidas páginas de su *Mein Kampf* que el proxenetismo era particularmente visible en la capital austriaca. Numerosas mujeres eran literalmente secuestradas y enviadas al extranjero para ser prostituidas.

La trata de Blancas escandalizó la opinión pública europea a partir de los años 1880. El periodista François Trocase, afincado en Austria, dejó algunas notas interesantes al respecto: «En Austria, los judíos han inculcado a las jóvenes una moral disoluta, hábitos deplorables y una desmoralización inaudita. La bajeza nativa de sus sentimientos, el dinero y su absoluta falta de conciencia les predisponen singularmente al papel de seductores. La prostitución es, por tanto, una amenaza constante en cada puerta para las jóvenes que, en las grandes ciudades, se convierten en sirvientas de los judíos en gran número. Se puede afirmar que la mayoría de las desafortunadas muchachas que se corrompen y prostituyen en las grandes ciudades austriacas deben su primera caída a los judíos. Hay que recordar, en efecto, que la mayoría de las que vienen de provincias a trabajar como sirvientas en Viena y Budapest se ven obligadas a entrar al servicio de familias judías, puesto que muchas familias cristianas ya no están en condiciones de pagar sirvientes. Cabe suponer que los dos millones y medio de judíos que viven en Austria y Hungría tienen tantas criadas, si no más, como los 38 millones de austriacos y húngaros pertenecientes a las confesiones cristianas. Además, nueve décimas partes de las sirvientas son cristianas; hay muy pocas criadas judías. Sin embargo, las constantes y bien conocidas costumbres de las familias israelitas hacia sus sirvientas ejercen con demasiada frecuencia una influencia perjudicial sobre estas últimas. No es infrecuente ver a madres judías tomar a su cargo jóvenes muchachas que tienen la tarea especial, además de su trabajo ordinario, de satisfacer los caprichos de los hijos de la casa. La madre no sólo lo sabe y lo tolera, sino que a menudo ella misma quiere que así sea. En su mente, el objetivo es evitar que los jóvenes enfermen antes de casarse. Por supuesto, sólo hablamos de madres y familias judías. A pesar de esta asignación especial, el salario de las sirvientas no aumenta. Generalmente es de 10 florines (21 francos) al mes. Y con demasiada frecuencia, cuando la joven criada es despedida para dejar paso a otra, se ve obligada por los hábitos adquiridos a refugiarse en uno de los hospicios, tan numerosos en las dos capitales de la monarquía, regentados por los correligionarios de sus antiguos amos[647].»

François Trocase añadía: «La relación entre los empresarios judíos y las trabajadoras cristianas es muy parecida a la que existe entre los jóvenes judíos y las criadas de sus madres. Desgraciadamente, están contaminadas por el mismo carácter de inmoralidad[648].»

Una investigación acerca de las condiciones de trabajo de las mujeres trabajadoras había puesto en evidencia el comportamiento de un gran industrial judío que empleaba en sus talleres numerosas aprendices de catorce a dieciséis años: «Cuando habían completado sus dos años de aprendizaje sin el más mínimo salario, sólo podían obtener de él el certificado de obrera al que tenían derecho, a condición de que le sacrificaran lo que Dumas llamaba "su capital". Las hazañas referidas de otro judío no eran menos típicas. Él solo explotaba 1400 telares en diversos lugares de la Silesia austriaca. Se jactaba públicamente de que a lo largo de los años había recibido visitas íntimas de más de mil de sus trabajadoras, mujeres y muchachas, casadas y solteras, a las que había invitado a su vez a venir a pedirle trabajo. Se refería descaradamente a estas visitas íntimas como "comisiones" que se descontaban de los salarios.»

«La profunda pobreza que reina entre las clases trabajadoras, la falta de pan, en el pleno sentido de la palabra, explica demasiado bien estas prácticas muy comunes en Austria. Como ha dicho públicamente el Sr. Gregorig, diputado de Viena, se ha llegado a aceptar como un hecho probado que los obreros en Austria generalmente sólo se casan con muchachas que previamente han sido desfloradas por judíos. El Sr. Gregorig utiliza incluso una expresión más fuerte. Dice: Chicas desechadas por los judíos como mercancía que ya no tiene ningún valor (con *Juden abgelegle Waare*.) El matrimonio entre cristianos no es en absoluto una garantía contra los apetitos sensuales de los judíos. Al parecer, el Talmud sólo prohíbe el adulterio con una mujer judía. La prohibición no se aplica a la mujer de un cristiano, porque quien no es judío, según la doctrina rabínica, no está legalmente casado. Este es el comentario vivo de este dicho del Talmud: "Sólo los judíos son hombres; los demás, todos los que no son judíos, no son más que simiente de ganado[649]"», explicaba Trocase. Así pues, se entiende que para los judíos el adulterio con una mujer goy no es una falta o infracción.

En el mundo rural, los judíos explotaban de la misma manera la miseria del pueblo, especialmente en las provincias más pobres, como en Bucovina y en Galitzia. Cuando un campesino arruinado no podía pagar los intereses de su deuda, sus hijas ofrecían su cuerpo para pagar lo adeudado. La

---

[647] François Trocase, *L'Autriche juive*, P. Dupont & A.Pierret, Paris, 1899, p. 150-151
[648] François Trocase, *L'Autriche juive*, P. Dupont & A.Pierret, Paris, 1899, p. 152
[649] François Trocase, *L'Autriche juive*, P. Dupont & A.Pierret, Paris, 1899, p. 152-153

entrega forzosa de su virginidad tenía el poder único de impedir que el padre fuese embargado y echado de sus tierras.

Numerosas jóvenes muchachas, en Viena y en Budapest, habían desaparecido; habían caído en redes de prostitución. Los judíos más pobres servían de intermediarios. Sabían proveer de jóvenes mujeres los harems turcos y los burdeles de todo el mundo. Los mafiosos judíos no tenían escrúpulos en enviar las jóvenes cristianas prostituirse lejos de su tierra, a Estambul o a Buenos Aires: «Esta vergonzosa especialidad, que deshonra nuestro siglo, pertenece exclusivamente a los judíos. Debemos dejarles la infamia a ellos. Durante mucho tiempo hemos ignorado los detalles. Se veía desaparecer misteriosamente gran número de chicas jóvenes, sin saber qué era de ellas[650].»

En 1892, el juicio de Lemberg (actualmente Lvov, en Galitzia ucraniana) había sido muy sonado. Veinte y ocho judíos fueron acusados de proxenetismo. La red estaba compuesta de reclutadores en Europa y agentes locales en Turquía. Las chicas eran enviadas hacia Constantinopla, Egipto, África del Sur, la India y América[651]: «Estos miserables habían hecho caer en una trampa hábilmente preparada a un gran número de jóvenes cristianas, la mayoría de las cuales aún estaban en la escuela. Les habían prometido las condiciones de trabajo más ventajosas para convencerlas de que se marcharan al extranjero. En cuanto cruzaban la frontera, eran tratadas como esclavas y cualquier intento de fuga era duramente reprimido. Una vez en Turquía, eran vendidas a burdeles por una media de mil marcos cada una. ¿Quiénes son los dueños de esas casas en Turquía? Sólo judíos; nadie más. Las pobres víctimas que quisieron resistir fueron encerradas en calabozos subterráneos y sometidas a malos tratos. Cuando por fin la policía decidió intervenir, sesenta de ellas fueron liberadas. Fueron rescatadas de las garras de esos bárbaros. Pero ¡ay! estaban perdidas en cuerpo y alma. El juicio duró diez días. Sacó a la luz detalles monstruosos. Se estableció claramente que cientos de chicas jóvenes habían sido conducidas por la banda de Lemberg a la vergüenza, la desesperación, la enfermedad y la muerte. Debido a las lagunas de la ley, los culpables fueron condenados a penas insignificantes. El líder de la banda, Isaac Schifenstein, fue condenado a un año de prisión. Todos los demás cumplieron apenas unos meses de prisión y reanudaron su siniestro oficio, pero con más astucia y misterio[652].»

En 1918, estallaron revueltas antijudías en la ciudad, pues el tráfico de mujeres no había sido detenido todavía. Mientras tanto, en el parlamento austriaco, se debatía aún de la desaparición de sirvientas cristianas enviadas

---

[650] François Trocase, *L'Autriche juive*, P. Dupont & A. Pierret, Paris, 1899, p. 154
[651] Hay que leer el largo capítulo sobre este tema en nuestro libro *La Mafia judía* (2008).
[652] François Trocase, *L'Autriche juive*, P. Dupont & A. Pierret, Paris, 1899, p. 154-155

a burdeles extranjeros.

El juicio Lemberg fue naturalmente explotado por la resistencia antisemita. Como era de esperar, los abusos que cometían los judíos contra las mujeres cristianas contribuyeron a la profunda animadversión de la población hacia ellos. «Las fechorías sensuales, que al parecer la ley no podía castigar, y, en general, los abusos cometidos por los judíos contra las mujeres contribuyeron en gran medida a la explosión de ira que dio origen al antisemitismo austriaco. Cuando se menciona estos hechos en Viena, las miradas de la gente adoptan una expresión de odio indecible[653]», observaba Trocase.

La desmoralización de las masas dio paso al odio; el odio legítimo de la víctima frente a su opresor. La resistencia se organizó bajo la dirección del doctor Karl Lueger y su partido socialista-cristiano que atacaba sobre todo los grandes capitalistas judíos. Circulaban entonces en la capital todo tipo de escritos antisemitas. En Viena, los antisemitas ganaron terreno y en 1897 Lueger logró ser elegido alcalde de la ciudad, permaneciendo en funciones hasta 1910.

Las principales figuras del antisemitismo austriaco eran entonces el príncipe Alois de Lichtenstein, los doctores Pattaï (diputado de Stiria), Gessman y Psenner. Vergani, diputado de Baja Austria, había fundado en 1881 el *Deutsches Volsblatt*, periódico antisemita que publicaba dos ediciones por día. El diario fue la diana de los ataques más bajos por parte de los periodistas judíos. También se distinguieron figuras como el canónigo Scheiber y el intelectual Deckert. Por su parte, el diputado Schneider barajaba incluso la posibilidad de emplear medios más radicales para poner fin a la cuestión judía.

CXXVII. *La caída de la Rusia zarista*

Rusia, que administraba la mayor parte del antiguo territorio polaco desde finales de siglo XVIII, había heredado la importante población judía instalada en ese territorio a lo largo de la Edad Media. Anteriormente, el país había sido "*judenrein*", purificado de la presencia de judíos, desde que Iván el Terrible había decretado que ningún judío pisaría suelo ruso. Tras él, todos los zares habían permanecido fieles a este principio, incluido Pedro el Grande.

Los judíos de los territorios anexionados debían permanecer en la "Zona de Residencia[654]", la cual se extendía desde el mar báltico hasta el mar negro. Evidentemente, el antisemitismo era igual de virulento que en

---

[653] François Trocase, *L'Autriche juive*, P. Dupont & A.Pierret, Paris, 1899, p. 157
[654] Sobre la Zona de Residencia léase *El Fanatismo judío* (2007). (NdT).

otras partes de Europa. Bajo el reinado de Nicolas I (1825-1855), los judíos de la Zona de Residencia, sospechosos de espiar a favor de Alemania, tuvieron que evacuar las localidades situadas a menos de 50 kilómetros de la frontera rusa.

En su libro muy documentado titulado *Doscientos años juntos (1795-1995)*, publicado en el año 2002, el gran escritor Aleksandr Solzhenitsyn aportaba por ejemplo el valioso testimonio del senador Gabriel Romanovitch Derjavine, el cual había sido enviado por el zar a finales del siglo XIX para dilucidar las causas de las hambrunas que asolaban Bielorrusia. Este hombre de Estado, que fue posteriormente ministro de Justicia bajo Alejandro I, contaba en su informe que en el campo bielorruso los judíos se dedicaban principalmente a la producción de aguardiente, recorriendo los pueblos, sobre todo en otoño, en tiempos de cosechas: «Dan de beber a los campesinos y a sus allegados, recaudan sus deudas y los privan de sus últimas subsistencias...Engañan los borrachos y los esquilman de la cabeza a los pies, dejándolos en la más completa indigencia.» Es cierto que los campesinos, «una vez acabadas las cosechas, pecan por sus excesivos gastos; beben, comen, festejan, pagan a los judíos sus antiguas deudas, y después, para pagar sus borracheras, todo lo que éstos les reclaman; de tal forma que cuando llega el invierno se ven necesitados». Estos excesos se veían favorecidos por la presencia de numerosas tabernas: «En cada pueblo, escribía Derjavine, hay una o a veces varias tabernas construidas por los propietarios, en las cuales se vende vodka día y noche para mayor beneficio de los destiladores judíos...De esta manera, los judíos consiguen sonsacarles no solamente su pan de cada día, sino también sus herramientas agrícolas, sus bienes, su tiempo, su salud, su vida misma». Se valen de «toda clase de tretas y subterfugios» que «reducen al hambre los pobres y estúpidos pueblerinos[655]».

Esta situación explicaba el porqué de las normas de 1804 y 1835 que prohibían a los judíos de Bielorrusia residir en el campo. En Ucrania podían vivir en cualquier parte excepto Kiev y algunas villas; en ninguna parte en Rusia eran obligatorios los guetos dentro de las ciudades. En la segunda mitad del siglo, bajo Alejandro II, las limitaciones impuestas a los judíos fueron cayendo una detrás de otra, de tal forma que podían destilar y vender alcohol en sus lugares de residencia. En 1872 «poseían el 89% de las destilerías[656]» del suroeste.

La masa de los judíos vivía ciertamente miserablemente, como los rusos, pero algunos eran inmensamente ricos. El famoso Israel Brodski poseía diecisiete azucareras. Asimismo, muchas grandes fortunas judías se habían

---

[655] Alexandre Soljenitsyne, *Deux siècles ensemble*, Tome I, Fayard, 2002, p. 51-54
[656] Alexandre Soljenitsyne, *Deux siècles ensemble*, Tome I, Fayard, 2002, p. 153, 175

edificado sobre la explotación de los recursos naturales rusos, especialmente con la exportación de madera al extranjero y la extracción de oro. También desempeñaban un papel preponderante en la exportación de productos agrícolas: «Desde el año 1878, el 60% de las exportaciones de cereales transitaban por manos judías; pronto sería el 100%». La familia Guinzbourg destacaba especialmente. Otros, como Samuel Poliakov invertían en las vías férreas, llegando éste a ser conocido en la década de 1880 como el «rey del ferrocarril», aunque más tarde el Estado ruso sería el primer constructor. La banca era naturalmente su sector de predilección: «Más de la mitad de las entidades de crédito, cajas de ahorro y préstamo se hallaban en la Zona de residencia», y «en 1911, el 86% de sus miembros eran judíos[657]». Al inicio del siglo XX, los judíos habían conseguido sólidas posiciones en sectores vitales de la economía rusa y se habían instalado en las capitales a pesar de las normativas que se lo prohibían: Eran 16 000 en Moscú en 1880, 30 a 40 000 en San Petersburgo en 1900, 81 000 en Kiev en 1913 y el número de judíos establecidos fuera de la Zona de Residencia aumentaba año tras año. El zar Alejandro II había autorizado a los jóvenes judíos diplomados de la universidad instalarse por todo Rusia. La misma medida fue aprobada en 1879 para los farmacéuticos, las enfermeras y los dentistas.

Con la llegada de Alejandro II en 1855, el régimen se había efectivamente liberalizado y una política de asimilación había de preparar los judíos para la ciudadanía plena. Los judíos pudieron así inscribirse en los institutos y las universidades. A partir de 1874, afluyeron a los establecimientos de educación general, lo cual era un privilegio ya que hasta 1914 sólo el 55% de los rusos eran escolarizados. En 1881, los judíos representaban cerca del 9% de los estudiantes, en 1887 esta cifra creció hasta el 14,5%, pero en algunas universidades este porcentaje era mucho más elevado: la facultad de medicina de Járkov contaba un 42% de judíos y la facultad de derecho de Odessa un 41%[658]. En las últimas décadas del siglo XIX, esta *intelliguentsia* judía que dominaba el idioma ruso iba a desempeñar un papel fundamental en los movimientos intelectuales y políticos que socavarían la sociedad rusa tradicional. El poder zarista había contribuido él mismo a formar en sus universidades aquellos que iban a ser los principales promotores de su caída.

A principio del siglo XIX, la labor de vigilancia anti-judía corrió a cargo de un sacerdote italiano de Toscana que había conseguido la cátedra de

---

[657] Alexandre Soljenitsyne, *Deux Siècles ensemble*, Tome I, Fayard, 2002, p. 175, 333-335. Esto lo confirmaba el sociólogo sefardí Edgar Morin: "Diecisiete bancos polacos sobre veinte eran judío-gentiles a mediados del siglo XIX" (*Le monde moderne et la queston juive*, Seuil, 2006, p.117).

[658] Alexandre Soljenitsyne, *Deux siècles ensemble*, p. 180, 231

lenguas orientales de la Universidad de Varsovia, entonces bajo dominio ruso. Luigi Chiarini (1789-1832), orientalista y buen conocedor del hebreo, había obtenido este puesto gracias a la protección de Potocki, el ministro de Educación. En 1830, Chiarini publicó en dos volúmenes su *Teoría del Judaísmo*, en la que demostraba que los males del judaísmo tenían principalmente su origen en las enseñanzas del Talmud. Los judíos, según él, debían regresar a la simple fe mosaica y el Estado debía ayudarles a liberarse mediante la creación de escuelas donde se enseñaría la Biblia y estudiaría la lengua hebrea. Luigi Chiarini trabajó también en la traducción francesa del Talmud de Babilonia, con notas de explicación y de refutación. Alentado por el propio zar Nicolas I, publicó este estudio al año siguiente, pero únicamente los dos primeros volúmenes vieron la luz. Chiarini se vio obligado a abandonar su proyecto por culpa de la insurrección polaca de 1830[659].

El ideólogo Ivan Aksakov, el incansable animador del movimiento eslavófilo, también se había elevado contra el poderío judío. En 1867, éste parafraseaba Karl Marx: «La verdadera cuestión no es emancipar a los Judíos, sino emancipar la población rusa de los Judíos, liberar los hombres rusos del Sur-Oeste del yugo judío.»

Aksakov encontró un valioso aliado en Jacob Brafman. Este converso, profesor de hebreo en el seminario ortodoxo de Minsk, era el experto del Santo Sínodo para los problemas de la misión ante los judíos. A partir de 1867, comenzó a publicar en el *Correo de Vilna* artículos sobre la vida y las costumbres comunitarias judías que le sirvieron luego para escribir dos grandes obras con sus respectivos anexos explicativos: *El Libro del Kahal*[660] y *Las Hermandades judías locales e universales*, publicados ambos en 1869. Estos libros fueron difundidos por el gobierno en todos los servicios administrativos. En *El libro del Kahal*, Jacob Brafman se basaba en los archivos de la comunidad de Minsk para denunciar los medios empleados por los judíos para expulsar los goyim del comercio y de la industria y concentrar en sus manos los capitales y los inmuebles. Todas las ordenanzas del *Kahal* publicadas por Jacob Brafman en su libro eran del periodo 1794-1833. Su autenticidad, decía el autor, quedaba demostrada por la antigüedad del papel. El *Kahal* fue oficialmente suprimido en 1844, pero las comunidades judías permanecieron sin embargo muy estructuradas y cohesionadas. Sea como fuere, esta publicación molestó sobremanera a los judíos que se apresuraron en comprar para quemarlos u ocultarlos todos los ejemplares que pudieron

---

[659] *Encyclopedia Judaica*, Gerusalemme s. d. vol 5, p. 409-410. The Jewish Encyclopedia, New York-London 1905–1912, IV vol., p. 21–22. En Curzio Nitoglia, *Contre-révolution et judéo-maçonnerie*, Sodalitium N°50, juin-juillet 2000.

[660] El *Kahal* era la institución que gobernaba la comunidad judía de Europa oriental.

arramblar[661].

En 1837, Dostoyevski, en su *Diario de un escritor*, arremetía contra los "*Jids*" y criticaba los financieros. Más tarde, acusaría el judío Disraeli, amo y señor de Inglaterra, de utilizar los Turcos contra Rusia. En 1877, el Primer ministro Disraeli enviaba efectivamente la flota inglesa al mar de Marmara a fin de proteger Estambul, amenazada por el ejército ruso. Dostoievski, por su parte, predicaba la cruzada para liberar Constantinopla. En 1880, poco antes de su muerte, el gran genio ruso alababa incluso la «gran raza aria».

En cuanto a Tolstoi, si bien no era claramente antisemita, defendía la arianidad de Cristo: «Me gustaría escribir algo para demostrar cómo se ha sustituido el magisterio de Cristo, que no era judío, por el del apóstol judío Pablo; pero dudo que pueda hacerlo. Me falta el tiempo necesario y tengo otras tareas más acuciantes que atender. Pero es un tema importante y admirable[662].»

En 1879, en Kutais, en el Cáucaso, tuvo lugar un asesinato ritual. En la misma época, el antiguo sacerdote polaco Hipólito Lutostanski, que se había convertido al cristianismo ortodoxo, había redactado un largo tratado sobre este tema (*La Sangre cristiana para los judíos*, 1876) a raíz del cual se generó una viva discusión pública. El primer diario ruso, el *Novoïe Vrémia*, publicó a su vez extensos pasajes del libro de Wilhelm Marr, *La Victoria del semitismo sobre el germanismo*. También se releía el libro de Michael Neophyte, un antiguo rabino que se había convertido y tomado los votos, y que había publicado en 1803, en Iasi (Moldavia), un estudio que trataba los casos de crimines rituales titulado *Refutación de la religión de los Judíos*. El libro había sido editado bajo el patronazgo del metropolitano Iacov Stamati[663]. Michael Neophyte juraba sobre un crucifijo que estos crímenes habían tenido lugar y que él mismo había sido un antiguo degollador.Animado por su éxito, Hipólito Lutostanski publicó en 1879 otra obra titulada *El Talmud y los judíos*[664].

El asesinato de Alejandro II, el 1 de marzo de 1881, tuvo como efecto

---

[661] Un escritor argentino, Hugo Wast, escribió en 1935 una novela fuertemente antisemita titulada *El Kahal*, muy conocida en Hispanoamérica (disponible en Omniaveritas, ndt). Sobre Jacob Brafman y los secuestradores, léase *El Espejo del judaísmo*.

[662]Léon Poliakov, *Histoire de l'antisémitisme I*, 1981, Points Seuil, 1990, p. 318

[663]Este libro ha sido reeditado en el 2005 por la *Librairie du Savoir*, bajo el título *La Sangre cristiana* (*Le Sang chrétien*).

[664]Recordemos que, en febrero del 2007, el profesor Ariel Toaff, hijo del antiguo Gran Rabino de Roma, publicó un libro de 400 páginas titulado *Pasque di sangue* (*Pascua de sangre, los Judíos de Europa y las acusaciones de asesinato ritual*), en el que reconocía que el asesinato ritual era practicado por algunos judíos asquenacíes en la Edad Media. Léase al respecto en *El Fanatismo judío* (2007).

interrumpir el proceso de liberalización del régimen, provocar la represión y radicalizar aún más los grupos revolucionarios. El atentado, que culminaba toda una serie de atentados fallidos preparados por *Narodnaïa* (La Voluntad del Pueblo), confirmó todos los temores respecto de los judíos. En Rusia, como en todas partes, el movimiento socialista marxista era ampliamente promovido por doctrinarios judíos, siendo estos inmediatamente el blanco de todas las acusaciones.

El historiador judío Leon Poliakov intentó desmontar en sus páginas el "mito" del movimiento revolucionario judío: «El terrorista que había lanzado la bomba, Ignacio Grinevitzki, era descrito en el informe oficial como un Ruso bastante típico, "de cara redonda y rellena, de nariz ancha", pero al día siguiente del atentado, el *Novoïe Vrémia* describía un "individuo de tipo oriental, de nariz aguileña".» En cuanto a *Narodnaïa*, precisaba Poliakof, ésta era una organización «compuesta casi exclusivamente - vale la pena precisarlo- de auténticos Rusos.» El historiador judío aportaba así su contribución al trabajo de destrucción de la "leyenda".

Solzhenitsyn notaba sin embargo en su obra que el zar había sido asesinado la víspera de Purim, una fiesta anual judía durante la cual los judíos celebran su victoria sobre sus enemigos, y que el atentado había sido preparado en casa de una tal Hessia Helfman[665]. La información era corroborada por otro historiador judío, Henri Minczeles: «Entre los revolucionarios arrestados figuraba Hessia Helfman, una joven muchacha judía que había almacenado dinamita en su buhardilla[666].»

El asesinato del zar hizo estallar el polvorín y numerosos pogromos antijudíos se produjeron, principalmente en Ucrania. Poco tiempo después, durante la Semana Santa, el 24 de abril de 1881 – una semana tradicionalmente propicia a todos los desbordamientos antijudíos – un pogromo estalló en Elisabetgrado, seguidos de otros más importantes en Kiev y Odesa, y en otras decenas de localidades. Los pogromos siempre tenían lugar exclusivamente en el suroeste de Rusia, precisaba Solzhenitsyn. Las destrucciones fueron impresionantes, pero no hubo entonces que lamentar ningún muerto.

Las leyes de mayo de 1882 restringieron la zona de influencia económica de los judíos. Se les prohibió instalarse en el campo, cerca de los campesinos que solían explotar, así como de algunas ciudades como Kiev y Yalta, la residencia imperial en Crimea. La adquisición de tierras e inmuebles les fue vetada. Fuera de la Zona de Residencia, especialmente en las dos capitales, Moscú y San Petersburgo, las pocas decenas de miles de individuos judíos privilegiados que habían podido establecerse en ellas

---

[665] Frank L. Britton, *Behind communism*. Sobre la fiesta de Purim léase *El Espejo del judaísmo*.
[666] Henri Minczeles, *Histoire générale du Bund*, 1995, Denoël, 1999, p. 31

fueron invitados a abandonar dichas ciudades. Se prohibió a los judíos rusificar sus nombres y apellidos, y en sus pasaportes debía figurar su verdadera nacionalidad escrita con tinta roja. Pero estas medidas quedaron amortiguadas por la corrupción de los funcionarios rusos que se dejaban frecuentemente sobornar por los judíos.

En julio de 1887, una medida limitó el acceso de los judíos a los institutos de enseñanza secundaria: 10% en la Zona de Residencia, 3% en las capitales, y 5% en otras partes. En 1901, estas cuotas fueron reducidas a 7, 2 y 3%. La función pública, el magisterio, la magistratura y muchas otras carreras les fueron vetadas.

En 1891, 20 000 judíos fueron expulsados de Moscú a la Zona de Residencia y más de 2000 de San Petersburgo. El permiso de residencia sólo fue concedido a reducidos grupos privilegiados de grandes negociantes, diplomados y maestros-artesanos.

Por otro lado, el régimen fomentaba las conversiones: un converso casado se veía así desvinculado de los lazos que le unían a su pareja y sus hijos, y recibía tras su abjuración una suma de entre quince y treinta rublos. Además, se restringió fuertemente el número de sinagogas. La sinagoga de Moscú fue cerrada en 1892 por *"indecencia"*.

En 1892, la Academia de Ciencias de San Petersburgo publicaba la mejor y más cuidada antología de máximas talmúdicas referentes a la figura de Jesucristo y a los Cristianos en general: *Christianus in Talmude Judaeorum, sive rabbinicae doctrinae de christianis secreta* (El cristiano en el Talmud de los judíos, o los secretos de la enseñanza rabínica acerca de los cristianos).El libro fue editado en la imprenta del Arzobispo Metropolitano de Moguilev. Su autor, el padre Justin Bonaventure Pranaitis, era un sacerdote católico de origen lituano, titular de la cátedra de hebreo en la Academia Imperial eclesiástica de la Iglesia católica del Viejo San Petersburgo. El libro reproducía el texto hebreo de las prescripciones rabínicas con su traducción al latín. Pero los ejemplares desaparecieron casi por completo y sólo un pequeño número se salvó de la purga bolchevique. Una edición de uno de los valiosos ejemplares, con la traducción italiana correspondiente, fue publicada en Milán en 1939; el sacerdote argentino Julio Meinvielle la utilizó para completar las sucesivas ediciones de su libro[667]. Más tarde, la obra fue traducida al inglés, francés, español, etc., bajo el titulo *El Talmud desenmascarado*:

«Puesto que la palabra Jeschua significa "Salvador", el nombre de Jesus aparece raramente en los libros judíos. Casi siempre aparece bajo la abreviatura Jeschu, compuesta maliciosamente por las letras iniciales de

---

[667]Julio Meinvielle, *El Judío*, Primera Edición, Editorial Antídoto, 1936 - *El judío en el misterio de la historia*, Sexta Edición, Cruz y Fierro Editores, Buenos Aires, 1982, p. 48

tres palabras: *Immach SCHemo Vezikro* – "Sean su nombre y memoria borrados".»

«El libro del Zohar III (282) cuenta que Jesus murió como una bestia y que fue inhumado "en un montón de estiércol donde se arrojan las carroñas de los perros y los asnos... y donde los hijos de Esaú [los Cristianos] e Ismael [los Turcos], es decir Jesus y Muhammad, los incircuncidados e impuros son enterrados como perros muertos"[668].»

Meinvielle se refería a las enseñanzas del Talmud desveladas por monseñor Pranaitis: «Sobre Cristo: Se le llama con desprecio "este hombre", "un quídam", "hijo del carpintero", o el "colgado". Se enseña que es hijo espurio, de una mujer menstruada. Que tenía en sí el alma de Esaú, que era tonto, prestidigitador, seductor, idólatra, que fue crucificado, sepultado en el infierno, y que hasta ahora es un ídolo para sus secuaces. Como seductor o idólatra, no pudo enseñar otra cosa que el error y la herejía, y ésta es irracional e imposible de cumplir... Se dice de los cristianos lo más abominable que se pueda imaginar. Que son idólatras, hombres pésimos, peores que los turcos, homicidas, libertinos, animales impuros, indignos de llamarse hombres, bestias con forma humana, contaminantes a manera del estiércol, bueyes y asnos, puercos, perros, peores que los perros; que se propagan a modo de las bestias, que son de origen diabólico; que sus almas proceden del diablo y que han de volver al diablo en el infierno después de la muerte; que el cadáver de un cristiano muerto no se distingue de los restos de una bestia extinta[669].»

Pranaitis murió en 1917, durante la revolución "rusa", probablemente torturado por militantes judíos que representaban la punta de lanza del bolchevismo. Notemos de paso que el clero ortodoxo ruso no produjo entonces ningún campeón del antisemitismo, como sí lo fueron el pastor protestante Stoecker en Alemania o los jesuitas de la Civilta Cattolica en Roma.

Tras la creación del partido S.R. (Socialista-Revolucionario), los judíos constituyeron una sólida mayoría dentro de la dirección del movimiento. Los miembros del reducido circulo de dirigentes eran judíos: Mendel, Wittenberg, Levine, Levite y Azev. El partido decidió desde el principio

---

[668] Estos son los insultos contenidos en el *Toledot Jeshu* (*La Vida de Jesus*), una obra del siglo II después de Cristo.

[669] Julio Meinvielle, *El judío en el misterio de la historia*, Sexta Edición, Cruz y Fierro Editores, Buenos Aires, 1982, p. 48-49. [«Los cristianos son llamados *Notsrim*, Nazarenos, y se les aplica todos los nombres con los cuales se designa a los no judíos. *Áboda zara*, es decir, cultivadores de la idolatría; *Acum*, adoradores de las estrellas y de los planetas; *Obdé Ellim*, siervos de los ídolos; *Minim*, herejes; *Edom*, idumeos; *Goim*, gentiles; *Nokhrim*, extranjeros, forasteros; *Ammé Aarez*, pueblos de la tierra, ignorantes; *Apicorosim*, epicúreos; *Cutim*, samaritanos.» *El judío en el misterio de la historia*, p. 48. (NdT).]

pasar a la lucha armada para conseguir el derrocamiento del régimen zarista y una Organización de Combate fue inmediatamente creada para propagar el terror. Esta organización fue dirigida por un individuo llamado Guerchuni (de 1901 a 1903). De origen judío, antiguo preparador en una farmacia tenía unos treinta años cuando redactó los estatutos de la Organización. Bajo su dirección, los hombres de la O.C. asesinaron el ministro de Interior Sipriaguine, dispararon contra el príncipe Obolinski y mataron el gobernador Bogdanovitch en 1903. El sucesor de Sipriaguine, Plehve, fue nombrado ministro de Interior en 1902.

Cuando Guerchuni cayó en Kiev en manos de la policía, éste fui sustituido por uno de sus congéneres, el ingeniero Evno Azev, quien dirigió la organización hasta 1906. El 15 de julio de 1904, una bomba ponía fin a los días de Plehve. El gran duque Sergio también falleció en otro atentado. Tras Evno Azev, otro terrorista judío tomó el relevo: Zilberberg.

La Organización de Combate sufrió entonces fuertes bajas y fue disuelta después de varios desacuerdos dentro del Comité Central. A continuación, un nuevo grupo terrorista fue constituido por Zilberberg bajo el nombre de Destacamento de Combate. Pero Zilberberg falleció en febrero de 1907. Un poco más tarde, el 2 de septiembre de 1911, Stolypine, el ministro del Interior del zar que había puesto en marcha una importante reforma agraria entre 1906 y 1910 fue asesinado en Kiev por el extremista judío Bogrov, durante las ceremonias de aniversario del tercer centenario de la dinastía[670].

Después de 1881, el más importante pogromo se produjo en Kichiniev, capital de Besarabia, produciéndose éste durante las fiestas de Pascua de 1903. La ciudad estaba poblada al 45% de judíos. Paul Kruchevane, propietario del periódico local y posteriormente editor de *Los Protocolos de los Sabios de Sión*, llevaba denunciando el judaísmo desde hacía varios años. Sin embargo, fue el asesinato de un adolescente el que prendió la mecha del polvorín. En vísperas de Pascua, todo el mundo sabía que algo iba a ocurrir. El domingo de Ramos, el 6 de abril, el pogromo estalló. La muchedumbre atacó a los judíos e incendió sus casas. El primer día hubo dos muertos, pero el segundo día se contabilizaron cuarenta y siete muertos y medio millar de heridos. El ejército no intervino hasta el lunes por la tarde para restablecer la calma. Cerca de un tercio de las casas de la ciudad habían sido destruidas o deterioradas. Una vez más, la "Comunidad (judía) internacional" puso el grito en el cielo. Toda la prensa extranjera gritó contra la barbarie rusa y expresó la necesidad de instaurar en el país una verdadera democracia, a fin de otorgar la igualdad de derechos a los pobres judíos y hacer respetar los derechos del "hombre[671]".

---

[670]Roland Gaucher, *Les Terroristes*, Editions Albin Michel, 1965; y en *Las Esperanzas planetarianas*.
[671]Un historiador muy serio como Arkadi Vaksberg escribía: En abril de 1903, «un

En 1904 no hubo reincidencias, pero en 1905, durante la guerra sino-rusa, una gran ola de pogromos de nuevo arrolló las comunidades judías que no ocultaban su posicionamiento a favor de Japón[672]. En Kiev, en Odesa y en algunas otras ciudades de Ucrania, tuvieron lugar duros enfrentamientos entre los Ucranianos y los judíos. Estos, por su parte, habían constituido grupos paramilitares de varios miles de combatientes. Las violencias estallaron en cientos de localidades, probablemente alentadas por el propio poder. Hubo entonces unos cincuenta grandes pogromos a lo largo de la última década hasta octubre de 1905 y cerca de seiscientos más pequeños, causando un total de 810 muertos y 1770 heridos. La comunidad (judía) internacional, de nuevo indignada, y la familia Rothschild se negaron a suscribir los empréstitos del gobierno ruso. En 1906, dos grandes pogromos se produjeron de nuevo en Bialistock y en Siedlce (110 muertos en total).

De 1880 a 1910 más de 2,5 millones de judíos abandonaron Rusia. Los historiadores judíos omiten siempre explicar las causas de este éxodo, limitándose a denunciar las "persecuciones" y los pogromos injustificados. En realidad, la emigración de los judíos había sido principalmente motivada por la instauración, en 1896, del monopolio de Estado sobre los espirituosos y la supresión de todas las destilerías privadas. Esta medida destinada a proteger el campesinado y forzar los judíos a abandonar las zonas rurales, explicaba Aleksandr Solzhenitsyn, «había supuesto un golpe muy duro a la actividad económica de los Judíos en Rusia.» Fue por lo tanto a partir de ese momento que la emigración judía fuera de Rusia aumentó notablemente[673].

Los folletos antisemitas florecían por doquier. Se contabilizaron hasta 2837 a lo largo del decenio 1906-1916. Los escritos del alemán Eugen Dühring eran muy conocidos en Rusia en aquellos años. En San Petersburgo, Pedro Ivanovitch Ratchkovsky, nombrado director adjunto del departamento de policía se encargaba oficialmente de la propaganda antisemita.

En 1905, Sergei Nilus, magistrado ruso de origen suizo, procurador de la corte provincial del Cáucaso, publicó la primera edición de *Los Protocolos de los Sabios de Sión*, adquirida en 1901. El documento se presentaba como la exposición de un supuesto Sabio de Israel hablando

---

pogromo diezmó la población judía de Kichiniev.» (*Staline et les juifs*, Robert Laffont, 2003, p. 17). Las organizaciones y los testigos judíos habían primero reivindicado quinientos muertos; el número quedo posteriormente revisado a la baja.

[672] El banquero judío neoyorquino Jacob Schiff apoyó la política exterior de Japón, léase en *Las Esperanzas planetarianas*.

[673] Alexandre Soljénitsyne, *Deux siècles ensemble*, tome I, Fayard, 2002, p. 326. Léase en *El Fanatismo judío*.

ante sus pares de un plan de dominación mundial. Se trataba de los minutos de conversación durante unas sesiones secretas, unas veinticuatro según la versión de Sergei Alexandrovitch Nilus, y de veintisiete, según la versión de Jorge Vassilievitch Butmi, publicado el año siguiente. Un gobierno mundial, un super-gobierno universal haría reinar la Paz sobre el planeta, una paz que sería universal y definitiva tras una guerra mundial, tal como revelaban estos Protocolos[674]. He aquí algunos extractos de *Los Protocolos de los Sabios de Sión*:

Sesión X: «*Cuando hayamos dado nuestro golpe de estado, les diremos a los pueblos: todo marchaba espantosamente mal, todos habéis sufrido más de lo que se puede sobrellevar. Hemos venido a despedazar las causas de vuestros tormentos: las nacionalidades, las fronteras y la diversidad de monedas...Para obtener este resultado, es necesario conducir a todos al sufragio universal, sin distinción de clases ni de fortunas. Nuestra finalidad es establecer el despotismo de la mayoría, algo inalcanzable con la concurrencia exclusiva al voto de las clases más ilustradas y de fortuna.*»

Esta idea era repetida más adelante en la misma sesión: «*El reconocimiento de nuestro soberano mundial, puede llevarse a efecto ya antes de suprimir definitivamente todas las constituciones. El momento más propicio para ello habrá llegado, cuando los pueblos, atormentados por las agitaciones y desordenes en vista de la impotencia de sus gobernantes - provocada por nosotros - hayan perdido toda confianza en ellos y hayan dado el grito: "Aléjenlos y dadnos un solo soberano mundial, un Rey del Universo, fuese éste de la sangre de Sión, el que nos una a todos y aleje de las causas de las eternas discordias - las fronteras nacionales, las religiones, las deudas nacionales y los conflictos entre estados – un rey*

---

[674]Protocolo V: «*Fatigaremos tanto a los cristianos que se verán obligados a ofrecernos un poder internacional que podrá acaparar los poderes gubernamentales de todos y formar un gobierno supremo universal.*» Protocolo VII: «*Tenemos que estar preparados para lidiar con quienes se opongan a nuestros proyectos. Si fuera necesario, que el país vecino le declare la guerra a la nación que pretenda obstaculizarnos. Pero si ambos se unieran contra nosotros, entonces desencadenaremos una guerra mundial... Ya el proyecto mundial se aproxima a los fines planteados anteriormente. Para lograr su éxito total, necesitamos convencer a los gobiernos de los gentiles mediante lo que vulgarmente se llama la opinión pública. El criterio popular ha sido predispuesto por nosotros mediante la prensa: esta gran potencia se halla en nuestras manos en su casi totalidad. Llegará el momento de demostrar que todos los gobiernos europeos de los goyim están esclavizados. Someteremos a uno de ellos a la gran prueba sobre nuestro gran poder. Nos serviremos de atropellos y crímenes, valiéndonos del Terror. De darse el caso de que, indignados, los otros se pusieran en contra nuestra, les responderíamos con los poderes bélicos americanos, chinos o japoneses.*» Sergei Nilus, *Los Protocolos de los Sabios de Sión*, (NdT).

que por fin nos traiga paz y tranquilidad que esperábamos inútilmente de nuestros gobernantes...» El X protocolo concluía así: «*Vosotros sabéis muy bien que, para posibilitar tales aspiraciones, es preciso perturbar constantemente, en todos los países, las relaciones de los pueblos con sus gobiernos. La finalidad de este proyecto es fatigarlos a todos con la desunión, la enemistad, el odio, el mismo martirio, el hambre, la inoculación de enfermedades y la miseria; así, los cristianos no hallaran otro remedio para sus males que no sea nuestra plena soberanía. Debo añadir que, si les concediésemos el menor respiro a los pueblos, tal vez jamás se presente la ocasión de subyugarlos*[675].»

En 1911 otro caso de crimen ritual fue muy sonado. El 12 de marzo, un joven chico ucraniano de trece años, Andrei Yushchinsky, desapareció en el camino de la escuela. Ocho días más tarde, el 20 de marzo, su cuerpo mutilado era hallado en una cueva cerca de una fábrica de ladrillos. Un obrero judío de dicha fabrica llamado Menahem Beilis fue detenido el 21 de julio después de que un testigo declarara haberlo visto secuestrar el chico. Menahem Beilis pasó más de dos años en la cárcel a la espera de su juicio que tuvo finalmente lugar en Kiev del 25 de septiembre al 28 de octubre de 1913. Uno de los testigos de la acusación, experto en rituales judíos, era el sacerdote católico Justinas Pranaitis, venido especialmente de la lejana ciudad de Tashkent. Pranaitis discurrió durante once horas seguidas, argumentando que el asesinato del pequeño Yushchinsky era un sacrificio, un ritual religioso. Otro experto, el profesor Silorski, psicólogo médico de la Universidad de Kiev, también consideraba que se trataba de un asesinato ritual. El intelectual ruso Vladimir Dahl, médico de formación, célebre por haber acompañado Puchkin en su larga agonía, era el autor de un estudio sobre los crímines rituales titulado *Investigación sobre los asesinatos cometidos por los judíos sobre los neo-natos cristianos y el uso de su sangre*. Este trabajo, publicado en 1884 en San Petersburgo, fue usado como elemento probatorio en el caso Beilis.

El juicio ya no se presentaba como el simple juicio de un judío, sino como una batalla general entre la judería mundial y el gobierno ruso. El fiscal general Vipper describía así la situación de los judíos en Rusia: «La prensa rusa sólo es rusa en apariencia; en realidad, casi todas nuestras publicaciones están en manos de Judíos...Jurídicamente, los Judíos viven bajo nuestras leyes de excepción, pero en los hechos, ellos son los amos de nuestro mundo, y, en cierto modo, vemos las promesas bíblicas cumplirse ante nuestros ojos[676].»

La prensa extranjera acosaba el gobierno ruso de una forma inaudita.

---

[675] Sergei Nilus, *Los Protocolos de los Sabios de Sión*, (todocoleccion.net/ archive.org).
[676] Leon Poliakov, *Histoire de l'antisémitisme*, 1955, Points Histoire, 1991, Tome II, p. 352

En diciembre de 1911, los Estados Unidos anularon unilateralmente el tratado de comercio ruso-americano. Beilis era defendido por los mejores y más famosos abogados de Moscú, San Petersburgo y Kiev. Para ellos, el acusado era indudablemente inocente. De hecho, las acusaciones de crímenes rituales contra los judíos, como es bien sabido por todos, no son más que "leyendas ridículas" extraídas de los estúpidos cerebros antisemitas o sacadas directamente del espíritu retrogrado de monjes oscurantistas venidos directamente de la Edad Media. El juicio Beilis fue seguido en todo el mundo y en todos los grandes periódicos occidentales la indignación y los insultos contra el régimen y la policía zarista eran generales y unánimes. Fue en ese contexto que Beilis fue exculpado.

El caso Beilis suele ser comparado al caso de Leo Frank. Originario de Brooklyn, Leo Frank dirigía una pequeña fábrica de lápices en Atlanta. En 1915, fue acusado de la violación y asesinato de una joven empleada, Mary Phagan, entonces de sólo 12 años. Durante el juicio, fue declarado culpable y condenado a la pena capital, pero el gobernador del Estado de Georgia conmutó su pena a cadena perpetua. Pero el pueblo de Atlanta no vio con buenos ojos esta clemencia y procedió a su linchamiento; Leo Frank fue ahorcado en un árbol. Los judíos, como siempre, gritaban en toda la prensa que Leo Frank era inocente. Efectivamente, el judío siempre es "acusado", pero nunca es culpable.

Sabemos sin embargo que este tipo de casos son muy frecuente dentro de la "secta incestuosa"; la pedofilia forma parte de los diversos desordenes psíquicos generados por los abusos sexuales traumáticos, frecuentes en las familias judías y que se transmiten de generación en generación. Los psiquiatras hablan aquí de "generaciones incestuosas[677]".

CXXVIII. El mesianismo judío

La revolución que estalló en Rusia en el mes de febrero de 1917 suscitó grandes esperanzas en los judíos de todo el mundo. De Nueva York a París, de Londres a Buenos Aires, de Istanbul a Vilnius, los judíos celebraban, descorchaban el champán y se abrazaban. El zar había sido por fin abatido y los judíos de Rusia accedían por fin a las más altas estancias del poder. En el mes de octubre, gracias al golpe de Estado bolchevique, el ansiado triunfo sería absoluto.

---

[677] A finales del año 2009, el caso del director de cine Roman Polanski era de nuevo noticia tras su arresto en Suiza por la violación de una niña de trece años en E.E.U.U treinta años antes. Hay una cantidad desproporcionada de casos de este tipo en la comunidad elegida. Léase al respecto en *Psicoanálisis del judaísmo* (2006), *El Fanatismo judío* (2007) y *El Espejo del judaísmo* (2009).

Desde el principio, no se trataba solamente de "liberar los proletarios", sino de construir un mundo perfecto, un mundo sin fronteras, donde reinaría la igualdad y la armonía. Había que "hacer tabla rasa del pasado" para dejar paso a un "hombre nuevo".

En realidad, el fanatismo igualitario del comunismo dio inmediatamente rienda suelta a horribles masacres. En total, en los treinta primeros años del nuevo régimen, más de 30 millones de Rusos y Ucranianos perecieron, liquidados por la locura criminal de los nuevos amos. Después de la experiencia maoísta en China, la revolución rusa ha sido probablemente la segunda mayor tragedia de la historia de la humanidad.

Si bien está permitido, a principio de este siglo, denunciar los horrores del comunismo, en cambio está aun totalmente prohibido en los países democráticos insistir en la identidad de sus principales doctrinarios e instigadores. A pesar de ello, es de notoriedad pública que el comunismo fue esencialmente una creación judía: Karl Marx era el nieto de un rabino; Lenin tenía orígenes judíos por parte materna; Trotsky, el jefe del Ejército rojo, se llamaba en realidad Bronstein; Kamenev, presidente del Soviet de Moscú, se apellidaba Rosenfeld; Zinoviev, el amo de Leningrado, Apfelbaum; el principal colaborador de Lenin y primer presidente de la Unión Soviética era un judío llamado Sverdlov, etc, etc.

La lista de los dignatarios bolcheviques judíos es realmente interminable. La revolución que estalló en Berlín en 1918 fue llevada a cabo por otros judíos: Karl Liebknecht y Rosa Luxemburgo. En Hungría, en la misma época, Bela Kun había tomado la cabeza de un gobierno revolucionario casi exclusivamente compuesto por judíos, y sabemos que después de 1945 muchos judíos fueron puestos a la cabeza del país, al igual que en Polonia, Checoslovaquia y Rumanía. El famoso escritor Aleksandr Solzhenitsyn, tras muchos otros, demostró la implicación de numerosos responsables judíos en esta trágica historia. Efectivamente, los doctrinarios, los funcionarios y los torturadores judíos tuvieron una responsabilidad abrumadora en las atrocidades cometidas en el periodo 1917-1947 en nombre de esta sangrienta utopía[678].

Después del colapso de la Unión Soviética en 1991, los intelectuales judíos de todo el mundo, en su totalidad, transfirieron sus esperanzas planetarianas a las democracias occidentales y alentaron con todas sus fuerzas el advenimiento de la sociedad multicultural, haciéndose los más ardientes apologistas y defensores de la inmigración y el mestizaje en todos los países. Obviamente, se trata del mismo proyecto: construir un mundo

---

[678]Léanse los capítulos sobre este tema en *Las Esperanzas planetarianas* (Rusia, 1917) y *El Fanatismo judío* (URSS de los años 30 y Europa central en 1945).

de "paz" (*shalom*) y sin fronteras, en el que los hombres sean libres e iguales y en el que todas las identidades hayan definitivamente desaparecido – excepto la suya. De tal modo que los judíos creen firmemente que el mesías llegará y que por fin serán reconocidos por todos como el pueblo elegido de Dios.

En 1999, el gran rabino de Francia Joseph Sittruk compartió con nosotros su visión de las esperanzas hebreas. A partir del día 10 de septiembre de 1999, los judíos encaraban el año 5760 de su calendario. Lean esto con atención:

«El Talmud, escribía el rabino, habla de los tiempos mesiánicos, que se extenderán en un periodo de dos mil años, entre el año 4000 y el año 6000 del calendario hebraico, más allá del cual no podrá perdurar el mundo tal como lo conocemos. Nos acercamos a la fecha de vencimiento...Estamos, por así decirlo, en la fase de aproximación. Algunos signos de la venida del Mesías han sido constatados por todas las autoridades rabínicas, como el regreso de los judíos a la tierra de Israel o la Guerra del Golfo, que ha podido ser interpretada como una de las fases de la famosa guerra entre Gog y Magog[679].»

---

[679] «La guerra de Gog y Magog que acompañará el proceso de liberación mesiánica del pueblo judío tendrá lugar alrededor de Jerusalén, con Jerusalén como pretexto, y con el objetivo de destruir la presencia judía en Jerusalén. Además, Maimónides (Ley de Reyes, 12) insiste en que el desarrollo preciso de esta fase final no se conocerá hasta que haya tenido lugar. En este asunto, sólo tenemos las enseñanzas de los Sabios que repiten que la fase premesiánica se caracterizará por un gran desorden mundial y una confusión de valores de la que sólo se salvarán aquellos que se dediquen al estudio de la Torá y a los actos de bondad (*Sanedrín* 97, 98; *Sota* 49). Esta guerra, mencionada en el capítulo 38 del libro de Ezequiel, será precedida por un enfrentamiento entre el mundo de Edom, es decir, Roma y por extensión Occidente, y el mundo de Ychmael, es decir, el mundo islámico. Estas dos entidades chocarán y buscarán dañar al pueblo judío, y luego, en la fase final de este conflicto, 70 naciones vendrán a hacer la guerra en Jerusalén al *Mashiach* (el Mesías) e intentarán destruir al pueblo judío.» En https://www.torah-box.com/. Actualmente, esta popular profecía da materia a muchas especulaciones (o *midrash*) por parte de rabinos que suelen involucrar, convenientemente, además de Occidente, a países como Irán o Rusia. Sobre esta gran *armagedon* general esperado por los rabinos (y los cristianos protestantes evangélicos), invitamos los lectores a descubrir por sí mismos los *comentarios* (deseos) de algunos rabinos contemporáneos en las plataformas digitales (Youtube, Bitchute, Odysee, XTwitter). Por ejemplo: Rabbi Yosef Mizrachi, Rabbi Alon Anava, Rabbi Abraham Benhaim, Rabbi Yekutiel Fish, Rabbi Cahn, Rabanit Kineret Sarah Cohen, Rabbi Rav Zamir Cohen, Rabbi Rod Reuven Bryant, Rabbi Rav Ron Chaya, Rabbi Rav Avidgor Miller, Rabbi Yaron Reuven, Rabbi Michael Laitman, Rabbi Michael Danielov, Rebbetzin Tziporah Heller, Rabbi Mendel Sasonkin, Rabbi Rav Touitou, Rabbi Rav Raphael Pinto, Rabbi Lawrence Hajioff, Rabbi Tovia Singer, etc. Recomendamos a su vez el trabajo de divulgación del publicista estadounidense Adam Green en sus redes sociales y su canal de información online *KnowMoreNews.org* que recoge estos

El Talmud compara simbólicamente los seis mil años del mundo con una semana, la cual se compone de seis días más el sabbat:

«Si seguimos la metáfora hasta el final, proseguía el gran rabino de Francia, nos hallamos hoy en la segunda mitad de la tarde del viernes, y el sabat se está acercando. Este tiempo corresponde al momento en que todas las familias judías se ajetrean y el ritmo de actividad se acelera. Cierran las tiendas, recogen sus cosas, corren lavarse[680].»

En el número de la revista *Israël Magazine* de octubre del 2001, el Rav Haim Dinovicz escribía: «La cuenta atrás de la liberación ya ha empezado». Y en el número de diciembre: «Pronto, no tendremos más opción para sobrevivir que asumir nuestro rol en la Historia y convertirnos de nuevo en ese faro de los pueblos que las naciones tanto necesitan.»

Existe en el judaísmo esta convicción de que la llegada del mesías - «el alumbramiento del mesías», escriben siempre los intelectuales judíos – se producirá en medio de horribles sufrimientos. Catástrofes espantosas, epidemias y terribles guerras destruirán una gran parte de la humanidad.

Isaac Abravanel, el líder de la comunidad judía española en tiempos de la expulsión de España en 1492, escribía a su vez: «Los tiempos del mesías serán precedidos por una gran guerra, en la que perecerán los dos tercios de la humanidad» (*Masmia Jesua, 49a*)[681].

Es entonces cuando aparecerá el mesías "hijo de David": cuando el mundo esté totalmente pacificado. En nuestros anteriores libros hemos expuesto en detalle con numerosas citas las características del mesianismo judío[682].

En cuanto a la identidad o proveniencia del Mesías, el "hijo de David", el rabino Sittruk explicaba: «El Mesías es descendiente de la tribu de Yehuda por parte paterna y de la tribu de Dan por parte materna. La tradición añade además que es un descendiente del rey David, él mismo hijo de Ruth, la cual se había convertido al judaísmo. De alguna forma, la historia mesiánica integra a toda la humanidad[683].»

Después de la gran guerra contra los últimos enemigos de Israel, los tiempos mesiánicos serán para los judíos una época bendecida, una edad de oro sin parangón. Toda la tierra quedará unificada y los judíos serán reconocidos por todos como "el pueblo elegido". Los tratados Pesachim y Sanedrín del Talmud de Babilonia aseguran además que en tiempos del Mesías los tesoros de los judíos serán tan inmensos que «*se necesitarán*

---

comentarios y alerta sobre el mesianismo judío desde Estados Unidos. (NdT).
[680]Gran rabbin Joseph Sittruk, *Chemin faisant*, Flammarion, 1999, p. 374, 376
[681]Sobre Abravanel léase *Psicoanálisis del judaísmo*.
[682] *Las Esperanzas planetarianas* (2005), *Psicoanálisis del judaísmo* (2006), *El Fanatismo judío* (2007), *El Espejo del judaísmo* (2009).
[683]Gran rabbin Joseph Sittruk, *Chemin faisant*, Flammarion, 1999, p. 375

300 burras para transportar las llaves de cada bóveda[684].»

Vemos pues que los judíos tienen realmente un proyecto para toda la humanidad, un proyecto que persiguen desde hace siglos contra viento y marea. En la introducción de su monumental *Historia de los judíos*, el historiador judío Heinrich Gratez, que hemos citado abundantemente, confirmaba esta idea de que la secta judía sigue un plan muy especial:

«¿Por qué sucumbieron los griegos, que, junto a su arte marcial, también vivían para las ideas? Fue porque no habían dado a sus vidas un objetivo, un propósito determinado y meditado. El pueblo hebreo tenía este objetivo, ¡esta tarea vital! Es lo que los ha mantenido unidos y los ha conservado fuertes y resistentes frente a adversidades atroces. Un pueblo que conoce su misión es fuerte, porque su vida no se pasa soñando y andando a tientas[685].»

Para alcanzar esta paz universal (la *pax judaica*) y «apresurar la llegada del Mesías», como ellos mismos dicen, los judíos deben trabajar sin descanso en la destrucción de todas las diferencias entre los hombres: las naciones, las razas, las religiones y todos los particularismos locales deben ser erradicados. Es esta tensión mesiánica la que motiva sus actos y multiplica su energía. Deben obrar, tal como lo escribía Heinrich Graetz, a «derribar y pulverizar las pomposas divinidades del paganismo.» Al final de su introducción, el historiador judío expresaba a su manera este fanatismo judío tan característico que «"no se doblega ante la fatiga y no aspira al descanso de la tumba"».

El gobierno mundial tan anhelado se elevará sobre las ruinas de las naciones y éste impondrá una paz grandiosa y definitiva.

Todas las fronteras deben desaparecer. Y, manifiestamente, el modelo liberal ha conseguido mejores resultados que el comunismo, el cual fracasó lamentablemente en el siglo XX. Se debe por lo tanto hacer todo lo posible para instaurar regímenes democráticos en todo el mundo e imponer a todos los pueblos el modelo de sociedad mercantil cosmopolita, abierta y multicultural que permitirá erradicar los sentimientos de pertenencia nacional y religioso. En 1977, el célebre filosofo judío Emmanuel Levinas hablaba ya explícitamente de la «necesidad de un Occidente planetario para la llegada del Mesías[686].»

Vemos pues cómo el judaísmo trabaja frenéticamente a la destrucción

---

[684]*Pesachim* 118b y 119, y *Sanedrín* 110b. Sobre la escatología, es decir la visión del final de los tiempos en las grandes religiones, léase *La Guerra escatológica* (2013). Y sobre la fabulosa fortuna de los judíos léase *Los Millardos de Israel* (2014).

[685]Heinrich Graetz, *Histoire des Juifs, Tome I,* Introduction, A. Lévy Librairie Éditeur, Paris, 1882, p. 3

[686]Emmanuel Levinas, *L'Au-delà du verset, Lectures et discours talmudiques*, Les Editions de Minuit, 1982, p. 84-86

de los pueblos y las naciones. Se debe triturar todas las civilizaciones, arrasar con todo y dejar sólo el polvo humano que se podrá luego coagular en un nuevo gran molde planetario. De modo que la esencia misma del judaísmo es destruir todo lo que no es judío. Su proyecto convierte naturalmente a los judíos en "enemigos de la humanidad", como lo apuntaban ya los pensadores griegos y romanos de la Antigüedad. Después de ellos, todos los grandes pensadores de la Iglesia, a lo largo de la historia, han advertido los cristianos contra la *detestanda secta* – la secta aborrecida.

El famoso y aclamado Elie Wiesel había admitido que el judaísmo vivía en oposición frontal con el resto de la humanidad: «Arraigada en el sufrimiento, pero anclada en el desafío, la historia judía describe un conflicto permanente entre nosotros y los demás. Desde Abraham, estamos de un lado y el resto del mundo del otro[687].»

En el número de abril del 2003 de *Israël Magazine*, el doctor Itzhak Attia, director de la Escuela Internacional del Instituto Yad Vashem[688], hablaba de una manera muy explícita y con una claridad poco usual en los intelectuales judíos, probablemente porque se expresaba en una publicación reservada a la comunidad: «A pesar de que la razón nos grita con todas sus fuerzas la absurdidad de esta confrontación, entre un pequeño pueblo insignificante como Israel y el resto de la humanidad...por muy absurdo, incoherente y monstruoso que pueda parecer, estamos efectivamente comprometidos en un combate íntimo entre Israel y las Naciones que sólo puede ser genocida y total, pues de él depende nuestras identidades respectivas». Han leído correctamente: entre el pueblo judío y el resto de la humanidad, el combate sólo puede ser «genocida y total».

La cosa ha quedado clara pues: el judaísmo es una máquina de guerra contra la humanidad. Visto así, el antisemitismo es un humanismo: combatir el nihilismo judío es un deber para todo ser humano a fin de liberar la humanidad de la destrucción.

El antisemitismo, nos decía el Gran Rabino Joseph Sittruk, "es inherente a la fundación del propio pueblo judío. El texto fundamental sobre este tema se encuentra en el Talmud (*Sabat*, página 89), y subraya que la palabra Sinaí significa "odio". Los judíos se preguntaron por qué la Torá fue otorgada en el monte Sinaí y los sabios respondieron: "Desde el momento en que los judíos recibieron la Torá, el mundo los odió"." Y como todo buen intelectual judío, el rabino Sittruk ama manejar las paradojas, un procedimiento intelectual muy útil para evitar enfrentarse a la realidad: «¡Es una ley de amor que suscita el odio! Paradójico, ¿no[689]?»

Para él, como para todos los demás intelectuales judíos formados en la

---

[687] Elie Wiesel, *Mémoires*, tome I, Seuil, 1994, p. 30-32
[688] La cueva donde se rinde culto al Holocausto. (NdT).
[689] Gran rabbin Joseph Sittruk, *Chemin faisant*, Flammarion, 1999, p. 300

misma escuela (*yeshivá*), el antisemitismo es simplemente inexplicable. Es un «odio irracional[690]», escribía. Las palabras de los intelectuales judíos sobre este punto son exactamente idénticas en todas las épocas y en todas las latitudes.

André Neher, por ejemplo, confirmaba que los judíos eran inocentes por naturaleza: «Inocentes de toda culpa, excepto la de haber nacido judíos[691]». «¿Por qué Dios se ensaña así con el inocente[692]?», se preguntaba el psicoanalista Rudolph Lowenstein. O el "nuevo filósofo francés" André Glucksmann cuando declaraba por su parte: «El odio hacia los judíos es el enigma entre todos los enigmas...El judío no es de ningún modo la causa del antisemitismo; hay que analizar esa pasión por y para sí misma, como si ese judío que persigue sin conocerlo no existiera[693].» Stéphane Zagdanski iba incluso más lejos y escribía: «Es precisamente porque no son la causa de nada de aquello que se les acusa, que los judíos han sido tan odiados en tantos lugares a lo largo del tiempo[694]». Las declaraciones de este tipo son innumerables y remitimos nuestros lectores a nuestros anteriores libros.

Los intelectuales judíos se ven así abocados a contar cualquier cosa para intentar justificar su ley y los actos de los miembros de su secta. A lo largo de nuestras investigaciones, hemos podido comprobar cómo los criminales y delincuentes de esta comunidad tenían por costumbre negar sistemáticamente sus crímenes, incluso delante de las evidencias con total desfachatez[695]. Asimismo, hemos visto cómo los intelectuales negaban los espantosos crímenes de sus congéneres durante la revolución bolchevique. En verdad, esto se debe a que la realidad no tiene importancia a sus ojos comparado con el fabuloso destino del "pueblo judío", elegido por Dios para dirigir el mundo. Lo que realmente cuenta para ellos es el mito que corresponde a la idea que se hacen de su rol y su misión histórica que cumplir en la tierra. Sólo escriben e interpretan la historia en función de los intereses del judaísmo. De hecho, su gran pensador del medioevo Maimónides consideraba el estudio de la historia como una pérdida de tiempo. Más tarde, en el siglo XVI, Joseph Caro, autor del manual de vida judía *Shulján Aruj* (La Mesa servida), gran codificador del derecho rabínico, prohibía expresamente la lectura de la historia, y no solamente durante el día de Sabbat sino toda la semana[696].

---

[690] Gran rabbin Joseph Sittruk, *Chemin faisant*, Flammarion, 1999, p. 341
[691] André Neher, *Le dur Bonheur d'être juif*, Le Centurion, 1978, p. 33
[692] Rudolph Loewenstein, *Psychanlyse de l'antisémitisme*, p. 234
[693] André Glucksmann, *Le Discours de la haine*, Plon, 2004, p. 73, 86
[694] Stéphane Zagdanski, *De l'Antisémitisme*, Climats, 1995, 2006, p. 10
[695] Léase *La Mafia judía* (2008).
[696] Esther Benbassa, *La Souffrance comme identité*, Fayard, 2007, p. 77, léase en *El*

En una carta a su correligionario James Darmesteter, a finales del siglo XIX, Theodor Reinach escribía pertinentemente: «A decir verdad, el Talmud no conoce la Historia; para él, la realidad y la ensoñación se mezclan en una especie de nube etérea, no parece discernir o tener una idea clara del tiempo...Edom, Nabucodonosor, Vespasiano, Tito y Adriano, todos los enemigos de la raza judía se confunden en una misma individualidad y sus figuras se substituyen las unas a las otras en este largo martirologio que es la Historia.»

Los seis cientos mil Hebreos que atravesaron el mar rojo sin mojarse los pies son así confundidos con los seis mil años del calendario judío o los seis millones de muertos de la Segunda Guerra mundial. Toda su historia es traficada para corresponder al mito que han imaginado y el destino que se han fabricado. Es inútil intentar demostrarles que no son los descendientes de los antiguos Hebreos, sino de los Jázaros de Europa oriental, una tribu convertida al judaísmo en el siglo IX; de la misma forma que es inútil intentar demostrarles que nunca emigraron a la "Tierra prometida" desde Egipto, dado que ninguna huella arqueológica ha sido hallada de su paso por el Sinaí o de su conquista (sangrienta) del país de Canaán; es a su vez inútil intentar demostrar científicamente la inexistencia de las cámaras de gas, o que la cifra de seis millones es completamente exagerada e inverosímil, pues esta nueva tragedia colectiva corresponde a un nuevo capítulo de su manera de interpretar su destino único en este mundo.

En la vida cotidiana, los intelectuales judíos también saben defender sus ideas y argumentarlas usando tácticas más prosaicas. El Talmud y las enseñanzas rabínicas inculcan así a los judíos el manejo de la "proyección" y la "inversión acusatoria", procedimientos que hemos estudiado detalladamente en *El Espejo del judaísmo*. El rabino Sittruk sabía usarlas perfectamente. Proyectaba de esta forma el sentimiento de culpabilidad de los judíos sobre el resto de la humanidad, simplemente invirtiendo la realidad: «La relación de las naciones respeto a los judíos no es nada serena, escribía el rabino Existe, en mi opinión, un sentimiento de culpabilidad hacia los judíos[697].»

El propio Emmanuel Levinas llegó a proyectar de forma muy clásica el problema judío en un plano universal, a fin de deshacerse de él y endosarlo al resto de la humanidad: «El callejón sin salida de Israel, escribía el pensador, es probablemente el callejón sin salida humano. Todos los hombres son de Israel. Yo diría, a mi manera, que "Todos somos Judíos israelíes". Nosotros, todos los hombres. Esta interioridad es el sufrimiento

---

Espejo del judaísmo.
[697]Gran rabbin Joseph Sittruk, *Chemin faisant*, Flammarion, 1999, p. 302

de Israel como sufrimiento universal[698].»

En la publicación mensual *Israël Magazine* de noviembre del 2004 (páginas 33-37), Illan Saada utilizaba también típicamente la inversión acusatoria para exorcizar el antisemitismo: «El antisemitismo es una plaga para toda la humanidad, escribía. El mundo no debería seguir enfangado en ese sentimiento innoble, perseguir esa empresa de destrucción del pueblo judío porque su propia conciencia religiosa se vería afectada y desaparecería, enterrada debajo de escombros de vergüenza y deshonor.» Basta aquí simplemente invertir los términos "judío" y "antisemita" para comprender el fondo del problema, de "su" problema.

Vean otro ejemplo en *Israël Magazine* de octubre del 2001, bajo la pluma de Leon Rozenbaum: «La locura del odio antijudío oscurece la razón más elemental de un número creciente de personas en el mundo.» El muy célebre historiador judío Simon Dubnov había evocado a su vez «la enfermedad crónica del antisemitismo». Y la no menos célebre Hannah Arendt, en su estudio *Sobre el Antisemitismo* (1951), escribía igualmente que el antisemitismo era una «prerrogativa de los fanáticos en general y de los lunáticos en particular», un «insulto al sentido común», una idea de «chiflados».

En noviembre del 2008, Claude Barouch, el distinguido Presidente de la Unión de Empresarios judíos de Francia, que tomaba la palabra durante un simposio organizado sobre el tema de «las democracias frente al antisemitismo», señalaba la «enfermedad del alma y del espíritu que representa el antisemitismo», lo cual era bastante revelador de esa mentalidad que tiende a acusar a los demás de sus propias taras. Los lectores de nuestros libros saben que las declaraciones sobre este tema son innumerables.

Esta «enfermedad del alma» la conocemos perfectamente desde los trabajos de Sigmund Freud: se trata de la histeria, patología muy presente en el judaísmo, simple y llanamente porque su origen es el incesto, práctica que parece estar mucho más extendida en esta comunidad que en cualquier otra. No es mera casualidad si el psicoanálisis y el supuesto "complejo de Oedipo" (o más bien el "Complejo de Moisés") salieron de los sesos de un hijo de Israel.

Y es que el propio Moisés fue fruto de un incesto. Era el hijo de Jocabed, la hija de Leví. Jocabed, que había tenido relaciones incestuosas con su padre, era también la madre de los hijos de este último. Además, se casó con Amram, siendo su abuela, cometiendo así el incesto con su nieto, que era además su sobrino. Moisés era pues el hijo de Jocabed, su sobrino nieto

---

[698]Emmanuel Levinas, *Du Sacré au saint. Cinq nouvelles lectures talmudiques*, Les Éditions de Minuit, 1977, p. 171

y bisnieto; y la madre de Moisés era a la vez su bisabuela, como esposa de Leví, y su abuela, como hija de Leví. Moisés fue por lo tanto el vástago de un doble incesto: el cometido por su madre con su propio padre y el cometido por ella con su abuelo, el bisabuelo de Moisés[699].

La propia idea de la llegada del Mesías en el seno del "pueblo" judío es de naturaleza típicamente histérica: corresponde, según los psicoanalistas, al embarazo nervioso e imaginario de la mujer histérica, la cual desea tanto tener un hijo – de su psiquiatra o de su padre – que llega a presentar todos los síntomas del embarazo[700].

Los intelectuales judíos suelen mencionar siempre este tema utilizando los mismos términos: «alumbramiento del Mesías», dicen, como si "la comunidad" fuese dar a luz al Mesías.

La tradición judía, confirmaba el Gran rabino de Francia Joseph Sittruck, presenta la llegada del Mesías como un nacimiento: «En el momento del parto, escribía el rabí, las contracciones se aceleran. Los dolores aumentan, asegura el Talmud, y en el momento en que éstos son más insoportables, el niño sale al mundo[701].»

«El Mesías vendrá en un mundo desesperado y desolado», escribía el filósofo Emmanuel Levinas, quien otra vez empleaba una metáfora extraída del Talmud: «...Durante los nueve meses de gestación de aquella que debe dar a luz, dicen nuestros textos, estos pueden ser nueve meses o nueve años, o nueve siglos de preparación para la venida del Mesías. ¡Un gran mundo con un nuevo futuro[702]!»

Recordemos aquí lo que ya hemos visto en *Psicoanálisis del judaísmo*: cada desgracia que golpea la comunidad, cada catástrofe y cataclismo conllevan nuevas y grandes esperanzas y son asimilados por los rabinos e intelectuales judíos a los «dolores del alumbramiento» del Mesías – los "Hevlei Mashiah", en hebreo.

En uno de sus libros, Elie Wiesel hacía decir a un judío jasídico de Polonia que vivía en tiempos de la revolución francesa: «¿Por qué no tomar la iniciativa y apresurar la liberación? ...Los Judíos necesitan el Mesías más que nunca. Puesto que está tan cerca, ¿por qué esperarlo pasivamente? ¿Por qué no salir a su encuentro? Sin duda, los tiempos están maduros y la época

---

[699] Gilles Dorival, *Moïse est-il le fruit d'un inceste?* A propos de Nombres, 26, 59, *Interpreting Translation. Studies on the LXX and Ezekiel in Honour of Johan Lust*, F. García Martínez, M. Verenne, Leuven, Peeters, 2005, p. 97–108

[700] Léase los capítulos correspondientes de nuestros anteriores libros: *Psicoanálisis del judaísmo* y *El Espejo del judaísmo*

[701] Gran rabbin Joseph Sittruk, *Chemin faisant*, Flammarion, 1999, p. 374. El rabino Sittruk, al igual que Elie Wiesel y algunos más, no escribe la palabra "judío" con mayúscula. Afortunadamente.

[702] Emmanuel Levinas, *L'Au-delà du verset, Lectures et discours talmudiques*, Les Editions de Minuit, 1982, p. 84-86

es propicia. Estas guerras, estas convulsiones son los *Hevlei Mashiah*, los tormentos y ansias de liberación mesiánica. Todos los síntomas, todos los signos están aquí[703].»

El célebre Rabí Iosef Itzjak Schneerson analizaba la situación desde el final de la Segunda Guerra mundial: «Los sufrimientos de Israel han llegado ahora a un nivel aterrador; el pueblo de Israel está sobrecogido por los dolores del alumbramiento. El tiempo de la inminente liberación ha llegado. Es la única verdadera respuesta a la destrucción del mundo y a los sufrimientos que se han abatido sobre nuestro pueblo... ¡Preparaos para la redención que pronto vendrá!... El liberador de justicia está detrás de nuestras paredes, y ¡el tiempo para prepararse a recibirlo es muy corto[704]!»

Lo habéis entendido, estamos en vísperas de terribles cambios: «Es imposible, continuaba Rabí Schneerson, que el consuelo no venga, pues los dolores son insoportables[705].»

El "nuevo filósofo francés" Alain Finkielkraut, que celebraba el triunfo de sus congéneres en todo el mundo occidental al final del siglo XX, empleaba esta metáfora para describir el mundo contemporáneo: «Estábamos embarazados del nuevo mundo: y fue este feliz embarazo lo que llamamos modernidad[706].»

El periodista François Trocase, que hemos citado en nuestro capítulo sobre la situación en Austria-Hungría en el siglo XIX, había perfectamente observado e identificado que los judíos de Europa central presentaban taras muy específicas:

«La raza judía, que ha sobrevivido a tantos pueblos que han desaparecido de la faz de la tierra sin dejar rastro, se compone ahora casi en su totalidad de degenerados que en el fondo son personas enfermas. Su estado moral se caracteriza en particular por un sentimiento excluyente de todos los demás, por un pensamiento que tiende constantemente hacia las mismas preocupaciones. El espíritu de lucro, el deseo de dominación expulsa de sus mentes cualquier otro pensamiento, cualquier otro afecto, que es, como sabemos, el signo característico de una idea obsesiva. Los trastornos secundarios que surgen, como la pasión obscena por las jóvenes cristianas, la crueldad hacia los pobres y el espíritu vengativo, son síntomas episódicos de este estado enfermizo. Sus esfuerzos por hacerse con el control del mundo entero, por hacerse dueños de Europa, proceden

---

[703]Elie Wiesel, *Célébration hassidique II*, 1981, p. 124, 125. Léase en *El Espejo del judaísmo*.
[704] David Banon, *Le Messianisme*, Presses Universitaires de France, 1998, p. 120. Sobre los judíos jasídicos (místicos cabalistas) léase *Psicoanálisis del judaísmo* (2006) y *El Fanatismo judío* (2007).
[705]Está claro que los judíos no lograran hacerlo salir ellos solos.
[706]Alain Finkielkraut, *Le Juif imaginaire*, 1980, Points Seuil, 1983, p. 169

igualmente de este trasfondo, y completan el conjunto de manifestaciones de su degeneración moral[707].»

En un artículo del diario L'Univers, con fecha del 27 de enero de 1881, titulado La Alienación mental en Italia, hallábamos las siguientes reflexiones: «Cosa extraña, los judíos cuentan cinco veces más alienados que las demás clases sociales. La predisposición de los judíos a la locura no es un caso particular de Italia; se observa exactamente lo mismo en otros países[708].»

En aquella época, el nacionalista francés Edouard Drumond también se había percatado de que la agitación frenética y permanente de los judíos era ante todo la manifestación de una neurosis; esta neurosis tan específica correspondía precisamente a la patología histérica que había estudiado el doctor Charcot y que Freud descubrió y estudió después de él. Efectivamente, el célebre profesor Charcot había observado que la histeria afectaba especialmente a los judíos[709].

El sionismo, movimiento político judío nacido en el Congreso de Basilea en 1897 bajo el impulso de Theodor Herzl, fue esencialmente un intento de curar la neurosis del pueblo judío. Es lo que hemos intentado demostrar al final del *Espejo del judaísmo*. La revista *Israël Magazine* de octubre del 2001 nos desvelaba otro testimonio interesante al respecto. Esto es lo que escribía un tal David Catarivas: «El Sionismo aporta al judío alienado la posibilidad de ser un Judío auténtico...El Sionismo constituye una voluntad de normalización...El Sionismo rehabilita el pueblo judío haciendo de él un pueblo normal, con su tierra, su lengua y viviendo según su ley...El Sionismo permite a los Judíos ser normales. En Israel, ser judío es normal. En el resto del mundo, es normal no serlo.» Y David Catarivas añadía: «El Sionismo es una sesión de psicoanálisis a escala nacional[710].»

La fe religiosa, que ha sublimado esta neurosis, parece también santificar esta evidente disposición secular al masoquismo. Isaac Cardoso, un judío italiano que vivió en el siglo XVII, escribió un alegato a favor de sus correligionarios que tituló modestamente *Superioridad de los Hebreos*, y en el que exponía la grandeza de la misión de los judíos. Fue citado por Heinrich Graetz en su obra: «El pueblo de Israel -dijo-, amado por Dios y odiado por los hombres, lleva dos mil años disperso entre las naciones, en expiación por sus pecados y los de sus antepasados. Oprimido por unos, golpeado por otros, despreciado por todos, ha sido maltratado y perseguido en todas las tierras. Pero - añadía Cardoso - si Israel ha padecido todos estos sufrimientos es porque es el pueblo elegido, cuya misión es difundir el

---

[707] François Trocase, *L'Autriche juive*, P. Dupont & A.Pierret. Paris, 1899, p. 192
[708] Abbé Chabeauty, *Les Juifs, nos maîtres*, 1882, p. 155
[709] Léase en *El Espejo del judaísmo*.
[710] *Israël Magazine*, octobre 2001, p. 30, 31

conocimiento del Dios-Uno.»

Otro intelectual judío más contemporáneo, Manès Sperber, formuló esta misma idea de una manera que nos permite comprender mejor el universo mental tan particular de los judíos: «Dios era justo, pues condenaba a sus enemigos a transformarse en asesinos, y a ellos [los judíos] les concedía la gracia de ser las víctimas que al morir santificarían el Todopoderoso. Desde Juan Crisóstomo hasta el último mujik pogromista, los perseguidores no sospechaban hasta qué punto su triunfo momentáneo reforzaba la convicción de los perseguidos de ser el pueblo elegido[711].»

Heinrich Gretz no decía otra cosa, como ya vimos, respecto de la expulsión de los judíos de España: «... Ellos, a quienes la mano de Dios había golpeado tan duramente, con tanta persistencia, y que habían sufrido tan indecible dolor, debían ocupar una posición peculiar y pertenecer a los especialmente elegidos. Este era el pensamiento o el sentimiento que existía más o menos claramente en el corazón de los supervivientes. Consideraron su destierro de España como un tercer exilio, y a sí mismos como favoritos de Dios, a quienes, debido a su mayor amor por ellos, había castigado con mayor severidad[712].»

De modo que debemos deducir que las persecuciones que padecieron a lo largo de su historia han sido completamente integradas en el proceso de Redención mesiánica. «Los judíos sólo se vuelven buenos si son bien golpeados[713]», se puede leer en el Talmud.

Comprendemos ahora mejor por qué los judíos, que siempre han suscitado el odio y el desprecio de los hombres en todas partes, han sido considerados a lo largo de la historia como unos pobres enfermos, inspirando tanto asco como lástima, pero también burlas, chistes y mofas. En efecto, la historia de este "pueblo" obstinado, a poco que se juzgue con cierta altura de miras, es al menos tan ridícula como trágica.

«Cuando los dolores son más insoportables, el niño sale al mundo», nos aseguraba el rabí Sittruk. Pero después de tantos siglos, ha quedado bastante claro que los judíos nunca lograrán alumbrarlo por sí mismos: una vez más, tendrán que ser los goyim lo que tomen el asunto en mano y hagan llegar el ansiado mesías. Cuando llegue la hora de la liberación, la humanidad por fin quedará aliviada de las jeremiadas interminables y los gritos ensordecedores de "la comunidad elegida".

Sería una gran paz la que reinaría en el mundo.

París, abril del 2010.

---

[711] Manès Sperber, *Être juif*, Éd. Odile Jacob, 1994, p. 60
[712] Heinrich Graetz, *History of the Jews IV*, Philadelphia, The Jewish Publication Society of America, 1894, p. 383, 386–387.
[713] Tratado XXIX, *Menachot 53b*.

ANEXO I

MESIANISMO Y POLÍTICA EN JUDEA EN TIEMPOS DE LOS GOBERNADORES ROMANOS

Profetas y pretendientes reales en el siglo I

La única fuente de información de que disponemos acerca de los movimientos políticos que agitaron el judaísmo durante el siglo I, en reacción a la ocupación romana, es Flavio Josefo.

Josefo, de origen sacerdotal pero integrante del partido fariseo, había recibido al principio de la guerra judía (66) el mando de las tropas de Galilea. Vencido y prisionero, se unió sin mayores reticencias a la causa del vencedor. Transferido a Roma, hizo carrera al servicio de la casa de los emperadores Flavianos (Vespasiano y luego Tito). Tras la ruina de Jerusalén (70) y la supresión de los últimos reductos de resistencia (73), algunos fariseos pacifistas obtuvieron del gobierno romano la reconstitución de una academia judía en Yavne, bajo la dirección de Yohanan Ben Zakai. Desde Roma, Josefo brindó a esta academia todo el apoyo que pudo en vista de la salvación de su patria. Fue con este objetivo que Josefo emprendió la escritura de su historia *La Guerra de los Judíos*, una apología indirecta del pueblo judío en la que intentaba responsabilizar del reciente conflicto a grupos incontrolados de activistas, asimilándolos sistemáticamente a "ladrones" (o bandidos/bandoleros). Josefo siguió con el mismo afán exaltando las *Antigüedades judías*, para dar a conocer al público de Roma y de las ciudades helenísticas la historia de su nación presentándola favorablemente.

Dentro de este marco, Josefo dedicó algunas notas sucintas a los profetas y pretendientes reales que, durante el siglo I, hicieron de Palestina una de las provincias más agitadas del imperio romano. He aquí cinco ejemplos que destacamos por orden cronológico.

- **Judas, hijo de Ezequias**

La captura y ejecución de un jefe de ladrones llamado Ezequías, que asolaba los distritos de la frontera siria, se debe a Herodes el Grande antes de su acceso al poder (*Guerra de los judíos I, 204*). Una generación después, Josefo menciona las acciones subversivas de su hijo llamado Judas (*Antigüedades judías, XVII, 271-272*). No se puede descartar del todo que se trate del mismo Judas el Galileo (o el Gaulanita) al que Josefo dedica otra nota especial más adelante.

«*Por otro lado, había un tal Judas, hijo del jefe bandolero Ezequías, que en su día había alcanzado un poderío enorme y había sido hecho prisionero por Herodes a costa de grandes penalidades. Pues bien, este Judas, tras reunir por la zona de Seforis de Galilea una multitud de hombres alocados, llevo a cabo una incursión contra el palacio real del lugar, y, al apoderarse de las armas depositadas allí, armo a todos sus hombres, sin dejar uno solo, al tiempo que arramblo con el dinero que había sido dejado allí. Y resultaba temeroso para todos, puesto que robaba y saqueaba a todos los que caían en sus manos. Pero anhelaba alcanzar una situación más elevada y aspiraba al rango de rey, honor que esperaba conseguir no por un comportamiento honrado, sino por un exceso de insolencia.»Antigüedades judías, XVII, 271-272,* Akal Clásica, Tomo II, p. 1061

Si bien Josefo denuncia este "ladrón", a su vez destaca su ambición real, difícilmente comprensible sin el trasfondo de esperanzas religiosas que podían movilizar los judíos contra la aborrecida e ilegítima dinastía de Herodes.

- ***La revuelta de Atronges***

La cosa es todavía más clara para el pretendiente Atronges cuya actividad se desarrolló tras la muerte de Herodes.

«*El propio Atronges, pese a ser un hombre no ilustre ni por el rango de sus antepasados ni por la excelencia de su valía, como tampoco por disponer en abundancia de alguna suerte de bienes, sino un pastor y personaje oscuro en todo y por todo, y únicamente desfalcado por su enorme contextura física y por la fuerza de sus brazos, tuvo la osadía de aspirar a convertirse en rey y a no dar gran importancia al hecho de morir y perder la vida por el placer de cometer las mayores tropelías. También él tenía cuatro hermanos, igualmente de complexión robusta y convencidos de destacar sobremanera por la potencia de sus brazos, quienes pensaban que debían proponerse alcanzar el trono. Cada uno de ellos mandaba una compagina, ya que se había unido a ellos una multitud enorme. Estos eran generales pero subordinados a Atronges, aunque entraban en lucha con independencia propia. Atronges, que se ciñó la corona real, celebraba consejos para tratar de las operaciones que había de llevar a cabo, aunque cualquier decisión dependía de su sola determinación. La libertad de acción de este hombre duro mucho tiempo, durante el cual recibía el título de rey y nadie le privaba de hacer lo que le viniera en gana. Y tanto él como sus hermanos propendían grandemente al aniquilamiento no solo de los romanos, sino también de los soldados del rey, actuando con igual odio contra unos y contra otros, contra los últimos por la desconsideración con que los habían tratado durante el gobierno de Herodes, y contra los romanos por las iniquidades que, a su juicio, habían cometido recientemente.» Antigüedades judías, XVII, 271-272,* Akal Clásica, Tomo II, p. 1062-1063

La continuación del relato, cuya incierta cronología menciona sin embargo la tetrarquía de Arquelao, hace referencia a una emboscada tendida a soldados romanos en Emaús y al triunfo final del poder romano sobre estos "ladrones". Llama la atención la pretensión real del jefe de la banda. Si bien es cierto que el ejemplo de Herodes pudo estimular la ambición de muchos aventureros e impostores, la mención explícita de la lucha contra Roma quizás pueda suponer una motivación religiosa que Josefo se cuidó de no desvelar a sus lectores.

- *Judas el Gaulonita y su partido*

Una segunda ola de movimientos subversivos es evocada por Josefo en tiempos de los primeros gobernadores romanos. Después de la ruina de Arquelao, su tetrarquía (Judea y Samaria) fue entregada por el emperador Augusto como provincia al procurador Coponio, con plenos poderes, incluso de condenar a muerte.

«*Durante su gobierno un galileo, llamado Judas, incitó a sublevarse a los habitantes del lugar, pues les reprochaba que soportasen el pagar tributos a los romanos y que, además de a Dios, se sometiesen a otros señores mortales. Este individuo era un doctor de una secta propia que no tenía nada que ver con las demás.*» Guerra de los Judíos, II, 118, Clásica Gredos 247, Madrid, 1997, p. 278-279

La actividad de este Judas es precisada y rectificada en parte en *Antigüedades judías, XVII, 4-10 y 23*. Esta se habría desarrollado en tiempos del gobernador de Siria Cirinio, cuando este vino a Judea para llevar a cabo el censo de las propiedades judías (año 6 de nuestra era).

«*Pero un hombre, concretamente Judas, perteneciente a la región de Gaulanitide y oriundo de la ciudad de nombre Gamala, con la colaboración del fariseo Saduco los incitó al levantamiento, por un lado diciéndoles que el censo no comportaba ninguna otra cosa más que una evidente esclavitud y, por otro, invitando a la nación judía a defender su libertad, puesto que, según ellos decían a los judíos, si el éxito les acompañaba la posesión de la libertad les ofrecería la felicidad y si, por el contrario, fracasaban en su empeño de conseguir el bien inherente a la propia libertad, se granjearían honor y fama por su magnanimidad, al tiempo que la Divinidad se inclinaría por ayudarles a conseguir éxito en esta empresa en ningún otro supuesto más que cuando ellos colaboraran en hacer efectivos estos planes y, de una manera más concreta, si se enamoraban de grandes ideas y no escatimaban esfuerzo alguno por alcanzarlas... En efecto, en estas circunstancias los judíos no podían sino sufrir incesantes violencias a causa de las continuas guerras provocadas por estos individuos, que les causaron la perdida de los seres queridos, quienes habían contribuido a aliviar sus penalidades, y a causa igualmente de los ataques llevados a cabo contra ellos por nutridos grupos de bandoleros, que produjeron la muerte de los varones principales, aparentemente en aras del bien común pero en realidad por creer aquellos criminales alcanzar así ganancias para sí mismos.*» Antigüedades judías, XVIII, 4-5, Akal Clásica, Tomo II, p. 1079

A continuación, se narra la historia de su partido en el contexto de la guerra judía, sin que el término "zelotes" aparezca en el texto. Para Josefo, Judas fundó una «escuela de filosofía» paralela a la de los Esenios, Saduceos y Fariseos (*Antigüedades judías, XVIII, 6-10*).

«*Judas de Galilea, por su parte, se instituyo jefe de una cuarta escuela filosófica. Quienes sustentan las ideas enseñadas por esta escuela concuerdan con el punto de vista de los fariseos en todas las cuestiones, con la única diferencia de que su amor por la libertad es inconmovible, puesto que no aceptan otro jefe y soberano más que únicamente a Dios. Tienen por cosa de poca monta sufrir las más diferentes clases de muertes por oponerse a dar a hombre alguno el título de soberano*» Antigüedades judías, XVIII, 23, Akal Clásica, Tomo II, p. 1082

Este último rasgo prepara la presentación del papel desempeñado por este mismo partido religioso en tiempos de la gran revuelta judía (66-70). Solo en ese momento Josefo menciona el nombre de "zelotas" (*Guerra de los judíos, II, 651*). El apóstol Lucas también habla de Judas el Galileo en los Hechos V, 37: «Después se levantó Judas el Galileo en los días del censo, y se llevó a mucha gente tras él. Pero él también pereció y todos los que le obedecían se dispersaron.» Aunque el movimiento inicial fundado por Judas no puede ser calificado propiamente de mesiánico, es al menos un nacionalismo religioso que aporta un fuerte carácter político a la esperanza de Israel.

- ***Un impostor en tiempos de los procuradores romanos***

Los gobernadores romanos tuvieron que lidiar con estas revueltas con mano dura. Poncio Pilato (26-36) destacó por su dureza. Lucas menciona la aventura de unos galileos: «En aquella ocasión estaban presentes algunos que le contaron sobre ciertos galileos cuya sangre Pilato había mezclado con la sangre de sus sacrificios.» (Lucas XIII, 1): es posible que su piedad ritual viniese acompañada de una actitud de resistencia política análoga a la de su compatriota Judas el Galileo. El propio Lucas sabe que Barrabas estaba detenido durante el juicio de Jesús; «entonces Pilato decidió que se hiciera lo que ellos pedían. Les soltó a aquel que habían metido en la cárcel por sedición y homicidio, a quien ellos habían pedido, y entregó a Jesús a la voluntad de ellos.» (Lucas XXIII, 24-25). Marcos precisa: «Y había uno que se llamaba Barrabas, preso con los rebeldes que habían cometido homicidio en la insurrección» (Marcos, XV, 7). Juan lo califica de "bandido" (Juan, XVIII, 40), epíteto reservado por Josefo a los activistas políticos que luchaban contra Roma. Vemos pues que el trasfondo de la vida de Jesús está lleno de movimientos de revuelta. Pero vemos más tarde, con el procurador Fado (44-46), cómo Josefo menciona la revuelta de Teudas, al que presenta como un falso profeta:

«Por otro lado, en las fechas en que Fado era procurador de Judea, un mago, de nombre Teudas, procuro persuadir a una masa infinita de personas a que recogieran sus pertenencias y lo siguieran hasta el río Jordán, pues les decía que era un profeta, y les aseguro que a una orden suya se abrirían las aguas del río y que de esta manera les haría fácil el cruce. Y con estas palabras embauco a muchos. Fado, sin embargo, no les dejo que disfrutaran de su necedad, sino que envió un escuadrón de caballería que cayó sobre ellos de una manera inesperada, aniquiló a muchos e hizo prisioneros a otros. Y al propio Teudas, a quien cogieron vivo, le cortaron la cabeza y la llevaron a Jerusalén» Antigüedades judías, XX, 97-98, Akal Clásica, Tomo II, p. 1218

Cabe destacar aquí que Teudas se compromete a repetir los milagros del Éxodo y de la entrada en la Tierra Prometida como signos de su misión profética. Su misión concuerda manifiestamente con un proyecto de revuelta.

- **El falso profeta egipcio**

Una última serie de movimientos del mismo género se produjeron en tiempos de los últimos procuradores. De hecho, en los Hechos de los apóstoles, cuando San Pablo es detenido en Jerusalén, vemos el oficial romano preguntarle: «Entonces, ¿no eres tú aquel egipcio que provocó una sedición antes de estos días, y sacó al desierto a cuatro mil hombres de los asesinos?» (Hechos XXI, 38). El episodio, ocurrido bajo el gobierno de Antonio Félix (52-58), es narrado por Josefo que ve cómo aumenta el bandidismo y se acerca la guerra judía contra Roma.

«Resulto así que las fechorías cometidas por los bandidos llenaron la ciudad de tal suerte de sacrilegios, mientras los brujos y falsarios se esforzaban por persuadir a las masas a seguirlos al desierto, puesto que, según les aseguraban, les mostrarían prodigios y señales claras que iban a producirse por prescripción divina. Y fueron muchos los que, dejándose convencer, sufrieron el castigo inherente a su insensatez, puesto que Félix los ejecutó, tras haberle sido remitidos. Por otro lado, por estas fechas llego a Jerusalén procedente de Egipto un individuo, que alegaba ser profeta y que aconsejaba a las masas populares que fueran con él al llamado Monte de los olivos, el cual queda al otro lado de la ciudad y a una distancia de cinco estadios, puesto que, según insistía en asegurarles, quería mostrarles desde allí como a una orden suya se desmoronaban las murallas de Jerusalén, por las que, según les prometía, les ofrecería la posibilidad de entrar en la ciudad. Pero Félix, al enterarse de esto, mandó a los soldados que tomaran las armas, y, corriendo desde Jerusalén

acompañado de numerosas fuerzas de caballería y de infantería, cargo sobre las gentes que acompañaban al egipcio. En esta operación aniquiló a cuatrocientos de ellos y, asimismo, hizo prisioneros a doscientos. En lo que se refiere al egipcio, este desapareció tras lograr escapar de la refriega. Pero los bandidos volvieron a incitar al pueblo a la guerra contra los romanos, diciéndoles que debían negarse a obedecerles, y saqueaban las aldeas de quienes no les hacían caso prendiéndoles fuego.» Antigüedades judías, XX, 168-171, Akal Clásica, Tomo II, p. 1229-1230

De nuevo, aunque aquí no aparece claramente la pretensión real, la intención política de la acción confiere a la promesa del milagro algo más de valor que la ensoñación de un simple iluminado[714]. Del mismo modo, podemos preguntarnos ¿qué significado había tenido para las autoridades del Templo y el poder romano la entrada de Jesús en Jerusalén unas décadas antes? *(Mateo, XXI, 1-17).*

Mesianismo y política: los partidos judíos ante la ocupación romana

«Los hechos narrados por Josefo obligan a preguntarse acerca de la actitud adoptada por los grandes partidos judíos ante la ocupación romana.

«Los Saduceos se acomodaron a ello tanto mejor cuanto que los gobernadores de Judea, disponiendo de todo el poder para la administración directa, continuaban y acentuaban la política de Herodes en cuanto al nombramiento de los sumos sacerdotes. Estos últimos, elegidos

---

[714]«Aparte de estos apareció otro grupo de bandidos, que tenían las manos más puras, pero sus intenciones eran también mas impías. Esta banda acabo con el bienestar de la ciudad en no menor medida que los asesinos. Hombres mentirosos y embaucadores que, bajo el pretexto de estar inspirados por Dios, buscaban innovaciones y cambios. Incitaron a la multitud a actuar como si estuvieran poseídos por la divinidad y la llevaron al desierto con la idea de que allí Dios les mostraría las señales de su liberación. Como esto parecía ser el principio de una revuelta, Félix envió tropas armadas de caballería e infantería que acabaron con la vida de muchos de ellos. Sin embargo, el falso profeta egipcio causo a los judíos males mayores que estos. Se presentó en el país un charlatán que se ganó la fama de profeta. Reunió a unas treinta mil personas engañadas por él, y las llevó desde el desierto al llamado Monte de los Olivos, desde donde era posible penetrar por la fuerza en Jerusalén, y, tras imponerse sobre la guarnición romana, reinar sobre el pueblo como un tirano, para lo que tomaría como guardia personal a los que entraran con él. Sin embargo, Felix se adelantó a su ataque y le salió al encuentro con las tropas romanas. Todo el pueblo participó en la defensa de la ciudad, de modo que, cuando se produjo el choque entre ambos, el egipcio huyó con unos pocos, mientras que la mayoría de sus hombres murió o fue capturada. El resto de la banda se dispersó y cada uno se escondió en su propia casa.» *Guerra de los Judíos* II, 258-263, *Clásica Gredos 247*, p. 311-312. (NdT).

de entre unas pocas familias de la aristocracia sacerdotal, eran nombrados directamente por ellos y a veces permanecían en el cargo poco tiempo. Como criaturas del poder ocupante, cooperaban activamente con él para asegurar el orden público, siempre que se garantizara el normal funcionamiento del culto. A cambio de esta actitud de sumisión, Roma respetaba las libertades tradicionales de los judíos, no sólo en Palestina sino en todas las comunidades de la Diáspora. En estas condiciones, la esperanza mesiánica basada en los textos proféticos pasaba a un segundo plano: Roma no tenía por qué temer ningún movimiento sedicioso de los círculos sacerdotales que habían abrazado las ideas saduceas.

«La posición de los Fariseos era muy diferente. En cuanto a la Ley, se aferraban a la tradición de los Antiguos y probablemente se organizaban en «grupos de pureza» cuyas observancias seguían. Pero en cuanto a la esperanza, concedían la misma importancia a la tradición de los profetas, a la que vinculaban el libro de Daniel. En consecuencia, su esperanza en el Mesías davídico y su fe en la resurrección de los muertos los diferenciaban radicalmente de sus oponentes Saduceos. En este sentido, la doctrina representada por los Salmos de Salomón podía considerarse una «doctrina común» en las dos escuelas entre las que estaban divididos: la de Hilel y la de Shammai. Al mismo tiempo, cualquier reconocimiento del poder romano como autoridad legítima estaba fuera de lugar para ellos; si habían roto con los Hasmoneos por fidelidad a la realeza davídica, si luego se habían distanciado de Herodes el Grande por la misma razón, les era imposible negarse a sí mismos reconociendo oficialmente el imperio que ocupaba la tierra de Israel. Sin embargo, eran hostiles a la resistencia violenta, que sólo podía perjudicar a la nación poniendo en peligro su estatuto de autonomía religiosa y jurídica. Contaban con la fiel observancia de la Ley para obtener de Dios el envío del Mesías liberador. A sus ojos, éste tenía evidentemente una dimensión política, pero no pretendían precipitar su llegada mediante un activismo temerario. Por eso, durante la revuelta del 66-70, se fueron desvinculando progresivamente de la acción militar: la tradición cuenta que Yohanan Ben Zakai abandonó la Jerusalén sitiada para ir al territorio ocupado y preparar la reorganización de las instituciones nacionales. Sin embargo, no es seguro que esta actitud moderada obtuviera el mismo favor en todas partes entre la población del país. La ocupación romana, con la presencia de soldados paganos y las cargas financieras que conllevaba, se consideraba odiosa y contraria a los derechos legítimos de la nación. En consecuencia, *los grupos de resistencia* descritos por Josefo encontraron fácilmente apoyo y complicidad entre el pueblo. Donde Josefo, ansioso por exonerar a sus compatriotas, sólo veía bandas armadas de bandidos, el público podía ver fácilmente "zelotes de la Ley" y héroes. Josefo, que vincula todos los problemas fomentados por falsos profetas y líderes de bandas armadas a personas a las que llama "bandoleros" o "sicarios" (=portadores de puñales: cf. *Antigüedades judías* XX, *186-187*; *Guerra de los Judíos* II, *254-257*[715]), señala que sólo tomaron el nombre de zelotes bajo el sumo sacerdote Anano, depuesto en el 63, por su pretensión de celo por la virtud (*Guerra de los Judíos* IV, *160-161*)[716], es decir, por la práctica de la Ley (*Guerra de los Judíos* VII, *269-272*). Ahora bien, al reprocharles su política de violencia, Josefo también afirma claramente que las ideas de este cuarto partido - fundado por Judas el Galileo (o el Gaulonita) hacia principios de nuestra era-, "concuerdan con el punto de vista de los Fariseos en todas las cuestiones, con la única diferencia de que su amor por la libertad es inconmovible, puesto que no aceptan otro jefe y soberano más que únicamente a Dios" (*Antigüedades judías, XVIII, 23)*[717]. La línea divisoria entre los Fariseos y los grupos

---

[715] Sicarios: Asesinos en latín. ¿Primeros terroristas de la historia? «Después de haber hecho esta limpieza en la región, surgió en Jerusalén otro tipo de malhechores, llamados sicarios, que mataban a la gente a pleno día en medio de la ciudad. Esto ocurría sobre lodo en los días de fiesta, pues ellos se mezclaban con la multitud. Con unos pequeños puñales que llevaban escondidos debajo de sus ropas herían a sus enemigos. Luego, cuando sus víctimas caían al suelo, los asesinos se unían a la muchedumbre indignada, de modo que no se les podía descubrir a causa de la confianza que inspiraban...El miedo era más insoportable que la propia desgracia, ya que todos, como si estuvieran en una guerra, esperaban la muerte de un momento a otro. La gente espiaba desde lejos a sus enemigos, y no se fiaba ni siquiera de los amigos, cuando se acercaban. No obstante, eran asesinados en medio de estas sospechas y precauciones, pues tan grande era la rapidez y la habilidad de tales malhechores para pasar inadvertidos.» *Guerra de los Judíos* II, 254-257, Clásica Gredos 247, p. 311. (NdT).

[716] «Josefo centra en el término "celo", que los zelotes se aplican a sí mismos por su afán por Dios y por el Templo, la noción básica para la comprensión del significado religioso y social del movimiento (cf. también VII 269-270). No es fácil distinguir todos los grupos de la resistencia antirromana que se engloban bajo este apelativo; sicarios, partidarios de Juan de Giscala, secuaces de Simón, hijo de Giora, los compañeros de Eleazar y los seguidores de Judas el Galileo. Nuestro autor confunde en ocasiones a los zelotes con los sicarios, aunque también diferencia a estos últimos de los genéricamente llamados por él "rebeldes" o "facciosos" (cf. II 650-651). Sin embargo, el común denominador de estos elementos revolucionarios era su pasión por la libertad, cuya doctrina parece estar inspirada por lo que Josefo llama cuarta filosofía o secta, después de los fariseos, saduceos y esenios.» *Guerra de los Judíos* IV, nota 87, Clásica Gredos 267, p. 40. (NdT).

[717] Léase la arenga de Eleazar a los sitiados de Masadá, convertida en el mito nacionalista judío por excelencia: «"Mis valientes, hace tiempo que tomamos la decisión de no ser esclavos ni de los romanos ni de ningún otro, sino de Dios, pues solo él es el auténtico y justo señor de los hombres..." Este era el principio doctrinal básico de los zelotes y los sicarios. Los rebeldes judíos pensaban que con la expulsión de los romanos sería más inmediata la venida del reino de Dios. Roma simbolizaba el mal, que según el libro de *Daniel* (11 y 12) sería el final de la historia terrena y el principio de la era mesiánica.» *Guerra de los Judíos* VII, 323 y nota 151, Clásica Gredos 264, p. 379. (NdT)

activistas era, pues, difícil de trazar: se refería esencialmente a actitudes prácticas, no a las concepciones religiosas más fundamentales del mesianismo judío. Por eso es comprensible que un sabio como Hilel, contemporáneo de Judas el Galileo, se mostrara muy reservado ante esta agitación mesiánica: «Los hijos de Israel no tendrán más Mesías, pues ya lo malgastaron en los días de Ezequías» (Talmud, Sanedrín 99a).

«Por último, están los Esenios. El análisis de los textos de Qumrán[718] ha revelado en ellos un fervor apocalíptico que fácilmente se tornaba en acción violenta, como muestra su *Regla de Guerra* (1 QM). Su particular mesianismo se orientaba espontáneamente en esta dirección, en la medida en que el «Príncipe de la Congregación» (o «Semilla de David» o «Mesías de Israel») tenía ante todo, a sus ojos, una función militar para dirigir la guerra liberadora. En este sentido, su mentalidad era muy similar a la de los futuros zelotes. Es más, el lugar que concedían al Profeta escatológico podía contribuir a mantener la excitación en la mente de la gente cada vez que aparecía una persona supuestamente inspirada para anunciar la proximidad del Gran Día. Este es el contrastado trasfondo en el que hay que situar las anécdotas relatadas por Josefo. También arroja luz sobre los episodios evangélicos en los que vemos manifestarse creencias populares en la época de Jesús.»

Exposición de Pierre Grelot en su obra *"L'Espérance juive à l'heure de Jésus"* (*"La Esperanza judía en el tiempo de Jesús"*), Désclée/Groupe Mane, París, 1994, p. 168-179.

---

[718] Los Manuscritos del Mar Muerto o Rollos de Qumrán, llamados así por haberse encontrado en cuevas situadas en Qumrán, Cisjordania, a orillas del mar Muerto, son una colección de 972 manuscritos. La mayoría datan del año 250 a. C. al año 66 d. C., años antes de la destrucción del Segundo Templo de Jerusalén. Los primeros manuscritos fueron hallados en 1947. Se trata de un descubrimiento de primer orden en el mundo de la arqueología y de los estudios bíblicos. (NdT).

ANEXO II

FLORENCIA: HUMANISMO Y RENACIMIENTO

Después de la caída de Constantinopla en 1453, los más importantes Humanistas vivieron en Florencia, verdadero símbolo del Renacimiento italiano. Gravitaban en la corte de los Médeci, alrededor de Cosme el Antiguo (1389-1464) y su sucesor y nieto Lorenzo el Magnifico (1449-1492). Cosme y Lorenzo fueron unos déspotas sanguinarios que corrompieron con su dinero la ciudad florentina, pero también la embellecieron como ninguna. La historia oficial suele cerrar los ojos sobre la política de la dinastía financiera de los Médeci para no llamar la atención sobre la impostura de la "democracia florentina" y ensalzar mejor su legado cultural y artístico. Ciertamente, la famosa Academia de Florencia desempeñó un papel cultural e histórico crucial en Europa, pues el Humanismo del Renacimiento nació verdaderamente en Florencia bajo los Médeci[719].

Fundada y financiada por Cosme de Médeci en 1459, la Academia florentina fue un centro de primer orden de la subversión anticristiana y de la difusión de las ideas judeo-orientales, sobre todo a partir de 1462 con Marsilio Ficino (1433-1499) a su cabeza. Efectivamente, la Academia, dirigida por Ficino y Cosme, fue filosóficamente hermética[720] y plotiniana, es decir neoplatónica, por lo tanto bajo la influencia del gnosticismo[721] y la

---

[719] Se debe distinguir el Humanismo renacentista de las letras y la filosofía, del renacimiento artístico cristiano (pintura, escultura, frescos). Después de 1492, el renacimiento cristiano fue principalmente artístico y romano, financiado directamente por el papado.

[720] El hermetismo es una tradición filosófica y religiosa alejandrina basada principalmente en textos pseudoepigráficos, los *Hermética*, atribuidos a Hermes Trismegisto, una legendaria combinación helenística del dios griego Hermes y el dios egipcio Thot. La palabra "hermetismo" también puede utilizarse para designar el conjunto más amplio de doctrinas, creencias y prácticas, cuya naturaleza se aclaró durante el Renacimiento. No dependen necesariamente de la tradición hermética alejandrina, sino que incluyen la Cábala, el rosacrucismo, el paracelsismo y, en general, la mayoría de las formas del esoterismo occidental moderno. (wikipedia, ndt).

[721] El gnosticismo (del griego antiguo: γνωστικός gnōstikós, «tener conocimiento») es un conjunto de antiguas ideas y sistemas religiosos que se originó en el siglo I entre sectas judías y cristianas antiguas. Estos varios grupos enfatizaban el conocimiento espiritual (gnosis) por encima de las enseñanzas y tradiciones ortodoxas y la autoridad de la Iglesia. Viendo la existencia material como defectuosa y malévola, la cosmogonía gnóstica generalmente presenta una distinción entre un Dios supremo y oculto, y una deidad menor y malévola (un demiurgo, en ocasiones asociada con Yahweh del Antiguo Testamento) quien es responsable de crear el universo material. Los gnósticos consideraban que el principal elemento de salvación era el conocimiento directo de la

Cábala hebrea En 1460, Cosme adquirió un ejemplar del *Corpus hermeticum*, encargando su traducción a Marsilio Ficino. Según Ficino, el *Corpus hermeticum* representaba la más antigua Revelación y el hermetismo era la tradición primordial que había originado todos los esoterismos y también la filosofía. Ficino también trabajó dentro de la Academia a la edición de las *Enéadas* de Plotino, cuya metafísica es irreconciliable con el cristianismo. Así es, el neoplatonismo de Plotino descendía de la helenística judía, sincretismo pagano-judío creado por las escuelas de Alejandría desde Filón el Judío (20 a. C.- 45 d. C.). Al vincular a Platón con Hermes y Plotino, Ficino confirmaba la sumisión de la herencia griega al esoterismo egipcio por parte de los judíos de Alejandría. Al igual que los gnósticos de Alejandría de los primeros siglos, Ficino era neoplatónico y no platónico en el sentido cristiano (como la tradición cristiana desde San Agustín), puesto que tradujo Platón asociándolo a Plotino y Orígenes, siendo este último un monje herético gnóstico del siglo III. Con esta traducción, Ficino hacía triunfar el neoplatonismo en Florencia, suscitando el interés apasionado hacia el hermetismo en toda Europa. Mediante el *Corpus hermeticum* la gnosis penetró en el Humanismo del Renacimiento y en toda Europa.

La creación de esta moda neoplatónica y hermética no fue inocente, pues participó directamente en la guerra de la Gnosis y la Cábala contra la doctrina de la Iglesia. No es exagerado decir que la Academia de Florencia hizo perder la razón a los Humanistas neoplatónicos, alejándolos de la escolástica tomista (el cristianismo aristotélico[722]) y propiciando la caída

---

divinidad suprema en la forma de intuiciones místicas o esotéricas. Muchos textos gnósticos discuten no los conceptos de pecado y arrepentimiento, sino los de ilusión e iluminación. (wikipedia, ndt).

[722] En realidad, no estaban en contra de Aristóteles, sino en contra del Aristóteles de Santo Tomás, al que contraponen el Aristóteles pagano interpretado de forma panteísta por Averroes. La primera tarea de la Academia de Florencia fue derribar a Aristóteles, ese coloso erguido sobre el pedestal de la *Suma Teológica*, ya que Santo Tomás había logrado la hazaña de contradecir a Averroes cristianizando a Aristóteles. Para Santo Tomás era necesario liberar a Aristóteles de Averroes, a su doctrina del panteísmo y del inmanentismo árabes, pero también a su realismo científico del idealismo neoplatónico, y ésta fue su obra. En otras palabras, no es Platón el responsable de la impostura del racionalismo moderno, sino el idealismo neoplatónico. No es el platonismo el que es gnóstico, sino el neoplatonismo, la interpretación tanto de Platón como de Aristóteles que debemos a Filón el Judío y a Plotino. El Humanismo renacentista plantea evidentemente la gran cuestión del platonismo, pero aún más la del paganismo y la interpretación de la filosofía griega. La gran pregunta es si es posible o no una filosofía cristiana, ya que Ficino es una correa de transmisión entre el neoplatonismo, el Humanismo y el "racionalismo" moderno. Ficino era anticristiano, como lo serán el humanista Erasmo y el idealista Descartes. No eran filósofos cristianos porque no respetaban la metafísica dualista del cristianismo.

cultural del Occidente cristiano. La metafísica plotiniana que retomó y actualizó Ficino era monista. Su Ser es Uno como el Ser pagano, pero también como el Ser gnóstico y cabalista (recordemos que la metafísica cristiana es dualista; Dios y la Creación no son Uno, sino dos seres distintos, pues Dios creó el Universo de la nada y su Ser no se confunde con el ser del Ser creado). Además, la iniciación de Ficino era hermética y revivía la magia de la Antigüedad pagana que había sido abolida por el Cristianismo, aunque perpetuada secretamente por los gnósticos, los herméticos y los cabalistas a lo largo de los siglos. Es por consiguiente erróneo vincular el Humanismo del Renacimiento con el antiguo humanismo griego. No renace Platón (el helenismo griego clásico), sino Plotino (la helenística oriental de Alejandría). El Renacimiento representa por tanto un regreso por la puerta de atrás de la gnosis judeo-egipcia a través de la cábala judía.

Digno sucesor de su abuelo, Lorenzo el Magnífico siguió promoviendo el Renacimiento y la lucha cultural contra el cristianismo. Apoyó Ficino cuando éste escribió su *Teología platónica* en 1482, tolerada por la Iglesia gracias a la influencia de Lorenzo, pues éste se había convertido en el banquero principal del papado bajo Inocencio III. Lorenzo aprendió la filosofía con Ficino y escribió poemas que eran odas gnósticas y panteístas a la Naturaleza. Fue además un gran hedonista y organizaba grandes festivales neopaganos en Florencia. Lorenzo frecuentaba asiduamente el literato Angelo Poliziano, un poeta y gran erudito que escribía en latino y en griego, y cuyas obras eran inspiradas por la iniciación pagana. Se le debe una notable *Fabula de Orfeo* y varias traducciones de autores de la Antigüedad (Homero, Epicteto, Heródoto). Poliziano enseñaba la literatura clásica en la Academia y sus clases eran tan sobresalientes que atraían estudiantes de toda Europa. Entre sus alumnos destacaron algunos humanistas cristianos como Thomas Linacre y William Grocyn, pero sobre todo figuras más polémicas como Pico della Mirandola y Johannes Reuchlin, alumnos aventajados de la escuela florentina. Los últimos Humanistas del Renacimiento italiano, los florentinos formados por Ficino, irán hasta el final del razonamiento hermético y neoplatónico, adentrándose en la iniciación cabalista.

Pico della Mirandola (1464-1494) estudió la literatura con Poliziano, pero fueron las lecciones de Ficino las que más calaron en él. Pico es oficialmente considerado un "cabalista cristiano", pero en realidad la cábala es exclusivamente judía y nada tiene que ver con el cristianismo. Fue un joven estudiante dotado de gran curiosidad y con una forma de genio excepcional; tenía una memoria y una erudición fuera de lo común. Pero su principal defecto, derivado de su juventud, era que no tenía ningún juicio. Pico se abría a todas las filosofías, a todas las fes, de modo que no podía decantarse por ningún sistema. Estudió primero en las Universidades de Ferrara y Padua. En Padua, estudió hebreo y árabe con Elie del Medigo, un averroísta judío, que también le enseñó a leer manuscritos arameos. Del Medigo también tradujo manuscritos judíos del hebreo al latín para Pico, como continuó haciendo durante varios años. Entró en contacto con Yohanan Alemanno, un cabalista judío italiano que le introdujo en los métodos de la exégesis cabalística. Este encuentro entre ambos daría lugar a la creación de su Cábala cristiana[723]. Pasó los años siguientes visitando los centros humanistas de Italia. Contrató traductores, primero Pablo de Heredia y luego Samuel ben Nissim Abulfaraj, un judío siciliano que se había convertido al cristianismo con el nombre de Flavius Mithridate, para obtener traducciones al latín de los principales textos de la Cábala. A continuación, en la Academia de Florencia, Pico se imbuyó de las enseñanzas de Ficino y, como él, se inició al hermetismo. Pero el alumno de Ficino no era muy razonable, pues mezclaba todo: el misticismo con la astrología y la magia, la Cábala con Platón, Hermes con Jesús. Entre las múltiples herejías propuestas por Pico della Mirandola, una afirmación fue sumamente importante. Al igual que Ficino, Pico pretendió hacer remontar la tradición primordial a una fuente única anterior a la Biblia: la Cábala. Pico situaba así la Cábala antes y no después de la Biblia. Para permanecer cristiano Pico se inventó entonces un nuevo cristianismo que vinculó con la Cábala. Evidentemente, Pico della Mirandola ya era en ese momento un herético falsamente cristiano, en la línea del gnosticismo judío. Habiendo aprendido bien la lección de sus maestros y amigos florentinos y judíos, el joven Pico (tenía 24 años) se presentó en Roma en 1486 para proponer un reto filosófico a los religiosos atónitos y estupefactos. Pico defendió no menos de 900 proposiciones, a cuál más extravagante, en su famoso *Discurso sobre la dignidad del hombre (Oratio de hominis dignitae*, en latín). Su *Oratio* de 1486 fue una verdadera suma de desvaríos. Para seguir llamándose cristiano, Pico declaró que las "Revelaciones" de Egipto y Asia eran todas solidarias del cristianismo puesto que todas remontaban a la fuente única, la Cábala, concluyendo que la magia y la Cábala confirmaban la divinidad de Cristo en vez de refutarla. Para Pico, ninguna ciencia aportaba más pruebas de la divinidad de Cristo que la magia y la Cábala...Nadie se dignó a contestar a las provocaciones de Pico y el Papa Inocencio III se limitó a condenar trece de sus proposiciones por herejía y despedirlo sin más miramientos. Pico debió sentirse amenazado a pesar de todo, pues se exilió en los Países Bajos, antes de regresar a Florencia a invitación de Lorenzo de Médici. Su última obra, el *Heptatus*, fue publicado en 1489. En él se percibe ya directamente el espíritu y la influencia directa del *Zohar*. Sorprendentemente, al final de su vida, Pico della Mirandola se distanció de los Médici y de Ficino, publicando un

---

[723] La Cábala "cristiana" = La Cábala filosófica del Renacimiento.

tratado contra la astrología que era uno de los fundamentos de la cosmología de su antiguo maestro. Para colmo, Pico se unió al Círculo de San Marcos que reunía a todos los disidentes de la Academia florentina en torno a la figura del dominico Savonarole, una verdadera traición a sus antiguos maestros y amigos. Al final de su joven vida, Pico cambió, se convirtió en discípulo de Savonarole, quemó sus libros de poesía, donó sus bienes a los pobres y hasta pensó ingresar en la orden dominica. Murió repentinamente antes de poder decidirse, seguramente envenenado por arsénico por orden de sus antiguos "amos y amigos", los Médici[724].

En conclusión, los Humanistas del Renacimiento italiano fueron unos iniciados herméticos, fuertemente influenciados por el gnosticismo y la Cábala. Se opusieron al dogma cristiano exotérico[725] y dualista, haciendo constantemente referencia a una fuente única y esotérica, la supuesta "tradición primordial". El espíritu del Renacimiento florentino es el de los gnósticos, de los nostálgicos del paganismo egipcio unido al esoterismo judío. Mircea Eliade escribió: «*La Cábala tiene la nostalgia de un universo religioso donde el Antiguo Testamento y el Talmud coexisten con la religiosidad cósmica, el gnosticismo y la mística...Un fenómeno análogo aparece en el ideal "universalista" de algunos filósofos herméticos del Renacimiento italiano*». El Humanismo rompió así con el cristiano, centrado en Dios, para desviarse progresivamente hacia una moral laica e individualista, derivada del estoicismo y del hedonismo (epicureísmo), y una visión antropocéntrica del mundo, evolución que culminaría con Erasmo (1466-1536). Los Humanistas marcaron profundamente el devenir europeo, pues fueron los iniciadores que inspiraron la Reforma protestante, la filosofía "racionalista" moderna y las utopías cosmopolitas, hasta las logias masónicas y la Revolución de los Derechos del Hombre.

Exposición de Alain Pascal en su obra *La Renaissance, cette imposture* (2006), *La Guerre des Gnoses III*, Éditions des Cimes, París, 2021. (*La impostura del Renacimiento, La Guerra de las gnosis III*).

---

[724] Su asesinato pone de manifiesto la traición al grupo de iniciados y sus pactos.
[725] Común, accesible para el vulgo, en oposición a esotérico, elitista.

Otros títulos

HISTORIA DEL ANTISEMITISMO

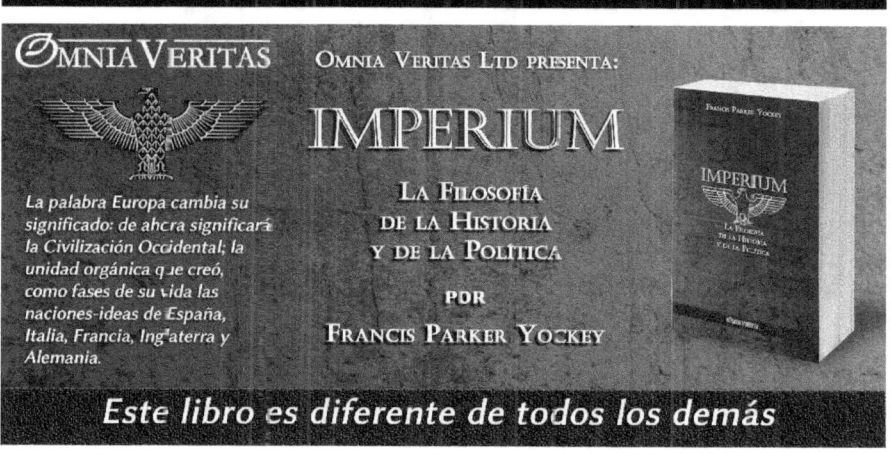

www.ingramcontent.com/pod-product-compliance
Lightning Source LLC
Chambersburg PA
CBHW050323230426
43663CB00010B/1721